全新彩色版

金敬梅 主编

中华文史大观

四书五经故事

上

（全2册）

世界图书出版公司

目录

四书·论语

四书·孟子

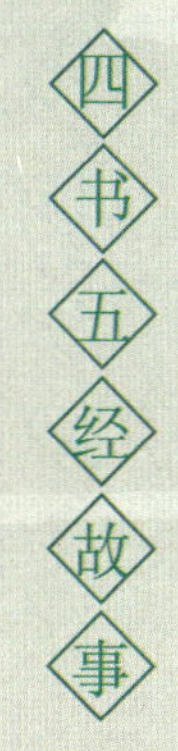

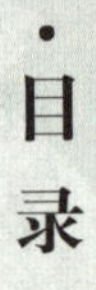

四书·大学

四书·中庸

五经·诗经

五经·尚书

五经·礼记

五经·周易

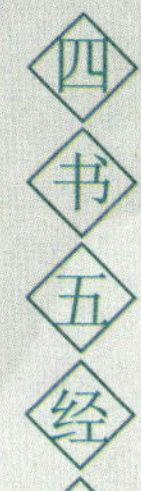

五经·春秋

前言

“国学”，产生于西学东渐、文化转型的历史时期，兴起于20世纪初，鼎盛于20年代，80年代又有“寻根”热，90年代“国学”热再次掀起至今，无不是对传统文化在今日中国乃至世界多元文化中的一次次定位固基。

一般来说，国学指以释道儒三家学问为主干，文学艺术、戏剧音乐、武术菜肴、民俗礼仪等为枝叶的传统中国文化体系。

国学以学科分，应分为哲学、史学、宗教学、文学、礼俗学、考据学、伦理学、版本学等，其中以儒家哲学为主流；以思想分，应分为先秦诸子、儒道释三家等，儒家贯穿并主导中国思想史，其他列从属地位；以《四库全书》分，应分为经、史、子、集四部，但以经、子部为重，尤倾向于经部。

近代学者邓实定义国学说：“国学者何？一国所自有之学也。有地而人生其上，因以成国焉。有其国者有其学。学也者，学其一国之学以为国用，而自治其一国者也。……国学者，与有国以俱来，本乎地理、根之民性而不可须臾离也。君子生是国则通是学，知爱其国无不知爱其学。”邓先生的国学概念内容很广泛，同时也强调了国学的经世致用性。

总的来说，国学是有别于西方学术，独具特点且自成体系的文化形态，是中国固有的文化传统、人文理念和认识方法。其博大精深之内涵，雄厚内敛之魂魄，足以令世人传诵千百年。可以说国学经典是中华文化的根基，其中蕴含着前人洞察世事的精妙哲理。学习国学可以在潜移默化中学会为人处世的方法，增强个人的文化修养，使思想在“润物细无声”中得到浸润和升华。

为让广大读者能够真正与国学亲密接触，我们去芜存菁，在卷帙浩繁的中华传统文化典籍中精心挑选出一系列国学经典。在尊重原著的基础上，通过释疑、修饰、考证、援引等，汇编成为本丛书，以飨读者。

您现在所看到的《四书五经故事》便是丛书之一。

中国的传统文化流派众多，史籍丰富，可以傲踞世界各国之前列。而儒学更是中华民族“文明古国”桂冠上一颗璀璨的明珠。《四书五经》作为儒家学派的代表作品，在中国文学史上的地位自然无与伦比。

“四书”是指《论语》《孟子》《大学》《中庸》；“五经”是《诗》《书》《礼》《易》和《春秋》五部儒家经典的合称。

本部《四书五经故事》经专家学者的精心挑选，化艰涩为浅显，以一个个脍炙人口、引人入胜的白话故事为向导，引领广大读者去感受传统文化的精华，品味儒学的精妙和人生的真谛。编者在每一篇故事前插入了简评，使本书的知识含量系统化；大量切合正文内容的彩色文物、艺术图片，使本书呈现出丰富的文化内涵。

衷心地希望本系列丛书能成为广大读者的良师益友，使您在品味国学博大精深的同时，能从中汲取源源不断的智慧甘泉。

四书·论语

半部《论语》治天下。

“论”是论纂的意思；“语”是话语、箴言；“论语”即是论纂（先师孔子的）语言。《论语》首创语录之体，是名列世界十大历史名人之首的中国古代思想家孔子与其弟子的语录结集，为儒家重要经典著作之一。今本《论语》共二十篇，四百九十三章。作为一部优秀的语录体散文集，它的语言活泼生动、流畅通达、言简意赅、含蓄隽永，语气词、排比、叠句、对偶等大量运用，感情色彩浓厚。如“子在川上曰：‘逝者如斯夫，不舍昼夜！’”雍容和雅，表现出孔子自强不息的精神和通达的哲思。《论语》所记载的，是孔子从生活中演绎出来的为人处世经验和他对弟子的教导，囊括了孔子思想的精华。内容以伦理、教育为主，反映了孔子的天命观、道德观、政治观、教育观。

两千多年来，《论语》一书浸润濡染，影响着中国人的道德素质、心理结构，对中华民族起着不可估量的凝聚作用。宋代的宰相赵普曾说：“半部《论语》治天下。”这部曾被古人誉为治国之本的经典之作，对于我们现代人来说意义非凡。北京师范大学于丹教授认为，《论语》能为我们现代人构建和谐社会，建立良好的人际关系，提供一份温馨的劝导。而早在1988年，七十五位诺贝尔奖获得者在巴黎发表宣言：“如果人类要在21世纪生存下去，必须回到两千五百年前去汲取孔子的智慧。”

传世名句

- 学而时习之，不亦说乎？有朋自远方来，不亦乐乎？
- 人不知而不愠，不亦君子乎？
- 见贤思齐焉；见不贤而内自省也。
- 三人行，必有我师焉：择其善者而从之，其不善者而改之。
- 君子成人之美，不成人之恶；小人反是。
- 不患人之不己知，患不知人也。
- 巧言令色，鲜矣仁。
- 君子不重，则不威；学则不固。主忠信。无友不如己者。过，则勿惮改。
- 道之以政，齐之以刑，民免而无耻；道之以德，齐之以礼，有耻且格。
- 吾十有五而志于学，三十而立，四十而不惑，五十而知天命，六十而耳顺，七十而从心所欲，不逾矩。
- 温故而知新，可以为师矣。
- 君子不器。
- 君子周而不比，小人比而不周。
- 学而不思则罔，思而不学则殆。
- 攻乎异端，斯害也已。
- 人而不仁，如礼何？人而不仁，如乐何？
- 里仁为美。择不处仁，焉得知？
- 唯仁者，能好人，能恶人。
- 朝闻道，夕死可矣！
- 君子怀德，小人怀土；君子怀刑，小人怀惠。

弟子侍坐

孔子和弟子静坐闲谈，子路、冉有、公西华分别陈述自己的从政理想，孔子最赞赏的则是曾皙的说法。

孔子是伟大的教育家，有着众多杰出的弟子[1]。孔子常常在日常的闲谈中，对他的弟子进行潜移默化的熏陶。有一次，子路、曾皙、冉有、公西华陪坐在孔子身边，孔子说："不要因为我比你们年纪大些，就因此而拘束。你们平时说：'没有人认识我的才能啊！'如果有人认识到你们的才能，准备重用你们，那你们要怎么做呢？"

子路想都不想就立刻回答说："一个有上千辆兵车的国家，而且还夹在大国的中间，受到邻国军队的威胁，甚至加上国内又闹饥荒，让我来治理它，只要三年，可以使百姓勇敢，并且崇尚道义。"

孔子微微笑了一笑。又问："求（冉有的名），你会怎么样？"

冉有回答说："方圆六七十里或者五六十里的小国家，让我来治理，只要三年，可以使人民富足。至于国家的礼乐制度，就要等待贤人君子来推行了。"

孔子又问："赤（公西华的名），你怎么样呢？"

公西华回答说："我不敢说自己有什么能力，只是愿意学习而已。在祭祀祖庙或会盟诸侯的时候，我愿意穿着礼服、戴着礼帽，做一个小司仪。"

孔子又问："点（曾皙的名），你怎么样呢？"

曾皙正在弹瑟[2]，已近结尾，声音渐渐地轻下去，突然铿的一声，乐曲结束，曾皙放下瑟站了起来，回答说："我的想法不同于其他三位。"

孔子说："又有什么关系呢？不过是各人谈谈自己的理想而已。"

曾皙说："暮春三月，穿上新做的春装，与五六个成年人，六七个少年一起，在沂水[3]河中洗洗澡，到舞雩台[4]上吹吹风，然后唱着歌回家去。"

孔夫子长声叹息说："我倾向于点的理想啊！"

子路、冉有、公西华三人出去了，曾皙落在后面，问孔子说："他们三人的话怎么样？"

孔子说："也只不过是各人谈谈自己的志向而已。"

曾皙说："您为什么取笑子路呢？"

孔子说："治理国家讲究礼让，他说话却一点都不谦让，所以取笑他。"

曾皙说："难道冉有谈的不是治理国家吗？"

孔子说："怎见得方圆六七十里或五六十里的地方就不是国家？"

曾皙说："难道公西华谈的不是治理国家吗？"

孔子说："有宗庙[5]，能会盟诸侯，不是国家又是什么呢？他若只能做小司仪，那谁又能做大司仪？"

○ 品画鉴宝　孔子退修诗书图　孔子返鲁，不求仕，专心整理文献典籍，修纂《春秋》，以诗书礼乐教育弟子。

相关链接

〔1〕史载孔子"弟子三千，贤者七十二"。

〔2〕瑟：古代弦制乐器，像琴，有二十五根弦。

〔3〕沂水：即沂河。在今山东省南部和江苏省北部。源于山东沂源县鲁山。

〔4〕舞雩台：古代祭天祈雨的高台。

〔5〕宗庙：又称"太庙"。古代帝王、诸侯等祭祀祖宗的庙堂。

季氏将伐颛臾

季氏专权跋扈，将要攻打颛臾，冉有、子路把这件事告诉了孔子。孔子严厉地斥责他们，并指出了季氏的野心。

鲁[1]大夫[2]季氏，是鲁国的权臣，非常嚣张跋扈。季氏曾在庭院中举行乐舞，居然僭用天子的礼仪，排出了八列舞队（按乐舞礼仪，天子用八列，诸侯六列，大夫四列，士二列）。孔子听说以后非常生气，说："僭用天子之礼，在庭院中排出八列舞队，这样的事都能做出来，还有什么事做不出来！"

季氏又曾想去祭泰山，按照礼仪，这是诸侯才应该做的事。当时冉有在做季氏的家臣，孔子就问冉有："你能不能阻止？"冉有回答不能，孔子听了感叹不已。

季氏比周朝的王公还要富有，而冉有还替他四处搜刮，来增加他的财富。孔子对此非常不满，对其他学生说："冉有不是我的学生！你们尽可以大张旗鼓地攻击他。"

子路也做了季氏的家臣。季氏子弟中有个叫子然的，因为家里有两个孔子弟子做家臣，感到很得意，就去问孔子："子路、冉有可以称得上是大臣吗？"

孔子说："我还以为你是问别的呢，原来是问子路和冉有啊。所谓'大臣'，是为了道义而侍奉君主的人，如果道义不行，就辞职不干。如今子路和冉有，算得上是一般臣子而已。"

子然接着问："是那种上司让干什么就干什么的臣子吗？"

孔子说："那倒不是。如果是弑杀父亲和君主那样的事，我想他们是不会服从的。"

鲁国有个附庸国，叫作颛臾。季氏准备攻打颛臾，冉有、子路就去报告孔子说："季氏准备对颛臾发动战争。"

孔子说："求（冉有的名）！这难道不应该责备你吗？颛臾，是先王封在东蒙山[3]下，让他们主持东蒙

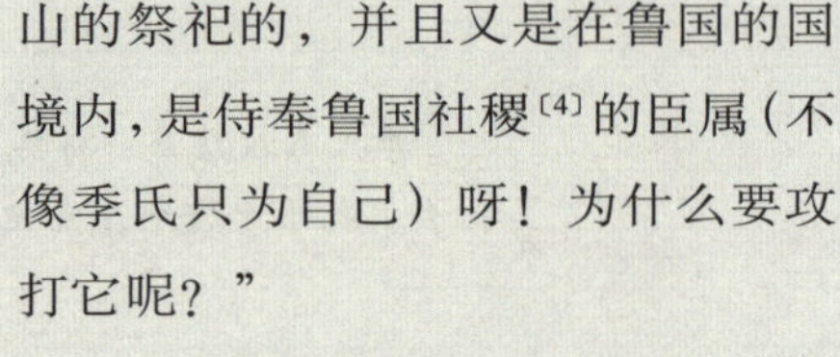

山的祭祀的，并且又是在鲁国的国境内，是侍奉鲁国社稷[4]的臣属（不像季氏只为自己）呀！为什么要攻打它呢？”

冉有说：“是季氏想这样做，我们两个并不希望这样。”

孔子说：“求！古代的良史[5]周任曾经有句话：‘尽自己的能力担任职务，不能胜任就请辞职。’遇到危险你不维护，将要跌倒你不扶持，那还要你们这些辅佐的干什么？而且你的话是站不住的。好比老虎犀牛从笼子里跑掉，龟甲美玉在盒子里毁坏，这是谁的过错呢？”

冉有说：“如今颛臾城墙坚固，又邻近费邑（季氏的私邑）。现在不去夺取它，一定会给子孙后代留下隐患。”

孔子说：“求！君子厌恶那种不肯直说‘我想要’，而替自己的贪婪找出种种借口的人。我听说：治理国家

孔子（公元前551—前479年）
名丘，字仲尼，鲁国郰邑（今山东曲阜）人。祖籍宋国（今河南商丘一带）。春秋时期我国伟大的思想家、政治家、教育家，儒家学派的创始人。《论语》一书，是他和众弟子言行的汇编。

冉 有

春秋时儒者。冉氏，名求，字子有。孔丘弟子。为鲁国贵族季孙氏家臣，孔子称其“可使治赋”。冉有帮助季氏发展新兴地主阶级势力，孔子对此极为不满，声称冉求不再是他的学生，要弟子“鸣鼓而攻之”。实际上，孔子是很欣赏冉有的。《论语·先进》说：“德行：颜渊、闵子骞、冉伯牛、仲弓。言语：宰我、子贡。政事：冉有、季路。文学：子游、子夏。”

或治理封地的人，不担心贫困而担心财富不均，不担心人口稀少而担心人们不团结。如果贫富均匀，也就没有贫穷了；人民和睦相处，也就不怕人少了；百姓齐心协力，国家也就没有倾覆的危险了。能做到这样，远方的人还不归服，那就要培养仁义礼乐来招徕他们。他们来了之后，就要让他们安居乐业。现在你们两个辅佐季氏，远方的人不肯归服，又不能够招徕他们；国家分崩离析而不能好好守卫边境，反而策划在国内发动战争。我恐怕季氏所担忧的，不是颛臾国，而是鲁国的君主吧。”

相关链接

〔1〕鲁：西周初年周公旦的封国，开国君主为其子伯禽，都曲阜（今山东曲阜）。战国时期为楚国所灭。

〔2〕大夫：先秦时期，国君之下有卿、大夫、士三级贵族。

〔3〕东蒙山：一名蒙山，在今山东中部。

〔4〕社稷：社，土地神；稷，五谷神。古代帝王定期祭祀它们。今用以指代江山国家。

〔5〕良史：贤良的史官。

叶人证父攘羊

儒家把亲情作为人伦之本，认为这是人性中最基本的东西，反对为了其他的目的而抛弃亲情的行为。

楚国[1]叶县[2]的长官沈诸梁，字子高，也僭称为公[3]。叶公有一次对孔子说："我们那里有一个为人正直的人，他的父亲偷了一只羊，他就去作证，证明他父亲确实偷了羊。"

孔子不屑地说："我们那里为人正直的人不是这样的。父亲为儿子隐瞒，儿子为父亲隐瞒，而正直也就在其中了。"

儒家把亲情视作人伦之本，父慈子孝，是人性中最根本的东西，离开了根本的人性，仁义这些也就无从谈起。一个人如果为了其他目的，就可以抛弃最基本的人伦，那么只要利益足够大，又还有什么不能抛弃呢？所以孔子对叶人证明父亲偷羊的行为不以为然。

到了孟子[4]的时候，齐国有个人叫陈仲子，是齐国世代贵族出身。他的哥哥陈戴，在盖地有食禄，一年可得一万钟[5]粮食。但陈仲子认为哥哥的食禄是不义之禄，认为哥哥的房子是不义之室，不肯吃哥哥的东西，不肯住哥哥的房子，辞别母亲自己住到别的地方去。

有一次，陈仲子回家，看到有人给哥哥送来一只鹅，就皱着眉头说："为什么送来这么一只嘎嘎叫的怪物！"过了几天，他母亲把鹅杀了，也给陈仲子送了肉。陈仲子正吃着，正好被他哥哥看到了，说："这就是那个嘎嘎叫的怪物的肉啊。"陈仲子立刻跑出去把肉吐了。

对陈仲子这样为了博得廉洁的名声，而抛却亲情的行为，孟子也很不以为然，说："陈仲子那样的人，也就只能排在蚯蚓后头去充他的操守吧！"

东汉有名大臣叫周泽，以耿直闻名，官至太常。他为人廉洁自爱，尽心侍奉宗庙。曾经生病时住在斋戒[6]的房子里，他的妻子见周泽生病还要斋戒，非常同情且怜惜他，放心不下，就偷偷去探望他，违反了斋戒的规定。

周泽非常生气，就让人把妻子绑起来送到官府治罪。当时的人对他的这种行为也很表示怀疑，有人做了一首歌谣说："生不逢时，做了周太常的老婆；一年三百六十日，要斋戒三百五十九日。"

后人评价说："叶人证明父亲偷羊，陈仲子厌恶哥哥的鹅肉，周

泽因为斋戒被破坏而治妻子的罪，这都是喜欢名声的心理在作怪啊！喜好名声的人，满脑子都是名声的念头，连父母兄弟妻子儿女都顾不得了！”

相关链接

〔1〕楚国：简称“楚”，一名荆、荆楚，西周时鬻熊开国于荆山，国君芈姓，都丹阳（今湖北秭归东南），春秋五霸之一，公元前223年为秦所灭。

〔2〕叶县：即今河南叶县，古称“叶邑”。

〔3〕公：古代五等爵位（公、侯、伯、子、男）的第一等。

〔4〕孟子：约公元前372—前289年，姓孟，名轲，字子舆，鲁国邹（今山东邹县）人，战国时期伟大的思想家、儒家一代宗师，继承并发展了孔子的学说，被后代尊为“亚圣”，和孔子并称“孔孟”。

〔5〕钟：古代容量单位，一钟合十釜（每釜约20.5升）。

〔6〕斋戒：古人在祭祀等大事之前沐浴净身，以示敬诚。

孔子畏于匡

孔子带领弟子周游列国，宣扬自己的治国之策，一路遇到许多困难和挫折，可是他并不因此而沮丧，还很乐观地用“丧家之犬”进行自嘲。

孔子曾率领弟子周游列国，以宣传自己的政治主张。有一次他离开卫国[1]，将要到陈国[2]去，途中经过匡城[3]。弟子颜刻为他驾车，用马鞭指着城墙上的缺口说：“以前我就是从这个缺口进入匡城的。”

匡城的人听了，以为孔子就是鲁国的阳虎，而且孔子的样貌与阳虎确实有些相似。阳虎曾经侵略过匡城，匡城的人非常记恨，就让士兵把孔子一行给包围起来。

情势越来越紧张，弟子们都很害怕。孔子说：“周文王已经死了，礼乐制度如今就都寄托在我身上。上天如果想要让这样的礼乐制度灭亡，那就一定不会让我掌握这些东西；上天既然不想让这些礼乐制度灭亡，那匡城的人又能拿我们怎么样呢？”

孔子一行整整被围困了五天。后来，孔子派人向卫国的宁武子称臣，大家才脱离了险境。

孔子被围困的时候，颜渊落在了后面，与孔子失散。后来得以重聚，孔子说：“我还以为你死了呢！”

颜渊笑着说：“您还在，我哪里敢死呢？”

孔子周游列国的时候，有好几次遭遇过类似这样的危险。哀公三年，孔子从曹国来到宋国，经常在一棵大树下与弟子们演习礼乐。宋司马桓魋想要加害孔子，先派人把大树拔了。

孔子准备离开宋国。弟子催促道：“我们得快一点了！”

孔子说：“上天赋予我这样的品德，桓魋又能把我怎么样！”

接着到了郑国。孔子与弟子们走散，一个人站在都城外城的东门。郑国有人对子贡说：“东门有个人，他

的额头像尧，脖子像皋陶，肩膀像子产，但腰部以下要比大禹短上三寸。神情像一条丧家之犬。”

后来，子贡把这些话照实说给孔子，孔子听了哈哈大笑，说：“描述我的样子，倒没什么。但他说我神情像一条丧家之犬，说得很对！说得很对！”

相关链接

〔1〕卫国：简称“卫”，西周武王弟康叔的封国，都朝歌（今河南淇县），公元前254年为魏所破，成为秦国附庸，卒灭于秦。

〔2〕陈国：相传为舜后裔胡公（即妫满）所创建，后受周天子册封，为诸侯。国君妫姓，后以国为姓，改陈，都宛丘（今河南淮阳）。公元前479年为楚所灭。

〔3〕匡城：古名匡邑，春秋卫地，在今河南长垣西南。

孔子论诗

孔子非常重视诗，对诗进行高度评价，认为它是一个人修养的起点。他劝导自己的儿子和弟子学习《诗经》，并用其中的道理启发教育他们。

诗是先秦六艺[1]之一，是贵族士大夫教导子弟的必备科目。在当时，诗除了用来记述史事言论、陶冶性情之外，在外交场合还有“赋诗言志”的传统，就是引用《诗》[2]中的句子来表达自己的观点，是交往的重要手段。

孔子也非常重视诗，在《论语》里，留下来不少他论及诗的言辞。

他曾高度评价说：“《诗经》三百首，用一句话来概括它们，叫‘思无邪’！”

又曾评价《诗经》首篇，说：“《关雎》这首诗好啊，快乐而不过分，悲哀而不毁伤。”

他曾经从培养一个人成才的角度上说：“兴于诗，立于礼，成于乐。”认为诗是一个人修养的起点。

他曾经一个人站在庭院里，儿子孔鲤从旁边小步走过，孔子问：“你学诗了吗？”

孔鲤回答说：“还没有呢。”

孔子说：“不学诗，就不懂得怎么说话。”孔鲤告退后就去学诗了。

后来又问孔鲤：“你学《周南》《召南》篇了吗？一个人如果不学习《周南》《召南》，好像面对墙壁而站，什么也看不见，一步也不能前进。”

孔子也曾对弟子们说：“你们为什么不去学诗呢？诗，可以激发情志，可以考见得失，可以寻师交友，可以批评讽刺。近的说，可以用其中的道理侍奉父母；远的说，可以用其中的道理侍奉君主。还可以让你多认识鸟兽草木的名字。”

○ 品画鉴宝　孔子圣迹图（明）　孔子二十岁（公元前532年）生子，因鲁昭公以鲤鱼赐孔子，故取名孔鲤，字伯鱼。

子夏曾经来请教关于诗的问题，说："《卫风 · 硕人》里有这样的句子：'笑脸上有可爱的酒涡，美丽的眼睛黑白分明，就像在洁白的底子上配上五彩的颜色。'是指什么？"

孔子说："就像画画一样，先要打好质地，然后再加以文饰。"

子夏问："就像忠信之人，才可以学习礼仪一样吗(否则容易虚伪)？"

孔子称赞说："商（子夏的名）真是能发扬我意思的人啊！这样的人，才可以跟他谈论《诗》！"

子贡有一次问孔子说："贫穷而不涎媚，富裕而不骄纵，怎么样呢？"

孔子说："也不错。不过不如贫穷而能快乐，富裕而喜好礼仪。"

子贡又问："《卫风 · 淇澳》说：'就像制骨器，精益求精，切而后磋；就像制玉器，精益求精，琢而后磨。'是不是就是这个意思？"

孔子说："赐（子贡的名）这样的人，可以跟他谈论《诗》了！把说出来的话告诉他，他就能明白还没有说出来的话。"

相关链接

〔1〕六艺：指"六经"，即《诗经》《礼经》《乐经》《易经》《尚书》《春秋》；也指先秦学校教育内容，包括礼、乐、射、御、书、数。

〔2〕《诗》：后称《诗经》，儒家经典之一，中国最早的诗歌总集。相传由孔子删订而成，分"风""雅""颂"三部分，共收录诗歌三百零五篇，大多为西周及春秋作品。诗篇四言为主，运用赋、比、兴手法，语言生动，韵律和谐，颇富艺术感染力。

颜渊早死

颜渊是孔子最为得意的门生，因此被寄予厚望。但不幸的是，他三十二岁早逝。孔子为此痛惜不已，认为是上天故意让他的理想传无后人。

颜回字子渊，鲁国人。在众多弟子中，颜渊是孔子最为欣赏的一个，认为他好学而不违仁，最有可能继承自己的理想。

他说："颜渊这个人，他能够保持三个月不违背仁之道，其余的弟子能保持几天乃至一月，也就到头了。""颜渊真是个贤人啊！哪怕只有一小盆饭吃，一瓢[1]水喝，居住在简陋的巷子里，若是别人发愁还顾不过来，颜渊却依然能够保持快乐的心态。颜渊真是个贤人啊！"

孔子觉得，自己与颜渊之间最能够产生共鸣。他说："告诉他，他就毫不懈怠地去履行，也只有颜渊能做到吧！""颜渊，不是能与我互相启发的人。他对我的话，可以说无不会然于心，因心领神会而欣喜呀！"

孔子对颜渊说："受人重用就出来做官，没人重用就隐居藏善，只有我们两个能够这样吧！"

子路听到了很不受用，他最自负自己的勇猛，就问："您要是率领大军去打仗，会和谁一起去？"

孔子说："徒手跟老虎搏斗，徒步涉水过深河，死了也不知道后悔的人，我是不会和他一起去的。一定要遇事知道担忧害怕，喜欢谋定而动，而后成事的人，我才和他一起去。"子路无话可说。

颜渊做人，大智若愚。孔子说："我跟颜渊说一天的话，他也没有问难的话，好像很傻的样子。等我回头暗暗观察他的行为举止，发现足以发挥我所教诲的道理，才发现他一点也不傻。"

孔子问子贡："你觉得你和颜渊谁更有才能？"

子贡回答："我哪敢跟颜渊相比。颜渊那个人，听到一个道理，他就能发扬出十个来；我听到一个道理，能发扬出两个罢了。"

孔子说："是不如颜渊啊。我也认为你不如颜渊。"

颜渊体弱多病，二十九岁头发就白了，三十二岁就死了。孔子悲痛不已，大声叹道："啊！老天要让我的理想不能传下去！老天要我的理想不能传下去啊！"

孔子因为颜渊之死，哭得非常伤心。

弟子们说："老师太悲伤了。"

孔子说："太悲伤了吗？不为这样的人悲伤，还为谁悲伤呢？"

颜渊死了，颜渊的父亲颜路请求卖了孔子的马车，来为颜渊置办一个外椁[2]。孔子说：“不管成才还是不成才，也都是儿子。我儿子孔鲤死的时候，也是有内棺而无外椁。我不能卖马车步行来为他们置办外椁，因为我以前是大夫，按照礼仪出门是不可以步行的。”

颜渊死了，孔门弟子想要厚葬他。

孔子说：“不可以。”然而弟子们还是厚葬了他。

孔子说：“颜渊对我，就像对待父亲一样，我却不能像对待儿子一样对待他（意思是不应该厚葬，而且自己葬儿子孔鲤也没有厚葬）。不是我不想这样，而是那些弟子不肯听我的话呀！”

鲁哀公问孔子：“您的弟子谁最好学？”

孔子回答说：“有个叫颜渊的弟子，最为好学，不迁怒于他人他事，不犯与过去同样的错误。不幸的是，他短命死了。如今就没有了，没有听说有这样好学的人了。”

季康子也问：“您的弟子谁最好学？”

孔子又回答说：“有个叫颜渊的弟子最为好学，不幸的是短命死了，如今就没有了。”

颜渊早死，孔子一直为他惋惜，说：“真可惜啊！我看到颜渊进步，而没有看到他止步。”认为颜渊若不早死，一定会成为更了不起的人。

颜渊（公元前521—前490年）
在孔门弟子中，颜渊的品德与学业均翘居群首，是孔子多次赞许的弟子。在《论语》中孔子赞扬颜渊的句子有六处之多。颜渊为“孔门十哲”（子渊、子骞、伯牛、仲弓、子有、子贡、子路、子我、子游、子夏）之一。

相关链接

〔1〕瓢：旧时用对半剖开的葫芦做成的可以舀水、盛酒的器具。

〔2〕外椁：套在棺外的大棺材，古称“椁”。

子路好勇

子路粗豪直率，做事很少考虑后果，勇有余而谋不足。孔子曾经担心他不能寿终。后来，他果然因一时之勇而死在了卫国的变乱之中。

子路名仲由，比孔子小九岁，是卞地没有受过礼仪教化的人。他生性粗豪，好勇斗狠，脾气爽直。他在头上插雄鸡的羽毛，佩带野猪的牙齿，因为雄鸡和野猪都是很勇猛的动物，所以子路用这些作勇气的象征。

子路遇到孔子，仗着自己勇敢有力，稍稍侵犯了孔子。孔子则以礼相待，设礼仪诱导子路。子路受到感化，于是穿上儒服，送来礼物，通过其他门人请求，做了孔子的弟子。

子路好勇，可惜有点缺心眼，往往不肯事先好好谋划，就急着要行动。子路曾经见孔子夸奖颜渊，心里有点不平衡，就问孔子："您要是统率三军[1]去打仗，会带上谁？"

孔子讽刺他说："徒手跟老虎搏斗，徒步涉水过深河，死了也不知道后悔的人，我是不会和他一起去的。一定要遇事知道担忧害怕，喜欢谋定而动，而后成事的人，我才和他一起去。"

孔子曾经说："如果大道不行，我就坐船跑到海上去。到那时跟从我的，大概会是子路吧。"

子路听了很是高兴，孔子笑着说："子路在好勇这点上要超过我，可惜不懂得取舍，不能恰到好处。"

好勇过头，则容易莽撞，所以孔子说："一句话就可以判决案子，大概就是说子路那样的吧？"

子路鼓瑟，有北地杀伐之音，孔子听了就说："子路那样鼓瑟，不像是我门下的学生。"

弟子们因此不尊重子路，孔子又解释说："子路已经登堂了，只是还没入室而已。"

子路许下诺言，就急于实践，甚至来不及等到第二天。尤其喜欢交朋友，孔子曾让弟子们说说各自的理想，子路说："希望有马车坐，有轻暖的毛皮衣服，与朋友们一起分享，就算因此损坏也没有遗憾。"

子路非常好善，别人指出他的错误，他就很高兴。曾经听到好的观点，而自己不能够实行，以致于从此以后很怕再听到类似于这样的好观点。

子路也是个安贫乐道的人，孔子说："穿着破旧的布袍，和穿着毛

子路（公元前542－前480年）
名仲由，字子路，又字季路，鲁国卞（今山东泗水县泉林镇卞桥村）人，孔子得意门生，以政事见称。为人耿直鲁莽，好勇力，事亲至孝。除学诗、礼外，还为孔子赶车，做侍卫，跟随孔子周游列国，深得器重。

皮大衣的人站在一起，而能够丝毫不觉得羞耻的，就是子路这样的吧。‘不轻视不羡慕，做什么做不好？’”

这两句诗出自《卫风 · 雄雉》，孔子用来称赞子路。子路听了，沾沾自喜，于是嘴里天天念叨这两句诗。孔子又怕他因此懈怠，说：“这是最普通的道理，哪里足够呢？”

孟武伯曾经问孔子：“子路算不算‘仁’？”

孔子说：“这我不知道。”

孟武伯还是问，孔子就说：“子路那个人，一个有一千辆兵车的国家，可以让他去负责军事。至于算不算‘仁’，我就不知道了。”

季康子问：“子路这个人，可以让他参与政务吗？”

孔子回答：“子路很有决断，只要能善用他的长处，当然可以让他参与政务。”

子路对孔子非常爱戴，加上他性子又直，所以孔子有做得让他不能满意的，他也会直接提出来。所以当鲁公孙弗扰在费邑反叛，以及晋佛肸在中牟反叛时，他们征召孔子，孔子也都动了前往的念头，而两次都是子路首先提出质疑的。

孔子在卫国的时候，卫灵公的夫人南子受宠，她派人对孔子说：“各国君子愿意和我们国君交朋友的，一定也要去见我们的夫人。我们的夫人也愿意见。”

孔子不得已，只好去见了。子路非常不高兴，认为孔子做了违背道义的事，急得孔子指天发誓：“我要是做了不该做的，老天抛弃我！老天抛弃我！”

孔子曾经病得很重，由于当时已没有公家职位，所以也没有家臣[2]。子路就偷偷安排弟子们充当家臣，想以此为孔子治丧[3]，来表示尊崇。

孔子的病略有好转，知道了这件事，就说：“子路这家伙，骗了我这么久！我没有家臣，又要装得有家臣，我想骗谁？骗老天爷？何况我死后与其让家臣替我治丧，还不如让你们几个学生替我治丧。而且我就算得不到风光大葬，难道我还会死在路上而不得安葬吗？”

子路勇有余而谋不足，兼之处世忠直，孔子因为他的这种个性而非常替他担心，曾说：“子路这样，恐怕会不得善终的。”

当初，卫灵公太子蒯聩得罪了南子，害怕被杀而出逃。等到灵公死了，南子想立公子郢，公子郢不肯，说：“流亡太子的儿子辄还在呢。”于是立辄为君，也就是出公。

卫出公十二年，出公的父亲蒯聩流亡在外回不了国，于是就联合卫大夫孔悝一起作乱。蒯聩偷偷回来躲进孔悝家中，然后带领支持者攻打出公。出公逃奔鲁国，蒯聩立为国君，也就是庄公。

当时，子路在孔悝手下做县长。变乱发生的时候，他不在都城，听到消息后赶紧骑着马赶去。正好遇到同门子羔从城门逃出来，对子路说：“出公已经出逃了，而且城门已关，你可以回去了，不要无端牵连惹祸。”

子路说：“食君俸禄的人，君主遭难是不会逃避的。”子羔还是逃走了。

正好有使者要进城，城门打开，子路也跟着进去。然后去找蒯聩，蒯聩和孔悝逃上高台。子路大声喊道：“您怎么能任用孔悝？请让我把这个乱臣贼子抓住杀了！”

蒯聩不肯听从，子路就想放火烧台。蒯聩害怕，于是派石乞、壶黡下来攻击子路，打断了子路的帽绳。子路说：“君子就算死，也要戴着帽子。”停下来系帽绳，结果被人杀死。

孔子听说卫国发生变乱，说：“哎呀！子路这回要死了。”不久消息传来，子路果然死在变乱中。

相关链接

〔1〕三军：《周礼·夏官·序官》：“凡制军，万有二千五百人为军。王六军，大国三军，次国二军，小国一军。”后因以“三军”代指强大诸侯国的军队。

〔2〕家臣：春秋时卿大夫宗族及政权组织称“家”，“家”务总管称宰，宰下又有司徒、司马等官职，总称为家臣。

〔3〕治丧：料理丧事。

○品画鉴宝　孔子为鲁司寇像（明）

鲁定公十二年（公元前498年），孔子为鲁国大司寇，为了削弱私户以强公室，曾建议『堕三都』，但受抵制而失败。

子贡善辩

子贡富有才华，口齿伶俐，擅长辩论。但他具有自知之明，平时非常谦虚谨慎，从不敢把自己和老师孔子相比。

端木赐[1]字子贡，卫国人。子贡拜孔子为师，学成之后，问孔子："我是什么样的人？"

孔子说："你是'器'。"意指有用之材。

子贡问："什么样的'器'？"

孔子说："瑚琏那样的。"瑚琏是宗庙中用来盛黍稷的礼器，上面用玉装饰，是器物中的贵重而华美者。

子贡经常有很好的言论，他说："纣王[2]虽然坏，但其实也没有人们所说的那样坏。所以君子厌恶身处下流之地，因为一旦像纣王那样身处下流之地，天下所有的坏都会归到他身上。"

又说："君子犯了错误，就像太阳、月亮发生日食、月食。发生的时候，人们都能看到；改过的时候，人们依然仰慕。"这段话，后来曾被孟子用来驳斥别人的谬论。

子贡口才非常好。齐国的田常想要作乱，打算把别的军队派出去攻打鲁国，以方便自己的行动。孔子听说后，就问弟子们谁能挺身而出解救鲁国。子张、子石自我推荐，孔子不同意；子贡自我推荐，孔子立刻就同意了。

于是子贡先到齐国游说田常，然后又游说吴王、越[3]王和晋君，以利益相挑拨，让各国互相攻伐，最后回到鲁国。结果，子贡这次出使，既保存了鲁国，又扰乱了齐国，使晋国更强大，还让越国攻破吴国，杀死吴王夫差，吴国灭亡而越国称霸。由于子贡的游说，各国间的均势被打破，在十年之中，各国又各自发生了不同的变故。

子贡口舌伶俐，擅长狡辩，孔子也经常稍稍用话打击他。曾经问子贡："你觉得你和颜回谁更有才能？"

子贡倒是很有自知之明，回答说："我哪敢跟颜回相比。颜回那个人，听到一个道理，他就能发扬出十个来；我听到一个道理，能发扬出两个罢了。"

子贡曾说："我不愿别人加在我身上的，我也希望不加在别人身上。"

这已经是"仁"的境界，所以孔子回答说："赐啊，这不是你能达到的境界。"

子贡问：“贫穷却不卑屈，富裕而不骄横，这样如何？”

孔子说：“也可以。但不如贫穷而能快乐，富裕而喜好礼仪。”子贡先贫后富，他的话中有自诩之意，所以孔子说这些来勉励他。

子贡后来在卫国做官，经常在同事间维护孔子的名声，或者反击诋毁他的人。卫大夫公孙朝问子贡：“孔子学什么？”

子贡说：“文王和武王的功业和礼乐，还没有完全堕落，是因为有人在那儿继承。贤人懂得其中的精华，不贤的人懂得其中的枝脉。孔子什么也不学，而且又哪里有过固定的老师呢？”

大夫叔孙武叔在朝中对别的大夫说：“子贡比孔子还要有才能。”

子服景伯把这话告诉子贡，子贡说：“拿宫墙来作比喻，我的墙也就肩膀那么高，从墙上可以看到里面房屋之美。孔子的墙高达数仞，人们找不到进去的门，见不到庙堂之华美，官署之富裕。也有能找到门进去的，可惜少得很。所以，大家那样说孔子，不也是很正常的吗？”

○ 品画鉴宝　绚索龙纹壶（春秋晚期）　壶高体束颈鼓腹，通体纹饰繁复多变，五道纹饰又使各部分协调一致。多为盛水用。

叔孙武叔诋毁孔子，子贡说："这有什么意义呢？孔子是无法诋毁的。其他的贤人，就像丘陵一样，还是可以越过的；而孔子，则像日月一样，根本不可能越得过去。他们那样做，只是相当于让自己处于绝境而已，对于日月又有什么损害呢？只是更加显出他们不知道自己的分量罢了。"

陈子禽对子贡说："你那么恭敬地对待孔子，难道孔子比你还要贤吗？"

子贡说："君子一句话可以显出其智慧，也可以从一句话中显出他的愚蠢：说话不可以不谨慎啊！孔子难以让人企及，就像天不能踩着梯子爬上去一样。孔子如果能成为诸侯或卿大夫，他激励百姓，百姓就会奋发；他引导百姓，百姓就会前进；他安抚百姓，百姓就会归附；他劝解百姓，百姓就会和睦。活着的时候光荣无比，死了会让人哀痛万分。我怎么可能比得上他呢？"

子贡喜欢表扬别人的好处，不能容忍别人的过恶。他还喜欢做买卖，利用不同时节的价格差异，囤积商品，贱买贵卖，积聚了大量的财富。最后终老于齐国。

相关链接

〔1〕端木赐：公元前520年—？，姓端木，名赐，字子贡，春秋末期卫国人，孔子名徒。

〔2〕纣王：？—公元前1046年，姓子，名受，商朝最后一位帝王，中国历史上有名的暴君，人称纣王。周武王伐商，攻下都城朝歌，他自焚于鹿台。纣，凶暴残虐之意。

〔3〕越：又称"于越"，相传夏君少康庶子无余开国，姒姓，都会稽（今浙江绍兴）。越王勾践于公元前473年灭吴。约前306年为楚所灭。

管仲一匡天下

管仲因曾辅佐齐桓公成就霸业而成为一代名相。孔子对他的功劳是十分认可的，但是对他的人品却略有微词。

管仲名夷吾，年少时和鲍叔牙[1]一起做生意，赚了钱就一起分。管仲家里很穷，分钱时总是多拿一点，鲍叔知道他是人才，对他一直很好，并不跟他计较这些。

后来他们都在齐国做官，鲍叔侍奉公子小白，管仲侍奉公子纠。等到小白在争位中获胜，成为齐桓公，杀死公子纠，管仲也受牵连而遭囚禁。鲍叔劝齐桓公提拔任用管仲，桓公重用管仲，得以称霸，九次召集诸侯会盟，匡正天下，都是靠管仲为他谋划。

管仲（？—公元前645年）名夷吾，又名敬仲，字仲，春秋时期齐国著名的政治家、军事家，颍上（今安徽颍上）人。为齐国上卿（即丞相），被称为『春秋第一相』，辅佐齐桓公成为春秋时期的第一霸主。

有人问孔子对管仲的评价，孔子说："是个人物啊。夺去伯氏在骈邑的食邑[2]三百户，伯氏虽然只能吃最简单的食物，但到死都没有怨言。"伯氏是齐国大夫，齐桓公夺去他的食邑赏给管仲，伯氏知道自己有罪，但更重要的是他对管仲的功劳心悦诚服，所以一直没有怨言。

管仲虽然辅佐齐桓公称霸诸侯，但他不懂圣贤之道，只是行霸道，而没有行王道，所以孔子有一次说："管仲的气魄还是小了点。"

有人问："管仲节俭吗？"

孔子说："管仲有三归[3]之台，属下家臣众多而各不兼职，怎么能算节俭呢？"

又问："那么管仲懂礼仪吗？"

答："国君在门内设屏风，管仲也在门内设屏风；国君为诸侯间的交往，设有放酒爵[4]的墩子，管仲也设放酒爵的墩子。管仲要是懂礼仪，那还有谁不懂礼仪？"

孔子对管仲虽然略有微词，但更多的，还是对其功业的深深赞许。

子贡问："管仲不是仁者吧？齐桓公杀死公子纠，作为公子纠的家臣，管仲不能以身相殉，竟然还去辅佐桓公。"

孔子说："管仲辅佐桓公，让桓公称霸诸侯，匡正天下，百姓直到今天还拜其所赐，受其恩惠。如果不是管仲，我今天恐怕要披散头发，穿左边开襟的衣服，成为未受礼乐教化的野蛮人了。难道要他像普通男女那样，在深山沟谷里上吊自杀而不为人所知吗？"

子路问："当年齐桓公杀公子纠，公子纠的家臣召忽以死相殉，管仲却不肯死。是管仲不仁吗？"

孔子说："齐桓公九次召集诸侯会盟，尊王攘夷，不是依靠兵车战争，靠的都是管仲的力量啊。谁能有他那样仁？谁能有他那样仁！"

相关链接

〔1〕鲍叔牙：？－公元前644年，颍上（今属安徽）人，春秋齐国大夫，官至宰相，以知人善交著称。

〔2〕食邑：国君封给功臣或亲人的采邑（即作为世禄的土地，包括劳动者）。

〔3〕三归：说法不一。或曰管仲采邑名，或曰其囤积财宝之处。

〔4〕爵：古青铜酒器，用于盛酒或温酒，盛行于商、周。

伯夷求仁得仁

伯 夷

商末孤竹君之长子，姓墨胎氏。后商朝破灭，伯夷为保气节，“不食周粟”，遂与叔齐双双躲入首阳山。最后饥饿而死。

叔 齐

名致，字公达，谥齐，后人称之为叔齐。叔齐为商末孤竹君之次子，姓墨胎氏。为保气节，“不食周粟”，同伯夷一起饿死在首阳山。

武王克商，君临天下。而伯夷、叔齐认为他以臣弑君，于是耻食周粟，隐居首阳山，靠采薇充饥，最终饿死。孔子对他们极为赞赏。

伯夷、叔齐，是殷商[1]诸侯孤竹[2]国君的两个儿子。父亲想立二儿子叔齐为嗣，等到父亲死了，叔齐要让位于大哥伯夷。伯夷说：“让你继位，是父亲的遗命啊。”于是逃走了。叔齐也不肯继位，跟着逃走，都城的人就立了三子。

伯夷、叔齐听说西伯[3]姬昌善于养老，于是商量着等老了就一起去依附。

等他们去的时候，西伯已经死了，儿子武王用车载着木头牌位，上面称父亲为“文王”，向东前去讨伐纣王。

伯夷、叔齐拉住武王的马，劝谏道：“父亲死了，还没有为他安葬，就大动干戈，可以说是孝吗？你是殷商的臣子，却想弑杀君王，可以说是仁吗？”

武王左右卫士举起兵器想杀他们，姜太公[4]阻止说：“这是义士啊。”搀扶他们离开。

武王伐灭殷商后，天下诸侯都尊奉周王为天子，而伯夷、叔齐以此为耻，认为自己身为商臣，理当不吃周朝的粮食，于是跑到首阳山隐居，采薇（一种蕨类植物）充饥，最后饿死在首阳山。

孔子高度评价伯夷、叔齐，说：“伯夷、叔齐不念人旧恶，所以别人也不怨恨他们。”伯夷、叔齐非常耿介，孟子说他们“不与恶人同站一个朝廷，不和恶人说话”，这样的性格却能不招人怨恨，正是因为他们对所厌恶的人，只要能改过，就不再放在心上的缘故。

○ 品画鉴宝　孔子圣迹图（清）焦秉贞／绘　图绘孔子周游列国，游说诸王的典故。合人物、树石、界画为一体，充分体现了宫廷画家全面、扎实的技法功力。

孔子又说："齐景公拥有马匹四千，死的时候，百姓不认为他有德，而不加以称颂。伯夷、叔齐在首阳山下饿死，百姓到今天还称颂他们。可见百姓是否称颂一个人，看中的不是他有多少财富，而是他有多少德行。"

卫灵公驱逐太子蒯聩。灵公死，都城的人立蒯聩之子辄为君，是为出公。晋国接纳蒯聩，想把他送回卫国，卫出公拒绝接纳。

当时孔子在卫国，冉有想知道孔子会不会因卫出公拒绝接纳父亲而不肯出仕，就向子贡打听："老师会出仕去辅佐卫君吗？"

子贡说："好吧，我帮你问一下。"进去问孔子："伯夷、叔齐是什么样的人？"

孔子说："古代的贤人啊。"

子贡问："他们后悔吗？"

孔子说："求仁而得仁，又有什么可以后悔的呢？"

子贡出来，对冉有说："看来老师不会去辅佐卫君。"

○ 品画鉴宝

双羊尊（商） 器作双羊形，背负尊筒。造型端庄稳重，铸工精致。

相关链接

〔1〕殷商：本名“商”，公元前1600年商汤灭夏所建。都亳（今山东曹县南），屡迁移。后盘庚定于殷（今河南安阳小屯村），故人又称“殷”或“殷商”。

〔2〕孤竹：又叫觚竹。商朝诸侯国之一。国君墨胎氏。存在于商、西周及春秋时代。范围在今河北卢龙一带。

〔3〕西伯：姬昌封号。即西方诸侯之长。

〔4〕姜太公：即姜子牙。姜姓，名望（一说名尚），字子牙，号飞熊。其先人封于吕，故为吕氏，称吕望、吕尚。半生寒微，暮年之时得到周文王重用，遂辅佐其征伐天下。文王死，辅助武王，为军事统帅，尊称“尚父”，灭商后封于齐。

仁者爱人

“仁”是孔子及其学说的核心思想。他给弟子等人讲解“仁”的涵义及实践方法，并扼要指出：“仁”即“爱人”。

“仁”是孔子思想中一个非常重要的概念，一个人是否有高尚的品德，往往就体现在他的思想举止之间，是否有违背“仁”的理念的地方。孔子对他最钟爱的弟子颜渊，就以“三个月都不违背‘仁’”，来给予高度的评价，而认为其他弟子也就能几天到一月不违背而已。

仁是一个人最重要的内在品格，是一切善的根源，所以孔子说：“人如果不仁了，就算有礼仪又能怎样？人如果不仁了，就算知雅乐又能怎样？”

孔子认为，仁存在于每一个人的天性之中，只要有志于仁，就能够接近它：“仁离人远吗？只要我追求仁，仁就来了。”

刚正、坚毅、质朴、迟钝，这些品德都接近仁。而满口好听的言辞，堆出讨好别人的脸色的人，就很少能达到仁的境界了。

一个人只要有志于成就仁，就不会做坏事了。对于品德高尚的君子来说，仁就更加不可或缺了：“君子离开了仁，还怎么能成就君子的名声？君子不会有一顿饭的时间离开仁，危急险恶的时候是这样，颠沛流离的时候也是这样。”

“有理想的人，追求仁的人，不会为了活命而损害仁，只有牺牲生命来成就仁。”

孔子感慨仁人之少，说：“我没有见过真正喜好仁的人，没有见过真正厌恶不仁的人。真正喜好仁，那是最好不过了；真正厌恶不仁，他在追求仁的时候，也能够不让自己沾染不仁的事物。真有某天下决心把能力用在实践仁上的人吗？人们只是没下这样的决心罢了，我还没见过下了决心而能力不足的人。下了决心的人，也许真有吧，可惜我还没见到。”

樊迟请教仁，孔子说：“独处的时候要恭谨，做事的时候要敬业，待人的时候要尽力。哪怕到夷狄[1]的地方去，也不可以抛弃这些原则。”

后来又问，说：“仁者不畏艰难，而不计较收获，这样可以算仁了。”

又问，孔子用两个字回答说：“爱人。”

颜渊请教仁，孔子说：“战胜自己的私欲，回归礼仪之道。一旦能战胜自己的私欲，回归礼仪之道，那么天下之人都会受到感召而向‘仁’

子 贡

名端木赐，字子贡，是孔门七十二贤之一，且为言语科的优异弟子。孔子曾称其为“瑚琏之器”。他善于雄辩，且有干才，办事通达。曾任鲁、卫两国之相。他还善于经商之道，曾经经商于曹、鲁两国之间，富致千金。为孔子弟子中首富。

靠拢。实践‘仁’之道，完全得靠自己，靠不了别人。”

颜渊问：“请问具体的做法？”

孔子说：“不合礼仪则不看，不合礼仪则不听，不合礼仪则不说，不合礼仪则不做。”

颜渊说：“我虽然不聪明，也一定按照您说的这些话去做。”

仲弓请教仁，孔子说：“出门就像去见重要的宾客，做官就像主持重大的祭典。自己所不喜欢的，不要施加在别人身上。国家之内没有怨言，家庭之中也没有怨言。”

仲弓说：“我虽然不聪明，也一定按照您说的这些话去做。”

司马牛请教仁，孔子说：“仁者，说话慎重，替人留下余地。”

司马牛问：“说话慎重，替人留下余地，就可以称之为仁了吗？”

孔子说：“光是这一点，做起来就够难的了！”

子张向孔子请教仁，孔子说：“能在天下实践五种美德，就是仁了。”

子张问是哪五种，孔子说：“恭敬、宽厚、诚信、勤敏、惠爱。恭敬则不被人侮辱，宽厚则能得到大家拥护，诚信则别人愿意任用，勤敏则做事容易成功，惠爱则足以使唤手下。”

子贡问实践仁的方法，孔子说：“工匠想要做好他的工作，一定先整治好他的工具。居住在一个国家，要侍奉那里德才兼备的大夫，结交有志于仁的士人。”

子贡问：“如果有个人，能够广泛地施恩于百姓，帮助他们度过困难，怎么样？可以算是仁吗？”

孔子说：“这何止于仁呢？恐怕也只有圣人能做到！尧、舜在这方面都还觉得自己做得不够呢！仁者，自己想要有修养，就也帮助别人提高修养；自己想要成功，就也帮助别人获得成功。能够近取譬，从自己的身上发现待人的道理，可以说是实践仁的方法啊。”

仁是做人的最高标准，即使对自己的得意弟子，孔子也不轻易以仁相期许。孟武伯问孔子：“子路仁不仁？”

孔子说：“不知道。”

又问，孔子说：“子路呀，有一千辆兵车的国家，可以让他负责军事，至于仁不仁就不知道了。”

问：“冉有怎么样？”

孔子说：“冉有呀，有一千户人家的大邑，可以让他做长官；有一百辆兵车的卿大夫家，可以让他做家臣。至于仁不仁就不知道了。”

问：“公西华怎么样？”

孔子说：“公西华呀，让他束着冠带站在朝廷上，可以让他接待宾客，办理外交。至于仁不仁就不知道了。”

微子开〔2〕是纣王庶出的哥哥，见纣王无道，国家将亡，于是选择逃走，后来在周朝被分封于宋国，得以保存殷商的宗庙祭祀。

箕子〔3〕见纣王无道，向纣王劝谏又不被接受，别人劝他逃走，他则认为劝谏不被接纳就逃走，是更加彰显君王的罪恶，于是留下来，披散头发，假装发疯，做了别人的奴仆。王子比干〔4〕听说箕子因劝谏未被接受，而装疯做了奴仆，认为君王有过错而不以死相争，怎么对得起无辜的百姓，于是向纣王直言诤谏，结果纣王把他杀了，还把他的心挖了出来。

这三个人的选择虽然各不相同，但孔子认为他们都符合仁，感慨说：“殷商有三位仁人啊！”

相关链接

〔1〕夷狄：古代中国自称“中国”“华夏”，称周边少数民族为“西戎”“东夷”“南蛮”“北狄”。

〔2〕微子开：姓子，名启（汉时避帝讳而改开），纣王庶兄，商时封于微（今山西潞城）。屡谏纣王，不听，遂逃亡。周时成王封于宋（今河南商丘）。

〔3〕箕子：姓子，名胥余，殷室贵族，商时封于箕（今山西太谷）。武王克商，不做周顺民，封于朝鲜。

〔4〕比干：姓子，名干，纣王叔父，曾封比地。武王克商后为其封墓，赐姓“林”，林姓即由此始。与微子、箕子并称为“殷商三仁”。

孔子的思想，以“仁”为核心，以治平为根本。因此，在政治上，他提倡德治和教化，反对苛政与战争。

孔子是儒家[1]学派的创始人，他的思想以治平为根本，以仁为核心。他谈到为政之道的时候，曾经说：“以高尚的品德来治理国家，就像北斗星一样，在位子上一动不动，而众星拱绕，围着它运转。”

齐景公向孔子请教治理国家的道理，孔子回答说：“君王像君王，臣子像臣子，父亲像父亲，儿子像儿子，各安其道，各正其位。”

景公说：“说得好啊！要是君王不像君王，臣子不像臣子，父亲不像父亲，儿子不像儿子，如果真的那样了，就算国家粮食再多，又哪里还会有我吃的呢！”

鲁大夫季康子向孔子请教为政之道，孔子回答说：“所谓‘政’，也就是‘正’，要行正道。你先行正道，做大家的表率，还有谁敢不走正道呢？”

季康子又问：“如果杀掉不走正道的人，让大家走上正道，怎么样？”

孔子回答说：“治理国家的是你，为什么要杀别人呢？你想为善，则百姓自然也跟着为善了。居上位者的品德就像风，居下位者的品德就像草，风从草上刮过，那么草一定顺着风势而倒。”

季康子因为盗贼多而担心，就向孔子请教。孔子回答说：“如果你自己克制贪欲，就算鼓励他们，他们也会知耻而不做盗贼。”季氏是鲁国的权臣，而季康子又是越位夺嫡而继承的位子，所以孔子的话里多有讽刺的味道。

叶公询问为政之道，孔子说：“让近在治下的人悦服，让远在四海的人归附。”

子贡询问为政之道，孔子说：“储备粮食，修治武备，给百姓信心。”

子贡说：“如果迫不得已要去掉一项，这三项中先去哪一项？”

孔子说：“去掉武备。”

子贡说：“如果迫不得已要去掉一项，在剩下的两项中先去哪一项？”

孔子说：“去掉粮食。人生自古都有一死，但百姓没有信心，则国家无法立足。”

子张询问为政之道，孔子说：“心存善念而不知疲倦，实践真知而不留余力。”

子路询问为政之道，孔子说："身先百姓，以身作则。"

子路请孔子再多说一点，孔子又说："不要懈怠。"

仲弓做了季氏的家臣，询问为政之道，孔子说："做官员们的表率，宽容小的过失，提拔德才兼备的人。"

仲弓问："怎么知道谁是德才兼备的人，让我能够提拔他们呢？"

孔子说："先提拔你所了解到的人才。你所不知道的，别人难道就不会提拔吗？"

子夏做了鲁国莒父邑[2]的长官，询问为政之道，孔子说："不要急于求成，不要贪图小利。急于求成，就会欲速而不达；贪图小利，就会妨碍大事。"

相关链接

〔1〕儒家：先秦时期的一个思想流派，属于"百家"之一，以孔子、孟子为代表，主张以礼治国，强调传统的伦理关系。从南北朝时开始被称为儒教，和道教、佛教并称。

〔2〕莒父邑：古邑名，春秋鲁地，在今山东莒县。

君子与小人

“君子”是孔子人格理想的最高境界。他对这一概念做了详尽而明确的解释，并以小人为对比，从侧面阐述作为一位真正的君子所应具有的德行。

君子，虽然是个古已有之的词汇，但可能只是使用在日常言语中，并没有明确固定的含义。而到了孔子，则使它升格成一个非常重要的概念，并加以详尽和明确的阐释。可以说，在孔子言谈理想中的君子，是其人格理想的集中体现。

孔子说：“君子，为道而努力，不为吃饭而奔忙。种田的人，也有可能挨饿；求道的人，食禄也就在所学之中了。然而君子，只是为大道不行而担忧，而不为自己的贫穷而担忧。”

“君子，饮食不追求饱足，居住不追求舒适，勤勉于事，谨慎于言，找有德有才的人指点自己的错误。这样可以称为好学了。”

“君子把道义看作根本，按照礼仪来实行它，用谦逊的语言表达它，尽心尽力地实现它。这才是君子啊！”

“君子只怕自己无能，不怕别人不了解自己。”

“君子害怕的，是自己死后，名声不被后人传颂。”

“君子不因为一个人的言辞而提拔举荐他，也不因为一个人的品行而忽略他的话。”

“内在的潜质超过了外在的文饰，则失于粗陋；外在的文饰超过了内在的潜质，则失于浮华。要使潜质与文饰相得益彰，恰到好处，才能成为君子。”

孔子说：“侍奉君子有三种过失：君子还没说，就抢先说自己的观点，称之为急躁；君子已经说了，还不肯说自己的观点，称之为隐瞒；不观察君子的脸色就胡乱说话，称之为瞎子。”这段话，说的是对君子表示尊重所应遵奉的礼节。

孔子说：“君子有三戒：年轻的时候，血气未定，不要贪恋女色；等到壮年，血气方刚，不可好勇斗狠；等到年老，血气已衰，不能贪得无厌。”

“君子有三畏：敬畏天命，敬畏长辈，敬畏圣人说的话。小人不懂得天命，所以不知畏惧，他们轻慢长辈，诋毁圣人说的话。”

“君子有九思：看时想一下是否看得明了，听时想一下是否听得清晰，想一下自己的神色是否温和，想一下自己的体态是否恭敬，说话时想一下有没有尽心，做事时想一下是不是敬业，有疑问时想一下怎么请教，发怒时想一下后果，获得财物时想一下是不是应该得的。”

孔子想住到东方夷人的地方去，有人说：“那儿太原始了，为什么去那儿？”

孔子说：“若有君子住在那儿，怎么还会原始呢？”

孔子说：“君子所称道的有三样，我做不好：仁爱的人不忧愁，聪明的人不疑惑，勇敢的人不畏惧。”

子贡听到，说：“老师说自己，说得太谦虚了。”

子贡询问君子之道，孔子说：“说之前先做，做了之后再说。”

后来又问：“君子有恶吗？”

孔子说：“有恶：厌恶说别人的坏处，厌恶身处下位而毁谤上司，厌恶好勇斗狠而不知礼仪，厌恶刚愎果决而一窍不通。”子贡上来就问君子的坏处，恰好犯了君子之忌，所以孔子故意不说坏处而说厌恶。

子路询问君子之道，孔子说：“提高自己的修养，保持恭谨的心态。”

子路说：“像这样就可以啦？”

孔子说：“提高自己的修养，使周围的人也因此受惠。”

子路又说：“像这样就可以啦？”

孔子见子路贪多务得，就说：“那就提高自己的修养，让天下百姓安居乐业。这可是尧、舜都觉得自己做得还不够好的！”

子路好勇，问：“君子崇尚勇气吗？”

孔子说：“君子把义放在第一位。君子有勇气而不遵道义，就会作

乱；小人有勇气而不遵道义，就会做盗贼。”

司马牛询问君子之道，孔子说：“君子不担忧也不害怕。”

司马牛问：“不担忧也不害怕，这就可以被称作君子了？”

孔子说：“内省而不感到有愧于天地，所以才会不担忧也不害怕。”

孔子厄于陈、蔡时，在陈国粮食断绝，随从的人都饿得病倒了，不能够起身。子路一脸气愤地说：“君子也会这么困窘吗？”

孔子说：“君子即使困窘，也不改变初衷。小人要是困窘，就什么事都做得出来了。”

子游在武城[1]当长官，以礼乐为教。孔子到武城，听到弦歌之声，莞尔一笑，说：“杀鸡焉用宰牛刀？”

子游回答说：“过去我曾听先生们说过：‘君子学习礼乐之道，则懂得爱人；小人学习礼乐之道，则容易服从。’”

孔子马上正色对其他弟子说：“你们听到没有？子游说得对。我前面的话是开玩笑的。”

孔子说：“卫国的蘧伯玉[2]，真是个君子啊！国家政治清明，他就出来做官；国家政治黑暗，他就藏起自己归隐。”

与君子相对的概念是“小人”。孔子经常把这两个概念放到一起讨论，把它们互相比较，互相阐发，让别人更容易理解他的人格理想所包含的内容。

他说：“君子总是心胸宽广，心地坦荡；小人总是心胸狭窄，凄惶不安。”“君子靠自己，小人靠别人。”“君子为义所动，小人为利所动。”“君子不断进步，小人日渐堕落。”

又说：“君子对人一视同仁而不偏私，小人对人偏私而不一视同仁。”“君子待人和善而不巴结，小人待人巴结而不和善。”“君子助长别人的好处，而不助长别人的坏处。小人则正好相反。”

孔子说：“君子容易侍奉而难以讨好：不以正道来讨好，君子不会高兴；小人难以侍奉却容易讨好：只要是讨好，即使是歪门邪道，小人也很受用。任用下属时，君子能量才而用，小人则求全责备。”

相关链接

〔1〕武城：古邑名，春秋鲁地，在今山东费县西南。

〔2〕蘧伯玉：名瑗，生卒不详。春秋末卫国大夫。相传他“年五十而知四十九年非”，是一个追求上进、品德高尚的君子。

四书·孟子

道性善，言必称尧舜。

在中国，“孟母三迁”“孟母断机杼”的故事可谓家喻户晓。孟轲也没有辜负有远见的母亲，在中国历史上久享盛誉，与儒学始祖孔子一道被称为“孔孟”，孟子本人也被尊为“亚圣”。

与《论语》一样，《孟子》也是以记言为主的语录体散文，记述了战国继孔子之后最出色的儒学大师孟轲的言行以及他与时人或弟子相互问答的言辞。但它相比《论语》又有明显的发展。《论语》的文字简约、含蓄，《孟子》善于论辩，有许多长篇大论，气势磅礴，议论尖锐、机智而雄辩。

《孟子》作为儒家的经典著作，是研究孟子生平事迹及其思想最直接、最可靠的材料。

《孟子》一书具有鲜明的政治倾向，基本上是继承孔子的仁政思想。为行仁政，他首先提出了人性本善的主张。《孟子 · 滕文公上》说孟子“道性善，言必称尧舜”。这句话既包括了他的哲学思想，又包括了他的政治思想，是对孔子仁政学说的一个重大发展，对后世在思想上、文学上均有重大影响。

此外，书中还蕴藏着不少养生思想，尤其是他所倡导的“善养吾浩然之气”对后世影响很大。由于孟子养神得法，其寿高达八十四岁。

传世名句

- 老吾老，以及人之老；幼吾幼，以及人之幼。
- 世俗所谓不孝者五。惰其四支，不顾父母之养，一不孝也；博弈好饮酒，不顾父母之养，二不孝也；好货财，私妻子，不顾父母之养，三不孝也；从耳目之欲，以为父母戮，四不孝也；好勇斗狠，以危父母，五不孝也。
- 乐民之乐者，民亦乐其乐；忧民之忧者，民亦忧其忧。乐以天下，忧以天下，然而不王者，未之有也。
- 天时不如地利，地利不如人和。
- 富贵不能淫，贫贱不能移，威武不能屈。此之谓大丈夫。
- 鱼，我所欲也。熊掌，亦我所欲也。二者不可得兼，舍鱼而取熊掌者也。生，亦我所欲也。义，亦我所欲也。二者不可得兼，舍生而取义者也。
- 故天将降大任于是人也，必先苦其心志，劳其筋骨，饿其体肤，空乏其身，行拂乱其所为，所以动心忍性，曾益其所不能。
- 不以规矩，不成方圆。
- 权，然后知轻重；度，然后知长短。
- 虽有天下易生之物，一日暴之，十日寒之，未有能生者也。
- 仁者无敌。
- 仁则荣，不仁则辱。
- 得道者多助，失道者寡助。寡助之至，亲戚畔之，多助之至，天下顺之。
- 祸福无不自己求之者。
- 君子不怨天，不尤人。
- 爱人者，人恒爱之；敬人者，人恒敬之。

孟子见梁惠王

梁惠王向孟子请教强国之策。孟子告诉他：要轻"利"重"义"，要修身治德，布施"仁政"。只有这样，人民才会归附，国家才会强大。

梁惠王是魏国[1]的国君，即魏惠王。魏惠王时，由于秦国[2]的威胁，被迫将都城迁到了大梁，从称又梁国。梁惠王三十五年，宣布要礼贤下士，以优厚的待遇招纳人才，于是孟子就到了大梁，前去拜见梁惠王。

梁惠王说："孟老先生，您不辞辛劳，千里迢迢来到我国，一定会有将利于我的国家的主张吧？"

孟子说："大王，您何必一开口就谈利呢？我认为，治理国家，只需有'仁义'二字就可以了。如果大王总是说：'怎样才能有利于我的国家呢？'大夫们总是说：'怎样才能有利于我的封地呢？'士人和老百姓总是说：'怎样才能有利于我个人呢？'这样全国上下都在谋取私利，那么，国家就很危险了。在拥有一万辆兵车的诸侯国里，能够杀掉国王的，一定是拥有一千辆兵车的大夫；在拥有一千辆兵车的诸侯国里，能够杀掉国王的，一定是拥有一百辆兵车的大夫。在一万辆兵车中占有一千辆，在一千辆兵车中占有一百辆，不能说不多。然而，如果只讲利不讲义，或者先利后义，那么不把其他的夺到手，他是不会满足的。我没有见过仁德的人抛弃他的双亲，也没有见过讲义的人不尊重他的国君。所以，大王只要讲'仁义'就够了，何必要将利字挂在嘴边呢？"

过了些日子，孟子又去拜见梁惠王。梁惠王正站在水池边上，观看鸿雁飞舞、麋鹿奔跑，见孟子过来，便说："贤能的君主也能享有这样的快乐吗？"

孟子说："只有贤能的君主才能享有这种快乐，不贤能的君主即使有这样的快乐，也不能享受。《诗经》上说，文王开始修建灵台时，老百姓齐心协力，干得热火朝天，文王说，不用急，不用急，老百姓却干得更起劲，很快就修好了。文王到苑囿中游玩，只见母鹿皮毛光滑，肥肥胖胖，安详地卧在草丛之中，鸟儿羽毛洁白，翩翩飞舞。文王到池沼边上，鱼儿在水中欢快地跳跃。文王动用民力修建高台深池，而老百姓却非常乐意去干，还称那高台为灵台，称那深池为灵池，为其中有麋鹿、鱼、鳖等珍禽异兽而高兴。古时贤能的君主因为能与民同乐，所以能享有这种快乐。夏桀[3]却与之相反，他以太阳自比，残酷无道，老百姓都很怨恨他，《汤誓》中便记载着老百姓骂他的话：太阳啊，你什么时候消失，我愿意和你一起去死。老百姓怨恨他到了这样的地步。在这种情况下，虽然有高台深池，珍禽异兽，还能够独自一人享有这种快乐吗？”

梁惠王问孟子：“我对于这个国家，真可谓兢兢业业，尽心尽力了。如果河内发生了灾荒，我就把那里的百姓迁到河东，把河东的粮食运到河内。如果河东发生了灾荒，则反之。看看周围邻国的国君，没有一个有我这样尽职尽责的。可是，邻国的老百姓却不因此而减少，我的老百姓也不因此而增加，这是为什么呢？”

孟子回答说：“大王喜欢战争，我们就拿战争来打比方吧。在战场上，战鼓咚咚，短兵相接，有些士兵丢盔弃甲，抱着兵器落荒而逃。有的跑了一百步停下来，有的跑了五十步停下来。跑了五十步的笑跑了一百步的是逃兵，大王认为这种行为怎么样？”

梁惠王说：“不好。跑了五十步的士兵也是逃兵，只不过没有跑那么远罢了。”

孟子说：“大王既然知道这一点，那么就不要期望老百姓比邻国多。不违反农时，生产的粮食就吃不完；不捕捉幼小的鱼鳖，鱼鳖吃不尽；按照树木的生长规律砍伐树木，木材就用不尽。粮食和鱼鳖吃不尽，木材用不完，老百姓能够养活一家老小，对老人能养老送终，没有什么不满足的，这就是王道的开始。

“占地五亩的宅院，当中栽上桑树，五十岁的老人就可以穿上丝质的衣服了。饲养鸡、狗、猪等家畜，不失其时，七十岁的老人就可以经常有肉吃了。一百亩的田地，不要破坏农业生产，几口人的家庭就可以饱食无忧了。重视学校教育，用孝敬父母、尊敬兄长的道理来教导学生，使人人都尊老敬长。这样，头发花白的老人就不会背负重物在路上行走了。七十岁的老人穿着丝质衣服，并且有肉吃，老百姓衣食无忧，做到这一点还不能称王的国君，从来没有过。

“有钱人家的猪狗吃的比贫穷的人吃得还好，却不知道节俭，路上有饿死的人却不去救济。老百姓死了，就说：‘这不是我的过错，是天灾。’这无异于拿着刀子杀人之后，说：‘不是我杀人，是刀子杀了人。’大王不要把过错归之于天，天下的老百姓就会来归顺了。”

梁惠王对孟子说："我非常乐意聆听您的教诲。"

孟子说："用棍子打死人与用刀杀死人，有什么不同吗？"

梁惠王说："没有什么不同。"

"那么用刀杀人与用政治杀人，有什么不同吗？"

"没有什么不同。"

"那么现在，您厨房里有上好的肉，您马厩里有肥壮的马，而老百姓面带饥色，野外有饿死的人，这是在用牲畜吃人。牲畜互相啮食，尚且令人厌恶，作为百姓的父母，竟至于用牲畜吃人，怎么还能做父母呢？孔子曾经非常愤怒地说过：'第一个制作木俑来殉葬的人，难道他没有后代吗？'因为俑像人，用俑来殉葬无异于用人来殉葬。这样做尚且不可，那么作为一国之君，竟然让老百姓饥饿而死，又该怎么样呢？"

梁惠王说："当年的魏国，天下没有比它更强大的国家了，这您也是知道的。可是国家传到我的手中，在东面被齐国打败，大儿子在战场上牺牲；在西面，被秦国强行割地七百里；在南面，又被楚国打败，丢掉八个城池。这真是我的奇耻大辱，我要替死难的将士们报仇，您说该怎么办？"

孟子回答说："有一百里的土地就可以称王于天下，何况您这样的大国呢？大王如果施行仁政，减免刑罚，减轻税赋，让百姓安居乐业，年轻人在闲暇时学习孝敬父母、尊敬兄长、忠诚守信的好品德，时时刻刻以此来要求自己，在家侍奉父母兄长，在外面侍奉年长的和位尊的。这样他们用木棒就可以打败秦国、楚国装备精良的军队。

"而别的国家无节制地征发劳役，老百姓不能好好地种地，不能养活一家老小，父母亲饥寒交迫，妻离子散，生活在水深火热之中。这时，大王前去征伐，谁会抵抗呢？所以说，行仁政者，天下无敌。大王对此不必有所怀疑！"

相关链接

〔1〕魏国：公元前403年，周威烈王承认瓜分晋国的韩、赵、魏三家为诸侯，魏国自此正式建立。初都安邑（今山西夏县西北），魏惠王时迁大梁（今河南开封）。公元前225年为秦所灭。

〔2〕秦国：原为嬴姓古部落，后首领非子因善养马被周孝王封于秦（今甘肃张家川），为附庸。秦襄公时，护送周平王东迁有功，册为诸侯。春秋时建都雍（今陕西凤翔西南），商鞅变法时都咸阳（今陕西咸阳东北）。公元前221年，秦王政（秦始皇）统一中国。

〔3〕夏桀：夏朝最后一位君主，在位时荒淫残虐，是中国历史上有名的暴君。

齐王好乐

齐王喜好音乐，孟子告诉他：只有体恤百姓的疾苦，然后与民同乐，才能得到真正的快乐，才能受到人民的拥护，才能称王天下。

齐国的臣子庄暴前来拜访孟子，说："我去见大王的时候，他对我说他喜欢音乐，我不知该怎样回答。"过一会儿，又问："喜欢音乐，到底是好，还是不好呢？"

孟子回答说："大王如果喜欢音乐，那么齐国就离王道[1]不远了！"

过了一段时间，孟子在拜见齐王的时候说："大王曾经对庄暴说您喜欢音乐，有这回事吗？"

齐王脸红了起来，说："我喜欢的不是先王的雅乐，只不过是喜欢世俗的音乐罢了。"

"大王很喜欢音乐，那么齐国就离王道不远了！现在的音乐是由古时的音乐演变而来的。"

"这是怎么回事，可以说给我听听吗？"

"独自一人欣赏音乐，从中得到快乐，跟与别人一起欣赏音乐，从中得到快乐，哪一个更快乐一些呢？"

"和别人一起欣赏更快乐。"

"和少数人一起欣赏，得到快乐，跟和众多的人一起欣赏，得到快乐，哪个更快乐？"

"和众多的人一起欣赏更快乐。"

"大王请听我来谈谈快乐。假如现在大王在这里奏乐，老百姓听到了钟鼓敲出的声音，管弦吹奏的声音，全都愁眉苦脸地议论说：'我们的国君喜欢音乐，为何让我们沦落到这种境地？父子不能相见，妻离子散。'

"假如现在大王在这里打猎，老百姓听到了车马走过的声音，看见了威严整齐的仪仗，却全都愁眉苦脸地议论说：'我们的国君喜欢打猎，为何让我们沦落到这种地步？父子不能相见，妻离子散。'其中没有别的原因，是因为没有与老百姓同乐的缘故。

"假如现在大王在这里奏乐，老百姓听到了钟鼓敲出的声音，管弦吹奏的声音，全都喜形于色地转告说：'我们国君的身体看来挺健康，要不怎么能奏乐呢？'假如现在大王在这里打猎，老百姓听到了车马走过的声音，看见了威严整齐的仪仗，全都喜形于色地转告说：'我们国君的身

体看来挺健康，要不怎么能打猎呢？’其中没有其他的原因，就是因为与老百姓同乐的缘故。现在大王如果与老百姓同乐，就可以称王天下了。”

相关链接

〔1〕王道：指帝王治理天下之道。通常指君主通过德政、仁义等开明政治原则来安抚臣民和治理天下的理想状态。

臧氏之子阻君

孟子认为：人的行为取决于某种外在力量的支配，而不是人力所能左右的。他与鲁平公不得相见乃是天意，而不是臧氏之子阻止的缘故。

鲁平公[1]将要出行，宠臣臧仓上前奏请说："以后大王出行，一定先告诉有关人员要去什么地方。今天车马已经备好，有关人员还不知要到什么地方去，因此前来请示。"

鲁平公说："要去见孟子。"

臧仓道："大王您屈身去见一个普通百姓，这是为什么？您以为他是贤德的人吗？贤德的人做事遵循礼义，可是孟子为他母亲操办的丧事超过了为他父亲办的丧事，并不遵循礼义。请您别去见他！"

鲁平公说："好吧。"

乐正子拜见鲁平公，问："大王您为什么不去见孟子？"

鲁平公说："有人告诉我'孟子为他母亲操办的丧事超过了为他父亲办的丧事，不遵循礼义'，所以我没有去见他。"

乐正子说："大王您说的超过是什么意思？头一次是按士礼，后一次是按大夫礼；头一次是用三个鼎，后一次是用五个鼎。是吗？"

鲁平公说："不是，是棺椁衣被的豪华程度。"

乐正子说："这不是超过，而是因为前后的贫富程度不同。"

后来乐正子见到孟子时，告诉他说："我跟鲁平公说了，他打算来看您。宠臣臧仓不让他来，所以他没来。"

孟子说："去做一件事，有一种力量在推动他；不做一件事，也有一种力量在阻碍他。做或者不做，都不是人力所能左右的。我和鲁平公不能见面，乃是天意。区区臧氏之子，又哪能阻止得了呢？"

相关链接

〔1〕鲁平公：鲁国第三十三任君主。鲁景公之子。公元前322—前303年在位。

养气与圣人

孟子说自己“善于培养浩然之气”。这种气，是天底下最刚强的，要靠正直和道义来培养，而且要日积月累，否则就会溃散。又说，孔子是一位真正的圣人，自古以来还没有人能够比得上他。

孟子的弟子公孙丑是个齐国人，有一次问孟子：“假如您在齐国掌握了大权，能够再建立管仲、晏子[1]那样的大功业吗？”

孟子说：“你真是个齐国人，只知道管仲和晏子。曾经有人问曾子的孙子曾西说：‘您和子路谁更贤德？’曾西不安地说：‘他是我先祖父敬畏的人，我怎么敢和他相比。’那人又问道：‘那么您和管仲相比，谁更贤德？’曾西脸上显出怒色，生气地说：‘你怎么拿我和管仲相比？齐桓公那样信任管仲，让他在齐国当政那么久，可是他的功业却是那样小。你怎么拿我和管仲相比？’”

稍稍停顿一下，孟子又接下去说：“连曾西都不愿和管仲相比，你以为我愿意和他相比吗？”

公孙丑又问：“管仲辅佐齐王称霸于诸侯，晏子辅佐齐王名显诸侯。管仲和晏子难道还不足以为榜样吗？”

孟子答道：“以齐国的力量，称王于天下，易如反掌。”

公孙丑又问：“听您这么一说，我反倒更糊涂了。以文王的德行，活了将近一百岁，还没有统一天下。武王和周公继续他的事业，才完成大业。现在您说齐王统一天下，易如反掌，这么说来，文王也不足以为榜样吗？”

孟子答道:“当初文王的力量怎么能和商朝相比？商朝从汤到武丁，出现了六七个贤明的君王，天下的老百姓归顺殷也已很长时间了，时间一长，就不容易改变。武丁大会诸侯，拥有天下，就像在手掌中运转一样。纣离武丁之世不远，前朝的流风还有遗存，而且还有微子、微仲、王子比干、箕子、胶鬲这些贤臣辅佐，所以在短时间内不会亡国。那个时候，一尺一寸的土地都是纣王的，每一个老百姓都是他的臣子，而文王却只有方圆百里的土地起家，所以是很困难的。

“齐国有句俗话：‘有智慧，不如趁机会；有锄头，还得看日头。’现在时机成熟，当然很容易了。夏、商、周三代鼎盛的时候，疆土也没有超过方圆一千里，可是现在齐国的疆土就有方圆一千里；村落之间，鸡鸣狗叫的声音互相听得见，遍布四境之内，无不是齐国的百姓。不用开拓疆土，不必兼并百姓，只要施行仁政，就没有什么可以阻挡得了。

“而且天下没有贤王出现，已经很久了，以前从来没有这样过；老百姓受暴政的虐待，也从来没有这样严重过。饥饿的人不挑拣食物，口渴的人不管水的好坏。孔子说：‘德行传播的速度，比传达政令还要快。’当今之世，拥有一万辆兵车的国家施行仁政，老百姓高兴的程度，就像倒挂着而被人解救一样。所以，只需付出古人的一半努力，就能取得一倍的成就，只有现在是这样。”

公孙丑问：“假如先生您做了齐国的卿相，得以施展您的抱负，辅佐齐王称王称霸于天下，一点也不会让人感到奇怪。这样，您会动心吗？”

孟子说：“不动心。我在四十岁的时候就不动心了。”

公孙丑：“这么说，先生您比勇士孟贲〔2〕还要强上许多了。”

孟子：“做到这一点不难，告子〔3〕做到不动心比我还早呢。”

公孙丑：“做到不动心，有什么方法吗？”

孟子：“有。北宫黝培养勇气的方法是：皮肤被刺，一动也不动；眼睛被刺，连眨都不眨。认为受一点挫折，就像是在大庭广众之下被人鞭打一样。不能忍受低贱人的侮辱，也不能忍受诸侯君主的侮辱。刺杀君主就和刺杀低贱的人一样。对诸侯国君一点也不害怕，受了气，一定要回击。孟施舍培养勇气的办法是：即使不一定能胜利，也要认为自己一定能胜利。先估计敌人的力量，然后再决定是否前进，有胜利的把握，然后才敢交锋，这样的人是害怕打仗的人。孟施舍又怎么能够必胜呢？只不过做到了无所畏惧而已。孟施舍像曾子，北宫黝像子夏。这两位先生的培养勇敢的方法，不知道哪个更好，不过孟施舍的方法更简单一些。

“从前曾子对子襄说：‘你喜欢勇敢吗？我曾经听我的老师孔子谈论过大勇：扪心自问，自感有愧，即使对方是低贱的人，也不去触犯；扪心自问，自感无愧，即使面对千军万马，也勇往直前。’孟施舍培养勇气的方法，又不如曾子的方法简单易行。”

公孙丑：“先生可以谈谈您的不动心和告子的不动心吗？”

孟子：“告子说：‘如果不能在言语上战胜对方，就不要求助于思想；如果在思想上战胜不了对方，就不要求助于意气。’如果在思想上战胜不了对方，就不要求助于意气，这句话说得对；如果不能在语言上战胜

对方，就不要求助于思想，这句话就不对了。因为思想意志是意气的主帅；意气，充满身体的各个部位。思想意志先到，意气才跟着到来。所以说：‘坚定思想意志，不要滥用意气。’”

公孙丑：“您既说：‘思想意志先到，意气才跟着到来。’又说：‘坚定思想意志，不要滥用意气。’这是怎么回事？”

孟子：“二者是互相影响的。思想意志如果专注于某一事情，意气必然会跟着转移；意气如果专注于某一事情，思想意志也会受到影响。就像跌倒和奔跑，只是意气专注于某一事情，然而不能不影响到思想，造成心的浮动。”

公孙丑：“请问先生您擅长什么？”

孟子：“我善于分析别人的语言，也善于培养浩然之气。”

公孙丑：“请问什么是浩然之气？”

孟子：“一句话很难说清楚。这种气，是天下最大最刚的气，用正直来培养不会有任何损害，就会充塞于天地之间。这种气，要以正义和道为养料，没有它们，就会溃散。这种气，是一贯行义所积累而成，不是一时行义所能取得的。如果有不义的行为，就会溃散。

“所以我说：‘告子不知道什么是义，认为义是身外之物。一定要培养这种气，但是不要抱某种目的，必须时时刻刻铭记在心，也不要急于求成。不要像那个宋人那样：宋国有个人担心他田里的禾苗长得太慢，就将禾苗往上拔，干了一天，疲倦地回到家里，说：‘今天累坏了！我帮助禾苗长高了！’他的儿子赶忙跑到田里一看，禾苗都枯死了。天下不犯拔苗助长错误的人不多啊。认为没有好处而不培养浩然之气的，就像是不种庄稼的懒汉；急于求成的人，就像是拔苗助长的人——不仅没有任何好处，反而还会有害处。”

公孙丑：“那么怎样才能算是善于分析别人的语言呢？”

孟子：“不全面的话我知道它的片面之处，过分的话我知道它的不足之处，不合正道的话我知道它的偏离之处，躲闪的话我知道它的理屈之处。这些话，从思想中产生出来，必然危害到政治；如果施行到行政当中，必然危害到具体的工作。如果有圣王出现，一定会按我说的去做。”

公孙丑：“宰我和子贡善于外交辞令，冉牛和颜渊善于阐述德行。孔子则二者都擅长，可是他还说：‘对于辞令，我就不擅长了。’这么说来先生您已经是圣人了？”

孟子：“哎！说的什么话！从前子贡问孔子说：‘先生已经是圣人了吗？’孔子说：‘圣人，我还达不到，我只不过是学而不厌，诲人不倦罢了。’子贡说：‘学而不厌，就是智；诲人不倦，就是仁。又仁又智，先生已经是圣人了。’孔子都不敢称自己是圣人，而你却说我是圣人，这是什么话！”

公孙丑：“过去，我曾经听说，子夏、子游、子张各自拥有圣人的一个长处，冉牛、闵子、颜渊各个方面的长处都有，只不过不如圣人做得那么好罢了。请问先生您认为自己是哪一类？”

孟子：“先不谈这个问题。”

公孙丑：“伯夷和伊尹〔4〕怎么样？”

孟子：“这两个人走的道路不同。不是他理想的君主他不侍奉，不是他理想的人民他不治理；天下大治就出来做官，天下大乱就退隐山林，伯夷就是这样。什么样的君主都侍奉，什么样的人民都治理，天下大治出来做官，天下大乱也出来做官，伊尹就是这样。可以做官就做官，需要退隐就退隐，官可以做得久就做得久，可以做得短就做得短，孔子就是这样。他们都是古时的圣人，我还不能够做到。至于我所希望做到的，则是像孔子那样。”

公孙丑：“伯夷、伊尹和孔子一样吗？”

孟子：“不一样。自从有人类以来，还没有人能比得上孔子。”

公孙丑：“他们有相同的地方吗？”

孟子：“有。拥有方圆百里的土地而为君王，都能使诸侯前来朝会，拥有整个天下。如果要做一件不义的事情，杀一个无辜的人，才能够拥有天下，他们都不愿这样做。这是他们三人相同的地方。”

公孙丑：“他们不同的地方是什么呢？”

孟子：“宰我、子贡、有若，他们的智慧足以能够了解圣人，至少不至于奉承讨好他们所喜欢的人。

“宰我说：‘我看先生比尧、舜还要贤明得多。’子贡说：‘看到一国礼义的执行情况，就知道这国的政治如何，听到一国的音乐，就知道这国的教化如何，即使在百代以后，评论百王的政治，也不能违背孔子之道。自从有人类以来，还没有人能比得上先生。’有若说：‘难道只有人是这样吗？麒麟对于走兽，凤凰对于飞鸟，泰山对于丘陵，河海对于小溪，都是同类中出类拔萃的。圣人对于一般老百姓来说，也是同类中出类拔萃的。出于其中，却远远超过了同类。自从有人类以来，还没有人能比得上孔子。’”

相关链接

〔1〕晏子：？－公元前500年，姓晏，名婴，字平仲，夷维（今山东高密）人，春秋齐国著名大夫。历仕灵公、庄公、景公三世。后人托作有《晏子春秋》。

〔2〕孟贲：战国时卫国大力士，勇武且威严，发怒时“发直目裂”。

〔3〕告子：战国时人，国籍姓名生卒均不详。曾受教于墨家，富辩才，主张性无善恶论。

〔4〕伊尹：？－公元前1713年，名伊（一说名挚），尹为官名，莘（今山东莘县）人，曾辅佐汤灭夏建商。

孟子不受召

齐王召见孟子，孟子不肯前往，总是借故推辞。因为他认为，一个真正想成就大业的君主，是懂得尊重有才有德的人的。

孟子在齐国，正准备去朝见齐王，齐王派人来说："我本来想去您那儿见您的，只是受了风寒，不能再出门让风吹。早上我在朝廷上召见群臣，不知您能否前来一见？"

孟子就说："很不巧，我也病了，不能参加朝会。"但到了第二天，却出门到姓东郭的人家去吊丧。

公孙丑说："昨天您推辞有病，今天又出门吊唁，这样做不好吧？"

孟子说："昨天病了，今天好了。为什么不能出门吊唁？"

齐王又派医生前来询问病情，孟仲子招待他，说："昨天大王有令召见，碰巧他有点小病，不能参加朝会。今天身体稍好一些，已经上朝去了，不知道现在到了没有。"然后马上派人在半路上截住孟子，对他说："不要回家，先到朝廷上去！"

孟子不得已，躲到景丑氏家里借宿。景子说："在家要尊敬父亲，在外要尊敬君主，这是一个人最重要的道德标准。父子之间以仁爱为主，君臣之间以恭敬为主。我现在看到齐王对您的尊敬，却不见您对齐王的尊敬。"

孟子说："唉！这是什么话！齐国没有一个人跟大王谈论仁义的，难道他们认为仁义不好吗？只不过他们的心里想'大王有什么资格可谈仁义呢'，这才是最大的不敬。不是尧、舜的大仁大义，我就不敢跟大王说，所以齐国人谁也没有比我更尊敬大王的了。"

景子说："不对，我说的并不是这个。《礼》[1]书上说：'父亲召唤，来不及答应就要起身'，'君王召唤，不等车马备好就出发。'您本来要去朝见齐王，但是听到齐王的召请，反而不去了，这恐怕不是很符合礼仪吧？"

孟子说："怎能这样说呢？曾子说：'晋国和楚国的富裕，没有哪一个赶得上。他们以富有而自豪，我以仁爱而自豪；他们以高贵的地位而自豪，我以信义而自豪。我有什么不如他们的呢！'难道曾子说得不对吗？这其实是一个道理。天下值得人尊敬的有三种：地位、年龄和品德。在朝廷上，地位最重要；在家乡邻里间，年龄最重要；辅佐君主治理百姓，则是品德最重要。怎么能仗着自己有一方面的长处就怠慢有其他两方面长处的人呢？

“所以说，那些有大作为的君王，肯定会有一些不敢召请的臣子，如果有事商量，就屈尊前往。他们都尊重品德高尚的人，喜好道义，否则的话是不值得辅佐以成大事的。所以商汤对于伊尹，先去学习请教，然后才请出来辅佐自己，因此没费多大精力便统一了天下；齐桓公对于管仲，也是先学习然后才请出来当大臣的，同样也没费多大力气，就称霸于诸侯。现今天下各国，土地面积差不了多少，君主的品行也是同样水平，没有谁能超过谁，没有别的原因，就是这些君主们只喜欢臣子听他教诲，而不喜欢听取贤明大臣的教诲。商汤对于伊尹，桓公对于管仲，就不敢随便召请。连管仲都不是能够召请的，何况像我这样，不屑于管仲所提倡的霸道的人呢？”

相关链接

〔1〕《礼》：即《仪礼》，又称《礼经》《士礼》。春秋、战国时代一部分礼制的汇编。相传为周公所作，经孔子编订而成。后为儒家经典之一。与《周礼》《礼记》合称“三礼”。

孔距心知罪

孔距心是齐国平陆的地方长官。孟子通过牧养人的譬喻，让他明白了当地百姓生活困苦乃是他本人的过错。齐王也因此受到了启发。

孟子在齐国时，有一次来到平陆[1]这个地方，对当地的大夫孔距心说："你手下站岗的士兵，要是一天三次离开岗位，您是否要开除他呢？"

孔距心回答说："等不到第三次离开岗位，就把他开除了。"

孟子说："那么你失职的次数也很多了。遇到灾荒之年，你的百姓中，老弱病残冻死饿死在荒山野岭，年轻力壮的人流落四方，这样的人有几千了吧？"

孔距心说："这不是我能解决的问题。"意思是这是国君才有能力解决的问题。

孟子又问："如今有一个接受别人的牛羊，而替人牧养的人，他当然得为牛羊寻找草场，准备草料。如果找不到草场，备不好草料，那他是该把牛羊还给人家呢，还是该眼睁睁地看着牛羊饿死？"

孔距心说："这么说来，确实是我的过错。"

过了几天，孟子见到齐王，说："替大王治理地方的官吏，我认识五个。其中能明白自己过错的，只有孔距心一个人。"

于是把自己和孔距心的对话复述给齐王。齐王听了，很不好意思地说："这么说来，是我的过错啊！"

相关链接

〔1〕平陆：古邑名。在今山东省汶上县。

孟子去齐

孟子久居齐国，但是他的政见依然不被采纳，王道依然不行。于是他辞职离开齐王，回到了自己的家中。

孟子见自己在齐国呆了很久，而大道依然难行，于是辞掉官职回到家中。齐王登门去见孟子，说："过去天天想见您，可惜您不在齐国，所以见不着。后来您来到齐国，让我能在朝廷上跟您一起讨论，真是高兴。但现在您却又要抛下我回去了，不知以后还能不能再见面？"

孟子答："我当然愿意见您，只是不敢请求罢了。"

过了几天，齐王对臣子时子说："我想在城里给孟子盖一栋房子，每年拨一万钟粮食供养他的弟子，目的是想让卿大夫和老百姓有个学习的榜样。请你替我去跟孟子说说。"时子请孟子的弟子陈子转达，陈子便把时子的话转告孟子。

孟子说："唉！时子难道不知道这件事是不可能的吗？如果我想富裕，辞掉年收入十万钟的职务，反而接受一万钟的恩惠，难道是为了富裕吗？季孙说：'子叔疑这人真奇怪啊！自己想当官，不被任用也就罢了，又让他的弟子去当官。哪个人不想呢？难道这富贵的事情，让你一人垄断了不成。'就像古代的集市，本来是用自己有的东西去换自己没有的东西，有关部门也只是维持秩序而已。有这么个卑贱的小人，非要垄断市场，阻碍自由贸易，而自己得以从中渔利。人们觉得这人太卑鄙了，就向他征收利税。向商人征税，就是从这种卑鄙小人开始的。"

孟子离开齐国都城，在昼[1]这地方住宿。有一个想替齐王挽留孟子的人，坐下来劝孟子，孟子不加理会，靠在茶几上打瞌睡。

客人很不高兴地说："我斋戒了一天，才敢来见您，今天同您说话，您却打瞌睡不愿听，我以后再也不敢来见您了。"

孟子说："请坐！我直言告诉你。过去鲁穆公对待子思，要是没有让人在子思跟前侍奉，就不能让子思安心下来。泄柳、申详二人，他们要是看到鲁穆公身边没有贤人，就安不下心来。齐王并没有派你，你自己想为齐王留我，而为我所考虑的还不及鲁穆公对子思的待遇。是你先对我绝，哪是我对你绝呢？"

孟子离开齐国后，尹士对人说："孟子不知道齐王不能成为商汤、周

武那样的贤明君主，是不明智；知道齐王不能成为商汤、周武王那样的贤明君主，还要到这里来，就是为了贪图富贵。千里迢迢来见齐王，不受重用所以离去，在昼地住了三晚上才走，也太磨磨蹭蹭！我在这儿就是看不惯。”

弟子高子把这些话转告给孟子，孟子说：“尹士这个人，怎么会了解我的想法？千里迢迢来见齐王，是我的愿望；政见不被采纳因而离去，难道是我的心愿吗？实在是迫不得已啊！我在昼地住了三个晚上，还是觉着走得太快了——说不定齐王会改变主意呢！齐王如果真能改变主意，一定会让我回去。到我离开昼地，齐王还没派人来追赶，我这才下定决心要走了。虽然这样，难道我心里愿意舍弃齐王吗？齐王毕竟还是一个可以引导施行仁义的君王！齐王如果任用我，何止是齐国百姓能够得以安宁，普天之下的百姓都可以得以安宁。齐王或者还会改变主意，我天天都盼着！我哪里是那样的小丈夫——向国王提出建议，国王不采纳就生气，气呼呼地表现在脸上，一旦要走就直到天黑累坏了才停下来住宿？”

尹士听到孟子的话后，无限感慨地说：“我真是个小人！”

孟子离开齐国，充虞在路上问道：“先生看起来好像很不高兴。前几天我曾听先生们说过：‘君子不埋怨上天，不责怪别人。’”

孟子说：“当时有当时的情况，现在又是现在的形势。根据以往的历史，五百年中必然会有一位圣明君主出现，并且这期间也会出现一些名闻天下的人才。由西周建国到现

○ 品画鉴宝　兽面纹觥(西周）此器方体，龙头盖，主体花纹之上又以阴线刻花，豪华富丽。

在，已经七百多年了。从年数上看，是超过了；但从时势上看，则正当其时！大概是上天还不想让天下得到太平吧！如果想要让天下太平，在当今世上，除了我还能有谁？我为什么会不高兴呢？”

孟子离开齐国，在休地居住下来。公孙丑问道：“当官却不接受俸禄，是古代圣贤遵循的规范吗？”

孟子说：“不是。当初在崇地，我有机会见到齐王，回来后就有了离开的想法，因为不想改变将来要离开的想法，所以没有接收齐王的俸禄。随后齐国又有军旅之事，非常时期不适合提出辞职，结果就拖了下来。在齐国任职这么久，并不是我的志向啊。”

相关链接

〔1〕昼：古邑名。在今山东省淄博市西北。

许行之徒陈相

许行的弟子陈相拜见孟子。孟子向他宣扬“劳心者治人，劳力者治于人”的观点，否定了以自给自足、平等无差为基础的农家思想。

有一个叫许行的人，假借神农氏[1]的名号，推行后来被称为农家[2]的理论学说。他从楚国来到滕国，登门拜见滕文公说：“我虽然是远方之人，但也听说您正在施行仁政，希望能在您这儿得到一块地，成为您的百姓。”滕文公答应了，给他地方居住。他的几十个徒弟，都穿着粗麻衣服，靠打草鞋、织竹席维持生活。

楚国儒者陈良的门徒陈相，和他弟弟陈章扛着犁、锄等农具，从宋国来到滕国，对滕文公说：“听说您按照古代圣人的方式治理国家，您也就是所谓的圣人了，我们愿意做圣人的臣民。”

陈相见到许行，交往之下非常高兴，完全抛弃原先所学，而去追随许行的学说。陈相拜见孟子，转述许行的话说：“滕文公是一位好君主，虽然如此，但并没有理解仁政的根本道理。贤德君主应该和老百姓一起劳动来获取食物，用早晚吃饭的时间来管理国家就可以了。可是滕文公还有自己的粮食府库，这就是压榨老百姓来养活自己了，这怎么能算是贤德呢？”

孟子问：“许行是自己种粮食来养活自己的吗？”

陈相：“是。”

孟子：“许行通过自己织布来做衣服穿吗？”

陈相：“不是，他穿的是粗麻衣服。”

孟子：“许行戴帽子吗？”

陈相：“戴。”

孟子：“是什么样的帽子？”

陈相：“白布帽子。”

孟子：“是他自己织的布做成的帽子吗？”

陈相：“不，是拿自己的粮食换的。”

孟子：“许行为什么不自己织布做帽子？”

陈相：“他需要种地，根本顾不上自己做帽子。”

孟子：“许行用陶器做饭、用铁工具种地吗？”

陈相：“是。”

孟子："这些陶器和铁器都是他自己做的吗？"

陈相："不，他是用粮食换的。"

孟子："用粮食换做饭的陶器和耕种的铁器，他不认为是剥削陶工和铁匠；铁匠和陶工以他们的东西换取粮食，又怎么算是剥削农民呢？许行不制陶炼铁，为什么准备这些东西放在家里用呢？为什么多次与工匠们交易产品呢？他怎么不嫌麻烦呢？"

陈相："这么多的手工产品，当然不能一边耕种田地一边来制造它们。"

孟子："治理天下就可以一边种地一边完成吗？官员有官员的事情，老百姓有老百姓的事情。如果一个人能生产各种产品，什么东西都要自己制造才能使用，那么普天之下的人们都各自忙于满足自己的各种事情，天下不就混乱不堪了吗？所以说，有的人从事的是体力劳动，有的人从事的是脑力劳动。脑力劳动者是治理者，体力劳动者是被治理者；被治理的人供养治理的人，治理的人被人供养：这是通行于天下的道理和准则啊！

"尧统治天下的时候，天下并不太平，洪水不遵循河道而走，到处泛滥成灾；野草杂树非常茂盛，侵占了人们的田地，飞禽走兽繁衍了很多，百姓赖以生存生活的粮食却年年歉收，鸟禽猛兽侵害人民，它们的

活动范围以至于到了人类聚居的地方。尧帝为发生的这一切担忧，于是选派舜出来负责治理工作。舜命令伯益来负责火的事务，伯益把山间杂草及沼泽野草全部烧毁，使为害人民的鸟兽无处藏身只能逃去。舜又命令大禹治水，禹疏通济河、漯河，把这些河水引到海里去，掘开淤塞的汝水、汉水，排通了淮水、泗水，把这些水都引到长江里去。从此老百姓才有了饭吃。在那个时候，大禹八年在外面忙碌，三次路过家门都不进去，紧张到了这种地步，想自己种地获取粮食吃，可能吗？

“后来后稷教导自己的百姓耕种土地，学会了栽培各种谷物；庄稼丰收了，百姓于是得以生存繁衍。人要遵守一定的生存之道，人要有饭吃、有衣穿、有房子住，但如果没有教养，就跟飞禽走兽差不多了。圣人担心的就是这个问题，于是就让殷商的祖先契当司徒[3]来负责教导有关人与人之间的行为准则：父子之间要有亲情，君臣之间要有礼义，夫妇之间要恩爱并且有尊卑差别，老少之间要有先后次序，朋友之间要有信义。尧曾说过：‘要督促人们认真劳作，要教导、要纠正、要帮助、要扶植每一个人，使每个人都认识到自己的责任、义务，提高自己的德性。’圣人为百姓想了这么多，哪有自己的时间来耕作呢？

“尧因没有像舜这样的人才而感到忧愁，舜因为找不到像皋陶和大禹这样的人才而烦恼。那些认为百亩土地都不容易耕种，整日为此担心的人不过就是一个普通的农夫。一个人把财物分给别人叫惠，教导别人行善叫忠，找到一个能治理天下的人才叫仁。所以把天下大事交付给别人是件容易事，但找到一个贤明的人来做好这件事就不容易了。孔子说：‘尧当君主真伟大！天是最伟大的，尧遵循的正是按照天意来办事的。他坦荡无私的品德，百姓几乎找不到合适于他的语言来赞颂！舜真是位好君主啊！尧高尚无比的品德和觉悟，以至于有整个天下但从不为自己着想！’尧舜治理天下，管理百姓，为百姓费尽心力，难道没有付出心血吗？他们也没有亲自参加耕种。

“我听说过用泱泱大国的思想文化标准去改善提高边远落后的民族，未曾听过以边远落后地区来改变先进地区的。陈良本是楚国人，但他向往周公、孔子尊崇的道德规范，才来北方学习，并且在北方也很少有人比他更精通周公、孔子的理论学说，真是一位令人尊敬的豪杰贤士！你们兄弟二人跟随陈良学了数十年，老师一死，你们马上就背叛老师。想想当年孔子去世后，直到三年之后，他的弟子们才准备回家，拜别子贡时，还是禁不住相对哭泣，哭得声音都变了，才回去。子贡建造了墓庐，多守了三年丧礼才走。后来，弟子们因怀念老师，子夏、子张、子游几个人想按侍奉孔子的礼节来尊敬最像孔子的曾子，并勉强曾子这样来做。曾子说：'这是不可以的。孔子的崇高德行像曾在长江、汉水中洗濯过，曾经在秋天的骄阳下曝晒过一样，他的洁白无瑕谁能比得上呢！'现在，一个像鸟一样叽里咕噜连话都说不清的南蛮之人，动不动就要诋毁古代圣贤所崇尚的仁义之道，你们兄弟背叛了师门去学习这些东西。与曾子比照一下，你们的行为差得太远了。我听过鸟儿总是从幽暗的山谷里迁到高大的乔木上来安家，从来没听过有从光明的树梢上迁徙到幽暗的山谷里的。《鲁颂》里说：'攻伐戎和狄，惩处荆和舒。'周公对这样的人都是要前往讨伐的，你们却要向这个许行学习，真是不善于学习！"

陈相说："如果能实行许行的理论学说，市场上的物价就不会有两样，都城里也就不会有欺诈之事。即使是一个小孩去市场买东西，也没有人会欺骗他。布帛长短一样，价格没差别；麻线丝棉重量一样，价格也都一样；粮食多少一样，价格仍是一样；鞋子大小一样，价格还是一样。"

孟子说："天下的东西各有各的不同，这就是事物的实际情况！价格相差数倍，甚至十倍百倍、千倍万倍。若非得让它们的价格完全一样，不是故意要扰乱天下吗？大鞋子与小鞋子的价格一样，那还会有谁去做大鞋子？如果真的实行了许行的理论学说，大家就会争先恐后地欺瞒作伪。这样的理论学说，怎么能用来治理一个国家？"

相关链接

〔1〕神农氏：相传为农业和医药的发明者。一说即炎帝。

〔2〕农家：战国时期注重农业生产的一个学派。诸子百家之一 。

〔3〕司徒：官名，一称"司土"。掌管土地、人民。始置于周。

何为大丈夫

孟子说：享受富贵而不迷乱本性，身处贫贱而不改变志向，面对威势武力而不卑躬屈膝，才能称得上是真正的大丈夫！

有个叫景春的人对孟子说："公孙衍[1]、张仪[2]难道不是真正的大丈夫吗？他们一发怒，各国诸侯都恐惧不安；他们如果平平安安地呆在家里，天下都没一点生气。"公孙衍和张仪都是魏国人，游说诸侯的纵横家，能让诸侯互相攻伐，所以诸侯害怕他们。

孟子说："这怎么算是大丈夫呢？你没学过礼仪制度吗？男子二十岁举行冠礼，由父亲教导他成人之后要遵守的道德规范。而女子出嫁的时候，由母亲要教导她做人妻子应该遵循的规范，把女儿送到婆家大门，告诫她说：'到了婆家，要恭敬谨慎，不要违抗丈夫的命令。'像公孙衍、张仪那样，以顺从别人、阿谀取容为正确的规范，那是妇人女子的做人方法。

"立志要心存天下，非天下最正确的位置不处，非天下最正直的道路不行。理想能够实施，则与百姓一起遵循前行；理想不能实行，则自己独行正道独善其身。富贵不能让他迷乱本性，贫贱不能让他改变志向，威势武力不能让他卑躬屈膝——这，才叫做真正的大丈夫！"

相关链接

〔1〕公孙衍：魏国阴晋（今陕西华阴东）人，号犀首，战国时期纵横家。初事秦，后至魏，曾任魏相。

〔2〕张仪：？－公元前310年，魏国贵族之后，善纵横之术。战国时期著名的谋略家、外交家、纵横家。

古之君子仕

孟子认为：贤能的君子是应当出来做官的，但官职一定要靠正当的途径获取。而且如果不受礼遇或者不能行道的话，那就辞官而去。

魏人周霄曾向孟子求教关于君子出仕的问题，他问孟子说："古代的君子出来做官吗？"

孟子说："做官啊。《传》上说：'孔子三个月没有君主的任用，内心就会感到惶惶不安；到别的国家去，必定带上给当地君主的见面礼。'公明仪说：'古时的贤人三个月得不到君主任用，其朋友就去安慰他。'"

周霄说："三个月不被任用，朋友就去慰问，太急了点吧？"

孟子说："士大夫失去应有的职务，好比诸侯国的君主没有了自己的国家一样。《礼》上说：'诸侯国君主亲自参加劳动，是为了生产出用于祭祀的粮食；夫人亲自养蚕缫丝[1]，是为了织出用于祭祀穿戴的礼服。要是祭祀用的牺牲[2]不充足，粮食及器具不干净，礼服不合适，就不敢进行祭祀。当士人失去了自己的土地，也不进行祭祀。'士人没有了职务，那么供应祭祖的粮食、牲畜、器具、礼服等都难以准备充分，也就不能举行祭祀；不举行祭祀，就不能饮宴。一个士人到了这一地步还不应该受人安慰吗？"

周霄问道："去别的国家就带上见面礼，这是什么意思？"

孟子答："士人在仕途上求索，就像是农民耕地一样，农民难道会为了走出自己的国家就扔掉他的农具吗？"

周霄说："晋国也是一个有很多士人前来求取官职的国家，但没听说过为了做官就这么着急的。士人如此急不可待地想做官，但真正贤明的人又很少得到合适的职务，这是为什么呢？"

孟子说："男孩生下来，父母总想让他有一个很好的家室；女儿生下来，父母总想让她嫁个好人家。普天之下的父母都有同样的心愿。要是子女不等父母安排，不经媒人从中撮合，就钻墙洞扒门缝互相偷看，甚至爬墙前去相会，那么父母及全城的人都会鄙视他们。过去的贤明士人并不是不想在仕途上奔波求索，只是不喜欢违背正道。如果用不正当的手段来谋取官职，那就跟钻墙洞扒门缝的无耻之徒一样了。"

后来，弟子陈子也问孟子："古代的君子在怎么样的情况下才出来做官？"

孟子回答说："出来做官的情况有三种，辞去官职的情况也有三种。有礼貌且恭敬地迎接；他有建议，便按照他的建议执行，这样的话就出来做官；礼貌虽然没有减少，但建议却得不到执行，这样的话就辞去官职。其次，虽然不执行自己的建议，但还能有礼貌且恭敬地迎接，这样的话也出来做官；礼貌如果减少，便辞去官职。最次的情况，早晨没饭吃，晚上没饭吃，饿得走不出房间，君主知道了，便说：'我在大的方面没有实行他的学说，又不能听从他的建议，使他在我自己的国土上忍饥挨饿，我感到非常羞耻。'于是君主周济他，这也可以接受，只是为了免于死亡罢了。"

相关链接

〔1〕缫丝：将蚕茧煮熟，抽出茧丝。

〔2〕牺牲：祭祀用的纯色体全的牲畜。牺，纯色；牲，体全。

食志与食功

孟子告诉彭更：一个人所应获得的报酬，应当根据功绩而定，而不是目的。因此，虽然自己有车马、随从、豪宅以及诸侯提供的饮食，但也并不过分。

孟子有个弟子叫彭更，有一次问孟子："跟随先生的车辆有几十乘，追随的人也有几百人，有豪华的房舍，有诸侯提供饮食，这样是否有些过分？"[1]

孟子说："如果获取的途径不正当，即使别人给予一点点食物也不能接受；如果遵循正当的途径，即使像舜一样，接受尧给予的整个天下也不过分。你认为我的作为过分了吗？"

彭更说："我没这样认为。但读书之人不从事具体的生产劳动，就享受这样的饮食居所，我觉着还是不应该。"

孟子说："如果你不与各行各业的劳动者交换产品，补足自己所缺少的东西，那么他们就会有剩余的粮食，女人就会有剩余的布匹；如果你与各类劳动者交换产品，那么伐木的、做家具的、制车轮的、造车厢的人都可以通过交换获得他们所需要的食品了。有个人在家孝敬父母，在外则善待自己的兄弟，严格遵守前代贤王流传下来的伦理道德规范，并把这些优秀传统教授给后世的学子。这样的人，在你看来却不应该得到好的饮食供给。你为何独独尊重伐木的、做家具的、制车轮的、造车厢的，而鄙视推行仁义的人呢？"

彭更说："伐木的、做家具的、制车轮的、造车厢的，他们的目的都是为了获取食物；君子推行天地之道，其目的难道也是为了获取食物吗？"

孟子说："你为什么讨论他们的目的呢？这些工匠对你有功，应该获得食物，所以供应他们食物。那么说起来，你供应他们食物，是因为他们的目的（食志）呢，还是因为他们的功劳（食功）？"

彭更说："他们的目的。"

孟子说："如果有个人揭了你房上的瓦，污了你新粉过的墙，他的目的也是为了得到一定的食物，你会为他们提供吗？"

彭更说："当然不会。"

孟子说："那么，你并不是因为他们的目的而提供食物，而还是因为他们的功劳了。"

○品画鉴宝　蕉林酌酒图（明）陈洪绶／绘
图绘一文士凭石案而坐于芭蕉树下，酌酒自饮，自取自足，超然物外，陶然自乐。人物须眉生动，设色明丽。

相关链接

〔1〕孟子在齐国，被齐宣王任命为上卿，"后车数十乘，从者数百人，以传食于诸侯"，可谓显赫一时。

孟子好辩

孟子以天下为己任。他认为，通过辩论来抵制邪说、抗拒暴行，使古代圣人之道得以重新光大、人民再次蒙受恩泽是自己应尽的义务。

有一天，弟子公都子回来告诉孟子说：“外面的人都说先生您喜欢辩论，请问这是什么原因？”

孟子回答：“我哪里是喜欢辩论哟！我是迫不得已。天下的万事万物总是这样，一段时间安宁，一段时间战乱。在尧帝统治的时候，大水横冲直撞到处泛滥，鳄鱼、水蛇等爬虫依靠水势盘踞，百姓没有了住处，平地上的人好像鸟一样在树上安身、山坡上的人就挖个洞穴为家。《尚书》上说：‘洚水在警告我们。’洚水，就是洪水的意思。天子派大禹治水，禹挖掘河道把洪水引到海里，把盘踞的爬虫赶到长满杂草的沼泽里；这时大水顺着河道在土地中间流过，就是今天的长江、淮河、黄河、汉水。恶劣的环境脱离了，为害人群的飞禽走兽消失了，人才又得以在平地上安居下来。

“尧、舜等圣贤君主去世之后，他们施行的良好道德也随之衰微，残暴的君主一个接一个地出现，他们毁坏房舍开挖成池塘，百姓没了住处；有的人霸占耕地改建成园林猎场，百姓没有了赖以生产粮食的土地。这时邪恶的理论学说及残暴的行为再次兴盛，猎场、池塘、沼泽多了，飞禽走兽也随之聚集。到了纣王统治时，天下又混乱起来。周公辅佐武王诛灭纣王，讨伐奄国[1]经三年苦战才取得胜利，驱赶飞廉[2]到海边才将他杀死，再占领其他小国共五十个，把虎、豹、犀、象等野兽赶到边远地区，天下人民都极为高兴。《尚书》上说：‘伟大啊！文王的教诲。光荣啊！武王的功勋。引导我们这些后人，都能正确处事而不犯错误。’

“周朝国力衰微之后，良好的风尚随之消亡，邪恶理论及残暴行为又一次盛行，有大臣犯上作乱弑杀君主的，有儿子犯上弑杀父亲的。看到这种情况，孔子很担忧，于是著《春秋》[3]。编著《春秋》，本来是天子的事情，孔子只是不得已而为之，所以孔子说：‘理解我的人是因为我的这部《春秋》，责怪我的人也是因为我的这部《春秋》！’

“当今圣明君主没有出现，各诸侯国君都放纵不羁，到处游荡的读书人也是胡说八道，杨朱、墨翟[4]的学说占据主导地位。人们的思想不是倾向于杨朱，就是倾向于墨子。杨氏主张为我，是不把君王放在心

上；墨子主张兼爱，是不把父母放在心上。君王父母都不放在心上，人和禽兽也就没什么区别了。公明仪说：‘厨房里有肥肉，马棚里有壮马，而百姓面黄肌瘦，饿死野外，这是统治者带领野兽吃人啊！’要是杨朱、墨子的学说不清除，孔子创建的仁义理论不发扬光大，等于是让邪僻理论蒙蔽百姓，仁义观念难以发展。仁义道德发扬不了，结果自然就是放纵野兽吃人，甚至是人们自相残杀起来。我为目前这种状况担忧，所以坚决遵循古代圣人的道义，来抗拒杨朱、墨子的邪僻理论，批驳其错误观点，使邪说无法推广。否则，邪僻观念影响人们内心，就会危害大家的行为；影响人们行为，就会危害国家的政令。即使圣人再次降临，也不能改变我的看法。

“过去大禹治理洪水，天下才有太平；周公兼并四方各族，驱除凶猛野兽，百姓才有了安宁；孔子著成《春秋》一书，那些犯上作乱、为害人民的人才会感到害怕。《诗经》上说道：‘攻打戎狄，惩处荆舒，就无人敢不遵从我的命令。’没有忠孝思想的蛮夷地区的人是周公讨伐打击的人。我现在也想端正人们的思想观念，平息各种邪僻理论，抗拒错误的行为，批驳荒诞的言论，就是想继承大禹、周公、孔子三位圣人的丰功伟业啊！我又哪里是喜欢辩论，实在是迫不得已的啊！能通过辩论来抗拒杨朱、墨子学说的传播流行，是圣人弟子应尽的义务！”

相关链接

〔1〕奄国：在今山东曲阜。原为商的盟国，国君嬴姓。周成王时，随同武庚叛乱，为周公所灭。

〔2〕飞廉：又作“蜚廉”，商纣的谀臣，据说能疾走如飞。

〔3〕《春秋》：中国现存最早的编年体史书，儒家经典之一，相传由孔子根据鲁国史官所著《春秋》整理编订而成，记载了上起鲁隐公元年（公元前722年）下至鲁哀公十四年（公元前481年）的鲁国史实。言辞简洁，于行文间寄寓褒贬之意。

〔4〕墨翟：公元前468—前376年，即墨子，墨家学派创始人，春秋战国之际思想家、教育家。相传为宋国人。主张“兼爱”“非攻”“节用”等观点。

陈仲子充廉士

齐国的陈仲子，在当时富有廉洁之名。可是孟子却说，他只是冒充廉洁罢了。他的德行，只配排在蚯蚓后面而已。

齐国的陈仲子，在当时有廉洁之名。齐国人匡章问："齐国的陈仲子，应该算是个廉洁之士了吧！他住在於陵[1]这个地方，有一次三天没有饭吃，饿得耳朵听不到声音，眼睛也看不清东西；这时发现井边上有一个李子，还被蛴螬吃了一大半，陈仲子爬过去，拿起来就往嘴里塞，咽下了三口，耳朵才能听得见声音，眼睛也开始看得见东西。"

孟子说："在齐国士人中，我确实觉得陈仲子独一无二。但他仍不是廉洁之士。以他的全部操行品德，至多可以排在蚯蚓的后面。你看蚯蚓爬到上面吞吃泥土和烂草根，钻到底下喝点土里的积水，这才是真正的清廉呢！它从来不依靠别人。陈仲子住的房子，是伯夷那样的好人盖的呢，还是盗跖[2]那样的坏人盖的呢？他吃的粮食，是伯夷那样的好人种出来的，还是盗跖那样的坏人种出来的呢？这些都不清楚啊！"

匡章说："这有什么关系呢？他自己编草鞋，妻子纺麻线，房子和粮食都是换来的呀！"

孟子说："陈仲子，是齐国的世代贵族出身。他的哥哥陈戴，在盖地一年的食禄就有一万钟粮食。陈仲子认为哥哥的食禄是不义之禄，就坚决不吃；认为哥哥的房子是不义之室，就坚决不住。他避开哥哥，辞别母亲，独自住在於陵那个地方。有一次他回家，见有人送给哥哥一只活鹅，就频频皱眉说：'为什么送来这么一只嘎嘎叫的怪物呢？'

"过了几天，母亲把那只鹅杀了，还送了点肉给陈仲子吃。正好哥哥从外面回来，说：'这就是那个嘎嘎叫的怪物的肉啊！'陈仲子马上跑出去哇哇地吐了。他母亲做的饭就不吃，妻子做的就吃；哥哥的房子就不住，於陵的房子就住下。这样也能培养廉洁的操守吗？像陈仲子那样，也只能排在蚯蚓后面去培养他的操守吧！"

相关链接

〔1〕於陵：古邑名，战国齐地。在今山东邹平东南。

〔2〕盗跖：名跖。相传为春秋战国之际的大恶之人。

规矩与方圆

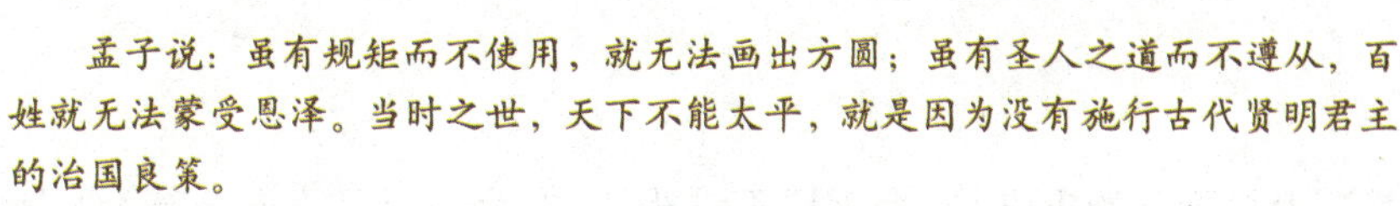

孟子说：虽有规矩而不使用，就无法画出方圆；虽有圣人之道而不遵从，百姓就无法蒙受恩泽。当时之世，天下不能太平，就是因为没有施行古代贤明君主的治国良策。

孟子说："一个人纵使有离娄[1]那样的好眼力，有公输子[2]（鲁班）那样的好技巧，如果不用圆规和直尺，也不能画出完美的方和圆来。一个人纵使有师旷[3]那样的好听力，如果不用六律[4]也不能够校正五音[5]；一个人纵使有像尧舜那样崇高的理想，如果不对百姓施行仁政，也不能使天下太平。而现在只有爱人之仁心，以及关于爱人的思想学说，但老百姓并没有得到应有的恩惠，也没能做出后代人值得效法的功业，原因就在于并没有真正施行古代贤明君主的治国良策。所以说：光有善良的心并不足以处理好政事，光有合适的法并不足以让它自己执行。

"《诗经·大雅·假乐》中说：'不要违背，不要忘却，一定要遵守先前正确的法规。'如果一个人遵守古代贤明君主所制定的正确法规，因此而出现差错是不可能的事。

"圣人既然已经竭尽自己的眼力创造了圆规、直尺、准绳，我们就应该用这些东西来画圆画方，这些对我们来说也是足够用了；圣人既然已经竭尽自己的听力创造出六律来校正五音，这对后人来说也是足够用了；圣人既然已经竭尽自己的心力智慧创立了仁善的政策，我们只要将它具体来实施，天下就可以充满仁爱之心了。所以说，我们修筑高的楼台，一定要选择地势较高的丘陵；挖池塘水渠的时候，就一定要选择地势较低的河道沼泽。管理百姓如果不遵循古代圣明君王的法规典章，这能算聪明吗？

"所以，只有具有仁慈之心的人才适宜处于统治、治理的地位。

"如果没有仁慈之心的人成为了统治者、治理者，他就必定会广泛地传播他的邪恶之念。如果统治、治理的人没有一定的道德标准，被领导、被治理的人就会不守法规；朝廷中的人如果不讲道德信念，工匠们自然也就没有了一定的法度；如果贵族们违犯了一定的道义，那么平民们就会去触犯刑律：如果在这种情况下国家还能够生存，那就只能靠运气了。所以，城墙不完整不坚固，兵士的武器不锋利不完备，这些都算不上国家的灾难；荒地没有开垦出来，财力物力没有积存起来，这些也算不上是国家的灾难；社会上层不讲礼义，社会下层又不去培养个人品德，乱民暴徒日渐增多，那么这个国家离灭亡也就不远了。

“《诗经·大雅·板》中说：‘天下将要兴盛的时候，不要轻易懈怠下来！’所谓懈怠，也就是疲惫拖沓。臣子不按礼仪信义侍奉自己的君主，处理各种事物不遵守一定的礼制，一开口就非议古代贤明君王所实行的行之有效的治理方式，所有这些都是国家疲惫衰落的迹象呀。所以说一个人如果能指出君主错误，就可以称得上是恭；在君主面前多进善言、摒弃邪说，就可以称得上是敬；一个人如果要说君主不能施行仁政，这就是贼！”

孟子说：“圆规和直尺，是圆形和方形的典范；圣人，是正确处理人与人之间关系的楷模。当君主的就应该按君主应有的道义来治理天下；当臣子的就应按臣子应有的礼义来辅佐君主，这两方面都应该学习尧、舜的榜样。如果臣子不用舜侍奉尧的态度对待君主，这就是对君主的不敬；不用尧管理百姓的方式来治理自己的国家，这就是残害自己的百姓。

“孔子说：‘治国之路只有两条：仁与不仁而已。’残酷地压榨百姓，到了一定的程度，就会导致自己被杀、国家灭亡，程度轻的也会使得国力削弱、宝座不稳。这样的人，死后的谥号不是‘幽’就是‘厉’，如同先前的周幽王和周厉王，即使他们的后代子孙非常有孝心，但‘幽’‘厉’之类的名号却是永远也改不掉的。《诗经·大雅·荡》中说：‘殷纣所应借鉴的其实并不远，看看夏桀的例子就能知道了。’说的就是这个。”

相关链接

〔1〕离娄：又作“离朱”。传说中视力特好的人。

〔2〕公输子：姓公输，名般（亦作“班”“盘”），春秋鲁国人，故又称“鲁班”。相传擅长建筑，并发明多种木器，被后世建筑工匠、木匠奉为“祖师”。

〔3〕师旷：字子野，春秋晋国盲人乐师，擅于弹琴和辨音。

〔4〕六律：即黄钟、大蔟、姑洗、蕤宾、夷则、无射。为古代乐音标准名。

〔5〕五音：指宫、商、角、徵、羽五音。又称“五声”。

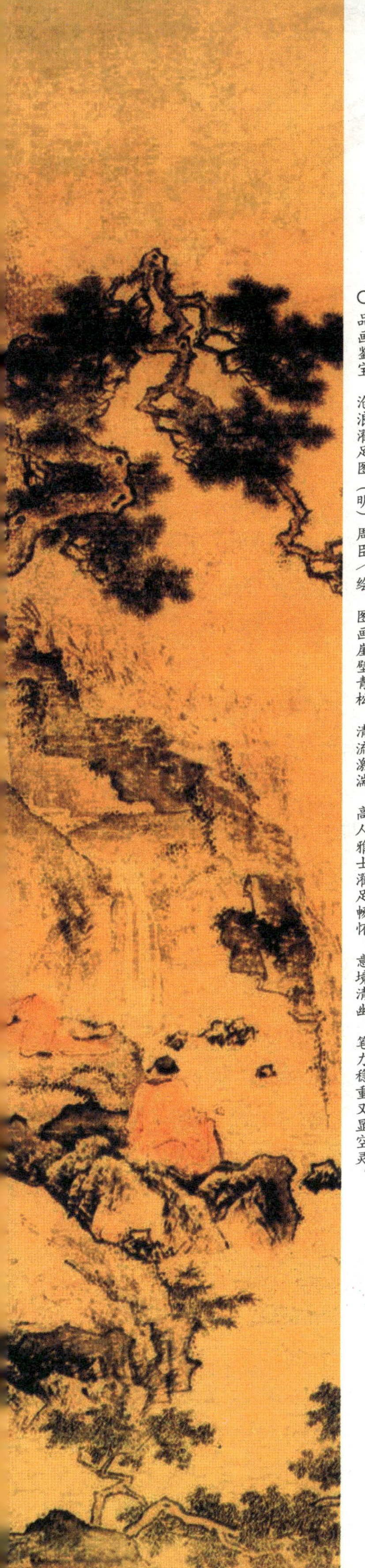

○品画鉴宝 沧浪濯足图（明）周臣／绘 图画崖壁青松，清流激湍，高人雅士濯足畅怀。意境清幽，笔力稳重又显空灵。

沧浪之水

“天作孽，犹可违；自作孽，不可活。”一个人遭受的侮辱、一个家庭的毁灭、一个国家的败亡，原因都必自内部而起，所以不可不慎。

孟子说：“跟不仁的人还能有什么话可说呢？他们身处危亡之境，却自以为安稳；身处灾难之中，却自以为顺利；明明是将来要导致他们败亡的东西，他们却喜欢得不得了。不仁的人如果还能听得进别人的劝告，怎么还会让国家灭亡、家庭破败的事情发生呢？

“有首童谣是这么唱的：‘沧浪河的水清呀，可以用来洗我帽子上的丝带；沧浪河的水浑呀，可以用来洗我的双脚。’[1]孔子听到后对他的学生们说：‘你们听清楚了没有？因为水清，所以被用来洗丝带；因为水浑，所以被用来洗脚。是洗丝带还是洗脚，这是河水自己招来的！’

“可见，一个人首先是因为自己不珍重自己的所作所为，才会招致别人的侮辱；一个家庭必定是内部先有毁灭的因素，才会招来外人的打击；一个国家必定是先有自取灭亡的迹象，才会导致别国的征伐。《尚书·太甲》上说：‘老天降下的灾祸，我们还可以躲避；自己惹来的灾祸，那就无处可逃了。’说的正是这个意思。”

相关链接

〔1〕这是一首楚国古歌，原词为“沧浪之水清兮，可以濯吾缨；沧浪之水浊兮，可以濯吾足！”沧浪，犹青苍水色。《楚辞·渔父》载，屈原被放逐时，有个楚国渔父曾对他唱过这首歌。

逢蒙杀羿

○ 品画鉴宝

武士跪射图（五代） 图绘劲装武士引弓待发的瞬间，线条清晰流畅，将力与美表现得极为准确。

对于逢蒙杀羿，孟子自有高见。他认为，羿也有罪，因为他连自己亲自教授的弟子都不了解。

相传，逢蒙跟随羿[1]学习射箭，学到了羿的射箭之术，认为天下超过自己的只有羿一人，便乘机杀死了羿。针对这件事情，孟子评论道："羿也有他的罪过。"

公孙仪说："羿好像并没有罪过。"

孟子说："只是罪过不大罢了，怎能说他没有罪过呢？郑国曾派子濯孺子这个人侵略卫国，卫国便派庾公之斯这个人去追击他。子濯孺子说：'今天我病了，连弓都拿不起来，我看来活不成了！'又问驾车的人：'追击我的是谁？'驾车的人回答说：'是庾公之斯。'子濯孺子听说后，说：'我可以活命了。'驾车的人问：'庾公之斯是卫国最擅长射箭的，你为什么说可以活命了？'子濯孺子说道：'庾公之斯的箭术是从尹公之他这个人那儿学来的，尹公之他是从我这里学来的。尹公之他是个正派人，他的学生也一定是个正派人。'

"庾公之斯追上子濯孺子，看到子濯孺子没有拿起弓，就问：'先生您为什么不拿弓呢？'子濯孺子说：'今天我病了，拿不起弓来。'庾公之斯说：'我跟从尹公之他学习射箭，尹公之他又跟从您学习射箭。我不忍心用先生您传授的箭术来伤害您。即便如此，今天你我之间的事情仍是国家公事，我不敢置之不顾。'于是他抽出箭，向车轮敲了几下弄去箭头，射了四箭之后就回去了。"

羿的罪过，就在于他没有知人之明，把箭术教给了逢蒙那样的人。

相关链接

〔1〕羿：即后羿，又称夷羿。夏东夷族首领。以善于射箭而著称。曾夺取夏君太康之位，推翻夏朝统治。但因不善治理，不久而败。

不孝子匡章

齐国人都说匡章不孝。孟子认为，这是因为他们都没能真正了解匡章的处世之道。

齐国人匡章[1]，都城的人都认为他不孝，孟子却不以此为意，仍旧与他往来。公都子很奇怪，就问："都城的人都说匡章不孝，先生您还和他往来，而且待他礼敬有加，敢问这是为什么？"

孟子回答说："世俗一般所认为的不孝，大致有五种情况：身体懒惰，不关心、不赡养父母，这是不孝之一；喜欢赌博喝酒，不关心、不赡养父母，这是不孝之二；贪爱钱财，偏爱妻子儿女，不关心、不赡养父母，这是不孝之三；纵情于声色，生活不检点，而使父母因此受到羞辱，这是不孝之四；好勇斗狠，危及到了父母的安危，这是不孝之五。

"至于章子，在这五种不孝之中占了哪一项呢？章子不过是父子之间以善相责，从而把关系弄僵了而已。以善相责是朋友相处之道，父子之间如果以善相责，那就伤害感情了。章子难道不想夫妻、母子团聚吗？只是因为得罪了父亲，不能和他亲近，因此把妻子儿女也都赶得远远的，一辈子都不让他们奉养自己。他想如果不这样做，那自己的罪过就更大了。这才是章子的处世之道呀。"

相关链接

〔1〕匡章：又称匡子、章子。战国时齐将。齐宣王时，曾趁燕国内乱率军将其攻破。

曾子子思遇寇

面对敌寇前来进犯，曾子和子思的做法截然不同。孟子说，虽然如此，但促使他们做出抉择的原因却是一样的。

曾子居住在武城的时候，有越国军队入侵。有弟子劝曾子："敌寇就要来了，为什么不躲避一下呢？"

曾子交代弟子："不要把我的屋子借给别人住。不要让人破坏那些树木。"敌寇退走时，又交代弟子："修理好我的房屋，我要回去住。"

敌寇退走之后，曾子回到了武城。他身边的人说："武城的人对您可谓恭敬有加。但敌寇来的时候，您却早早地离城而去，给老百姓做了个坏样子；敌寇一退，您就早早地回来，这恐怕不妥吧？"

弟子沈犹行对他们说："这里的道理不是你们能懂的。从前曾先生住在我那里，有个叫负刍[1]的人作乱，当时追随先生的学生有七十人，都早早离开，没有一个共度祸乱的。"

子思居住在卫国之时，齐国军队来犯。有人对子思说："敌寇就要来了，为什么不躲避一下呢？"子思说："我如果也离开了，还有谁和国君一起来守城呢？"

孟子评论说："曾子、子思两个人，选择虽然不同，但促使他们做出抉择的道理是一样的。曾子是老师，也是长辈；子思是臣子，地位低下。若把曾子、子思二人的位置交换一下，曾子同样也会留下，子思同样也会离开的。"

相关链接

〔1〕负刍：背负柴草。意樵采之人。负，背；刍，草把。《孟子·离娄下》朱熹注："言曾子尝舍于沈犹氏，时有负刍者作乱，来攻沈犹氏。"一说"负刍"为人名。

齐人一妻一妾

齐国有个龌龊人，常常到墓地乞讨东西，回家却对妻妾说他和达官显贵一起吃饭去了。妻妾知道实情后，相对悲泣不已。

齐国有个人，家里有一妻一妾。丈夫每次外出，都吃得酒足饭饱才回来。妻子问与他一起吃饭的都是些什么人，他说是一些有钱有势的人物。妻子犯了疑心，对妾说："他每次外出，都酒足饭饱才回来。我问与他一道吃喝的都是些什么人，他回答说都是些有钱有势的人物，但我们却从来没见有达官显贵到我们家里，我打算看看我们的丈夫到底去了什么地方。"

第二天清早，妻子悄悄地尾随在丈夫的后面。妻子跟着丈夫走遍了全城，发现没有一个人站住与丈夫说话。最后，丈夫来到了城东的坟地[1]，在祭扫坟墓的人那里乞讨些东西吃；如果吃不饱，就再到别人那里去乞讨。原来，这就是她丈夫吃饱喝足的办法。

妻子回到家，将所见的告诉了妾，说："所谓丈夫，是我们应该仰望依靠、终老一身的人。没想到我们的丈夫，现在竟然堕落成了这个样子。"

妻妾二人在庭院中一起咒骂丈夫，又禁不住悲伤而相对哭泣。这时，丈夫还什么都不知道，像往日一样，得意洋洋地从外面回来，又向他的妻妾摆起威风来了。

在君子看来，人们用来乞求升官发财的方法，能够不让他们的妻妾感到羞耻并且相对哭泣的，几乎也就没有了。

○ 品画鉴宝　仕女图（明）陈洪绶／绘

相关链接

〔1〕坟地：埋葬死人的地方。一般指成片的冢群。坟，原意为高出地面的土堆，后泛指坟墓。

舜号泣于旻天

万章以舜之事请教孟子。孟子围绕舜的圣明事迹，向他阐述了儒家的“孝”“悌”“仁”等大义。

大舜有大孝之名，弟子万章问孟子：“舜去田地里的时候，一边喊着天的名字一边哭泣，他为什么要这样呢？”

孟子答：“因为舜又对父母怀怨，又对父母依恋。”

万章又问：“（曾子说过）‘父母喜欢他，虽然高兴，他不会因此而懈怠；父母讨厌他，虽然忧愁，他也不会因此而怨恨。’那么，舜怨恨他的父母吗？”

孟子答：“过去长息问他老师公明高：‘舜到田地里去，我已理解了，但他呼天而泣，呼父母而泣，我却不明白那是为了什么。’公明高说：‘这不是你能明白的。’公明高认为，孝子的心理是不能像这样满不在乎的：我努力耕种田地，恭恭敬敬地尽我做儿子的职责，父母不喜欢我，叫我又能有什么办法呢？帝尧让他九个儿子和两个女儿，连同百官一起带着牛羊、粮食，到田间为舜服务。天下的士人也有很多跑到舜那里去了，尧也打算把天下禅让[1]给舜。虽然这样，舜因为得不到父母的欢心，还是像穷困潦倒的人找不着归宿一样。受到天下士人的爱戴，这是人人都希望的事，却不足以消除舜的忧愁；美丽的女子，人人都想得到，舜娶了帝尧的两个女儿，却不足以消除他的忧愁；财富，是人人都梦寐以求的，舜已经富有天下，却不足以消除他的忧愁；尊贵的地位，是人人都希望得到的，他贵为天子，却不足以消除他的忧愁。受到士人的爱戴、拥有美丽的女子、财富和尊贵，这一切都不能消除他的忧愁，唯有讨得父母的欢心才能消除他的忧愁。人在小的时候，就依恋父母；懂事喜欢异性之后，则爱恋年轻貌美的人；有了妻子儿女，便疼爱妻子儿女；做了官，则崇敬自己的君主，如果得不到君主的欢心，内心就会烦躁不安。最孝顺的人，一辈子依恋父母。到了五十岁还依恋父母，（这种情况）我在伟大的舜身上看到了。”

万章问：“《诗经》说过：‘娶妻该怎么办？事先一定要告诉父母。’信奉这句话的人，应当没有比得上舜的了。但舜事先却没有告诉父母就娶了妻子，这是怎么回事呢？”

孟子答：“假如舜告诉了父母，那他就娶不成了。男婚女嫁，是人

与人之间最自然的关系。如果舜事先告诉了父母，就得抛弃这种最自然的关系，结果便会埋怨自己的父母，所以舜没有告诉父母。”

万章说：“舜事先不告诉父母而娶妻，这我已经懂了；但是，帝尧将自己的女儿嫁给舜，也不事先告诉他父母，这又是什么道理呢？”

孟子说：“尧也清楚，如果事先说明了，那么他就嫁不成女儿了。”

万章说：“舜的父母派他去修仓库，等舜上到仓库顶上以后，他们却抽走了梯子，他父亲瞽叟还放火点燃了仓库。后来，又派舜去淘井，舜的弟弟象不知道舜已经出来了，便用土填住井眼。象说：‘谋害舜都是我的功劳，牛羊给父母，仓库给父母，盾和戟归我，琴归我，雕弓归我，两位嫂子她们要给我铺床叠被。’象走进舜的居室，却看到舜坐在床边弹琴。象说：‘哎呀！我好想你呀。’但神情却显得不好意思。舜说：‘我想念着那些臣下和百姓，你就替我管理他们吧。’我不明白，舜不知道象要杀他吗？”

孟子答道：“怎么会不知道呢？象忧愁，他也忧愁；象快乐，他也快乐。”

万章说：“那么，舜的喜悦是假装的？”

孟子说：“不。从前，有个人给郑国的子产送了条活鱼，子产便让主管池沼的人将它蓄养起来。那个人却将鱼煮熟吃了，并报告子产说：‘刚放进池塘的时候，鱼还懒洋洋地不爱动弹；过了一会，就摇着尾巴游了起来；忽然之间就远远地游得不知去向了。’子产说：‘它到了好地方呀，它到了好地方呀。’那人出来，就对人说：‘谁说子产聪明，我已经把鱼煮熟吃了，他还说，它去了好地方呀，它去了好地方呀！’所以，对于君子，可以用合乎人情的方法骗他，而不能以违反常理的诡计欺骗他。象既然假装出敬爱兄长的样子来，舜因此便真诚地相信他，还非常高兴，为什么说是假装的呢？”

万章问：“象每天都把谋杀舜当作自己的工作。舜成为天子以后，却只是流放了他，这是什么道理呢？”

孟子答：“其实是舜把象封为诸侯，不过有人说是流放罢了。”

万章说：“舜把共工流放到了幽州，把驩兜流放到崇山，在三危山杀了三苗的国君，在羽山诛除了鲧。惩处了这四个罪犯，天下就都归服了，就是因为讨伐了不仁之人的缘故。象是最不仁的人，舜却把他封在了有庳国。有庳国的老百姓有什么罪过呢？对别的不仁之人，就加以惩处；对自己的弟弟，就封以国土。难道仁人可以这样做吗？”

孟子说：“仁人对于自己的弟弟，有怒气，不藏在心中；有怨恨，不留在胸中，那是因为喜爱弟弟罢了。亲近自己的弟弟，便要让他显贵；喜爱自己的弟弟，便要使他富有。舜封象于有庳国，那是要他变得既富且贵。自个儿做了天子，而弟弟却是一个老百姓，这可以说是亲近并喜爱自己的弟弟吗？”

万章说：“我冒昧地问先生，为什么有人说那是流放呢？”

孟子说：“象不能在他的国土上为所欲为，天子派遣官吏替他治理国家，缴纳贡税，所以有人说那是流放。象虽然不是什么贤君，他难道能侵扰他的百姓吗？象自然不能。即使这样，舜还是常常想见象，象也不断地来朝觐舜。《尚书》中说：‘不必等到规定的上朝纳贡之时，才去相见，平常也可以假借政事来接待象。’说的就是这个意思。”

○ 品画鉴宝　兽面纹鼎（商）
此器直身、方唇、深腹、圜底、柱足。形制简朴，其纹饰在商代青铜器中较为少见。

相关链接

〔1〕禅让：指君主让位给有才能、有道德的人。在古代社会，有尧禅位给舜、舜禅位给禹的故事，反映了一种朴素的民主思想。

尧让天下

孟子通过尧禅位于舜的故事，讲述了“明君得到天下，不是因为某个人授予，而是因为上应天命、下顺民心”的道理。

相传尧帝把天下禅让给了舜，万章问孟子：“尧把天下给了舜，是这样吗？”

孟子答：“没有。天子不能把天下给别人。”

万章问：“那么舜获得天下，是谁给他的呢？”

孟子答：“上天。”

万章问：“上天授予舜天下，是反复叮咛告诫而给他的吗？”

孟子答：“不。上天不会说话，只是通过舜的品行与事迹，来向天下人显示罢了。”

万章问：“通过品行与事迹来向天下人显示，是怎样的呢？”

孟子答：“天子能向上天推荐人，但不能令上天就把天下授予那人；诸侯能向天子推荐人才，但不能令天子就把诸侯的位置授予他；大夫能向诸侯推荐人才，但不能令诸侯就把大夫的位置授予他。从前，尧将舜推荐给上天，上天接受了；又把舜公开介绍给百姓，百姓也接受了。所以说：上天不会说话，只是通过一个人的品行与事迹向天下人显示而已。”

万章问：“推荐给上天，上天接受了；公开向百姓介绍，百姓也接受了，这是怎么回事？”

孟子答：“让他主持祭祀之事，神明[1]都享用了祭品，这就是上天接受了；叫他主持朝政，天下治理得很好，百姓都很满意他，这就是百姓接受了。上天授予他天下，百姓也授予他天下，所以说：天子不能把天下授予人。舜辅佐尧治理天下，一共二十八年，这不是一般人所能做到的，而是天意。尧去世后，三年之丧完毕，舜便逃到南河的南边去了（为了让尧的儿子能够继承天下）。但是，天下的诸侯想朝见天子的，都不到尧的儿子那里，却都去了舜那里；争讼的人，都不到尧的儿子那里，却都到了舜那里；歌功颂德的人，都不歌颂尧的儿子，却都歌颂舜。所以说：这是天意。这样的情况下，舜才回到都城，做了天子。如果舜居住在尧的宫室，逼迫尧的儿子让位，这是篡位，而不是上天授予的了。《太誓》篇中说：‘百姓的眼睛就是上天的眼睛，百姓的耳朵就是上天的耳朵。’说的正是这个意思。”

相关链接

〔1〕神明：即神祇、神灵。泛指主宰天地及专司风雨、日月、生命等诸神。

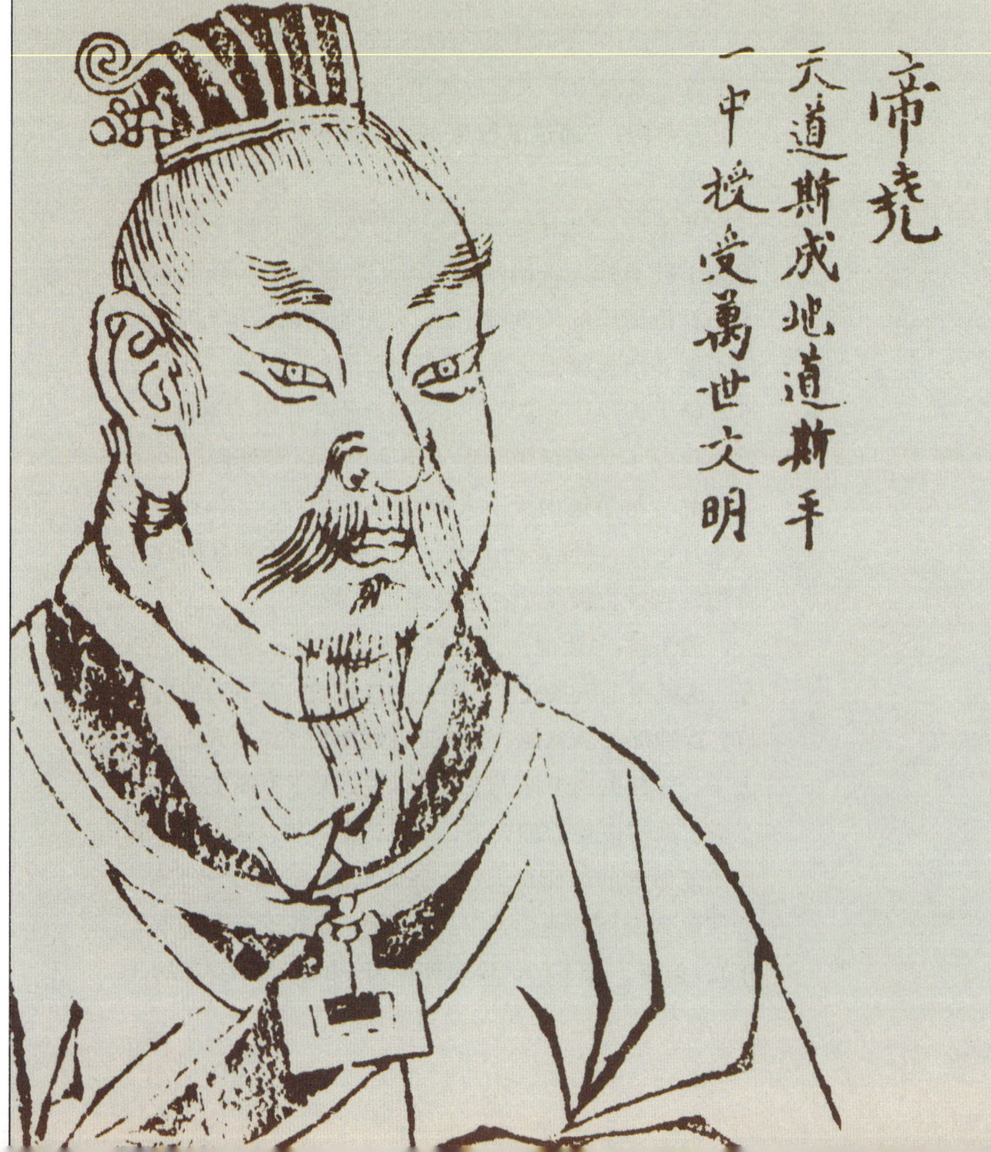

禹不传于贤

相传大禹死后，没有实行禅让，而是把天下传给了自己的儿子启。孟子否定了这个说法，认为这些事情都不是人力所能决定的，而是上天安排好了的。

相传帝尧禅让于舜，帝舜禅让于禹，禹却把帝位传给了自己的儿子启。万章问孟子："有人说：'到禹的时候，道德已经衰败了。禹没有把天下传给圣贤之人，却传给了自己的儿子。'真是这样吗？"

孟子答："不，不是这样的。上天要传给圣贤之人，便传给圣贤之人；上天要传给君王的儿子，便传给君王的儿子。当初，舜把禹推荐给上天。十七年之后，舜死了，三年的服丧期一结束，禹为了让位于舜的儿子，自己便躲到了阳城[1]。但是，天下的百姓跟随禹，正好像当年尧死后，他们不跟随尧的儿子却跟随舜一样。

"后来，禹把益[2]推荐给上天。七年之后，禹死了，三年的服丧期一完毕，益为了让位给禹的儿子，自己便躲避到箕山[3]的北边去了。当时朝见天子的人和要打官司的人，都不去益那里，却去了禹的儿子启那里，他们说：'他是我们君王的儿子呀。'歌功颂德的人也不歌颂益，却歌颂启，他们说：'他是我们君王的儿子呀。'

"尧的儿子丹朱不成器，舜的儿子也不成器。舜辅佐尧，禹辅佐舜，时间长了，对老百姓施予恩惠的时间也长。启很贤明，能够恭谨地继承禹的美政。益辅佐禹，经过的时间短，对老百姓施予恩惠的时间也短。舜、禹、益之间相距时间的长短，他们的儿子好坏，这都是上天安排的，不是人力所能做到的。没有人故意这样安排，结果却这样了，这是天意；没有人叫他们来，他们竟然来了，这也是天意。

"凭老百姓的身份而能得到天下的人，他的道德必然也要像舜和禹一样，而且要有天子的推荐。所以，孔子（虽然是圣人，因为没有天子的推荐）得不到天下。代代相传而得到天下的，上天如果要让他失去天下，则必须是像夏

桀、殷纣王那样残暴的君主，所以益、伊尹、周公（虽然圣贤，因为所遇到的君主都不是夏桀、殷纣王那样）得不到天下。伊尹帮助商汤统一了天下。商汤死后，太丁没来得及继位便死了，他的弟弟外丙在位二年，仲壬在位四年。到太丁儿子太甲在位时候，因为他违背了商汤所立的法度，伊尹便将他流放到桐[4]。三年之后，太甲悔过自新，对自己往日的行为非常后悔，决心改过，在桐地实施仁义三年。三年后，太甲完全实践了伊尹对自己的教诲，便又回到亳都做天子。周公之所以不能得到天下，正像益在夏朝、伊尹在殷朝不能得到天下的原因一样。孔子说：'唐尧、虞舜以天下禅让给贤人，夏、商、周三代传位于子孙，本质都是相同的。'"

相关链接

〔1〕阳城：古地名。在今河南登封东南。相传曾为夏禹都城。

〔2〕益：即伯益。又名伯翳、柏翳。古代东夷族首领，嬴姓祖先。相传善于畜养和狩猎。曾辅佐舜帝，又协助大禹治水有功，被禹选为继承人。

〔3〕箕山：山名，在今山东鄄城箕山镇。

〔4〕桐：古地名。在今山西万荣西。

○品画鉴宝　弩射图岩画（青铜时代）
岩画的中心人物为一双手持弩者，弩上的弓矢呈侧三角形，正搭在弦上将要射出，周围还绘有动物及各种路标类符号。整个岩画表现的应是一组农牧和战争的场面。

百里奚自鬻

孟子认为百里奚是一个贤能而聪明的人，因此极力否定他曾以五张羊皮卖身的说法。

万章问孟子：“有人说：‘百里奚以五张羊皮的价格，就把自己卖给了秦国养牲畜的人，靠替人家养牛，以此谋求秦穆公的重用。’真是这样的吗？”

孟子答道：“不，不是这样的，这是好事之徒捏造出来的。百里奚是虞国人，晋国人以垂棘产的玉璧和屈地产的良马贿赂虞国，想借道虞国攻打虢国[1]。当时虞国的大臣宫之奇劝谏虞国国君，让他不要答应晋国的请求。百里奚却不这样，因为他知道劝阻也没有用。于是，百里奚离开了虞国，去了秦国，此时他已七十岁了。

“不知道以替人养牛来谋求秦穆公重用是污浊的行为，这能是聪明人的所作所为吗？但他知道谏阻不了虞公便不劝阻，这不就说明他是聪明的吗？他预见虞公将要覆亡，就事先离开，不能说他不聪明吧？当他在秦国被举荐出来时，他知道秦穆公是位可以辅佐而且会大有作为的国君，因而便辅佐秦穆公，不能说他不聪明吧？做了秦国的卿相而使秦穆公名满天下，且足以流传名声于后世，不是贤能之人能做到这一点吗？卖了自己来成就国君，乡里之中洁身自爱的普通人也不会干，贤能之人怎么肯干呢？”

○品画鉴宝　龙凤冠人形玉冠（商）
此玉佩体扁平，人形，头戴龙凤冠，式样新颖别致。

相关链接

〔1〕虢国：武王克商后，封文王的两个弟弟为虢国诸侯：一个在雍地（今属陕西、甘肃），称西虢；一个在制地（今河南荥阳），称东虢。西虢曾东迁至今河南三门峡一带，公元前655年为晋所灭；东迁后在原地留有一个小虢，公元前687年为秦所灭。东虢于公元前767年为郑所灭。

孟子将孔子和伯夷、伊尹、柳下惠相比，称他是“圣人中难得一见的人”，是人们所说的“集大成者”。

孟子说：“伯夷，不用眼睛去看不好的东西，不用耳朵去听不好的声音。不是他喜欢的君王，就不侍奉；不是他喜欢的老百姓，就不使唤。当天下太平了，才出来做事；而天下混乱时，却跑去隐居。只要是暴政横行的国家，有暴民居住的地方，他都不肯去住。他觉得和乡下的人在一起，就像穿戴着礼服官帽坐在泥土和炭灰上一样。商纣之时，在北海[1]之滨居住，等待天下清平的时候。因此只要听到过伯夷的风节，贪得无厌的人也会廉洁起来，懦弱的人也会变得坚强不屈。

“伊尹说：‘有什么君主，不能去侍奉的？有什么百姓，不能去使唤的？’所以在天下太平和天下大乱的时候都出来做事，说：‘上苍生育了这些黎民百姓们，就是打算要那些先知先觉的人来引导那些后知后觉的人。我是百姓中的先知先觉者，我将要用尧舜之道来引导那些后知后觉的人。’他想：天下所有的百姓之中，要是有一个男人或是妇人没能得到尧舜之道的恩泽，就像自己把自己推入山沟里一样，这也便是他自己挑起天下重担的决心。

“柳下惠不认为侍奉了坏君主就是可耻的，也不会因为官小就不去做。身在朝廷，不隐藏自己的才干，却一定不能背弃自己的行事原则。即使遭遗弃，也不埋怨；即使身无分文，也不愁苦。和乡下的人在一起，开心得都不想离去。‘你是你，我是我，就算你在我身边袒胸露背，哪会就玷污了我呢？’因此只要听到过柳下惠的风节，胸襟狭小的人都会开阔起来，吝啬的人也会变得厚道。

“孔子离开齐国，淘完米来不及等米上锅就走了；离开鲁国，却说：‘我们慢点走吧，因为是要远离祖国了。’应该即刻走便即刻走，应该坚持做便坚持做，应该留下便留下，应该做官便做官，这就是孔子啊！”

孟子又说：“伯夷是圣人中的高洁之人，伊尹是圣人中的担当之人，柳下惠是圣人中的随和之人，孔子则是圣人中难得一见的人。孔子，是所谓的‘集大成者’。‘集大成’的含义，就如奏乐先要敲击钟，然后再击磬以收尾。首先敲击钟，是梳理节奏的开始；再用击磬收尾，是梳理节奏的结束。梳理的开始关键在于智，梳理的结束关键则在于圣。智就像技巧一样，圣就像气力一样。犹如在百步之外射箭，如果射到了，是因为你的力量；如果射中了，却不是因为你的力量。”

相关链接

〔1〕北海：古指北方偏远之地。一说即今渤海。

○ 品画鉴宝　孔子圣迹图 · 退修诗书（清）改琦／绘

孟子告诫万章：在交友时，要注重对方的品德，而不应有任何利益动机；在交际时，要态度恭敬，并使自己的行为符合道义与礼节。

万章问："敢问交友应该如何？"

孟子回答："不倚仗自己年岁大，不倚仗自己地位高，不倚仗自己兄弟的富贵。交朋友，是因朋友的品德而结交他，心中不能有任何倚仗的念头。

"孟献子是位有一百辆车的大夫，他有五个朋友：乐正裘、牧仲，其他三人我不记得了。孟献子与这五个人相交，心中并不存在自己是大夫的想法。这五个人的心中如果存在孟献子是大夫的想法，也就不会和他交朋友了。

"不仅仅有一百辆车的大夫是这样，即使小国的国君也有朋友。

"费惠公[1]说：'我对于子思，则以他为老师；对于颜般，则当他是朋友；至于王顺和长息，则都是侍奉我的人。'不仅仅小国的国君是如此，大国的国君也有朋友。晋平公对于亥唐，亥唐让他进去，他就进去；让他坐，他就坐；让他吃饭，他就吃饭。即使是糙米饭野菜汤，晋平公也不曾少吃，他不敢少吃啊。然而晋平公也只是做到这一点罢了，却不同他共有官位，不同他一起治理国家，不同他共享食禄，这是普通士人尊敬贤人的做法，而不是王公尊敬贤人的做法。

"舜拜见帝尧，帝尧让他这位女婿住在别宫[2]，也给舜送食物，轮流做宾主，这是以天子之尊同老百姓交朋友。以卑下的地位去尊敬高贵的人，叫作尊崇贵人；以高贵的地位去尊敬地位卑下的人，叫作尊敬贤人。尊崇贵人和尊敬贤人，道理是一样的。"

万章问："请问与人交际时，应当抱什么心态？"

孟子答："应该有恭敬之心。"

万章问："'一再拒绝别人的礼物是不恭敬。'这是为什么呢？"

孟子答："地位尊贵的人有所馈赠，如果自己先问：'他取得这种礼物合乎义呢，还是不合乎义呢？'想了以后才接受，这是不恭敬的，所以不要拒绝。"

万章问："请问，拒绝别人的礼物，不明白地说出，只是在心里不接受，然后在心里说：'这是他取自老百姓的不义之财呀。'因而以别的借口拒绝，难道不可以吗？"

孟子答：“如果按道义跟我交往，依礼节同我接触，那孔子也会接受他的礼物的。”

万章问：“假如现在有人在国都郊外拦路抢劫别人的财物，他也按道义跟我交往，他赠我礼物也依礼节而行，这样的赃物我可以接受吗？”

孟子答：“不可以接受。《康诰》中说：‘杀死别人，抢夺财物，顽悍不怕死，这种人，没有人不怨恨的。’这是不必先去教育他就可以诛杀的。殷商从夏朝承续了这种法律，周朝又继承了殷商的做法，对此都是绝不推辞的。现在抢劫杀人尤为严重，怎么能够接受呢？”

万章问：“如今的诸侯，他们从老百姓那里获取财物，也和拦路抢劫一般。如果把交际的礼节搞好了，君子也就接受了，请问这又是什么道理呢？”

孟子答：“你认为若有圣王兴起，对待现在的诸侯是一律同等看待，全部诛杀呢？还是先行教育，如果不改悔，然后诛杀呢？而且，占有不是自己的东西，这种行为是抢劫，这只是把它高度概括而说的话。孔子在鲁国做官时，鲁国人在田猎中争夺猎物，孔子也争夺猎物。争夺猎物都可以做，更何况接受馈赠呢？”

万章问：“那么，孔子做官，就不是为着行道吗？”

孟子答：“当然是为了行道。”

万章问：“既然是为行道，那为什么还要争夺猎物呢？”

孟子答：“孔子先用文书来规定家里所用器物和祭礼用品，不用别处的食物来供祭祀。”

万章问：“孔子为什么不辞官而去呢？”

孟子答：“孔子做官先得试一下。试行的结果，如果他的学说可以行得通，但君主却不肯施行，这样才会离开，所以孔子在一个国家中不曾停留三年。

“孔子因可以行道而做官，也因为君主对他的礼遇而做官，也因为国君养贤而做官。对于鲁国的季桓子，是因为可以行道而做官；对于卫灵公，是因为礼遇而做官；对于卫孝公，是因为国君养贤而做官。”

相关链接

〔1〕费惠公：后人疑为鲁国季孙氏据费叛鲁时使用的僭称。

〔2〕别宫：泛指正式寝宫以外的宫殿。

人性本善

孟子说：人性本善，仁义礼智是人的内心本来就有的。如果君王以此善心施行仁政，那么治理天下就会易如反掌。

孟子的学生公都子曾经问道："告子说：'人的本性没有什么善与不善之分。'也有人说：'人的本性可以使它善良，也可以使它不善良。'所以周文王、周武王兴起，老百姓便趋向于善；周幽王、周厉王兴起，老百姓便趋向于横暴。'也有人说：'有的人本性善良，有的人本性不善良。所以有尧这样的圣君，也有象这样的坏百姓；有瞽叟这样的坏父亲，也有舜这样的好儿子；纣这样坏的侄儿，还让他做君王，也有微子启、王子比干这样好的叔父和臣子。'现在先生说'人性本善'，难道他们说的都错了吗？"

孟子说："每个人的本性，可以使它趋向于善良，这就是我所说的人性本善的意思。至于有些人不善良，这并不是他的本性的问题。同情之心，每个人都有；羞耻之心，每个人都有；恭敬之心，每个人都有；是非之心，每个人都有。同情之心就是仁，羞耻之心就是义，恭敬之心就是礼，是非之心就是智。这么说来，仁义礼智不是别人给予的，而是人内心本来就有的，那些不善的人只不过是不向内心探求罢了。所以说：'如果探求就会得到，如果不探求就会失去。'人与人之间有相差一倍、五倍甚至无数倍的，根本的原因就是没有充分发挥他们本性的缘故。《诗经 · 大雅 · 民》上说：'上天生育众民，任何事物都有规律；百姓的本性，是喜爱美好品德的。'孔子说：'写这首诗的人真正懂得道啊！天下事物都有它的规律，老百姓的本性，是喜爱美好品德的。'"

在别的地方，孟子也阐述过这个意思。他说："每个人都有不忍之心。过去的贤明君主，因为有不忍之心，所以才有不忍之政的仁政。以不忍之心去实施仁政，那么治理天下就易如反掌了。之所以说'每个人都有不忍之心'，是因为若有小孩将要落到井里，谁看到了心里都会惊慌难受，生出恻隐之心[1]来，这不是为了想结交小孩的父母，也不是为了在乡邻博取好名声，更不是因为受不了孩子的哭叫。由此看来，没有恻隐之心，不算是人；没有廉耻之心，不算是人；没有谦让之心，不算是人；没有是非之心，不算是人。恻隐之心，是仁的开端；廉耻之心，是义的开端；谦让之心，是礼的开端；是非之心，是智的开端。人有这

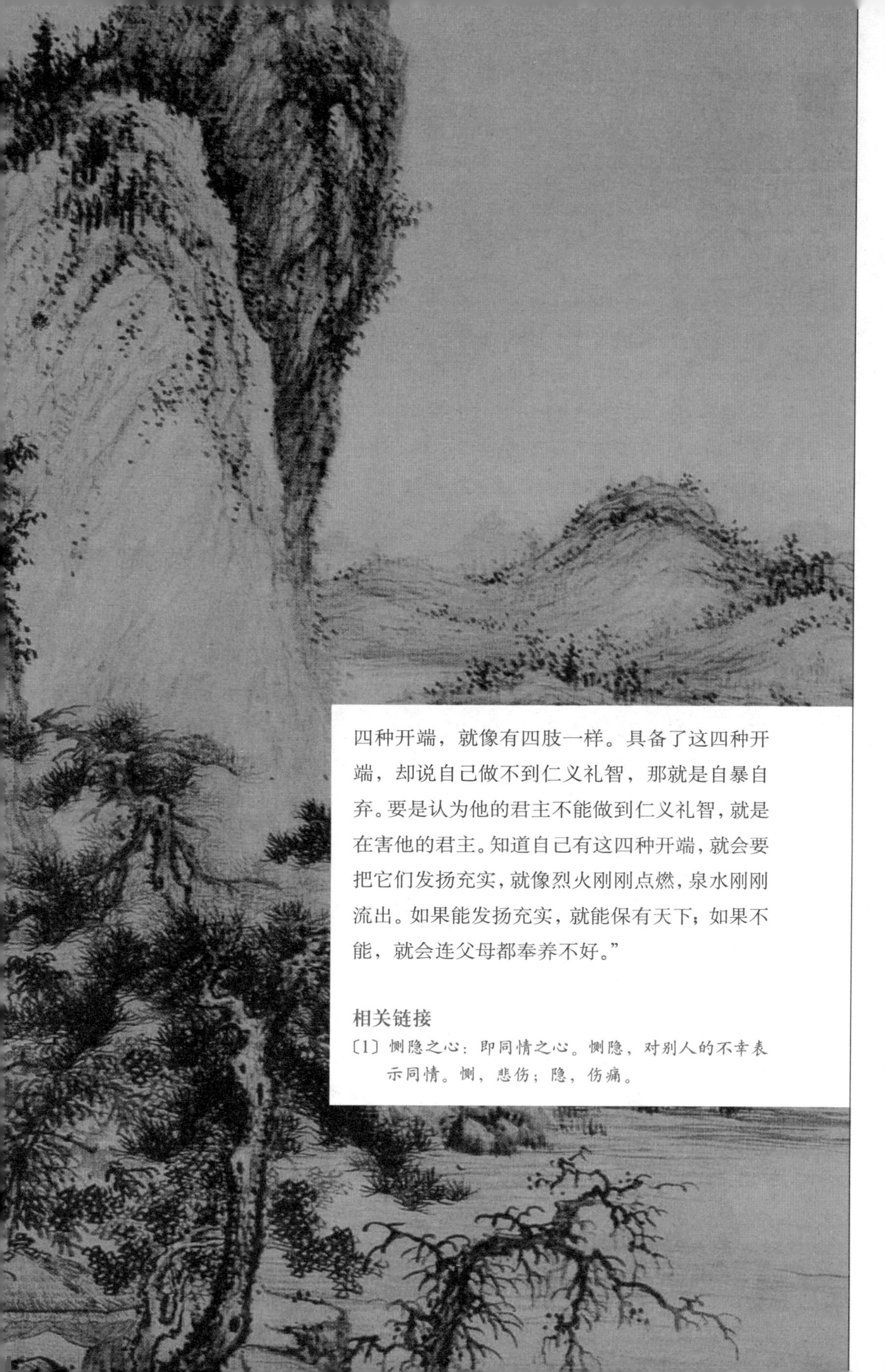

四种开端，就像有四肢一样。具备了这四种开端，却说自己做不到仁义礼智，那就是自暴自弃。要是认为他的君主不能做到仁义礼智，就是在害他的君主。知道自己有这四种开端，就会要把它们发扬充实，就像烈火刚刚点燃，泉水刚刚流出。如果能发扬充实，就能保有天下；如果不能，就会连父母都奉养不好。”

相关链接

〔1〕恻隐之心：即同情之心。恻隐，对别人的不幸表示同情。恻，悲伤；隐，伤痛。

舍生而取义

孟子说：当生命和道义发生冲突时，应当舍生而取义。道义之心，人皆有之。如果丢失了它，就等于丧失了人的本性。

孟子说："鱼是我想得到的，熊掌[1]也是我想得到的，如果两者不能同时得到，那就不要鱼而要熊掌。生命是我所热爱的，道义也是我所热爱的，如果两者不能同时拥有，那我就舍弃生命而选择道义。生命是我所热爱的，但我所热爱的东西还有超过生命的，所以我不做苟且偷生的事情；死亡是我所憎恶的，但我所厌恶的东西还有超过死亡的，所以有些祸患我并不躲避。

"如果人们所热爱的没有超过生命的，那么一切能够生存的办法，有什么不可采用的？如果人们所厌恶的没有超过死亡的，那么一切能够免祸的办法，有什么不可采用的？

"是因为什么，做了便能够生存的方法，人们却有不去做的；是因为什么，做了便能够免祸的方法，人们也有不去做的。由此可知，还有比生命更宝贵的东西，还有比死亡更可恶的东西。这种心不仅贤人有，每个人都有，只是贤人没有丧失它罢了。

"万钟这样高的俸禄，如果并不问它合不合礼义就接受，那么万钟俸禄对我能有什么增益呢？是为了得到华丽的住宅、妻妾的侍奉和我所认识的穷苦人的感激吗？以前宁死也不接受的，现在却为了得到华丽的住宅而接受了；以前宁死也不接受的，现在却为了得到妻妾的侍奉而接受了；以前宁死也不接受的，现在却为了得到所认识的穷苦人的感激而接受了，这些不也可以停止吗？这就叫作丧失了人的本性。"

相关链接

〔1〕熊掌：熊的脚掌。又称"熊蹯"。一种非常珍贵的食品。亦可入药。

礼与食孰重

任国人把吃饭和礼仪相比较，问屋庐子哪个更重要。屋庐子因此向孟子请教。

任国[1]有一个人，问孟子的弟子屋庐子说："礼仪和吃饭哪个更重要？"

屋庐子回答说："当然礼仪更重要。"

那人又问："娶妻和礼仪哪个更重要？"

屋庐子回答说："当然礼仪更重要。"

那人问："如果遵循礼仪去找饭吃，就要饿死；不遵循礼仪去找饭吃，就能得到吃的，那还要遵循礼仪去做吗？如果遵循亲迎之礼，就娶不到妻子；不遵循亲迎之礼，就能娶到妻子，那还要遵循亲迎之礼吗？"

屋庐子不知道该怎样回答，第二天到邹国，把这件事告诉给孟子。

孟子说："回答这个问题有什么难的？如果不考虑起点来比高低，那么一寸见方的木头就可以比高楼大厦还要高。金子比羽毛重，难道说三钱[2]重的金子比一车羽毛还要重吗？拿吃饭的重要之处和礼仪的细微之处相比，那何止说明了吃饭更重要？拿娶妻的重要之处和礼仪的细微之处相比，那何止说明了娶妻更重要？

"你去对他说：'扭住你哥哥的胳膊，抢夺他的饭，就会得到吃的；如果不扭，就得不到吃的，那还要扭吗？翻越东邻的墙去挟持人家的女儿，就会得到妻子；如果不去挟持，就不会得到妻子，那还要挟持吗？'"

相关链接

〔1〕任国：在今山东济宁。国君风姓。

〔2〕钱：旧制重量单位。一钱约合3.125克。

人皆可为尧舜

孟子告诉曹交：不要为不能胜任而担忧，只要反求诸己，努力去做，人人都可以成为尧舜那样的圣贤之士。

孟子在邹地，常与弟子曹交相问答。曹交有一次问他："据说人人都可以成为尧舜，有这说法吗？"

孟子回答说："有。"

又问："我听说周文王身高一丈[1]，商汤身高九尺，现在我曹交身高九尺四寸多，却只是个饭桶罢了。要怎样做才可以成为尧舜那样的人呢？"

孟子答："这有什么呢？只要去做就行了。如果有个人连一只小鸡也提不起来，那他是个没有力气的人；如果能够举起三千斤重的东西，那他就是个有力气的人。如果能举起大力士乌获[2]所举的重量，那他就是乌获那样的大力士了。人怎么能为不能胜任而担忧呢？只是不去做罢了。跟在年长的人后面慢慢地走，叫作'悌'；在年长的人前面快步地走，叫作'不悌'。慢慢地走，难道是人所不能做到的吗？只不过不那样做罢了。尧舜之道也不过就是'孝'和'悌'罢了。如果你像尧那样穿衣服，像尧那样说话，像尧那样做事，那你便和尧一样了。如果你像夏桀那样穿衣服，像夏桀那样说话，像夏桀那样做事，那你便和夏桀一样了。"

曹交说："我想拜见邹国国君，向他借个住的地方，希望能留在先生您的门下学习。"

孟子说：“我们所求的‘道’，就像大路一样，难道很难明白吗？人们只是不去寻求罢了。你回去自己寻求吧，老师多的是呢。”

相关链接

〔1〕丈：旧制长度单位。一丈约合3.33米。

〔2〕乌获：战国时秦国大力士，相传能力举千钧，与卫国孟贲齐名。

三王之罪人

孟子说：春秋五霸是三王的罪人；当世的诸侯，是五霸的罪人；而身为人臣的众大夫，又都是诸侯的罪人。

春秋时期，诸侯之间互相攻战，也出于利益考虑而频繁结盟。有五位著名的盟主，被称为“春秋五霸”。孟子说：“所谓春秋五霸，相对于三王[1]来说，都是罪人啊；当今诸侯，相对于春秋五霸来说，也都是罪人啊；今天的大夫，相对今天的诸侯来说，又都是罪人啊。

“天子到诸侯那里去叫‘巡狩’，诸侯朝拜天子叫‘述职’。天子春天视察耕种情况，赈济贫穷的人；秋天视察收获情况，赈济歉收的人。进入诸侯的领地，如果土地得到开垦，庄稼管理良好，老人得到赡养，贤人得到尊重，俊杰之士列于朝廷，那就给他赏赐：增加他的封地。进入诸侯的封地，如果田地荒芜，老人被遗弃，贤人不被任用，聚敛钱财的人位列朝廷，那就责备他。诸侯一次不来朝拜，就降低他的爵位；两次不来朝拜，就削减他的封地；三次不来朝拜，就率领军队前去讨伐。所以天子用兵叫‘讨’不叫‘伐’，诸侯用兵叫‘伐’不叫‘讨’。春秋时的五霸，是领着诸侯来‘伐’诸侯的人，所以说：春秋五霸，相对于三王来说，都是罪人。

“春秋五霸之中，齐桓公最为强大。在葵丘[2]盟会诸侯时，拉出牺牲却没有杀，只是把盟约放在上面，因为相信诸侯不敢违约，就没有歃血[3]。首先盟誓说：讨伐不孝之人，不随便废立太子，不立妾为妻；第二条说：尊敬贤人，培养人才，表彰品德高尚的人；第三条说：尊敬老人，爱护幼小，不懈怠贵宾和旅人；第四条说：士人的官职不世袭，不身兼数职，因材任用，不擅自杀戮大夫；第五条说：不到处设防，不禁止邻国采购粮食，不要有所封赏而不报告；最后说：凡是参加的国家，订立盟约之后，恢复友好交往。如今的诸侯，这五条盟约都违背了，所以说：今天的诸侯，相对于春秋五霸来说，都是罪人。

“君主有过恶，为人臣子不能进行谏阻，而只是顺从的话，这还是小罪。如果君主有过恶，臣下不但不谏阻，还要阿谀逢迎，助长君主之恶的话，这罪行就大了。现在的大夫都逢迎君主的过恶，所以说：现在的大夫，相对于今天的诸侯，又都是罪人。”

相关链接

〔1〕三王：即夏禹、商汤、周文王。一说为夏禹、商汤和周朝的文王、武王。

〔2〕葵丘：古邑名。春秋齐地。在今山东临淄西。

〔3〕歃血：古人盟誓时，用牲畜血涂嘴唇上，表示真心实意。

慎子为将军

孟子反对慎子攻打齐国，对他说：作为臣子，不能总是帮助君主征战图强，而应该辅佐其施行仁义之政。

鲁国想让慎子做将军，去攻打齐国，以夺取南阳[1]。孟子说："不先训练百姓，而直接让他们去打仗，这叫残害百姓。残害百姓的人，在尧、舜的时代是不能容忍的。即使一仗就打赢了齐国，而且占领了南阳之地，也还是不可以的。"

慎子顿时生了气，一脸愠色地说："这不是滑厘所能明白的。"滑厘是慎子之名。

孟子说："我明明白白告诉你吧。天子的土地，方圆一千里，不到一千里便不足以接待诸侯。诸侯的土地，方圆一百里，不到一百里便不足以奉守祖宗的礼法制度。周公被封于鲁国的时候，土地应该是方圆一百里，并不是没有更多的土地了，但封给他的还是正好一百里。姜太公被封于齐国的时候，土地应该是方圆一百里，并不是没有更多的土地了，但封给他的也还是正好一百里。

"如今，鲁国的土地面积，五倍于方圆一百里。你认为如果有圣王兴起，鲁国的土地是应该减少呢，还是应该增加？白白地从别人那里获得土地，而送给这一个国家，仁善的人还都不愿意干，何况靠杀人来得到土地呢？君子侍奉君主，一定要引导他走向正确的道路，也就是说，让君主有志于行仁政就可以了。"

孟子后来又议论说："现在侍奉君主的人，或者说：'我能替君主开拓疆土，充实府库。'现在所说的良臣，正是古代所说的残害百姓的人。君主不向往正道，无心于仁政，让这样的君主富足，也就等于是要让夏桀之辈富足啊。

"或者说：'我能为君主联合盟国，每战必胜。'现在所说的良臣，正是古代所说的残害百姓的人。君主不向往正道，无心于仁政，而臣子希望替这样的君主征战图强，也就等于是希望辅佐夏桀啊。顺着现在的道路走下去，不改变现在的风俗，即使把整个天下都给他，他也坐不稳那样的位子。"

相关链接

〔1〕南阳：古地区名。辖境相当于今山东汶河以北、泰山以南一带。初为鲁地，后归于齐。

乐正子好善

鲁国想让乐正子治理国政，孟子知道后兴奋得睡不着觉。弟子请教原因，孟子回答说："他为人好善。"

孟子弟子乐正子跟从子敖来到齐国。第二天，去拜见老师孟子，孟子说："你也知道来看我？"子敖这个人，名字叫王驩，孟子很看不起他，甚至不愿与他说话。乐正子跟子敖一起出行，又不早来拜见老师，所以孟子不大高兴。

乐正子回答："老师为什么说这样的话？"

孟子问："你到这里几天了？"

乐正子："昨天到的。"

孟子问："昨天到齐，怎么会现在才来见我。我这样说，难道不合适吗？"

乐正子："昨天的时候，我还没找好住处呢。"

孟子问："有人教过你'找到了住处，然后才能拜见师长'这样的道理吗？"

乐正子不好意思地回答："我知道我的过错了！"

齐国人浩生不害曾经问孟子："乐正子那个人怎么样？"

孟子答："好人，诚实的人。"

浩生不害又问："什么叫好？什么叫诚实？"

孟子答："让别人喜爱便叫'好'，那些好处在他身上确实存在便叫'诚实'，那些好处充满于他本身便叫'美'，那些好处充满且充分地表现出来便叫'大'，'大'且能够教育熏陶别人便叫'圣'，'圣'且达到妙不可言的程度便叫'神'。乐正子这个人，属于'好'和'诚实'之中，却在'美''大''圣''神'之下。"

鲁国想让乐正子治理国政。孟子对其他弟子说："我听到这件事，高兴得睡不着觉。"

公孙丑问："是因为乐正子手段厉害吗？"

孟子答道："不是。"

公孙丑问："是因为乐正子聪明善谋吗？"

孟子答道："不是。"

公孙丑问："是因为乐正子见多识广吗？"

○ 品画鉴宝　釜形盘口鼎（春秋）

孟子答道："不是。"

公孙丑问："那您为什么会高兴得睡不着觉？"

孟子答道："他为人好善。"

公孙丑问："好善就足够了吗？"

孟子答道："好善之人，治理天下都绰绰有余[1]，何况只是一个鲁国呢？一个人只要他好善，天下的人千里以外也会赶来把善言善思告诉他；如果他不好善，那别人就会学他的样子说'恩恩！这个我早已知道了'。恩恩的声音，得意的面色就会拒他人于千里之外。士人在千里之外停步不前，那些阿谀奉承[2]的人就会来。同阿谀奉承的人一起共事，想把国家治理好，怎么可能呢？"

相关链接

〔1〕绰绰有余：形容非常宽裕，使用不完。绰绰，宽绰、宽裕。《诗·小雅·角弓》："此令兄弟，绰绰有余。"

〔2〕阿谀奉承：为讨好别人而故意说好听的话。阿谀：用好听的话讨好人；奉承，恭维。

天将降大任

舜、傅说、胶鬲等人，在接受上天降下的重大责任之前，都经受了一番艰难困苦的磨炼。因此，孟子说：人因忧患而生，却因安逸而亡。

舜最初在历山种田，三十岁才被提拔上来。傅说最初在傅岩筑墙，被武丁[1]发现后提拔上来。胶鬲在被提拔前是个鱼盐贩子，管仲在被提拔前是个囚犯，孙叔敖[2]被提拔前是海边的隐士，百里奚被提拔前是个集市上待售的奴隶。

孟子说："从上面的例子可以看出，上天如果要把重大的责任交给某个人，一定会先让他苦思冥想以锻炼心志，辛苦劳作以锻炼筋骨，忍饥挨饿，穷困潦倒，让他的努力都不能得偿所愿。这样做的目的，是为了使他的内心受到震动，使他的性情变得坚忍，使他的能力得以增强。人总是犯了错误，然后才知道去改正；心志苦闷，思虑不顺，然后才明白要奋发；看到别人的脸色，听到别人的言语，然后才能够理解别人的意思。一个国家，如果在内没有遵循法度的老臣和直言诤谏的贤士，在外没有敌对的国家和边境的骚扰，这样的国家一定会灭亡。所以，我们可以懂得，人是因忧患而生，因安乐而亡的道理。"

相关链接

〔1〕武丁：？－公元前1192年，盘庚之侄，公元前1250－前1192年在位，期间对内重用傅说、甘盘等大臣，对外征伐鬼方、羌、夷等部落，是商朝颇有作为的一位君主。

〔2〕孙叔敖：名敖，字孙叔，春秋楚国期思（今河南淮滨东南）人。擅长水利工程，官至令尹。

文王善养老

孟子说：文王善养老，就在于他制定合适的土地制度，鼓励百姓耕种养殖，然后教以孝顺之理，使老年人免于饥寒之苦。

伯夷为了躲避殷纣王，到北海之滨居住，听说周文王兴起了，感慨地说："为什么不回到西伯那儿去呢？我听说西伯是个能好好奉养老人的人。"

姜太公为躲避殷纣王，到东海[1]之滨居住，听说周文王兴起了，感慨地说："为什么不回到西伯那里去呢？我听说西伯是个能好好奉养老人的人。"

孟子评论说："天下有善养老的人，则原来避离中原的仁义之人，就会认为自己应该回去了。一家若有一个成年男子，分到五亩田地。如果在屋墙下种上桑树，让妇女养蚕，那么家里的老年人就完全可以穿丝帛衣服了。再养五只母鸡，两头母猪，适时繁殖，那么家里的老年人就完全可以吃肉了。百亩大的田地，让成年男子来耕种，八口人的家庭就不会饿肚子了。

"人们之所以说西伯善养老，就在于他制定土地制度，教导人们去植桑养畜，引导老百姓奉养老人。人到五十岁时，不穿丝帛衣服就不暖和；七十岁时，没有肉就吃不饱。穿不暖，吃不饱，叫作忍冻挨饿。而周文王的百姓中，没有忍冻挨饿的老人，说他'善养老'，指的就是这个意思。"

相关链接

〔1〕东海：先秦时所说的"东海"，一般指今黄海。

孔子在陈

万章以孔子在陈之事请教孟子。孟子以此深入批判了“好好先生”，认为平庸而随波逐流，是真正妨害道德的人。

万章问孟子：“孔子在陈国时，说：‘为什么不回鲁国呢？我那些学生志大而狂放，进取而不忘本。’孔子在陈国，为什么想念这些鲁国的狂放之人呢？”

孟子答：“孔子说：‘如果不能和行中庸[1]之道的人相交往，那就一定要结交激进狂放的人和狷介[2]之士了。激进狂放的人积极进取，狷介之士不愿做坏事。’孔子难道不想结交行中庸之道的人吗？因为不一定能得到，所以就只能退而求其次了。”

万章问：“我冒失地问先生一下，怎么样的人才能叫作激进狂放？”

孟子答：“像琴张、曾皙、牧皮这样的人，就是孔子所说激进狂放的人。”琴张名牢，字子张，他的朋友子桑户死了，琴张临丧而歌。曾皙是孔子弟子，季武子死时，曾皙前去吊丧，倚在季武子家的门边唱歌。

万章问：“为什么说他们是激进狂放的人呢？”

孟子答：“狂放之人心高志大，嘴里动不动就说‘古人如何如何，古人如何如何’，但考察他们的行为，却不能与言语相符合。如果得不到这种激进狂放之人，又想和不屑于做卑污之事的人相往来，那就只能去找狷介之士，又要更次一等了。孔子说：‘从我家门口经过，却没有进我家里来，而我并不遗憾的，那就只有好好先生（乡愿）了。好好先生是妨害道德的人。’”

万章问：“什么样的人可以叫作好好先生呢？”

孟子答：“好好先生嘛，他们是这样评价激进狂放之人的：‘为什么这样志气激昂呢？说时不考虑做时的困难，做时也不顾及说时的标准，动不动就说：古人如何如何，古人如何如何。’他们又是这样评价洁身自好的狷介之士的：‘又为什么这样不高兴呢？生在这个世界上，就为这个世界做事，只要差不多就行了。’没有生气，没有激情，对世道逢迎谄媚的人，就是好好先生。”

万章问：“整个乡的人都说他是好人，他也处处显出一个好人的样子，孔子却认为这是妨害道德的人，为什么呢？”

孟子答：“这种人，想批驳他，却又找不出什么大问题来；想责骂

○ 品画鉴宝　圣迹之图（明）　公元前489年，吴伐陈，陈国大乱，孔子在陈蔡间被困，绝粮七日，弟子饥馁皆病，但孔子依然讲诵诗书，弦歌不止。

他，却没有什么可斥责的。他只是随波逐流罢了，心肠好像忠诚老实，行为好像光明磊落，大家都喜欢他。他也自以为正确，但又和尧舜之道处处违背，所以说他是‘妨害道德的人’。

“孔子说：‘厌恶那种外貌相似，而实质却全然不同的东西。厌恶莠草，因为担心它会妨害禾苗的生长；厌恶巧言令色，因为担心它会妨害道义的实施；厌恶夸夸其谈，因为担心它会妨害信义；厌恶郑国的靡靡之音，因为担心它会妨害真正的雅乐；厌恶紫色，因为担心它会妨害纯正的红；厌恶好好先生，因为担心他会妨害道德。’君子只是让一切事物回到正道而已。只要正道不被歪曲，老百姓就会积极振作；老百姓积极振作，邪恶就没有隐藏的地方了。”

相关链接

〔1〕中庸：儒家所提倡的处理事情时不偏不倚、无过无不及的态度，是最高的道德标注。中，中正、不偏不倚；庸，平常、常道。

〔2〕狷介：耿直安分，洁身自好。指不与世俗同流合污。狷，拘谨、孤洁；介，独特。

四书·大学

孔氏之遗言也。

《大学》即大人之学，强调“修身”“处善”，是相对“小学”而言，不是指“详训诂，明句读”的“小学”，而是讲治国安邦的“大学”。

《大学》为“初学入德之门也”，相传是孔子弟子曾参（公元前505—前436年）所撰，实际上是秦汉之际的儒家作品，是孔子及其门徒留下来的遗产，是儒学的入门读物。

《大学》原为《礼记》第四十二篇。宋朝程颢、程颐兄弟把它从《礼记》中抽出，精雕细刻，不断加工，使之独立成书，他们认为《大学》是“孔氏之遗言也”。朱熹将《大学》重新编排整理，分为“经”和“传”两部分。其中“经”一章，是孔子的原话，由孔子的学生曾参记录；“传”十章，是曾参对“经”的理解和阐述，由曾子的学生记录。朱熹又将《大学》《中庸》《论语》《孟子》合编注释，称为《四书》。从此《大学》成为儒家纲领性经典文献，在儒学乃至中国传统文化发展史上，占有特别重要的地位。

经典语录

- 古之欲明明德于天下者，先治其国；欲治其国者，先齐其家；欲齐其家者，先修其身；欲修其身者，先正其心；欲正其心者，先诚其意；欲诚其意者，先致其知。致知在格物。
- 大学之道，在明明德，在亲民，在止于至善。知止而后有定，定而后能虑，虑而后能得。
- 物有本末，事有终始，知所先后，则近道矣。
- 是故君子有诸己而后求诸人，无诸己而后非诸人。
- 所谓诚其意者，勿自欺也。如恶恶臭，如好好色，此之谓自谦。故君子必慎其独也。
- 富润屋，德润身。心广，体胖。故君子必诚其意。
- 一家仁，一国兴仁；一家让，一国兴让；一人贪戾，一国作乱。其机如此，此谓一言偾事，一人定国。
- 是故财聚，则民散。财散，则民聚。
- 唯仁人，放流之，迸诸四夷，不与同中国。此谓唯仁人，为能爱人，能恶人。
- 是故君子，有大道必忠信以得之；骄泰以失之。
- 生财有大道，生之者众，食之者寡。为之者疾，用之者舒。则财恒足矣。

大学，即大人之学。大学之道，以修身为根本，以达到至善的境界为目的。君子学习大学之道，便退而能修身齐家，进而能治国平天下。

朱熹[1]解释说，所谓大学，就是大人之学，也就是成为儒家理想中的君子，退而能修身齐家，进而能治国平天下的学问。

孔子的观点认为，大学的目的，就在于让人们明白仁、义、礼、智、信这些美德的含义，在于让人们革除原来的恶习，而有自新振作的气象，在于让人们达到至善的境界。

知道了所要达到的境界，志向就能坚定。志向坚定之后，内心才能平静。内心平静之后，任何环境下都能考虑精详。考虑精详之后，办事才能妥当，最终获得成功。

事物都分根本和枝节，做事也都有先有后。明白做事时要先从根本做起，最后处理枝节小事，那么离大学之道也就差不太远了。

古人想让天下人都明白美德的含义，就得先治理好他所在的国家；想要治理好他所在的国家，就得先管理好自己的家庭；想要管理好自己的家庭，就得先修养自身的品德；想要修养自身的品德，就得先端正自己的念头；想要端正自己的念头，就得先使自己的心意真诚；想要使心意真诚，就得先获取丰富的知识。获取知识的途径，就是研究万事万物。

研究万事万物之后，知识就丰富了；知识丰富之后，心意就会真诚；心意真诚了，念头就会端正；念头端正了，就不会受到外物的诱惑，品德修养也就能得以完善；品德修养完善之后，足以成为一家人的表率，家庭也就能很好地管理；家庭能管理好，也就能治理好国家；国家能治理好，整个天下也就能够安定了。

上自天子，下至百姓，都要把修身当作根本。假如根本没有理顺，而想理顺枝节，做到齐家、治国、平天下，那是不可能的。忽略自己重视的根本，而重视次要的枝节，这样的人，怎么会有呢？

相关链接

〔1〕朱熹：公元1130—1200年，字元晦，一字仲晦，号晦庵，徽州婺源（今属江西）人。南宋思想家，理学的集大成者。

君子止于至善

君子以德行折服天下，德行以仁善为根本内涵。君子修为，在于永无止息地追求仁善，以达到至善之境为最高理想。

《诗经》中说："天子的都城方圆几千里，百姓都愿意居住在那里。"又说："黄鸟'缗蛮'地叫着，栖息在幽密的深林里。"

孔子读到这些诗句的时候，说："唉唉！连黄鸟都知道最适合它栖息的地方，难道人还不如一只鸟吗？"

《诗经》中还说过："庄严肃穆的周文王，他的德行高尚美好，人们无限崇敬。"

周文王顺从天命，谨慎地治理国家；对待长辈谦恭有礼；对待兄弟亲爱友善；对待子孙后代和善而又威严；推行仁爱治理天下，百姓得以生活富足和睦，安居乐业。

做君主的，应当施行仁政，造福百姓；做臣子的，应该恪尽职守，辅佐君王造福百姓；做儿子的，应该孝顺父母，继承先辈的遗业；做父亲的，既要疼爱子女，又要严格要求；与别人做朋友，应该诚实亲爱。这些，都是人应该去追求的。

《诗经》中又说："看那淇水[1]的河岸弯曲迤逦，绿色的竹林茂盛幽美；有文采的君子，就如同用锉刀[2]雕刻过的象牙，用砂石琢磨过的美玉。庄重而严整，威严而亲切。这样的君子，真是令人终生不能忘记呀！"

君子专心求学，内心谨慎恭敬，仪态严整威严，外表正气凛然，德行高尚美好，尽善尽美，百姓们当然不会忘记他。

《诗经》中还曾说："啊！前代的文王、武王，使人不能忘怀啊！"

前代的君王继承先人的法制与德行，发展先人的遗志，亲近君子，安抚百姓。百姓们丰衣足食，和睦安详。前代君主的德行如此美好，前代君王的功绩如此卓著，后代的百姓怎么会不怀念他们呢！

相关链接

〔1〕淇水：水名。在今河南北部。源于太行山。古为黄河支流之一。

〔2〕锉刀：简称"锉"。通过锉削使工件表面平整光滑的刀形工具。

君子慎其独

君子修身，贵在敬诚，不可欺人，不可欺己。一夫独处，无人可知，便易心意懈怠、荒废礼仪。是故君子不可不慎其独。

儒家讲修身，首先要求一个人要“诚其意”，也就是使他的心意真诚。这不仅指不欺骗别人，更要能做到不欺骗自己。

对待违背礼仪的行为，就好像厌恶污秽的气味一样躲避它；对待符合道德礼仪的行为，就像是喜爱美色那样去亲近。只有这样，一个人才能说是心意真诚。

一个人内心的想法，如果不说出来，别人自然无从知晓，只有自己明白。所以追求道德修养的君子，哪怕在独自一人时，也要谨言慎行，不要使自己的行为有违背礼仪之处。

而小人就不会慎独，以为自己一人独处时，别人看不到自己的行为，听不到自己的言语，就可以无恶不作，毫不顾忌是否违背了礼仪。一旦见到心意真诚的君子，又立刻装模作样，掩饰自己的丑恶，装作善良本分的样子。其实，他哪里知道，自己在别人眼中，就像被透视一样看得清清楚楚，哪里能掩饰住自己的丑恶呢？

心意真诚，本就是蕴藏在内心深处，在行动上一定会表现出来，所以，君子不可不慎独啊！

曾子就曾经说过：“大家的眼睛都看着我，大家的手指都指点着我，这真是严格而可怕的监督啊！”

《淮南子·缪称》中有言：“积羽沉舟，群轻折轴，故君子禁于微。”堆积羽毛可使船舟沉没，许多轻物可压断车轴，君子应当明白这个道理，所以要禁绝细微的错误。在人前假装公正而背后贪婪自私只是做戏，真正坚持自己良心的人即使身处暗室心中亦有青天，不欺人亦不自欺才是真君子。

古人在室内的西北角设置小帐，放置神主，《诗经·大雅》篇中说：“尚不愧于屋漏[1]。”也就是无愧于祖先的意思。屋漏地方偏僻，是不容易被人看到的地方。屋漏工夫，说的是君子在不被人看到的地方，做事仍当谨慎，不能因为别人看不到就为所欲为。

孔子说：“君子慎其独。”独处时最能考验人的道德修养，而且修身者在独处之时，也最容易松懈，所以做好了屋漏工夫，说明一个人的修养已经到了相当高的境界。

《礼记》里也说："莫见乎隐，莫显乎微，故君子慎其独也。"独处时没有旁人的监督，最容易疏忽，所以要格外注意，不可忘形逾矩。

中国道教三大善书之一的《觉世经》[2]劝谕世人道："故君子三畏四知、以慎其独、勿谓暗室可欺、屋漏（室内西北角，避人之所）可愧、一动一静、神明鉴察、十目十手、理所必至。"说的也是同样的道理。

财富可以装饰房屋，道德可以修养身心。人心宽广平和，身体就能舒泰安康。所以君子一定要使自己的心意真诚。

相关链接

〔1〕屋漏：古指室内西北角设置小帐、安藏神主的地方。

〔2〕《觉世经》：全称《关圣帝君觉世真经》，成书年代不详，一般认为是清人所作。全文六百余字，托关圣帝君（关羽）之名，劝导世人改过向善。与《文昌帝君阴骘文》《太上感应篇》合称"三大善书"。

治国必先齐家

一身不修，无以齐家；一家不齐，无以治国。是故君子胸怀大志，必先以仁爱齐家，然后推而广之，方可平天下、定四海。

修身、齐家、治国、平天下，这是一个循序渐进的过程。古人认为："一屋不扫，何以扫天下。"在小事上最能体现一个人的素质，如果连自己的家庭都管理不好，哪里谈得上治理国家？所以君子要有所建树，首先要从身边的小事情上培养自己各方面的素质。

古人接物处事，讲究由近及远，所以以孝治天下，因为父母子女之爱，正是人伦中与人最切近最根本的。修身，齐家，治国，平天下，也是由近及远，从自己做起，然后推广到家，到国，到天下。因为古人的哲学里，认为只是身边的小事物，就已经包含了宇宙间的一切道理。而古人认识这些道理的方法，就是推求身边的事物，从中领悟出人生宇宙的大道理，叫作格物以致知〔1〕。

有一则故事说，汉末名士陈蕃，从小心怀大志，常常独处一室，苦读诗书。有一天，他父亲的朋友来访，见庭院里杂乱不堪，就问陈蕃为什么不打扫一下。陈蕃傲然回答说："大丈夫当扫天下，安扫一屋乎？"父亲的朋友笑着说："一屋不扫，何以扫天下矣！"陈蕃顿时醒悟，从此自我磨砺，终于成为一代名臣。

所谓治国必先齐家，也就是说，如果一个人连自己的家庭都管理不好，是不可能治理好国家的。所以说，君子不用离开家庭，就能显示出治理国家的能力。

在家中能够孝顺父母，做臣子时就能效忠君王；在家里能够敬爱兄长，当官的时候就能服从长官；在家里能够关爱教育子女，当官时就能爱护教诲百姓。

《尚书 · 康诰》中说："爱护百姓就像爱护幼小的孩子一样。"

这就是说，要以父母对待儿女的心思去揣摩百姓的心意，虽然不能完全符合百姓的意愿，但大致也不会相差太远。爱护子女的感情出自本能，不用学习就能做到。谁见过女人要先学习怎么养育孩子，然后才出嫁的？

一个家庭里能推行仁爱，一个国家里也就能实行仁政了；一个家庭中成员互相谦让，一个国家里的百姓也能谦恭有礼；每个人都贪婪暴

虐，整个国家也会混乱不堪。所以说，有些事情虽然微小，它所起的关键作用却不可忽视。一句话就可以败坏事业，一个人也能安定国家。

尧、舜治理天下的时候，倡导仁义，实行仁政。百姓也跟着讲仁义；桀、纣治理天下的时候，暴虐无道，百姓也跟着学，没有人再讲仁爱。桀、纣虽然也号令百姓培养美好的道德，学习善的行为，但这与他们残暴的本性正好相反，百姓里有谁会听从他们的政令呢？

君子必须先培养自己高尚美好的德行，然后才能要求别人为善；首先自己要避免违背礼仪的行为，然后才有资格要求别人改正不好的行为。自己做到了，再让别人做，这就是恕道。自己做不到，却要求别人做到，这样的要求一定无法做到。所以，想要治理好国家，首先要管理好自己的家庭。

《诗经 · 桃夭》中说："桃花鲜艳娇嫩，枝叶葱郁茂密。这个好姑娘

趁着好时节出嫁了，全家人都欢欣喜悦。”让全家人都能高兴愉快，然后才能治理天下万民。

《诗经·蓼萧》中说：“君子尊敬兄长，友爱兄弟。”君子先能与兄弟亲爱友善，然后才能教化百姓。

《诗经·鸤鸠》中说：“君子的仪表严整肃穆，是天下百姓的表率。”无论是做父亲的，还是做儿子的，或者是做为兄弟的，只有先成为家人的表率，才成让天下的百姓来效法他。这也就是治国先要齐家的道理。

相关链接

〔1〕格物以致知：简称“格物致知”“格知”。即通过研究事物表象（格物）而获取内在的真理（致知）。为中国古代认识论的一个重要命题。格，推究；致，获得。

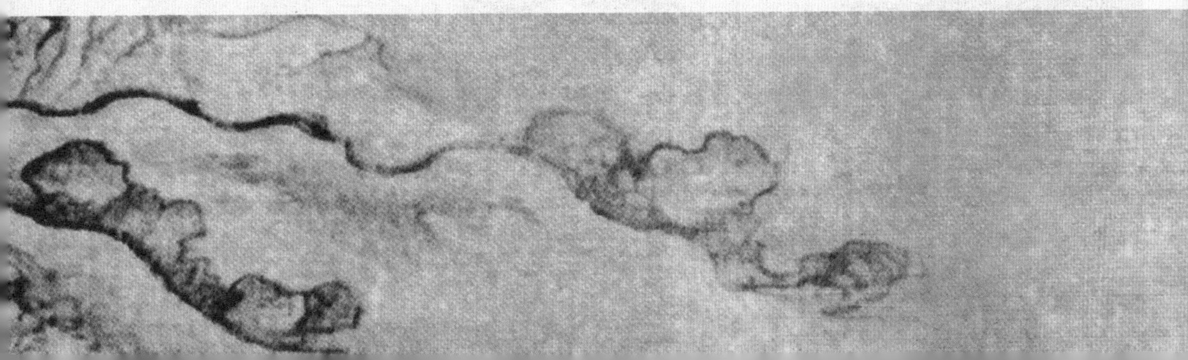

四书·中庸

率性之谓道，修道之谓教。

《中庸》是儒家思孟学派论修养境界的一部伦理学（或称道德哲学）专著。原是《礼记》中的一篇，直到宋代，朱熹从《礼记》中抽出，并对其进行整编和注解，与《论语》《孟子》《大学》并列，合称《四书》。宋、元以后，《中庸》成为学校官定正统教育的基础教科书和科举考试的必读书，对古代教育产生了极大的影响。

旧说《中庸》是子思所作，是我国儒家的重要哲学经典之一，是一部含有深刻哲理的重要古代思想文献。所谓的“中”就是不偏不倚，所谓的“庸”就是常。《中庸》主要就是教人发现“至善”和遵守常道，发挥和贯通了孔子“中庸”的思想。

以“中庸”为名就是启发人们在思想上要不偏不倚，以“过犹不及”为核心，在行为上要不走极端，无不及亦无过之。其中也体现了儒家关于修身、治国、处世等方面的伦理道德思想。同时，《中庸》所说的“天命之谓性，率性之谓道，修道之谓教”，指的是人们必须尊重天赋的本性，通过后天的学习，以“至诚”的态度不断提高道德修养，以达到自我完善的境界。

《中庸》是我们民族的古典哲学，曾广泛而深刻地影响了中国历史的发展，也为世界文化宝库贡献了辉煌的篇章，在经济全球化的今天仍然光芒四射，为世人所瞩目。

传世名句

- 自诚明，谓之性；自明诚，谓之教。诚则明矣，明则诚矣。
- 其次致曲，曲能有诚，诚则形，形则著，著则明，明则动，动则变，变则化，唯天下至诚为能化。
- 至诚之道，可以前知。国家将兴，必有祯祥；国家将亡，必有妖孽；见乎蓍龟，动乎四体。祸福将至：善，必先知之；不善，必先知之。故至诚如神。
- 喜、怒、哀、乐之未发，谓之中。发而皆中节，谓之和。中也者，天下之大本也。和也者，天下之达道也。
- 致中和，天地位焉，万物育焉。
- 在上位，不陵下；在下位，不援上；正己而不求于人。则无怨上不怨天，下不尤人。
- 君子之道，辟如行远必自迩，辟如登高必自卑。
- 诚者，天之道也。诚之者，人之道也。诚者，不勉而中不思而得：从容中道，圣人也。诚之者，择善而固执之者也。
- 唯天下至诚为能尽其性。能尽其性，则能尽人之性。能尽人之性，则能尽物之性。能尽物之性，则可以赞天地之化育。可以赞天地之化育，则可以与天地参矣。

舜的父母严厉苛刻，甚至想置舜于死地，但舜仍然对他们非常孝顺，即使登上帝位以后，也丝毫不改初衷。

舜出身卑微，祖上七代都是平民百姓。他的父亲是个盲人，名叫瞽叟。他的生母很早就去世了，瞽叟再娶，又生了一个儿子名叫象。象为人傲慢，而且讲究享受。

瞽叟偏爱后妻的儿子象，总是想杀掉舜，但每次都被舜躲过了。不过，舜只要犯一点点小过错，都会受到父亲的重罚。虽然如此，舜仍然对父母很孝顺，并不因为他们虐待自己而产生怨恨，反而越来越恭敬，一点都不敢懈怠。

舜做过很多活，曾经离开父母在历山[1]耕地。他每天都因为思念父母而在田里对着上天号哭。在二十岁的时候，舜就因为孝顺父母而出了名。

舜三十岁时，尧帝向人询问有没有可以做天子的人，四方诸侯都推荐舜，说只有他能担当此任。于是，尧就把自己的两个女儿嫁给了舜，以观察他内在的德行；又派了九个臣子与舜相处，以观察他外部的表现。

舜没有辜负尧的期望，在各方面都表现得很出色，于是尧就赐给舜细布衣服和琴，替舜建造粮仓，还赐给他一些牛羊。

瞽叟看到舜富裕起来，又想杀害舜。他先是让舜修粮仓的仓顶，等舜上去之后，他就抽掉梯子，然后在下面放了一把火，想把舜烧死。舜用两顶斗笠[2]护住身体，跳下粮仓，因而得以不死。

瞽叟一计不成，又生一计，派舜去挖井。舜在挖井时偷偷挖了一条暗道，可以从旁边出去。瞽叟见井已挖得很深，就和象一起往井里填土，想把舜埋在里面，但舜又从暗道逃脱了。

瞽叟等人都以为舜已经死在井里了，非常高兴，一起商量着分舜的家产。象说："最先出主意的是我，所以舜的两个妻子归我，还有一把琴也归我，牛羊和粮仓归父母。"分完之后，象就住到了舜的屋子里，弹奏起尧赏赐给舜的那把琴。

这时，舜不动声色地回来了。象很吃惊，就假意说："我思念哥哥，正在伤心呢！"舜也不戳穿他们，而是更为恭敬地侍奉父母，也更加爱护弟弟。

尧又用各种任务考验舜，舜都完成得很出色，于是最后尧就把帝位让给了舜。舜做了天子，领导天下诸侯，但他对于父母的孝心依然不改，仍然自己承担罪过，恭恭敬敬地侍奉他们。舜去拜见瞽叟时，仍然诚惶诚恐，战战兢兢，最终使瞽叟被他所感动。所以孔子在《中庸》里感叹说：“舜，真是大孝之人啊！”

相关链接

〔1〕历山：即今山东济南城南千佛山。一说为今山西永济东南之历山。

〔2〕斗笠：古代用竹篾夹上油纸或竹叶等编织而成的帽子，一般边沿宽大，可以用来防雨或遮阳。

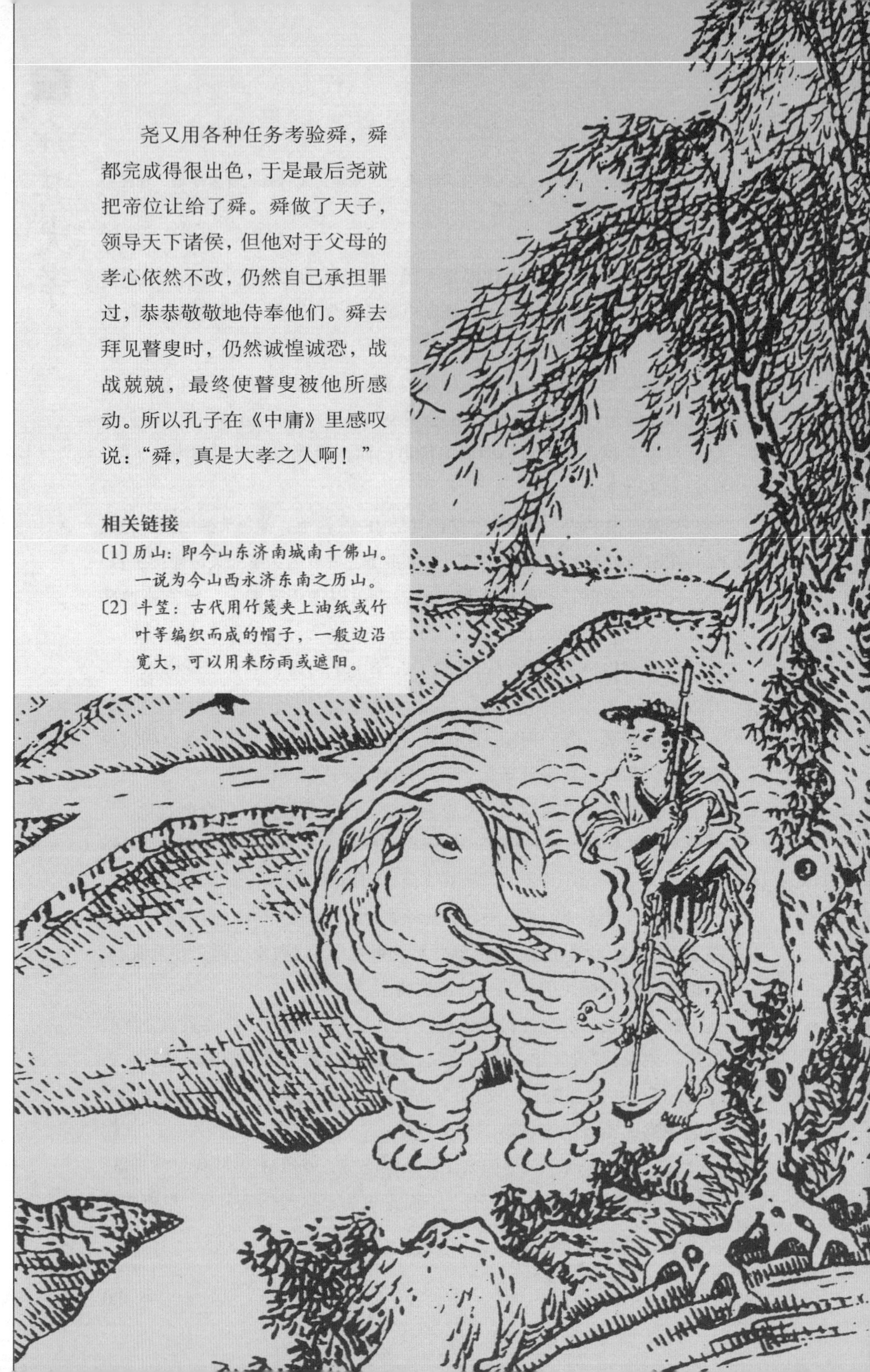

子路问强

孔子告诉子路：普通人的血气之勇，并不能称其为“强”。君子恪守中庸之道，胸怀包容万物，藏污纳垢却不与世同流合污，才是真正的“强”。

子路有一天向孔子请教什么是“强”，孔子反问他说：“你要问的，是南方的‘强’呢？还是北方的‘强’？或者是你自己认为的‘强’呢？”

孔子又说：“用宽宥与顺和来教诲人，遭到无由的侮辱而能忍让包容，安之若素，这就是南方的‘强’，是君子之道；披挂着铠甲，拿着武器，即使奋战到死也无怨无悔，这是北方的‘强’，是勇武者之道。所以，君子能与人和平融洽地相处，而不是随波逐流，这叫作‘强’！中庸而不偏不倚，这叫作‘强’！国家有道，而自己的主张得不到实现，这样也不改变操守，这叫作‘强’！国家无道，至死也不放弃自己的主张，这叫作‘强’！”

不偏向一端的称之为“中”，坚持不变的叫作“庸”。“中”是天命之性，世间的道理都出自于此；“庸”是天地之间确定不移的道理，是绝对不能离弃的。

○ 品画鉴宝　四羊方尊（商）
“尊”是一种盛酒器。羊在古代寓意吉祥，四羊方尊以四羊、四龙相对的造型展示了酒礼器中的至尊气象。此尊造型简洁、优美雄奇，寓动于静。

古语曰:“水至清则无鱼,人至察则无徒[1]。”说的正是这个道理。泛泛而言,水自然是越清越好,但如果清到了极端,就意味着水中不含任何杂质,那么,自然不可能有鱼虾栖息,因为水中已经没有了它们生存所需的食物。人要追求道德修养,但是如果过分显示自己的明白,对任何人事的缺点都毫不包容,那身边又怎么可能有朋友呢?

“地之秽者多生物,水之清者常无鱼。故君子常存含垢纳污之量,不可持好洁独行之操。”就是提醒君子要把握中庸之道,血气之勇并不是真正的“强”,能藏污纳垢却不与之同流合污才是真正的“强”。所以君子应当抑制血气之刚勇,而培养包容万物的气度。要容得下别人的缺点与错误,否则过于高洁就会成为孤家寡人。

山的高处往往不生草木,而山谷中则溪水环绕,草木茂盛;湍急的河流中往往没有鱼虾,而水层很厚的深潭中,却栖息着很多水族。过分高洁就会缺少生气,过分极端就会缺少仁爱,所以君子不可不重视啊!

舜能征询别人的意见,即使是浅白的话,也能仔细揣摩对方的意思;同时又能把别人的错误与过失隐藏起来,而表扬对方正确的意见;最后将众人不同的意见中和起来,执其两端而度量揣摩,取其中和,然后施行下去。所以孔子在《中庸》中称赞说:“舜真是具有大智慧啊!”

○品画鉴宝　孔子燕居像(明)

本图线条流畅,人物情态生动。画者通过娴熟的绘画技巧,将孔子一代圣师威严又不失温和的气质,描绘得入木三分。

相关链接

〔1〕水至清则无鱼,人至察则无徒:水太清了,鱼就无法生存;对别人要求太严了,就会没有朋友。意思是对人或物不可过分苛求,否则会过犹不及。

五经·诗经

饥者歌其食，劳者歌其事。

《诗经》是我国第一部诗歌总集，先秦时代称为“诗”或“诗三百”，孔子进行了修订整理。《诗经》现存诗歌共三百零五篇。汉武帝采纳董仲舒“罢黜百家，独尊儒术”的建议，尊“诗”为经典，定名为《诗经》。

《墨子·公孟》说：“颂诗三百，弦诗三百，歌诗三百，舞诗三百。”意谓《诗经》中的诗当时都是能演唱的歌词。按所配乐曲的性质，可分成风、雅、颂三章。“风”包括周南、召南、邶风、鄘风、卫风、王风、郑风、齐风、魏风、唐风、秦风、陈风、桧风、曹风、豳风，称为十五国风，大部分是黄河流域的民歌，小部分是贵族加工的作品，带有地方色彩。“风”是《诗经》中的精华，以简朴的语言描摹事物，以朴素的生活画面反映社会现实，反映了劳动人民真实的生活，表达了他们对受剥削、受压迫的处境的不平和争取美好生活的信念。“雅”包括大雅和小雅，雅为“正”的意思，是典范的音乐；“颂”是专门用于宗庙祭祀的音乐，如王国维所说，“颂之声较风、雅为缓。”雅诗和颂诗都是统治阶级在特定场合所用的乐歌。

《诗经》是中国韵文的源头，是中国诗史的光辉起点。它形式多样：史诗、讽刺诗、叙事诗、恋歌、战歌、颂歌、节令歌以及劳动歌谣皆备。

《诗经》作为一部文学经典著作，对我国文化的产生和发展有着极其广泛而深远的影响，是中华民族宝贵的精神文化财富，在我国乃至世界文化史上都占有极高的地位。它所表现的“饥者歌其食，劳者歌其事”的现实主义精神对后世文学影响很大。

传世名句

· 关雎

关关雎鸠，在河之洲。窈窕淑女，君子好逑。参差荇菜，左右流之。窈窕淑女，寤寐求之。求之不得，寤寐思服。悠哉悠哉，辗转反侧。参差荇菜，左右采之。窈窕淑女，琴瑟友之。参差荇菜，左右芼之。窈窕淑女，钟鼓乐之。

· 鹿鸣

呦呦鹿鸣，食野之苹。我有嘉宾，鼓瑟吹笙。吹笙鼓簧，承筐是将。人之好我，示我周行。呦呦鹿鸣，食野之蒿。我有嘉宾，德音孔昭。视民不恌，君子是则是效。我有旨酒，嘉宾式燕以敖。 呦呦鹿鸣，食野之芩。我有嘉宾，鼓瑟鼓琴。鼓瑟鼓琴，和乐且湛。我有旨酒，以燕乐嘉宾之心。

· 硕鼠

硕鼠硕鼠，无食我黍！三岁贯女，莫我肯顾。逝将去女，适彼乐土。乐土乐土，爰得我所。硕鼠硕鼠，无食我麦！三岁贯女，莫我肯德。逝将去女，适彼乐国。乐国乐国，爰得我直。硕鼠硕鼠，无食我苗！三岁贯女，莫我肯劳。逝将去女，适彼乐郊。乐郊乐郊，谁之永号？

· 子衿

青青子衿，悠悠我心。纵我不往，子宁不嗣音？青青子佩，悠悠我思。纵我不往，子宁不来？挑兮达兮，在城阙兮。一日不见，如三月兮。

· 采葛

彼采葛兮，一日不见，如三月兮！彼采萧兮，一日不见，如三秋兮！彼采艾兮，一日不见，如三岁兮！

后稷是帝喾的儿子。他擅长种植农作物，被帝尧封在了邰，负责管理天下的农业生产。这个富有神话色彩的人，就是周族的始祖。

后稷是一个十分奇异的人，他出生的时候有很多异象，他的母亲姜嫄因此认为他是个不吉祥的孩子，就把他抛弃在荒郊野外。但是发生了很多奇异的事情，姜嫄认为是神的旨意，于是又将他带回去抚养长大，并给他取名叫弃，意思是曾经想将他抛弃。

弃，就是周人的始祖。

姜嫄，是帝喾[1]的妻子。一次，姜嫄举行仪式，祭祀神灵，祈求能生下一个儿子，延续帝喾的血脉。举行完仪式以后，姜嫄与她的侍从就准备返回宫殿。突然，姜嫄一脚踩进了一块微微凹陷下去的地方，那块凹陷的地方看起来像是个巨大的脚印，大家都猜测那是上帝的足迹。姜嫄心中感到莫名的欣喜，就站在那个“脚印”上休息了一会。随后，侍从们拥簇着姜嫄回到住处。

不久，姜嫄果然怀孕了。姜嫄小心翼翼地孕育着腹中的胎儿，不敢有丝毫怠慢。每天谨言慎行，不做违背道德的事，不说不合礼仪的话。这样过了十个月，终于到了分娩的时候。生产十分顺利，连胞衣[2]都没有破裂，胎儿如同小羊一般顺顺溜溜地滑落下来。生下的婴儿十分健康，没有任何缺陷，姜嫄也没有感到丝毫生产的痛苦，大家都觉得这事很奇怪。

姜嫄也觉得这个孩子很不吉利。难道祭祀时奉上的物品上帝不喜欢？因此上帝心中不满，竟然让这个孩子如此顺利地生产出来？姜嫄越想越害怕，担心招来祸患，就让侍从把婴儿扔到荒郊野外去，任他自生自灭算了。

结果，更奇异的事情发生了。

那个侍从按照姜嫄的吩咐，把婴儿扔到一个偏僻的死胡同里。过了几天，那个侍从心中不安，就偷偷跑回去察看，却惊讶地发现婴儿还活着，有一头牛和一只羊正在用自己的奶水轮流喂他。侍从担心姜嫄知道了会怪罪自己，于是又抱起婴儿，将他扔到一片幽深的树林里。没想到恰好有一个砍柴的樵夫经过，十分奇怪地看着他，侍从心虚，赶忙抱起婴儿跑走了。想来想去，侍从又把婴儿扔到结了冰的湖上，心想，这一次总不能再逃脱了吧？侍从刚想转身回去复命，却看到了令他瞠目结舌的景象。有一群飞鸟落到冰面上，伸展开自己的羽翼覆盖住婴儿，给他取暖。

侍从站在湖边，心中更加不安了，他觉得这个婴儿身上有一股神奇的力量，联想到当初姜嫄奇异的怀孕，他想，这个孩子也许是上帝特意派到人间来的。这时，那些飞鸟展翅飞走了，婴儿开始放声大哭，声音十分洪亮，就连离湖水很远的大路上的行人也听得清清楚楚。

侍从于是抱起婴儿返回宫殿，将事情原原本本地告诉了姜嫄。姜嫄听完后也觉得很神奇，认为这是上帝的旨意，就决定将这个孩子抚养长大。因为最初曾经想抛弃他，就给他起名叫弃。

弃慢慢地长大，从只会在地上爬，到逐渐地能站立起来，学会走路……当弃还是个孩子时，就已经显示出不凡的智慧。他与其他小孩玩耍的时候，就喜欢做种植庄稼的游戏。

再长大一点，他开始学着种农作物。他种植的大豆，都生长得极为茂盛；他种植的水稻，穗子又长又结实；他种植的小麦和麻，枝叶繁盛得覆盖了田野；他种植的瓜果丰美，瓜田里满是硕大的果实。

等到弃成年，就显示出他在种植庄稼上的天赋来了。他种植庄稼有一套独特的方法：他善于观察土地的性质，能分辨出什么样的土地适合种植什么农作物；在种植作物之前，先将田里的杂草除尽，然后撒播下精选的种子。

这样，等到种子发芽，禾苗都整整齐齐；逐渐抽出茎秆，茎秆都高大而结实；慢慢地抽穗结实，穗子与果实都沉甸甸地缀在枝头。大家知道弃善于种植庄稼，都跟他学习，于是天下丰收，百姓生活富足。帝尧知道了，认为弃有功于天下，于是将邰[3]这个地方分封给弃，让他管理天下的农业生产，并称之为后稷。后世都尊后稷为农神。传说，舜帝曾说过："黎民最初的时候都饿着肚子，然后是弃带领百姓播种百谷。"

上天赐给后稷奇妙的种子，有两种黑黍，一种叫作秬，一种叫作秠。还有茎秆是红色的穈，和茎秆是白色的芑。

百姓们跟随后稷，在田里种植黑黍、穈和芑。到了秋季，果然获得大丰收。众人一起收割庄稼，有的人抱了满怀，有的人将谷物捆起来背在背上，一起将收获的果实搬运回家。然后，众人就商量举行盛大的祭祀，感谢上天的恩赐。

帝嚳

九韶中和萬方悅服

動時執中德凝色郁

看看准备祭祀的场面，真是热火朝天，其乐融融：有的人在舂米；有的人在舀米；有的人搓揉谷粒，让外面的硬壳脱落下来；有的人扬起谷粒，让麸皮随风飞走；有的人在淘米蒸饭，锅里的水已经滚开，水蒸气从锅盖下面钻出来，发出嗤嗤的声音；有些人坐在一起，正你一言我一语，商量如何安排祭祀的仪式。

最终，大家决定宰杀肥美的公羊，然后取来油脂涂抹公羊全身，用香蒿点火，在下面烧烤。人们一边用火烤着羊肉，一边祈祷来年风调雨顺，五谷丰收。等到羊肉烤熟，其他祭祀的物品也都准备齐全，大碗、小碗，还有各种盘子里都盛满了祭祀神灵的物品。祭祀的仪式就开始了。

人们虔诚地将祭品奉献给上苍，感谢上天赐予人们万物，让人们丰衣足食。并祈祷来年仍然能赐予人们这一切。食物的香气十分诱人，香气随风飘荡，上帝似乎正在天空中安然地享受着人们的祭祀。

祭祀的习俗正是从后稷的时候开始的，从那以后，就没有发生过什么灾祸，人们的生活富足而美满。因此，祭祀的习俗一直流传到今天。

相关链接

〔1〕帝喾：传说中上古帝王，黄帝曾孙，号高辛氏。部分史料认为他为“五帝”之一。

〔2〕胞衣：包裹胎儿和羊水的薄膜。

〔3〕部：古邑名。在今陕西武功西。

公刘迁豳

夏朝末期，公刘将周人从邰迁到了豳。他带领部族在那里开垦种植，然后建立国家制度，设立各类官员，使周族逐渐繁盛强大起来。

公刘是周人的远祖，是他带领周人由邰迁居到豳[1]，奠定了周民族逐渐强大繁盛的基础。可以说，他有着开国的殊勋。

公刘为人忠厚老实。平日里从来不敢贪图享乐安逸，更不敢偷懒怠慢。日夜忧劳，不得安歇。不是忙着和大家一道整理田界，就是忙着与众人一起勘定疆域。

他带领百姓种植田地，丰收之后，又与大家一起整理收割下来的庄稼，将它们分门别类地用袋子、皮囊、包裹等容器收藏起来，贮存在粮仓里。又用各种口袋、容器装满干粮。

百姓在他的领导下，和睦团结，生活富裕。平时在种植庄稼的空闲里，大家就练习武艺。有的人搭弓射箭，有的人用长矛攻击，有的人用盾牌防守，还有的人练习用斧头砍杀……阳光下，习武场上各种兵器银光闪闪，光芒耀目。

大家将干粮与武器都准备停当，就开始启程，迁徙到更为肥沃的土地上去。

从邰迁徙到豳，公刘开始仔细地观察有利的地形地势。他极目远眺着这片平原，居民众多，物产丰富。百姓团结和睦，其乐融融。无论是黄发垂髫的小儿，还是耄耋之年的老人，人人都能各得其所，没有一个人有怨言的。公刘又登上高山，向四下里张望。发现这块土地的确十分理想，于是他下山回到平原上。

周人就开始在豳这片土地上修建房舍，开垦田地，安居乐业。人们都看见公刘的身上佩带着美玉和宝石，那正是象征着美好与聪慧呀！人们看见公刘还佩带着宝玉装饰的佩刀，刀鞘在阳光下闪烁着夺目的光芒，那正是象征着勇武与智慧呀！

公刘勤勤勉勉，为百姓能安居乐业费尽心思。当周人在这片土地上定居下来以后，公刘更是整天里没有一丝空闲。他忙着四下里观察纵横交汇的泉水河流，又远眺宽广无垠的平原，再登上平原南面的山冈，展望前方的高丘。他带领百姓在高丘上修建豳地的都城，京师地方人烟稠密，京师的郊野土地肥沃，百姓们于是纷纷在这里安了家。公刘带领百姓营建宫室房舍，种植各种谷物，疏浚水道，灌溉庄稼……豳地风调雨顺，百姓连年丰收，生活富足又美满。

来往的客人寄居或借宿在这里，都受到周人热情而周到的款待。大家轮流邀请客人到自己家里吃饭娱乐。无论是主人，还是客人，都围坐在一起聊天谈论，畅所欲言，不时爆发出开心的笑声。

当百姓们能够安居乐业以后，公刘又绞尽脑汁，带领众人建立国家的制度、组织。精心选拔了各类官员，群臣都仪表堂堂，威武聪慧。公

○ 品画鉴宝　豳风图（南宋）马和之／绘　此图以诗经中的诗歌内容为题材，表现了拜谒的场面。

刘于是设宴犒劳官员大臣，群臣按照尊卑的礼仪依次入座，当大家都入座之后，就开始端上丰盛的美味佳肴。

从猪圈里捉来的猪，宰杀后或者烹煮或者烧烤；大酒杯里斟满了美酒，众人互相敬酒劝菜，好不热闹。每个人都红光满面，笑容可掬，为自己富裕的生活、强盛的国家而欢欣鼓舞。公刘就是群臣的君主，黎民的领袖。

为了国富民强，公刘身体力行，鞠躬尽瘁。他带领百姓不断开垦新的土地，不断扩大新的疆域。豳地是那样的宽广，为了测绘日影，公刘登上高山，观察南北阴阳；又去勘测河流的流向，考察在哪里挖掘灌溉的水道最合理最省力；他安排众人分成三班轮流劳动，测量湿地与平原，整治田亩，收割庄稼。

开垦完了东边的土地，又接着去开垦西边的土地。豳地的土地真是太辽阔了！百姓们虽然劳累却干劲十足，看到公刘日夜操劳，还有谁喊苦喊累呢？在公刘的带领下，豳地越来越繁荣兴盛。

公刘又带领百姓在豳地修建房屋，扩建宫室。砍倒粗大的树木，制成木船，横渡渭水[2]。到对岸去采集砺石和碫石，用船运回来，用作房屋和城墙的基石。

周人的都城日益兴旺强盛，从各处慕名前来投奔的人不计其数，皇涧的两岸，修建起越来越多的房屋，对面的过涧，也有越来越多的人定居。沿着曲折迤逦的河岸，房屋稠密，人口兴盛。无论是客居于此的商旅，还是定居的周民，都在这里享受着富足太平的生活。

周民族日益强大兴盛起来，这都要归功于公刘勤于政务，不辞劳苦，事事身体力行，与百姓同甘共苦。

据《毛诗序》所说，周成王将要继位，召康公[3]为了劝勉他，让他将百姓的劳苦放在心上，以天下黎民苍生为己忧，就做了赞美公刘厚待百姓的《公刘》一诗，献给周成王。诗中记载的，就是上面这个故事。

相关链接

〔1〕豳：古邑名。在今陕西旬邑西。

〔2〕渭水：源自今甘肃渭源，流经关中平原，东出潼关而汇入黄河。

〔3〕召康公：即召公。一作邵公。周文王之子，武王之弟。周灭商后，封于燕，为燕国始祖。采邑在召（今陕西岐山西南），故人称“召公”。

古公迁周原

由于戎狄的侵扰，古公亶父把周族从豳迁到了周原。他们在这块广阔的土地上修造宫殿、耕种繁衍，奠定了周室昌盛的基础。

就像那瓜田里的瓜果，大瓜接连着小瓜，瓜藤连绵不断，周民族起源的时候，也是这样的繁盛兴旺。

周人的远祖公刘，带领周人由邰迁居至豳，在豳地安居，周民族逐渐兴盛起来。这样过了九代，到了古公亶父的时候，周人聚居的地方逐渐受到戎狄的侵扰威胁，古公亶父推行仁义，就将财物送给戎狄。后来，戎狄再次来犯，百姓们都想与之战斗，古公亶父就以仁爱劝勉感化大家。

为了让百姓能够安居乐业，古公亶父效仿当年的公刘，带领周人从杜水流域迁徙到漆水流域，与大家一起掏洞挖穴，暂时住了下来。当然，这样的生活是很艰苦的。

古公亶父一刻也不敢忘记百姓的劳苦，为了给百姓找到更好的居住之地，一大清早，古公亶父就骑上马，匆匆忙忙地出发了。从豳西水滨出发，策马来到岐山[1]之下，古公亶父与妻子姜女一起察看地形地势，筹划如何修建房屋。他们发现岐山脚下的周原[2]十分适合居住，于是就决定带领周人在周原定居下来。

周原真是一个好地方，平原辽阔无垠，土地肥沃甘美，就连长出来的苦菜，吃起来都如同蜜糖一样香甜。古公亶父就和众人一起商量谋划。

他们举行祭祀仪式，用火灼烧龟甲，以听取神灵的意见。仪式举行完毕，龟甲上也显现出交错的纹路。懂得卦辞的人慢慢地将龟甲上的裂纹表示的意思读出来，神灵说这里就是定居的好地方，最适宜在这里修建宫室。

周人于是安下心，开始在这片土地上安家置业。周人在周原上随意居住，周原是那样的辽阔，有的人住在东边，有的人住在西边，有的人住在左边，有的人住在右边……周人如同无数颗种子，踏踏实实地在这片平原上扎下根。

大家齐心协力，又是开垦田地，又是挖掘沟渠，要不就去勘定疆域，划分田界。土地都耕犁过后，人们就开始播种，种植各种农作物。在这片平原上，一眼望过去，到处都是在勤勤恳恳劳动的人，没有一个人空闲着不干事的。

古公亶父召来司空[3]，让他管理房屋建筑；又召来司徒，让他管理劳役。在古公亶父井井有条的管理下，百姓各司其职。

营造宫室的人们，正忙着用准绳拉线，以便能够垂直地垒砌墙角；有些人正在往两块绑得很紧的夹板之间夯土，大家一边喊着号子，一边一起用力。

工地上热火朝天，各种声音交织在一起，但却不显嘈杂，稍加留心就能分辨出来。铲土的声音是沙沙的，装土的声音是轰轰的，夯土的声音是噔噔的……等到墙壁垒起来，还要将顶上削平拍实，发出的声音是砰砰的……百堵高墙一朝筑起，人们劳动时喊的号子声甚至淹没了二丈大鼓发出的声音，修建起来的宫室严整又有气势。

百姓居住的房舍修筑好了以后，古公亶父又安排大家修建都城的城墙和城门。城门高大，好

○ 品画鉴宝　吕王鬲（西周）
此器造型古朴端庄，纹饰洗练。

像直入云霄一般；宫门端庄，任是谁站立在旁边都会肃然起敬。古公亶父还带领百姓修建了土灶神庙，让百姓们有祈神祭祀的地方，平日劳作的空闲里，也有聚集娱乐的地方。

在古公亶父的带领下，周人团结一心，奋发图强。虽然没有消灭侵犯的戎狄，却也没有丧失周人的尊严与威仪。周人清通道路，除去障碍阻塞，精兵强武，讨伐入侵自己的戎狄。戎狄大败，仓皇逃跑，他们又是惊惧又是恐慌，跑得上气不接下气。他们的马匹也受到惊吓，四下逃散。

周人逐渐强大起来，四周的国家都闻听它的美名，前去投奔、依附的人也越来越多。

虞国与芮国[2]有矛盾，相互争夺田地，于是两国的国君就到周去找文王评理。文王以自己治理周为例，感化两位国君。周人的大臣，下能做百姓的表率，上能全心全意辅佐国君；周人的官员，能为百姓谋划，能为国家出力。周能使疏远的人前来投奔、依附；能让国内的百姓安分守己，不做违背道德礼仪的事；能与四周的邻国交好，使他们心悦诚服；能抵御前来侵犯的敌人，保护国家边疆安宁……两位国君都被文王礼让的美德所感动。

周民族逐渐强大繁盛，主要原因可是说是古公亶父的迁岐之功。古公亶父带领周人，迁徙到岐山以南的周原定居下来，整顿制度，营建宫室。古公亶父，就像公刘一样，对于周民族来说，也有着开国的功绩。

后来，古公亶父的儿子季历，以及古公亶父的孙子文王，都继承了先人的美德与志愿，惨淡经营，鞠躬尽瘁，为周的强大逐步奠定了雄厚的基础。

相关链接

〔1〕岐山：山名。在今陕西岐山县北。

〔2〕周原：古地名。在今陕西境内。

〔3〕司空：官名。掌工程事务。

〔4〕芮国：一作内国。周文王时建立的姬姓诸侯国。在今甘肃华亭西南。公元前640年灭于秦。

文王的贤德

文王盛德。在他的治理下，国家安定，人民富足，社会风气淳厚古朴。就连天上的神明，都不再给人间降下灾祸。

太任是周文王的母亲，她端庄恭敬、笃信虔诚。太任本是薛国任家的二女儿，嫁给了周王季，生下的孩子就是文王。太姜是周王室的媳妇，她平和温婉，愉悦顺从。太姒本是莘国的女儿，嫁给了周文王，生下的孩子就是周武王。她继承了太任、太姜美好的德行，虚心接受她们的教诲，养育了众多子孙。

文王怀念先祖，继承了先人的德行仁爱，谨尊先人的教诲，勤勉治国，不敢怠慢。神灵对他的所作所为也无所怨忿，更没有什么忧虑。文王依法治理诸侯小国，即使是自己的宗族兄弟违犯了法令，也一样按照法规惩罚。由此，在文王的治理下，国泰民安，天下安康。

文王在宫室里温和恭谨，对待长者尊敬有礼。在庙堂祭祀时，谦卑恭敬，肃穆严整。在公众场合，总保持着威仪与和善；自己独处时，也不忘反省自谦，时刻检点自己的德行是否有所疏漏，不敢稍稍懈怠。

因此，人间的灾难凶险都不再作恶，疾苦瘟疫[1]也不再兴起。天下太平，百姓富足。文王听到有利于国家百姓的话，就依从去实行；听到有人诤谏，一定会采纳信从。

成人都有高尚的德行，少年子弟们也有美好的品德。这都是因为文王善于鼓励、培养人才的缘故。古代的圣贤之士都没有败坏品德的言行，并且选择优秀的人才加以培养。

文王完善法制，谦恭地对待兄弟，挑选贤良人才，教诲子孙后代，因此得以国泰民安。《毛诗序》中说："文王因此而被称为圣贤。"

相关链接

〔1〕瘟疫：由细菌或病毒引起的流行性急性传染病。古代医学水平相对落后，每当瘟疫发生时都要死很多人。

文王顺应天命，兴邦建国。他对内引导百姓发展生产、修建家园，对外率领军队反击侵略、讨伐残暴，极大地增强了周国的势力。

周王季被商王文丁所杀，季的儿子昌继位，是为周文王。

神灵在天上观察着下界世人的所作所为，没有什么能逃过神明的眼睛。神灵观察着下界，四方寻找适合百姓安居乐业的地方。夏、商两国的国君暴虐无度，昏庸无道，因此他们的政令无法传达到四方，更无法获得民心。神灵又向四方寻找察看，认真地考虑谋划。上帝看到西边岐山地方，认为那里是适宜百姓安居的地方，于是帮助文王成就功业。

周人在文王的领导下，修葺家园，扩展疆土。倒在地上的，与那些虽然直立在土里、但也已枯死的树木，将它们统统砍伐移走；披荆斩棘，开辟道路；填平地上的坑洼，疏浚水道沟渠以灌溉农田；清除丛生的灌木，拔干净地上的杂草，在那里播下种子，种植庄稼；砍倒枝节古怪的树木，用来作柴火；山上野生的桑树和黄柘可以用来养蚕。

贤明的君主迁徙至此，那些夷狄只好仓皇逃窜，躲得远远的。上帝又为贤明的君主挑选相匹配的妻子，延续血脉，绵延万世。

神灵在天上视察岐山地方，又让周人将山上的柞木和棫树砍掉，让松树和柏树接受阳光雨露，生长得更为高大。

周人之中，从太王长子到幼子，只有季历最为贤良。他心地善良，亲爱兄弟，对待别人宽厚仁爱。上帝赐予他特殊的荣光，让他尽享天赐的福禄，拥有天下，四方的国家都前来朝拜归附。

季历为人仁厚，德行高尚。他能够明辨善恶美丑，邪恶谄谀不能欺骗他；他能明辨是非曲直，虚伪矫饰不能迷惑他。他赏罚分明，即使是自己的亲兄弟违反法令，也一样依法惩罚，因此人人敬畏，没有人敢违反法纪。于是在这么大的国家里，可以路不拾遗，夜不闭户。百姓都遵纪守法，上下都同心协力。

等到了文王的时候，文王更加贤良，品德高尚，没有缺点。在神灵的指引下，文王尽心尽力治理国家，培养子孙后代。

上帝赐言，对文王说："不能飞扬跋扈，不能专断独行，不能贪图荣华富贵。这样才能使得天下百姓归心。"

密国[1]对周人非常不恭敬，前来侵扰周人。侵扰了阮国[2]又侵犯共国[3]，文王勃然大怒，出兵讨伐密国。维护了周人的利益与安全，又使得天下臣服。

文王出兵讨伐了密国之后，从阮国返回军队的大本营。文王登上高山四下里眺望：谁敢在属于我的山冈上陈列军队？谁又敢在属于我的丘陵上布阵扎营？那泉水和池水都是属于我的，那都城也是属于我的。眺望那片平原，位于岐山东南，依傍在渭水之滨，周为天下树立了榜样，周朝是要统领天下四方的啊！

上帝还曾赐言给文王，说："我眷顾你德行高尚美好，不要贪恋声色犬马，不要使用鞭笞刑罚，不要不懂装懂，谨慎地顺从上天的旨意。"

上帝又赐言，对文王说："你要明辨敌人和朋友，联合你的兄弟诸侯，厉兵秣马，发动你的军队，派出战车冲车，前去讨伐崇国[4]的都城。"

文王于是派出军队，讨伐崇国。兵将们驾驶着战车冲锋陷阵，那崇国的城墙虽然高大又哪里在话下呢！俘获的俘虏不计其数，用绳子绑在一起都连成长串，兵士们争先恐后地割下俘虏的左耳回去请功。

在出兵及征战的过程中，文王从来没有忘记举行仪式，祭祀神灵，安抚百姓，鼓舞军士。因此，四方的小国没有敢来侵扰的。

文王拥有强大的军队，将士各个威武勇猛，战车辆辆严整结实，就连崇国那样高大巍峨的城墙也不能抵挡。文王的军队一旦发动进攻，就把敌人全部消灭干净。天下各国，无不心悦诚服，不敢违背文王的命令。

文王姬昌继承了先祖的美德与功业：顺应天命，兴邦建国，笃亲友善，选举贤能，完善法制，征讨异族，巩固边疆，进一步壮大了周的势力。到了武王，终于翦灭殷商，建立了周朝。而文王的功业，就在这《皇矣》诗中传诵。

相关链接

〔1〕密国：姬姓。在今甘肃灵台西南。灭于周文王。

〔2〕阮国：偃姓古国。在今甘肃泾川。灭于周文王。

〔3〕共国：在今甘肃泾川北。《诗·大雅·皇矣》曰："侵阮徂共。"

〔4〕崇国：在今陕西西安户县一带。

氓之蚩蚩

女子嫁给了男子，满怀对爱情的憧憬。但结婚不久男子就变了心，还把她休回了娘家。她望着浩浩荡荡的河水，回想起曾经的山盟海誓……

养蚕卖丝的那户人家，家里的女儿正是豆蔻年华，上门提亲的媒婆真是快要把门槛都踏平了。那天，一个后生[1]自己抱着匹布，上门来换蚕丝。看他羞赧的样子，话也说不连贯，手也不知道往哪里放，他哪里是来换蚕丝的呢？分明是想谈亲事的。养蚕家的女儿看他那忠厚老实的样子，躲在窗下偷偷地笑起来。

后生走的时候，养蚕家的女儿送他一直送过了淇水，又一直送到顿丘[2]，还舍不得分别。女儿家说："不要怪我不答应，是你还没有请媒人来正式提亲呀。你可别生气啊，快点让媒人来提亲，秋天就是完婚的好时节呀。"

后生回去以后，很久都没有消息。女儿家心中忐忑不安，登上城墙向远处眺望，期盼后生回到关口来。看不到后生在关口出现，女儿家不由泪水涟涟；终于看到后生的身影出现在关口了，女儿家又是欢喜又是埋怨，说说笑笑，心中欢欣不已。

后生请人卜卦，卦象[3]上都显示说这是一桩好姻缘。于是，后生与卖丝的人家定下婚期，按期驱车前来，连同她的嫁妆一起，接走了女儿家。

桑树的树叶还没有落尽，枝头依然绿叶繁茂。女儿家却在树下感慨道：斑鸠鸟啊，看见桑葚别馋嘴呀！别吃太多的桑葚呀！姑娘啊，看见男子别和他纠缠啊！男人们寻欢作乐，要抛弃一个女人根本不需要理由；姑娘一旦动了情，就再也不能摆脱了！

光阴匆匆，桑树的叶子变得枯黄憔悴，终于全部脱落了。当年的人儿也已经衰老。自从嫁到后生家，已经过去了三年的时间。自从女孩儿嫁给后生，三年里过的都是苦日子。女儿家没有一句怨言，任劳任怨。现在，后生只一个不顺心，就无缘无故休了女儿家，把她送回了娘家。

女儿家坐在车上，回想着：三年来自己勤勤恳恳，操持家务，侍奉公婆，敬奉兄弟，没有说过不合礼仪的话，没有做过违背妇德的事。是后生自己脾气乖张，没有良心；做事没有规矩，为所欲为；朝秦暮楚，三心二意……

淇河的河水打湿了牛车的帷幔，女儿家又沉浸在回忆里：自己有什么过错呢？整天忙忙碌碌，在家里粗活重活都干；早起晚睡，也忙不完繁重的家务；一年到头，没有一天能清闲。终于，日子逐渐好起来了，后生的脾气却是越来越大。家里的兄弟非但没有一个人理解同情自己，反而在一旁嗤笑。

女儿家越想越伤心：曾经的山盟海誓、甜言蜜语，现在都成了谎话；曾经相约要白头到老，现在却变成这样，怎么不让人怨恨呢？

当年热闹的婚宴，一幕幕情景仿若还在眼前，耳边还听得到亲友敬酒的祝词和小孩子嬉闹的笑声，山盟海誓也清晰可闻……却没料到，后生家说变心就变心了！

女儿家看着浩荡的淇水，那么绵长的河流也有个尽头，那么辽阔的原野也有个边界，人受的痛苦折磨，也要有个了结。

女儿家越想越生气：自己这样左思右想还有什么意义呢？反正事已至此，你无情，我也无义，反正自己没做什么对不起别人的事。一刀两断也罢，谁又稀罕谁呢？

相关链接

〔1〕后生：指青年男子。

〔2〕顿丘：古邑名。春秋卫地。在今河南浚县西。

〔3〕卦象：即某卦的爻位关系及其所象征的事物。

○品画鉴宝　仕女图（清）焦秉贞／绘

七月流火

七月的时候，大火星渐渐西沉，天也慢慢变凉了。奴隶们一年四季不停地劳作，干完庄稼活，接着服劳役。即使在寒冷的冬天，也得去河里给公子老爷家凿冰块。

七月的时候，大火星逐渐西沉；九月的时候，人家都要添置寒衣了。冬天终于来了，十一月的大风刮得树枝乱舞，十二月的北风呼啸，严寒迫人。穷苦人家连一件粗布衣裳都没有，可怎么抵挡刺骨严寒呢？

到了第二年正月，农人们都忙着修整农具，二月的时候，就该去田地里耕犁播种了。春天播种的时候，无论是大人还是小孩，无论是男人还是女人，都一起到田里劳作。男人们做粗活，女人们则把饭食汤水都送到垄头上。因为春天播种农耕的时间实在是太宝贵了，这可关系着全年的收成啊！看着田地里热火朝天的劳作场面，负责农事的官员不禁笑开了颜。

春天的阳光是那样的温暖和煦，黄莺鸟儿迫不及待地在枝头亮开了嗓门，好比一比谁的歌喉更迷人。姑娘们拎着篮子竹筐，轻巧地走在小路上，她们是要去采摘桑叶养蚕呀。春天的阳光是那么迷人美妙，姑娘们的心中却十分悲伤，因为担心被哪个公子老爷看上了，不由分说就会将人带走，而自己心中早已有了意中人呀！

三月里该要修剪桑树了，农人拿起斧头和砍刀，将太长的枝条都砍掉，只留下新发的柔嫩的枝条。

七月里伯劳鸟[1]也擦开歌喉，八月里开始漂染麻布，那就更繁忙了。染出来的丝有黑色的也有黄色的，但还数红色的漂亮。那些最漂亮的麻布丝绸，都是要给公子做衣裳的呀！

四月里瓜果开始结出果实；五月里知了[2]开始鸣叫；八月里就可以收割庄稼了；十月的时候，树叶已经从枝头纷纷飘落。

十一月，田地里已经不剩下什么庄稼了，这时正是狩猎的好时候啊。把捕获的狐狸剥了皮，正好给公子做皮衣。

十二月的时候大家聚集在一起，练习武艺。打猎的时候捕获的小猪归自己，捕获的大猪则要进献给公子老爷们了。

五月的蚂蚱在草丛里鸣叫；六月里纺织娘[3]也抖动翅膀，发出沙沙的声响；蟋蟀在七月的时候还在野外跳跃，八月的时候就在屋檐下安

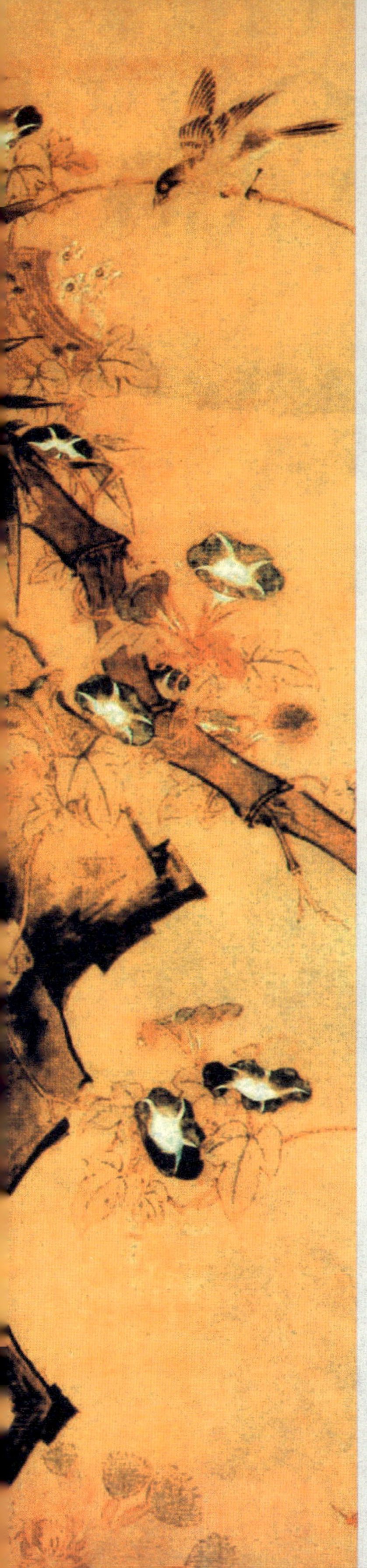

家了，等到了九月，蟋蟀都躲到了人们屋舍的门口，十月的时候，就能听见蟋蟀在人们的床下唱歌。

冬天又要来了，人们忙着堵塞屋里的窟窿，点燃艾草把洞里的老鼠都熏出来；朝北的窗户也要关得严严实实，还要拿泥巴把窗缝都封起来。叫来自己的妻子和孩子，说又是一年了，到屋里来享受享受安闲吧！

六月的时候正好吃李子、葡萄；七月的时候就该吃葵菜和豆角了；八月，树上的枣儿都已成熟，拿棍子打下来就能吃了；十月的时候，又要忙着收割田地里的水稻，酿造春酒祭祀神灵，祈求健康长寿。七月里吃瓜和果，八月里葫芦就成熟了。九月的时候麻子结实。挖些苦菜，砍些柴火煮一煮，就能填饱农夫的肚子了。

九月的时候修整园圃，十月的时候就该将收割的粮食整理包装，收到粮仓里储存起来。谷子和高粱差不多同时成熟，还有麦子和水稻。农人真是太辛劳了，刚刚干完庄稼活，还得服劳役，给官府修葺屋顶。劳役还没结束，春天又快来了，又要赶着播种庄稼去了。

十二月的河水都结成了冰，农人们还要将冰块凿下来，贮藏在冰窖里，以备来年酷暑供老爷们清凉。

二月的时候要举行仪式，祭祀祖先，进献美味的羔羊和其他供品。九月的时候天气最好，晴朗而干燥，十月里收拾打谷场。

这时候，大家终于可以围坐在一起，举杯共饮，宰杀猪羊来烹煮。大家一起到祭祀的庙堂里，双手举起牛角杯，祈祷神灵降下福祉，共祝百姓安居乐业，周朝万寿无疆！

相关链接

〔1〕伯劳鸟：鸟名。中国常见的为棕背伯劳。主食昆虫，有益农林。

〔2〕知了：蝉的别名。也指蝉的叫声。

〔3〕纺织娘：昆虫名。身体绿色或褐色。头小，触角细长，善跳跃。鸣声“轧织”，如纺车声，故名。

五经·尚书

以立训传，约文申义。

古人“尚”与“上”通用，“书”原来就是史，上古时，史为记事之官，书为史官所记之史，由于这部书所记载的是上古的史事，所以叫作《尚书》，也可单称作《书》。《尚书》记事的内容，上起原始社会末期的唐尧，下至春秋时的秦穆公。

《尚书》是我国最早的一部史书，也是我国最早的一部文件汇编，它的“典”“谟”“训”“诰”“誓”“命”六体，有的是讲演辞，有的是命令、宣言，有的是谈话记录。《尚书》按时代先后，分为《虞书》《夏书》《商书》《周书》四个部分，共一百篇。

就文学性而言，《尚书》是中国古代散文形成的标志。《尚书》的文字内容基本是誓、命、训、诰一类的言辞。除少数文字比较形象、朗畅外，语言大多古奥艰涩，虽然“周诰殷盘，诘屈聱牙”，但历代散文家都能从中取得一定借鉴。

《尚书》相传由孔子编撰而成，在中国学术史上有着极其重要的地位。因为它保存了我国上古时代最为重要的政治历史文献，所以成为历代人们了解和研究上古历史最重要的文献依据。早在先秦时代，孔子、孟子、墨子、荀子等大师，以及《左传》《国语》《韩非子》《吕氏春秋》《礼记》等书，都曾引用《尚书》来阐述历史和自己的理论。汉武帝时《尚书》被立为《五经》之一，并设立博士，自此官学和私家研讨《尚书》之风便兴盛不衰。大史学家司马迁撰写尧舜禹及夏商周时代的历史，许多地方都是以《尚书》的记载为蓝本的，直到今天我们认识古代历史，《尚书》仍有其不可替代的重要价值。

传世名句

- 伊尹申诰于王曰："呜呼！惟天无亲，克敬惟亲。民罔常怀，怀于有仁。鬼神无常享，享于克诚。天位艰哉！德惟治，否德乱。与治同道，罔不兴；与乱同事，罔不亡。终始慎厥与，惟明明后。先王惟时懋敬厥德，克配上帝。今王嗣有令绪，尚监兹哉。若升高，必自下，若陟遐，必自迩。无轻民事，惟难；无安厥位，惟危。慎终于始。有言逆于汝心，必求诸道；有言逊于汝志，必求诸非道。呜呼！弗虑胡获？弗为胡成？一人元良，万邦以贞。君罔以辩言乱旧政，臣罔以宠利居成功，邦其永孚于休。"
- 益曰："吁！戒哉！儆戒无虞，罔失法度。罔游于逸，罔淫于乐。任贤勿贰，去邪勿疑。疑谋勿成，百志惟熙。罔违道以干百姓之誉，罔咈百姓以従己之欲。无怠无荒，四夷来王。
- 《太甲》曰："天作孽，犹可违，自作孽，不可活。"
- 《书·大禹谟》曰："惟德动天，无远勿届，满招损，谦受益，时乃天道。"
- 《虞书》曰："诗言志，歌咏言，声依永，律和声。"
- 慎徽五典，五典克从。纳于百揆，百揆时叙。宾于四门，四门穆穆。纳于大麓，烈风雷雨弗迷。
- 贵公："昔先圣王之治天下也，必先公，公则天下平矣。平得於公。尝试观於上志，有得天下者众矣，其得之以公，其失之必以偏。凡主之立也，生於公。"故鸿范曰："无偏无党，王道荡荡；无偏无颇，遵王之义；无或作好，遵王之道；无或作恶，遵王之路。"
- 人而不学，其犹正墙面而立。

帝尧在位期间，充分发挥自己的才干，把天下治理得很好。他年老的时候，众人推荐了虞舜作为继承人。

帝尧名叫放勋，他聪明能干，恪尽职守，善于深入地思考问题；他温文尔雅，为人和善，谦恭谨慎。他的德行流传于四方，充盈天地之间。帝尧能充分发挥自己的才干，使族人相互亲爱，和睦团结；族人和睦团结之后，帝尧又考察部下有才能的人，鼓励他们处理政务；百官的职责分明了之后，他又去治理其他的邦族。由此，天下的百姓在帝尧的治理下都和睦而友善。

帝尧命令羲、和二氏，恭谨地顺从上天的旨意，观察日月星辰的运行，按照其运行的规律制定历法[1]，然后郑重地颁授给百姓，让百姓能够按照节气[2]进行农业生产。

帝尧命令羲仲住到东海之滨的旸谷，在那里敬候旭日东升。在太阳从正东方向升起的时候，确定春分之日，好指导百姓适时耕作。春分的那天，鸟星出现在天空南方的正中，天气温暖，百姓都在田间劳作，按时播种。鸟兽也在这个时节交媾受孕。

帝尧又命令羲叔住到南方的交阯，恭敬地等候着太阳的升起，根据季节轮换的规律，分辨太阳移动的次第，确定夏至的日期。夏至那天白昼最长，天火星出现在天空南方的正中位置。百姓们都坐在高处，吹风纳凉；鸟兽也将绒毛脱落下来，只剩下稀疏的羽毛，都能看见皮肉。

帝尧还命令和仲住到西方的昧谷，观测日落的规律，确定秋分的日子。秋分的时候，虚星出现在天空南方的正中，酷暑的溽热已经消退，百姓开始收割庄稼，鸟兽的羽毛也逐渐丰满浓密。

帝尧还命令和叔住到北方的幽都，在农事已经结束、冬天来临的时候，分辨太阳运行的规律，确定冬至的日子。冬至那天白昼最短，昴星出现在天空南方的正中位置，百姓们都躲在屋子里取暖，鸟兽也生出浓密的绒毛以抵御严寒。

帝尧说："唉！羲、和啊，希望你们以三百六十六日为一个周期，多余的日子设置为闰月，辨明四季。并据此安排官职，处理政务，这样，天下的事务就能兴起了。"

帝尧问："谁是应顺天时，能够代替羲、和，可以重用的人呢？"

放齐回答说：“你的儿子丹朱，聪颖能干，是个人才。”

帝尧说：“唉！像他那样鲁钝又没有信用的人，怎么能担当这样的职务呢？”

帝尧又问：“谁能帮我处理政务呢？”

欢兜回答说：“啊！共工能够团结百姓，他很合适。”

帝尧说：“唉！他虽然言语恭顺，但实际上刚愎傲慢，并不真心听从国君的政令。”

帝尧问：“各位诸侯啊！洪水浩荡咆哮，淹没了土地，甚至漫过山陵，百姓愁苦忧虑，谁能治理洪水呢？”

大家都说：“让鲧去治理洪水吧。”

帝尧说：“唉！他经常违抗命令，脱离部族，恐怕不行吧？”

众首领都说：“我们看到的情况不是这样的，还是让他先试试吧！如果不行，再免去他的职务也行啊！”

帝尧于是对鲧说：“去治理洪水吧，希望你尽心尽力！”

鲧治理洪水花费了九年的时间，却还是无法将洪水退下去。

帝尧说：“啊，各位首领。我做帝王已经七十年了。你们谁能顺应天命，我就把帝位让给他！”

众首领都说：“我们无才无德，不敢接任。”

帝尧说：“那你们就举荐身边的人，或者到民间偏僻的地方寻访吧。”

于是大家向尧推荐：“民间有个叫虞舜的人，生活十分困苦，但人很有才干！”

帝尧说：“哦，我听说过。他到底怎么样呢？”

众首领说：“他是那个瞎眼的乐官的儿子。他的父亲愚昧顽固，他的后母诡谲多诈，他的弟弟桀骜不驯，对待舜的态度十分恶劣。但是，舜却能秉持孝悌之道，与他们和睦相处，勤勤恳恳地做事，并没有走上奸邪的道路。”

帝尧说：“让我考验考验他吧。把我的两个女儿嫁给他，可以考察他的德行与智慧。”

于是帝尧在妫水[3]北岸为舜举办婚宴，将两个女儿嫁给虞舜做妻子，并对她们说：“一定要恪守妇道啊！”

相关链接

〔1〕历法：即根据大自然的变化规律所制定的用于判断气候变化、预示季节来临的法则。

〔2〕节气：古人根据太阳在黄道上的位置，将全年划分为二十四个段落，每个段落为一个节气，如立春、清明、谷雨、霜降、冬至等等。

〔3〕妫水：古水名。在今山西永济南。源出历山，西入黄河。

尧禅让于舜

尧经过三年的考察，把帝位禅让给了舜。舜封禅泰山、巡察四方、考核百官，恭敬勤谨而励精图治，整个国家出现了兴旺发达的局面。

帝舜名叫重华，他的才能德行都是帝王才拥有的。他智慧深邃，文雅聪慧，温和谦恭，他的美名远播四方。他高尚的德行由民间传到帝尧那里，帝尧于是授给他官职，想考验他的才干。

帝尧让舜以孝悌等五种美德教诲百姓，百姓都能顺从而不违背；帝尧又将各项政务交给舜处理，并让他统领百官，各项政务都被处理得十分得当，百官也都服从政令；帝尧又命令舜在四门接待四方前来朝见的诸侯，前来朝见的诸侯都能恭敬而顺从；最后，帝尧命令舜守护山林，舜在山林中即使遇上狂风暴雨也能辨明方向，不会迷路。

帝尧于是对舜说："来吧，舜！你的言行举止无一不符合礼仪，你考虑事情周全而得体，你看问题也十分中肯，考察已满三年，你可以登上帝位了。"

舜以自己德行不够美好、不配登上帝位为由，推辞不愿继位。

正月初一那天，在祖庙举行了禅让的典礼，舜终于接替尧登上了帝位。

舜用璇玑玉衡〔1〕观测天象，观测日月五星的运行，举行仪式祭祀上天；然后又举行仪式祭祀天地与四季节气，并祭祀了山川之神。随后，他征集五等诸侯的玉圭〔2〕，选定吉祥的日子，召集各部首领诸侯举行仪式，向他们颁授玉圭。

这一年的二月，帝舜到东方去巡视四方诸侯驻守的地方，他来到泰山，举行了封禅〔3〕泰山的典礼，又依次祭祀了各大名山。之后，他郑重地接见了东方的各位诸侯。

帝舜协调时令月份，使其与自然运行的规律相吻合；并统一了音律及度量衡〔4〕的单位；同时制定了公、侯、伯、子、男五种礼仪，及五等诸侯所执的玉圭。之后，舜就返回了都城。

五月，帝舜到南方巡视。他到了南岳，如同祭祀泰山一样，也举行了仪式，祭祀南岳。

八月，帝舜到西方巡视。他到西岳之后，就像当初到泰山一样，同样举行了祭祀的仪式。

十一月，他继续到北方巡视。在北岳，也举行了相同的祭祀仪式。

然后，他返回都城，来到太庙，宰杀公牛，备齐供品，祭祀祖先。

自此以后，帝舜每五年到各地巡视一次，各诸侯每年朝拜天子四次。诸侯向帝舜汇报自己的功绩，舜则通过巡视，实地考察他们汇报的功绩是否属实，再按照功劳的大小，赐予车子和服饰，作为对他们的奖赏。

帝舜的时候，开始将全国分为十二个州，并在十二座大山设坛祭祀，同时疏通河川。

舜将各种常用的刑罚画成图像，以警戒百姓。把犯五刑[5]的人都改判为流放，用鞭笞作为对官员的刑罚，用木棒作为施行训导的刑具，允许触犯法规的人用铜来赎免该当的刑罚。一旦发生灾祸，就举行大赦。只有对屡教不改的犯人才施行死刑。

对刑罚的使用一定要慎重，再慎重啊！

为了严肃法纪，舜将共工流放到北部的幽州，将欢兜遣送到南部的崇山，将三苗迁徙到西部的三危，将鲧责罚到东部的羽山。实施了对四人的刑罚之后，天下的人从此都恭敬顺从，不敢再违背法纪政令了。

过了二十八年，帝尧逝世，天下百姓都像死了父母一样哀痛。三年之中，全国的一切娱乐活动全部取消，以表示对尧的哀悼。

三年之后的正月初一，帝舜来到祖庙举行祭祀的仪式，重新开始处理政务。他向四方首领征询政见，和他们共同商议国家大事；将通向四方的城门打开，观察各地的情况，倾听各方的声音。

帝舜又晓谕十二州的行政官员说:“要全心全意啊!只有边远之地安定了,中心地区才能稳定;必须安抚远方的百姓,按照他们的意愿处理政务;只有具备仁厚的德行,才能获得天下人的信任;一定要远离谄媚奸佞的小人,才能让天下人顺从。”

舜又对四方首领说:“各位首领,你们谁能建功立业,光大帝尧的事业,我就让他做百官之首,辅佐处理政务。”

大家都说:“伯禹可以做司空。”

舜说:“很好。禹,你治理了洪水,功勋卓著,就做司空吧!”禹拜行大礼,推辞要把职位让给稷、契和皋陶。

舜说:“呵!你不必推让,好好地干吧。”

帝舜对后稷弃说:“弃,现在百姓饥饿,吃不饱肚子。你要教导百姓耕种庄稼。”

帝舜对契说:“契,现在各个部族不能友好相处,百姓之间关系不能和睦。就由你来做司徒,要认真地推广五常[6]之道,并且一定要宽厚仁爱,这样政令才能行之有效。”

帝舜又对皋陶说:“皋陶,现在蛮夷扰乱华夏的安宁,侵扰伤害百姓,远近都不得安定,就由你来担任负责刑狱的士官。根据罪行的轻重分别使用五种刑罚,施行五刑时要在三种行刑场所;同样根据罪行的不同判处五种流放,并分别流放到三个地方。在判断罪行的时候,一定要秉公职守,明察秋毫,才能让百姓信服,并服从法规。”

帝舜问:“谁能担任百工的官职?”

大家都说:“垂可以!”

帝舜说:“很好!垂,你就做百工吧。”垂对舜拜行大礼,想把职位让给殳和伯与。

舜说:“你就接受吧,可以让他们和你一起担任这个官职!”

帝舜又问:“谁能管理山川陵泽、草木鸟兽呢?”

大家都说:“伯益可以担任!”

帝舜说:“很好!伯益,你就做我的虞官吧。”伯益对舜叩拜答谢,想把职位让给朱虎、熊罴。

帝舜说:“你就担任虞官吧,让他们和你一起担任这个职务!”

帝舜问:“各位首领,你们觉得谁能主持祭祀天地人的大礼?”

○品画鉴宝 绿松石镶嵌兽面纹牌饰(夏)
此牌饰上宽下窄,圆角束腰,呈盾牌形。选料和制作精细考究,图像精美。

大家都说："伯夷可以胜任！"

帝舜说："很好！伯夷，你就做秩宗之官吧。要早晚敬奉神灵，端正心灵，保持肃穆与恭敬。"伯夷对舜行礼拜谢，想把职位让给夔与龙。

帝舜于是说："你就管理祭祀吧，一定要谦恭有礼！"

帝舜对夔说："夔，我命你担任乐官，教育子弟，要他们正直而温和，宽厚而严肃，刚强而不暴虐，简易而不傲慢。诗用来表达思想感情，歌用来咏叹内心的感想，音乐的声调要依从歌咏，而乐律则要合于声调。只有八种乐器一起和谐地演奏，不相互乱了次序，神与人之间才能顺畅地交流。"

夔说："啊！我明白这个道理。当我敲击石头的时候，各种动物也会跟着翩翩起舞。"

帝舜对龙说："龙啊，我最痛恨谗言邪行，扰乱迷惑民众。我命你做纳言之官，负责早晚传达我的政令，你一定要忠诚踏实啊！"

帝舜说："你们这二十二个人，都要尽忠职守，时刻牢记上天的旨意，帮助上天治理民众，处理政事。"

就这样，每隔三年，帝舜就考核一次政绩。经过三次考绩，功绩卓著的就给予奖励提拔，没有政绩的则予以黜免。各项事务都步上正轨，整个国家也兴旺发达。

舜二十岁的时候被征召做官，三十岁的时候登上帝位，正式在位五十年，一百多岁以后才去世。

相关链接

〔1〕璇玑玉衡：古时测量天体坐标的仪器。为浑天仪的前身。

〔2〕玉圭：用玉制成的圭。圭，古代的一种玉制礼器，长条形，上端三角，下端正方。多为贵族祭祀、朝聘等时候使用。

〔3〕封禅：我国古代帝王为祭拜天地而举行的重大仪式。封：即天子登上泰山之巅设坛祭天，报天之功；禅：即天子在泰山下的小山除地祭地，报地之功。封禅具有表示君权神授、君主对天下的统一、祈祷风调雨顺及物阜民和等意义。

〔4〕度量衡：古代对计量长短、容量、轻重的标准的统称。度，即度量长短；量，即计量容积；衡，即衡量轻重。

〔5〕五刑：古代五种残酷的刑罚，指墨（在脸上刻字涂墨）、劓（割掉鼻子）、剕（砍脚）、宫（破坏生殖器）、大辟（死刑）。

〔6〕五常：又称"五伦"。即君臣、父子、夫妇、兄弟、朋友五种人伦关系。

大禹经过不懈的努力，解除了洪水对百姓的危害。舜认为他功标千秋、恩泽万代，于是在自己年老的时候，让他登上了帝王之位。

古时候，大禹曾经对帝舜说："文明教化，施布四海，这是我们从帝尧那里秉承的教诲。帝尧还说过，'君主能看到为君的难处，臣下能看到为臣的难处，并因此而慎重地施行政令，政事就能得到正确的处理，百姓也会修养德行'。"

帝舜说："是啊！如果真能如此施行政令，善言就不会被隐没，朝野之外就没有被疏远的贤能之才，天下万邦也将和平共处。要广泛地听取众人的意见，改正自己的错误主张，接受别人正确的意见，不欺凌孤助无势的百姓，不忽视任用真正贤能的人才，这些也只有帝尧能够做到啊！"

益说："是啊，帝尧的德行，博大深远，圣明智慧，英武文雅。因此上天眷顾，让他拥有四海，做了天下人的君主。"

禹说："顺应道义行事，就可以吉祥；悖逆道义行事，只能凶险。报应如影随形，如响应声。"

益说："是啊，要警惕呀！警惕才能避免灾祸。不要违反法度，不要过度安逸享乐；任用贤能不要怀疑，驱除奸邪不要迟疑；考虑尚未成熟的计划不要轻易采纳，这样各项事务都能顺利进行。不要违反原则以博取各部族的称誉，不要侵害各部族的利益来满足一己私欲；不要懈怠荒废，如此四周边远的部族就会来尊王称臣。"

禹说："是啊，益所说的话，您要经常考虑！君主的德行表现在施行好的政策上，为政的关键在于养护百姓。要兴修水利、保存火种、冶炼金属、砍伐木材、开垦土地、播植五谷，修正民德，便利民用，增进民生，以求天下和睦太平。要实施这九项措施，并大力推行，广泛宣扬。训诫百姓要和颜悦色，监督百姓要令行禁止，通过宣传这九项措施来劝勉百姓，使他们不会学得奸邪诡谲。"

帝舜说："说得好啊！大地得到修整，天时风调雨顺，六府[1]、三事[2]之事得以治理，千秋万代都有了指望和依靠，这是你大禹的功劳啊！"

帝舜说："来吧，大禹。我在帝位已经三十三年，如今年迈力衰，不能有效地处理政事。你精明能干，就来统帅天下的民众吧！"

大禹说："我德行浅薄，没有才能，恐怕无法胜任，百姓不会听从我的。皋陶实施德政，泽被百姓，民心倾向于他，请您还是考虑他吧！谋划政略的是皋陶，解释政策的是皋陶，宣传政策的是皋陶，施行政策的也是皋陶，还是请考虑皋陶的功德和影响吧！"

帝舜说："皋陶，现在臣民之中没有人再冒犯政事，自从你做士官之后，能够严明五刑、辅助五教；政事能够得到治理，刑罚因为和平安宁而不被使用；百姓安定和睦，不违反法纪。这都是你的功劳，了不起啊！"

皋陶说："这是因为帝王您的政德没有差错，您用简略的行政手段治理百姓，以宽厚仁爱之心统领臣民；惩罚不祸及子孙，赏赐福延后代；宽宥无心犯下的过失，无论其大小；惩处故意违犯的罪行，不论其轻重。对于罪行尚不能确定的从轻发落，对于功绩并非十分明确的也给予赏赐。与其错杀无辜，宁可放过偶然犯下罪行的人。您重视百姓的生命，满足百姓的愿望，所以百姓能够和平安宁，不违反法纪。"

帝舜说："使我能够随心所欲地治理天下，四方闻风而动贯彻我的政令，这都是你的功劳啊！"

帝舜说："来吧，大禹！天降洪水，曾使我万分震惊。你信守诺言，治理好了洪水，你是最能干的。你能勤勉治国，勤俭持家，并且不自高自大，只有你是最贤明的。你不矜夸自己的功劳，天下无人能与你的才能相比。你不炫耀自己的功德，天下无人能与你一较高下。我感叹你的高尚德行，嘉许你的巨大功绩，上天赋予的使命就落在你的身上，你必将成为万邦之主。

"人心容易动摇，道义之心却很微妙。你一定要精诚专一，诚心执守正道。没有根据的话不要听信，没有讨论过的计谋不要使用。

"为什么不爱戴君主呢？为什么不敬畏民众呢？民众除了君主还能拥戴谁

呢？君主除了民众还能与谁一起守护国家呢？要好好干啊！在位要慎重行事，全心全意实现自己的政治抱负。如果天下陷入穷愁潦倒的境地，那么你的末日也就到了。口中所说的言语，可以带来好处，也能惹来灾祸，所以一定要出言慎重。我说过的话不会再重复了。”

禹说：“您还是逐个占卜功臣吧，谁的卦兆吉利，就由谁来继承帝位。”

帝舜说：“禹，负责占卜的官员要先隐藏自己的想法，然后才能问龟。我的想法已经确定，经过商议，大家也都同意我的想法。所以鬼神也一定会依从我的想法，问龟的结果也会与此一致。我看就不用占卜了。”禹拜行大礼，坚决推辞。

帝舜说：“不要这样，只有你最适合啊！”

正月初一，禹在帝尧的宗庙接受了任命，就如同帝舜开始接受帝尧的任命时一样。

帝舜说：“禹，现在有苗氏〔3〕不顺服政令，就由你率军征伐吧！”

于是禹招集诸侯，在众人面前宣誓：“各位诸侯，都要听从我的命令！有苗氏蠢蠢欲动，迷乱昏昧，不顺从政令；轻忽傲慢，自高自大，败坏道德；君子流落到民间，小人却能得志、占据高位；百姓被弃置不顾，不得安宁。上天降下灾祸，让我率领各位将士，尊奉帝舜的指令，讨伐它的罪行。大家务必齐心协力，在战争中建立功勋！”

征战了三十天以后，苗氏依旧违抗帝命而不顺服。伯益于是建议禹说：“只有仁德能够感动上天，并降服敌人，不管它有多远。自满只会招致损害，谦虚才会永远受益，这是天理啊！帝舜当初在历山，每天在田里对着上天嚎啕，但是对父母却愿意承担罪名，恭恭敬敬地侍奉他们。他去拜见父亲瞽叟，诚惶诚恐，战战兢兢，结果瞽叟竟然答应了他的要求。至诚能够感动神灵，何况苗氏呢？”

禹行礼感谢伯益，接受了他的善言，说：“好吧！”于是就整顿兵马，率领军队返回。然后大力推行文教德化，在宫殿台阶两旁陈列盾牌和羽毛。七十天过后，三苗终于归服了。

相关链接

〔1〕六府：指金、木、水、火、土、谷。

〔2〕三事：即正德、利用、厚生。

〔3〕有苗氏：古族名。又称“有苗”“三苗”“三苗氏”。分布于今江西鄱阳湖、湖南洞庭湖至河南南部一带。

皋陶的智慧

为了协助大禹治理国家，皋陶在君主为政方面提出了很多建议。禹听后深表赞同，并且十分佩服他的真知灼见。

皋陶曾经对禹说："如果真能践行帝舜的德政，你就能谋略英明，辅佐得心。"

禹说："说得好，那么怎样才能做到呢？"

皋陶说："首先要洁身自好，不断陶冶自己的情操。敦睦九族[1]，劝勉敬重贤明之人，政令就可以由近及远，得到推行。为政的关键就在这里。"

禹拜受了伯益的建议，说："说得真好啊！"

皋陶说："为政之道，还在于知人善用，安定百姓。"

禹说："是啊，要将这些全做到，就是帝尧也很困难啊！能知人善用就说明有智慧，能够让臣子与他的官职相符合；安定百姓就要施加恩惠，百姓自然愿意归附。既有智慧又能惠及百姓，又何必担心像欢兜那样的人呢？又何必要流放有苗部族呢？又何必要畏惧巧言令色的奸佞之人呢？"

皋陶说："人只有具备了九种品行，才能说他有德行，才能说'可以重用了'。"

禹说："这九种品行是什么？"

皋陶说："胸怀宽大而能谨慎自持，温和而能自立，诚恳而能恭敬，治理政事能够认真谨慎，遇到烦乱能够果断处理，正直而能温和，简朴而能廉正，刚强而能笃实，坚强而能合于仁义，用这九种品行磨炼自己，对自己是很有好处的。

○ 品画鉴宝　彩陶变体蜥蜴纹豆（四坝文化）

“在这九种品行中，如果每天能发扬其中的三种，早晚勤加勉励，就可以管理好一个部族；如果每天能够严格砥砺其中的六种品行，就能治好一个邦国。九种品行若都能做到，就能官得贤能，人才云集，百官廉正。如果能与天时协调，那么各项事业都会取得成功。

“不要效仿别人的安逸纵欲，而应该兢兢业业；让担任官职的人每天都有政事处理，不要使官位形同虚设，要让官员们尽职尽责。因为上天设立了种种事务，需要人来为他完成。世间的次序固定不变，因此要敦厚五种伦理关系；世间的秩序分为等级高下，所以才有五种礼仪的等级规定。政事需要上下齐心协力、真心实意才能做好。上天总是眷顾有德之人，所以五等礼服才会各有各的文饰；上天总要惩罚有罪之人，所以五种刑罚才会各有各的用处。顺天行事，政事才会越做越好啊！

“实际上，上天的明辨来自人的明辨，上天的赏罚来自人的赏罚。通过人的活动，人才能与上天相通，所以有土之君要好好治理国家啊！”

皋陶问：“我所讲的可以做到吗？”

禹说：“啊！按照你的话做，一定能将国家治理出成绩！”

皋陶说：“我缺乏才智，只是想帮您治理好天下啊！”

相关链接

〔1〕九族：历来有不同的认识，一说为父族四、母族三、妻族二，一说专指父族，为上自高祖下至玄孙的九代直系亲属。

舜和大臣们谈论政治，先让禹发言。禹谦虚谨慎，由治水谈到治国。然后在夔的建议下，大家一起歌舞，其乐融融。

帝舜与群臣们在一起，他先对禹说："禹，你也应该谈谈自己的高见。"

禹伏在地上行礼，说："我还有什么可说的？我每天想的只是如何做好工作。"

皋陶问："你怎么展开自己的工作呢？"

禹说："洪水汹涌澎湃，淹没了群山和丘陵，百姓全被困在水中。我依据道路的不同，换乘四种不同的交通工具，顺着山势，砍削树木作为标志，并与益一起为百姓提供可食用的鸟兽鱼鳖。我疏浚九条河川，将它们导向大海，疏通沟渠，将它们引向江河。与后稷一起率领百姓播种五谷，使大家有粮食食用。并且互通有无，将积聚的货物运到急需的地方。这样，百姓逐渐安顿下来，各个邦国也趋于稳定了。"

皋陶说："这正是你的高明之处啊！"

大禹说："帝舜，您要在官员们面前谨慎行事啊！"

帝舜说："哦。"

大禹说："遇事要镇定自若，就可以化险为夷。因为假如您的辅佐之臣直率，您稍有慌乱就会引发骚动。如果能运筹帷幄，显示自己是秉承上天赋予的使命而行事，那么上天将会再次赐予你吉祥。"

帝舜说："啊！辅佐之臣就像经常帮忙的邻居！邻居就像辅佐的大臣！"

禹说："是这样啊！"

帝舜说："辅佐之臣就如同四肢和耳目，我想调动百姓，你们就会协助我；我要在各地施布功德，你们就会去具体执行；我想看看古人的景象，你们就会给我画出当时的日月星辰、高山、飞龙和锦鸡，做出当时的宗庙礼器、水草文饰、灶火形状、细碎米粒、纹锦花纹、刺绣，并用多种颜色涂在布料上做成当时的服饰，是你们使我知道了这些知识；我想听六律五声八音[1]，观察政治是否错乱，以便向各地发布正确的政策，是你们帮助我采撷各地的民风；我要是说错了，你们一定要纠正。你们不要当面听从，背地里却议论纷纷。各位要用心辅佐我啊！对于那

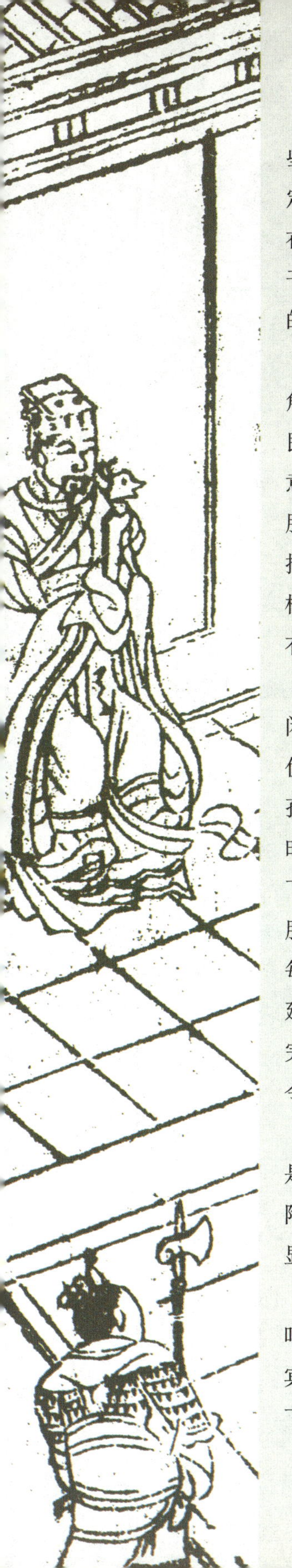

些愚顽奸邪的人，要是他们不明白这些，你们一定要明白地加以严厉的批评，鞭挞训诫，并记录在册，以促人上进。考察官员要听取百姓的意见，干得好的就加以提拔，干得差些但能及时改正的，也可以继续留任，否则就施以刑罚。”

禹说：“是啊！帝舜，普天之下，乃至天涯海角的芸芸众生，各邦国的贤能之才，都是您的臣民，都可以为您所用，您一定要广泛听取他们的意见。使用他们要以功绩为标准，并用车辆和礼服作为对他们的赏赐。如果能做到这些，谁会不推举贤能呢？谁还敢不服从政令呢？如果您不这样做，而是不分好歹，同等对待，那么即便天天有人给您提意见，也不能把国家治理好。

“不要像丹朱那样桀骜不驯，只知道游手好闲，凶蛮残暴，不分日夜地饮酒作乐，枯水季节仍要乘船游乐，呼朋引伴在家淫乱，以致断绝子孙。有鉴于此，我在涂山[2]娶妻，仅用了四天时间；我的儿子启哇哇直哭，我也顾不上爱抚一下，一门心思忙着治水；后来我又帮您制定了五服[3]之制，影响远及五千里之外；并划分九州，每州都有十二师的军队，驻防延及四境；并且还建立了相应的伍长制[4]，各部族都能按照政令完成事务，只有三苗仍顽固不化，拒绝服从命令，这一点您要想到啊。”

帝舜说：“天下人都受到我的仁德的引导，这是你大禹的功劳啊！我一定要好好宣传一下。皋陶认真做他的事，在全国实施象刑，这也是一项显著的功劳啊！”

这时，夔说：“敲起玉磬，奏起琴瑟，唱起来吧！”一时间，仿佛祖宗神灵都来倾听。帝舜的宾客纷纷就位，各位诸侯也谦让着列队相向。堂下的宫弦声、鼓声纷然作响，伴随着笙钟之音，十

○ 品画鉴宝　兽面纹玉琮（商）
此器呈圆筒形，外壁琢兽面图像。整个画面富有层次感，并使主题纹饰处在一种神秘的气氛中。

分动听。鸟兽随着乐曲起舞，《萧韶》奏了九次之后，连凤凰也飞到庭院中舞蹈。

夔说："我只要敲击石头，百兽就会纷纷起舞，各位官员也能其乐融融、和谐无间。"

帝舜也乘兴作歌，他说："如能谨顺上天赋予的使命，天下差不多也就治理好了。"然后他唱道："辅臣快乐啊君主振奋！君主振奋啊百官和乐！"

皋陶拱手行礼，朗声说："要记住啊，天子建立事业，要遵循一定的法度，一定要重视这一点啊！反复考虑，事情才会办成，这一点也要重视。"随后唱道："天子英明啊辅臣尽职！辅臣尽职啊众事顺利！"又唱道："天子庸懦啊辅臣懈怠！辅臣懈怠啊万事不成！"

帝舜拱手行礼，说："唱得好！让我们大家好好地干吧！"

相关链接

〔1〕八音：古代根据制作材料对乐器进行的分类。指金、石、土、革、丝、木、匏、竹八类。

〔2〕涂山：山名。在今浙江绍兴西北。一说在今安徽蚌埠市西。

〔3〕五服：大禹所创立的赋税制度，根据土地等级等标准来制定。《国语·周语上》："夫先王之制，邦内甸服，邦外侯服，侯、卫宾服，蛮、夷要服，戎、狄荒服……"

〔4〕伍长制：古代以五家为伍（军中以五人为伍），每伍设一人为长，称"伍长"。这种制度就叫"伍长制"。

五子之歌

太康纵情享乐，荒废朝政，被后羿趁机夺去君位，不得返回国都。他的五个弟弟心生怨恨，相继作歌指责其过失。

夏启的儿子太康继位后，终日贪图享乐，不理政事。百姓都有了二心，而太康依然游乐无度。有一次，他到洛水〔1〕南边打猎，一百天都没有返回处理朝政，百姓都怨声载道。有穷的国君羿，利用这个机会，派兵把守住黄河渡口，不准太康返回。太康的五个兄弟，侍奉着老母亲，在洛水入河口处等待他。五个人都怨恨太康，于是分别申述大禹的训诫，并作成歌谣。

第一个人说："我们的皇祖曾有训导：百姓可亲近啊，不可轻忽！百姓是国家的根本，只有根本巩固，国家才能安定。我看天下的芸芸众生，都能超过我。怎能等到犯下了许多错误，直到民怨沸腾的时候才察觉呢？要见微知著啊！我统治亿兆生民，战战兢兢，好像用一根腐朽的绳索驾驭六匹烈马。你这做国君的，怎敢不敬重百姓啊？"

第二个人说："皇祖的遗训还说：贪图女色，游猎无度，嗜酒好乐，雕梁画栋，君主只要喜欢其中的一样，没有不灭亡的！"

第三个人说："帝尧使我们拥有了冀州〔2〕，如今太康放弃了帝尧的训诲，破坏了他的政策，招致了灭亡。"

第四个人说："我们英明的皇祖，是统帅天下万邦的君主，将那制度和法度留给后世的子孙。如果国家的税收公平合理，官府就会富足。太康荒淫无耻，破坏了皇祖的遗训，以致宗庙毁弃，祭祀断绝！"

第五个人说："唉！我们能到哪里去呢？我的心情万分悲痛！天下的百姓都仇恨我们，我们将去依靠谁呢？我愁肠百结，惭愧得无地自容。太康不修德政，闹到最后，后悔又有什么用呢？"

相关链接

〔1〕洛水：即洛河，发源于陕西洛南，向东流入河南境内，于河南巩义汇入黄河。

〔2〕冀州：古九州之一。辖境相当于今陕西、山西黄河以东，山西、河南黄河以北及河北东南、山东西北地区。

胤侯征讨羲和

夏君仲康时，羲、和二氏沉湎酒色，致使天象历法混乱，未能准确预报日食。胤侯率兵征讨，出发前誓师激励将士。

仲康开始继任天子，君临四海，胤侯受命掌管六师。羲、和不好好做事，在自己的封邑中沉湎于酒色，胤侯于是接受王命，出发前去征讨羲、和。

出发前，他告诫各位将士说："各位将士：先王有明训，已经证明可以安邦治国。先王能够谨慎地遵守上天所赋予的训诫，臣民能够遵守法规，大小官员恪尽职守，尽心尽力辅佐天子，使天子成为英明的君主。每年的正月，负责宣传政令的遒人，都摇动木铎[1]，在路上向百姓颁布政令；各官员对君主提出劝诫，工匠们则以自己的技艺向君主进谏。如有不遵守法令的，国家自有刑罚予以处置。

"然而羲、和二氏，不但没有尽到自己的职责，反而酗酒无度，擅自离开工作岗位，致使天文历法发生混乱。他们远远地抛弃了自己的职责，导致九月初一这一天，日与月不合于辰而发生日食。盲乐师击鼓，啬夫[2]驰马疾行，百姓纷纷奔走，而主持天时的羲氏、和氏，对此却一无所知。他们分辨不清天象的变异，触犯了先王定下的法令，罪当诛杀。《政典》上说：'历法在天时之前的杀无赦，在天时之后的杀无赦。'

"现在我和你们大家执行王命，前去征伐羲、和二氏。希望大家同心协力，为王室效命，辅助我顺利地完成天子的命令。大火如果烧掉昆仑山，玉与石就会同时焚毁。天子的官员执行征伐，锋刃所至甚于烈火。我们前去只是诛除羲氏与和氏，胁从者一律不问，凡是过去跟着羲、和二氏做过坏事的，都给予改过自新的机会。各位！你们如果坚决执行命令而不心慈手软，这一仗我们就能打赢！要是你们下不了手，我们就会失败。各位将士，你们一定要全心全意地服从命令啊！"

相关链接

〔1〕木铎：即以木为舌的大铃。旧时多在宣行政教法令时敲击引人注意。

〔2〕啬夫：官名。掌诉讼、赋税等事。

成汤誓师

成汤誓师，首先说明战争的原因，继而揭露夏桀的罪恶，最后对将士恩威兼施，借以鼓舞众人的斗志。

伊尹辅佐成汤征伐夏桀，从陑[1]地出师，与夏桀在鸣条[2]的郊野展开决战。

成汤在开战之前誓师，说："各位将士！并不是我胆敢兴兵作乱，实在是因为夏桀罪恶昭彰，上天要诛灭他。现在你们之中有人说：'我们的君主不怜恤我们，要我们放弃耕种，而去翦灭夏桀。'我很愿意听从你们的意见，但是夏桀罪孽深重，我成汤敬畏上天，不敢不前往征讨。你们当中还有人说：'夏桀的罪恶到底有多大，值得我们这样兴师动众？'我告诉你们，夏桀穷竭民力，盘剥各地百姓，百姓都消极怠工，根本不服从他的命令。他们还说：'太阳啊，你什么时候才灭亡呢？我们愿意和你一起灭亡！'夏桀的统治如此暴虐无道，现在我们必须前往征伐他！希望你们协助我完成上天赋予的天命。事后，我一定会对你们重加赏赐！你们不要怀疑，我是绝对不会食言的！你们要是不听从我的命令，我会将你们连同你们的子女一起杀掉，而决不会赦免！"

相关链接

〔1〕陑：山名。古人认为即雷首山。在今山西永济南。

〔2〕鸣条：古地名。在今河南封丘东。一说在今山西运城北。

商汤作诰

商汤回到都城，给天下各地发布文书，告诉他们：消灭荼毒生灵的夏桀，是在执行上天的旨意。现在，诸位都应当遵守商朝的规章制度，不得有所违逆。

商汤打败了夏桀，回到亳都[1]，正式向天下的邦国、部族发布文告，文告中宣布："各邦国、部族的民众，现在认真听我向你们发布文告：伟大的上帝，将善德降给普天之下的黎民百姓。君主应当拥有善德，并能安定各个部族。夏桀灭绝人性，暴虐无道，作威作福，对天下的百姓施行残酷的统治。百姓们遭受凶暴残害，无法再忍受这种痛苦的折磨与伤害，一起向天地之间的神灵申诉所遭受的冤屈。上天之道，要使好人享福，而给邪恶的小人降下灾祸，于是决定给夏桀降下灾难，以彰显他的弥天大罪。

"所以我遵奉上天的旨意和命令，不敢赦免夏桀的罪过。特意用黑色的公牛进行祭祀，明确地告诉皇天后土[2]，请求对夏桀施加惩罚。问上天桀何以加罪于黎民百姓，并要求与大圣人伊尹齐心合力，帮助天下万民摆脱苦难。上天保佑普天之下的黎民百姓，使罪人夏桀遭到废黜，上天的旨意毫厘不爽。现在，黎民百姓就像春夏的草木一样，蓬勃地生息繁衍。上天特意让我来安定各个邦国、部族，对此我不知道是否有得罪诸位首领及百姓的地方，因此战战兢兢，好似站在万丈深渊前一般小心翼翼。

"凡是我建立的邦国，都不许目无法纪，胡作非为；也不许傲慢不逊，贪图享乐。各自要执行为你们定好的规章制度，以报答上天的美意。你们要是有优点，我绝不敢隐匿不予以褒扬；我要是有什么罪过，也不敢擅自赦免，因为有上帝在用心察看。假如天下各地的黎民百姓有了过错，那么也是因为我有过错；如果我一人有了罪过，并不是天下的黎民百姓都有罪过。假如能以诚信待人，就一定能获得善终！"

相关链接

〔1〕亳都：商初都城。初在今河南商丘东南，为南亳；后迁今商丘北，为北亳；又徙今偃师西，为西亳。

〔2〕皇天后土：即天和地。"皇天""后土"是对天、地的尊称。

盘庚迁都

盘庚打算把都城迁到殷地，但遇到了很大的阻力。他通过开诚布公的讲话，让群臣和百姓明白迁都的好处，让他们知道这是在为他们着想，最终使商人在新都定居了下来。

商王朝的都城曾经迁移过好几次，盘庚做商王的时候，又将都城迁移到殷[1]地，这是商朝第五次迁都。但是，百姓们很不习惯在殷地生活，都反对在这里定都。盘庚因此呼吁自己的亲族出来讲话，以约束百姓。

盘庚的亲族对天下的百姓说："我们的君王将都城迁移出来，并决定迁移到这个地方，是因为他爱护黎民百姓，不想让我们遭到灭亡的命运。况且我们自己又不能相互扶助找到生路，不妨举行一下卜筮。我们该怎样做呢？先王遇到事情，总是谨慎地顺从上天的旨意，不敢随心所欲，为所欲为，就这样还常常不能安宁。我们不能总在一个地方呆下去，到现在已经迁都五次！现在要是不能承袭先代留下的传统，不知道上天的旨意所在，又怎么能够传承先王留下的伟大事业呢？就如同倒下的树木重新生出嫩芽，上天想让我们永远定居在这座新的都城，发扬光大先王留下的事业，稳固地统治四方。"

盘庚教导黎民百姓，做好传统规定的职事，端正国家的法度。他还说："任何人都不许隐瞒百姓对我的规谏！"

商王让大臣们全都聚集到廷堂上，听他训话。他说："你们都过来听着！我要告诫你们：把各人的心思收回来，不要傲慢自大，耽于享乐。过去，我们的先王也是计划选用旧臣共同处理国家大事，先王发布的正确的政令，他们能够不折不扣地执行，先王因此也对他们礼待有加。他们不在后面胡乱议论，结果使民风大为好转。现在你们在背后嘀嘀咕咕，我不知道你们到底想告诉我什么！

"不是我不想重用你们，而是因为你们别有用心，不把心思放在帮助我迁都这件事上，对此我心知肚明。你们认为我不会谋划，才敢对我迁都的事毫不用心。臣下服从君王，有如网在纲，条理分明而不紊乱。又像农人耕耘田地，努力劳作才会有收获。你们只有收回心思，将迁都的好处告诉黎民百姓以及你们的亲戚朋友，才可以大着胆子说你们对百姓、亲族和国家做出了贡献。然而，你们却不怕随时可能降临的巨大危险，就像懒惰的农夫苟且偷安，不努力劳作到最后必然没有粮食可吃。

“你们不和我一起告诉百姓迁都的好处，却只是向百姓散布迁都不好的谣言，败坏政事，为非作歹，惹火烧身。你们已经先给民众做了坏事，将来必然要吞咽由此酿下的苦果，到时候再后悔自己当初的言行，又有什么用呢？看看这些老百姓吧！他们尚且能够顾及我的训诫，说话谨慎小心，更何况你们这些人的生杀予夺，全都操纵在我的手心里呢？你们有什么话，为什么不直接对我说，却要散布虚妄的话语蛊惑百姓呢？这就像大火在原野上燃烧，向前靠近尚不可能，又怎么可能扑灭它呢？这是你们这些人自己制造的麻烦，并不是我的过错。

“迟任曾经说过：‘人往往安于现状，但是在使用器物上却喜新厌旧。’先前，先王与你们的祖辈、父辈同甘共苦，我又怎么敢对你们施加过分的刑罚？考虑到你们世世代代立下的功勋，我不否认你们所起的积极作用。即便现在我对先王进行大规模的祭祀，也一定要你们的祖先一起来享受。你们积累善行获得幸福，或者作恶多端招致祸殃，都是自找的，我怎么敢凭一己的私心而擅施刑罚呢？

“我把迁都的困难告诉你们是有目的的。你们不要以为年长的人岁数大了，因而轻慢他们，也不要因为年幼的人岁数小而轻视他们，不和他们商量。你们应该抱着长期定居的决心，勤奋地处理政事，尽心尽力，听从我的计划和安排。不论远近，我都会用刑罚来惩治恶行，用赏赐来彰明善行。国家蒸蒸日上，这都是你们大家的功勋。国家江河日下，这一定是我处罚不当的结果。你们大家一定要好好想想我对你们的告诫，从今以后，每个人都要做好吩咐过的事情，尽心尽职。不然，处罚降临到你们头上的时候，可不要后悔！”

盘庚做好了迁都的准备，准备渡过黄河，把老百姓全都迁移到殷地。于是他召集那些不愿迁居的人，对他们开诚布公地讲话。这些人到了之后，忐忑不安地走进王庭。盘庚请他们进到屋里，然后说："你们要认真听我说，不要不把我的命令放在心上！古时候，我们的先王没有不体恤黎民百姓的。他们都具备鲜明的忧患意识，为的是不致遭受上天降下的灾害。一旦商人遭到巨大的天灾，先王们并不留恋先前自己所经营的国都，而是根据百姓的利益迁移国都。你们为什么不想一想我们先王迁徙国都的英明远见呢？我一贯爱护你们，支使你们。我之所以号召你们都在新都安居下来，也是为了你们的利益，好让你们实现过上好日子的愿望。

"如今我打算试着迁移你们，以便最终使我们的国家安定下来。你们不为我心中的苦恼而忧虑，竟然都不愿意随我迁居，还想用自己的诚心打动我。你们真是在自讨苦吃！就好比行船，船在水中停滞不前，只会让满船的货物烂掉！你们要是真心不愿意随我迁居，就只有等着洪水把你们淹死，根本不会留有让你们考虑的余地。到时候你们自怨自艾，又有什么用呢？你们不作长久打算，丝毫不考虑随后可能到来的灾难，只安于现状，完全不忧虑将来的祸患。这样只有今天却没明天，你们以后还怎样在地面上生存？

"现在我命令你们一概不许自暴自弃，自我放纵。我担心有人利用你们的想法，让你们走上违犯法纪、犯上作乱的邪路。我尊奉上天的旨意来拯救你们，怎么会是在威胁你们呢？我是在尊奉养护你们啊！

"我顾念我们的先王成汤，曾经让你们的祖先为国效劳，所以不愿

○ 品画鉴宝　鸟形玉双援戈（商）

意羞辱惩罚你们，而只想要保全你们。但是你们延误迁都的时机，长期在此地逗留，先王才对我施降罪责说：‘为什么要虐待我们的百姓呢？’你们这些百姓，不积极地寻求生路，和我一起同心协力迁移国都，先王才给你们施降罪责说：‘为什么不能和我的小孙子齐心协力迁都呢？’所以，你们不服从我的领导，先王就会在天上惩罚你们，你们是无法脱逃的。

“古时候，先王已经让你们的祖辈父辈们为国操劳，你们也都是我的子民。如果你们处心积虑破坏我的事业，我的先王一定会不让你们的祖先保佑你们，你们的祖先就会放弃对你们的佑护，你们得不到救护，自然会遭遇灾祸，最终灭亡。现在你们在我手下搅乱政事，只知道聚敛钱财，你们的祖辈父辈会对先王说：‘应当从重处罚我们的子孙！’是他们给先王提出建议，先王才决定给你们降下灾祸。

“现在我告诉你们，不迁都，就要随时面临巨大灾祸的威胁，你们不要拒绝同我一起迁居。你们应当想着跟从我，胸怀同舟共济之心。如果有谁胆敢不服从我的命令，傲慢不逊，图谋不轨，我一定要将他斩尽杀绝，连子嗣都不留下，以免谬种流传，危害新都。

“随我迁居吧！只有迁居才能获得生路。现在我打算把你们迁居到新的都城，建设你们永久的家园！”

盘庚将国都迁到殷地以后，让民众在迁居地安顿下来，并确定了社稷宗庙在国都的方位。之后，他安抚众人说：“安顿下来以后，不要嬉戏懈怠，而应该努力成就我们的事业。现在我打开心扉，坦荡地告诉各此器体扁平，内呈鸟身。鸟冠为一大一小弯形戈援。双援鸟冠巧妙奇特，琢工简练传神。

位我的想法。我不会再牢记大家过去所犯的罪过，你们也不要怨恨我，不要合起伙来讲我的坏话。

“先前我们的先王为了建立超越前代的功业，迁居到山丘地区，以减轻我们遭受的灾害，为我们国家建立了丰功伟绩。现在我们居住的地方被河水冲毁，黎民百姓四处逃难，流离失所。你们却问我为什么要惊动数以万计的百姓迁居迁徙他处？因为上帝想要恢复我的高祖所创立的基业，让我们国家重新得到治理。我敬奉上天的旨意，全力以赴拯救黎民百姓，让大家在新的都城能永久定居下来。我这个小君王并不是不愿考虑你们的建议，只是迁都的决定来自神灵前的龟卜。我不敢违抗龟卜的结果，只是想借此发扬光大我们先人的伟业。

“各位邦国领袖、部族首长，各位官员，你们考虑一下吧！我一定会认真检查你们抚恤安顿黎民百姓的情况。我不会让那些贪财好利的家伙担当重任，我将会重用那些在迁居中自力更生的人。只要是能够养护百姓、并想方设法把百姓安顿在新都的人，我都会依次提拔重用。现在我已经把自己的想法打算告诉你们了，你们可不要不重视啊！不要只知道敛聚钱财，要帮助百姓自力更生。你们要向百姓施行德政，一心一意把安顿百姓的事情办好！”

相关链接

〔1〕殷：古都邑名。在今安阳小屯村。后世习惯上称“殷墟”。

傅说举于版筑

商王武丁告诉群臣，他梦见先王赐给自己一个治国贤才。众人按照他摹画的形象，在傅岩野外找到了正在修筑围墙的傅说。武丁于是任命他为辅政大臣。

商高宗武丁居丧守孝，三年不理政事。服丧期满之后，他仍然不谈论政事。群臣纷纷劝谏武丁说："深知事物的道理就是明哲，明哲的人可以制定法则。天子君临天下，百官仰承天子制定的法令制度。君王谈论政事，就是在发布政令；君王不谈论政事，臣下就无从执行政令。"

武丁于是写信诏告群臣，信中说："因为我要做天下民众的楷模，我怕自己的德行不够，所以不敢说话。晚上我一直在认真考虑怎样才能把国家治理好，于是梦见先王赐予我优秀的辅弼大臣，他将会代替我发表政见。"他把自己在梦中遇见的大臣的形象描摹下来，让人照着这个形象四处搜寻。

当时，傅说正在傅岩[1]的郊野修筑围墙，他与画像上的形象最为相像，于是就立他为辅相。武丁让他待在自己身边，并吩咐他说："你要早晚教诲我，帮助我提高自己的执政水平。好像我是金属器具，用你作磨刀石；好像我想横渡大河，用你作渡河的船桨；好像我遭逢大旱，用你作及时的霖雨。施展你的智慧，丰富我的思想。就像药石，如果不够苦涩，疾病就不会痊愈。就像赤着脚在地上行走，不观察地面，一定会划伤自己的脚。你与你的同僚务必齐心协力，匡正君王。以便我能够沿着先王开辟的道路，踩着高祖的足迹，造福普天之下的黎民百姓。你一定要记住我的交代，始终如一地帮助我。"

傅说回答说："木头只有经过墨线的校正才会正直，君王只有接受大臣的规谏才会圣明。君王您一定会英明起来，臣下也能不等吩咐就把君王的旨意贯彻下去。谁敢不遵从您英明的政令呢？"

傅说受命统领百官，他向武丁进言说："英明的君王顺应天道，建立国家，设置都城，让各诸侯国建立国都，确立各国国君与诸部首领，并任命各级官员。这样做，并不是为了贪图安逸享乐，而是为了治理黎民百姓。

"上天聪明睿智，无所不察，圣明的帝王可以效法上天治理天下。群臣百官敬顺天命，黎民百姓也就可以得到治理。说话不小心谨慎，就容易遭到羞辱；轻易地动用武力，就容易引起冲突战乱。官秩礼服，要

傅说

据正史典籍记载，汉族傅氏的始祖为傅说。傅说，生于商代，殷商王武丁的至高权臣——大宰相。

放在专门的竹箱里面保管；颁授武器，要考察接受者本人的情况。君王如果能在这些方面谨慎小心，并明智地采纳正确的建议，国家的各项事业就都会蒸蒸日上。

“国家治乱兴废的关键在于百官群臣是否能够奉公守法，所以，任官不能根据个人的好恶，而要看他处理政事能力的高低；爵位不能颁授给那些品德败坏的人，而要看他是否贤德谦逊。考虑好以后再采取行动，行动之前还要把握好时机。自以为做得好，就一定做不好；自以为无所不能，就一定会一事无成。只有事先把准备做好，遇到问题时才能从容不迫，有所准备才能没有后患。不要宠幸小人，容忍轻慢，不要怕人批评而将错就错。凡事都要三思而后行，政事才能有条不紊。轻慢祭祀，就是不敬；礼仪烦琐，就会乱套，就难以取悦神灵了！”

武丁说：“说得好啊！傅说，我真是佩服你！你要是说不出这些好建议，我真不知道该怎么办。”

傅说拜行大礼，说：“知道怎么做并不困难，要付诸实行才困难。大王要是真心想付诸实行，那一定与先王积累下的功德相应和。我要是不说，那就是不称职了。”

武丁说：“傅说，你过来。我过去一直跟着甘盘[2]学习，后来逃到荒郊野外，住在河中的小岛上。又从河中迁到亳地，自始至终都不能明白事理。而现在经过你的一番训导，我的思路顿时豁然开朗。就好像是酿酒，你充当了酒母[3]；就好像是做汤，你充当了盐和酸醋。你多方给予我帮助和教诲，并不因为我愚蠢而遗弃我，我一直在想着按照你的训导处理政事。”

傅说又说：“大王，人们追求博闻多识，是为了成就自己的事业，这样学习古人的训诫才会有所收获。做事不师法古人而能流芳百世的，我傅说还不曾听说过。要学会抑制自己内心的欲望，务求勤勉于政事，这样才会提高自己执政的水平。诚心诚意想着治理好国家，你个人的道德素质才会日渐提高。教与学各占成功的一半，你只有始终如一地惦念着学习，你的品德修养才会自然上升而浑然不觉。参照着先王制定的法纪制度办事，必定会永远没有过失。这样我才能恭承王命，广招贤俊，让他们都能胜任自己的职责。”

武丁说：“啊！傅说，普天之下的百姓都景仰我的德政，而这都是你施行教化的结果啊。上肢与下肢完整才是一个健全的人，有了贤良之臣的辅佐，才会有圣明的君王。先前伊尹辅佐先王成就大业，可是他却说：‘我不能使君王成为尧舜那样的圣王，深感惭愧耻辱，就好像在街市上遭人鞭打一样。’哪怕一个贤才得不到任用，他就会说：‘这是我的失职！’他就是这样帮助我的先祖，以致功勋达于上天。希望你能认真辅佐我，不要让伊尹一个人在商朝专享美名。君王没有贤臣就治理不好国家，贤臣没有君王就没有谋生之地。希望你能帮助你的君王继承先王的宏图大业，使黎民百姓的生活永远安定。”

傅说下拜叩首，说：“我一定会让大王的伟大业绩发扬光大！”

相关链接

〔1〕傅岩：古地名。在今陕西平陆东。

〔2〕甘盘：一作甘般。商王武丁的贤相。武丁即位之初，得其大力辅助。

〔3〕酒母：即酿酒时使用的曲。曲，用粮食或其他副产品制成的含有大量发酵微生物的块状产品。

武王大会诸侯

周武王在孟津大会天下诸侯，历数纣王暴虐无道之罪。继而率领联合军队北上，直趋商都朝歌。

周武王在位十三年的春天，在孟津[1]大会诸侯。武王说："各位友邦国君、负责官员，以及各位将士！请大家听我宣誓：天地是万物的父母，人类是万物的灵长。真正英明睿智的人，才应当做天子，天子要做养护黎民百姓的父母。

"现在商纣王不敬顺上天的旨意，给黎民百姓带来了灾祸。他嗜酒好色，恣意妄为，推行暴虐的统治。施行刑罚动不动就要灭族，任用官员则往往世代承袭。他大兴土木，修建宫室房屋、亭台楼榭、池塘水泽，衣服奢侈华丽，残害普天之下的黎民百姓。他还用炮烙[2]之刑，烧烤忠良，剖割孕妇，剔其骨肉。上天勃然大怒，命令我的父亲文王敬奉上天的旨意，灭掉商国，可惜他大功未成就去世了。

"上次，小王姬发与各位友邦的国君曾经前去观察商国的政治，借此也对商纣王发出警告。哪知道纣王他毫无悔改之心，安之若素，既不祭祀上帝神灵，也不供奉祖先宗庙。用于祭祀的畜生食物全被偷走。就这样，商纣王还说：'我有黎民百姓的支持，我有上天的佑护。'他对于自己的胡作非为毫无悔改之意，上天佑护普天之下的黎民百姓，为他们设置君王，为他们建立军队，君王和军队能够辅助上天，爱护安抚四方的邦国百姓。有罪当惩，无罪当赦，我怎么敢违背上天降下的旨意？

"力量均等，有德者胜；德行均等，守义者胜。纣王有亿万臣民，也有亿万条心；我只有三千臣民，却万众同心。商纣王已经恶贯满盈，上天命我率兵诛讨！我如果不顺应天意民情进行诛讨，我的罪过就与商纣王等同了。我这个小王日夜恐惧，从先父文王那里接受上天降下的旨意，祭祀了上帝，祭祀了灶神[3]，现在率领你们大家，完成上天赋予的诛罚的使命。上天哀怜黎民百姓，百姓想要做的事，上天必然应允。希望大家协助我，让四海之内永远获得清平安乐。时机已到，我们绝不能失去！"

一月戊午日，武王的军队进驻到黄河北岸。诸侯们率领部队全部集合后，武王就环绕军队宣誓道："西方各路兵马，都听我说：我听说好人做好事，总是担心时间不够用；而坏人做坏事，也老担心时间不够用。现在商纣王极尽所能、做尽了坏事，遗弃年长的贤人，亲信勾结罪恶多

端的小人，酗酒无度，放肆暴虐。他手下的人起而效尤，拉帮结派，互相敌视，利用权势相互诛杀。黎民百姓无辜受戮，哭天喊地，商纣王的罪恶行径，上天已经清楚地知道了。

“上天惠爱黎民百姓，君主应当奉承天意，爱护黎民百姓。夏桀不能奉顺上天的旨意惠爱百姓，反而在下面残害百姓，胡作非为。上天于是命令并佑助成汤，废止了夏桀统治天下的权力。现在纣王的罪行比夏桀的还要严重，他割取老臣比干的心，残杀进谏的辅佐大臣，还说自己有天命佑护，老天爷也没有什么了不起的，祭祀对国家一点好处都没有，施行重刑也无妨大局。他的下场早就可以知道，这只要看看夏桀就行了。上天已经要我接替治理天下的黎民百姓，我所做的梦，与所进行的占卜一致，吉兆完全重合，我们一定能够打败商国的军队。商纣王虽然拥有亿万民众，但是离心离德；我只有十个能干的大臣，但是却能够同心同德。所以，即便亲戚再多，也不如拥有仁人。上天看到的来自百姓所看到的，上天听到的来自百姓所听到的。老百姓如果有埋怨，那也一定是因为我，现在我一定要前往征讨！

“把我们的武器举起来，打到商国去，捉住凶残的商纣王！我们大张旗鼓地征伐商纣，对于商王成汤来讲，也是一件光荣的事！

“努力战斗吧，将士们！不要轻视我们的敌人，我们要有敌人比我们强大的心理准备。现在商国的贵族官僚们已开始战战兢兢，好像打掉了头角的牲口。啊！只要你们同心同德，建立灭商的功勋，就能够永远享受荣华富贵！”

第二天，武王大张旗鼓地检阅全军，向全军发出明确的号召。武王说：“各位从西方过来的将士们！上天有治理天下的明确的规则，推行善政的人自然彰明显著。现在商纣王轻慢五常之教，荒淫懈怠，不敬人伦。他自己失去了上天的佑护，招致百姓的怨恨：他砍下早晨趟涉寒水者的小腿，割取贤人的心肝，作威作福，杀戮无辜，残暴的统治遍及四海；他宠信奸臣，放黜太师太保；抛弃法典，囚禁正直的士人；他不修造郊社[4]，不祭祀宗庙；他玩弄各种新鲜花样，沉溺于酒色。上帝不能再依从他胡作非为，断然决定取消商国统治天下的使命。希望你们坚持不懈，帮助我完成上天赋予的惩罚的任务。

“古人曾经说过：‘谁能安抚我们百姓，谁就是我们百姓的君主；谁要虐待我们百姓，谁就是我们百姓的仇敌。’独夫[5]纣王大肆胡作非为，是你们世世代代的仇敌。培植德行务求滋长，消灭邪恶必须除根，现在小王我大张旗鼓，率领大家前去消灭你们的仇敌，你们一定要勇敢地向前杀敌立功，让我完成征讨商纣的事业。立功多的人必有重赏，不勇敢向前杀敌的人，我必定将其杀戮示众！

“我的父亲文王，如同日月照临大地，光芒遍及四方，在西方光耀夺目，我们周邦也受到多个邦国的大力拥戴。如果我能够战胜商纣，不是因为我们武力强大，而是因为我的父亲文王没有对上天和百姓犯下罪过。如果商纣打败了我，不是我的父亲文王犯有罪错，而是因为我自己做得不好！”

相关链接

〔1〕孟津：黄河古渡名。在今河南孟津东。

〔2〕炮烙：相传为商纣王发明的一种酷刑。用炭灼烧铜柱，令犯人行走其上，坠入火中而死。

〔3〕灶神：传说中掌管饮食之神。又称灶王、灶君等。

〔4〕郊社：即祭祀天地。古人冬至日祭天于南郊称“郊”，夏至日祭地于北郊称“社”。

〔5〕独夫：即残暴无道、人心背离的独裁统治者。

誓师牧野

武王率领兵车甲士抵达商都郊外，即将与纣王展开决战，于是在牧野再次誓师，以明必克之志。

周武王讨伐殷商，出动了三百辆兵车、三千名勇士，和商纣王在牧野展开决战。甲子日的黎明，武王率领将士来到商都郊外的牧野，举行了誓师仪式。武王左手持着黄钺[1]，右手挥着白旄[2]令旗，说："各位远道而来的将士们！各位友邦的国君，负责政事的官员，司徒、司马、司空，亚旅、师氏，千夫长、百夫长，以及庸、蜀、羌、髳、微、卢、彭、濮诸邦的士兵们！举起你们的戈，排好你们的盾，握紧你们的矛，现在我开始誓师！"

然后说："古人说过：'母鸡不能打鸣。母鸡如果打鸣，这个家就要衰败了。'现在商纣王只听信女人的话，轻慢神灵，不举行祭祀仪式，轻慢仅存的祖父同母弟，不加以任用，反而宠幸任用各地因犯罪而逃亡过来的人，让他们做自己的大夫卿士，残暴地虐待黎民百姓，在商都为非作歹。现在我姬发将要执行上天对他的惩罚。在今天的战斗中，你们行进六七步就要停一下，队伍整齐后再继续前进。各位将士要尽力而为啊！你们每攻击四五次就要停一下，待队伍整齐后再继续前进。各位将士要尽力遵守啊！你们在商都郊野打仗，要像老虎猛貔，黑熊大罴一样勇猛顽强。但是不要攻击那些倒戈来降的士兵，我们可以让他们到西方为我们服役。奋勇攻杀吧，将士们！你们当中如果有谁不奋勇杀敌，我将对他严惩不贷！"

周武王（公元前1049－前1043年在位）

周文王姬昌次子。中国周朝第一代帝王。他继承父亲遗志，于公元前11世纪伐纣，灭商，夺取全国政权，建立了西周王朝，表现出卓越的军事、政治才能，成为中国历史上的一代名君。

相关链接

〔1〕黄钺：黄，古人以黄色为贵；钺，旧时斧形兵器，安装木柄，用以砍斫。后因以黄钺为权力象征。

〔2〕白旄：古代用牦牛白色尾毛为装饰做成的旗子，用以象征对军队的领导权等。

周公摄政

成王即位，周公摄政。管叔等人不服，四处散播流言，以致于成王也开始有所猜忌。但等他见到周公以自身为祭品替武王求福的祷词，便再也不怀疑他的忠诚了。

攻灭殷商的第二年，周武王得了重病，郁郁寡欢。太公与召公二人说："我们还是给君王占卜一下吧。"武王的弟弟周公说："不能让先王为此而忧心！"于是，周公以自己为祈祷的祭品，在祭祀场地中修筑了三个祭坛，又在三个祭坛的南面另外修筑了一个祭坛，坛上放着玉璧[1]，周公自己站在上面，手持玉圭向着太王、王季、文王的神坛祈祷。

祝词说："现在你们的长孙姬发，患上了恶疾。三位先王如果欠了上帝一个子孙的债，就用我来代替姬发偿还吧。我仁德而巧思能干，多才多艺，可以侍奉鬼神。你们的长孙不像我那样多才多艺，不会侍奉鬼神。但是他从上帝那里接受天命，统治天下，可以在人间安顿你们的子孙后代，天下的黎民百姓对他没有不感到敬畏的。不要让天命因为这件事而丧失啊！如果能够挽救姬发的性命，先王也可以永远享受祭飨。现在我们就要进行龟卜，你们如能答应我，我就将玉璧和玉圭送给你们，回去等候你们的命令；如果你们不听从我，我就要把玉圭和玉璧撤回！"

随后，周公和其他大臣用龟甲卜了三次，全都是吉兆。又进行策筮[2]，打开卦书查看，也都是吉卦。周公说："从卦象来看，君王不会有危险。我刚刚从三位先王那里接受神示，我们应当考虑国家的长治久安；现在需要静候的事情，是先王是否顾惜我这个人。"周公从祭坛祭拜回来，将简册放到用金丝密封的箱子里。第二天，武王就病愈了。

后来武王去世，成王继位。弟弟管叔等人在国都散布流言，说："周公旦将会对小天子图谋不轨！"周公于是对太公、召公说："我如果不摄政称王，就无法向先王交代。"周公东征两年，才抓获管叔等人，平息了东方的叛乱。事后，周公写了一首诗赠给成王，题名为《鸱》。成王也不敢责备周公。

秋天到了，丰收在望，但是还没有开始收割，突然雷电交加，狂风大作，谷物全都倒伏在地上，大树被连跟拔起，都城里的人都人心

周公
姓姬，名旦，亦称叔旦，周代第一位周公。西周时期的政治家、军事家、思想家、教育家，被尊为『元圣』，儒学先驱。周文王的第四子，周武王的同母弟。因采邑在周，称为周公。

惶惶。成王与大臣们全都穿上礼服，打开用金丝密封的箱子里的简册，于是看到了周公以自己为替身代武王去死的祷词。太公、召公与成王据此询问了史官与群臣百官，他们回答说：“确实是这样，周公让我们不要告诉您。”

成王手里拿着简册，哭着说：“不必占卜了！先前周公为王室辛勤操劳，当时我还是个小孩，不知道这些。现在上天发出神威，彰显周公的美德。只有我亲自出去迎拜周公，大风才会平息。我们国家的礼节也应当这样。”成王走出城郊，天开始下起雨来，风向逆转，倒伏的庄稼又全都立起来了。太公与召公又让国都的人将所有倾倒的大树扶起来，培植上土壤。这一年最终获得了大丰收。

相关链接

〔1〕玉璧：以玉为材料制成的璧。璧，古人朝聘、丧葬、祭祀时使用的礼器，平圆形，中间有孔，亦用于装饰。

〔2〕策筮：用蓍草占卦。策，蓍草；筮，《礼记·曲礼上》：“龟为卜，策为筮。”

周公平定管蔡之乱后，开始大封诸侯。他把殷商故都一带封给了弟弟康叔，让他去管理前朝遗民，并在就任之前对他进行谆谆教导，告诉他应该如何治理自己的国家。

康叔名封，是周武王的同母幼弟。武王灭商之后，把康叔封在康地，所以有了这个称呼。周公摄政时，三监（管理商朝旧臣封地的管叔、蔡叔和霍叔）不服，勾结武庚（商纣王后裔）和东方夷族反叛，被周公平定。之后，周公大封诸侯，把原来殷商周围地区的商朝遗民分封给康叔，并教导康叔治理国家的方法。

周公说："我的弟弟封呀，我们伟大贤明的文王重视德政，慎重对待刑罚，从不轻慢鳏寡孤独，用当用之人，敬当敬之人，施威于当施威之时，提拔贤才，改造我们的周国，统治了西方的地方。由于他的功绩被上帝知晓，上帝对他大为赞赏，于是赋予他诛杀商纣王的使命，周武王继承了从文王那里得来的天命、国家和百姓，并为此兢兢业业，操劳一生。所以你这个家伙封才能去统治东方。

"封，你好好想想吧！黎民百姓现在正在观察你如何遵循你父亲文王的德政，如何继承殷商过去的好政令。你就任以后，要广泛地寻求殷商先王治国安民的方针政策，要多向殷商有才德的老人请教，认真听取他们治理百姓的意见。除此之外，还要经常学习古代圣贤的治国之言，以安定黎民百姓，这样你的国家就必定为上天所庇佑。如果你自己能充分施行德政，也就不辜负周王室对你的任命了。

"封，你一定得勤奋啊！上帝的威力只帮助诚心诚意的人。殷商贵族的情况大体可以了解，百姓就很难说了。去了以后要尽心尽力，不要贪图安逸享乐，这样才能治理好百姓。我听说：怨恨不在乎大，也不在乎小，让不听话的人听话，不肯干的人肯干。呵！你年纪轻轻，就接受任命去安定殷民，也是帮助王室完成上天赋予的使命，创造新的黎民百姓。

"封，要认真慎重地对待刑罚。一个人犯了小罪，如果不是无意的过失，而是屡教不改、故意违法，即便他的罪小，也不能不杀。一个人犯了大罪，但并不是屡教不改，而是无心之过，属于偶然的过失，又能彻底坦白交代，这样的人不能轻易就杀掉。

“封，施行刑罚要条理清楚，才会深入人心，征服百姓。黎民百姓自然就会相互劝诫，勤勉和睦。就像患病治病一样，要想着怎样让黎民百姓全部脱离罪恶。治理国家就像抚养婴儿，只考虑怎样才能安定治理好百姓。在你的封地要记住，不是你责令刑罚杀人，就不会有刑罚杀人；不是你下令割鼻削耳，就不会有人被割鼻削耳。

“处理罪犯时应当有一定的尺度，只有这样，对百姓的处置才会秩序井然。”

又说：“囚禁罪犯，要考虑上五六天，乃至十来天再做出决定。

“你要按照一定的尺度实施刑罚。对于殷商的法律，要采用合适的刑罚和死刑，不要按照你封的想法而随心所欲。如果全都按照你的心思，你说已经井然有序了，事实上却不能把事情处理好。啊！你这个家伙，我说的也许不顺你的心思，但我的一片心意你是清楚的。凡是老百姓自寻犯罪的，像抢劫盗窃，为非作歹，杀人越货，横行不法，人神共愤，应当给予严惩！

“封呀！作恶的人尚且很可恶，何况是不孝敬父母，不亲爱兄弟的呢？儿子不乐意服侍父亲，让做父亲的大为伤心；父亲不能爱抚自己的孩子，反而心存恶念；做兄弟的不考虑人伦正道，不能对自己的哥哥恭敬；做哥哥的也不考虑兄弟，对兄弟一点都不友好。这个人如果到了这种地步，还不被我们处理政事的人治罪，那么上天赋予我们的人伦纲常就会丧失殆尽，社会将会陷入混乱。所以说，应当迅速使用文王制定的刑罚，毫不宽恕地予以严惩！

“不听话的还要遭受击打，何况是那些在诸侯国做庶子、训人、正人、小臣、诸节的呢？他们违反政令，而散布另一套东西，在黎民百姓中沽名钓誉，不考虑国家政事，不做好本职工作，危害他们的国君。这是在引人作恶，让老百姓对我心怀不满啊！你应当迅速按照文王制定的刑罚，追捕诛杀他们。

“还有在东方做国君首领的，虐待他们的家人及小臣、正人，作威作福，胡作非为，严重地违背了君王的旨意。这就不是可用仁德来感化的了，必须加以惩处。

“你自己也不能不认真对待法规制度，要按照文王敬重忌讳的事情去教导黎民百姓。如果你告诉百姓说：‘我想赶上文王治国的水平！’那么我也就心满意足了。

“封呀！要想着如何让百姓富裕安定。我们应当回顾殷商明哲的先王治理百姓的德政，把百姓的富裕安定作为我们的目标。何况现在百姓还没有朝着这个方向走呢，不合适吧？如果黎民百姓不能走上富裕安定的道路，那么这个国家的政治就不会是清明的政治。”

周公又说：“封呀，我琢磨你不能不借鉴以往的统治经验，所以给你讲了实行德政和施行刑罚。现在有人还在蠢蠢欲动，民心尚未安定。我屡次进行训导，都未能让他们服从我们周国。认真地考虑一下，如果是上天有意在惩罚我，那么我毫无怨言。他们的罪过不在于大小，也不在于多少，都应当加以解决，何况它还被老天爷知道了呢！

“封，你要好好干啊。不要抱怨，不要使用不正当、不合法的手段，而辜负了我的一片好心。要努力锤炼自己的德行，在东方安心地做事。要经常反思自己的政事，深谋远虑，使自己财用充足。如果黎民百姓能够富裕安定，就没有工夫与你作对了。

“努力干吧，你这个家伙！你要知道，上天的旨意不是固定不变的，不要断了我们享有的天命。要清楚你的职责和使命，广泛听取意见，安定治理好你的百姓。

“赴任去吧，封！千万不要放松警惕，如果你能经常记住我的告诫，你就可以世世代代统治殷商的百姓了！”

周公还说：“封呀，辅佐我们西方

的各个诸侯，各个官员及其子孙，他们都能接受文王的教诲不酗酒，所以到了今天，我们周人才能接受从殷商那儿转移过来的天命。

“封，我听人说，过去殷商睿智的先王曾经训诫他的百姓，要畏惧上天的神威，经常修养自己的德行，秉持智慧管理国家。从成汤到帝乙，都能成就王业，敬畏辅相。那些做事的官员，也都恭恭敬敬地辅佐自己的君王，不敢有闲暇放纵游乐，更何况说要他们酗酒呢！王畿[1]周围的诸侯，侯、甸、男、卫的邦君，王畿内的群臣百官，长官，副长官，宗官[2]与各族首领，也没有敢沉湎于酒色的。不是不敢，而是根本没有闲暇工夫。他们只是一门心思帮助君王成就王业，发扬王德，并帮助司法官员普及法令。

“我还听人说：到了现在继承王位的商纣王，放纵酒色，以致他的政令无法在黎民百姓之中推行。然而，他对百姓的抱怨却还置若罔闻，政令更不做任何修改。正因为他违背国家的固定制度而沉湎于酒色，安逸享乐而丧失权威，殷商的贵族无不痛心疾首。但是他只知道吃喝玩乐，不思悔改。他的心肠凶恶狠毒，不怕诛杀。滔天大罪已经祸及商邑和殷都，他竟然还不担心国破家亡。在殷商，上天看不到一点施行仁政、敬奉神灵的景象，只看到百姓怨声载道，贵族们放纵声色、酗酒无度，所以上天放弃了对殷商的任命，不再顾爱殷商，只是因为商纣王贪图享乐的缘故。并非上天施暴于人，而是殷商的人自取其辱。

“封，不是我要对你多加训诫，古人曾经说过：‘人不要光用水做镜子，而要用老百姓作为修饰自身的镜子。’现在殷商因为贪图享乐而丧失了天命，我们难道不应该从中汲取深刻的教训吗？我告诉你，你一定要竭力告诫殷商贤能的大臣，侯、甸、男、卫的诸侯，太史、内史，以及贤能的群臣百官，要他们认真地为你做事；照顾你饮食起居的人也要让他们认真地协助你，要让管地界的官员纠正擅改地界的状况，管理农业的官员敬顺农时，管理刑罚的官员处理好违法犯纪。

“你要力行戒酒。如果有人向你报告说发现一帮人在聚众饮酒，你一定不要放过，要把他们统统抓到宗周[3]，我会把他们杀个一干二净！如果是殷商留用的群臣官员聚众饮酒，先不要杀他们，暂且对他们施加训诫。要是优待过后，他们仍然不听从我们的戒令，那么我们也就不要再客气了，不再免除他们的罪行，格杀勿论！封，你一定要牢记我的告诫，不要让你治下的老百姓再酗酒。

“封，你一定要让殷商贵族和他们臣仆的情况能够反映到你的大臣那里，再从大臣那里反映到君王与诸侯那里。要是能够持之以恒，你就可以说：‘我有启发我的人了。’你的司徒、司马、司空治理百姓，就会说：‘我们没有滥杀无辜。’对殷商的各位长官要先行慰劳，现在你赴任以后，一定要先慰劳他们。那些过去为非作歹、杀戮无辜的人，一概赦免；过去在殷商服侍商纣王残害百姓的，一概赦免。

“君王设置监国，是为了治理好百姓。你要对他们说：‘不能残害黎民百姓，不能虐待黎民百姓。’甚至对于鳏寡孤独，都要让他们有容身之地。君王一定教导他的属邦诸侯与百官，考虑怎样才能治理好黎民百姓。‘长治方能久安。’自古以来做国君的都是这样施政的，监国不要再施用刑罚了。

“就好像种地，必须对田地进行整治，修造疆界和沟渠；好像盖房子，已经费力建好了墙壁，就该涂饰墙壁铺设屋顶；好像制作梓木器具，已经砍削好了，就应该涂刷颜料。如今我总是在考虑：先王劳苦功高，政德怀柔远人，各个邦国纷纷赶来服役，兄弟友邦纷纷前来朝见。先王还施展他的英明才智，规定了君王应当遵守的制度法式，各个邦国都从中大为收益。

“上天既然已经把中国的百姓及其疆土托付给先王，继位的国君就应当施行德政，安抚帮助迷途的殷商之人，使他们对我们先王的受命心悦诚服。啊！你应当像这样监护治理黎民百姓，要想着让我们的周王室长久万年，子子孙孙永远拥有天下！”

相关链接

〔1〕王畿：都城周围帝王直接管辖的地区。

〔2〕宗官：指宗伯等辅佐帝王执掌王室宗族事务的官员。

〔3〕宗周：周东都名。在今河南洛阳。武王克商后，称镐京为“宗周”；成王营建东都洛邑，称“成周”。

周公还政

东都建好以后，周公还政于成王。成王在新都举行祭祀大典，然后返回宗周，命周公留守洛邑。

洛邑营建完成后，周公向成王拜行大礼，说："我把政务交还给你，你要还是不敢接受上天的使命继承王位的话，我就继续辅佐你治理东方的领土。你还是登基做黎民百姓英明的君王吧！

"我乙卯日早晨到了洛邑，在黄河北岸的黎水占卜，又在涧水的东岸、瀍水的西岸占卜，结果只有在洛水边吉利；我又到瀍水的东岸占卜，还是只有洛水边吉利。现在我让使者回来将营建的规划图和占卜的结果报告给您。"

成王拜行大礼，说："您不敢不敬顺天命，到洛邑察看营造的新都，我认为它与宗周匹配，很好！您已经确定了城址，并派使者回来，给我看占卜的结果，很吉祥！让我们一起分享吧。您用亿万年的基业报答上天的美意，我谨拜行大礼感谢您的教诲。"

周公说："大王首次按照殷商的礼仪在新都举行祭祀，一切都应当遵循旧时的章程，不要多加文饰。我会安排好群臣百官，让他们从宗周跟您前去。我只说：'可能有事要做。'大王就可以发布命令说：'记录下他们的功劳，将来宗庙祭祀将以功劳大小作为参加最重大的祭祀的标准。'然后您可以给我下命令说：'你接受任命，忠实地辅佐天子，你要好好地查看他们的功劳簿。'然后您就可以亲自教导手下的官员，这样小人还敢朋比为奸吗？小人如果朋比为奸，就让他们离开，不要像火焰一样在朝廷蠢蠢欲动。这种现象一旦成风，就很难杜绝。要让他们遵守法令制度，处理政事应该像我一样。您要带领在宗周的官员前往新都，与当地的官员接触，要求他们认真做事。他们如果干得好，您的王业就会世代永传。

"您还是个小孩子，应该考虑到长远的将来。您应当认真考察诸侯们对朝廷的贡献，也要知道他们当中还有不贡献的。诸侯的贡献要多于给他们的礼节待遇；礼节如果不和贡献相称，就等于不贡献。您如果不对他们的贡献留心，他们就会认为不必贡献，到时就会出现差错，招致轻慢，您一定要颁布贡献的政令，我是没有工夫管了。

"我把让百姓富裕的施政方法传授给您，您要是不认真治理百姓，

就不能长久统治天下。您一定要教育手下的官员全都像我一样做事，不要荒废了您的政令。您到新都后，要认真处理政务。我在宗周将努力发展生产，致力农业，让我们的黎民百姓富裕起来，这样不论多远的部族，都会闻声归附的！”

成王回答说：“周公啊！我希望您能前往给我这个小孩子护驾，您赞赏伟大光辉的仁德，让我这个小家伙弘扬文王和武王留下的功业，报答上天赋予我们周王室的使命，统治天下四方的百姓，居住到新都去。您还要我注重实施礼仪，举行重大礼仪时要讲求实效，用质不用文。您的德行光照上下，发布的政策施行于四方，天下人都能够和睦共处，永远不再迷失混乱。文王和武王的殷勤教诲，我这个小孩子会时刻惦记着的。

“您的职责就是辅佐引导我，请不要违背我的请求。

“周公啊！我打算离开洛邑回到宗周，现在我要您暂时留下来。因为对天下四方的治理工作还没有结束，宗庙礼仪也没有完全确定下来。

您的任务就是治理四方和制定礼仪，并且监护我的士大夫、军队和官员，继续安定殷商的遗民，把他们变成我们治理四方的辅助力量。

“您留下后，我就返回宗周。您的任务是严格贯彻政令，对殷民认真和善。您不要硬把我留下来，我是不会把成周的政事办砸的。您也不要荒废了刑罚，我们还要靠它世代统治天下的。”

周公拜行大礼说：“大王命我来洛邑，承担保全文王受命统治民众的任务，以及光大武王功业的使命，我郑重接受了这项职务。大王来到洛邑巡视新都，大行颁发典章，赏赐殷商的贤良，为治理四方确立新法。要使周邦强大，应该首先学会恭敬从事。可以说，以洛邑为中心治理天下，天下万邦都会和乐，这是大王的功劳。我周公旦率领各位首领和官员笃行留下的功业，报答洛邑的黎民百姓。要使周邦强大，应该首先学会讲信誉。依照我告诉给您的办法，您就可以光大文王留下的功德。先前使者前来慰劳殷商的民众，带给我两卣[1]香酒[2]慰劳我。我说：‘进行祭祀，拜行大礼，让神灵好好享用。’我不敢留下，就把它们献给了文王和武王的在天之灵。如果大王施与殷商的恩惠能够加厚并延续下去，百姓就不会发生变乱，殷商的百姓将永远享受您的仁德，殷商部族就会延续生存下去。大王如能让殷商万载延续，殷商的百姓将会以其仁厚之道教导臣民，子孙万年都能满足文王、武王所赋予的德行，并永远感怀您的仁德。”

戊辰这一天，成王在新都举行祭祀，祭拜年神。献给文王一头红牛，献给武王一头红牛。成王吩咐作册的史官佚向神灵祝祷册书，报告周公留在新都治事的情况。朝见成王的宾客在成王杀牲祭祀的时候也都来参加助祭。然后成王来到大堂举行祭祀。成王让周公继续留在新都洛邑，并让史佚作册书通知周公。

相关链接

〔1〕卣：古代青铜酒器。一般椭圆口、圈足、深腹，有盖子和提梁。盛行于商代和西周。

〔2〕香酒：古代用黑黍和香草酿造的酒。用于祭祀降神或赏赐诸侯等。

诸侯相康王

成王去世，大臣们遵从遗命，辅佐他的儿子姬钊登上了王位。姬钊就是周康王。

四月，新月才挂上天空，成王病重。甲子那一天，成王洗发净面，由侍者披上王服、戴上王冕，倚靠着玉几坐下，同时召见太保奭公、芮伯、彤伯、毕公、卫侯、毛公、师氏、虎臣、群臣百官，和处理具体政事的官员。

成王说："唉！我的病越来越严重，显然病情在日益恶化，大概快要死了。我担心死前不能就后嗣问题达成约定，所以现在就详细地训导、告诉你们。

"先前的君主，文王、武王的德行光辉高尚，他们奠定礼法，施行教化，恭敬谨慎，不违天命，因而能够打败殷商，成就天命。在他们之后，我谨慎地敬奉上天的神威，继承、守护文王和武王留下的训诫，不敢昏乱逾越。现在上天降下重病，我大概活不了多久了。希望你们认真体会我的话，护佑我的太子钊，让他顺利渡过目前的困顿，安抚近处的百姓，交好远处的氏族，安定劝勉大大小小各个邦国部族。我考虑到，人往往会自己变得昏乱，违背礼仪法度，因此希望你们不要让钊冒犯法度，陷于违背道义的境地！"

群臣们接受遗命后出来，在庭院中整理衣裳。到了第二天也就是乙丑日，成王就病逝了。

太保奭公任命仲桓、南宫毛俾各执干戈，带领一百名虎贲[1]卫士与齐侯吕伋一起到王宫南门外迎接太子姬钊。将他引入宫殿，在侧室住下来主持丧事。丁卯日，奭公命令制订文书，计划安排丧事的礼仪。

到了第七天即癸酉日，总司仪吩咐有关人员准备好丧事用具。乐吏们张设有黑白相间的花纹的屏风和帷帐；朝南的窗户间铺置边缘黑白相间的双层竹席和五彩玉制的矮几；朝东的西墙则铺设双层细席和绘有贝纹的矮几；朝西的东墙则铺设双层绘边的蒲席[2]和玉雕的矮几；朝南的西夹房，铺设了双层黑马尾包边的青竹席和绘漆的矮几；越地生产的五类玉器，陈宝、赤刀，先王的训告简册、大玉璧、琬玉、琰玉，都摆置在西墙下；大玉石、板玉、玉球、河道地图，则摆置在东墙。胤地的舞衣、大贝壳、大鼓，放置在西夹房中；兑氏制作的戈、和氏制造的弓、垂氏制造的竹箭，都放置在东夹房；大辂车停靠在正

○ 品画鉴宝　人头銎钺（西周）此钺制作工艺精致，钺身略作长方形，刃面较宽，其间饰兽面，蟠蛇和虎头。

殿西面的台阶下面，缀辂车停靠在正殿东面的台阶下面，象辂车则停放在左侧堂屋前，其他的辂车都停放在右侧堂屋前。

两名卫士头戴雀形皮帽，手持三棱矛枪，屹立在正门旁；四名卫士头戴皮帽，手持长戈，刀刃向外，肃立在台阶两旁；一名卫士头戴礼帽，手持斧钺，站立在大堂东厢；一名卫士头戴礼帽，手持斧钺，站立在大堂西厢；一名卫士头戴礼帽，手执瞿矛，站在东边；一名卫士头戴礼帽，手执瞿矛，站在西边；一名卫士头戴礼帽，伫立在侧阶上。

新君王头戴麻冕，穿着黑白相间的下裳，从台阶西侧走上大堂；卿大夫和诸侯头戴麻冕，穿着黑色的下裳，各自站在应该站立的位置上；太保、太史、太宗都头戴麻冕，穿着红色的下裳；太保捧着介圭[3]，太宗捧着同爵和玉瑁，由东侧进入大堂；太史手持简册由西侧登堂，面向新君宣读简册，说："君王倚着玉几，宣布他的遗命，命令你继承他的训告，君临周邦，遵循大法，调和安定天下，报答发扬文、武二王光辉的训告！"

新君面对册命叩拜两次，然后站起来说："我这个人微不足道，如何能治理天下四方，侍奉上天的神威呢？"然后接受同爵和玉瑁。新君向前徐行三次，祭拜成王三次，退行三次。太宗高声说："飨酒！"太保接过同爵，走下台阶，洗手，用另外一只称为"秉璋"的同爵盛酒答拜。然后把同爵交给宗人，向新君王行礼，君王也行礼答拜。然后，太保再次接过同爵，祭祀成王，尝酒，退下。把同爵交给宗人之后，再次向君王行礼叩拜，君王也再次答拜。太保退下，礼仪就结束了。诸侯都走出庙门等候。

相关链接

〔1〕虎贲：指守卫王宫、护卫君主的士兵。

〔2〕蒲席：用蒲草编成的席子。

〔3〕介圭：长一尺二寸的玉圭。古人称尺二寸之圭为"介"。

康王即位，各位诸侯向前拜行大礼。他随即发布诰命，勉励他们要全力辅佐王室，以将先王创立的基业发扬光大。

康王成为天子之后，随即向诸侯发布诰命。康王走出庙门，来到应门[1]之内。太保率领西方诸侯走到应门左边，毕公[2]率领东方诸侯走到应门右边，全都身着黼黻纹礼服，黄红色蔽膝[3]。宾赞官员高呼："捧起玉圭和礼物！"诸侯于是齐声说："我等藩卫之臣，敢执特产献纳！"都拜行了两次大礼。康王也用合适的礼仪答拜。

太保与芮伯一同走上前来，相对作揖，然后面向康王两次拜行大礼，说："我们斗胆敬告天子，上天更革了大邦殷商的天命，我们周邦的文王、武王明白地接受上天的启示，能够安抚西方。新近升天的成王制定赏罚，能够完成他们的功业，给后世子孙留下美好的事业。您要认真对待这份基业啊！您要扩充我们的六师，不要败坏了文王独特的天命！"

康王说："各邦国的诸侯们！现在由我这个君王钊答告你们！先前的君王文王和武王，大力平均财富，不追求施用刑罚，致力于整治邦国、取信百姓，故而仁德昭明天下。同时还有如熊似罴之士，忠贞不贰之臣保卫安定我们王室，使我们正式接受上帝的天命。

"上天顺从他们的统治之道，把天下四方交付给他们，并且让他们建立诸侯，树立藩卫，看顾我们的后代。希望我的伯父能够顾念我，像你们的先公臣服先王一样臣服于我。

"虽然你们身在藩国，但是心思不要不在王室，以侍奉安定你们的君王，不要给我这个小孩子留下羞辱！"各诸侯听完诰命之后，相对作揖，小步快走，退了下去。康王脱下冠冕，重新换上丧服。

相关链接

〔1〕应门：即王宫正门。

〔2〕毕公：姓姬，名高，周文王之子，武王之弟。封地在毕（今陕西咸阳北），爵位至公，故称"毕公"。

〔3〕蔽膝：古人系在衣服前面的大巾。形似围裙。

吕侯教赎刑

吕侯请命穆王施行夏朝的赎刑，于是穆王颁布文书昭告天下，提出了明德慎罚、依法量刑等开明的执法思想。

吕侯教导穆王沿用夏朝的赎刑[1]，对穆王说："周朝统治天下已经有一百年了，政治出现荒乱，应该考虑制定刑罚，惩治天下四方的乱民。"

穆王于是昭告天下："古代是有这样的训教的。蚩尤造反作乱，灾祸延及普通百姓，百姓也纷纷掠夺残杀，穷凶极恶，为非作歹，抢劫偷盗，扰乱社会秩序。苗民不服从政令，君王就用刑罚对他们进行管束制约。君王制定了五种残酷的刑罚，称之为法。杀戮无辜，大肆使用割鼻、削耳、去势[2]、黥面[3]等酷刑。自此以后，触犯刑法的一律受到制裁，而不管他有没有可宽宥的地方。黎民百姓惶惶不可终日，不守信用、不遵盟誓的风气兴起。遭受残暴刑罚威慑的人，纷纷向上天哀告自己的孤苦无助。上帝监察下民，却没有听到美好的德政善刑，只看到血腥的暴虐，上帝哀怜同情众多刑余之人无辜获罪，用自己的神威严惩苗君的暴虐，让苗氏断子绝孙，不再传承后代。上帝又下令重、黎两位，隔绝天地之间的交通，不再有上下往来。而且还让他们的后代继续在下面明察为非作歹的行为，保证鳏寡孤独不受侵害。

"帝尧询问下边的百姓，鳏寡孤独对苗氏的刑罚很有怨言。君主施政威严，黎民百姓就会畏惧；君主施政英明，黎民百姓就会仰尊。帝尧下令，让他的三位大臣考虑治理百姓的政务。于是，伯夷颁布法典，判案断狱时施用刑罚；大禹治水平土，负责命名名山大川；后稷传教播植谷物，农民得以种上品质优良的谷物。三位大臣成就了功业，黎民百姓殷实富裕。于是司法官员制定刑罚标准以约束百姓，教导百姓敬顺德行。

"于是，君王在上恭恭敬敬地侍奉上天，群臣百官在下明察秋毫治理百姓。他们的政治教化光耀四方，四方之人也都勤勉地修养德行。所以，刑罚的标准明确，就可以治理黎民百姓的违法乱纪。他们主管刑狱，不只是让老百姓看到刑罚的威力，而是要老百姓从中得到教化。他们谨慎戒备，认真负责，故而没有人诽谤他们。因为他们能够奉行上天之德，遵从上天的旨意，故而能够在祭祀中享受供奉。

"天下各地的行政司法官员，难道不是你们在代替上天治理百姓吗？现今你们应当用什么作为借鉴？难道不是伯夷施行刑罚的办法吗？

现今你们应当用什么作为惩戒？这就是苗氏不审察用刑，不选择品行良好的人审定五刑标准；这就是有权有势的人夺人财货、专断五刑、滥刑无辜；这就是上帝对他们的恶行不予赦免，而给苗民降下灾祸，以致苗民对上天的刑罚无所申辩就断绝了后代。

“这些都要想到啊！伯父、伯兄、仲叔、季弟、幼子、童孙，你们都要听我的话，这样我们的国家就会始终拥有天命。现在你们没有人不认为自己已经十分勤劳，没有人不为自己的懈怠而戒惧的。上天为了治理百姓，才赋予我们王朝以时日。能不能将天命延续到最终，全在于我们自己。希望你们敬顺天命，辅佐我治理好国家。不要畏惧艰难，也不要居功自喜；要考虑合适地使用五刑，帮助我成就三德。我成就功德，百姓才会有所依靠，他们才能永远过上安定的生活。

“哦，你们走上前来！拥有国家或封邑的人们，我要告诉你们怎样实施合适的刑罚。现今你们安定百姓，为什么不让适合的人担任官职呢？为什么不重视刑罚呢？为什么不商定标准呢？

“原告、被告双方要全部到齐，司法官要根据五个方面的情况进行审察，五个方面的情况确凿可靠，就用五刑予以惩治；五个方面的情况不够确凿，就用五种处罚惩治；五种处罚要是不服，就用五种惩治过失的办法处理。五种过失的危害在于，畏惧权势，借机报复，回护亲属，收取贿赂，碍于人情。这五种过失罪过均等，你们要审慎处理！

“实施五刑有疑点的，要有所赦免，实施五种处罚有疑点的，要有所赦免，希望你们审慎处理！疑案要向众人核实，要稽考当事人的神态表情。未经核实不得断案，全力维护法律的尊严！

“犯黥罪而案情有疑点的，减免刑罚而判罚金百锾[4]，并查实其罪行。犯割鼻罪而案情有疑点的，减免刑罚而判罚金二百锾，并查实其罪行。犯砍腿之罪而案情有疑点的，减免刑罚而判罚金五百锾，并查实其罪行。犯宫刑而案情

○品画鉴宝　何尊（西周）

此尊造型凝重，纹饰华美，铸造工艺精湛，铭文历史价值较高，是西周早期青铜器中出类拔萃的一件艺术瑰宝。

有疑点的，减免刑罚而判罚金六百锾，并查实其罪行。犯死刑而案情有疑点的，减免刑罚并判罚金千锾，并查实其罪行。黥刑的条目共有千条，割鼻刑的条目也有千条，砍腿刑的条目有五百条，宫刑的条目有三百条，死刑条目有二百条，五刑的条目总共有三千条。

“判案时要上刑下刑比照定罪，不要错乱讼辞，不要施用废弃的刑罚，要只根据现行法规定罪，你们要审慎处理！判罪上刑如果过轻，就服下刑；下刑如果显重，就服上刑。从轻罪到重罪，判案过程中要灵活掌握。刑罚此世轻彼世重，目的只是为了使社会秩序井然，纲要分明。

“惩罚罪犯并非为了致人死地，而是要使他判刑甚于得病。不要让奸佞的人判案，应当让品行善良的人断案，这样做无非是为了合乎判罪的标准。要明察双方讼辞的差异之处，不要只相信言辞顺畅的一方。要怀着怜悯和认真负责之心断案，公开翻开刑书，相互推断，这样断下的刑罪处罚大致就可以保证合乎公正的标准。你们要审慎处理！定罪要让人信服，翻案也要让人信服。判定的案件如果上报，一个当事人可以上报两件。

“啊！要认真处理好刑狱啊！各位司法官、各位诸侯，各位同姓异姓贵族，我的话值得你们戒惧。我重视刑罚，只有有才德的人才会让他掌管刑狱。现在上天帮助黎民百姓，要我们在下面统治百姓。专听一面之词，百姓就会造反作乱。不要不公正地听取原告被告双方的讼词，不要偏心于一方的讼词，双方送来的财货不值得你们珍爱，因为这只会招来罪祸。如果你们徇私枉法，招致众多的怨恨，就会一直处在担心受罚的境况中。并非上天不予公正，而是因为我们这些官员主宰着百姓的命运。如果不对徇私舞弊的官员予以严惩，黎民百姓就不会在天下享受太平生活！”

穆王又说：“啊，我的后代子孙！自今往后，为什么不用德政检查自己呢？对于百姓的申诉，要认真听取啊！睿智的先王制定刑罚，是为了让那无穷无尽的辞讼都能够通过五刑来处理，如果都能够公正处理，那么就是国家的吉祥。你们受命治理我的百姓，要实施合适的刑罚啊！”

相关链接

〔1〕赎刑：古代允许犯人以钱财抵赎刑罚的制度。

〔2〕去势：即阉割生殖器。

〔3〕黥面：又叫墨刑，即在犯人的脸上刺字，然后涂上墨汁。

〔4〕锾：古代重量单位。一锾约合六两。

五经·礼记

志不可满，乐不可极。

《礼记》是战国至秦汉年间儒家学者解释说明经书《仪礼》的文章选集，是一部先秦至秦汉时期的礼学文献选编，也是儒家思想的资料汇编。相传《礼记》的作者不止一人，写作时间也有先有后，其中多数篇章可能是孔子的七十二位弟子及其学生们的作品。西汉前期《礼记》共有一百三十一篇。相传西汉礼学家戴德选编其中八十五篇，称为《大戴礼记》；戴圣选编其中四十九篇，称为《小戴礼记》。东汉后期大戴本不流行，以小戴本专称《礼记》，且和《周礼》《仪礼》合称“三礼”，郑玄作了注，于是地位上升为经。

《礼记》全书用散文写成，一些篇章具有相当高的文学价值。有的用短小生动的故事阐明某一道理，有的气势磅礴、结构谨严，有的言简意赅、意味隽永，有的擅长心理描写和刻画，书中还收有大量富有哲理的格言警句，精辟而深刻。

《礼记》的内容主要是记载和论述先秦的礼制、礼仪，记录孔子和弟子等的问答，记述修身的准则。实际上，这部九万字左右的著作内容广博，门类杂多，涉及到政治、法律、道德、哲学、历史、祭祀、文艺、历法、地理等诸多方面，包罗万象，集中体现了先秦儒家的政治、哲学和伦理思想，是研究先秦社会的重要资料。书中还有广泛论说礼仪、阐释制度、宣扬儒家理想的内容，对中国文化产生过深远的影响，各个时代的人都从中获益匪浅。

传世名句

- 玉不琢，不成器；人不学，不知道。然玉为之为物有不变之常德，虽不琢以为器，而犹不害为玉也。人之性，因物则迁。不学则舍君子而为小人，可不念哉？
- 博学之，审问之，慎思之，明辨之，笃行之。有弗学，学之弗能，弗措也；有弗问，问之弗知，弗措也；有弗思，思之弗得，弗措也；有弗辨，辨之弗明，弗措也；有弗行，行之弗笃，弗措也。人一能之，己百之；人十能之，己千之。果能此道矣，虽愚必明，虽柔必强。
- 礼不下庶人，刑不上大夫，刑人不在君侧。
- 凡养老，有虞氏以燕礼，夏后氏以飨礼，殷人以食礼，周人修而兼用之。五十养于乡，六十养于国，七十养于学，达于诸侯。
- 凉风至，白露降，寒蝉鸣，鹰乃祭鸟，用始行戮。
- 何谓人情？喜、怒、哀、惧、爱、恶、欲，七者弗学而能。何谓人义？父慈、子孝、兄良、弟悌、夫义、妇听、长惠、幼顺、君仁、臣忠，十者谓之人义。讲信修睦，谓之人利；争夺相杀，谓之人患。故圣人之所以治人七情，修十义，讲信修睦，尚辞让，去争夺，舍礼何以治之？
- 饮食男女，人之大欲存焉。死亡贫苦，人之大恶存焉。故欲恶者，心之大端也。人藏其心，不可测度也。美恶皆在其心，不见其色也。欲一以穷之，舍礼何以哉。
- 古之圣人，内之为尊，外之为乐，少之为贵，多之为美。是故先王之制礼也，不可多也，不可寡也，唯其称也。

孔子好礼，平时非常注重讲究礼仪，对于丧葬之事尤为恭敬谨慎。在平生所经历的丧礼中，每一次他都严格按照相应的标准去做。

孔子很小的时候父亲就去世了，不知道埋在哪里，母亲也没有告诉他。母亲死后，孔子出于慎重，先将母亲的灵柩停在名叫五父[1]的大街上，想试着寻访父亲的墓地，好将父母合葬，见到的人都以为他是要送葬。后来，孔子从同乡曼父的母亲那儿打听到父亲安葬的地方，才得以将双亲合葬。

孔子把父母合葬在防[2]地，说："我听说，古代只是把人埋葬，而不在墓上堆起坟头。我现在到处奔波，不能不做个标志。"于是就在墓上堆上土，高达四尺。

孔子先从防地返回，由门人[3]们处理剩下的事。不巧天降大雨，门人回来得比预想的迟，孔子就问："你们怎么回来得这么晚？"门人回答说："防地的墓塌了。"孔子没有作声。门人们又说了几遍，孔子泪流满面地说："我听说过，古人是不在墓上堆坟头的啊！"

孔子为母亲服丧，除服之后，过了五天弹琴还不能成曲调，十天后才能用笙[4]吹奏曲子。

鲁国有人早上除去丧服，晚上就唱起歌来。子路嘲笑他，孔子说："由！你责怪别人，怎么没个止境呢？守丧三年，那也够久的了！"子路出去后，孔子又对其他门人说："那个唱歌的人，要是再多等一段时间，一个月之后再唱歌就更好了。"

孔子的儿子孔鲤的母亲去世，已经过了一周年了，他还在为此哭泣。孔子听见了，就问："是谁在哭啊？"门人回答："是孔鲤。"孔子说："哎！太过分了吧！"孔鲤听到后，就不再哭了。

孔子去卫国，遇上以前的房东家有丧事。孔子进去吊丧，哭得很悲伤。出来后，让子贡解下车边的马送给那家人。子贡说："门人有丧事，也没见您解下马。您现在为旧房东家解马，是不是有些重了？"孔子说："我刚才进去哭丧，一时伤感，不能自已，以致流下了眼泪。我怎能光是哭得流眼泪，却什么表示也没有呢？你还是照做吧！"

孔子在卫国时，遇到有人送葬。孔子在一旁观看，说："丧事办得太好了！足以成为标准，你们要牢牢记住啊！"子贡问："老师为什么称赞

○ 品画鉴宝　孔门弟子守丧图　图绘孔子离世后，弟子守丧三年，以示守礼和尊师。

丧事办得好呢？”孔子说：“那人送葬时，就像依恋父母的小孩；返回的时候，又频频回首，就像为什么事迟疑不定似的。”子贡说：“还不如早点回去举行拜祭呢！”孔子说：“你们记住，我还不能做到那样呢！”

旧识伯高在卫国去世，报丧给孔子。孔子说：“我应该在哪里哭他呢？如果是兄弟，我在祖庙哭他；如果是父亲的朋友，我在庙门外哭他；如果是老师，我在厅堂正屋哭他；如果是朋友，我在厅堂正屋门外哭他；普通相识的，我在郊野哭他。至于伯高，在郊野哭显得过于疏远，在厅堂正屋哭又显得过于庄重。伯高是通过子贡来拜见我的，我就到子贡家里哭他吧。”于是，就让子贡代为丧主，交代他说：“为了你来哭的，你就要拜谢；为伯高而来哭的，就不要拜谢。”

颜渊是孔子最喜欢的弟子。颜渊死得早，孔子非常伤心。为颜渊办丧事的时候，有人送来大祥的祭肉。孔子出门接受，回到屋里，先弹琴，然后才吃祭肉，表示自己不敢对弟子之死太过悲伤。

有一天，孔子和弟子们一起站着。拱手时，孔子把右手放在左手上面（按当时的拱手之礼，男子应该左手在上），弟子们见了，也都学他的样把右手放在左手上面。孔子说：“你们真是太爱学习了，我是因为有姐姐之丧，才这样做的呀。”弟子们这才换回来，把左手放在右手上面。

延陵季子（即吴国的贤公子季札）到齐国去，在返回的途中，他的长子死了，就葬在齐国的嬴、博之间。孔子说："延陵季子，是吴国讲习礼仪的人啊！"就赶去观看葬礼。只见墓穴的深度，不到有泉水的地方；入殓[5]时，穿的是日常的服装；下葬后在墓上堆了土，长宽和墓穴相同，高度可以让人倚靠。坟头堆好之后，延陵季子袒露左臂，往右绕着墓走了三圈，号哭三声，说："骨肉回归黄土，这是人的命运。你的灵魂则无所不往，无所不往！"说完就上路了。孔子说："延陵季子所做的，可以说是合乎礼仪了！"

鲁哀公十五年，子路在卫国动乱中被杀。孔子在鲁国，听到这个消息后，在正室的大堂中哭子路。有人来吊唁，孔子就以丧主的身份答拜。哭过之后，孔子召来使者，询问子路死时的情况。使者说："被剁成肉酱了。"孔子就让人把家中的肉酱倒掉了。

孔子有一天很早起来，背着手，拖着拐杖，悠闲地在门外漫步，唱道："泰山要塌了吧！梁木要坏了吧！哲人要凋零了吧！"唱罢进屋，在门口坐了下来。

子贡听到歌声，说："泰山塌了，我们还仰望什么呢？梁木坏了，哲人凋零，我们还能效仿谁呢？老师恐怕身染重病了吧！"于是快步走进屋里。

孔子说："赐啊，你怎么来得这么晚呢？夏后氏把灵柩停在东阶上，那还是在主人的位置；殷人把灵柩停在两柱之间，那是宾主之间的位置；周人把灵柩停在西阶上，那是把死者当成宾客了。而我是殷人后裔，夜里曾经梦见自己安坐在两柱中间。圣明的君主不出现，天下又有谁能尊崇我呢？我恐怕要死了。"卧病七天之后，孔子就去世了。

给孔子办丧事时，弟子们都不清楚该穿哪种丧服。子贡说："过去老师给颜渊办丧事，好像死了儿子一样不穿丧服，给子路办丧事也是这样。请大家对待老师的丧事时，就像死去父亲一样不穿丧服吧。"

相关链接

〔1〕五父：即五父衢。古街道名。故址在今山东曲阜东南。

〔2〕防：古邑名。在今山东费县东北。

〔3〕门人：指孔子的弟子。

〔4〕笙：中国民族簧管乐器。由簧片、笙管、斗子三部分组成。可吹奏单音，也可吹奏和声。

〔5〕入殓：给尸体穿衣下棺。又称"装殓"。

曾子与丧礼

曾子对于礼仪，虽然没有孔子那样精通，但在重视程度上却毫不逊色。他在弥留之际，还坚持要更换自己所用的不合礼节的席子。

曾子名参，字子舆，是孔子门下的杰出弟子。曾子有一天对孔子之孙子思说："伋(子思名伋)！我为父亲守丧，七天水米未进。"子思说："先王制定礼仪，就是为了让过了头的人转而迁就它，让达不到的人努力达到它。所以君子在为父亲守丧时，三天不进水米就行了，那样都得扶着拐杖才能站起来。"

子夏因为死了儿子，哭得眼睛失明。曾子前去慰问他，说："我听说，朋友失明，就要去哭他。"说完就哭了起来。子夏也哭了，并说："天啊！我没有任何罪过啊！"曾子怒气冲冲地说："商（子夏名商）！你怎么会没有罪过呢？我和你在洙水、泗水之间侍奉老师孔子，你后来回到西河岸边养老，西河的人只知道有你，不知道有老师，这是你的第一条罪过！你为亲人守丧，人们却没有听说你有什么表现，这是你的第二条罪过！你因为儿子死了，就把眼睛哭瞎，这是你的第三条罪过！怎么能说你没有罪过呢？"子夏丢掉拐杖，下拜说："我错了！我错了！我离群索居，实在是太久了。"

曾子说："朋友墓上长出了隔年的草，就可以不哭他了。"

曾子到卫国的负夏〔1〕去吊丧，主人已经举行了祖奠〔2〕礼，撤了奠仪，见曾子来吊丧，又把灵柩推回到祖奠的位置上，让女人走到阶下，然后行礼。弟子们问："这合乎礼仪吗?"曾子说："祖奠只是暂且举行的礼仪，既然是暂且举行的，为什么不能将灵柩推回原先停放的地方呢?"

弟子们又去问子游："这样做合乎礼仪吗?"子游说："饭含〔3〕礼在窗下举行，小殓礼在室门内举行，大殓礼在东阶，停柩在西阶，祖奠在家庙前，下葬在墓地，这一切是表示逐渐远去的，所以丧礼只有进没有退。"曾子听到这番话，说："他让我明白了更多关于祖奠的道理啊！"

曾子用外衣罩住裘皮中衣〔4〕去吊丧，子游则敞开外衣露着裘皮中衣去吊丧。曾子指着子游让大家看，说："这个人，还是研习礼仪的，怎么可以露出裘皮中衣去吊丧呢?"

等到了丧礼上，主人在举行完小殓仪式后，脱去衣袖露出臂膀，用麻布束住头发。子游快步走出，穿好全套衣服，头上和腰间系上麻布带，然

宗聖曾子

名參字子輿山東兗州府嘉祥縣。孔子四十六歲

后再走进去。曾子见了才明白过来，说“我错了！我错了！那个人是对的。”

曾子和客人站在门边，一名弟子快步走出门。曾子问：“你要去哪里？”弟子说：“我父亲去世了，我要出去，到巷子里哭丧。”曾子说：“回去吧，就在你住的地方哭吧。”然后曾子面朝北站，在宾客的位置向他吊丧。

曾子生了重病，躺在床上。弟子乐正子春坐在床下，两个儿子曾元、曾申坐在脚边，一个童子坐在墙角举着蜡烛。童子见了曾子的竹席，说：“多么漂亮，多么光滑，是大夫用的竹席吧？”子春赶紧说：“别出声！”曾子听到了动静，忽然睁开眼睛，出声道：“啊？”童子又说：“多么漂亮光滑，是大夫用的竹席吧？”曾子说：“是的。这是季孙送的，我没能换掉它。曾元，来为我换席子。”曾元说：“您的病情非常严重，不方便挪动，还是等到天亮再换吧。”曾子说：“你爱我的心意，还不如那个童子。君子爱人，成全人的美德；小人爱人，迁就人的错误。我还有什么要求呢？能够规规矩矩地死去也就可以了。”于是他们抬起曾子，为他更换席子，还没放安稳，曾子就去世了。

相关链接

〔1〕负夏：又作负瑕。古邑名。在今山东兖州北。

〔2〕祖奠：出殡前一日，迁棺于祖庙内举行的祭奠。

〔3〕饭含：以米、珠、贝、玉等物纳于死者口中。

〔4〕中衣：穿在朝服、祭服里面的衣服。

仁亲以为宝

晋献公去世，秦穆公劝重耳趁机回国夺取政权。重耳坚持不肯，并用合适的礼节辞谢了秦国使者。

晋献公去世后，秦穆公派人慰问逃亡在狄国[1]的晋公子重耳，并传话说："我听说，一个人总是在这样的时候（指有国君去世）失去国家，也总是在这样的时候得到国家。虽然你还处于丧期的忧伤之中，但居丧不可久，时机不可失。你要好好考虑这件事啊！"劝他趁机回国夺取君位。

重耳把此话告诉舅犯（即狐偃），舅犯说："你还是辞谢他的话吧！逃亡的人，没有其他宝物，只有亲情才是宝物。父亲去世，意味着什么？而又借机为自己谋取利益，你将来还怎么向天下人解释呢？还是辞谢他的话吧！"

公子重耳就对使者说："感谢你们国君还牵挂着我。如今我逃亡在外，遇到父亲去世，也不能到灵前哭丧，以致你们国君为我担忧。但父亲去世，意味着什么？我又怎么敢产生别的念头，玷污你们国君的高义呢？"说完伏下身子叩头，而不是像丧主那样拜谢。哭着站起来之后，就不再与使者说话。

使者向秦穆公复命，报告了重耳的反应。秦穆公说："公子重耳真是仁人啊！叩头而不拜谢，是不把自己当作继承人，所以不拜谢啊。哭着站起来，是因为爱父亲。站起来之后，又不为自己谋利，是将利益置之度外啊。"

相关链接

〔1〕狄国：指狄族居住之地。狄，又作翟，古游牧民族名。春秋时活动于晋、卫、齐、鲁等国之间。后分为白狄、赤狄、长狄三部。

杜蒉举杯

晋平公幸灾乐祸，在智悼子去世时与臣子饮酒作乐。身份卑微的杜蒉直闯寝殿，大胆讽谏他不合礼仪的行为。

晋平公一直为公室衰微、卿族跋扈而不满。等到智悼子（即晋卿荀盈）去世，还没有下葬，晋平公就喝起酒来，由近臣师旷、李调作陪，敲钟奏乐。主管膳食的杜蒉刚从外面回来，听到钟声，就问："他们在哪里敲钟？"

有人回答："在正寝〔1〕。"

杜蒉来到正寝，一步两级地走了进去，倒了一杯酒敬师旷，说："师旷喝了这杯酒。"又倒了一杯酒敬李调，说："李调喝了这杯酒。"又倒了一杯酒，坐在堂上，面朝北自己喝了下去。然后下了台阶，快步走出。

晋平公忙把他叫回来，问："杜蒉啊，刚才你恐怕是想开导我，所以我没有和你说话。你让师旷喝酒，是为什么呢？"

杜蒉说："夏桀死于乙卯日，纣王死于甲子日，这两天是忌日，不应当奏乐。如今智悼子的灵柩还停在堂上，在这时奏乐，比犯甲子、乙卯之忌还要严重。师旷是掌管音乐的太师，却没有提醒您，所以要罚他喝酒。"

平公又问："你让李调喝酒，又是为什么呢？"

杜蒉回答说："李调是您的近臣，为了吃喝而忘记国君的过失，因此罚他喝酒。"

平公又问："那你罚自己喝酒，又是为什么呢？"

杜蒉回答说："我是个主管膳食的屠夫，不安安分分地跟刀叉呆在一起，却越职诤谏，说起君主的过失来，所以罚自己一杯。"

平公说："寡人在这件事上也有过失，给寡人倒一杯酒来。"

杜蒉敬完酒，洗干净酒杯，然后高高举起。平公对侍者说："哪怕我死了，也一定不要扔掉这只酒杯。"后来，敬完酒后高举酒杯的动作就被叫作"杜举"。

相关链接

〔1〕正寝：即路寝。古时帝王、诸侯听政治事的地方。

苛政猛于虎

孔子遇泰山妇，感叹苛政猛于虎；柳宗元作《捕蛇者说》，再次印证了这个道理。残酷暴虐的统治，比猛虎毒蛇还要迫害百姓。

孔子路过泰山时，有一个妇女在墓旁哭得十分悲痛。孔子停下车，扶着车前横木，站在那里听她哭泣。过了一会，派子路去问她，说："听你的哭声，像是有双重的哀痛。"妇人回答说："是这样啊！以前，我的公公死在老虎口中，我的丈夫也死在老虎口中，而如今我的儿子又死在了老虎口中。"

孔子问："那你为什么不离开这个地方呢？"妇人说："因为这里没有繁重的徭役和赋税。"孔子听了，非常感慨，对弟子们说："你们要记住，苛政猛于虎啊！"

从此，"苛政猛于虎"的教训，便被后人所铭记。唐代文学家柳宗元[1]的名文《捕蛇者说》，讲的就是这个道理：

据说，在永州[2]的山野中出产一种奇异的蛇，黑颜色的底，上面有白色的花纹。这种蛇非常毒，所过之处，被它碰到的草木都会枯死。一旦有人被这种蛇咬了，就再没有救治的办法。但这种蛇又有很高的药用价值，晒干后用作药引，可以治疗麻风、风湿、脖肿、癞疮等顽症，还可以消除坏死的肌肉，杀死体内的寄生虫。宫中太医[3]用皇帝之命征收这种蛇，每年征收两次。官府招募能捉这种蛇的人，宣布可以用蛇来抵租赋，永州的百姓争着去做这差事。

有个姓蒋的人，他家里三代都以此为生。柳宗元向他询问情况，那人说："我的祖父因捕蛇而死，我的父亲因捕蛇而死，我继承他们的事业，算到如今有十二年，已经有好几次差点死在这上头了。"说话的时候，表情似乎很悲伤。

柳宗元也替他悲伤，就说："那蛇有那么毒吗？我要去告诉负责的人，让他们取消这差事，恢复你的租赋，怎么样？"

谁知姓蒋的不但不高兴，反而更加悲伤，眼泪汪汪地说："您是可怜我，想要给我条活路吗？那样的话，干这差事虽然不幸，却还没有恢复我的租赋来得不幸呢！我当年要是没干这个，那早就困苦不堪了。自从我家三代住到这个地方，已经有六十年了。这六十年中，乡邻们的生活一天比一天困窘：他们把田里的产出全部缴出，把家里的收入全部用上，也还交不够租赋，只好哭着辗转迁徙，往往因饥渴而倒下，不然也是顶着风雨，受着寒暑，呼吸着不洁净的空气，死去的人还是一个接一个。过去与我祖父住在一起的人家，现在还在的，十家里难得有一家了；和我父亲住在一起的人家，现在还在的，十家里难得有两三家了；和我一起住了十二年的人家，现在还在的，十家里难得有四五家了。那些人不是死了，就是迁走了，只有我靠着捕蛇存留下来。凶暴的官吏来到这里，为了收取租赋而大呼小叫，四处骚扰，闹得鸡犬不宁，乡里的人因此而惊恐不安。我忧心忡忡地起身，看看装蛇的瓦罐，看到蛇还在里面，就又放心躺下了。一年当中，我只需冒两次生命危险，其余的时候就可以快快乐乐地过日子了。哪像我的乡邻们，每天只要活着就不得安生呢？现在我即使因捕蛇而死，比起那些死去的乡邻，已经算是晚的了，我又怎么敢怨恨这差事呢？”

柳宗元听了，心里更加悲伤，感慨自己从前读到孔子说“苛政猛于虎”，还不大相信。如今从姓蒋的人身上看来，才觉得孔子说得真是有道理，谁想到租赋的毒，竟然能够超过这种奇蛇呢！于是柳宗元写下《捕蛇者说》，希望考察民情的人能够从中获得教益。

相关链接

〔1〕柳宗元：公元773—819年，字子厚，河东解（今山西运城西）人，世称柳河东。唐文学家、哲学家，为“唐宋八大家”之一。有《河东先生集》传世。

〔2〕永州：古州名。始置于隋开皇九年（公元589年），治零陵（今湖南永州市）。

〔3〕太医：古代在宫廷中专门为帝王等人治病的医生。

嗟来之食

齐国饥荒，大地主在路边傲慢地施舍灾民。有个耿介之人不肯接受这种嗟来之食，最终忍受饥饿而死。

《后汉书·烈女传》中有一个故事，说河南人乐羊子在路上捡了一块金子，拿回去给妻子。妻子说："我听说，有志之士不喝盗泉[1]之水，廉洁之人不受嗟来之食。怎么能捡别人遗落的东西来获利，而玷污自己的品行？"

乐羊子听了，非常惭愧，于是把金子扔到野外，然后出门远行，寻师求学去了。

这个故事中，"嗟来之食"的典故，就出自《礼记·檀弓下》：

齐国有一年闹饥荒，情况非常严重。有一个大地主名叫黔敖，在大路边准备好吃的，等到饥民路过，就施舍给他们吃。

有个饿得很厉害的人，用衣袖蒙着脸，趿着鞋子，跌跌撞撞地走到这里。黔敖左手端饭，右手端汤，吆喝说："嗟！来吃！"

那人瞪着眼说："我就是因为不吃这种嗟来之食，才会落到这个地步。"黔敖赶紧道歉，那人还是不肯吃，最终饿死了。

曾子听说这件事，评论说："不该这样啊！嗟来之食可以不吃，但别人道歉之后，也就可以吃了。"

○ 品画鉴宝

矮足鼎（战国） 此器宽腹、矮足，盖有四个环状附耳，形制简朴亲切。

相关链接

〔1〕盗泉：古泉名。故址在今山东泗水东北。相传春秋时孔子"过于盗泉，渴矣而不饮，恶其名也"。

文王之为世子

周文王还在做太子的时候，就以孝顺而闻名。他每天向父亲问安三次，对他的饮食、起居等事都非常关心。

周文王做太子的时候，每天问候他的父亲王季三次。早晨鸡刚叫，他就穿衣起身，走到父亲的卧室外边，询问值班的内庭小臣："父王今天睡得怎么样？"小臣说："睡得很安稳。"文王听了就很高兴。中午和晚上，文王也来探问。如果王季有些不舒服，小臣就会告诉文王，文王就会满面愁容，走路也不能够很平稳。等王季饮食恢复正常，文王才会恢复常态。

给王季送上饮食时，文王一定要察看饮食的冷热。饮食端下来时，文王还要问吃了多少，并吩咐负责饮食的官员："不要再上原来这些菜。"负责饮食的官员答应后，文王才离去。

周武王继承了文王的孝行，举止不敢有超过父亲的地方。文王生病，武王不脱冠带日夜侍候，文王吃一口饭，武王也只吃一口饭，文王吃两口饭，武王也吃两口。过了十二天，文王痊愈，武王才放松下来。

文王对武王说："你梦到什么？"武王回答说："我梦到上帝给我九颗牙齿。"文王说："你认为这是什么意思呢？"武王说："西方有九国，父王最终大概能拥有它们。"文王说："不是这样的。古代年龄二字并称，而牙齿也是龄。我能活一百岁，你当活九十岁，我给你三岁吧。"所以文王九十七岁时去世，武王九十三岁时去世。

周成王小时候，不能临朝执政。周公辅佐他，暂居天子之位治理天下。周公用文王当太子时的做法，教导自己的儿子伯禽，让周成王明白父子、君臣、长幼的道理。成王有过错，周公就鞭挞[1]伯禽，通过这种方式来教导成王。

相关链接

〔1〕鞭挞：用鞭子抽打。后引申为披露、抨击。

孔子叹礼运

孔子参加腊祭完毕，和弟子子游谈话。他从远古之世，历数五帝、夏、商、西周，一直谈到自己所处的时代，感叹礼制的兴起、鼎盛乃至衰微。

孔子曾经作为宾客参与蜡祭[1]。祭礼结束后，他出来走到门楼上，喟然而叹。孔子之所以感叹，其实是为了鲁国。当时子游跟随在他身边，就问道："您为什么要感叹呢？"

孔子说："上古五帝的时候，是大道通行的时代。夏商周的时候，是英杰辈出的时代，我们都未能赶上，只能看到一些记载。大道通行的时候，天下是属于天下人的，选举德才兼备的人掌管政治，人人讲究信用，大家和睦共处，因此，人们不只是把自己的亲人当作亲人，不只是把自己的子女当作子女。

"老人们都能安享晚年，壮年人都能施展才华，幼年人都能受到关心和教育，鳏寡孤独和残废病人都能得到供养。男人都有一份职业，妇女都有一个家庭。对财物，人人唯恐把它丢弃到地上，却不把它藏起来据为己有；对力气，人人唯恐不是竭尽全力，却不是为自己谋利。因此计谋都不再兴起，盗窃乱贼也不会产生，外面的门户也不必关闭，这就是所说的大同世界。

"后来，大道衰微，天下成为一家一姓的私产，人人只把自己的亲人当作亲人，只把自己的子女当作子女，挣钱和出力都是为了自己。国家成为父亲送给儿子或兄长送给弟弟的礼物，城郭沟池是为了保卫政权，礼制仁义成为纲纪，使君臣名分确定、父子慈爱、兄弟和睦、夫妻和合，并用礼义设立制度、划分田里、尊重勇敢才智，把功绩据为已有。计谋由此产生，战争由此兴起。

"夏禹、商汤、周文王、周武王、周成王和周公，都是靠礼义治理

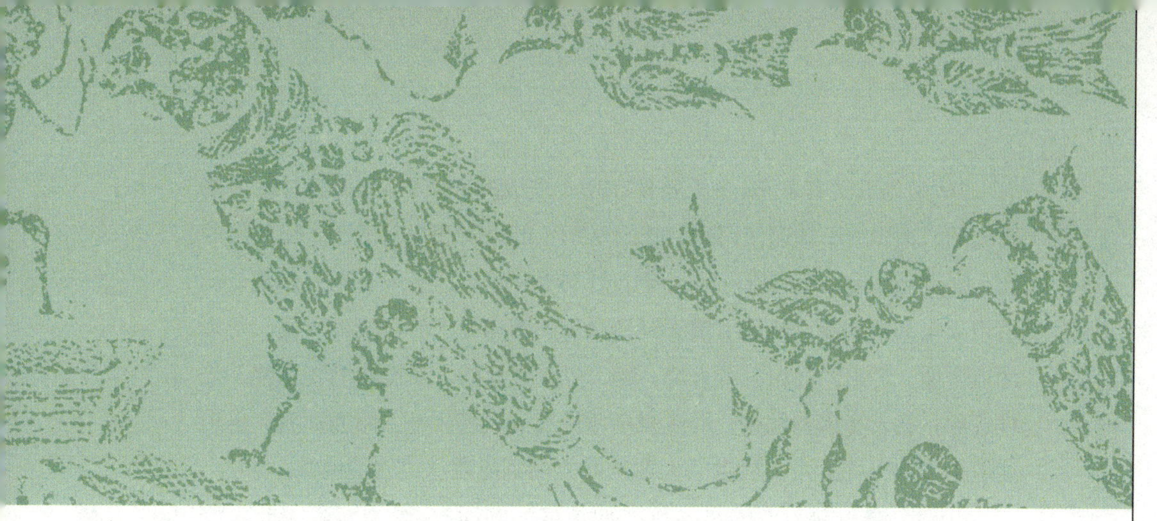

天下的才德出众之人。这六位君子都是严守礼制的人，用礼来表现义、考验诚信、显示过错、效法仁爱、讲究谦让，昭示民众正常的行为。如果有人不按礼的要求去做，即使是有权势的人也要被斥退，大家都把他看作祸殃。这就是所说的小康世界。”

子游又问：“礼真是如此急需吗？”

孔子说：“礼是前代君王用来承接上天的自然法则，来制约疏导人类性情的。人类失去礼就会灭亡，有了礼才能生存。《诗经》说：‘大老鼠啊有张皮，这个人啊却无礼。这个人啊既无礼，何不快快去求死？’由此可见，礼以天为根本，以地为效法对象，和鬼神相通，而表现在丧、祭、射、御、冠、婚、朝、聘等生活的各个方面。所以，圣人用礼来昭示天道人情，天下、国家有礼才能治理得很好。”

子游又问：“先生您把礼推崇到了极致，能否详细讲给我听听？”

孔子说：“我想观看夏朝的礼，因此到杞国[2]去，却无从考证了，在那里仅得到夏代的四时之书。我想观看殷朝的礼，因此到宋国去，也无从考证了，在那里仅得到殷朝的阴阳之书。《坤乾》讲阴阳变化，《夏时》讲区分等次，通过这两部书我看到了礼的周转演变。

“最初，礼是从饮食行为开始的。先民们把黍米放在石头上烧熟，把猪肉撕开，也放在石头上烤熟，在地上掘坑作为酒尊，用双手捧着当作酒杯来喝。他们用土块作鼓槌，敲打泥土做的鼓，虽然简陋，却用这些来表达对鬼神的敬意。有人死去的时候，活着的人就登上屋顶，对着天空大喊：“某人回来啊！”然后把生米放在死者口中，再包一些熟肉随葬，也就是招魂时面对天，下葬时把尸体埋在土里。他们看来，身体沉重而下降，生气轻浮要上升。北方是阴，所以死者埋时头要向北；南方是阳，所以活人要以南为尊。后代没有变化，都是从那时传下来的。

“从前先王没有宫室，冬天就住在用土垒成的穴窟中，夏天就住在用柴搭成的穴巢中。不知道使用火，吃的是草木的果实和鸟兽的肉，喝动物的血，吃带毛的肉。没有麻和丝，穿的是羽毛和兽皮。后来有圣人出现，知道用火来制造物品。他们用模子浇铸金属，调和泥土制作陶器砖瓦，用来建造台榭、宫室、门窗。用火烧、烤、煮、炙食物，制造醴酒和乳酪。处理麻丝，制成麻布和丝绸。用这些东西供养人们的生活，陪葬死者，也用这些来祭祀鬼神上帝。后世的人在这些方面都是遵从早先的做法。

“因此，祭祀时最古的水酒放在地位最高的屋内，醴酒和乳酪放在户内，粢醍放在行礼的堂上，清酒则放在堂下。摆好牺牲，备好鼎俎，排列好琴、瑟、管、磬、钟、鼓等乐器，撰写主人告神的祝辞，从而使上神和先祖降临，使君臣大义得以确定，使父子之情加深，使兄弟得以和睦，上下关系得以沟通，夫妇双方各有自己应处的地位，这就叫作承奉上天的福佑。

“造作鬼神及牲、玉的名号，用水酒来祭神，献上牲血和皮毛，再进献上俎上的生肉和半熟的牲体。行礼时，主人主妇都要亲自踏着蒲席，端着用粗布盖着的酒尊，穿着新织的绸衣，献上醴酒和乳酪酒，再进献烤肉和烤肝。两人交互进献，以取悦于先人的灵魂。这就叫人神感通，合而为一。祭祀以后退下，把半熟的牲体合在一起煮熟，把犬猪牛羊的牲体分别盛到簠[3]笾豆各种祭器之中，羹盛到铏中，祝辞把主人的孝心告诉鬼神，嘏辞把鬼神的慈爱转达给主人，这就叫大祥。这就是礼的最终告成。”

孔子又说：“唉，真是可悲啊！我考察周代的制度，从幽王、厉王时就被败坏了。只有鲁国是周公之后秉承周礼的，如果舍弃鲁国，我又到什么地方去呢？但鲁国举行的郊祭和禘祭，已经不合乎周礼了，周公之礼也衰微了！杞国举行郊祭，是祭祀禹；宋国举行郊祭，是祭祀契，这是天子分内的事情，只有杞宋两国是天子之后可以举行郊祭和禘祭的。所以只有天子可以祭天子，诸侯只能祭自己国内的社稷之神。”

相关链接

〔1〕蜡祭：又作腊祭。古时年终祭祀。

〔2〕杞国：西周初年周武王分封的姒姓诸侯国。开国君主相传为夏朝大禹后裔东楼公。初都今河南杞县，后多迁徙。公元前445年为楚国所灭。

〔3〕簠：古代圆口双耳食器。

魏文侯问乐

魏文侯问乐于子夏。子夏侃侃而谈，给他讲解了古乐与今乐、德音与溺音的区别，意在奉劝他尊崇古乐、远离溺音。

魏文侯问子夏："我穿着朝服听古乐，恐怕很快就躺下睡着了。但要是听郑卫之乐，却不知疲倦。请问古乐为什么会使人疲倦，而新乐为什么又使人喜欢呢？"

子夏回答说："现在所说的古乐，表演时进退整齐，乐声和平宽广。弦管乐器，都依拊鼓[1]的节奏，开始时以鼓声领起，最后以金铙[2]结束。用相来指挥结束的乐曲，用雅来控制音乐的速度。君子说明此乐舞的深刻意义，或称道古代圣王的业绩，修身治家，最终平定天下，这就是古乐的表现。所谓今乐，表演时杂乱不齐，乐声奸邪泛滥，使人沉溺其中而难以自拔。有时夹杂着侏儒倡优的表演，男女混杂，父子不分。音乐结束，既无法说明什么道理，也不能讲述古代圣王的业绩，这就是新乐的表现。现在您问的是乐，而您爱好的是音，所谓乐和音，虽然相似却并不相同。"

魏文侯又问："请问有何不同呢？"

子夏回答说："古时候天地和谐、四时得当，百姓修养善德，年年五谷丰登，疾病不发作，妖祟也不兴起，这就是所说的太平天下。后来圣人出现，把君臣父子定为纲纪，纲纪确立，天下安定。天下安定，然后制定六律，调和五声，配合乐器歌诗，这就是所说的德音，德音才能称作乐。《诗经》说：'德音多么淡漠，德行多么光明。光明又合德性，能够担任君王，统领伟大的国家。恭顺又能行善，传到文王时，德行没有遗憾。接受上天的福佑，传给他的子孙。'这就是说的德音啊！现在您所喜欢的，大概是溺音吧？"

○ 品画鉴宝　伯丰爵（西周）此器纹饰洗练，风韵自见。

○ 品画鉴宝

斫琴图（东晋）顾恺之／绘　此图绘文人雅士制琴的场面，造型各异，须眉生动传情。

魏文侯说：“请问溺音是从哪里产生的呢？”

子夏回答说：“郑国的音乐轻佻放荡，让人心志淫邪；宋国的音乐缠绵纤细，让人意志消沉；卫国的音乐节奏急促，让人意志疲劳；齐国的音乐傲慢邪辟，让人意志骄横。这四种音乐，都会让人沉溺于声色之中而有害于德行，所以祭祀时不用它们。《诗经》说：‘肃雍舒缓的合奏，先祖才愿意聆听。’肃肃是恭敬的样子；雍雍是温和的样子。恭敬而又温和，什么事做不成呢？作为国君要谨慎自己的好恶。国君爱好，臣下就会去做。上面流行，下面就会随从效仿。《诗经》说：‘诱导民众很容易。’说的就是这个意思。

“然后圣人制作鞉、鼓、椌、楬、埙、篪六种乐器，它们发出的都是德音。再用钟、磬、竽、瑟来调和，用干、戚、旄、狄来伴舞，这样的乐才可以用于祭祀先王宗庙，才可以用于献酬酢等各种礼仪，才能排列官职贵贱的等级，才能向后世表明尊卑长幼的顺序。

“钟的声音铿锵响亮，所以用作号令。号令能令人振奋，振奋才能

建立武功。君子听到钟声就会想到武臣；石磬的声音坚定有力，所以用以分辨节义，节义明辨就不畏牺牲。君子听到磬音就会思念为国捐躯的将士；弦乐的声音哀怨，哀怨能让人廉直，廉直才能立志。所以君子听到琴瑟声音就想起有节操的大臣；竹管的声音揽聚，揽聚就能会合，会合就能聚集众人。君子听到竽笙箫管的声音就想到安抚团结众人的大臣；鼓鼙的声音喧闹，喧闹就会让人激动，激动就会促使众人前进。君子听到鼓鼙的声音就会思念统率士卒的将帅。君子听音，不只是听铿锵的声音，而是从中体会那声音与自己心志的相合之处。”

相关链接

〔1〕拊鼓：击鼓。拊，拍、击。

〔2〕金铙：即铙。古代打击乐器，形状像钹，多为青铜制。

曾子论孝

曾子认为，孝可以分为三等：大孝让父母获得尊敬，中孝不辱父母名声，小孝仅能供养而已。

孝是儒家思想中的核心观念，曾子说："孝分三等，大孝是让父母获得尊敬，次等是不辱父母的名声，下等是仅能供养。"公明仪问曾子说："先生您能称得上孝吧？"曾子说："这是什么话！这是什么话！君子的孝，应当在父母表示之前就知道他们的意思，提前就做了，又能让父母明白那是做人的道理。我只是能够供养父母，怎能算是孝呢？"

曾子说："身体是父母的遗物，用父母的遗物来行动，敢不恭敬吗？日常起居不庄重，不是孝；为国君做事不忠心，不是孝；做官不谨慎，不是孝；做朋友不讲信用，不是孝；打仗不勇敢，不是孝。这五个方面做不到，灾祸会累及父母，怎能不恭敬呢？如果仅仅是把饭做好，品尝后端上去，这不是孝，只能叫供养。君子所说的孝，是让国人都称颂说：'多幸运啊！有这样的儿子。'像这才叫作孝。教化民众的根本是孝，表现在行为上叫赡养。赡养可能做得到，但要做到'敬'就难了；敬也可能做得到，但要做得自然就难了；自然也可能做得到，但要一生都这样做就难了。父母去世后，还能小心行事，不使父母蒙上恶名，这可称得上终身行孝了。仁者也就是以孝为本，礼者就是要实行孝，义者就是行为合乎孝，信者就是用行为证实孝，强者就是一直努力做到孝。欢乐就是由于孝道而产生的，刑罚也是由于违反孝而带来的。"

又说："孝道树立就会充满天地，分散就会充溢四海[1]，施及后世必然永远存在。推广到东海就是行为的准则，推广到西海也是行为的准则，推广到南海也是行为的准则，推广到北海也是行为的准则。《诗经》说：'从西到东，从南到北，无不遵从。'说的就是这个意思。"

又说："砍伐树木要选择合适的时节，捕杀禽兽也要选择合适的时节。老师说：'砍倒一棵树，捕杀一只兽，不在合适的时节，就是不孝。'孝有三等，小孝出力气，中孝建功业，大孝没有欠缺。想念父母的慈爱而忘记自己的劳苦，可以称得上出力气了；尊崇仁德，习惯按道义行事，可以称得上建功立业，为父母争光了；如果把仁德的教育普及到四海，使万物都能受益，可以称得上没有欠缺了。父母喜欢自己，要高兴地记在心中；父母不喜欢自己，要反省并谨慎行事不要有怨言；父母有过失，要婉言相劝而不要违逆；父母去世，要用自己的劳动成果来祭祀他们，这样就称得上终生行礼。”

相关链接

〔1〕四海：即天下各地。古人认为大地四周有海洋环绕，按方位分别称为“东海”“西海”“南海”“北海”。

○ 品画鉴宝

曾参啮指心痛图（清）王素／绘　曾参是孔子的得意弟子，以孝著称。图绘曾参少时入山打柴，家中来客，母亲咬手指盼曾参回，曾参忽觉心疼，便知母亲在呼唤自己，便担柴回家的故事。

鲁哀公问礼

鲁哀公向孔子问礼。孔子由礼仪谈到政治，劝导他敬身修德，爱人爱己，实行仁政。哀公颇受启发。

鲁哀公问孔子："大礼是怎样的呢？君子说到礼为什么那么尊重呢？"孔子说："我孔丘只是一个小人物，还不配议论礼。"哀公说："不是这样，请您谈谈吧。"

孔子说："我听说在百姓的生活中，礼是最重要的。没有礼，就不能恰当地敬奉天地之间的神明；没有礼，就无法分辨君臣、上下和长幼的地位；没有礼，就无法区别男女、父子、兄弟之间的感情，以及婚姻亲疏等人际关系。君子因此很尊敬礼。然后尽其所能来教导百姓，让他们不失时节地进行各种礼仪活动。等到教化有一定成效的时候，再雕刻祭器、制作服饰来完善礼法。人民顺从之后，再制定服丧的期限，备办鼎俎等祭器和牲体干肉等祭品，修缮宗庙，每年按时举行祭祀，并排定亲疏长幼的顺序。同时，君子自己也安置居处，穿俭朴的衣服，住矮小的房子，车子上不装饰花纹，祭器上不雕刻图纹，吃饭比较简单，与百姓同享利益。从前君子就是这样实行礼教的。"

哀公问："当今的君子为什么没有人行这种礼呢？"

孔子说："当今的君子只图眼前的物质享受，而且贪欲无度，从无满足的时候，过分贪求又不肯收敛罢手。心荒体惰而又态度傲慢，非要把民众的财力耗尽不可。而且违反民众的意志去侵犯好人，为了满足个人的欲望而横行无忌、不择手段。从前的君子用前面所说的方式，当今的君子用后面所说的方式。现在的君子不肯行那种古礼了。"

孔子陪坐在哀公身旁，哀公问："请问治理百姓的措施中，什么最重要呢？"

孔子马上露出严肃的表情，说："君王您问及这个问题，真是百姓的福气啊！我虽然知识浅陋，又怎敢不认真回答呢？要说治理百姓，政治是最重要的。"

哀公问："请问什么叫政治呢？"

孔子回答说："政治就是正直，国君若能做得正直，百姓也就跟着做了。国君的所作所为，便是百姓效法的榜样。国君不做的行为，百姓又怎么效仿呢？"

哀公说：“请您谈谈怎样实施政治呢？”

孔子说：“夫妇有分别，父子相关爱，君臣相敬重，这三件事做好了，其他事也会相应做得很好。”

哀公说：“寡人虽然不是您所说的古代君子，也希望知道实行那三句话的方法，您能说给我听听吗？”

孔子回答说：“古代处理政事，最重要是爱人。要做到爱人，首先要治礼。要治礼，最重要的在于恭敬。恭敬的极致表现，是在天子诸侯的婚姻事务上。天子诸侯的婚姻是恭敬中最难做到的。结婚的时候，君王要穿着礼服亲自去迎接，这是表示对女方的爱。爱她也是爱自己，所以君主用敬慕的感情和她相爱，如果抛弃敬意，也就失去了爱慕的诚心。没有爱慕就不能相亲，没有敬重，就不是正当的婚姻。仁爱和恭敬大概是政事的根本吧。”

哀公说：“我还有话想问，穿着礼服去迎接一个女人，是不是过于隆重了？”

孔子马上面色严肃地回答说：“婚姻是两性结合，为前代圣王传宗接代，成为天地宗庙社稷的主人，怎么说这是太隆重呢？”

哀公说：“我太愚蠢了，如果不愚蠢也不会听到您这番话。寡人想请教，又找不到合适的语言，现在请您接着说吧。”

孔子说：“天地不相配合，万物就不能生育。大婚，是延续后代、使子孙绵衍不绝的，您怎么能说太隆重呢？”

孔子进一步说：“夫妇对内主持宗庙之礼，足以和天地神明相配。对外主持号令之礼，足以使上下都能恭敬听从。内外都有了礼，臣子如若失职就可以纠正，国君有了错误可以复兴。所以说施行政治要以礼为先，礼是政治的根本。”

孔子又接着说："从前，夏商周三代的圣明君主，他们治理政事必定很敬重他们的妻子和儿子，这是很有道理的。百姓也都一样，由自己推想到百姓，由自己的儿子推想到百姓的儿子，由自己的妻子推想到百姓的妻子，国君对三者都能敬重，天下的人也能做到三敬，礼就会大行于天下，过去周太王就是这样的。能这样做，国家就能安乐了。"

哀公说："请问什么叫敬身[1]？"

孔子回答说："君子说错了话，百姓会跟着说错话；君子做错了事，百姓会跟着模仿。所以君子说话不能有过错，做事不能没有原则。这样一来，不用吩咐百姓就会恭敬，这样做就是敬身。能够做到敬身，也就能成就父母的美名了。"

哀公说："请问什么是成就父母的美名呢？"

孔子回答："君子这个美称，是人的美称。百姓如果把这个美称送给他，称他是君子的儿子，那也就是使他的父母成为君子，这就成就了父母的美名。"又进一步说："古代处理政事，以爱人最重要。不能爱人，别人也就不会爱他，他也就不能保住自身。不能保住自身，也就不能保住国土。不能保住国土，就会归罪于天。归罪于天，也就不能成就自己了。"

哀公说："请问什么叫成就自己？"

孔子回答说："做事没有过失，也就成就了自己。"

哀公说："请问君子为什么要崇拜天道呢？"

孔子回答说："崇拜天道是因为它从不停止啊！比如日月东升西落、运行不息，这就是天道。畅通无阻，永远如一，也是天道。在自然无为中成就万物，也是天道。天生万物，功德显著，也是天道。"

哀公说："寡人愚蠢顽固，希望先生多多教导。"

孔子马上离席，严肃地回答说："仁人做事没有过失，孝子做事没有过失。所以仁人侍奉父母就像侍奉上天一样，侍奉上天也像侍奉父母一样，所以孝子能够成就自己。"

哀公说："寡人听了您这番话，只怕将来还会有过失，怎么办呢？"

孔子回答说："您能说出这样的话，就是臣下的福音啊！"

相关链接

〔1〕敬身：谓敬重自身，谨言慎行。

孔子在家闲居，向弟子子张、子贡、子游宣讲礼仪，强调要礼、乐并重，不可偏颇。三人听后，犹如醍醐灌顶。

孔子在家中闲居，子张、子贡和子游陪伴着他。他们在闲谈中说到了礼，孔子就说："你们三人坐下，我给你们说说礼，希望你们以礼周游四方，并把礼传播到各处。"

子贡离席发问："请问先生，礼该怎样呢？"

孔子说："诚敬而不合于礼叫粗野，恭顺而不合于礼叫谄媚，勇敢而不合于礼叫逆乱。"并强调说："谄媚，往往会和仁慈混淆。"

孔子又对子张说："子张，你有时做得过分，而子贡做得有些不够。郑国的名臣子产呢，他对众人有一副慈母心肠，只会喂养却不会教育。"

子贡又离席发问："怎样才能恰到好处呢？"

孔子说："要靠礼啊，只有礼才能使人言行适中。"

子贡退下，子游上前问道："请问礼是不是抛弃恶行保全美德呢？"

孔子说："是的。"

子游又问："那该怎么做呢？"

孔子说："郊社祭祀的礼仪，是对鬼神表示仁爱。尝禘[1]祭祀的礼仪，是对祖先表示仁爱。馈奠[2]祭祀的礼仪，是对死者表示仁爱。举行射礼和乡饮酒礼，是对乡里表示仁爱。举行食礼和飨礼，是对宾客表示仁爱。"

孔子又接着说："如果理解郊社祭祀和尝禘礼仪的作用，治理国家就会了如指掌；日常起居有了礼，长幼次序就分清了；家族之内有了礼，三族亲人就能和睦共处了；朝廷上有了礼，官职爵位就井然有序了；田猎有了礼，军事行动就娴熟了；军队中有了礼，战斗就能成功了。因此，宫室都要符合尺度，量具祭器都要符合样式，五味[3]合乎时节，奏乐合乎节拍，车辆合乎规范，鬼神能得到供奉，丧葬安排能表达悲哀，辩论有人同意，百官各掌其职，政事也就能够顺利推行了。用礼来指导自己处理一切事务，都能做得恰到好处。"

孔子还说："礼是什么呢？礼就是做事的方法。君子做事都要懂得方法。治理国家没有礼，就像盲人没有人引导，茫茫然不知走向何方。又如夜晚处在暗室之中，没有蜡烛什么也看不见。没有礼，手脚就不知放在哪里，耳目也不知用在哪里，进退揖让都没有了规矩。这样一来，日常起居就分不清长幼次序，家族内部就会三族不和，朝廷官职爵位就不再井然有序，田猎这些军旅之事就失去了指挥，军事行动就失去了控制，宫室没有尺度，量具祭器不合样式，五味不能按时节调和，奏乐也不合节拍，车辆不合乎规范，鬼神没有供品，服丧不能表达悲哀，辩论没人赞成，百官都会失职，政事难以实施，不用礼来指导行动，一切事情都做得不合时宜。这样一来，就不能领导民众协调一致地行动了。”

孔子说：“你们三人一定要认真听着，我告诉你们，礼一共有九项之多，其中大飨之礼又分为四项。如果知道这些礼数，即使他是个种田人，照礼而行，也达到圣人的境界了。两国国君会见，相互揖让然后进门，进门之后钟鼓齐鸣。两人又揖让登堂，登堂之后钟鼓声停止。堂下奏起《象》乐，大武、夏籥的乐舞依次演奏。陈列供奉的食品，排列礼乐的次序，百官执事一应俱全。这样做了之后，君子就可以从礼仪中看到仁爱的精神了。进退转身都合乎规矩，车铃的声音合乎《采齐》乐曲的节拍，贵宾出门奏《雍》乐，撤席时奏《振羽》乐。所以说君子的一举一动都合乎礼。进门时鸣钟，表达欢迎之情。登堂时演唱《清庙》，表示赞美。堂下用管乐伴奏《象》舞，表现祖先的功业。古代君子相见时不必交谈，用礼乐就可以相互传达思想了。”

孔子说：“礼就是理，乐就是节，君子无理无节就不能行动。如果不懂得《诗》，行礼就会错误。不懂得乐，礼就显得质朴单调。如果道德浅薄，礼就只剩下空洞的形式。一切制度都是礼所规定的。仪式的行为方式，也是礼所规定的。实行起来，还要靠人来做。”

子贡又离席发问:“请问先生,古代通晓乐的夔是不是也通晓礼呢？”孔子说:“你所说的是那个古人吗？他是古代的人。一个人通晓音乐而不通晓礼，就叫素；通晓礼却不通晓乐，就叫偏。夔，通晓音乐而不能通晓礼，所以传下来一个通晓音乐的名声，但他毕竟是古代的人啊。”

子张问到政治，孔子说：“子张啊，你上来，我给你讲讲。君子如果懂得礼乐，并在政治上运用就行了。”

子张又问，孔子说：“子张，你认为一定要摆好几案，设好筵席，上下走动，献酒酬答，才算是礼吗？你认为一定要排好队列，挥动羽籥，敲响钟鼓，才叫作乐吗？其实，诺言能够实现，就是礼；做事让人愉快，就是乐。君子努力做到这两项，又处于统治者的地位，天下也就太平了。

诸侯都来朝拜，万物各得其所，百官也能各尽其责。礼乐兴起，天下大治；礼乐败坏，天下就会大乱。你看那设计巧妙的房屋堂奥和台阶都很分明，排列坐席都分上下，乘车要分左右，走路要分先后，站立讲究次序，这都是古代就有的道理。如果房屋堂奥和台阶不分，堂和室就分不清了。坐席不分上下，席位就会错乱。乘车不分左右，车上就混乱。行路不分先后，行路就混乱。站立没有次序，位置就要混乱。从前的圣王和诸侯，都要分辨贵贱、长幼、亲疏、男女、内外的界限，不能相互逾越，都是根据这个道理而来的。”三位弟子听了孔子这番话，就好像失明的人重见光明一样，豁然开朗。

相关链接

〔1〕尝禘：对宗庙的祭祀。

〔2〕馈奠：指丧中祭奠之事。

〔3〕五味：原谓酸、甜、苦、辣、咸五种味道。此指各种食物。

○ 品画鉴宝　孔子燕居像　图中孔子双目微阖，嘴角含笑，一派智者宗师之相。

孔子闲居

孔子告诉子夏：君王如能做到“五至”“三无”“五起”“三无私”，就能成为百姓的父母，就会像大禹、商汤、文王那样德配天地。

孔子在家中闲居，子夏在一旁陪伴。子夏问：“请问老师，《诗经》上说‘快乐平易的君子啊，他是百姓的父母’，怎样才称得上百姓的父母呢？”孔子说：“你是问百姓的父母啊？他必须懂得礼乐的根源，达到‘五至’，施行‘三无’，并普及天下。任何地方出现祸患，事先都能知道。这样的人就叫作百姓的父母。”

子夏说：“百姓的父母我已经知道了，请问什么叫‘五至’呢？”孔子说：“情志所到之处，就会发言为诗；诗产生了，就会产生礼；礼产生了，乐也会产生；乐产生了，哀也就产生了。哀和乐是互相引发的。这种道理即使端正明亮的双目，也不会看见；即使竖起双耳，也不会听到。情志充塞于天地之间，这就叫‘五至’。”

子夏说：“已经听您解释了五至，请问什么叫‘三无’呢？”孔子说：“无声的音乐，无形的礼仪，和不穿丧服的服丧，就叫‘三无’。”

子夏说：“‘三无’大概已经知道它的意思了，请问哪句诗的意思和它比较接近？”孔子说：“‘日夜理事，为政宽和，人民安静’，这就近似于无声的乐。‘仪表安和，无可挑剔’，这就近似于无形的礼。‘人有灾难，全力救助’，这就近似于不穿丧服的服丧。”

子夏说：“您说得真是伟大、完美、充分啊！到这里是不是就算说完了？”孔子说：“怎么算说完了呢？君子要从事这‘三无’，还必须做到‘五起’。”

子夏说：“‘五起’是怎么回事？”孔子说：“一起：无声的音乐，不违背情志；无形的礼仪，态度从容；无丧服的服丧，同情别人，有恻隐之心。二起：无声的音乐，表达了情志；无形的礼仪，恭敬谨慎；无丧服的服丧，推广在四方之国。三起：无声的音乐，使情志顺从；无形的礼仪，使上下和睦同心；无丧服的服丧，可以容纳万国。四起：无声的音乐，一天天传遍四方；无形的礼仪，一天天影响扩大；无丧服的服丧，使纯洁的道德更加显明。五起：无声的音乐，激发起情志；无形的礼仪，遍及到四海；无丧服的服丧，恩惠施及子孙。”

子夏说：“夏禹、商汤和周文王的德行，与天地并列，请问怎样才

能与天地并列呢？”孔子说：“要用‘三无私’的精神安抚天下。”

子夏说：“请问什么叫‘三无私’呢？”孔子说：“天覆盖下土没有偏私，地承载万物没有偏私，日月照耀天下没有偏私。用这三种精神安抚天下，就叫作‘三无私’。这种精神体现在《诗经》中，说：‘天命不可违，成汤登上天子之位。成汤降世正适时，他圣明又谨慎。光明的德行永不变化，对上帝一直敬重。上帝就命成汤统一了九州[1]。’这就是成汤的德行。上天有春夏秋冬四季循环不断，有风雨霜露滋润万物，这就是圣人施行教化要仿效的法则。地负载万物的生气，风雷鼓动在天地之间，所到之处，万物生长繁育，这也是圣人仿效的法则。圣人的德行清彻明净，思想意志犹如神明，心中想有所作为，一定先有征兆出现。正如上天要下及时雨的时候，山川间会先吐出云气。这种精神体现在《诗经》中，说：‘巍巍五岳[2]啊，直插云天。五岳降下神灵啊，他们是甫侯申伯。甫侯和申伯，是周室的栋梁。四方国家受到他们的保护，周天子的恩德广布四方。’这就是周文王和周武王的德行。三代的圣王，都是在未做君王之前就有了美名，《诗经》说：‘圣明的天子啊，美名一直传颂不已。’这就是周太王的德行。”

子夏听到这里，猛地跳起来，背靠着墙壁恭敬地站立，说：“弟子怎能不接受这番教诲呢？”

相关链接

〔1〕九州：相传大禹治水成功后，划分天下为九个行政区。州名说法不一。《尚书·禹贡》作冀、兖、青、徐、荆、扬、豫、梁、雍。

〔2〕五岳：中国的五座名山。即东岳泰山、西岳华山、南岳衡山、北岳恒山、中岳嵩山。

投壶之礼

古代士大夫在饮宴时，常做投壶游戏以助乐。投壶有很多礼节，宾主双方都要遵守。这样一来，不但明确了游戏规则，而且看起来十分儒雅。

投壶是古人席间的一种游戏。古人一边饮酒一边投壶，以游戏来劝酒，有助于增添酒宴上的欢乐气氛。游戏时，投壶者要把枯木制成的无镞[1]箭，投入一定距离外的壶口中，以投中的多少来定胜负。由于投壶一般是在比较正式的场合举行的，所以古人将它看作一种礼仪。对此，《礼记》中有一段详尽的记载：

投壶的礼仪，是主人捧着投壶用的箭，再让一个人拿着壶。主人对宾客说："我有不直的箭，窄口的壶，希望让它使客人快乐。"宾客说："您的美酒佳肴已经赏赐给我们了，再加上娱乐，真不敢当。"主人说："不直的箭，窄口的壶，不值得客气，请你们一定参加。"宾客说："我们一再辞谢，您仍不答应，那只好恭敬不如从命了。"

宾客答应了，就在西阶上向北拜谢，主人转过身去，说："避礼。"主人在东阶上拜谢送箭，宾客也转过身去，说："避礼。"宾客再拜，接过箭，辅助的人也把箭交给主人，来到两楹之间，主人退到原位，然后请宾客就位。

司射上前度量放壶的地方，放好之后返回司射的位置，面向东，拿着八枝算筹[2]站立。

司射告诉宾客说："箭头投进壶里才算入。主宾交替投箭，一方连续投，投进也不算数。胜的一方给没有投中的一方倒酒，这酒称为罚酒。喝完罚酒，为胜的一方立马（一种筹码，因为马的形状威武，是射箭的人所崇尚的，所以筹码作马形），如一方得三马，就为多马喝庆贺的酒。"司射也把上述程序告诉主人。

司射吩咐乐工说："请演奏《狸首》[3]之曲，节奏快慢要一致。"

乐工之长回答说："遵命。"

司射告诉左右的主宾说："箭已经准备好，请双方交替投壶。"如有人投中，司射就坐下把一个算筹放在筹码筒里。宾客一方在右边，主人一方在左边。

投壶结束，司射收起剩余的算筹说："主客双方都已投完，请统计。"两个算筹称为一纯，一次拿一纯，用右手取，再交到左手。十纯作一堆，

○品画鉴宝　鸟钮矛（战国）　战斗时的兵器矛头，刃部较宽，饰旋纹，回纹及曲线纹，銎侧铸有一鸟形钮。

放在地上。若有多出来的一个就叫作“奇”。统计完毕，拿着得胜一方多出的筹码说：“某方胜某方多少纯。”如果最后还有“奇”，则加称“奇”。如果双方相等，就说：“左右相等。”

司射斟酒说：“请胜方的子弟为负方斟酒。”胜方的子弟答应。斟好之后，败方须饮罚酒的人都跪下捧着酒杯说：“承蒙赏赐酒喝。”胜方也跪下说：“敬以此酒为奉养。”

喝了罚酒之后，为得胜的一方立一马。所立的马要放在原先放置算筹的前面。以三次为限，如一方得二马，另一方得一马，负者就要把马交给胜者，并庆贺对方。在举行庆礼时，司射说：“三个马已经具备，请斟酒为马多的一方庆贺。”宾主双方都答应。喝过庆胜酒之后，司射请撤去计算胜负的马。

算筹的数量，看在座参加投壶的人数而定。箭的长度，如在室内就用二尺的箭，如在堂上就用二尺八寸的箭，如在庭中就用三尺六寸的箭。算筹的长度为一尺二寸。投壶所用的壶，颈长七寸，腹深五寸，口的直径为二寸半，容积为一斗[4]五升。壶中放入小豆，以免箭投进后又重新跳出。壶离席二根半箭的距离。投壶用的箭用柘木或棘木做成，不去皮。

鲁国投壶时，司射告诫双方的年轻人说：“不要怠慢，不要骄傲，不要背对堂站立，不要大声和间隔较远的人谈话，后两项按常例都要罚酒。”薛国投壶时，司射告诫双方的年轻人说：“不要怠慢，不要骄傲，不要背对堂站立，不要大声和间隔较远的人谈话，以上行为都要受罚。”

相关链接

〔1〕镞：箭头。

〔2〕算筹：古人用竹、木、骨、玉等制成的计算工具。

〔3〕《狸首》：古乐曲名。古人行射礼时，天子、诸侯分别以《驺虞》《狸首》之乐为发矢节度

〔4〕斗：古代量具，一斗合十升。

鲁哀公问儒行

鲁哀公向孔子请教儒者的行为准则。孔子说：儒者的一切行为都以方正为根本，以道义为原则。哀公自此以儒者为师。

鲁哀公问孔子说："先生穿的衣服，是儒者的服装吗？"孔子回答说："我孔丘小时候住在鲁国，穿鲁国人常穿的腋下特别肥大的衣服。长大后在宋国居住，戴的是宋国人常戴的章甫冠[1]。我听人说，君子应有广博的知识，穿衣应顺从当地的习俗。我不知道什么是儒者的服装。"

鲁哀公说："请问儒者的行为准则是什么？"孔子回答说："如果想很快把它说完，就很难讲清楚。要想把儒行说清楚，就要花费很长时间，即使等到仆人换班，还不能说完。"

于是哀公让人设席，孔子侍坐一旁，说："儒者像席上的珍宝一样等待征召，朝夕勤学等待垂问，心怀忠信等待推荐，身体力行等待录用。儒者修身自立就是这样的。

"儒者的穿戴适中，不异于常人，举止十分谨慎。对大事推让不愿接受，好像有些傲慢；对小事也推让不愿接受，好像很虚伪。处理大事时好像有些畏惧，处理小事时好像有些惭愧，唯恐做不好。他们不愿进取，甘心退让，好像是柔弱无能。儒者的表情容貌就是这样的。

"儒者平时的起居也十分庄重严肃，坐立都非常恭敬，讲话有信用，行为不偏邪。走路时不走险路捷径以贪图便利，居住时不争冬暖夏凉的住处。他们珍惜生命，等待时机发挥作用，又注重保养身体，希望将来能有所作为。儒者的防备祸害、等待作为就是这样的。

"儒者不把金玉当作宝贝，而以忠信为宝；不求拥有土地，而把树德立义作为安身立命的土地；不祈求聚敛财货，而把掌握渊博的知识作为富有。儒者很难得到却容易供养，容易供养却难以留住。不是适当的时候就见不到儒者，这不是很难得到吗？一旦不是正义的事情就不会合作，这不是很难留住吗？他们以事业为先，报酬为后，是很容易供养的。儒者与人交往就是这样的。

"儒者面对送上来的钱物和娱乐赏玩的东西，不会见利而忘义。面对众人的威胁和武器的恐吓，至死也不会改变操守。遇到凶禽猛兽，儒者会奋勇搏击；要举重鼎，也不会先估量力量再去动手。对过去的事，不再追悔。对未来的事情，不妄加预测。对于错话，不说第二次。对于

○ 品画鉴宝　琴棋书画图 · 书（元）任仁发／绘

流言，不会追究。时时保持威严的仪表，对于应做的事情能够当机立断。这就是儒者立身的独特之处。

“儒者可以亲近，但不可以威胁。可以接近，但不可以逼迫。可以杀死，但不能被侮辱。对住处不追求华丽，对饮食不追求浓厚，有了过失可以私下指出但不能当众指责。儒者刚毅的品质就是这样的。

“儒者以忠信作为盔甲，以礼义作为盾牌，行为处世以仁义为准则。即使遇到暴虐的政治，也不会改变自己的操守。儒者立身处世就是这样的。

“儒者的住处只有十步见方，房屋四周的墙只有四五丈，大门用树枝编成，只有一扇小门，用蓬草遮掩，用破瓦器的口作窗户。出门时要换身衣裳才出行，两天才吃一天的粮食。长官采纳他的建议，就坚信不疑，竭尽全力；长官不采纳他的建议，也不会巴结谄媚。儒者从政就是这样的。

“儒者虽与同时代的人一起生活，但思想行为却与古人相合。儒者现在的所作所为，将会成为后人行动的楷模。如果遇不到政治清明的时代，得不到国君的提拔重用，基层官员也不加以举荐，造谣生事的小人又相互勾结加以陷害，儒者虽然身体受到危害，但志向操守不会改变。虽处险境，言行仍体现着志向，仍不忘百姓的疾苦。儒者的忧国忧民的意识就是这样的。

“儒者学问广博又勤学不止，品行笃实仍不断提高自己。不得志时不会放纵自己，仕途通达时也遵行正道。奉行以和为贵的礼仪，并以忠信为美德，以宽厚为法度。仰慕众贤而又容纳众人，像陶瓦一样做到了方正和圆转的完美结合。儒者的宽容就是这样的。

“儒者举荐人才，对族内的贤者，不会因为亲属关系而回避；对族外的贤者，也不会因为私人恩怨而回避。考察所推举人的功业事迹，选出贤者使他得到任用。对推举的人，不希望对方报答，只希望完成国君的志向。儒者考虑的是对国家有利，而不寻求自己的富贵。儒者推荐贤人就是这样的。

“儒者听到有益的话就告诉别人，见到有益的事就把它指明。有爵位，互相谦让；有危难，争着就义；自己升迁时，等着和朋友一起升迁；朋友在远方，就设法把他招来。儒者推荐朋友就是这样的。

“儒者既洗浴身体又净化德操，陈述意见之后静待国君采纳，默默地坚守正道。如果国君不理解他，就委婉地加以讽谏，而不急于求成。在地位低下的人面前，不自以为贵，不夸大自己的功绩。遭遇盛世，不放松自己的责任；遭遇乱世，不放弃自己的理想。对观点相同的人不妄加吹捧，对观点不同的人不妄加非议。儒者处事的与众不同就是这样的。

“儒者上不做天子的臣，下不做诸侯的吏，谨慎平静而崇尚宽和，坚强刚毅又能与众人交往，学识渊博又佩服贤人。爱好文章典籍，以磨炼方正的行为。即使把国家分给他，在他看来也是锱铢[2]小事、微不足道，不愿臣服于他人，也不愿出仕为官。儒者的行为规范就是这样的。

“儒者的朋友都志同道合，研究道艺都用相同的方法。双方有成就都感到高兴，一方不如己也不嫌弃。与朋友长期不见面，但听到流言蜚语也不会相信。一切行为都以方正为根本，以道义为原则。志向相同就在一起，志向不同就分开。儒者结交朋友就是这样的。

“温和善良是仁的根本，恭敬谨慎是仁的土壤，宽大包容是仁的能力。礼节是仁的外表，言谈是仁的文质，歌乐是仁的谐和，捐献钱财是仁的施行。儒者兼有以上的美德，仍然不敢说自己达到了仁的境界。儒者的恭敬谦让就是这样的。

“儒者不因贫贱而丧失志向，不因富贵而失掉节操，不因君王困辱、卿大夫干涉、官吏刁难而背弃道德，所以叫作儒。现在的人对儒的看法是错误的，常常用儒者来讥讽别人。”

当时孔子周游列国归来，回到鲁国，住在馆舍中。鲁哀公特地在馆舍招待孔子，听孔子讲了上面的这番话。从此，哀公的言语讲究信用，行为合乎道义，并说：“我这一生，再也不敢拿儒者开玩笑了。”

孔子去世时，鲁哀公亲自为他撰写了悼词，说：“上天不帮助我们鲁国，不肯留一个老成人来做我的辅佐，让我一个人孤零零的，心里很难受。呜呼哀哉，我的尼父（孔子字仲尼，尼父是哀公对他的尊称）！我再没有学习的榜样了！”

相关链接

〔1〕章甫冠：古代的一种帽子。相传始于殷商，宋人因之。《礼记·儒行》载：“（孔子）长居宋，冠章甫之冠。”

〔2〕锱铢：比喻微不足道。锱、铢皆古代微型重量单位。

五经·周易

群经之首，大道之源。

《周易》简称《易》，亦称《易经》，儒家尊之为“群经之首”和“大道之源”。《周易》一书由《易经》和《易传》两部分构成，从总体上看它是一部指导人们利用自然规律及社会发展规律的哲学著作。其中，《易经》由六十四卦组成，集中反映了宇宙万事万物发展变化的规律。《易传》则是对《易经》进行解说，共七种十篇，史称为《十翼》，用来阐发义理。

《周易》具有占筮、哲学、历史、科学等多种属性，根据刚健者为阳，柔软者为阴的阴阳五行的生克变化而对事物进行辩证分析推断出吉凶，充分地体现了天人合一，人与大自然和谐相处的客观发展规律，从而揭示了宇宙周期循环运动的规律——阴阳相济、刚柔有应，提倡自强不息、厚德载物。同时，《周易》是儒、道等学派的经典，历代主流易学是“观其德义”，以“修身进德”，而非筮法算命。

《周易》作为中国最古老、最著名的典籍之一，历经数千年沧桑，已成为中华文化之根，它的品格和精神深藏于中华民族的民族性格中。在五千年文明史上，中华民族之所以能够久历众劫而不覆，多逢危难而不倾，独能遇衰而复振，能够不断地发展壮大，使一脉根源传至今天，与我们民族对易经精神的时代把握休戚相关。

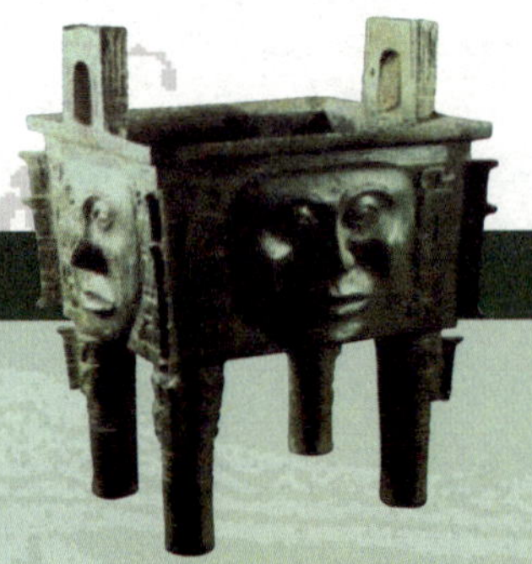

传世名句

- 天行健，君子以自强不息。潜龙勿用，阳在下也。见龙再田，德施普也。终日乾乾，反复道也。或跃在渊，进无咎也。飞龙在天，大人造也。亢龙有悔，盈不可久也。用九，天德不可为首也。
- 一阴一阳之谓道，继之者善也，成之者性也。仁者见之谓之仁，知者见之谓之知，百姓日用不知；故君子之道鲜矣！显诸仁，藏诸用，鼓万物而不与圣人同忧，盛德大业至矣哉！富有之谓大业，日新之谓盛德。生生之谓易，成象之谓乾，效法之谓坤，极数知来之谓占，通变之谓事，阴阳不测之谓神。
- 弗损益之，大得志也。损卦终《易经》第四十二卦益风雷益巽上震下益：利有攸往，利涉大川。益，损上益下，民说无疆，自上下下，其道大光。利有攸往，中正有庆。利涉大川，木道乃行。益动而巽，日进无疆。天施地生，其益无方。凡益之道，与时偕行。风雷，益；君子以见善则迁，有过则改。初九：利用为大作，元吉，无咎。
- 易穷则变，变则通，通则久。是以自天佑之，吉无不利，黄帝、尧、舜，垂衣裳而天下治，盖取诸乾坤。刳木为舟，剡木为楫，舟楫之利，以济不通，致远以利天下，盖取诸涣。服牛乘马，引重致远，以利天下，盖取诸随。
- 天下同归而殊途，一致而百虑。
- 善不积，不足以成名；恶不积，不足以灭身。小人以小善为无益，而弗为也，故恶积而不可掩，罪大而不可解。
- 居上位而不骄，在下位而不忧。

文王拘而演周易

相传周文王被商纣囚禁在羑里时，将原来的八卦推演为六十四卦，并附上卦爻辞，作成《周易》一书。

周人的首领古公亶父有三个儿子：长子太伯，次子虞仲，少子季历。季历有个儿子，名叫昌，很有圣人的样子。古公亶父非常喜欢昌，说："能让我们周人兴盛的，大概就是昌吧。"想立季历为嗣子，以便将来把位子传给昌。太伯和虞仲知道了父亲的想法，就避居吴地，让位给季历。

古公亶父死后，季历继承了首领之位，是为王季。王季征讨戎族，行事合宜，诸侯纷纷归顺于他。王季之时，周人部落得到了很大的发展，与商朝的关系也更为密切。商王文丁见周国日渐强盛，心存忌惮，于是就找个借口把王季给杀了。

王季死后，其子昌继位，是为西伯，也就是后世所称的周文王。西伯继承周人祖先后稷、公刘的遗志，效法古公亶父、王季的制度，笃行仁义，敬老爱幼，礼贤下士，很多贤士因此而投奔他。孤竹国的伯夷、叔齐，就是听说西伯善于养老，所以一起归附于他。还有太颠、闳夭、散宜生、鬻子等人也都去为西伯效力。

崇国国君虎在殷纣王面前中伤西伯，说："西伯行善积德，诸侯都支持他，这样会对您不利。"于是纣王就把西伯抓起来，囚禁在羑里[1]。

闳夭等人很担心，于是访求莘国的美女，骊戎国[2]有花纹的马，熊国的骏马三十六匹，还有各种新奇珍罕的物品，通过纣王的宠臣费仲献给纣王。纣王非常高兴，说："就凭那个美女，我就可以放了西伯，何况还有其他的宝物呢！"于是就赦免了西伯，还赐给他弓箭斧钺，赋予他征讨诸侯的权力，并且透露说："中伤西伯的，就是崇国的国君虎。"

西伯回国后，就暗中行善。有虞国和芮国的人，因为诉讼得不到解决，就进入周国，想让西伯为他们断一个公道。他们进入周国境内，发现农夫都互相让田界，人们都礼让年长的人，所以还没见西伯，就都惭愧不已，商量说："我们所争执的，都是周人引以为耻的。还去诉什么，去了只是自取其辱而已。"于是都回去了，且不再争执，而是互相谦让，相安无事了。诸侯们听说后，说："西伯是受上天之命的君王啊。"

然后西伯讨伐犬戎和不服从自己的诸侯，又讨伐了崇国，报了当年的中伤之仇。西伯死后，武王继位，当时周人已经拥有了讨伐纣王的力量了。

○ 品画鉴宝　先民生活易象图

据说，西伯被囚禁在羑里时，在狱中推演《周易》，将原先的八卦发展为八八六十四卦，使《周易》的内容更加丰富，算法也更为精密。所以，后世的司马迁[3]在他的传世名篇《报任安书》中，留下了一句脍炙人口的话：文王拘而演《周易》。

相关链接

〔1〕羑里：古邑名。在今河南汤阴北。

〔2〕骊戎国：在今陕西西安一带。骊戎（古戎人的一支）所建。国君姬姓。春秋时灭于晋。

〔3〕司马迁：公元前145－前90年，字子长，夏阳（今陕西韩城南）人。西汉史学家、思想家、文学家。武帝时曾任太史令、中书令等职。其著作《史记》是我国第一部纪传体通史。

圣人取诸卦象

据说，伏羲氏“仰观于天，俯察于地，远取诸物，近取诸身”而创立先天八卦。后代圣人根据卦象进行推演，发明了许多有益于人民的事物，促进了中华文明的发展。

传说，古代的圣人伏羲氏[1]治理天下的时候，仰头观察天上的星象，俯身观察大地的形状，观察飞禽走兽的斑纹，以及适宜生长的植物，近取于自身，远取于外物，于是创造出八卦[2]，以此通晓万物神奇莫测的性质，以类比万物多姿多彩的情态。

伏羲氏又创造出结绳[3]的方法，制作出罗网，用来打猎捕鱼。这是取法于《离》卦的卦象。

伏羲氏死后，神农氏继起，他砍削树木制作锄具，揉弯木棍制成了犁，利用锄和犁来翻土耘田，并教给天下百姓。这是取法于《益》卦。

神农还规定中午时开办集市，招来四方百姓，聚集天下货物，各自交易之后才四散归去，人人都获得所需要的物品。这是取法于《噬嗑》卦。

神农氏死后，黄帝、唐尧、虞舜先后兴起。他们通晓事物的规律，针对不同的需要，对前代的器物、制度作出改变，促使民众进取不懈；并且进行了改良，使百姓的生活更加方便。这正是《周易》所揭示的规律，事物发展到尽头就会变化，变化了之后就能顺畅，顺畅则能持久。所以，才能像《大有》卦爻辞所说的，能够“上天佑助，吉祥而无所不利”。

黄帝、唐尧、虞舜又创制了衣裳，颁示天下，使天下大治。这是取法于《乾》卦和《坤》卦。

他们挖空树木，制造舟船；切削木材，制作船桨。借助舟船和船桨，渡过难以通行的江河，能够到达远方而使天下人获利。这是取法于《涣》卦。

他们驯服牛、马，让它们拖运重物，到达远方，给天下提供便利。这是取法于《随》卦。

他们设置多重屋门，并在深夜敲梆警戒，以防备盗贼行窃。这是取法于《豫》卦。

他们砍断木头做成捣杵，挖掘地面制成臼，用杵、臼舂谷物，方便天下百姓取得食物。这是取法于《小过》卦。

他们揉弯木杆，并拉上皮弦制成弓，削尖树枝制成箭，以弓箭来威服天下。这是取法于《睽》卦。

远古时代，人们居住在洞穴里，生活在旷野中。后代的圣人改变了过去的居住方式，上有房梁下有屋宇，可以用来遮风避雨。这是取法于《大壮》卦。

古时候埋葬死者，只是用厚厚的柴草盖住尸体，埋在荒野之中，既不堆坟头，也不种树木，也没有固定的丧期，后代的圣人创制棺椁，改变了过去的丧葬习俗。这是取法于《大过》卦。

远古时代，人们结绳记事，来管理事务。后代的圣人发明文字，创造出刻字记事的方法，百官靠它来治理百姓，百姓靠它来明察事理。这是取法于《夬》卦。

相关链接

〔1〕伏羲氏：简称伏羲，又作宓羲、包牺、庖牺等。中国神话中的人类始祖。相传他与女娲结合而产生人类。又传他都陈（今河南淮阳）而王天下，教民结网，从事渔猎畜牧等事。

〔2〕八卦：即乾、坤、震、巽、坎、离、艮、兑。每卦三爻，由阴、阳两种符号组成。经两两相重可形成六十四卦。

〔3〕结绳：在绳子上打结。文字产生前，古人以此记事。

蔡墨认为世界上有真正的龙，因为《周易》中有很多关于龙的记载。而孔子却认为龙只是古人的一种象征。他还根据自己的理解对书中一些关于龙的地方做了相应的象征性解释。

据说，在鲁昭公二十九年时，晋都绛城[1]的郊外出现了一条龙。晋卿魏舒向大夫蔡墨询问，蔡墨就向他解释了关于龙的事情，并根据《周易》的记载，断定龙在这个世界上的确存在，他说：

“否则的话，《周易》中怎么会有这么多关于龙的记载呢？在《乾》之《垢》卦说：‘潜龙勿用。’《同人》卦说：‘见龙在田。’《大有》卦说：‘飞龙在天。’《夬》卦说：‘亢龙有悔。’《坤》卦说：‘看见群龙无首，这是吉利的。’《坤》之《剥》卦说：‘龙战于野。’假如不是每天早晚都能看到龙，古人怎么能描写得这么细致呢？”

但孔子似乎并不这么看。孔子非常看重《周易》，他曾说：“让我多活一些年岁，到五十岁以后研究《易》，就可以没有大过失了。”在孔子看来，《周易》中关于龙的记载，并不意味着古人常常见到龙，而只是把龙当作一种象征。

比如，《乾》卦初九[2]的爻辞[3]说：“潜龙勿用。”这是什么意思呢？孔子就认为：“这是指具有龙一样品德，而隐居于世的君子。他不因污浊的俗世而改变操守，不迷恋于成就功名。远离尘世，而不感到烦闷；所作所为不被世人称道，也不感到苦闷。喜好的事情就付诸实施，忧烦的事情则坚决不做。意志坚定而不可动摇，这就是所谓的‘潜龙’。”

又如，九二的爻辞说：“见龙在田，有利于大德大才之人。”这是什么意思呢？孔子认为：“这是比喻具有龙的品德的君子，已经得到中正之道了。他谈吐平凡却能说到做到，举止平凡却能严谨有度。凡邪妄之事都能防微杜渐，而使中正之德更加充实；为世人做善事，而从不自己夸耀，等到德行积累到一定程度，自然能感化世人。所以，《周易》中说：‘见龙在田，有利于大德大才之人。’说的是已经具备人君之德的人。”

九四的爻辞说：“龙有时腾跃上进，有时退处深渊，必无灾祸。”这是什么意思？孔子认为：“这是比喻君子处在不同的境地，或上或下，都是根据具体情况而决定，并不就是不好的事。上进居尊位，下退守本位，都不是一成不变的，并不是说退守本分就是失去众人的拥护了。君子所

○ 品画鉴宝　九龙图（南宋）陈容/绘　图中风云激荡，有金龙于其间夭矫腾挪，气势雄浑，墨韵苍茫。

要做的，是增进美德，提高修养，等待合适的时机然后及时进取。所以说必无灾祸。”

九五的爻辞说：“飞龙在天，宜于晋见大德大才之人。”这是什么意思？孔子认为：“俗话说：‘相同的声音互相响应，相同的气息互相吸引。水向低湿的地方流，火往干燥的地方蔓延。龙伴随祥云，虎伴随大风。圣人兴起，则万民仰见，而天下归附。可见，依存于天者其性亲上，依存于地者其性亲下，一切事物都各自依从其同类。”

上九的爻辞说：“龙飞得太高，必定会后悔。”这是什么意思？孔子认为：“这是比喻身份尊贵而没有职位，地位崇高却失去民众，虽有贤人居于下位却并不去辅助他，所以他一旦轻举妄动，就必定会有困厄。”

相关链接

〔1〕绛城：又称“新绛”。在今山西侯马西。公元前585年，晋景公自故绛（今山西翼城东南）迁都于此。

〔2〕初九：《周易》体例：阳爻称“九”，阴爻称“六”。当第一爻为阳时，称“初九”；为阴时，称“初六”。

〔3〕爻辞：阐释各爻要义的文辞。

箕子之明夷

纣王暴虐，箕子因屡次进谏而被关进监狱。武王克商，释箕子之囚，封之于朝鲜。因此，《明夷》卦六五爻辞说“箕子之明夷，利贞”。

箕子是殷纣王的亲戚。纣王刚开始用象牙筷子，变得奢侈起来时，箕子叹气说：“他用了象牙筷子，就一定会想配上玉杯；用上了玉杯，就一定会想得到远方各种珍罕新奇的东西来使用。车马宫室，以及种种奢侈之举就要从这儿开始，而纣王也就要耽于安逸，不思振作了。”

果然，纣王变得越来越奢侈，贪图享乐，行为残暴。

箕子向纣王进谏，纣王不听。有人劝他说：“你可以离开了。”箕子回答说：“为人臣子，如果因君王不听劝谏而离开，那就是以这样的行为来彰显君王的罪恶，而为自己在百姓那儿争得好名声。我不忍心这样做！”于是披散头发，假装发疯，去当别人的奴隶，从此不过问政事。有时，他借弹琴来抒发心中的悲苦，人们称他弹奏的曲调为“箕子操”。

周武王讨伐纣王，灭掉殷商之后，就去访问箕子，向他讨教治理百姓所需掌握的天地伦常的道理。箕子就向武王陈述了自己的观点，武王听了非常高兴，把箕子封在了朝鲜，而且并不把他当作周朝的臣子。

后来，箕子回中原朝见周天子，路过殷商故都的废墟，看到宫室都已毁坏，上面长出了青青的禾苗。箕子非常伤心，想要哭泣，又觉得不可以，因为只有女人才爱哭，于是写了名为《麦秀》[1]的诗，以歌当哭。诗中说：“麦芒尖尖啊，禾苗油油。那个顽皮的孩子啊，不听我的好话。”其中顽皮的孩子，说的就是纣王。殷商的遗民听了，无不为之流泪。

《明夷》卦中，六五的爻辞说：“箕子之明夷，利贞。”意思是箕子当初虽然处境艰难，但最终的结果是吉利的。《象传》[2]解释说：“箕子之贞，明不可息也。”箕子坚守正道，坚持操守，虽然也经历了困厄，但还是验证了被掩只在一时，光明终将到来。

相关链接

〔1〕《麦秀》：原诗为“麦秀渐渐兮，禾黍油油。彼狡童兮，不与我好兮！”

〔2〕《象传》：解释《易经》卦象、卦义、爻辞的作品。分《大象传》（释卦）、《小象传》（释爻）两部分。相传为孔子所著。

晋惠公认为，如果先君听从史苏的占卜，也就不至于自己兵败被俘了。韩简则告诉他：占卜只是能预示某种结果罢了，而所谓福祸吉凶，终究由自身决定，主导者是人而不是卦。

晋献公去世后，晋大夫里克、丕郑发动内乱，杀死了嗣君奚齐。公子夷吾在秦国的帮助下回国继位，是为惠公。谁知晋惠公忘恩负义，不但赖掉了答应即位后要送给秦国的土地，在秦国发生饥荒时，还封锁秦、晋边界，不让秦国得到晋国方面的援助。

鲁僖公十五年夏，秦穆公将要进攻晋国，让卜人徒父用蓍草[1]占卦，得到吉利的结果，筮辞说："渡黄河，公侯的兵车被毁。"

秦穆公不明白这样的卦辞为什么吉利，就向徒父询问。徒父回答说："这卦是大吉大利啊！第三次打败晋国军队时，一定能抓获晋国国君。这是一个《蛊》卦，爻辞说：'公侯的军队三次被阻挡。驱逐了三次之后，就能俘获那只雄狐狸。'《蛊》卦变辞中所说的"狐蛊"，一定就是指晋国国君。蛊的内卦为风，代表秦国；外卦为山，代表晋国。现在已经是秋天，我军是风，因此能吹落敌人树上的果实，并能获取敌人的木材，因此就可以战胜。果实落地，木材丢失，这不是失败又是什么呢？"

果然，秦军接连三次打败晋军，晋军撤退到了韩地。随后，两国军队在韩原[2]大战，晋军又一次大败，这次连晋惠公都被秦军捉去，秦国人将他带了回去。幸亏惠公的姐姐秦穆姬是秦穆公的夫人，这时带着儿女以死威胁穆公，秦穆公才放过晋惠公，将他囚禁在灵台。

当初，晋献公要把女儿秦穆姬嫁到秦国时，曾经占卜问过吉凶，得到的结果是《归妹》卦，变为《睽》卦。史苏预测说："这不吉利啊。繇辞说：'男子杀羊，不见流血；女子捧筐，没有果实。'对西边邻国的责备之言，无以应对，自认理亏。《归妹》变《睽》，也就是说得不到帮助啊。《震》卦变成了《离》卦，也就等于《离》卦变成《震》卦。震卦代表雷，离卦代表火，雷、火都是晋国的象征，这预示着秦国会打败晋国。车厢与车轴相脱离，大火焚烧军旗，出兵很不利，在宗丘（韩原的别名）一定会打败仗。"

等到晋惠公被抓到秦国时，惠公说："如果先君采纳了史苏占卜的结果，我就不会落到这个地步了！"

当时，韩简正在他身边服侍，他说："用龟甲占卜，可以通过裂纹兆象判断吉凶；用蓍草占筮，可以通过一定程序对蓍草进行分合，依据得到的数字得出卦象和爻词，推断吉凶。必须先有事物，才有表示事物的兆象，有了兆象以后事物才有种种的演变，根据种种演变，才能归纳为一定的数字。先君做的坏事太多了，才造成了今天的结果。象、数只能预示这个结果，却不能改变结果。即使他听从了史苏的占卜，又能有什么好处呢？《诗经》说：'百姓遭受的大灾祸，并不是上天降下来的，而是由议论纷纷、背后憎恨造成的，主导者终究是人啊。'"

相关链接

〔1〕蓍草：多年生菊科草本植物。茎细长，与龟甲同为古人占卦用材。

〔2〕韩原：古地名。在今陕西韩城西南。

南蒯将叛而枚筮

《周易》占善而不占凶，占夷而不占险。如果做忠信之事，结果就会像卦辞一样吉利，甚至能化凶为吉。否则的话，就一定会败亡。这就是人们所说的“在德不在占”。

古人占问吉凶，或是用龟甲，称为卜；或是用蓍草，称为筮。在卜筮之前，一般都要先向神灵报告想要占问的事，如占卜前的“命龟之辞”，就是指卜问的内容。如果没有指明具体的事，只是泛泛地占问吉凶，则称为“枚卜”或“枚筮”。

鲁昭公十二年，季氏家臣南蒯打算发动叛乱，先进行了枚筮，得到《坤》卦，变为《比》卦，卦辞说：“黄裳，元吉[1]。”他认为这是大吉之卦，便拿给子服惠伯看，并且说：“我马上就要去做这件事，你看怎么样？”

子服惠伯说：“我曾经学习过《易》。如果是做忠信之事，那么结果就能像卦辞说的一样，否则的话一定会失败。《比》卦的外卦为《坎》，主刚强；内卦为《坤》，主柔顺；外强而内柔，这就是忠。坎为土，坤为水，水土相合为和，而以和顺来实践卦辞就是信。所以说：‘黄裳元吉。’黄，是内衣的颜色；裳，是衣服下面的部分；元，是善之长。内心如果不忠诚，就与颜色不协调；身处下位而不恭敬，就不符合裳这一条；所做的事情不善，就不得作为标准。内心和外表和谐一致就是忠，做事讲求信义就是信。遵守忠、信、善这三种德行就能成功，离开了这三种德行，则当不起这样的卦辞。而且《易》不可占卜危险的事，你究竟要做什么事情呢？你有没有做到恭敬呢？中美为黄，上美为元，下美为裳，这三样如果都已具备，做事的结果才能与卦辞相符合。如果缺少其中的一样，占卜的结果虽然是吉利的，也还是不能够相信。”

南蒯最后还是占据自己管理的费邑，发动了叛乱。结果叛乱失败，南蒯逃亡去了齐国。

相关链接

〔1〕《易·坤》：“六五：黄裳，元吉。象曰：‘文在中也。’”意思是臣居尊位，应如黄裳自处、明哲保身，方可远离灾咎。《坤》卦以六为臣位，五为尊位。身处六五之位，当为尊贵之臣。

叔孙豹之筮

叔孙豹刚出生，父亲就用《周易》为他占筮。卜师楚丘根据所得卦象进行了一番解释。后来，他所经历的人生命运，竟然都与楚丘的解释相吻合。

鲁大夫叔孙豹出生的时候，他父亲叔孙得臣用《周易》占筮，得到了《明夷》卦，变而为《谦》卦。叔孙得臣把结果拿给占卜师楚丘看，楚丘说："这说明他将会出逃，但最后还是会回来给你祭祀的。不过，他回来时会带回一个坏人，名字叫作牛，最后你儿子会因为这个坏人而饿死。

"明夷指太阳，太阳之数为十，所以一天分为十时（古人以天干纪时，一天分十等分），地位也分为十等。自王以下，第二位是公，第三位是卿。太阳将要出来，晨鸡初鸣时最早，相当于王；天色发亮时，相当于公；到了早晨，太阳刚刚出来时，则相当于卿。《明夷》卦变为《谦》卦，这是天刚亮，太阳还没有完全出来的时候，应该是早晨吧？所以说他的地位会比较高，会继承卿位为你祭祀。

"《明夷》卦《离》上《坤》下，《离》或为日，或为鸟；变而为《谦》，则日光不足，所以为鸟，所以卦辞说'明夷要飞'。对于太阳是还没完全出来，对于鸟来说就是垂着翅膀，所以说'垂其翼'。又象征太阳的运动，所以说'君子于行'，他将会出逃。他的位置处于第三位，所以卦辞说'三日不食'，他将三天不吃东西。《离》为火，《艮》为山，火在山下烧，山就会毁坏。《艮》对人来说就是言语，言语毁坏就是谗言，

○ 品画鉴宝　镂空蟠蛇纹鼎（春秋）

所以卦辞说‘有攸往，主人有言’，有人要离开，主人有话，这话也必定是谗言。

“《离》卦与《坤》卦配合，就是牛。世道混乱的时候，谗言便会胜利，胜利而归于《离》，所以说他的名字叫牛。《谦》就是不满足，所以虽然能飞，但是飞不高，翅膀下垂，所以也飞不远。所以说，这大概就是你的继承人吧。你现在身为次卿，你的儿子虽然能够长寿，但到最后仍然不得善终。”

叔孙得臣死后，其子叔孙侨如继承了家业。叔孙侨如与鲁成公的母亲私通，还打算除掉季孙、孟孙，夺取他们的财产。弟弟叔孙豹看到侨如的所作所为，害怕大祸降临到家族头上，就逃离鲁国，去了齐国。后来鲁国人驱逐了叔孙侨如，从齐国召回叔孙豹，立为叔孙氏的继承人。

叔孙豹后来收留了一个名叫牛的小孩，对他非常宠爱，让他做小官，人称“竖牛[1]”。竖牛长大后，权力越来越大，逐渐生出野心，想占有叔孙氏的家产。正好叔孙豹生了重病，竖牛趁机搅乱叔孙家的家政，不让外人见叔孙豹，也不给叔孙豹送吃的，最终叔孙豹在卧室里活活饿死。

相关链接

〔1〕竖牛：当初，叔孙豹逃亡齐国，途中向一个妇人求食，然后两人有了肌肤之亲。等他被召回鲁国立为继承人，妇人便带着他们的私生子竖牛前去拜见。竖牛长大后，叔孙豹就让他总管家族事务。因此，竖牛得以谋害叔孙氏。

五经·春秋

其文缓，其旨远。

《春秋》是鲁国的编年史，经过了孔子的修订。记载了从鲁隐公元年（公元前722年）到鲁哀公十四年（公元前481年）的历史，是中国现存最早的一部编年体史书。

《春秋》中的语言极为精练，历史事件记述简略，但二百四十二年间诸侯攻伐、盟会、篡弑及祭祀、灾异礼俗等，都有记载。它所记鲁国十二代的世次年代，完全正确；所载日食与西方学者所著《蚀经》比较，互相符合的有三十多处，足证本书并非古人凭空虚撰，可以定为信史。然而在长期的流传过程中，难免在文字上有增删舌脱之类的问题。

《春秋》中遣词井然有序，文字间"一字含褒贬"。就因文字过于简质，后人不易理解，所以诠释之作相继出现，对书中的记载进行解释和说明，称之为"传"。其中左丘明《春秋左氏传》，公羊高《春秋公羊传》，穀梁喜《春秋穀梁传》合称《春秋三传》，列入儒家经典。现《春秋》原文一般合编入《左传》作为"经"。

传世名句

- 背施无亲，幸灾不仁，贪爱不祥，怒邻不义。四德皆失，何以守国？
- 皮之不存，毛将安傅？
- 弃信背邻，患孰恤之？无信患作，失援必毙，是则然矣。
- 背施幸灾，民所弃也。近犹仇之，况怨敌乎？
- 人谁无过，过而能改，善莫大焉。
- 多行不义必自毙，汝可拭目以待。
- 孤之过也，大夫何罪？且吾不以一眚掩大德。
- 居安思危。思则有备，有备无患，敢以此规。
- 居有间，平公又问祁黄羊曰："国无尉，其谁可而为之？"对曰："午可。"平公曰："午非子之子邪？"对曰："君问可，非问臣之子也。"平公曰："善。"又遂用之，国人称善焉。
- 善哉，祁黄羊之论也！外举不避仇，内举不避子，祁黄羊可谓公矣。
- 不有废也，君何以兴？欲加之罪，其无辞乎？
- 志有之，言以足志，文以足言。不言谁知其志？言而无文，行而不远。
- 贪天之功，据为己有。

郑伯克段于鄢

郑庄公和共叔段是同母兄弟。母亲武姜偏爱共叔段，给他请求了京城作为封地。段不但骄横自大，而且准备联合武姜发动叛乱。庄公克段于鄢，放逐武姜至城颍。

当初，郑武公娶了申国[1]国君之女为妻，名叫武姜。武姜后来生下了庄公和共叔段。她生庄公时难产，婴儿的脚比头先出来，姜氏受到了惊吓，就给庄公取名为寤生，从此就一直很厌恶他。姜氏却很喜欢共叔段，并想立共叔段为太子，多次向武公请求，但武公都不答应。

庄公即位以后，姜氏替共叔段向庄公请封制[2]这个地方。庄公说："制是个险要的城邑，从前虢叔就死在那里。除了制这个地方，其他地方就任你挑选吧。"姜氏又替公叔段请封京[3]城，庄公答应了，就让共叔段住在那里。共叔段因此被称为京城太叔。

郑大夫蔡仲说："凡是国都以外的城邑，城墙超过三百丈，就会成为国家的祸害。按照先王的制度，侯伯之国中，大城邑的城墙不超过国都城墙的三分之一，中等城邑的城墙不超过国都城墙的五分之一，小城邑的城墙不超过国都城墙的九分之一。现在京城已经超过了规定，跟先王的制度不合。将来您恐怕会无法控制啊。"

庄公说："姜氏要这样做，我哪能避开这场灾祸呢？"

蔡仲回答说："姜氏哪里会满足呢？不如早点给共叔段安排个地方，不要让他的势力发展。他的势力一旦蔓延开来，您就很难对付他了；蔓延的野草还很难除掉，更何况是您那处在尊荣地位的弟弟呢？"

庄公说："他做多了不义之事，一定会自取灭亡，你就等着瞧吧。"

不久，太叔命令原来属于庄公的西北各邑也同时臣属于自己。郑国大夫公子吕对郑庄公说："一个国家不能有两个国君，您想怎么办呢？如果您打算把国家拱手让给太叔，那就请您允许我去侍奉他；如果您不打算给他，那就请您除掉太叔，不要让百姓生出二心。"

庄公说："用不着我动手，太叔他将会自取灭亡。"

接着，太叔进一步把这两属之地正式收为自己所有，把地盘扩张到了廪延[4]一带。公子吕说："现在可以攻打共叔段了。否则，土地扩大了，他就会得到民心。"

庄公说："既然共叔段做的是不义之事，那就不能团结民心，土地占多了反而会垮台。"

鲁隐公元年，太叔修整城墙，聚集粮草，制造铠甲和兵器，准备步兵和兵车，准备要偷袭郑国的国都。武姜则打算作共叔段的内应，为他开启城门。庄公得知共叔段偷袭郑国国都的日期后，说："可以动手了！"他命令公子吕率领两百辆兵车攻打京城。这时，京城的人都背叛了太叔，太叔只好逃奔到鄢[5]地。庄公又到鄢地讨伐太叔，太叔逃到共国[6]避难。

《春秋》经记载这件事说："郑伯克段于鄢。"太叔不遵守弟弟应该遵守的礼仪，所以不称他为庄公之弟；兄弟争位，就像两国君王一样交战，所以叫作"克"；称庄公为"郑伯"，是讽刺他对弟弟有失教导；史官不说太叔"出奔"，是因为史官有为难之处，如果说"出奔"，似乎只是太叔有责任，其实庄公也是有责任的。

庄公因此把姜氏放逐到了城颍[7]，并向她发誓："不到黄泉，不再

○ 品画鉴宝

诗经书画图（南宋）高宗、马和之／绘　图中题材选自《诗经篇章》，细笔勾写，用墨细润。

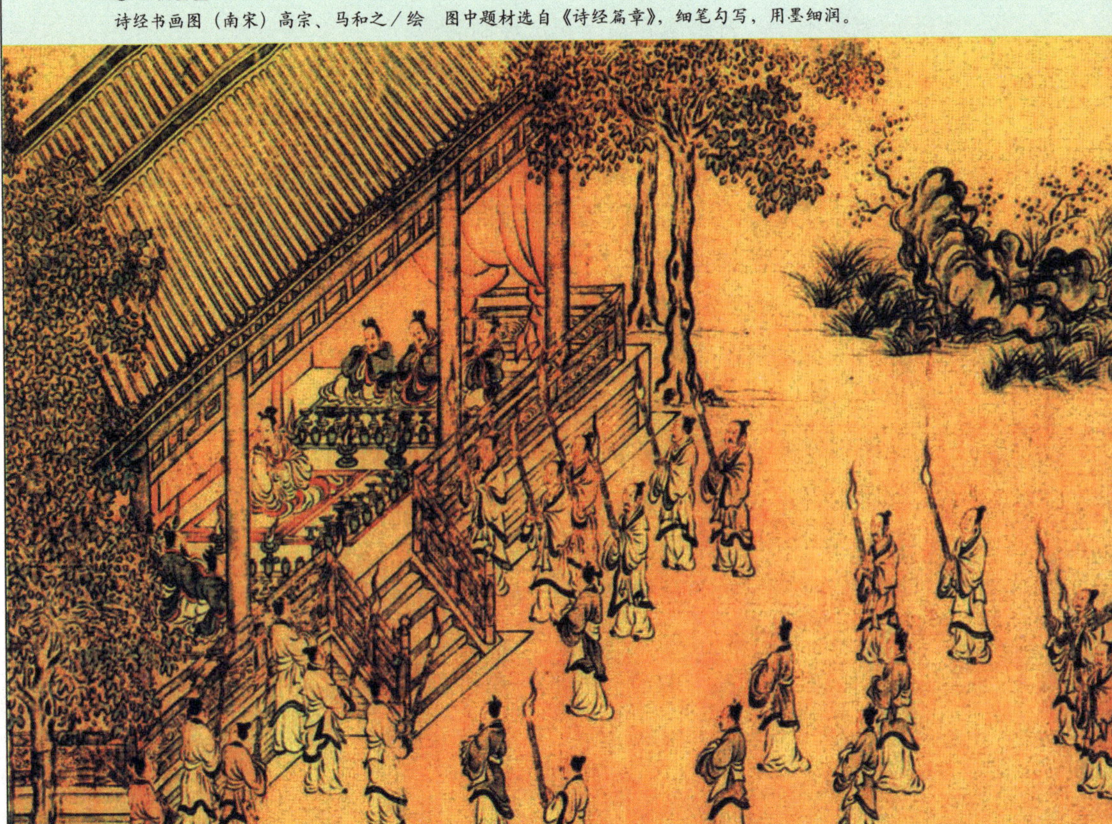

相见。”但不久庄公又后悔自己说了这句话。

郑国大夫颍考叔在颍谷镇守，听说这件事后，就借着进贡的机会来拜见庄公。庄公设宴赏赐他食物，颍考叔吃了其他食物，却把肉留了下来。庄公问他为什么这么做，颍考叔回答说：“我家有老母，我的食物她都吃过了，但是还没有吃过君王您的食物，请您准许我把这些肉留给她吃。”

庄公说：“你还有母亲可以给，我却没有啊。”

颍考叔说：“请问您这话是什么意思呢？”

庄公把事情的经过告诉了他，并表示自己很后悔。颍考叔回答说：“您不必忧愁！如果在黄土下边挖条隧道，一直挖到可以看见泉水，然后您在隧道中跟您母亲相见，谁能说这不是‘黄泉相见’呢？”

庄公听从了他的建议。庄公走进隧道时，口中朗诵着：“隧道的里边，也是很快乐的呀！”姜氏走出隧道时，口中朗诵着：“隧道的外面，也是很快乐呀！”从此两人恢复了以前的母子之情。

有君子评论说：“颍考叔很厚道孝顺，他很爱自己的母亲，而且把这种孝心扩展到了庄公身上。《诗经》说：‘孝子的孝是无边无际的，要把这种孝心推广到其他人。’这句话说的大概就是这种情况吧。”

相关链接

〔1〕申国：国君姜姓，相传为伯夷之后。原在今陕西、山西之间，周宣王时迁于谢（今河南南阳东南）。春秋初为楚国所灭。

〔2〕制：春秋郑邑。在今河南荥阳东北。

〔3〕京：春秋郑邑。在今河南荥阳东南。

〔4〕廪延：春秋郑邑。在今河南延津东北。

〔5〕鄢：在今河南鄢陵西北。原为周朝封国，春秋初为郑所灭。后改称鄢陵。

〔6〕共国：西周共伯封国。在今河南辉县。春秋时并于卫。

〔7〕城颍：春秋郑地。在今河南临颍西北。

鲁隐公观鱼

鲁隐公五年春，隐公到边远的棠地观看了渔夫捕鱼。人们认为这种行为是不合乎礼法的，史家也在书中加以讽刺。

鲁隐公五年春，隐公打算到棠[1]地观看捕鱼。臧僖伯劝阻说："如果一件物品不能用于讲习大事，一件器材不能用于制造礼器或兵器，那么君王就不应该去参观。因为君王要把百姓纳入法度和礼制的规范之中，所以讲习大事以端正法度叫作轨，选择材料制作重要器物叫作物，做事不合'轨'和'物'就叫作乱政。乱政多次出现，这就是国家衰败的原因。因此春蒐、夏苗、秋狝、冬狩，这四次巡狩，都是在农闲时期举行的。每三年要举行一次大的军事演习，振兴军队。演习结束后，整治军队进入国都，祭告宗庙，饮酒庆贺；并清点军队俘获的战果，标明各种旗帜，分清高低贵贱，辨别上下等级，按年龄长幼排序，这就是讲习威仪。如果鸟类和野兽的肉，不用来放在庙堂上祭祀，鸟兽的皮革、牙齿、骨角、羽毛不用来制造兵器礼器，那么君王就不用去狩猎，这是古代早有的制度。至于那些山林河湖里的物产，虽然是制作各种器物的材料，但那都是下等人做的事情，是有关官吏的职责，根本不是君王应该顾及的事情。"

隐公辩解说："我不过是想去边境巡视一下罢了！"于是就前往棠地，去观看捕鱼了。僖伯推说自己有病，没有随他前去。《春秋》经对这件事这样记载："公矢鱼于棠"（矢也就是陈，也就是陈设捕鱼用具，让渔夫们捕鱼供隐公欣赏娱乐）。这是指责隐公的行为不合乎礼法，何况还是到那么远的棠地去。

相关链接

〔1〕棠：春秋鲁邑。在今山东鱼台东。

郑伯请成于陈

鲁隐公六年，郑庄公入侵陈国，以报当初陈桓公助卫伐郑之仇。人们评论陈桓公，认为他咎由自取。

当初，卫国州吁纠合宋国等讨伐郑国时，郑庄公曾向陈桓公请求和平，但是陈桓公不答应。陈桓公的弟弟五父劝桓公说："跟讲仁义的人亲近，与邻国和睦相处，这是治国的法宝。您还是答应郑国的要求吧。"

陈桓公说："只有宋国、卫国才是我们真正要担心的，郑国能把我们怎么样？"终究没有答应。

鲁隐公六年的五月十二日，郑庄公率军入侵陈国，大获全胜，并俘获了很多人。

君子评论说："善德不能失去，邪恶不能助长，这说的就是陈桓公吧。让邪恶滋长而又不思悔改，那么很快就会祸及自身。到那个时候，即使想挽救，也来不及了。《商书》〔1〕中有这么一句话：'邪恶的蔓延，就好像是大火在原野上燃烧，根本不能够靠近，怎么还能去扑灭它呢？'古代史官周任说过：'治理国家的人对待邪恶，就像农民对待杂草一样，把它们努力铲除，堆积起来，使其发酵，用来使田地更加肥沃；并且要除掉它们的根基，不让它们繁殖。这样善德、善政才能发展起来。'"

○ 品画鉴宝

鲁宰驷父鬲（西周） 此器口部内侧铸铭文一周十五字，表明其为鲁宰驷父嫁女的媵器。

相关链接

〔1〕《商书》：《尚书》按照时间先后分为《虞书》《夏书》《商书》《周书》四个部分。《商书》相传记载的是殷商史实。

郑人大败戎师

戎人入侵，郑庄公运用公子突的计谋，消灭了他们的先头部队。戎军大败而逃。

隐公九年冬，北方的山戎[1]人入侵郑国，郑庄公率军抵御，但又担心戎国的军队战斗力强而难以取胜，说："他们徒步作战，我们乘战车作战，我很担心战车进退不便而被他们突袭。"

庄公的儿子突说："可以派一些勇敢而不刚强的士兵去试探敌情，一跟他们接触就马上退走。君王您在退走的路上设下三处埋伏，等着敌兵的到来。戎兵轻敌而纪律松散，贪婪而互不团结，战胜的时候争夺战利品而不懂得谦让，战败的时候则只顾自己而不救援同伴。走在前面的人看到会有财物和俘虏，一定会加速前进；一旦前进遇到埋伏，一定会立即奔逃。走在后面的人不会加以援救，那么敌兵就没有后援了。这样我们就能取胜。"郑庄公听从了他的建议。

戎军的前哨部队遇到伏兵之后四散逃走，郑大夫祝聃率军乘胜追击，把戎军从中间切断，接着前后夹攻，将戎军全部歼灭了。戎军的后继部队拼命奔逃。就在十一月二十六日这天，郑国军队大败戎军。

相关链接

〔1〕山戎：古族名。又称"北戎""无终"。春秋时分布于今山西太原，后迁今河北玉田西北无终山。公元前7世纪势力渐强，入侵郑、燕等国。战国时为赵国所灭。

○ 品画鉴宝　神兽（春秋）此器龙首、虎身、龟足。背上另立一奔兽。风格独特。

奉天討罪

滕侯薛侯争长

滕侯、薛侯一起朝见鲁隐公，隐公让薛侯在滕侯之后行礼，因为他不是姬姓诸侯。

鲁隐公十一年春，滕侯、薛侯一起来朝见鲁隐公，争执起行礼的先后。薛侯说："我们薛国的祖先奚仲，是在夏代受封的，比滕国受封早。"

滕侯说："我滕国的祖先，做过周天子的卜正〔1〕。薛国都不是周的同姓国，我不能排在他后面。"

隐公派公子翚（羽父）向薛侯转达请求说："承蒙君王您和滕国君王一起来问候寡人。周朝有句俗语：'山上有树木，工匠就对木料加以度量整治；宾客有礼貌，主人就加以选择。'周王室的盟约制度规定，异姓要排在主人后面。寡人如果到薛国朝见，不敢跟与薛国同姓的任姓诸侯同列。君王您如果给寡人一个面子，那就希望您听从滕侯的请求（滕、鲁都是周王室的同姓诸侯）。"薛侯同意了，就让滕侯先行礼。

○品画鉴宝

兽目交连纹温鼎（西周） 此器外形与周初流行的深腹盆形鼎相同，腹内有隔，上部盛食物，下部正面开口，其内可置炭火加温。

相关链接

〔1〕卜正：即太卜。卜官之长。太卜，殷商"六太"之一。商时属春官。主掌国家卜筮之事。

鲁、郑、齐联军占领许都，郑伯让许叔和百里住在东城治理百姓，让公孙获住在西城监督他们。

鲁隐公十一年夏，隐公跟郑庄公在郲[1]地会面，商议攻打许国[2]之事。郑庄公打算攻打许国，于五月二十四日这天，在祖庙里举行了颁发兵器的仪式。大夫公孙阏跟颍考叔争夺兵车，颍考叔把车辕夹在腋下，拉起车就跑，公孙阏就提着戟追上去，一直追到大路还是没有赶上，公孙阏很恼火。

七月，隐公会合齐僖公、郑庄公一起攻打许国。八月初一，三国军队迫近许国都城下，颍考叔拿着郑庄公的旗帜“蝥弧”抢先登上城墙，公孙阏从下面用箭射他，颍考叔就从城墙上摔了下来。瑕叔盈接着又举起“蝥弧”登上城墙，向四周挥动旗帜，大声呐喊：“君王登上城墙了！”郑国军队跟着全部登上了城墙。

初三，军队进入许国都城，许庄公逃到了卫国。

齐僖公把许国让给鲁隐公，隐公推辞说：“您说许国不向周王进贡，寡人才跟随您讨伐它。现在许国已经服罪，即使您有这样的好意，寡人也不敢接受。”于是把许国送给了郑庄公。

郑庄公让许庄公的弟弟许叔住在许城东部，让许国大夫百里辅佐他，并对百里说：“上天给许国降下灾祸，鬼神实在是对许国国君不满，而借寡人的手来惩罚他。寡人连一两个父老兄弟都不能相安，难道还敢把讨伐许国作为自己的功劳吗？寡人有一个弟弟，彼此不能和睦相处，以致他要四处寄食，寡人难道能长久占有许国吗？你要辅佐许叔安顿百姓，我打算派公孙获来帮助你。如果寡人能够善终，上天或许会按照礼法改变降祸于许国的惩罚，愿意让许庄公再回来治理许国。到了那个时候，如果我们郑国向你们许国有所请求，希望你们能像对待老亲戚那样，能够降心同意我们的请求。不要让其他国家钻了空子，跟我们郑国争夺这块土地。要不然，到那时我国的子孙或许忙于争战，自救还来不及，哪里还能替许国祭祀祖先呢？寡人让你留在这里，不仅仅是为了许国，也是想借此机会巩固我们郑国的边境。”

接着，郑庄公又让公孙获住在许城的西部，说：“凡是你的器具财物，都不要放在许城。我去世之后，你马上离开这里。我的先祖桓公建

立郑国，时间还不是很长，但是周王室已经日渐衰微，我们这些周朝的子孙互相攻打，一天天丢掉自己的功业。而许国是尧时四岳之首太岳伯夷的后代，上天既然已经厌弃了周朝，我们哪里还能跟许国争夺呢？”

君子认为：“郑庄公在这件事上处理得很好，很合乎礼法。礼法是用来治理国家、安定社稷、使百姓尊卑有序、使后代受益的工具。当许国违背法度时就攻打它，当它服罪以后就宽恕它，衡量德行后处理事情，根据自己的力量来办事。看准了时机以后再采取行动，不连累后人，这可以说是懂得礼法的了。”

郑庄公让一百个人拿出一头公猪，让二十五个人拿出一只狗和一只鸡，用来诅咒射颍考叔的人。君子认为：“郑庄公在这件事上，在使用政治权力和刑罚上都不得当。政治是用来治理百姓的，刑罚是用来纠正奸邪的。郑庄公让百姓出祭品，不是仁德的措施；只是诅咒公孙阏，失去了刑罚的威严。这是不走正道而走邪道，走邪道去诅咒，又会有什么益处呢？”

相关链接

〔1〕郲：春秋郑地。在今河南荥阳东。

〔2〕许国：西周分封的姜姓诸侯国，开国君主文叔。在今河南许昌东。后屡迁徙。战国初期灭于楚。

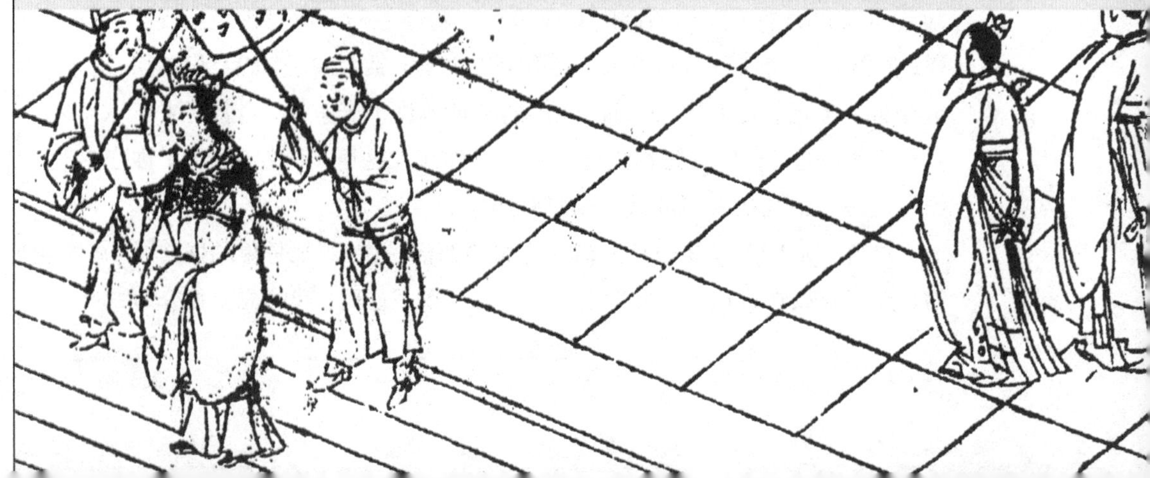

羽父弑隐公

为了实现自己的目的，公子羽父派人刺杀了鲁隐公，然后拥立允为君主。允就是鲁桓公。

鲁隐公时，公子翚（又称羽父）专权。隐公四年，以宋为首的诸侯讨伐郑国，宋公前来请求支援，隐公不肯。羽父请求率领军队参加，一再要求，最后隐公拗不过他，只好让他去了。为此，《春秋》上记载“翚帅师……”，批评羽父不遵从君主的意思。

当初，隐公父亲惠公的元配夫人没有儿子，惠公的小妾声子生了儿子息。后来惠公娶宋公的女儿为妻，生下儿子允。惠公立宋女为夫人，立允为太子。等惠公死了，因为允还年少，鲁国人一起让息摄政，是为隐公。

隐公十一年，羽父为了讨好隐公，就出主意让隐公杀掉允，想借机当上太宰[1]。隐公说：“由于他还年幼，所以我才代他管理国事；现在他已经长大成人，我打算把国君的位子交付给他。我已经让人在菟裘[2]建造房屋，打算在那里养老了。”羽父很害怕，反过来在允那里诬陷隐公，请求允杀掉隐公。

隐公还是公子的时候，曾经在与郑国的狐壤之战中被俘虏，郑国人把他囚禁在尹氏那里。隐公送给尹氏很多财物，并且在尹氏家祭主钟巫的神位之前祈祷，然后和尹氏回到了鲁国，在鲁国立了钟巫的神位。十一月，隐公准备祭祀钟巫，在社圃斋戒，住在寪氏那里。十五日，羽父派刺客在寪氏家里杀死了隐公，然后拥戴允为国君，是为桓公。然后以弑杀国君的罪名攻打寪氏，寪氏家族有人因此受冤而死。

相关链接

〔1〕太宰：官名。西周时掌王室内外事务。春秋时各国沿置。

〔2〕菟裘：春秋鲁邑。在今山东泰安东南。

宋华父督弑君

宋国太宰华父督攻杀大司马孔父，占有了他的妻子。因害怕被定罪又杀死了宋殇公，迎立公子冯为君。冯就是宋庄公。

鲁隐公三年，宋穆公病重，召见了大司马[1]孔父，把哥哥宣公的儿子与夷托付给他，说："先君舍弃了儿子与夷，让我当国君，我不敢忘记先君的恩德。如果托大夫您的洪福，我能得以善终。要是先君向我问起与夷，我要用什么话来回答他呢？请您侍奉与夷主持国家大事，那我即使死了也没有什么遗憾了。"

孔父回答说："各位大臣可都是愿意侍奉您的儿子冯啊。"

穆公说："不能这么做。先君认为我贤能，让我主持国家大事，如果舍弃先君的贤德，坚持不让位，这就是辜负了先君的贤德之举，怎么能算贤德呢？发扬先君的美德，能不尽力而为吗？希望您不要废弃先君的功德。"穆公送公子冯到郑国居住。八月，宋穆公去世了，与夷即位，也就是宋殇公。

君子评价说："宋宣公可以算得上是了解人的了。他把王位传给穆公，但他的儿子也接着继承了王位，这大概是他的遗命合乎道义吧。《商颂》说：'殷王传授王位，兄终弟及，都合乎道义，因此他们得到了各种福禄。'这句话说的就是这种情况吧。"

再说公子冯出奔到郑国，郑国就想把冯送回宋国来，立冯为君。结果宋、郑两国因此结怨，互相攻伐，宋殇公在位十年，倒发生了十一次战争，百姓早已不能忍受战乱带来的痛苦，叫苦不迭。

当时孔父担任司马一职，华父督担任太宰一职。华父督在路上见到孔父的妻子，看着她过来又目送她离去，赞叹说："漂亮而又冶艳！"他抓住百姓不堪战乱之苦的心理，就事先散布消息说："宋国连年发生战争，这全都是掌握军权的司马的责任。"

鲁桓公二年春，华父督攻打孔氏，杀死了孔父，并把他的妻子占为已有。宋殇公因此大为生气，华父督很害怕，于是把殇公也杀了。然后从郑国迎回公子冯，立为庄公。

相关链接

〔1〕大司马：即司马。官名。西周始置。主掌军政及军赋。春秋、战国时各国沿用。

郑宋争衡

宋殇公听从卫国州吁的挑唆，发动了与郑国的战争。此后两国连年征伐，其他诸侯也纷纷卷入。直到殇公被杀，这种局面才得以缓和。

宋殇公即位的时候，公子冯逃到了郑国，郑国人曾打算送他回国夺位，郑宋两国因此结怨。

鲁隐公四年，卫国州吁之乱，州吁当上卫国国君以后，准备向郑国报复前代君主结下的冤仇，并以此来讨好各国诸侯，安定民心，于是他派人告诉宋殇公："如果您攻打郑国，铲除您的祸害公子冯，我们就奉您为盟主，并且派兵和陈国、蔡国一起协从贵国。这是我们卫国的愿望。"宋殇公答应了。

此时，陈国、蔡国正好跟卫国交好，因此宋殇公、陈桓公、蔡国人、卫国人一起攻打郑国，包围了郑国国都的东门，五天之后才撤兵。

当年秋，诸侯联盟再次攻打郑国，打败了郑国的步兵，收割了那里的谷子就回国了。

次年四月，郑国的军队袭击卫国的牧场，报了去年东门一战的仇。

卫国人率领南燕[1]军队攻打郑国。郑国派祭足、原繁、泄驾率领三军从正面攻打卫国，派曼伯、子元带兵绕到敌人后面驻扎。南燕的军队畏惧正面的郑国三军，而不担心背后的奇兵。结果到了六月，曼伯和子元带领的奇兵打败了南燕的军队。君子评论说："没有做好充足的准备，就不可以率军作战。"

秋，宋国人夺取了邾国[2]的土地。邾国君主派人向郑国求救："请您派兵攻打宋国，一雪前耻，我们会给您做向导。"

郑国带着周天子的军队跟邾国军队会合，一起攻打宋国，并且攻入了宋国国都的外城，报了当年东门被围之仇。宋国君主派人到鲁国求援，隐公听说入侵军队已经进入了宋国国都的外城，打算派兵救援，问使者说："敌军攻到什么地方了？"

使者回答："还没有到达宋国的国都。"

隐公对使者的隐瞒很不高兴，于是决定不出兵了，向使者推辞说："贵国君王请我一起体恤宋国的大难，现在我问你战争的情形，你却说'敌兵还没有攻到国都'，那我们就没有必要去了。"

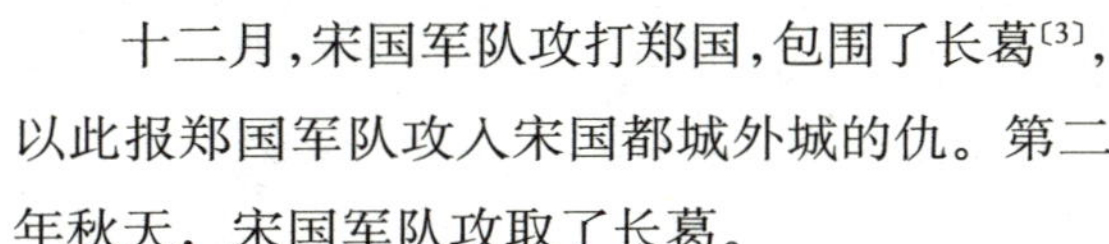

○品画鉴宝　龙爵（西周）　此器腹部纹饰作斜条形纹，以沟形纹相间隔。这种形式的装饰设计，在青铜器中极其罕见。

十二月，宋国军队攻打郑国，包围了长葛[3]，以此报郑国军队攻入宋国都城外城的仇。第二年秋天，宋国军队攻取了长葛。

鲁隐公七年秋，宋国跟郑国讲和。七月十七日，宋、郑两国在宿地签订了盟约。

隐公八年春，齐僖公打算让宋国、卫国跟郑国讲和，已经确定了结盟的日期。宋殇公向卫宣公赠送了礼物，希望两人先会见。卫宣公答应了，因此两国国君在犬丘[4]先进行了非正式的会见。

齐僖公的调解终于起了作用，让宋国、卫国跟郑国讲和了。秋天，他们在温[5]地举行了盟会，在瓦屋签订了盟约，来消除东门之围的旧怨，这是合乎礼法的。

冬，齐僖公派使者向鲁国通报调解宋、卫与郑三国关系并取得成功的消息。隐公派众仲回答说："君王您使宋、卫、郑三国放弃了互相攻打报复的计划，使三国百姓安居乐业，这都是君王您的恩惠啊。我们君王听到这一消息，也十分感谢您的大德。"

可惜才过了不久，第二年秋天，宋殇公因为不去朝见周天子，郑庄公正担任周天子的左卿，就用周天子的名义讨伐宋殇公，带兵攻打宋国。鲁隐公五年，宋国被郑国攻入外城时，隐公没有派兵援救，宋国对此一直心怀怨恨，因此这次也就没有派人来报告。隐公很生气，就跟宋国断交了。

郑国趁机联合鲁国、齐国。鲁隐公十年二月二十五日，郑庄公、鲁隐公、齐僖公在鲁国的邓地结盟，并且约定了出兵攻打宋国的日期。五月，鲁公子翚率领军队首先跟齐僖公、郑庄公会合，一起攻打宋国。

六月初，鲁隐公在老桃会见了齐僖公、郑庄公。初七，鲁隐公带兵在菅地打败了宋国军队。十五日，郑国的军队占领了郜地，次日宣布将郜地归属于鲁国。二十五日，郑国的军队占领了防地，次日宣布将防地归属于鲁国。

君子称赞说："郑庄公在这件事上做得可以说是十分公正了。他用天子的名义征讨不来朝见天子的国家，但自己又不贪图土地，而用来犒赏受天子封爵的鲁国国君，这是掌握了治理政事的根本了。"

七月初五，郑国军队进入鲁国。军队还在远郊驻扎的时候，宋国、卫国的军队袭击了郑国，蔡国军队跟在后面进攻戴地。八月初八，郑庄公率军包围了戴地。初九，郑军攻克戴地，并且俘获了三国的军队。宋军、卫军攻入郑国后，又让蔡国去攻打戴地，蔡国人很恼怒，因此三个国家没有团结合作，这才导致了这一战的失败。

九月，郑庄公率军攻入宋国。

鲁隐公十一年十月，郑庄公带着虢国的军队攻打宋国。十四日，把宋军打得大败，报了前一年宋军侵入郑国的仇。

宋国连年用兵，而且多次打了败仗，百姓不堪其苦，结果宋国就发生了内乱。鲁桓公二年，宋华督父作乱，杀死了宋殇公，然后从郑国迎回公子冯，立为国君，是为庄公。从郑国迎立公子冯，有向郑国表示亲善的意思，至此，郑、宋间的连年斗争也终于告一段落。

相关链接

〔1〕南燕：即燕。相传为黄帝后裔。在今河南延津东北。为区别于北方的姬姓之燕，故人称“南燕”。

〔2〕邾国：一作邹国。曹姓。相传为颛顼后裔所建。都邾（今山东曲阜东南）。后迁绎（今山东邹城东南）。战国时灭于楚。

〔3〕长葛：春秋郑地。在今河南许昌北。

〔4〕犬丘：春秋宋地。在今河南永城西北。

〔5〕温：夏有温国。都温（今河南温县西南）。春秋时为卫地。

曲沃并晋

晋昭侯即位后，把桓叔成师封在了曲沃。从此，君主势力开始衰弱。到曲沃武公的时候，终于取代公室成为列侯之一。

当初，晋穆侯的夫人姜氏在晋国讨伐条地的时候生了太子，起名为“仇”。仇的弟弟是在千亩[1]之战的时候出生的，起名叫“成师”。

大夫师服对此评价说：“太奇怪了！国君竟然这样给儿子起名字！名字表示道义，道义产生礼仪，礼仪体现政治，政治使百姓品行端正。因此，政治上取得成功了百姓才能服从，否则就会发生动乱。美好的姻缘叫作妃，不和睦的夫妻叫作仇，这是古代的名称。现在国君给太子起名叫仇，给太子的弟弟起名叫成师，这就开始预示要发生动乱了。做哥哥的，就算将来继承了君位，恐怕很快就会衰微下去了！”

果然，鲁惠公二十四年，晋国开始发生动乱。这时，晋文侯仇已去世，因此他的儿子晋昭侯即位后，把桓叔也就是成师封在曲沃[2]，并让晋靖侯的孙子栾宾辅佐他。

师服对此发表评论：“我曾听说国家的建立就像树木一样，要根基大而枝叶小，这样才能得以稳固。所以天子建立侯国分封给诸侯，诸侯建立采邑分封给卿，卿再设置侧室，大夫又设二宗官职，士则有其子弟为隶役。农民、工匠以及商人，又分别根据亲疏远近分出不同的等级。这样，百姓才会服从他们的上级，居于下位的人也就没有非分之想。现在晋国不过是周王室甸服内的诸侯，却又另外建立了侯国。既然这个国家的根基已经衰弱了，那么怎么还能长久呢？”

到了鲁惠公三十年，晋国的潘父杀了晋昭侯，准备迎接桓叔，但是没有成功。晋国人立了孝侯为国君。到了鲁惠公四十五年，桓叔的儿子曲沃庄伯攻打晋国都城翼[3]城，杀死了孝侯。翼城人又立了孝侯的弟弟鄂侯为国君。

鲁隐公五年，晋鄂侯去世，曲沃庄伯趁机发兵攻打晋国，率领郑国和邢国的军队攻打翼地，周桓王也派大夫尹氏、武氏率兵帮助他。翼侯逃到了随地。

六月，曲沃庄伯背叛了周桓王。秋天，桓王命令虢公讨伐曲沃，并在翼地立晋鄂侯的儿子哀侯为晋国国君。

鲁桓公三年春，因为晋哀侯侵占了陉庭的土地，陉庭南部边境的人

引领曲沃武公攻打晋国都城翼城。曲沃武公把军队驻扎在陉庭。韩万为武公驾车，梁弘担任车右，他们在汾水[4]附近的低洼地带追赶晋哀侯。后来由于行进中驾车的马被道旁的树木挂住而不得不停下来。夜里，他们俘获了晋哀侯和栾共叔（栾宾之子）。

晋国人立哀侯的儿子小子为君，就是“小子侯”。曲沃武公则派韩万杀死了被俘的晋哀侯。

鲁桓公七年冬，曲沃武公把小子侯诱骗出来，将他杀了。次年春，曲沃武公攻灭翼城。冬，周桓王让虢仲在晋国立晋哀侯的弟弟缗为君。

到了鲁庄公十六年，曲沃武公攻灭晋侯缗，把得来的宝贝器物全部献给了周釐王。釐王就让曲沃武公做了晋国国君，列为诸侯。

相关链接

〔1〕千亩：古地名。在今山西介休南。

〔2〕曲沃：古邑名。在今山西闻喜东北。

〔3〕翼：在今山西翼城东南。晋穆侯自曲沃迁都于此。

〔4〕汾水：即汾河，在山西省中部，源于宁武县管涔山，经太原、临汾盆地，至河津市汇入黄河，为黄河第二大支流。

周郑繻葛之战

早在周平王的时候，周、郑之间就已经失去信任。桓王即位，两国矛盾进一步激化，终于导致干戈相见。繻葛一战，郑国获胜，周天子负伤而归。

郑国的武公和庄公先后担任周平王的卿士。鲁隐公三年，周平王不满意郑伯在朝中专权，就打算把政权分给虢公。郑庄公因此对平王表示了不满，平王为了弥合他们君臣的关系，就对他说："没有这回事。"

为此，周王室和郑国相互交换人质，王室把王子狐送到郑国做人质，郑国把公子忽送到王室做人质。平王去世以后，周王室打算把政权交给虢公。鲁隐公三年四月，郑国的祭足[1]率领军队抢取了温地的麦子。秋天，又抢取了成周的谷子。从此周王室和郑国结下了仇恨。

有君子对此发表评论说："如果信任不是发自内心，那么就算有人质，也是无济于事的。如果能够彼此谅解才采取行动，并接受礼法的约束，即使没有人质，又有谁能够离间他们呢？假如有诚信之心，即使是沟溪、沼池之中的野草、浮萍、白蒿、蕴藻一类的野菜，筐、筥、鼎、釜一类的器具，以及大大小小流动或不流动的水，都可以用来祭祀鬼神，进献王公，他们也不会嫌弃。更何况是君子缔结两国之间的信任，按照礼法行事，又何须什么人质呢？君不见，《诗经·国风》中有《采蘩》《采蘋》，《诗经·大雅》中有《行苇》《泂酌》，不是有那么多昭明忠信之道的诗篇么？"

鲁隐公十一年，周桓王向郑国取了鄔、刘、蒍、邘四处的土地，却把在黄河北岸自己拿不走、原来属于周朝臣子苏忿生的十二处土地换给郑国。君子由此知道周桓王将要失去郑国了。按照儒家的恕道来行事，是道德的准则、礼法的常规。苏忿生反叛周王室，他的田地自己拿不走，就换给别人，那么别人不再听命于你，不也是合理的吗？

鲁桓公五年，周桓王剥夺了郑庄公在朝中的职位，郑庄公从此不再前去朝见。秋，周天子率领各国诸侯讨伐郑国，郑庄公率军抵抗。

周天子率领中军，魏公林父率领右军，蔡国和卫国的军队也隶属于右军，周公黑肩率领左军，陈国的军队也隶属于左军。郑国的子元建议用左军来抵挡蔡国和卫国的军队，用右军来对付陈国的军队。他说："陈国目前正处于动乱时期，百姓没有作战的斗志。如果我们首先攻击他们，他们一定会四散奔逃。桓王的军队就要去接应他们，也一定会发生

○ 品画鉴宝

兽首耳角直立，似有警觉，合牙露齿，双目圆睁，身体粗壮，腹部中空，背部有椭圆形孔，配盖。兽有云纹、涡纹、蚊纹等。该尊的形、纹饰均表现出中原文化的浸润，但装饰风格又有浓厚的百越文化特征。

混乱。蔡国和卫国的军队招架不住，也一定会竞相逃命。然后我们可以集中兵力对付桓王的中军，这样就可以一举取胜。”

郑庄公听从了他的建议，让曼伯担任右军的主帅，蔡仲担任左军的主帅，原繁、高渠弥则带领中军保护郑庄公，摆开了名为“鱼丽”的阵势，也就是说，用二十五辆战车居前，用一百二十五辆战车随后，鱼贯而进，以弥补前面的空隙。

战斗在郑国的繻葛[2]拉开了序幕。郑庄公对左右两军下令：“一看到军旗挥动，你们就击鼓进攻！”郑国军队开始发起进攻，蔡、卫、陈三国的军队顿时四散奔逃，桓王的军队也因此乱了起来。郑国的军队从两边夹攻，桓王军队大败，祝聃射中了桓王的肩膀，但桓王还可以指挥军队作战。

祝聃请求继续追赶，庄公说：“君子不希望逼人太甚，更何况是冒犯天子呢？倘若我们能挽救自己，使国家免于灭亡，那我也就满足了。”夜里，郑庄公派遣祭足前去慰问周桓王，同时问候他的左右随从。

相关链接

〔1〕祭足：又称祭仲，春秋时郑国大夫，政治家、谋略家。

〔2〕繻葛：春秋郑地。在今河南长葛北。

楚武王伐随

为了在汉水以东扩充疆土，楚武王在鲁桓公六年开始率兵伐随。但在这一时期，楚国还没有消灭随国的力量，因此常常以订立盟约的形式结束战争。

鲁桓公六年，楚武王入侵随国[1]，派薳章去随国进行和谈，自己在瑕地驻军等待谈判的结果。随国则派少师来主持和谈。

斗伯比对楚武王说："我国在汉水[2]以东没能再扩张自己的国土，这完全是我们自己造成的。因为我们扩展军队，整顿装备，依靠武力凌驾于别国之上，他们因害怕而联合起来对付我们，所以我们就很难离间他们。在汉水以东的国家中，随国最大。如果随国狂妄自大，就一定会轻视小国。一旦小国疏远随国，就对楚国有利了。随国的少师这个人一向骄傲自大，请君王隐藏精锐的部队，让他看到疲弱的士兵，使他更加骄傲自满。"

熊率且比说："随国有季梁这样的贤臣，我们这样做有什么用呢？"

斗伯比说："这是为将来谋划，将来少师必定会得到随君的宠信，那时我们就可以实施这个计划了。"于是楚武王便故意把军容弄得乱七八糟，迎接少师的到来。

少师回去以后，请求追击楚军。随侯将要同意，季梁阻止说："上天正保佑楚国，楚国军队显得疲弱，恐怕是为了引诱我们吧！君王何必急于出兵呢？我听说小国之所以能够抵抗大国，是因为小国得道而大国失道。所谓道，就是对百姓忠实，对神灵虔诚。国君经常想到如何使百姓得到好处，这就是忠；祝史主持祭祀，祈祷时言词不虚妄，这就是信。现在百姓挨饿，而国君却一心满足私欲，祝史[3]在神灵面前虚报功德，我不知道这样能不能够抵抗大国？"

随侯说："我祭祀用的牲口都没有杂色，而且都很肥壮，黍稷也都十分丰盛完备，为什么不能取信于神灵呢？"

季梁回答说："百姓是神灵的主人。因此，圣明的君主总是先使百姓衣食无忧，然后才致力于祭祀神灵。所以在进献牲口的时候就祷告说'牲口又大又肥'，这是说百姓的财力普遍富足，他们的牲口肥大而且繁衍不息，没有生病也不瘦弱，而且品种齐全取之不尽。在进献黍稷的时候祷告说'洁净的黍稷盛满了祭器'，这是说春、夏、秋三季没有灾害，百姓和睦，收成很好。在进献甜酒的时候祷告说'美酒又好又清'，这

是说他们上上下下都有美德而没有邪心。所谓祭品芳香远闻，就是说他们的德行高尚，没有邪念，与祭品的芳香相应。所以他们专心致力于农事，讲习五教，亲近自己的亲族，用这些行为来表示对神灵的虔诚。在这种情况下，百姓和睦而神灵也降福给他们，做任何事情都会成功。现在，百姓各有异心，神灵也没有主人，就君王您一个人祭品丰盛，又能求得什么福气呢？您先姑且修明政治，亲近兄弟国家，这样也许可以免于灾难。”随侯害怕了，于是修明政治，楚国也就没有攻打它。

到了鲁桓公八年，随国的少师受到了随侯的宠信。斗伯比对楚武王说：“现在可以攻打随国了。我们的敌国内部有了矛盾，这个机会不能错过。”

夏天，楚武王在沈鹿会见诸侯。黄国[4]、随国没有参加，楚武王便派章前去责备黄国，自己则亲自带兵讨伐随国，把军队驻扎在汉水和淮水[5]之间。

季梁请求随侯向楚国表示服从，他说：“我们向楚国表示服从，如果他们不接受，然后开战，就可以让我军愤怒，而使敌军懈怠。”

少师则对随侯说：“必须速战速决，否则，将会失去打败楚军的良机。”

于是随侯发兵抵抗，驾车从远处眺望楚国的军队，季梁说：“楚国人以左为尊，国君一定处在左军之中。我们不要和楚王正面作战，先去攻击他的右军。因为右军没有良将，一定能将他们击败。他们的偏师一败，其他人就会奔散。”

但是少师说：“不与楚王正面对阵，这就表示我们不是他的对手。”

随侯没有听从季梁的话，两军在速杞交战，随军大败，随侯也逃走了。楚国大夫斗丹俘获了随侯的战车和担任车右的少师。

秋天，随国提出与楚国讲和，楚武王不想同意，斗伯比说：“少师已经被我们抓获了，上天已经除掉了他们的祸患，随国还不一定能被我们战胜呢！”于是两国订立了盟约，然后楚军就回国了。

后来，楚武王创造了一种名叫“荆尸”的阵法，在军阵中编入戟队。鲁庄公四年三月，楚武王再一次伐随。将要斋戒祭祀祖先时，他到宫里告诉夫人邓曼：“我的心跳得很厉害。”

邓曼叹息说：“看来君王的福禄要到头了。满了就会动荡，这是自然的规律。前代君王大概已经预料到了，所以在面临作战、将要发布重要命令时使您心跳不已。如果军队没有什么损失，只是君王在途中去世，也就是国家的福气了。”

楚武王终于率领军队出征，结果死在了樠树之下。令尹斗祁、莫敖屈重封锁了楚武王去世的消息，并开通道路，在水上架桥，让军队继续前进，最后在随国境外建造营垒，表示要决战到底。随国人害怕，要求讲和。莫敖代表楚武王到随国与随侯订立了盟约，并邀请随侯在汉水转弯处举行会谈，然后才撤兵回国。直到渡过汉水以后，才宣布楚武王去世的消息。

相关链接

〔1〕随国：西周初分封的姬姓诸侯国。在今湖北随州。

〔2〕汉水：一称汉江。源于今陕西宁强玉带河，在勉县和褒河汇合后称汉江。流经今陕西南部、湖北西北部和中部，在武汉汇入长江。

〔3〕祝史：祭祀时司告鬼神的官员。

〔4〕黄国：嬴姓古国。在今河南潢川西。公元前648年灭于楚。

〔5〕淮水：又称淮河。源于今河南桐柏山，流经河南、安徽等地，在江苏入洪泽湖。

虞公贪得无厌

虞公欲壑难平，得到了虞叔的玉璧又索要宝剑。虞叔为保身而奋起击之。虞公弃国逃亡。

虞公的弟弟虞叔有块美玉，虞公向他索要，虞叔开始不肯进献，但不久就后悔了，心想："周朝有句谚语：'人本来没有过错，不该受到惩罚；但怀里藏着块玉璧就是过错，结果受到了惩罚。'我哪里用得着这块美玉？难道是要用它来买祸的吗？"于是就把美玉献给了虞公。

虞公得了玉，又向虞叔索要宝剑。虞叔说："这真是贪得无厌啊。他这样贪得无厌，迟早有一天会把脑筋动到我的性命上。"鲁桓公十年，虞叔攻打虞公，迫使虞公逃亡到共池[1]去了。

○ 品画鉴宝
龙纹玉璧（战国） 此器厚薄均匀，边缘整齐锋利。两面纹饰完全相同，纹饰复杂，线条流畅，雕琢精致。

相关链接

〔1〕共池：古地名。在今甘肃泾川一带。

楚斗廉败郧师

屈瑕听从斗廉的建议，排除犹疑，坚决出兵，在蒲骚击败郧国军队，达到了与贰、轸结盟的目的。

鲁桓公十一年，楚国的莫敖（楚官名，相当于司马）屈瑕打算和贰国[1]、轸国结盟。郧国人把军队驻扎在蒲骚[2]，打算和随国、绞国、州国、蓼国联合起来攻打楚国。屈瑕对此极为担心。斗廉说："郧国人把军队驻扎在他们的郊区，一定会缺乏警戒之心，而且天天盼望四国军队的到来。如果您领兵驻扎在郊郢[3]城，抵抗这四个国家的军队，我则率领精锐部队在夜里袭击郧国军队。郧国一心希望援兵到来，又依仗其城墙坚固，士兵不会有斗志。如果能够打败郧军，那么其他四国军队就一定会离散。"

屈瑕说："为什么不向君王请求增兵呢？"

斗廉回答说："军队要想获胜，关键在于上下团结一致，不在于人数多少。武王伐纣时双方实力悬殊，但是兵多的殷纣王却敌不过兵少的周武王，这也是您所知道的。把军队整顿一下就出兵吧，还要增什么兵呢？"

屈瑕说："占卜一下怎么样？"

斗廉回答说："占卜是在犹疑不决的时候，才用来帮助作决定。对这件事既然没有疑惑，那又占什么卜呢？"于是就率兵出战，在蒲骚打败了郧军，然后和贰、轸两国订立盟约，班师而回。

相关链接

〔1〕贰国：与贰、轸、郧、绞、州诸国，均在今湖北北部。蓼国在今河南固始。

〔2〕蒲骚：春秋郧邑。在今湖北应城西北。

〔3〕郊郢：楚国别邑。在今湖北荆州市江陵区东北。楚文王定都之"郢"在江陵西北。

郑昭公奔卫

公子忽想凭借自己的力量做事，不肯依靠强大的齐国。后来，当以宋国为后盾的公子突和他争夺君位时，他只好匆匆而逃。

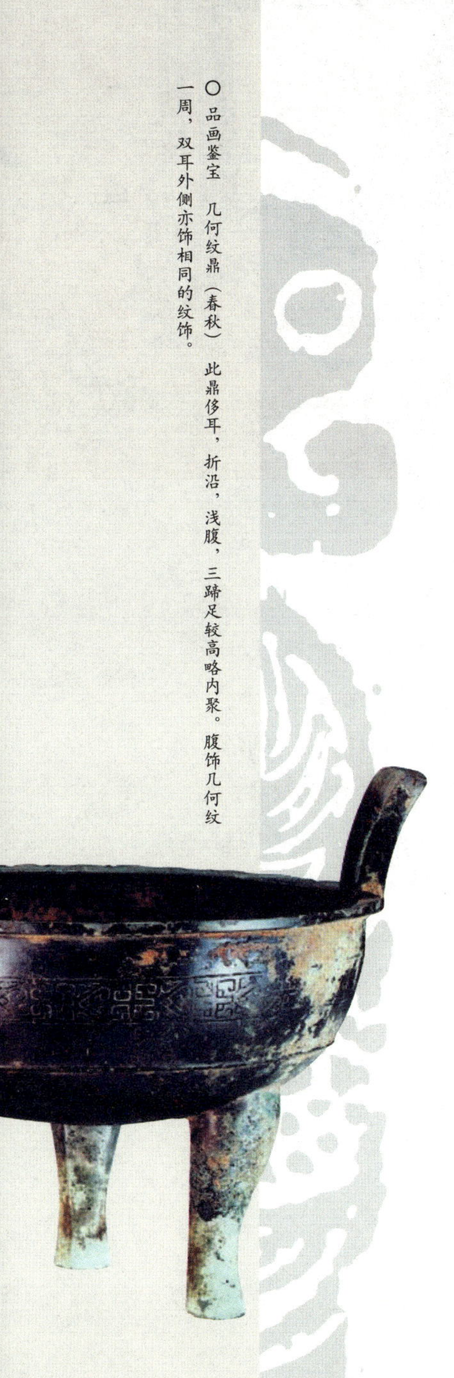

○品画鉴宝　几何纹鼎（春秋）　此鼎侈耳，折沿，浅腹，三蹄足较高略内聚。腹饰几何纹一周，双耳外侧亦饰相同的纹饰。

鲁桓公六年，北戎攻打齐国，齐国派人到郑国求援，郑国的太子忽率领军队救援齐国。六月，大败北戎军队，俘虏了戎军的两个主将大良和少良，并砍了三百个披盔带甲的士兵的脑袋，献给齐国。

当时，各诸侯国的大夫都在齐国防守边境。齐国人要向他们赠送食物，于是就让鲁国来决定赠送各国军队的先后顺序，鲁国把郑国排在了后面。郑国的太子忽因为自己作战有功，对此十分愤怒，因此也就有了鲁桓公十年郑、卫、齐三国和鲁国的郎[1]之战。

郑太子忽刚到齐国时，齐僖公想把女儿文姜嫁给他，太子忽谢绝了。有人问他为什么，他说："每个人都要有合适的配偶。齐国太强大，文姜不适合做我的配偶。《诗经》说：'依靠自己，才能多受福禄。'靠我自己就行了，还要依靠大国干什么呢？"

君子评论说："太子忽善于为自己谋划。"

等到太子忽打败了戎军以后，齐僖公见太子忽很能干，又请求把另一个女儿嫁给他，他又坚决地拒绝了。有人问他拒绝的原因，他说："这次来齐国就算没有使命，我尚且不敢娶妻。现在我因为国君的命令，率军解救齐国的危难，反而娶了妻子回去，这是利用战争为自己完婚。百姓将会怎么议论我呢？"于是就用郑庄公的名义谢绝了。

当时，祭仲曾劝说："您一定要娶齐僖公

○ 品画鉴宝　圣迹之图（明）　图绘孔子看不惯鲁国礼崩乐坏的局面，退居家中，专心修诗书定礼乐的事迹。

的女儿为妻。国君的宠妾很多，您如果没有强大的外援，恐怕难以继承君位。其他三个公子都有可能被立为国君。”但是忽不听。

鲁桓公十一年夏，郑庄公去世，祭仲立太子忽为国君，是为昭公。

当初，管理祭[2]地的官员祭仲受郑庄公的宠信，庄公让他做卿。他为庄公迎娶了邓曼，邓曼生下忽。因此祭仲在庄公死后，就立忽为国君。宋国的大夫雍氏把女儿雍嫁给了郑庄公，雍生下了公子突。雍氏一向受人尊重，并得到宋庄公的宠信，所以雍氏就设法诱骗祭仲，把他抓了起来，并威胁他说：“如果你不立公子突为国君，我就把你处死。”而且还抓了公子突，向他勒索财物。祭仲只好和宋国人订立了盟约，让厉公回国。九月十三日，郑昭公逃亡到了卫国。二十五日，公子突被立为郑国的国君，是为厉公。

相关链接

〔1〕郎：春秋鲁邑。在今山东鱼台东北。

〔2〕祭：在今河南郑州东北。原为周公之子封国。春秋时郑并之，为祭仲食邑。

楚屈瑕趾高

蒲骚得胜后，屈瑕开始趾高气昂起来。结果在讨伐罗国的战争中，因骄慢轻敌而兵败身亡。

鲁桓公十二年，楚国发兵攻打绞国，把军队驻扎在绞国的南门。莫敖屈瑕说："绞国地方小而人又轻浮，人一旦轻浮躁动，那就一定会缺少谋略。我建议不要派军队保护随军的砍柴人，用他们来引诱绞人上钩。"

楚武王听从了他的建议。第一天，绞国人俘获了楚国的三十个砍柴人。第二天，绞国人争相出城，把楚国的砍柴人驱赶到山里。楚军在北门等待，并在山下设了埋伏，把绞军打得大败。楚人与绞人订立了城下之盟，然后就班师回国了。

在攻打绞国的战役中，楚国曾分兵渡过彭水[1]。罗国[2]打算趁机攻打他们，并派伯嘉前去侦察，伯嘉把楚军的人数仔仔细细数了三遍。

第二年春，屈瑕领兵讨伐罗国，斗伯比给他送行。回来后，斗伯比对他的驾车人说："屈瑕一定会失败。因为他走路时把脚趾抬得很高，心志也就浮躁了。"于是马上求见楚武王，说："一定要增派军队！"

○ 品画鉴宝　双鞘剑（战国）

但是楚武王拒绝了他的建议，并回宫告诉夫人邓曼。邓曼说："斗伯比的意思大概不是说人数要多，而是指君王要用信用来安抚百姓，用美德来训诫百官，用刑罚来使屈瑕有所畏惧。屈瑕仗着蒲骚一战的胜利，以为这次仍然会获胜，一定会自以为是，轻视罗国。君王如果对他不加以督察，恐怕他会轻率行事而不加以防备呀！斗伯比的本意是请君王训诫大众并好好地督察他们，召集百官并用美德来勉励他们，见到屈瑕则告诉他上天对人们犯下的过错是不会宽容的。否则的话，斗伯比难

○ 品画鉴宝　人物驭龙图（战国）　图中人物，衣袂飘荡，乘一龙騎而驰，想象奇崛，刻画传神。

道不知道楚国军队已经全部出发了吗？”于是楚王就派在楚国做官的赖国[3]人前去追赶，但已经追不上了。

屈瑕在全军发布命令：“谁敢进谏，谁就要受到处罚！”

军队到达鄢水[4]，渡河时队伍混乱无序，过河后既没有整肃队伍，也没有布置防卫。到达罗国后，受到了罗国和卢戎[5]两国军队的夹攻，结果楚军大败。屈瑕在荒谷上吊自杀，其他将领被囚禁在冶父，听候楚王处罚。楚武王说：“这是我的罪过啊。”于是把将领们都赦免了。

相关链接

〔1〕彭水：即今湖北西北部的南河及其支流马栏河。汉水支流之一。
〔2〕罗国：熊姓古国。在今湖北宜城西。春秋时灭于楚。
〔3〕赖国：姬姓古国。位置说法不一。大致在今河南、湖北交界一带。灭于楚。
〔4〕鄢水：即今湖北蛮河。汉水支流。
〔5〕卢戎：古族名。相传为炎帝之后。春秋时分布于今湖北南漳东北。

卫宣姜之乱

宣姜本来是公子急子的妻子，却被父亲卫宣公据为己有，生下了公子朔。后来，宣姜害死急子，使朔登上了君位。

当初，卫宣公和他的庶母[1]夷姜私通，生下了急子，卫宣公把急子托付给了右公子。后来从齐国为急子娶妻，宣公看到新娘很美，就据为己有，人称宣姜。宣姜后来生下了两个儿子寿和朔，并把寿托付给了左公子。

后来夷姜上吊自杀，宣姜和公子朔在宣公面前诬陷急子。卫宣公便让急子出使齐国，并让刺客在莘[2]地等候，打算杀死他。寿子把这件事告诉了急子，让他逃走。急子不同意，说："不听父亲的命令，儿子还有什么用呢？除非世界上有没有父亲的国家，我才可以逃到那里去。"

等到急子将要出行，寿子用酒把急子灌醉，把急子的旗子插在自己车上先去了，结果被刺客杀死。急子也随后赶到，看到寿子被杀，便对刺客说："你们要杀的是我，这个人有什么罪？请你们杀了我吧！"于是刺客又杀了急子。因此，左、右二公子都怨恨公子朔。

公子朔后来继位，就是卫惠公。鲁桓公十六年，也就是卫惠公四年的十一月，左公子泄和右公子职共同拥立公子黔牟为国君，卫惠公出奔。

卫惠公出奔到齐国，当时齐国开始强大，便号召鲁、宋、陈、蔡等诸侯一起讨伐卫国，想把惠公送回国去。七年后，也就是鲁庄公五年冬，齐、鲁、宋、陈、蔡联军一起攻打卫国。

次年正月，周王派子突率军前去救援卫国。

到了夏天，卫国还是战败了，卫惠公回国为君，把公子黔牟流放到成周，把大夫宁跪流放到秦国，

○品画鉴宝　兽纹三足壶（春秋）

衛莊姜

并把左公子泄和右公子职处死，然后才就位。

君子认为二公子立黔牟为君是“考虑不周全”：要确保国君的地位稳固，必须先对本和末进行全面衡量，先考虑立他是否合乎道义，再看他本人是否能够扶持，见他合适然后才拥立。不合乎道义，就不要为他谋划；不能够扶持，就不要勉强拥立。所以《诗经》说：“根壮枝茂，才能百世不衰。”

相关链接

〔1〕庶母：嫡出子女对父妾的称呼。

〔2〕莘：春秋卫邑。在今山东莘县。

鲁文姜之乱

鲁桓公虽然娶了齐国的文姜，但因为纪国的问题，双方一直不和，而且文姜和齐襄公私通。齐襄公设宴招待鲁桓公，事后便派人谋害了他。

鲁桓公虽然娶了齐僖公的女儿姜氏，但鲁国和齐国一直因为纪国[1]的问题而有矛盾。齐国想吞并纪国，但纪君娶的是鲁君的女儿，所以鲁国要保护纪国。鲁桓公十四年，齐僖公去世，他的儿子襄公继位，图谋纪国更急，鲁国也没有切实的办法。

鲁桓公十七年春，鲁桓公和齐襄公、纪侯在黄地结盟，主要就是为了调解齐国和纪国之间的矛盾，使他们和好。

但到了夏天，鲁国和齐国就因为疆界问题，在奚地发生了战争。当时齐国军队入侵鲁国边境，守卫边境的官吏前来报告。桓公对齐国却很有麻痹之意，说："对于边境上的事情，你要谨慎地防守自己这一边边境，加强戒备，并时刻防备发生意外。你姑且尽力防守，一旦发生了战事就迎战，又何必向我请示呢？"

次年春天，鲁桓公出行，和夫人文姜来到齐国。申繻感叹地说："女人有丈夫，男人有妻室，彼此之间界限谨严，不能互相侵犯，这就叫有礼。如果违反了这一点，必然坏事。"

○ 品画鉴宝　列女仁智图（东晋）顾恺之／绘

桓公先和齐襄公在泺水[2]会见，然后和文姜到齐国。齐襄公与文姜通奸，桓公谴责了文姜，文姜就把这件事告诉了齐襄公。

四月十日，齐襄公设宴招待桓公。酒后就让公子彭生扶桓公上车，后来桓公死在了车上。

鲁国人告诉齐国人说："我们国君因为害怕你们国君的威严，所以才没敢安居国内，去贵国重修旧好。但礼仪完成以后，我们国君却没有回国，又没有地方可以追究责任，这在诸侯中造成了恶劣的影响。希望你们把彭生杀了，以消除这种恶劣影响。"于是齐国人杀死了彭生。

桓公死后，庄公继位。次年三月，夫人文姜逃亡到了齐国。桓公在齐国被杀，文姜负有直接责任，于是庄公跟她断绝了母子关系。

相关链接

〔1〕纪国：周朝姜姓诸侯。在今山东寿光南。公元前690年并于齐。

〔2〕泺水：源出今山东济南西南，北流入古济水。《春秋·桓公十八年》载："公会齐侯于泺。"即此。

图绘历史上有智谋远见的妇女。人物眉、眼、嘴的微妙差别以及身姿动态，表现了复杂的性格特征。

郑国的衰落

从宋国拥立厉公、逼走昭公开始，郑国就陷入了外部连年战争、内部频繁废立的混乱局面。曾经盛极一时的大国，就这样逐渐衰落了下去。

鲁桓公十一年，宋国人要挟祭仲拥立郑厉公，逼走昭公，还向郑国索要贿赂，两国因此结怨。第二年，鲁桓公想让宋国与郑国讲和。秋天，桓公和宋庄公在句渎[1]之丘结盟。因为并不知道宋国是否真想跟郑国和好，所以又在虚地举行了会见。冬天，双方再一次在龟地会见。由于宋庄公拒绝跟郑国讲和，因此桓公便和郑厉公在武父订立了盟约，然后率兵攻打宋国，在宋国国境内发生战斗。这是为了讨伐宋国不讲信用。

君子评论说："要是事后不讲信用，那么即使结了盟也是没有用的啊。《诗经》说：'君子屡屡结盟，就会导致动乱的增加。'这是因为不履行盟约，不讲信用。"

鲁桓公十三年，郑国因为无法忍受宋国屡次索要贿赂，所以联合纪、鲁、齐的军队，与宋、卫、燕的联军作战。

鲁桓公十四年冬，宋国人率领诸侯的军队进攻郑国，这是为了报复桓公十二年郑国和鲁国攻打宋国的那次战争。宋军焚烧了郑国都城的渠门，进入都城，一直攻到了城中大街，并且攻打东郊，夺取了牛首一地，还把郑国太庙里的椽子拿回去做了宋国城门的椽子。

郑国这次败仗之后，第二年内部又发生了变乱。祭仲因为拥立有功，专权独断，郑厉公对此非常担心，于是就派祭仲的女婿雍纠设法杀死他。雍纠打算在郊外宴请祭仲，趁机除掉他。雍纠的妻子雍姬得知此事后，问她母亲："父亲和丈夫哪一个更亲近呢？"她母亲说："女子出嫁之前，任何人都可以选择做她的丈夫，但是父亲却只有一个，两者怎么能够相比呢？"于是雍姬就告诉祭仲："雍纠不在家里却在郊外宴请您，我怀疑其中有诈，所以告诉您，请您小心。"祭仲就先动手杀死了雍纠，并把他的尸体抛在周室之池示众。

郑厉公急忙用车载了雍纠的尸体逃出郑国，并说："遇事和女人商量，他真是死的活该。"祭仲又迎回昭公，让他复位。

当年，郑庄公打算让高渠弥做卿，昭公因为厌恶他，便坚决劝阻，庄公没有同意。昭公即位后，高渠弥害怕昭公会杀掉自己，就在鲁桓公十七年的十月二十二日，杀了昭公，然后立公子亹为国君。

君子称赞昭公了解他所厌恶的人。公子达说："看来高渠弥恐怕要被杀掉啊！因为他对昭公的报复也太过分了。"

齐襄公听说这件事，便想替郑国讨伐贼子，借此长自己的大国威风。次年秋天，齐襄公率领军队驻扎在首止[2]，让郑君前去会见。子亹只好去了，让高渠弥做他的助手。七月三日，齐国人杀了子亹，并把高渠弥五马分尸[3]。

祭仲到陈国迎回昭公的另一个弟弟子仪，将他立为国君。首止这次会见，由于祭仲事先了解了情况，所以就托病没有前往。有人说："祭仲有先见之明，所以能免于灾祸。"祭仲也不知道谦虚，说："确实是这样啊。"

相关链接

〔1〕句渎：一作谷丘。春秋宋地。在今河南虞城西南。

〔2〕首止：一作首戴。春秋属卫。在今河南睢县东南。

〔3〕五马分尸：即车裂。把人手、脚、头分别绑起来，然后以五马驾车，同时奔跑，人被撕裂而死。

楚子灭邓

楚文王讨伐申国，班师时顺路攻打邓国。鲁庄公十六年，楚再次攻邓，遂灭之。

鲁庄公六年，楚文王攻打申国，路过邓国[1]。邓祁侯说：“他是我的外甥。”于是把他留住，盛情款待。

邓祁侯的另外三个外甥——骓甥、聃甥、养甥请求杀掉楚文王，邓祁侯不答应。他们三个人说：“将来灭亡邓国的，必定是这个人。如果不早做打算，您将来后悔就来不及了。希望您能尽早下手杀掉他！如果要动手，现在正是好机会！”邓祁侯说：“如果这样做，人们将会唾弃我，不吃我祭祀剩下的东西了！”三甥说：“如果您不听从我们三个人的意见，将来邓国被楚国灭掉，连社稷的神灵都得不到祭祀了，您还到哪里去拿祭祀剩下的食物呢？”邓祁侯最终还是没有听从他们的建议。果然，楚文王从申国返回时，攻打了邓国。鲁庄公十六年，楚国再次攻打邓国，终于将它灭亡了。

相关链接

〔1〕邓国：曼姓古国。在今河南邓州。一说在今湖北襄樊。

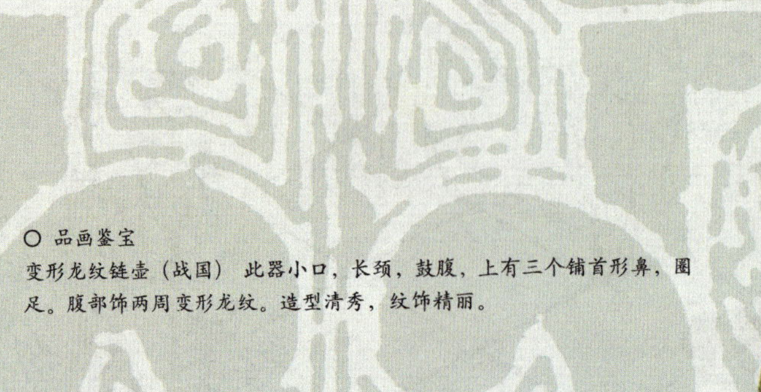

○ 品画鉴宝

变形龙纹链壶（战国） 此器小口，长颈，鼓腹，上有三个铺首形鼻，圈足。腹部饰两周变形龙纹。造型清秀，纹饰精丽。

○ 品画鉴宝　孔子为司寇石刻像　鲁定公十二年（公元前498年），孔子为鲁国大司寇，时年五十四岁。

连称、管至父戍守葵丘，因到期后齐襄公失信而发动叛乱。他们杀死襄公，拥立僖公的侄子公孙无知为国君。

齐襄公让连称、管至父两位大夫戍守葵丘。七月瓜熟的时候，他们动身前往葵丘，齐襄公对他们说："到明年瓜熟的时候，我就派人去替换你们。"但一年戍期已满，齐襄公关于替换的命令还没有下来。连称和管至父请求派人来代替，但是齐襄公没有同意，因此连称和管至父两人就策划叛乱。齐僖公的同母之弟叫夷仲年，生了个儿子叫公孙无知。公孙无知深受齐僖公的宠爱，他穿的衣服和所享受的待遇都同齐僖公的嫡子一样。齐襄公即位以后，削减了公孙无知的待遇，连称和管至父两人就打算依靠他来发动叛乱。连称有个堂妹在齐襄公的后宫为妾，但是不受

齐襄公的宠爱，连称就让她前去窥伺襄公的行动。公孙无知对她说："这事如成功，我就封你为夫人。"

鲁庄公八年十二月，齐襄公去姑棼[1]游玩，就在贝丘打猎，突然看到一头大野猪，随从说："这是公子彭生啊。"齐襄公发怒，说："彭生还敢在我面前出现？"于是就用箭射它。野猪像人一样站起来，大声吼叫。齐襄公害怕，从车上掉了下来，摔伤了脚，还掉了鞋。

出游归来以后，他责令一位叫费的侍从前去找鞋。费没有找到鞋子，齐襄公就鞭打他，直打到身上流血。费跑了出去，在宫门口遇到了叛乱的人，叛乱的人把费劫走并捆绑起来。费说："我哪里会反抗你们！"并解开衣服让叛乱者看他背上的伤痕，叛乱者才相信他。

费表示愿意和叛乱者一起行动，请求先进宫去。他进去后，先把齐襄公隐藏起来，然后出来和叛乱者搏斗，结果死在了宫门里。侍人石之纷如也死在了台阶下。叛乱者进入宫里，在床上杀了假冒齐襄公的孟阳，说："这个人不是国君，样子不像。"后来在门下看到齐襄公的脚，于是就把他杀了，然后立公孙无知为国君。

当初，齐襄公即位之后，行事没有一定的准则。齐大夫鲍叔牙说："国君让百姓松弛放纵，祸乱将要发生了。"于是就侍奉齐僖公的庶子公子小白逃亡到莒国[2]。叛乱发生以后，齐国大夫管仲和召忽也侍奉齐僖公的儿子公子纠逃亡到了鲁国。

相关链接

〔1〕姑棼：齐邑。在今山东博兴东南。

〔2〕莒国：周朝己姓诸侯。初都计斤（今山东胶州西南），春秋迁莒（今山东莒县）。公元前431年灭于楚。

○ 品画鉴宝

金柄铁剑（春秋） 剑为纯金柄，铁质身，锋端为柳叶状。下剑柄饰以勾云状，珠形的绿松石和料器来镶嵌出角、眼的阳线蟠螭纹。

齐桓公用管仲

公孙无知被杀后，公子小白登上了国君之位，是为齐桓公。桓公听从鲍叔牙的建议，任命曾经保护公子纠的管仲为相，以图称霸诸侯。

鲁庄公八年，齐国发生连称、管至父之乱，齐襄公被杀，公孙无知被立为国君。齐大夫鲍叔牙侍奉公子小白逃到莒国，管仲和召忽侍奉公子纠逃到鲁国。

公孙无知曾经虐待齐国大夫雍虞。到了鲁庄公九年春天，雍虞因为旧恨未释，就把公孙无知杀死了。结果，齐国没有了国君。

鲁庄公和齐国的大夫在蔇地结盟，并于夏天领兵进攻齐国，打算护送公子纠回国即位。此时，公子小白抢先从莒国回到了齐国即位，就是齐桓公。

秋天，鲁国军队和齐国军队在乾时[1]交战，结果鲁军大败。庄公丢弃了自己的战车，转乘其他战车回国。秦子和梁子打着鲁庄公的旗帜躲在小道上，引诱齐军来追，以掩护庄公逃跑，结果两人都被齐军俘获了。

鲍叔率领军队代表齐桓公来到鲁国，说："公子纠是我们齐桓公的亲兄弟，请君王把他杀了。至于管仲、召忽，他们是我们的仇人，请允许我把他们带回齐国，我们要亲手杀掉他们才能甘心。"于是就在生窦这个地方杀死了公子纠，召忽也为公子纠自杀。

管仲请求把他囚禁起来送回齐国，鲍叔同意了。到了齐国堂阜[2]，就给他松了绑。回国后，鲍叔向齐桓公报告说："管仲的治国才能超过了高傒(齐国著名的上卿)，您可以让他担任宰相。"齐桓公听从了，于是重用管仲，揭开了他称霸诸侯的序幕。

相关链接

〔1〕乾时：齐国地名。在今山东临淄一带。

〔2〕堂阜：齐邑。在今山东蒙阴境内。

曹刿论战

曹刿毛遂自荐，指挥鲁国士兵打败了前来侵犯的齐国大军。事后他分析得胜原因，留下了“一鼓作气，再而衰，三而竭”的经典名句。

鲁庄公十年春，齐国的军队攻打鲁国，鲁庄公准备迎战。这时曹刿[1]请求接见。曹刿的同乡劝阻他说：“这事有当官的人去谋划，你又何必参与其中呢？”曹刿说：“这些当官的人都很浅陋，没有智谋，不能深谋远虑。”于是入宫进见鲁庄公。

他问庄公依靠什么来作战。庄公说：“暖和的衣服，和能吃饱的食物，我都不敢独自享受，一定分给别人。”

曹刿说：“小恩小惠没有遍及百姓，百姓是不会跟从您的。”

庄公说：“祭祀神灵用的牲口和玉帛，我都按照礼制来供应，不敢任意增加或减少，祝史的祷告也一定实话实说。”

曹刿答：“小诚小信没有遍及百姓，百姓是不会跟从您的。”

庄公又说：“对于大大小小各种案件，我虽然不能一一洞察，但必定都根据实际情况处理。”

曹刿说：“这才是为百姓尽心竭力的一种表现，您可以凭借这一点打仗。如果要打仗，请允许我跟随您前往。”

庄公和他同乘一辆战车，在长勺[2]和齐国军队展开了战斗。一开始，庄公就打算擂鼓进攻。曹刿说：“现在还不行。”齐国人擂了三通战鼓后，曹刿才说：“可以击鼓了。”结果齐军大败。

这时，庄公准备乘胜追击齐军。曹刿说：“现在还不行。”他下车仔细察看了齐军兵车的痕迹，并登上车前横木，眺望了一下，然后才说：“可以追击了。”于是才开始追击齐军。

取得胜利之后，庄公问起战胜的原因。曹刿回答说：“作战，靠的就是勇气。第一通战鼓使士气大振；到了第二通战鼓，士气就开始衰退了；第三通战鼓之后，士气就衰竭了。齐军的士气衰竭了，而我方士气正旺，因此我们才能战胜他们。齐国是个大国，他们的行动难以揣摩，我怕他们是假装撤退而布置埋伏。我看到他们兵车的辙痕已经散乱，望见他们的战旗已经倒下，确实是败退的样子，所以才让追赶齐军。”

相关链接

〔1〕曹刿：即曹沫。春秋时期鲁国武士。以勇武著称。相传曾在齐、鲁盟会上挟持齐桓公，迫使他归还鲁国失地。

〔2〕长勺：春秋鲁邑。在今山东莱芜东北。

宋桓公罪己

鲁国派人慰问宋国，宋闵公按照公子御说的话对答使者。鲁大夫闻其言感慨不已，认为宋国不久将要兴盛起来。御说就是后来的宋桓公。

鲁庄公十年，鲁国军队在乘丘[1]大败宋国军队。次年夏天，宋国为了报乘丘之战的仇而侵犯鲁国，鲁庄公率兵迎战。宋国军队还没有摆开阵势，鲁军就已经逼近了他们，结果在鄑地把宋军打败了。

宋国连续打了两场败仗，这年秋天，又遇上发大水，可谓雪上加霜。鲁庄公派使者前去宋国慰问，并且说："天降大雨，使庄稼受到危害，我们怎么能不来慰问呢？"

宋闵公自称"孤"，回答说："孤对上天不够敬重，所以上天降下了这场灾难，现在又让贵国国君替孤担忧，实在让孤担当不起啊。"

鲁大夫臧文仲评论说："看来宋国就要振兴了！禹、汤勇于自我责备，因此他们能够迅速兴起；桀、纣却归罪于别人，所以他们很快就灭亡了。而且，各国发生灾荒，国君称自己为孤，这也是合乎礼法的。说话诚惶诚恐，而且自我称谓又合乎礼法，他们大概就要兴盛起来了！"

不久，又传来消息说这是宋庄公的儿子公子御说的话，是他让闵公那样讲的，臧孙达评论说："公子御说这个人适合当国君，因为他有体恤百姓之心。"

第二年，宋南宫长万作乱，平定之后，公子御说被立为国君，是为桓公。桓公在位三十一年去世，他的儿子兹甫继位，就是一心想称霸诸侯的襄公。

相关链接

〔1〕乘丘：春秋鲁邑。在今山东兖州西北。

宋南宫长万之乱

南宫长万因怀恨而叛乱。宋闵公被杀，萧叔等人拥立御说为君。叛乱平息后，南宫长万被剁成了肉酱。

○品画鉴宝　乳钉纹盖豆（战国）

鲁庄公十年六月，齐国军队和宋国军队驻扎在郎地。鲁大夫公子偃对庄公说："宋军队伍零乱，军容不整，可以打败他们。宋军一败，齐军必定撤回，我请求您追击宋军。"但是庄公不同意。于是公子偃私自从雩门出城，把马蒙上老虎皮，先进攻宋军，庄公率军跟着进攻，在乘丘把宋军打得大败。不久之后，齐军就回国了。

在乘丘之战中，鲁庄公用"金仆姑"这种箭射中了宋国的大夫南宫长万，庄公的车右遄孙活捉了他。宋国人因为南宫长万是宋国的勇士，就请求鲁国把南宫长万释放回国。后来宋闵公戏弄南宫长万说："开始的时候我很敬重你。现在，你成了鲁国的囚犯，我不能再敬重你了。"因此南宫长万对宋闵公怀恨在心。

鲁庄公十二年秋，南宫长万在蒙泽[1]杀死了宋闵公。他出来后在宫门口遇到了大夫仇牧，反手一掌把他打死了。在东宫的西面遇到了太宰华督，又把他杀了。然后立了子游为君。其他公子都逃亡到了萧国[2]，公子御说逃亡到了亳地。南宫牛和猛获率领军队包围了亳地。

十月，萧叔大心和宋戴公、武公、宣公、穆公、庄公的族人率领曹国军队讨伐南宫长万。在交战中杀死了南宫牛，在宋国都城杀

死了子游，然后立公子御说为君，是为桓公。猛获逃亡到了卫国，南宫长万逃亡到了陈国，逃跑时他让母亲坐到车上，自己驾车，只用一天时间就到了陈国。

宋桓公向卫国请求归还猛获，卫君不打算归还，大夫石祁子说："不可以拒绝啊。天下的邪恶是一样的，他在宋国作恶，却在我国受到庇护，我们庇护他又有什么益处呢？得到了一个人，却失去了一个国家；袒护了邪恶的人，却抛弃友好的邻邦，这不是一个好主意。"于是卫君就把猛获送还宋国。

宋桓公又向陈国请求归还南宫长万，并送上了财物。陈君让美女劝南宫长万喝酒，把他灌醉后，用犀牛皮包起来装上车运走。等送到宋国，南宫长万的手脚已经挣破牛皮露在外面了。宋国人把猛获和南宫长万这两个人都剁成了肉酱。

相关链接

〔1〕蒙泽：古泽名。春秋属宋。在今河南商丘北。

〔2〕萧国：春秋宋附庸国。国君子姓。在今安徽萧县西北。

郑厉公复位

鲁庄公十四年，出逃在外的郑厉公从栎地攻打郑国。叛臣傅瑕杀死郑子子仪，迎接他回国复位。

鲁桓公十五年，郑厉公谋害祭仲失败，出奔蔡国。当年秋天，厉公依靠栎[1]地的人杀死郑国守栎大夫檀伯，从此便居住在栎地。

鲁庄公十四年，郑厉公率领军队从栎地攻打郑国，到了大陵[2]，俘虏了郑大夫傅瑕。傅瑕说："您如果释放我，我就想办法让您回国复位。"于是郑厉公和他订立了盟约，然后放了他。当年六月二十日，傅瑕杀了郑子子仪和他的两个儿子，然后接厉公回国即位。

当初，在郑国都城的南门下，曾有两条蛇在一起争斗，一条在门里，一条在门外，结果门里的蛇被咬死了。过了六年之后，郑厉公回国即位。鲁庄公听说这件事之后，问申："难道现在还有妖孽吗？"

申回答说："一个人是否会遇到所恐惧的事物，是由他自己的气势决定的。妖孽是因人而生的。如果一个人没有罪过，那么妖孽是不会自己出现的。如果一个人违背了常理，妖孽就会产生，因此出现了妖孽。"

郑厉公回国后就杀了傅瑕。并派人对大夫原繁说："傅瑕对国君怀有二心。对这种人，周朝制定了刑罚，现在已经根据刑罚将他惩处了。凡是帮助我回国而又没有二心的，我都答应给他们上大夫的官职，我希望能跟伯父您共同商议大事。而且，在我被迫出逃时，伯父没有把国内的情况告诉我；我从蔡国回到栎地以后，您也没主动亲近我，对此我感到非常遗憾。"

原繁回答说："当年先君桓公命令我的祖先掌管宗庙。国家有君主，而自己的心却在国外，还有比这更严重的存有二心之人吗？假如一个人主持了国家大事，那么国内的百姓，谁不是他的臣民呢？臣民不应该怀有二心，这是上天的规定。子仪担任国君，已经有十四年了。现在策划请

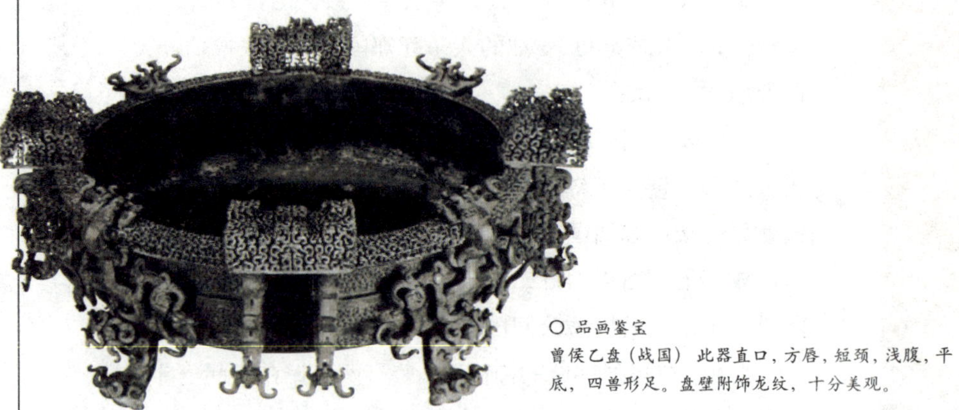

○ 品画鉴宝

曾侯乙盘（战国） 此器直口，方唇，短颈，浅腹，平底，四兽形足。盘壁附饰龙纹，十分美观。

君王您回国即位的人，难道不是对国君怀有二心吗？郑庄公的儿子还有八个在世，如果都效仿您，用官职爵位作为贿赂劝说别人背叛国君，而又可能成功的话，那君王您该怎么办呢？您的命令我听到了。”于是就上吊死了。

郑厉公从栎地回到国都后，没有及时通知楚国。鲁庄公十六年秋天，楚国进攻郑国，打到了栎地。这是因为郑厉公对楚国不礼貌的缘故。

郑厉公开始处罚曾经参与雍纠之乱的那些人。九月，杀了公子阏，砍断了公子强钼的双脚。君子替强钼感到惋惜，说：“强钼不能保护他的双脚。”

公父定叔逃亡到了卫国。三年后，郑厉公让他回国，说：“不能让共叔段在郑国没有后代。”还特意让他在十月份回国，假惺惺地说：“十月是个好月份，十可是个满数呢。”

相关链接

〔1〕栎：春秋郑国别都。在今河南禹州。

〔2〕大陵：春秋晋地。在今山西文水东北。

蔡哀侯自取灭亡

蔡哀侯对息侯的妻子不敬。息侯大怒，请求楚国出兵攻打蔡国。楚文王将蔡哀侯俘虏而去。

鲁庄公十年，蔡哀侯从陈国娶了妻子，息[1]侯也从陈国娶了妻子。当息侯的妻子息妫出嫁时，路过蔡国，蔡哀侯说："这是我的小姨子啊。"于是就把她留下来，跟她见面，但是很没有礼貌。

息侯听说这件事以后，非常生气，便派人对楚文王说："请您假装攻打我国，我向蔡国求救，引他们出来后，您可以乘机攻打蔡国。"楚文王答应了。九月，楚军在莘地打败了蔡军，并且把蔡哀侯献舞俘获回国。

蔡哀侯因为在莘地作战被俘的缘故，想报复息国，就在楚文王面前极力称赞息妫的美貌。鲁庄公十四年，楚文王到了息国，设宴招待息侯，乘机把他杀死，灭掉了息国。然后把息妫带回楚国，后来息妫生下了堵敖和成王。

息妫到了楚国以后，没有主动跟楚文王说过话，楚文王问她原因，她回答说："我作为一个女人，却侍奉了两个丈夫，既然不能去死，那又有什么话可说呢？"楚文王因为蔡哀侯才把息国灭了，于是又发兵攻打蔡国。七月，楚国军队攻入蔡国。

君子评论说："《商书》所说的'邪恶容易滋长，就好像大火燎原，接近它都不可能，哪里还能扑灭呢？'这说的恐怕就是蔡哀侯这样的情况吧！"

相关链接

〔1〕息：西周分封的姬姓诸侯国。在今河南息县西南。公元前680年灭于楚。

楚鬻拳爱君

鬻拳曾用兵器威胁楚文王，想以此迫使文王听从他的意见。事后，他又觉得有些过分，于是砍断了自己的双脚。

当初，楚武王攻下权国[1]，把权国划为楚国的一个县，派斗缗担任权地的县尹。后来斗缗占据权地反叛，于是楚国派兵包围了权地，杀了斗缗，并把权地的百姓迁到了那处（地名），派阎敖担任那处的县尹。

等到楚文王即位，和巴国[2]人一起攻打申国。但楚军让巴国军队受到惊吓，巴国人背叛楚国，攻打那处。占领那处后，接着又攻打楚国都城的城门。阎敖跳到涌水[3]里逃跑，但还是被楚文王捉住杀了。不久阎敖的族人开始作乱。鲁庄公十八年冬，巴国人利用阎敖的族人攻打楚国。

次年春天，楚文王率领军队抵抗巴军，在津地被打得大败。楚文王率领军队回都城，但是主管城门的鬻拳不肯开门，逼得楚文王只好转而攻打黄国，在陵打败了黄国的军队，保全了楚国的声威。

楚军回国到达湫[4]地时，楚文王生病了，并在六月十五日去世。鬻拳把楚文王安葬在夕室[5]后，自己也自杀相殉，被葬在楚文王陵墓地下宫殿的前院里。

当初，鬻拳曾坚决劝谏楚文王不要出兵，楚文王不听。鬻拳就拿起兵器迫使楚文王听从他的意见。事后，鬻拳说："我用兵器使国君惧怕，没有比这更大的罪过了。"于是就自己砍断了双脚。后来楚人让他担任楚都城门的守卫一职，称他太伯，并让他的子孙后代也担任这个官职。

君子对此评论说："鬻拳可以说是真正爱护国君的了。因为劝谏国君的方法过当，所以就自己给自己施刑。受刑之后仍然没有忘记引导国君向好的方向发展。"

相关链接

〔1〕权国：周朝列国之一。子姓。在今湖北当阳东南。
〔2〕巴国：又称巴子国。周武王分封的巴族诸侯。在今湖北、重庆交界一带。
〔3〕涌水：起于今湖北荆州，分长江之水东流，下游复入江。
〔4〕湫：在今湖北钟祥北。春秋楚地。
〔5〕夕室：即墓穴。

郑伯虢公纳惠王

周惠王即位后，行为有些放肆。五大夫联合苏忿生作乱，立子颓为天子。郑、虢出师，攻杀五大夫和子颓，复惠王之位。

当初，王姚受到周庄王的宠幸，生下了子颓。子颓受到庄王的宠爱，庄王让大夫蒍国做他的老师。等到庄王的孙子惠王即位，把蒍国的菜园占为己有，用来饲养山禽野兽。周大夫边伯的房屋离王宫很近，也被惠王强占了。另外，惠王还夺取了大夫子禽祝跪和詹父的田地，并收回了膳夫石速的俸禄。

鲁庄公十九年，蒍国、边伯、石速、詹父、子禽祝跪就联合起来，通过苏忿生作乱反叛。秋天，这五位大夫侍奉子颓攻打惠王，但没有取得成功，便逃到了温地。苏忿生则侍奉子颓逃亡到卫国。卫国、燕国的军队为了帮助子颓，一起攻打周。冬天，子颓被立为周天子。

第二年春天，郑厉公想调解周惠王和子颓之间的纠纷，但没能成功。夏天，郑厉公护送周惠王回到了郑国，让惠王暂时住在栎地。秋天，周惠王和郑厉公进入邬[1]地，接着进入成周，取得了成周的宝器，然后又回到栎地。

冬天，王子颓设宴招待五位大夫，演奏了所有的音乐，并且一起跳舞。郑厉公听说后，去见虢公，说："据我所知，如果悲哀和欢乐的时机掌握不当，那么灾祸一定会到来。现在王子颓欣赏歌舞而不知疲倦，这是把灾难当作欢乐啊。以前司寇按照律法处死犯人时，国君尚且要降低膳食的标准，撤除音乐，更何况是把灾难当作欢乐呢？篡夺王位，还有比这更大的灾难吗？面临灾难却忘记忧愁，那么忧愁就一定会到来。你为什么不帮助天子复位呢？"

虢公回答说："这正是我的愿望！"

鲁庄公二十一年春，郑厉公和虢公在弭[2]地举行会谈。夏天，他们一起攻打王城。郑厉公护送周惠王，从圉门进入王城，虢公从北门进入王城。王子颓和五个大夫都被杀死了。

郑厉公在宫门西边的门楼设宴招待了周惠王，表演了各代的乐舞。周惠王把虎牢[3]以东郑武公的旧地赏赐给他。原[4]庄公说："郑厉公仿效别人做了坏事，恐怕要有灾祸。"五月，郑厉公去世。

周惠王巡视虢公所守卫的土地。虢公在玤地为惠王建造了行宫，于

是惠王把酒泉[5]一地赐给了他。郑厉公的儿子郑文公设宴招待周惠王的时候，惠王把王后的大带、镜子赐给了他。后来虢公请求赏赐器物，周惠王把酒爵赐给了他。因为酒爵是礼器，比大带、镜子贵重，所以郑文公认为周惠王重虢轻郑，从此开始对周王怀恨在心。

相关链接

〔1〕邬：春秋郑邑。在今河南偃师西南。

〔2〕弭：春秋郑地。在今河南新密。

〔3〕虎牢：即虎牢关，位于今河南荥阳汜水镇。相传当年西周穆王车驾东巡，护行壮士在此擒虎而牢之，故名。

〔4〕原：古国名。在今河南济源境内。

〔5〕酒泉：西晋杜预注《左传》，曰“周邑”。今已不可考其所在。

晋灭群公子

桓、庄家族的势力日益强大，晋献公害怕他们会威胁到自己的地位，于是在聚地杀害了诸公子。

晋国桓叔和庄伯的后代日渐强盛，对公族[1]造成威胁，晋献公对此非常担忧。晋大夫士蒍向献公建议："如果设法先把桓、庄家族中足智多谋的富子除掉，那么其他公子就容易对付了。"献公说："这件事你试着去办吧。"于是士蒍就在各个公子面前散布有关富子的坏话，然后又和公子们一起策划，除掉了富子。

这是鲁庄公二十三年的事。

到了第二年，士蒍又和各位公子谋划，让他们杀了游氏的两个儿子，游氏的两个儿子也是桓、庄家族中的能人。然后士蒍告诉晋献公说："可以了。用不了两年，您肯定就可以高枕无忧了。"

鲁庄公二十五年，士蒍又让公子们杀光了游氏族人，然后在聚[2]地筑城，让公子们住在那里。冬天，晋献公率军包围聚城，把公子们全都杀掉了。次年春天，士蒍晋升为大司空。

相关链接

〔1〕公族：指诸侯宗室中国君所在的支族。
〔2〕聚：在今山西绛县东南。

○品画鉴宝　兽目交连纹鼎（春秋）

楚令尹子元伐郑

楚令尹子元是楚文王的弟弟。文王死后，他率兵伐郑，一直打到了郑国的都城才班师而回。

楚国的令尹[1]子元，是楚文王的弟弟，想勾引文王的夫人息妫，于是就在她的宫室旁边建造了馆舍，并在房内摇动大铃跳起了万舞[2]。息妫听到后，哭着说："过去先君让人跳这种舞，是用于军事演习的。现在令尹不把这种舞蹈用来对付仇敌，却用在了我这寡妇的旁边，难道不是很奇怪的吗？"

仆人把这话告诉了子元，子元感叹说："夫人还没有忘记袭击敌人，我却反而忘记了！"

鲁庄公二十八年秋，子元率领六百辆战车攻打郑国，攻入了郑国的城门桔柣门。子元、斗御强、斗梧、耿之不比率领军队先行，斗班、王孙游、王孙喜率领军队殿后。战车队从郑国外城的纯门进去，到了城外大路上的市场。却看到郑国人连内城的闸门都还没有放下，有士兵学着楚国的方言冲出来。子元说："郑国有人才啊。"没敢攻进去。

各诸侯国派兵前来救援郑国，楚军就在夜里悄悄地撤退了。郑国人本来已打算逃往桐丘，侦察兵报告说："楚军的帐幕上面有乌鸦，他们已经撤走了。"于是郑国人才没有逃亡。

子元攻打郑国回来后，住在王宫里，企图继续勾引文王的夫人息妫。斗射师向他劝谏，子元就把他抓了起来，并给他戴上了镣铐。

鲁庄公三十年秋，楚国申县的县尹斗班杀死了子元。斗谷於菟继任令尹，他把自己的家财捐献出来，以缓解楚国面临的危难。这个斗谷於菟，就是楚国著名的贤臣，大名鼎鼎的令尹子文。

相关链接

〔1〕令尹：春秋、战国时期楚国最高官职名。执掌军政大权。

〔2〕万舞：古舞蹈名。《诗·邶风·简兮》："简兮简兮，方将万舞。"《毛传》曰："以干羽为万舞，用之宗庙山川。"

有神降于莘

虢公请求降于莘地之神赐予他土地，人们以此认为虢国将要灭亡了，因为它的君主听命于神灵而不是百姓。

鲁庄公三十二年的七月，据说有神灵下降尘世，附在了虢国莘地的某个人身上。周惠王听说后，向内史[1]过询问这件事："这是什么原因呢？"

内史过回答说："国家将要兴盛的时候，神灵就会降临，是为了考察这个国家的德行；国家将要灭亡的时候，神灵也会降临，是为了考察这个国家的恶行。因此，有的国家得到神灵而兴盛，有的国家则得到神灵而衰亡。虞、夏、商、周都有过这种情况。"

周惠王问："那该怎样对待神灵呢？"

内史过回答说："根据礼制规定，祭祀不同的神灵相应要用不同的物品。在神灵降临的那一天，依照规定，摆上相应的祭祀物品，举行祭祀仪式。"

周惠王听从了他的意见，于是内史过到莘地去祭祀神灵。当他听说虢公请求神灵赐给他土地，回来说："虢国一定要灭亡了。因为虢公性情暴虐，听命于神，却不顺从民心。"

神灵在莘地停留了六个月，虢公派遣祝应、宗区、史嚚前往祭祀。神灵答应赐给他疆土田地。史嚚说："看来虢国大概是要灭亡了。我听说如果一个国家将要兴盛，那国君肯定是听命于百姓；如果一个国家将要灭亡，那国君一定是听命于神灵。神灵聪明正直而一心依凭于人，不随便迁移，根据人的善恶来确定奖赏还是惩罚。虢国缺德事太多了，哪能得到什么土地呢？"

相关链接

〔1〕内史：官名。西周始置。掌简册著作、官员策命、爵禄废置等事。

狄人灭卫

卫懿公好鹤，因此而失去了民心，连国家都被狄人消灭了。齐桓公带领诸侯修筑楚丘城，把卫国遗民迁到了那里。

鲁闵公二年十二月，狄人攻打卫国。卫懿公一向喜欢鹤，他养的鹤甚至能乘坐大夫身份之上的人才能乘坐的轩车[1]。当卫国将要与狄人作战的时候，都城里受到武装的自由民[2]都说："让鹤去作战吧！鹤是享有禄位的，我们哪里能够去作战呢？"

卫懿公把佩玉赐给了大夫石祁子，把箭赐给了大夫宁庄子，派他们防守，说："你们用这个帮助国家，怎样有利就怎样做。"并把绣衣给了夫人，说："你听他们俩的！"

渠孔替卫懿公驾驶战车，子伯担任车右，黄夷为先锋，孔婴齐作掩护。卫军和狄军在荥泽[3]交战，结果卫军大败，卫国因此而被灭。因为作战时卫懿公不肯收起自己的旗帜，使敌军有明确的攻击目标，所以败得很惨。

狄人囚禁了史官华龙滑和祈孔，并继续追赶卫国的遗民。华龙滑、祈孔跟狄人说："我们是太史，掌管国家的祭祀。如果不先放我们回去祭告祖庙，那你们是得不到国都的。"于是狄人就先让他们回去。

他们到达国都后，告诉留守的人："不能再待在这里了。"就在夜里与国都的人一起逃走了。狄军进入卫都后，又追了上去，在黄河边上打败了他们。

宋桓公与卫国有亲戚关系，卫国打了败仗，宋桓公就在黄河边上迎接逃亡的卫国遗民，让他们在夜里渡过黄河。卫国的遗民男女老少有七百三十人，加上共地、滕地的百姓一共有五千人。他们立戴公为国君，寄住在曹邑[4]。

后来戴公去世，弟弟文公继位。齐桓公又带领诸侯修筑楚丘[5]城，把卫国迁到那里。

卫文公穿着粗布衣服，戴着粗布帽子，鼓励种植有用的树木，教导百姓勤于农业，疏通商路，帮助百工，重视教化，劝勉求学，向百官传授法律制度，任用有才能之人。在卫文公当政的第一年，卫国只有三十辆战车；而到了卫文公当政的最后一年，他们已经拥有三百辆战车了。

相关链接

〔1〕轩车：古代贵族乘坐的车子。前顶较高且有帷幕。

〔2〕自由民：指奴隶制国家中非奴隶身份居民。包括奴隶主、农民、商人、手工业者等。

〔3〕荥泽：古泽名。在今河南郑州古荥镇北。

〔4〕曹：春秋卫邑。在今河南滑县旧城东。

〔5〕楚丘：位于今河南滑县东。

鲁庆父之难

鲁庄公死后，他的弟弟庆父专权。庆父勾结哀姜，欲自立为君，于是先后杀害公子般和闵公，给鲁国宗室制造了接连不断的祸患。

当初，鲁庄公建造了高台，从台上可以看到党氏家里。有一次他在台上看到党氏的女儿孟任，十分爱慕，就下去追她。孟任关上门不肯让他进去，庄公就许诺要给她夫人的名分，她才同意，并割破手臂，和庄公盟誓，后来生下公子般。

有一次，鲁国要举行雩祭，在大夫梁氏家里进行预演的时候，庄公的女公子也去观看。养马人荦从墙外跟她调戏逗趣，公子般生气了，让人鞭打荦。庄公说："对这个人光靠鞭打是没有用的，不如杀了他。荦的力气很大，能够把稷门的门扇举起来扔出去。"

鲁庄公三十二年，庄公生病，向弟弟叔牙询问有关继承人的问题。叔牙回答说："庆父（庄公的弟弟）很能干。"

庄公又向季友询问，季友回答说："我誓死侍奉您的儿子般。"

庄公说："刚才叔牙说'庆父可以继承'。"

于是季友就派人用国君的名义让叔牙在鲁大夫鍼巫家里等候，让鍼巫在酒里下了毒药，给叔牙喝下去。鍼巫对叔牙说："喝了这酒，您的后代子孙就可以在鲁国享有禄位；不喝的话，您还是要死的，而且您的后代子孙也休想得到禄位。"叔牙喝下了毒酒，回家途中走到逵泉[1]就死了。鲁国把叔牙的儿子立为叔孙氏。

八月五日，庄公去世，公子般继位，住在党氏家里服丧。十月二日，庆父派养马人荦在党家刺杀了般。季友逃亡到了陈国。庄公的儿子开被立为鲁国国君，是为闵公。

次年八月，鲁闵公和齐桓公在落姑会盟，请求齐桓公帮助季友返回鲁国。齐桓公答应了，派人从陈国召回了季友，闵公留在郎地等候他。

《春秋》经记载“季子来归”，对季友表示了赞许，因为当时庆父专权，政局动荡，季友不顾个人安危回到鲁国帮助处理国政，实属难能可贵。

冬天，齐国的仲孙湫到鲁国访问，对鲁国发生的祸难表示了慰问。他回国后，对齐桓公说：“不除掉庆父，鲁国的祸难就没法结束。”

齐桓公问：“怎样才能除掉他呢？”

仲孙湫回答：“他不停地制造祸难，必将自取灭亡，君王您就等着瞧吧！”

齐桓公说：“我们能不能趁此机会攻占鲁国呢？”

仲孙湫说：“不可以。鲁国现在还秉承着周朝的礼仪。周朝的礼仪，是立国的根本。我听说：如果一个国家将要灭亡，那就像大树倒下一样，一定是躯干先动摇，然后枝叶才跟着倾倒。鲁国还没有舍弃周礼，我们不能对它轻举妄动。君王还是应该尽力平定鲁国的祸难，并且亲近它。亲近讲究礼仪的国家，依靠厚重稳固的国家，离间内部涣散的国家，颠覆昏暗动乱的国家，这才是称霸天下的策略。”

鲁闵公二年，庆父又弑杀了闵公。当初，一名辅佐闵公的官员夺取了鲁大夫卜的田地，闵公年幼，没有加以禁止。八月二十四日，庆父就让卜在武闱[2]杀死了闵公。但庆父也因此遭到都城人们的反对，只好出逃到莒国。

季友带着闵公的庶兄僖公跑到了邾国。等庆父逃亡莒国后，季友才再次回到鲁国，立僖公为国君。鲁国人用财物向莒国要求换取庆父，莒人就把庆父归还了鲁国。庆父到了密地，派公子鱼前去请求赦免，没有得到允许，公子鱼便哭着回去了。庆父听到哭声说：“这是公子鱼的哭声啊！”于是上吊自杀了。

闵公是哀姜的妹妹叔姜的儿子，因此齐国人才立他为国君。庆父和哀姜私通，因此哀姜想立他为国君。闵公的被害，哀姜事先是知道的，因此事败之后她逃到了邾国。后来齐国人从邾国抓回了哀姜，并在夷地杀了她，然后把她的尸首归还给鲁国。僖公征得齐国同意后，安葬了哀姜。

相关链接

〔1〕逵泉：鲁国泉名。在今山东曲阜东南。

〔2〕武闱：宫中的小门。一说为路寝旁门。

晋假道灭虢

晋国向虞国借道讨伐虢国，虢公不听宫之奇的劝谏，答应了晋献公的要求。事实证明，他这是在自取灭亡。

鲁庄公二十七年，因为虢国军队屡次入侵晋国，晋献公就想讨伐虢国。

士蔿劝阻说："不行啊。虢公一向狂妄自大，如今与我们交战刚刚获胜，他一定会因骄傲自大而舍弃他的百姓。等他失去了百姓的支持之后，我们再去攻打他，就算他要抵抗，那还有谁会支持他呢？礼、乐、慈、爱，这是发动战争所需要的准备。如果百姓都遇事谦让、和睦相处、爱护亲人、哀悼死者，这才能发动战争。如今虢国并不具备这些，却屡次发兵，百姓一定会厌恶战争。"

鲁闵公二年春，虢公在渭水[1]流入黄河处打败了犬戎[2]。虢大夫舟之侨说："没有德行却享受功禄，这是灾祸啊。灾祸就要到来了。"于是逃亡到了晋国。

到了鲁僖公二年，晋献公见虢公越来越不得人心，决心要攻打虢国。晋大夫荀息建议：用屈[3]地生产的马匹和垂棘[4]出产的美玉为贿赂，向虞国借路攻打虢国。晋献公说："这两样东西可都是我的宝贝啊！"

荀息回答说："如果能向虞国借了路，那么晋国一定能灭掉虞国。这些东西就好像暂时存放在外面的仓库里，到时候我们仍然可以取回来。"

献公说："虞国有宫之奇在那里啊。"

荀息回答说："宫之奇这个人一向懦弱，不会尽力劝谏。而且他从小就在宫中成长，和虞国国君一起长大，虞君跟他非常亲近。就算宫之奇进谏，虞君也不会听从的。"

于是献公就派荀息去虞国借路。荀息对虞君说："以前冀国[5]不讲道义，无故从颠軨入侵贵国，攻打鄍邑的三处城门。我国帮助贵国攻打冀国，使其受到打击，这也是为了给你们复仇，并不是为了我们自己。现在虢国也不讲道义，在晋国南部边境设置客舍，作为自己的堡垒，用来侵扰我国的南部边境。因此特地请求贵国能够借路给我们，让我们前往虢国兴师问罪。"

虞公就答应了，并且请求让自己先去攻打虢国。宫之奇向他劝谏，但是虞公不肯听取，随后就发兵攻打虢国。夏天，晋国的里克、荀息率领军队跟虞军会合，攻打虢国，占领了下阳[6]。

当年秋，虢公在桑地打败了戎人。晋国的卜偃说："虢国一定要灭亡了，被占领了下阳还不知道害怕，反而又出兵征战。这是上天夺走了它们的镜子，让他们看不到自己的丑恶，从而加重它们的病症啊！它必定会轻视晋国，而且不安抚百姓，估计连五年都撑不到了。"

鲁僖公五年秋，晋献公再次向虞国借路攻打虢国。宫之奇劝谏虞公说："虢国是虞国外面的屏障。如果虢国灭亡了，那么虞国也必定跟着灭亡。晋国的野心不能鼓励，别国的军队不能轻忽。这样的事情做一次，就已经是很过分了，怎么还可以再有第二次呢？俗话说'辅车相依，唇亡齿寒'，这说的就是虢国和虞国的关系啊。"

虞公说："晋国是我们的同宗之国，他们难道会害我们吗？"

宫之奇回答说："太伯和虞仲都是周太王的儿子，太伯没有听从父命而和虞仲一起出走，所以他没有继承王位。虢仲、虢叔都是王季的儿子，曾做过周文王的卿士，有功于周王室，他们受封的记录至今还保存在盟府里。现在晋国就要把虢国这样的同宗灭掉了，对我们虞国又有什么可爱惜的呢？再说，虞国还能比桓、庄之族更亲近吗？如果他们爱惜桓、庄一族，那么桓、庄一族有什么罪过呢，竟然成了晋国杀戮的对象？这还不是因为他们威胁到了晋献公吗？亲族之间由于权势的威胁，晋国尚且会加以杀害，何况是对我们虞国呢？"

虞公又说："我祭祀用的供品既丰盛又洁净，神灵一定保佑我的。"

宫之奇回答说："我听说，神灵并不亲近哪

一个人，而是保佑有德行的人。因此《周书》中说：‘上天没有私亲，只保佑有德之人。’又说：‘黍稷并没有香气，只有光明的德行才有芳香。’又说：‘人们进献的祭品是相同的，但是只有有德人的祭品，鬼神才会享用。’这样说来，如果国君没有德行，那么百姓就不会和睦，神灵也不会享用他的祭品。因为神灵所凭借的，只是德行。如果晋国拿下了虞国，然后又崇尚德行，进献祭品，难道神灵还会把它的东西吐出来吗？”

虞公不听劝告，答应了晋国使者的要求。宫之奇便率领他的家族离开了虞国。他说：“虞国举行不了今年的腊祭了。虞国的灭亡就在这一次，晋国都不必再另外发兵了。”

十月十七日，晋献公率军包围了上阳。他问卜偃：“我这次能成功吗？”

卜偃回答说：“能够胜利。”

献公问：“什么时候？”

卜偃说：“有童谣说：‘丙子之日天破晓，龙尾星宿不见了。士兵威武多雄壮，虢国旗帜夺到了。火星就像一只鹑，天策暗暗无光耀。鹑火居中军队到，吓得虢公要逃跑。’成功的日子大概在九月底十月初（晋历用夏正，与左传记载所用的鲁历周正不同）吧！这一天是丙子日的清晨，太阳在尾星之上，月亮在天策星之下，鹑火星处在太阳和月亮的中间，一定能在这个时间取得胜利。”

十二月一日（按晋历算，正好是十月初一），晋国灭掉了虢国，虢公丑逃亡到了周朝的京城。

晋国军队返回时，在虞国驻扎，乘机袭击虞国，将它灭了。晋军抓住了虞公和他的大夫井伯，后来井伯随着秦穆姬陪嫁到了秦国。晋国虽然灭了虞国，但仍然延续虞国的祭祀，而且还代虞国承担了对周王室的职责和贡赋。

相关链接

〔1〕渭水：源自今甘肃渭源，流经关中平原，东出潼关而汇入黄河。

〔2〕犬戎：即猃狁。又称西戎。西周时期活动于今陕西、甘肃一带的古代民族。“犬戎”是蔑称。

〔3〕屈：春秋晋邑。在今山西吉县北。以出产良马而著名。

〔4〕垂棘：晋邑。在今山西潞城北。盛产美玉。

〔5〕冀国：西周诸侯国。相传为帝尧之后。在今山西河津。春秋时为晋国所灭。

〔6〕下阳：春秋北虢都城。在今山西平陆北。上阳为南虢都城，在今河南陕县。

晋骊姬之乱

骊姬被晋献公封为夫人后，为了让儿子奚齐成为太子，便和大臣阴谋勾结，诬害太子申生，迫使公子重耳和夷吾流亡国外。

晋献公从贾国[1]娶了妻子，两人没有生下孩子。他和父亲的小妾齐姜通奸，生了秦穆夫人和太子申生。后来又从戎国娶了两个女子，大戎狐姬生下了公子重耳，小戎子生下了公子夷吾。后来晋国攻打骊戎，骊戎的男爵把女儿骊姬献给了晋献公。晋献公把骊姬带回国后，生下了奚齐，骊姬的妹妹生下了卓子。

骊姬很受晋献公宠爱。晋献公打算立骊姬为夫人，用龟甲占卜的结果是不吉利，而用蓍草占卜的结果却是吉利。献公说："就按照用蓍草占卜的结果吧。"

占卜的人说："用蓍草占卜的历史短，用龟甲占卜的历史长，不如按照历史长的办。而且用龟甲占卜得到的兆辞说：'专宠过度就会生出变故，将来会偷走您的公羊。香草臭草混放在一起，十年也去不掉臭味。'千万不能听从蓍草占卜的结果。"献公不听，还是立骊姬为夫人。

骊姬想立自己的儿子为太子，就给献公宠爱的臣子梁五和东关嬖五送了贿赂，让他们对献公说："曲沃是君王宗庙所在之地，蒲[2]地和北屈、南屈都是君王的边疆，这几个地方不能没有掌管者。如果宗庙所在之地无人掌管，则无以向百姓立威；边疆无人掌管，就会使相邻的戎狄产生侵犯之心。戎狄产生侵犯之心，百姓又轻视政令，这都是国家的隐患啊！如果让太子掌管曲沃，让重耳、夷吾分别掌管蒲地和二屈，那么就能够向百姓立威，使戎狄害怕，而且可以表彰君王您的功德。"

骊姬还让他们一起对献公说："戎狄的疆土广大无边，如果这些土地能属于晋国，那么就可以在那里建立城邑。晋国开拓疆土，不也是很合适的吗？"

晋献公听了以后非常高兴。鲁庄公二十八年夏，他让太子住在曲沃，让重耳住在蒲城，让夷吾住在屈地。其他公子也都分别被派往边疆，只有骊姬和她妹妹的儿子仍住在国都绛城。梁五和东关嬖五这两个人，到最后还是和骊姬一起诬陷了在外的公子们，立了奚齐为太子。晋国人把这两个人叫作"二五耦"。

晋献公派士荐为重耳、夷吾在蒲地和屈地筑城，士荐不小心，把柴

草混入了土中，使城墙筑得不坚固。夷吾把这件事告诉了献公，献公便派人责问士蒍。士蒍叩首，回答说："臣听说：'没有丧事而悲哀，那么烦恼之事必然会随之而来；没有战患而筑城，那么反而会使国内的敌人得到保护。'保护仇敌的举措，建造时哪里还用得着认真？我本不愿去筑城，但身为此官，不服从命令就是对君不敬；然而如果把城墙建造得十分坚固，就是为将来的仇敌建造坚固城池，这对国家来说，又是不忠。丢弃了忠和敬，我还用什么来侍奉国君呢？《诗经》说：'心怀德行，国家就会安宁；使各位公子团结一心，就有了坚固的城地。'君王只要注重修养德行并团结各位公子，那还有什么样的城池能比得上呢？三年以后就会用兵，现在筑城哪里还用得着谨慎呢？"士蒍退出来后，自己又吟诗道："狐皮袍子乱蓬蓬，一个国家有三公，我该选谁来跟从？"

鲁闵公元年，晋献公创建了上、下两军的军制，自己率领上军，让太子申生率领下军。士蒍评论说："看来太子将要被废黜了。献公把宗庙所在之地分给他，又让他统率下军，居于卿的地位。如今就先让他位极人臣，以后还怎么立他为国君呢？他还不如早点逃走，不要等待灾难的到来。就像吴太伯那样，不是也可以吗？这样至少还能有一个好名声。而且俗话说：'如果心中没有瑕疵，那又何必担心无家可归呢？'上天如果保佑太子，就不要让他再呆在晋国吧！"

第二年冬天，晋献公派太子申生攻打东山的皋落氏[3]。大夫里克劝阻说："太子是掌管宗庙祭祀、社稷大祭和照看国君早晚饮食的人，因此叫做'冢子'。如果国君外出，那太子就要在国内留守；如果有人留守，那太子就跟随国君出行。太子随君出行叫抚军，在国内留守叫监国，这是古代的制度。至于率军作战，对各种方案作出决定，对军队发号施令等，这应该是国君和正卿所考虑的，并不是太子应该做的事情。统率大军，要能够当机立断，而太子领兵，如果遇事就向国君请示，那就会丧失威严；如果事事独断专行，那又是不孝。所以国君的嫡子不适合领兵作战。君王您违背了任用官吏的规则：太子领军会丧失威严，那又何必让太子领军呢？而且我听说皋落氏正准备迎战，君王您还是不要派太子出征吧！"

献公说："我有这么多儿子，还不知道将来要立谁为嗣君呢！"听了这话，里克什么也没说就退了下来。

里克拜见太子，太子说："我恐怕要被废黜了吧？"

里克回答说："君王让你住在曲沃，管理当地百姓，又让你掌管军队，熟悉军事，只是担心你不能完成任务，为什么会废黜你呢？而且做儿子的，应该担心自己不孝，而不应担心不能被立为嗣君。要努力完善自己，不要责备别人，这样就可以免于灾难。”

太子率军出征，献公让他穿上左右颜色不同的衣服，佩带青铜的玦。大夫狐突替他驾驭战车，大夫先友担任车右；梁余子养替下军之将罕夷驾驭战车，大夫先丹木担任车右；羊舌大夫担任军尉。先友说：“你穿上跟国君服装颜色有一半相同的衣服，掌管着军事大权，成败在此一举了，你要努力啊！国君让你穿这样的衣服，可见并没有恶意；你兵权在握，可以远离灾祸。现在国君对你如此亲近，你又握有兵权，可以免去灾祸，还担心什么呢？”

狐突叹了口气说：“时令，是事情的征兆；衣服，是身份的标志；佩饰，则犹如内心的旗帜。因此君王如果重视这件事，就应该选择在春夏时节发布命令；赐给衣服，其颜色应该是纯正单一的；想要让人忠诚于自己，就要让他佩带合乎礼仪规定的饰物。而现在到了年底才下令出征，这是要使事情不能顺利完成；赐给他杂色衣服，这是要疏远他；让他佩带青铜饰品，是要抛弃太子的忠心。通过衣服来疏远他，利用时令来阻碍他；杂色，意味着冷漠；冬天，意味着肃杀；青铜表示寒冷；玦佩表示决绝。这怎么能依靠呢？就算心里想尽力而为，狄人能消灭干净吗？”

梁余子养说：“率领军队的人要在太庙中接受命令，在祭祀灶神之后接受祭肉，并且还要有规定的衣服。如今没有得到规定的衣服，却得到杂色衣服，国君命令的意图也就可想而知了。死了以后，还要落个不孝的罪名，还不如逃走啊。”

罕夷说：“杂色的衣服不合常规，青铜玦表示不再和好。这样的话，就算能活着回来，又有什么用呢？看来国君有心要加害太子。”

先丹木说：“这样的杂色衣服，疯狂之人也是不肯穿的。国君说‘把敌人消灭完了再回来’。敌人难道能消灭干净吗？就算敌人都被消灭完了，国内也还有在国君面前说坏话的小人，不如趁早离开晋国。”

狐突想奉太子出逃，羊舌大夫说：“不行啊。违背父亲的命令就是不孝，放弃职守就是不忠。即使我们已经感觉到了国君冰冷的用心，也不能做出不忠不孝的事情。你还是为此而死吧！”

太子准备出战，狐突劝阻说：“不行。从前辛伯曾规劝周桓公：‘宠妾与王后并列，宠臣与正卿并重，庶子与嫡子匹敌，大都和国都等同，这都是祸乱的根源。’周桓公没有听取，因此后来遭到了祸患。现在祸乱的根源已经形成，你还可能被立为嗣君吗？与其危及自身出战招惹祸患，还不如退而尽孝，安抚百姓。”为了立奚齐为太子，骊姬和中大夫定了一条毒计。鲁僖公四年冬，骊姬对太子申生说：“国君梦见了你母亲齐姜，你一定要尽快去祭祀她。”

申生到曲沃祭祀了母亲，然后把祭祀的酒肉带回，献给了献公。此时献公正好外出打猎，骊姬就把申生进献的酒肉放在宫里。六天后，献公回来，骊姬就先在酒肉里下了毒药，然后献上去。献公把酒泼在地上祭祀天地，地上的土立刻隆起一个小包；把肉给狗吃，狗很快就死了；给宦官吃，宦官也死掉了。骊姬哭着说：“这是太子想要谋害您啊。”于是申生逃到曲沃，献公杀了他的老师杜原款。

有人对申生说：“如果你为自己辩解，那国君一定会分清是非曲直的。”

申生说：“国君如果没有了骊姬，就会寝食不安。如果我辩解并且真相大白，那骊姬一定会获罪。国君已经老了，我不能让他不高兴。”

别人又问他：“那么你要逃走吗？”

申生说：“现在国君还没有查清我的罪过，如果背着这个弑父的恶名出逃，谁会接纳我呢？”十二月二十七日，申生在曲沃上吊自杀。

申生已死，骊姬又诬陷另外两个公子，说：“太子弑父的阴谋，他们都是知道的。”重耳被迫逃到蒲城，夷吾则逃到屈地。

次年春，晋献公派宦官披领兵攻打蒲城。重耳说：“父王的命令不能违抗。”于是下令：“谁违抗，谁就是我的敌人。”重耳跳出城墙逃跑，披追他，砍掉了他的袖口。最后重耳流亡到了狄国。

鲁僖公六年春，晋献公派贾华率军攻打屈地。夷吾守不住，和屈地人订立盟约以后便逃走了。他打算逃亡到狄人那里去，郤芮劝阻说：“你在公子重耳之后出逃，去的也是狄国，好像是事先商量好的，这就容易有同谋的嫌疑了。不如到梁国去，因为梁国紧靠秦国，且跟秦国关系又好，我们还可乘机向秦国求助。”于是夷吾就逃亡到梁国去了。

相关链接

〔1〕贾国：晋开国君主唐叔虞幼子的封国。地在今山西襄汾。

〔2〕蒲：在今山西隰县西北。

〔3〕皋落氏：简称皋落、皋洛。春秋时北方少数民族。其城在今山西垣曲东南。

辕涛涂谮申侯

申侯曾出卖辕涛涂，致使他身陷囹圄。后来，齐国伐郑，在辕涛涂的诬陷下，郑文王杀了申侯，以向齐国谢罪。

鲁僖公四年，齐桓公会同诸侯军队讨伐楚国。陈大夫辕涛涂对郑大夫申侯说："如果诸侯的军队取道陈、郑之间，那我们两国一定会因为供给大军而十分困乏。如果让军队由东路返回去，向东夷炫耀一下武力，然后沿着淮河回国，也是很可行的。"

申侯说："好。"

辕涛涂把这一想法告诉了齐桓公，桓公表示同意。但申侯进见桓公时，却说："军队在外滞留时间太长了，士卒疲惫，斗志下降。如果往东走遇到敌人，恐怕难以取胜。如果取道陈、郑之间，由两国负责提供所用粮食和军鞋，则是比较可行的。"桓公听了非常高兴，便把虎牢一地赏赐给他，并把辕涛涂抓了起来。

是年秋天，齐国和江国[1]、黄国联合攻打陈国，这是为了讨伐陈国辕涛涂对齐国不肯尽力。冬天，诸侯军队又一次攻打陈国，陈国认错，于是就让辕涛涂回到了陈国。

辕涛涂因为申侯在召陵[2]出卖了自己，害得自己被齐桓公囚禁，心里非常怨恨。他故意怂恿申侯于桓公所赐的虎牢筑城，说："把城墙建得漂亮一些，这样可以扩大你自己的名声，后代子孙也不会忘记你。我可以帮你请求。"于是就向诸侯请求，得到允许后在虎牢修筑了壮观的城墙。

等城墙建成，辕涛涂又去郑文公面前诬陷申侯："他将受赐之地的城墙建得那么壮观，肯定是打算叛乱。"申侯因此而得罪了郑文公。

鲁僖公六年夏，诸侯因为上一年齐桓公在首止举行会盟时，郑文公逃回郑国不参加盟誓，于是联军讨伐，包围了新密。后来楚国用了"围魏救赵"的办法，包围许国的国都，逼迫诸侯还师救许，放过了郑国。

但第二年春天，齐国军队卷土重来，又一次攻打郑国。这次郑国决定屈服，就在夏天杀了申侯来向齐国解释。这其中便有辕涛涂诬陷的作用。

当初，申侯曾受到楚文王的宠信。文王去世前，把玉璧交给他，让他离去，并说："只有我才了解你。你一向贪求财货而不知满足。从我这里求取，我不会怪罪你。但后人将会向你索取大量财物，你肯定难免

获罪。我死了，你务必迅速离开，但不要到小国去，他们是不会容纳你的。”安葬了文王后，申侯便逃亡到了郑国，后来又得到郑厉公的宠信。楚令尹子文听到他被害的消息后说：“古人说过：‘没有比国君更了解臣子的。’看来这句话是难以更改的呀！”

相关链接

〔1〕江国：嬴姓古国。在今河南正阳西南。公元前623年灭于楚。

〔2〕召陵：春秋楚邑。在今河南郾城东。

齐桓公称霸

齐桓公在管仲的辅佐下，国家实力空前强大。他以“尊王攘夷”为旗号，安定周室，营救邢卫，北败戎人，南攻蔡楚，多次大会诸侯并缔结盟约，成为春秋时期第一个霸主。

齐桓公任用管仲，在管仲的辅佐下，国力得到了很大的增强。鲁庄公十三年，齐桓公邀集宋、陈、蔡、邾等国的国君在北杏[1]会盟，借口要平定宋国由于南宫长万作乱而引起的内乱。遂[2]国的国君受到邀请却没有来，当年夏天，齐国出兵灭了遂国，并派兵镇守。

当时，鲁国连败齐国和宋国军队，本来很强盛，但因诸侯都归附齐国，邻近的遂国又被齐国所灭，也只好与齐国讲和。是年冬天，鲁庄公和齐桓公在柯[3]地订立了盟约。

第二年春天，由于宋国违背了在北杏订立的盟约，齐、陈、曹等国联合发兵攻打宋国。齐国还请求周王室出兵。夏天，周王室的大夫单伯率领军队与诸侯会合。后来联军跟宋国讲和，然后各自回国了。自从郑庄公借王命征伐诸侯以来，这样的事还是第一次发生。

当年冬天，因为宋国重新归附，齐桓公与周大夫单伯、宋桓公、卫惠公、郑厉公在鄄[4]地会盟。次年也就是鲁庄公十五年的春天，齐桓公、陈宣公、卫惠公、郑厉公再一次在鄄地会盟，《左传》认为齐国就是从这一年开始称霸诸侯的。

是年秋天，齐、宋、邾三国攻打一个小国郳，而郑国却趁机入侵宋国。于是，等到第二年的夏天，齐国、宋国、卫国又联合起来讨伐郑国。十二月，因为郑国降服，齐侯、鲁公、宋公、陈侯、卫侯、郑伯、许男、滑[5]伯、滕子一起在幽[6]地进行了会盟。

不久，郑国又不肯去朝见齐国。鲁庄公十七年春天，齐国就去把郑国的执政大臣郑詹抓了起来。然而到了夏天，遂国的遗民前来犒劳齐国驻军，齐国士兵喝得大醉，结果全部被杀。郑詹逃奔鲁国，而鲁国此时与莒相联系，大概也想背叛齐国，所以随后齐、宋、陈三次攻打鲁国西部边境。

此后苏忿生作乱，立子颓为周天子，王室动荡。郑庄公等帮助惠王复位，齐国落在了下风。幸好郑庄公去世，齐国趁机与鲁国互通姻好，把哀姜嫁给鲁庄公，收服了鲁国。

鲁庄公二十七年夏，陈国和郑国也已经向齐国顺服，齐桓公与鲁庄公、宋桓公、陈宣公、郑文公在幽地会盟，于是霸业大定。

是年冬，周天子派召伯廖赐封齐桓公为诸侯之长，并请他攻打卫国，因为卫国曾立子颓为天子。于是齐桓公在次年春天，奉了王命，大张旗鼓去讨伐卫国，打败了卫国的军队。齐桓公以王命责备了卫君的罪过，然后索要了贿赂就回来了。

此时山戎经常侵扰燕国，齐桓公就在鲁庄公三十年冬天发兵攻打山戎，获得大胜，一直打到孤竹国才回来。于是燕国从此也依附齐国，与齐国交好。

鲁闵公元年，狄人攻打邢国。管仲劝齐桓公出兵救援邢国，打退贪得无厌的狄人。

第二年，狄人又攻打卫国，竟然把卫国灭了。卫国遗民立戴公为君，流亡到曹邑。齐桓公派公子无亏率领三百辆战车、三千名甲士守卫曹邑，并向戴公赠送了驾车的马匹、五套祭服、三百头牛、三百只羊、三百口猪、三百只鸡、三百只狗，还有制作门窗的材料；向夫人赠送了用鱼皮装饰的车子和三十匹上等锦缎。

鲁僖公元年，狄人攻打邢国攻得很急，各路诸侯纷纷率军救援邢国赶走了狄军。

夏天，齐桓公把邢国人迁到了夷仪。诸侯为邢国建造了都城，帮助他们尽快度过灾难。第二年，又修筑楚丘城，把卫国遗民迁到那里。邢国人迁居后，觉得就像回到了自己原来的国家；卫国人到了楚丘，也忘记了亡国之痛。

北方狄难未息，南方楚患又起。鲁僖公元年秋，楚国人因为郑国亲近齐国，于是发兵攻打郑国。八月，齐桓公与鲁公、宋公、郑伯、曹伯、邾人在柽地会盟，商量救援郑国的事。

鲁僖公二年秋，因为江国和黄国也向齐国归服了，齐桓公就邀集宋桓公、江国和黄国的国君在贯地会盟。次年秋天，他们又在阳谷[7]举行会盟，谋划讨伐楚国的事。这时，齐桓公还特意去了趟鲁国，告知阳谷会盟的事，与鲁国重温旧好。

楚军攻打郑国，郑文公打算向楚国求和，大夫孔叔不同意讲和。他说："齐国现在正在与诸侯谋划如何帮助我们，如果我们抛弃他们的恩德，那是不会有好结果的。"

鲁僖公四年春，齐桓公率领诸侯军队讨伐蔡国，把蔡军打得大败。于是诸侯顺道攻打楚国。楚成王派使者来到诸侯军中，说："君王您住在北海，寡人我住在南海，彼此相距遥远，互不相干，就像发情的牛和马，虽然性别不同也是不会相互追逐的。不料君王您竟然来到我们的土地上，这是什么原因呢？"

管仲替桓公回答说："从前召康公奉了周王的命令，曾对我们的先君太公说：'五等诸侯，九州方伯，如果有罪，你就可以代表天子进行讨伐，以辅佐周王室。'他还授予我们先君可以征伐的范围，东到大海，西至黄河，南到穆陵，北至无棣。现在你们应该进贡的苞茅[8]没有按时送到，以致周王室在祭祀的时候，物品供应不上，无法滤酒请神。为此，我们国君特来向贵国问罪。另外，为什么当年周昭王南巡楚国，却没有能够回去，这也要请贵国解释。"

楚国使者回答说："贡品没能及时进献，这是我们国君的罪过，我们怎么敢不供给呢？至于周昭王南巡未归的原因，您还是去问汉水边上的人吧！"诸侯的军队向前开进，驻扎在陉地。

夏天，楚成王派屈完抵御诸侯军队，诸侯军队后撤，驻扎在召陵。

齐桓公让诸侯大军摆成战阵，然后和屈完同乘一辆车，一起检阅军队。桓公说：“我们兴兵出征，难道是为了我自己吗？只不过是为了继承我们先君建立的友好关系罢了。你们楚国不妨也和我们建立友好关系，怎么样？”

屈完回答说：“承蒙君王惠临，为敝国的社稷求福。您又如此宽容地接纳我们国君，与敝国建立友好关系。这也正是我们国君的愿望啊！”

桓公说：“用这么多的军队作战，谁能抵挡得住呢？用这么多的军队去攻城，什么城攻不下呢？”

屈完回答说：“如果君王您用恩德来安抚诸侯，那谁敢不服从呢？但如果君王您依仗武力，那么我们楚国将以方城山作为城墙，以汉水作为护城河，跟你们决一死战。到那时候，君王您的军队虽然众多，但恐怕也没有用武之地啊。”最后，屈完得以与诸侯订立盟约，完成了使命。

这时，因为周惠王想废黜他的太子郑，另立少子带为太子，周室内部又发生动荡。鲁僖公五年夏，齐桓公与鲁僖公、宋桓公、陈宣公、卫文公、郑文公、许男、曹昭公在首止会盟，并会见了周太子郑，谋划如何使周王室安定一事。

秋天，诸侯在首止盟誓，但郑文公提前逃回了国，没有参加盟誓。

此前，周王曾派周公召见郑文公，对他说：“我希望你离开齐国而去追随楚国，并让晋国辅助你，这样可以使各国之间稍稍安定一些。”

郑文公正想跟齐国保持距离，得了周天子的命令，感到很高兴，但又怕因不朝见齐国而导致齐国的惩罚，因此打算逃回去而不参加盟誓。郑大夫孔叔想阻止他，说：“国君不能轻举妄动，一旦轻率行事就会失去同盟的援助；失去了同盟的援助，祸患就一定会降临。等到国家遇到困难时再去乞求结盟，那失去的东西就太多了。到时候，国君您一定会后悔这么做的。”但是郑文公不听，丢下军队只身逃回了郑国。

鲁僖公六年春，齐桓公因为郑文公逃避盟誓，于是联合诸侯攻打郑国，包围了新密，逼得郑国在农忙时节修筑新密的城墙。秋天，楚成王发兵攻打许国，包围了许国的都城。诸侯为了救援许国，只好放过郑国。郑国解围后，楚军也就回国了。

次年春天，齐国再次发兵攻打郑国。孔叔对郑文公说：“有这样一句谚语：‘心志如果不坚强，还怕什么屈辱？’既不够坚强，又不能软弱，所以会导致灭亡。我国目前情况十分危急，请您向齐国屈服，从而挽救整个国家。”

文公说："我知道他们来犯的原因，你姑且稍等一下。"

孔叔说："情况紧急，就像早晨的露水等不到晚上一样，怎么还能等呢？"于是郑文公服软，杀了申侯向齐国解释。

秋天，齐桓公和鲁僖公、宋桓公、陈国的世子款、郑国的世子华在宁母会盟，谋划攻打郑国的事。管仲对齐桓公说："我听说：'招抚存有二心的国家，要靠礼法；使偏远的国家归服，要靠德行。'只要不违背德行与礼法，那就没有人不归服于您的。"于是桓公就以礼对待诸侯，诸侯也甘心服从齐国，由齐国接受各诸侯进贡的物品，再进献给周天子。

郑文公派太子华前去参加盟会，听取命令。他对齐桓公说："郑国的泄氏、孔氏、子人氏这三族，违背了您的命令，逃避盟誓而跟从楚国。如果您能除掉他们，那我国就可以与齐国和好。我让郑国像封内大臣那样侍奉齐国，对您来说也没有任何坏处。"

桓公打算答应他，但管仲说："开始的时候，君王您凭借礼法和信义会合诸侯，现在却要以违背礼法和信义来结束，这恐怕不可以吧？父子不相违背称为礼法，按时完成君命叫作信义。如果违背了这两点，那么就再也没有比这更大的邪恶了。"

桓公说："诸侯曾经攻打郑国，但是没能成功。现在他们国内不团结，如果利用这个机会，不也是可以的吗？"

管仲回答说："君王您应该用德行来安抚郑国，并对其加以训诫。如果他们不接受，再率领诸侯去讨伐。他们挽救自己的危亡还来不及，难道会不害怕吗？但是您若带着他们的罪人去攻打，他们就有理了，还有什么可害怕的呢？再说会合诸侯的目的是尊崇德行，现在把诸侯召集起来，却要让子华这样的奸邪之人成为国君，那怎么向后人交代呢？再说，诸侯会见时，他们的德、信、礼、义，每个国家都会记载下来。如果记下的是奉奸邪之人为国君那样的事，那么君王的盟约也就要被废弃了。如果事情做了，又不予以记载，就不能算是崇高的德行。君王您千万不要答应子华的要求，郑国一定会接受盟约的！子华身为太子，却求助大国来削弱他自己的国家，也一定难逃祸患。郑国有叔詹、堵叔、师叔这三位贤臣执政，一定还没有漏洞可钻吧？"

于是桓公拒绝了子华的请求，子华也因为这件事得罪了郑国人。冬天，郑文公派使者到齐国请求结盟。

闰十二月，周惠王驾崩。太子郑担心太叔带乘机发难，害怕自己不能被立为王，因此就暂时不发布惠王的死讯，把面临的危难报告给齐国。

鲁僖公八年春，齐桓公和周王室的人以及鲁僖公、宋桓公、卫文公、许僖公、曹共公、郑世子款在洮地会盟，商量如何解决王室纠纷。郑文公请求参加盟会，表示顺服。在诸侯的帮助下，太子郑的王位得以确立。太子郑即位，是为襄王，之后才举行了惠王的丧礼。

此时，齐桓公的霸业可以说达到了顶点。于是，鲁僖公九年的夏天，齐桓公与王室太宰周公、鲁僖公、宋襄公、卫文公、郑文公、许僖公、曹共公在葵丘会盟，导演了历史上有名的“葵丘之会”。

周天子派宰孔把祭肉赐给齐桓公，并对他说：“天子祭祀了文王、武王，派我把祭肉赐给伯舅。”桓公准备走下台阶拜谢，宰孔说：“请稍等，后面还有命令。天子让我说：‘由于伯舅年事已高，加上有功劳，特加赐一级，不必下阶跪拜了。’”

桓公回答说：“君威如天，近在咫尺，小白我怎么敢贪受天子的命令，而不下阶拜谢呢？如果我不下阶拜谢，恐怕将来要在下面栽跟头，让天子蒙受羞辱，我怎么敢不下阶拜谢呢？”于是走下台阶跪拜，然后又登上台阶，再次跪拜，接受了天子赏赐的祭肉。

秋天，齐桓公在葵丘和诸侯盟誓，他说：“凡是我们一同结盟的国家，在盟约上签字之后，就要摒弃前嫌，重归于好。”

葵丘之会以后，直到鲁僖公十七年齐桓公去世，桓公虽然仍多次举行会盟，或是兴兵攻讨，但齐国的势力已开始中衰，再也没有恢复葵丘之会时的辉煌。

相关链接

〔1〕北杏：春秋齐地。在今山东东阿。

〔2〕遂：妫姓古国。相传为虞舜后裔。在今山东肥城南。公元前681年并于齐。

〔3〕柯：春秋地名。在今山东东阿西南。

〔4〕鄄：春秋卫邑。在今山东鄄城北。

〔5〕滑：又名费滑。姬姓古国。初都滑（今河南睢县西北），后徙费（今河南偃师西南）。公元前627年灭于秦。

〔6〕幽：古地名。在今河南兰考境内。

〔7〕阳谷：春秋齐邑。即今山东阳谷。

〔8〕苞茅：即包茅。古代祭祀时用来滤酒的菁茅。因以裹束茅置于匣中而得名。

晋里丕之乱

晋献公死后，大夫里克、丕郑煽动申生、重耳、夷吾三人的同党作乱。里克还杀死了荀息拥立的奚齐和卓子。直到秦国护送夷吾回国即位，变乱才得以平定下来。

齐桓公举行葵丘之会时，周天子的使者宰孔先行回国，在路上遇到了晋献公。他对献公说："您不必去参加盟会了。齐桓公不致力于修德，却忙于征伐，所以往北攻打山戎，向南讨伐楚国，又在西边举行了这次盟会，向东是否有所举动还不知道，不过向西进攻晋国是不可能的了。晋国很可能要有内乱发生了！作为君王，应该致力于安定国内的祸乱，而不应忙于参加盟会。"于是晋献公便回国了。

当年九月，晋献公去世。大夫里克、丕郑想迎立公子重耳为国君，于是就煽动申生、重耳、夷吾三位公子的党羽起来作乱。

当初，献公让荀息去辅助奚齐。献公生病后，召见荀息，说："我把奚齐这个弱小孤儿托付给你了，你将怎么办？"

荀息叩头回答说："我愿竭尽全力辅佐他，并对他忠贞不贰。如果能够成功，那是君王在天之灵的保佑；倘若不能成功，我愿以死效命。"

献公说："什么是忠贞？"

荀息回答说："凡是对国家有利的事，只要知道的就努力去做，这就是忠；送走先君侍奉新君，使双方都没有猜疑，这就是贞。"

等到里克准备杀掉奚齐时，他先告诉荀息说："三位公子的同党将要起来发难，秦国人和其他的晋国人都将帮助他们，你打算怎么办？"

荀息说："我打算为奚齐而死。"

里克说："死也没有用啊！"

荀息说："我早就跟先君说过，我不会改变承诺。哪里能既要实践自己的诺言，又要顾惜自己的生命呢？尽管我死也没有什么用，但是我又能躲到哪里去呢？再说，人人都想做得更好，谁不是这样呢？我不想背叛先君和奚齐，所以也不能劝说三位公子的同党，让他们背叛自己的主人。"

十月，献公还没安葬，里克就在守丧的茅屋[1]中杀死了奚齐。荀息打算为奚齐而自杀，有人劝他说："你不如立奚齐的弟弟卓子为国君，并辅佐他。"于是荀息便立公子卓为国君，并安葬了献公。

十一月，里克又在朝廷上杀了公子卓，荀息便自杀了。

君子说："《诗经》说：'白玉的瑕疵，还可以磨掉；言语的失误，就难以挽回了。'荀息就是犯了这个失误啊。"

里克接连杀了奚齐和公子卓，晋国没有了国君。晋国的郤芮建议夷吾给秦国送上厚礼，请求秦国帮他回国继位，他对夷吾说："晋国已被别人所占有，我们用别人的土地进行贿赂，还有什么舍不得的呢？如果能回国，那就能得到百姓，土地有什么好可惜呢？"夷吾听从了他的意见。

齐大夫隰朋率领军队跟秦国军队会合，打算把夷吾送回晋国。秦穆公问郤芮："公子夷吾在国内能依靠谁？"

郤芮回答说："据我所知，公子夷吾没有党羽，如果有党羽，那就一定有仇敌。夷吾小时候不喜欢玩耍，即使跟别人争斗，也从不过分。直到长大，这点也没有改变。我只知道这些，其他就不了解了。"

穆公又问秦大夫公孙枝："夷吾能使晋国安定吗？"

公孙枝回答说："据我所知，只有行为合乎准则，才能使国家安定。《诗经》说：'不凭借知识智力，顺应上天的法则办事。'这说的是文王。又说：'只要不诬陷、不伤害，其他言行很少不能成为准则。'这就是说一个人应该没有喜好，也没有厌恶；既不猜忌，也不好胜。现在据我观察，夷吾的话里流露出猜忌和好胜的情绪，难以安定国家啊！"

穆公说："猜忌会招来怨恨，那又怎么能够胜利呢？这对我们有利啊。"

次年四月，周公忌父、周大夫王子党会合齐大夫隰朋，立夷吾为君，是为惠公。惠公杀了里克，把弑君之罪推给里克，以表示自己没有篡位之心。当惠公打算杀掉里克时，派人对里克说："如果没有你，那我就当不上国君。尽管如此，但你毕竟杀了两位国君和一位大夫。作为你的国君，难道不是很难做吗？"

里克回答说："如果不铲除奚齐和公子卓，您怎能登上君位？如果想给一个人加上罪名，难道还怕没有理由吗？我明白您的意思了。"说完拔剑自刎而死。

当时里克的同党丕郑正在秦国访问，因此侥幸逃过了这场祸难。丕郑此行的任务，是向秦国请求延期交付惠公以前答应的贿赂，并对此表示歉意。他对秦穆公说："是吕甥、郤称、冀芮这三位大夫不同意付贿赂。如果您用贵重的礼品聘问他们，请他们三个人来秦国访问，我乘机赶走晋国国君，您再送重耳回晋国继位。没有不成功的。"

冬天，秦穆公派大夫泠至到晋国回拜丕郑的访问，同时向吕甥等三人表示问候，还邀请他们到秦国去访问。冀芮说：“给我们的礼物这么丰厚，又这么甜言蜜语，这肯定是在诱惑我们。”于是就杀了丕郑、祁举和七位大夫，都是里克、丕郑的党羽。

丕郑的儿子丕豹逃到了秦国。他对秦穆公说：“晋惠公夷吾背叛了曾帮助过他的秦国，却对里克、丕郑等人的小怨怀恨在心，滥杀无辜，百姓是不会拥护他的。如果我们讨伐他，肯定能把晋惠公驱逐出去。”

穆公倒不糊涂，说：“如果夷吾失去了百姓，又怎么能除掉大臣？如果晋国的百姓都像你一样躲避祸难，那由谁来驱逐你的国君呢？”

相关链接

〔1〕茅屋：又称“苫屋”。用茅草、秸秆等搭建的简易房屋。古人守丧多住此，以示沉痛哀悼。

晋乞籴于秦

晋国饥荒，求救于秦，秦开粮赈灾。秦国饥荒，求救于晋，晋惠公却下令封锁粮道。秦穆公大怒，遂兴兵伐晋。

晋惠公回国继位后，对内，先借口杀了里克、丕郑等有势力的大臣；对外，又想赖掉要求秦国帮助他回国继位时，答应秦国的贿赂。结果，国内国外都对他不满意。

鲁僖公十三年冬，晋国连续两年粮食歉收，发生了饥荒，派人到秦国求购粮食。秦穆公问大夫子桑："要卖给他们吗？"

子桑回答说："过去我们曾帮助惠公回国即位，这次再帮助他们，如果得到惠公的报答，那么君王您也可以满意了。如果我们两次对他们施恩，却没有得到报答，那么晋国的百姓一定会离心离德。等百姓离心之后，我们再去攻打晋国，惠公失去民心，必然失败。"

穆公又问大夫百里："卖给他们吗？"

百里回答说："天灾是难免的，总会在各个国家交替发生。援救灾民，抚恤邻国，这是合乎道义的。按照道义办事，一定会有福禄降临。"

这时，丕郑的儿子丕豹正在秦国，就乘机劝说秦穆公伐晋，穆公说："晋国的国君是不好，但晋国的百姓有什么罪？"于是向晋国输送粮食，从秦国首都雍[1]城到晋国首都绛城，运粮的船只络绎不绝，人们称之为"泛舟之役"。

第二年冬天，秦国也发生了饥荒，秦穆公派人到晋国求购粮食，但晋惠公拒绝了。晋大夫庆郑说："别人施惠却不报答，就会失去亲近自己的人；对别人的困难幸灾乐祸，就是不仁道；过分爱惜自己的东西，舍不得用来救灾，就会不吉祥；使邻国发怒，就是不合道义。这四种德行都违背了，那还依靠什么来守卫国家呢？"

晋大夫虢射说："我们既然已经背弃了割让土地的诺言，那么给不给粮食还有什么关系呢？就像皮都不存在了，毛还能附在哪里呢？"

庆郑说："抛弃了信用，背叛了邻国，如果遇到祸患，那谁还会来救援我们呢？不讲信用就会产生祸患，失去救援就必定会灭亡。就是这个道理啊。”

虢射说：“秦国对我国已经心怀怨恨，即使给了他们粮食，也未必能减轻他们的怨恨，反而增强了敌人的实力，还不如不给呢。”

庆郑说：“背弃恩德，幸灾乐祸，这是会被百姓唾弃的。亲近的人尚且会因此而仇视我们，更何况是对我们有怨恨的秦国呢？”晋惠公还是不采纳他的意见。

庆郑退朝下来，说：“国君将来一定会对这件事后悔的！”果然，鲁僖公十五年，秦穆公因为晋惠公不偿付答应割让的土地，以及秦国饥荒时封锁粮食而对晋国发动战争。结果，晋军在韩原大败，晋惠公被秦军捉住，费了好大劲求和，才被放回来。

这年晋国的粮食再次歉收，秦穆公仍然向他们赠送了粮食，并说：“我虽然怨恨晋国的国君，但却怜悯晋国的百姓。而且我听说当初晋国祖先唐叔受封的时候，箕子曾说：‘晋国的后代一定能够发扬光大。’哪里能够对晋国存过分的野心，企图占领它呢？我们姑且先在晋国树立一些恩德，等待将来有能力的人出现吧。”

相关链接

〔1〕雍：在今陕西凤翔南。秦德公元年（公元前677年）迁都于此。

○品画鉴宝

人物龙凤图（战国） 图绘一位侧面姿态优美的女子，两手前伸，合掌施礼，她的头上左前方画有一龙一凤在搏斗。将现实与幻想巧妙融合。

秦晋韩原之战

晋惠公背信弃义，在国外国内都失去人心。韩原一战，秦军将他俘虏。但在秦穆姬和晋国群臣的努力下，秦国最终还是释放了他。

晋国发生里克、丕郑之乱，公子夷吾在秦国的帮助下回国继位，是为惠公。晋惠公曾答应回国后会赏赐晋国的中大夫，但他即位后却背弃了这一诺言，还把中大夫里克、丕郑等人给杀了。他曾答应把黄河以西和以南的五座城市送给秦穆公，这些土地东到虢略镇[1]，南到华山[2]，另外还有黄河以内的解梁城[3]，但是后来都赖掉不给了。所以不论国内还是国外都人心背离。

晋惠公即位的第二年，曾为前太子申生驾车的大夫狐突到陪都曲沃去，在那里遇到了申生的鬼魂。申生让他上来驾车，并告诉他："夷吾（即晋惠公）太没有礼貌，我已向上帝请命，要求把晋国送给秦国，将来秦国会祭祀我的。"

狐突说："我听说，神灵不会享用外族的祭品，百姓也不会祭祀外族的神灵，将来恐怕没有人祭祀您了吧？况且百姓有什么罪过呢？如果因为对夷吾的惩罚不当，而使无辜的晋国百姓遭受灭国之灾，还断绝了自己享用的祭祀，这恐怕不太妥当吧？您还是再好好考虑一下！"

申生说："好。我将再次向上帝请命。七天之后，我会附在新城西部的一个巫师身上现身。"狐突不再反对，于是申生的鬼魂就不见了。

到了约定的那天，狐突准时前往，申生附身的巫师告诉他："上帝已经允许我只惩罚有罪的人，夷吾将在韩地打败仗。"

鲁僖公十三年冬，晋国发生饥荒，向秦国请求援助，秦国给他们送去了粮食。第二年，秦国发生饥荒，向晋国求援，晋国却封锁国门拒绝了。于是秦穆公决定攻打晋国。

鲁僖公十五年夏，秦国进攻晋国，晋军接连三次战败，撤退到了韩地。晋惠公对庆郑说："敌人已深入我国了，该怎么办呢？"

庆郑回答说："君王只能让他们深入了，还能怎么样？"

惠公听了很不高兴，大喝一声："放肆！"

惠公挑选兵车的车右时，占卜的结果认为庆郑最合适，但是惠公对庆郑的直谏感到不满，所以没有让他担任车右，而让步扬驾驶兵车，让晋大夫家仆徒担任车右。驾车的马名叫"小驷"，是郑国进献的。庆郑

○品画鉴宝　人物立像（战国）

说："古时作战，一定要用本国产的马驾车，因为它在本国的水土之上出生、成长，了解主人的心意，甘心受主人的调教，适应本国的道路环境，所以无论你怎么使用它，都没有不如意的。现在您却用外国出产的马匹驾车作战，等到它一害怕而失去常态，将会和主人的心意相违背。马一旦受到刺激，就会呼吸急促、失去节奏，血液循环过分加快，血管扩张沸腾，外表看起来很强壮，但内心却已虚怯无力了。到那时，您进退两难，连掉头都不能够了。您一定会后悔的。"但是惠公还是不接纳他的意见。

九月，晋惠公准备迎战秦军，派大夫韩简前去侦察秦军的情况。韩简回来说："秦军的数量比我们少，但是斗士却是我们的一倍。"

惠公问："为什么？"

韩简回答说："当年君王逃亡时曾依赖秦穆公的资助，回国即位也是受到他们厚爱的结果，我国遇到灾荒时又吃他们的粮食。秦国的这三次恩德，我们都没有报答，因此他们来讨伐我们。现在我们又准备出击秦军，因此我军懈怠而秦军振奋，实际上秦国的斗士比我们多不止一倍呢！"

惠公说："是啊，一个普通的人都不能让人轻慢，更何况是一个国家呢？"于是就派韩简去跟秦穆公约战，说："我没有什么能力，能够把军队集合起来，却没法解散他们。如果您不退兵，那我们只能作战到底了。"

秦穆公派公孙枝回答说："您还没有回到晋国时，我就替您担心；您回国后没有坐稳君位，我还是替您担忧。现在您既然已坐稳君位，我怎敢不接受您作战的命令呢？"

韩简回去后说："我如果能保住性命，只是被秦军俘虏，就算很幸运了。"

十四日，两军在韩地的原野交战。晋惠公的小驷马盘旋进退不听指挥，结果陷在泥泞里。惠公向庆郑呼救，庆郑说："你刚愎自用，不听臣子的忠告，又违背了占卜之人的预言，本来就是自找失败，又逃什么呢？"说完就走开了。

梁由靡给韩简驾驶战车，虢射担任车右，迎面遇到秦穆公的战车，正要准备俘获他。就在这时，庆郑自己没去救惠公，却招呼韩简去救，这一来就把擒获秦穆公的战机延误了。

秦军俘获了晋惠公，并把他带了回去。晋国的大夫们披头散发，露宿在野外，一直跟着秦军。秦穆公派人劝他们回去，说："你们这些人有什么好忧伤的？我之所以带着你们的君王往西走，只不过是去应验当年狐突遇到申生鬼魂的妖梦罢了，我哪里敢做得太过分呢？"

晋国的大夫们听了，三拜叩首说："您下踩大地，上戴苍天，苍天大地都听到了您的话。我们谨听吩咐。"

以前，太子申生有个姐姐嫁给秦穆公，人称秦穆姬。晋惠公回国时，秦穆姬曾把申生的妃子贾君托付给他照顾，并说："你要把逃亡在外的各位公子全都接回国去。"可是，惠公却和贾君发生了不正当的男女关系，又不接纳各位公子，因此穆姬对他很恼恨。

这时，秦穆姬听说晋惠公将被带回秦国，便领着太子莹、儿子弘和女儿简璧，登上高台，站在柴草之上准备自焚。她让人不戴帽子、身着丧服去迎接穆公，并告诉他："上天降下灾祸，致使我们秦晋两国不是拿着玉帛相见，友善相处，而是发生了战争。如果您带着晋国国君早上进入我们国都，那么我晚上就自焚；如果晚上进入国都，那么我早上就自焚。请君王决断吧。"秦穆公只好把晋惠公安置在灵台〔4〕。

秦大夫请求把惠公带回秦国的都城。穆公说："这次捉住了晋君，我以为可以带着丰厚的俘获物回去了。谁知如今却将导致丧事，那俘获物再丰厚，又有什么用呢？对大夫们又有什么好处呢？况且晋国的大臣对他们的国君被俘，表示非常忧伤，其用意是希望我给予足够的重视，用天地之约来约束我。如果我不考虑他们的忧伤，就会加重他们对我的怨恨；如果我不履行自己的诺言，就是背叛了天地。怨恨太重会难以承当，背叛天地则不吉祥。总之，一定要放晋君回国。"

公子絷说：“不如杀了他，以免他继续与秦国为敌。”

子桑说：“如果让他回国，而把他的太子作为人质，我们一定能得到大为有利的条件。现在还不能让晋国灭亡，如果杀掉了它的国君，只能造成更大的祸患。而且史佚曾经说过：‘不要成为祸乱之首，不要依靠他人的动乱谋取自己的利益，不要加重相互间的怨恨。’太重的怨恨让人无法承当，欺侮别人则很不吉祥。”于是秦国同意和晋国讲和。

晋惠公派郤乞回国通知瑕吕饴甥，并且召他前来。吕甥教郤乞这样说：“你要朝会各位大臣，以国君的名义赏赐他们，并且转告他们：‘孤虽然是回来了，但已经使我们的国家蒙受了耻辱，你们还是用占卜的办法来决定如何辅佐太子吧。’”各位大臣听了之后都感动得哭了起来。晋国从此开始改变田制，用税收赏赐群臣。

吕甥抓住机会，自己站出来说：“国君不为自己出亡在外而忧虑，反而替我们这些群臣担忧。国君对我们的恩惠已经达到了极点，我们应该怎样报答国君呢？”

大家问：“我们能做些什么呢？”

吕甥说：“我们可以征收赋税，修整军备，以辅佐太子。诸侯听到我们虽然失去了国君，但很快就会立新君，并且群臣团结和睦，武备比以前更强。这样，同我们友好的国家就会勉励我们，而仇恨我们的国家就会害怕我们了！这样大概会有好处吧。”大家听了都很高兴。从此晋国改革兵制，扩大服兵役的范围。

十月，吕甥拜见秦穆公，双方在王城订立了盟约。秦穆公问吕甥：“晋国内部意见统一了吗？”

吕甥回答说：“不统一。百姓们对失去了国君感到羞耻，对丧失了亲人感到悲伤。他们不怕多征税赋，整装待发，并且主张拥立太子圉为国君，发誓说：‘一定要报仇，否则我们宁可去侍奉戎狄。’而君子们则爱戴他们的国君，但是也知道自己的罪过，他们也不惜多征税赋和进一步整修甲兵，等待与秦国的战争。他们说：‘一定要报答秦国的恩德，即使死了也决无二心。’因此两方的意见很不一致。”

穆公又问：“晋国都城的人对国君的命运有什么看法呢？”

吕甥回答说：“平民们感到忧虑，认为他不会被赦免；君子们则推己及人，认为他一定能回来。平民说：‘秦国给我们施予了三次恩惠，我们都没有报答，他们哪里会让国君回来？’君子们则说：‘我们已经知道自

己的罪过了，秦国一定会放国君回来。当初我们国君背叛了秦国，秦国就把他擒住了；如今我们国君已认错服罪，秦国就会释放他回国。这样，就没有比这更宽厚的德行，没有比这更威严的刑罚了。归服者感念他的德行，有二心者害怕受到他的刑罚！仅靠这一战役，秦国就称霸诸侯了！如果秦国放晋君回国后，却又不让他安于君位；废掉他，却又不尽快立新君，就会把恩德变为怨恨，秦国不会这么做的。'”

穆公说：“这也正是我的想法。”于是就给惠公换了住处，迁入高级馆舍，并向他赠送了七头牛、羊、猪，让他享受诸侯级别的待遇。

惠公快要回国了，大夫蛾析对庆郑说：“你为什么不逃走呢？”庆郑回答：“是我使国君陷于失败之地，国君失败了，我不但不以身殉国，反而又要逃走，让国君不能惩罚我的罪过，这不是臣子应该做的。作为臣子，却不遵守应守的礼仪，就算我逃走了，哪个国君会容纳我呢？”十一月，晋惠公回国，杀了庆郑以后才进入国都。

相关链接

〔1〕虢略镇：古镇名。在今河南灵宝一带。

〔2〕华山：位于今陕西华阴南，属秦岭东段，为五岳之一。

〔3〕解梁城：春秋晋城。在今山西临猗西南。

〔4〕灵台：古台名。周文王所建，作游观览胜（一说观察天象）之用。

齐桓公死后，太子昭逃往宋国。为了争夺君位，他其余的五个儿子各树党羽，互相攻打。宋襄公趁机护送太子昭入主齐国，并企图为自己夺取中原霸主的地位。

齐桓公有三位夫人，分别是王姬、徐嬴、蔡姬，她们都没有生下儿子。桓公喜好女色，有很多宠姬，宠姬中地位接近夫人的有六位：长卫姬，生了公子无亏（武孟）；少卫姬，生了公子元（后来的惠公）；郑姬，生了公子昭（后来的孝公）；葛嬴，生了公子潘（后来的昭公）；密姬，生了公子商人（后来的懿公）；宋华子，生了公子雍。桓公和管仲把公子昭托付给宋襄公，立他为太子。

齐国有个人叫雍巫，又叫易牙[1]，烧得一手好菜，受到长卫姬的宠信；后来通过宦官貂向桓公进献了美味食物，又得到桓公的宠信。桓公答应雍巫立武孟为继承人。管仲去世后，公子昭之外的五位公子都希望被立为继承人。

鲁僖公十七年十月七日，桓公去世。雍巫入宫，和宦官貂依仗那些如夫人，杀死了许多官员，然后立公子无亏为国君。公子昭逃到了宋国。

桓公病重的时候，五位公子各自笼络党羽，争取被立为储君。桓公一死，他们互相攻打，宫中都没有管事的人了，没有人收敛桓公。桓公的尸体在床上躺了六十七日，尸虫一直爬到门外。直到十二月初八，齐国才向诸侯发出桓公去世的讣告，十四日夜里才收敛了桓公。

第二年春天，宋襄公见齐国有乱，就想趁机抢夺盟主的位子，于是联合曹、卫、邾，借口平乱攻打齐国。三月，齐国人害怕，把公子无亏杀了向诸侯解释。

宋襄公想把公子昭送回国继位，齐国人也想迎立公子昭，但因为剩下的四公子从中作梗，事情没有成功，齐国只好与宋国开战。五月，宋军在甗地打败了齐国军队，于是送公子昭回国继位，然后才回去。公子昭即位，是为孝公。

相关链接

〔1〕易牙：一作狄牙。名巫，雍人。齐桓公宠臣。善烹调，长逢迎。相传曾煮其子为食以献桓公。

宋襄公图霸

宋襄公一心称霸诸侯，却不考虑自己的力量和德行，以为通过残暴就可以慑服天下。最后称霸不成，自身反而死于非命。

齐桓公死后，宋襄公在甗之战中打败齐国军队，成功地把齐孝公送回齐国即位。于是，宋襄公就认为自己国势强盛，足以继齐桓公之后，成为一代霸主。

鲁僖公十九年春，宋襄公先把滕君婴齐抓了起来，杀鸡儆猴，给不服从宋国的诸侯作榜样。六月，宋襄公又邀集曹、邾等国在曹国南部会盟。因为鄫国的国君迟到，便让邾文公把他抓起来。又为了讨好东夷，使他们归附自己，宋襄公就让邾文公杀了鄫子，用他祭祀次睢的土地神。

司马子鱼（即宋公子目夷）说："古代祭祀时，马、牛、羊、猪、狗、鸡这六种牲畜不能相互替代混用，小的祭祀不用大牺牲，何况竟然敢用人来祭祀？祭祀是为人求福。人是神灵的主人；用人祭祀神灵，谁敢享用呢？当年齐桓公曾经挽救了鲁国、卫国、邢国这三个濒临灭亡的国家，从而使诸侯归附他。即使这样，义士还说他德行不够丰厚。如今宋襄公才举行了一次盟会，就已经残暴地对待了两个国家的君王，又用鄫子祭祀那些邪恶昏乱的鬼神，想以此来成就霸业，这不是很难吗？这样下去，襄公能够得到善终就是很幸运的了。"

秋天，因为曹国不肯顺服，宋襄公就发兵包围了曹国都城。子鱼对宋襄公说："从前文王听到崇国败德而去攻打他们，用兵攻打了三十天，也没有使崇国投降。于是文王就撤兵回去，修明教化，然后再去攻打崇国，结果崇国人没有决战就投降了。《诗经》说：'在妻子面前做出榜样，并推广到兄弟之间，以此来治理采邑和邦国。'现在您的德行恐怕还有所欠缺，如果以此来攻打别的国家，又能把它们怎么样呢？为什么不暂且反省一下自己的德行，等到德行没有欠缺时再去攻打？"

这个时候，除了卫、邾、许、滑等寥寥几国支持宋国，其他诸侯基本上都是站在宋国的对立立场上的。但宋襄公却不醒悟，不度德，不量力，一心想做霸主，乃至想立刻召集大的盟会。鲁大夫臧文仲过去因为见宋桓公勇于责备自己，曾经预言宋国将兴；此时，听说了宋襄公的事，评论道："让大家为了共同的目标而努力，是可以的；让大家为了自己一个人的目标而努力，就很少能成功了。"

鲁僖公二十一年春，宋襄公邀请齐孝公、楚成王在鹿上会盟。宋襄公要求楚国同意中原诸侯奉自己为盟主，楚成王答应了。子鱼评价说："小国也想争做盟主，这是祸患啊！宋国恐怕快要灭亡了！能够晚一点失败就算很幸运了。"秋天，楚成王、陈穆公、蔡庄公、郑文公、许僖公、曹共公在盂地与宋襄公会盟。子鱼说："祸患就在这一次盟会中发生吧！君王的欲望太过分了，诸侯们怎么忍受得了呢？"

楚国在鹿上之会答应宋襄公的请求，其实只是做做表面功夫。宋襄公这次在盂地举行会盟，为了表示自己有信义，就没有带兵。结果，楚国人在会上把宋襄公抓了起来，并发兵攻打了宋国。

冬天，鲁僖公出面说情，在薄地举行了会盟。楚国释放了宋襄公。子鱼说："祸难还没有结束，这还不足以警告国君啊。"

果然，宋襄公仍然没有接受教训，第二年夏天，就因为郑文公去楚国朝见，邀集卫、许、滕三国讨伐郑国。子鱼说："看来我说的祸难，就要在这一次降临了吧。"

楚国为救援郑国而攻打宋国，宋襄公不听大司马公孙固的劝阻，打算迎战。冬天，楚、宋军队在泓水[1]交战，宋军大败，兵士死了很多，襄公的腿上也受了重伤。

次年春天，齐孝公也趁宋国大败，借口宋国不参加齐国主持的盟会，发兵攻打宋国，包围了宋国的缗邑。到了夏天，宋襄公因伤重去世，称霸的努力也就此草草收场。

相关链接

〔1〕泓水：古涣水支流。故道在今河南柘城西北。

宋楚泓之战

宋、楚泓水之战，宋襄公不肯趁机攻打正在渡河、队伍不整的楚军，认为那不合于君子之道。

鲁僖公二十二年，一心称霸的宋襄公因郑伯去楚国朝见，而发兵攻打郑国。楚国为了救援郑国，就攻打宋国。宋襄公打算迎战，大司马公孙固劝阻说："上天抛弃殷商后裔已经很久了（宋立国之君微子，是商纣王的哥哥）。您打算复兴它，这是违背天意，不可饶恕的啊。"但是宋襄公不听。

十一月初一，宋襄公领兵和楚军在泓水附近交战。宋军已经全都摆好了阵势，但楚军还没有全部渡过泓水。大司马对襄公说："楚军人多，我军人少，趁现在楚军还没有全部过河，请君王下令攻击他们。"襄公说："不行。"当楚军已全部渡过泓水，还没有摆开阵势时，司马又请求下令进攻，襄公还是说："不行。"等楚军摆开了阵势后，宋军才发动攻击，结果宋军大败，襄公大腿受了伤，护卫襄公的亲兵[1]全部被消灭了。

宋国人都责备宋襄公。襄公说："君子不能再伤害已经受伤的人，也不能捉拿那些头发花白的人。古代行军作战，不在险隘的地方攻击敌人。我虽然是先朝殷商的后裔，但不能击鼓进攻还没有摆好阵势的敌人。"

子鱼说："国君您还不懂得作战的要领啊。强大的敌人处于险隘地形而不能摆开阵势，这正是上天在帮助我们啊。我们乘机阻截并攻击他们，这不是很好吗？即使这样，我们还要担心不能取胜呢！况且现在

○品画鉴宝

蟠蛇纹匏壶（春秋） 此壶盖呈伏鸟形，头顶长冠，双目圆睁，钩形尖喙。此壶形同匏瓜，用于盛酒。

○ 品画鉴宝　圣迹之图（明）孔子离卫适宋，途中与弟子习礼于檀树之下。宋司马桓魋欲害孔子，把大树砍倒了。

那些强大的国家，都是我们的敌人。就算遇到的是老兵，能俘获的也要把他们抓过来，哪里要顾及他是不是头发花白呢？要让将士知道什么是耻辱，要教给他们怎样打仗，目的就是要多杀敌人。对那些受伤未死的敌兵，为什么不可以再次攻击呢？如果怜悯再次受到攻击的伤兵，那就不应该伤害他们；如果怜悯头发花白的老兵，那就应该向他们投降。凡是军队，都要选择有利的条件进行作战。用金鼓的声音来鼓舞士气、增强斗志。趁敌人处于行动不便的地方，利用这一有利条件进行攻击，这是完全可以的；趁敌军处于混乱状态、进退无序时，击鼓进军也是完全可以的。”

相关链接

〔1〕亲兵：旧时帝王、官员等人的亲近护卫士兵。

晋文公登位

晋文公重耳即位后，很多人都前往拜见，以求取爵位俸禄，唯有曾经跟随他四处流亡的介之推不肯与世同流合污。

鲁僖公二十四年春，秦穆公派军队护送重耳回晋国。重耳到了黄河边，子犯给他一块玉璧，说："微臣车前马后为您服役，跟随您巡行于各地，得罪您的地方太多了。这一点连我自己都了解，何况是您本人呢？请允许我从此离开您吧。"

重耳说："我保证和舅父一条心，否则就请河神做主！"说着把玉璧扔到了河里。

渡过黄河后，他们包围令狐，进入桑泉，又占取了臼衰。二月四日，晋国的军队驻扎在庐柳，拒绝重耳进入晋国。秦穆公派公子絷率军进攻晋国军队，晋军后撤，驻扎在郇地。二月十一日，狐偃和秦国、晋国的大夫在郇地结盟。十二日，重耳接管了驻扎在郇地的晋国军队。十六日，重耳进入陪都曲沃。十七日，在晋武公的庙宇内朝见群臣。十八日，派人在高梁杀死了怀公。

○ 品画鉴宝　晋文公复国图（南宋）李唐／绘　图中绘晋文公重耳归国车仗，人物刻画精准，恰到好处。

重耳即位，是为晋文公。吕甥、郤芮害怕受到文公的迫害，打算在文公的宫室放火，乘机杀害他。宦官披求见文公，文公拒绝接见并派人责备他，说："蒲城那次战役，献公命令你一夜之后到达蒲城，你却立刻就到了。后来我跟随狄君在渭水边上打猎，你替惠公来追杀我，惠

公令你三夜之后到达，但你第二夜就赶到了。虽然有国君的命令，但为什么你执行得那么快呢？被你砍断的那只袖子我还保存着，你还是快走开吧。”

宦官披回答说：“我本以为你既然已经回国执政，就应该知道为君治国的道理了。如果您还不懂得什么是为君治国的道理，那么恐怕您还将会遇到灾难。执行国君的命令不应该有二心，这是自古以来的制度。为国君除去他所厌恶的人，自然要尽我最大的力量去做。那时我站在献公、惠公的立场上，不过把你看成与国君对立的蒲人、狄人一样，我心目中怎么能有你们的存在呢？现在您即位了，难道就没有像蒲、狄这样反对您的人了吗？当初齐桓公不追究管仲曾射中他衣钩，还让他担任相国。您如果没有忘记旧怨，那我自然会走开，又何劳您下令驱逐？如果您心胸狭隘，那么畏罪出奔的人会很多，哪里会只有我一个呢？”

文公听了，马上就改变主意接见他。宦官披便把吕甥、郤芮的阴谋告诉了文公。

三月，文公秘密出行，与秦穆公在秦国的王城相会，商量对策。三月三十日，晋国的宫室被烧。吕甥、郤芮没有找到文公，就来到了黄河边。秦穆公诱骗他们，然后把他们除掉。晋文公迎接夫人嬴氏回国，秦穆公向晋国赠送了三千名护卫，以充实文公的亲信部队。

当初，文公的童仆头须管理仓库。文公在外逃亡时，头须偷了仓库中的财物逃走，不过他把这些财物都用到争取让文公回国的活动上。等到文公回到国内，头须求见文公，但是文公借口说正在洗头，不想接见头须。头须对文公的仆人说："洗头时低着头，心的位置也就颠倒过来了；心颠倒过来，考虑问题也就会是非颠倒，难怪我得不到接见。留在国内的人，是替他在守卫国家；跟随他出逃的人，鞍前马后为他奔走服役。无论留守国内的人还是跟随他逃亡的人，都是为文公效力，为什么一定要认为留守国内的人有罪呢？一个国君如果仇视普通老百姓，那么害怕他的人就会有很多了。"仆人把这些话转告文公，文公立即接见了头须。

狄人把季隗送回晋国，请求把她的两个儿子留在狄国。

文公准备赏赐曾跟随他流亡的人。介之推[1]从来不谈禄位的事，因此文公就没有给他禄位。介之推说："担任晋国国君、主持祭祀的人，除了文公之外还有谁呢？这是上天要立他为国君啊。而那些跟随他流亡的人却认为这是自己的功劳，这不是在骗人吗？偷窃别人的财物，尚且叫作盗；更何况偷了上天的功劳并占为己有呢？臣下把这种罪恶之事看作正义的行为，国君又对他们这种狡诈的行为给予赏赐，上下互相欺骗，很难与他们相处了。"

他母亲说："你为什么不去向国君请求封赏呢？如果像现在这样，就算死了你又能怨恨谁呢？"

介之推回答说："明知那些人的行为不对，还去效法他们，那么这罪过不是更加严重了吗？况且我已口出怨言，不再吃他的俸禄了。"

他母亲说："即使这样，也要让他知道你的用心啊！"

介之推回答说："言语，是人的文饰。我人都已经打算隐居了，哪里还用得着言语来文饰呢？如果我那么做，就是企求显达啊。"

他母亲说："你能隐居起来吗？那我就和你一起归隐吧。"

介之推就隐居了起来，直到去世。文公到处找他，始终没有找到，就把绵上[2]封作介之推的祭田，并且说："用这块祭田来记下我的过错，同时表彰好人。"

相关链接

〔1〕介之推：又作介子推、介推，春秋时期晋国贵族。相传他隐居后，晋文公曾派人烧山逼他出来，结果被烧死于山上。据说清明节前的寒食节就是为了纪念他的。

〔2〕绵上：春秋晋地。在今山西介休东南。

晋文公勤王

天子流亡，诸侯纷纷做出勤王的姿态。晋文公辞退秦军，护送襄王入京。襄王于是宴请文公，并赐给他土地作为答谢。

鲁僖公二十四年，周室太叔带作乱，周襄王出奔到郑国的汜地。冬天，襄王派人前去鲁国通报发生的祸难，并说：“我缺乏德行，得罪了先母宠爱的儿子带，以致如今躲避在郑国的汜地。特此告诉叔父。”

鲁大夫臧文仲回答说：“天子在外逃亡，蒙受风尘，我们哪里还敢不奔向各国，告知天子的各位大臣呢？”

周襄王又派大夫简师父到晋国通报，派左鄢父到秦国通报。周王落难，诸侯们纷纷作出姿态想要勤王，连与周襄王有仇的郑文公都多礼起来，与郑大夫孔将钼、石甲父、侯宣多一起到汜地探望天子的侍官，检查天子使用的器具，然后向天子汇报郑国的政事。

鲁僖公二十五年春，秦穆公领兵驻扎在黄河边上，准备护送周天子回朝。狐偃对晋文公说：“要得到诸侯的拥戴，没有比勤王更有效的办法了。这样不但能得到诸侯的信任，而且合乎大义。继承晋文侯的伟业（平王东迁时，晋文侯安定周室，曾经得到周平王赐命），在诸侯间显示信义、提高声誉，现在这正是良机啊。”

文公让卜官偃占卜，卜偃说：“很吉利。得到了黄帝在阪泉[1]作战的征兆。”

文公说：“我哪里能与黄帝相提并论？实在担当不起啊。”

卜偃回答说：“周朝的德行虽然已经衰微，但是周朝的礼制还没有改变。现在的周王，就是古代的帝。”

文公说：“再用蓍草占一下。”

卜偃再用蓍草占卦，结果得到《大有》卦，变而为《睽》卦。卜偃说：“也很吉利。得到‘公侯收到天子设宴招待’这一卦，表明在打了胜仗以后，天子将设酒宴款待您。没有比这更吉利的了。而且这一卦，天变为水泽，承受太阳的照射，象征天子将破格迎接您，这不是很好吗？《大有》卦变成《睽》卦，又回到《大有》卦，说明天子就要回到他的居所。”

晋文公辞谢了秦军，让他们返还，只带领晋军顺黄河而下。三月十九

○ 品画鉴宝　晋文公复国图（南宋）李唐／绘

日，晋军驻扎在阳樊[2]，右军包围了温地，左军迎接周天子。四月初三，天子进入王城，在温地抓住了太叔，并在隰城将他杀了。

初四，晋文公朝见了周天子。周襄王设下盛宴，用甜酒招待他，并让他向自己敬酒。文公又向襄王请求，在他死后能用天子的隧葬[3]之礼安葬，襄王没有答应，说："这是天子的典章制度。如果还没有一个有德的新天子来代替周天子，却有两个天子并存，我想这也是叔父您所不喜欢的。"

周天子把阳樊、温地、原地、茅等地赐给了文公。阳樊人不肯服从晋国，晋军就包围了阳樊。阳樊人的首领苍葛大声喊道："安抚中原各国只能使用德行，刑罚只能用来威逼四方夷狄。你们这样威胁我们，我们不敢降服。这里的人谁不是周天子的亲戚呢？你们难道能俘虏他们吗？"于是晋文公就只取阳樊的城池土地，而把当地的百姓赶走了。

相关链接

〔1〕阪泉：在今河北涿鹿东南。一说在今山西运城境内。

〔2〕阳樊：春秋周王畿内邑。在今河南济源西南。

〔3〕隧葬：《左传．僖公二十五年》："晋侯朝王。王享醴，命之宥。请隧，弗许。"杜预注："阙地通路曰隧，王之葬礼也；诸侯皆县柩而下。"

阅读国学经典·品鉴古今智慧

领悟先贤哲思·创造人生辉煌

全新彩色版

金敬梅 主编

中华文史大观

四书五经故事

下

（全2册）

世界图书出版公司

目录

五经·春秋

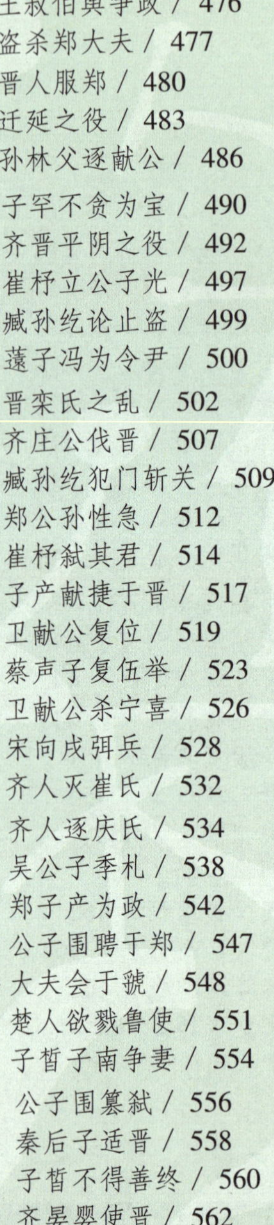

四书五经故事

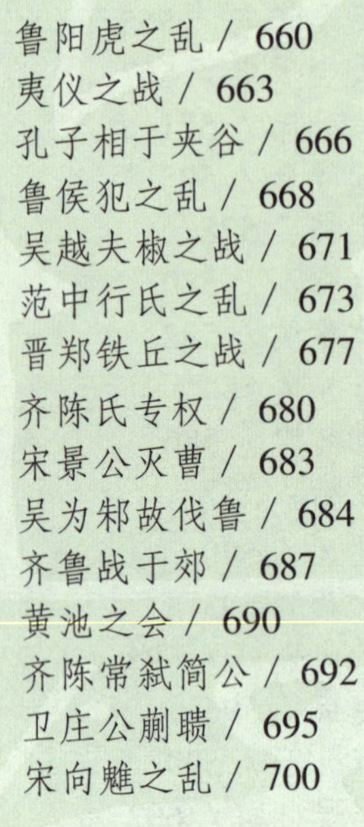

前言

“国学”，产生于西学东渐、文化转型的历史时期，兴起于20世纪初，鼎盛于20年代，80年代又有“寻根”热，90年代“国学”热再次掀起至今，无不是对传统文化在今日中国乃至世界多元文化中的一次次定位固基。

一般来说，国学指以释道儒三家学问为主干，文学艺术、戏剧音乐、武术菜肴、民俗礼仪等为枝叶的传统中国文化体系。

国学以学科分，应分为哲学、史学、宗教学、文学、礼俗学、考据学、伦理学、版本学等，其中以儒家哲学为主流；以思想分，应分为先秦诸子、儒道释三家等，儒家贯穿并主导中国思想史，其他列从属地位；以《四库全书》分，应分为经、史、子、集四部，但以经、子部为重，尤倾向于经部。

近代学者邓实定义国学说：“国学者何？一国所自有之学也。有地而人生其上，因以成国焉。有其国者有其学。学也者，学其一国之学以为国用，而自治其一国者也。……国学者，与有国以俱来，本乎地理、根之民性而不可须臾离也。君子生是国则通是学，知爱其国无不知爱其学。” 邓先生的国学概念内容很广泛，同时也强调了国学的经世致用性。

总的来说，国学是有别于西方学术，独具特点且自成体系的文化形态，是中国固有的文化传统、人文理念和认识方法。其博大精深之内涵，雄厚内敛之魂魄，足以令世人传诵千百年。可以说国学经典是中华文化的根基，其中蕴含着前人洞察世事的精妙哲理。学习国学可以在潜移默化中学会为人处世的方法，增强个人的文化修养，使思想在“润物细无声”中得到浸润和升华。

为让广大读者能够真正与国学亲密接触，我们去芜存菁，在卷帙浩繁的中华传统文化典籍中精心挑选出一系列国学经典。在尊重原著的基础上，通过释疑、修饰、考证、援引等，汇编成为本丛书，以飨读者。

您现在所看到的《四书五经故事》便是丛书之一。

中国的传统文化流派众多，史籍丰富，可以傲踞世界各国之前列。而儒学更是中华民族“文明古国”桂冠上一颗璀璨的明珠。《四书五经》作为儒家学派的代表作品，在中国文学史上的地位自然无与伦比。

“四书”是指《论语》《孟子》《大学》《中庸》；“五经”是《诗》《书》《礼》《易》和《春秋》五部儒家经典的合称。

本部《四书五经故事》经专家学者的精心挑选，化艰涩为浅显，以一个个脍炙人口、引人入胜的白话故事为向导，引领广大读者去感受传统文化的精华，品味儒学的精妙和人生的真谛。编者在每一篇故事前插入了简评，使本书的知识含量系统化；大量切合正文内容的彩色文物、艺术图片，使本书呈现出丰富的文化内涵。

衷心地希望本系列丛书能成为广大读者的良师益友，使您在品味国学博大精深的同时，能从中汲取源源不断的智慧甘泉。

展喜犒齐师

齐孝公伐鲁，鲁僖公派展喜前去慰劳齐军。展喜援引先王之命，追溯祖宗大义，晓之以理，动之以情，使齐师不战而退。

鲁僖公二十六年春，齐国因为对鲁国和莒、卫在洮[1]地和向[2]地两次会盟感到不满，就出兵攻打了鲁国的西部边境。夏天，齐孝公又率军攻打鲁国的北部边境。卫国人因为与鲁国在洮地有过盟约，就出兵进攻齐国，以救援鲁国。

僖公派大夫展喜前去慰劳齐国军队，并先让他去向展禽请教如何措辞。齐孝公还没有进入鲁国境内，展喜就去迎接，说："我们国君听说您要亲自光临我们鲁国，特派大臣来犒劳您的左右侍从。"

孝公说："你们鲁国人害怕了吗？"

展喜回答说："小人们害怕了，而君子们却不害怕。"

孝公说："你们百姓家里空空荡荡，什么也没有，地里连青草都不长，凭什么不害怕呢？"

展喜回答说："我们依仗先王的命令，所以不害怕。从前周公（鲁国先祖）、太公（齐国先祖）辅助周王室，一起协助成王。成王慰劳他们，并命令他们结盟，说：'世世代代、子子孙孙都不要互相侵犯。'这一盟约至今还藏在盟府里，由太史掌管着。齐桓公因此而纠合诸侯，调解他们之间的矛盾，弥补他们之间的裂痕，从而把他们从灾难中挽救出来。齐桓公这样做，正是发扬了太公辅佐周王室的职责啊。

"等到您即位，诸侯们都对您寄予了很大的希望。他们说：'他能继承桓公的伟业吧！'因此我国也就没有调集军队防守边境。因为我们认为：'难道齐孝公即位刚刚九年，就丢弃王命，废弃职责了吗？这怎么能对得起先君呢？齐孝公一定不会这么做的。'我国的君子们就是依仗这种想法，不感到害怕。"齐孝公听后，便撤兵回国了。

相关链接

〔1〕洮：春秋曹地。在今山东鄄城西。

〔2〕向：在今河南尉氏西南。春秋属郑。

宫門

城濮之战

鲁僖公二十八年，晋、楚爆发城濮之战。这是两国为争霸中原而进行的一次大决战。晋国努力扭转不利局势，在战斗中又退避三舍，最终以弱胜强。而楚军则死伤惨重，令尹子玉也自杀身亡。

鲁僖公二十四年，晋文公回国即位，第二年就立下勤王之功，紧接着又开始积极向外扩张。先是协助秦国去攻打邻近楚国的鄀国[1]，当年冬天又去进攻原国。原国投降，晋文公把原伯贯迁到冀地，然后任命赵衰为原大夫。

当时，齐桓公的霸业早就荡然无存，诸侯国中势力最强大的是南方的楚国，差不多已蹂躏了整个中原，齐和宋都曾被楚国侵略，鲁、卫、郑、陈、蔡等国也都已投靠了楚国。如今，晋文公在北方崛起，这两个国家也将面临着交锋。

宋国原先是服从楚国的，因为在晋文公流亡时曾对他友好相待，这时就背叛了楚国，而去亲近晋国。鲁僖公二十六年冬，楚国的令尹子玉、司马子西率军攻打宋国，包围了缗地。

第二年，楚成王打算对宋国发动更大的进攻，就先在秋天让子文和子玉对部队进行了操练演习。冬天，楚成王和诸侯联合发兵，包围了宋国国都。

宋国的公孙固到晋国告急。晋国的先轸说："我们报答宋襄公的赠马之恩，解救宋国的被围之难，在诸侯中树立威信，成就晋国的霸业，就在此一举了。"

狐偃说："楚国刚刚得到曹国的亲附，又刚刚与卫国缔结了婚姻。如果我们攻打曹、卫两国，楚国一定会前去援救，这样宋国、齐国都能免受楚国的威胁了。"

于是晋国在被庐举行了大规模的阅兵仪式，把左右两军改编成上、中、下三军，并商议推举谁做元帅。赵衰说："郤縠可以当元帅。我从他的多次谈话中，知道他喜好礼乐，崇尚《诗》《书》。《诗经》和《书经》，是道义的汇聚；礼和乐，则是德行的准则。德行、道义，是利益的根本。《夏书》说：'使用一个人才，就应该听取他的意见，把任务交给他，使他受到考验；如果他有了功绩，就要把车马服饰赏赐给他，作为酬劳。'君王您不妨让他试一试。"

○ 品画鉴宝

错银双翼神兽（战国） 神兽昂首侧扭，两肋生翼，全身错银，集威猛、矫健于一身。

于是晋文公就让郤縠率领中军，让郤溱辅佐他；委派狐偃率领上军，但狐偃把统帅的位置让给他哥哥狐毛，自己则担任副帅；又委派赵衰为卿，率领下军，但赵衰让给了栾枝和先轸，于是文公让栾枝统帅下军，让先轸担任辅佐。让荀林父为自己驾驭战车，魏犨担任车右。

当初，晋文公刚刚回到晋国，就开始训练百姓。两年之后，就想让他们打仗。子犯说："国家战乱多年，如今百姓还不明白道理，还不能安居乐业，不宜过早使用。"于是文公对外出兵勤王，安定了周襄王的王位；对内致力于为百姓谋求福利，百姓逐渐安居乐业。

文公又想让他们打仗，子犯说："目前百姓对您还不十分信任，也还不了解您这一切措施的用意，现在还不宜使用他们。"于是文公就在攻打原国时，以退兵三十里来向百姓表示诚信。从此，百姓在交易时不漫天要价，追求额外的利益，而是说话算数，明码实价。

文公说："现在可以用了吧？"

子犯说："百姓还不知道贵贱尊卑的礼仪，还没有生出恭敬之心，使用他们的时机还不成熟啊。"于是文公就举行了大规模的阅兵仪式，使百姓知道什么是礼仪，并开始设置"执秩"一官，负责掌管爵禄秩位，对国家的官员进行调整安排，使他们各归其位，各负其责。

这样，百姓才听从命令，不再怀疑，然后再让他们打仗。结果，晋军的一次战役就使楚国撤走了驻扎在谷地的军队，并解除了宋国的包围。晋国只凭借一次战争，就称霸于诸侯，这都是晋文公注重教化的结果。

鲁僖公二十八年春，晋文公打算攻打曹国，便向卫国借路，卫国不同意。于是晋军就绕道从卫国南面渡河，袭击曹国，并且攻打卫国。正月初九，夺取了卫国的五鹿。

二月，晋国的郤縠去世，由先轸代替他率领中军，让胥臣代替先轸担任下军副帅。因为先轸有德行，所以才让他统率中军。

晋文公包围了曹国，攻打城门时，战死的人很多。曹国人把晋国士兵的尸体摆在城上，晋文公对此非常担忧，正好听到众人商量说"要把军队驻扎在曹国人的墓地上"，于是下令军队迁往墓地驻扎。曹国人这才真的害怕了，把他们获得的晋人尸体装在棺材里运了出来。

晋军趁着曹国人害怕，开始猛攻城门。三月初八，晋军攻入了曹都。晋文公责问曹共公，为什么不任用僖负羁（僖负羁在晋文公流亡时曾厚待过他），却任用了三百多位大夫，并且说："你要献上供状！说明他们究竟有什么功劳能够享有禄位。"文公还下令不准闯入僖负羁的住宅，并赦免他的族人，以报答当年僖负羁馈赠食物和玉璧的恩情。

晋将魏犨、颠颉对此很气愤，说："国君对我们这些曾有追随之劳的人，尚且不考虑报答，僖负羁那样的小恩惠有什么可报答的？"于是就放火烧了僖负羁的房子。

这时魏犨胸部受了伤，文公本来想杀了他，但又爱惜他的才干，便派人前去探问，同时观察病情。如果他伤势严重，就打算杀了他。魏犨用布裹住胸部，出来见使者，说："托国君的福，你看我这不是很好吗？"说完就向前跳了三下，又向上跳了三下，表明自己受伤不重。于是晋文公就赦免了他，但杀了颠颉示众，又让舟之侨代替魏犨担任车右。

宋国派大夫门尹般到晋军中告急，希望晋军能够救援宋国。文公说："宋国向我们求救，如果不理他们，就会断绝晋宋两国的友好关系。如果我们请求楚国退兵，楚国又不会答应。如果我们向楚国宣战，齐国和秦国又不会同意，我们该怎么办呢？"

先轸说："让宋国先撇开我国，去给齐、秦两国送礼，借助他们向楚国请求退兵。我们扣押曹国国君，把曹国、卫国的土地赐给宋国。楚国跟曹、卫两国交好，肯定不会答应齐国、秦国的请求。这样，齐、秦两国一定会为得到了宋国的贿赂而高兴，对楚国不肯接受调解的顽固态度感到恼怒，他们还能不参战吗？"文公听了非常高兴，于是就扣押了曹共公，把曹、卫的田地给了宋国。

楚成王退到申地，把军队驻扎在那里，又让申叔离开谷地，让子玉离开宋国。并下令说：“不要追赶晋军！晋文公在外流亡了十九年，结果还是得到了晋国。一切艰难险阻，他都体验过了。民情的真伪虚实，也都了如指掌了。而且上天赐予他长寿，又帮他除掉了敌人。既然上天这样安排，我们哪里能够破坏呢？《军志》说：‘适可而止。’又说：‘知难而退。’又说：‘有德之人不可抵挡。’这三句话都适用于晋国啊。”

子玉让伯棼请战，说：“我虽然不敢说一定能成功，但希望趁这个机会堵住那些挑拨是非的嘴。”成王听了以后很生气，给了他少许部队，只派隶属于西广、东宫和若敖氏的一百八十辆战车跟随他去作战。

子玉派大夫宛春对晋军说：“请恢复卫侯的君位，并把土地还给曹国，让他们重新封疆。这样我也会解除对宋国的包围。”

子犯说：“子玉真是太没有礼貌了！让我们的国君只得到解除宋围一桩好处，而他作为臣子复卫、封曹两项好处。这个有利的战机我们不要失去啊。”

先轸说：“你应该答应他！使别人的国家安定叫作礼。楚国一句话能就使三个国家得到安定，而我们一句话却要使三个国家灭亡。这样我们就无礼了，那还靠什么来作战呢？不同意楚国的请求，实际上就等于抛弃宋国。我们本来打算救援宋国，最后却抛弃它，那我们怎么向诸侯交代呢？楚国对三个国家都有恩惠，而这三个国家对我们都有怨恨，怨恨多了，我们将靠什么作战呢？不如暗中恢复卫侯的君位，还给曹国土地，从而离间他们和楚国的关系，同时扣留宛春，激怒楚国，等打起仗来再考虑下一步怎么办。”

晋文公听了非常高兴，于是就把宛春抓了起来，并把他囚禁在卫国，同时私下允诺恢复曹国的土地和卫侯的君位。于是曹、卫两国便宣布和楚国绝交。

子玉非常愤怒，率军追赶晋军，晋军向后撤退。晋军军官说：“作为晋国的国君，却躲避楚国的臣子，这真是一大耻辱。而且楚军出师已久，疲惫不堪，士气衰弱，我们为什么要向后撤退呢？”

子犯说：“领兵作战，关键在于是否拥有正义，军队理直则威武，理屈则疲弱，并不在于出师时间的长短。当年，我们国君如果没有楚国的恩惠，就不会有今天了。现在我军退避三舍（九十里），就是对楚国恩惠的报答。如果背弃了对方的恩德，违背了当初的诺言，并且还去保护他们的仇敌宋国，这样就是我们理屈而楚国理直了。楚军一向精神饱满，不能说他士气衰弱。如果我们撤退，楚军也回去，那我们也可以满足了。如果他们不回去，那么君王撤退，臣下进犯，理屈的一方就是他们了。”晋军向后撤退了九十里。楚军士兵想要停下不追，但子玉不同意。

四月初一，晋文公、宋成公、齐国的归父和崔夭、秦国的小子率领军队驻扎在城濮，楚军背靠险要的丘陵地带驻军扎营。晋文公担心不能战胜楚军，又听士兵们唱道：“休耕的田野里，肥田的草长得很茂盛，放弃耕种过的田地，考虑未耕种的田地。”文公知道士兵作战心切，心中又有些犹豫。

子犯说：“下决心打吧！取得胜利，就一定能得到诸侯的拥护，成为霸主。即使不胜，我们外有太行山为屏障，内有黄河作城河，肯定也没有什么害处。”

文公说：“对楚国当年的恩惠，该怎么对待？”

栾贞子说：“汉水以北的许多姬姓国家，都被楚国灭掉了。如果想着小恩小惠，却忘了同姓国家被灭亡的奇耻大辱，那不是因小失大吗？还是打吧。”

文公夜里做梦和楚成王搏斗，成王伏在文公身上，咀嚼他的脑袋。文公因此害怕，子犯却说：“这是吉兆。您仰面朝天，说明我们得到上天的帮助；成王覆面朝下，说明他已伏罪。成王用牙齿咀嚼，是刚；君王用脑髓承受，是柔。这象征着以柔克刚。看来我们很快就会使楚国顺服了。”

子玉派斗勃向晋文公请战，说：“我请求和您的军队交战，您可以靠着车前横木观看，我子玉可以陪您一起观战。”

文公派栾枝回答：“我明白你的意思了。楚王的恩惠我不敢忘记，所以我军撤退到这里。我本以为你已经退兵了，因为我作为国君都已经后退，而你作为臣下，难道还能与国君抗衡吗？既然不能得到你退兵的命令，那么就麻烦斗勃转告贵国将领：‘准备好你们的战车，认真对待你们国君交给你们的任务。明天早晨再见。’”

晋军出动了七百辆战车，马身上的披甲、缰绳、辔头等饰物一应俱全。晋文公登上莘国旧城的废墟检阅军队，说："士兵长幼之间相敬相爱，可以使用了。"于是就下令砍伐山上的树木，充实作战兵器。

四月初二，晋军在莘北（也就是城濮）摆开了阵势，胥臣担任下军的副帅，抵挡陈国和蔡国的军队。子玉率领若敖氏的一百八十辆战车居于中军，他说："今日一定要灭亡晋国。"楚大夫子西统率左军，子右统率右军。

胥臣把虎皮蒙在马身上，首先进攻陈军和蔡军，结果陈、蔡两军四散奔逃。楚右军也随之溃散，狐毛率领上军，本来的目标是对抗楚左军，现在也另设前军两队，以打退楚右军窜逃过来的人。栾枝让战车拖着树枝，使路上的灰尘扬起来，假装逃跑，楚军果然追了上来。先轸、郤溱率领中军禁卫军拦腰攻击楚军，狐毛、狐偃率领上军对子西的左军左右夹攻，楚国的左军也溃散了。最后楚军大败，子玉因为及时收兵，才使他率领的若敖氏战车得以保全。

晋军士兵住在楚军的营房里，吃楚军留下的粮食，休整了三天，到了四月初六才凯旋回国。六月十六，渡过了黄河。七月，整顿军容后的队伍，在凯歌声中进入了晋国。然后在太庙里进献活捉的俘虏、杀敌割下的左耳，并设酒宴庆功，奖赏有功人员，还召集诸侯参加盟会，准备讨伐对晋国怀有二心的国家。

在城濮之战中，晋国的中军走到沼泽地时遇到了大风，大风刮走了前军左边的红色大旗。祁瞒因此违犯了军令，职掌军法的司马就把他杀了，并向诸侯通报，然后让茅茷接替他的职务。胜利后的凯旋，舟之侨先行回国，让士会代理车右一职。于是在七月的庆贺中，又因舟之侨擅自先回国而把他杀了，并向全国通报。百姓见晋文公先后杀了有罪的颠颉、祁瞒和舟之侨三人，赏罚分明，因此而大为顺服。

当初，楚令尹子玉为自己制作了红色的玉马冠[2]和玉马鞅[3]，不过一直都没有使用。作战之前，他梦见黄河的河神对自己说："你把玉马冠和玉马鞅送给我，我就保佑你打胜仗，把宋国孟诸的沼泽地送给你。"子玉舍不得，就没把玉马冠和玉马鞅献给河神。

子玉的儿子大心和楚大夫子西让荣黄去劝他，他也不听。荣黄说："只要对国家有利，哪怕牺牲生命也是要去做的，更何况是牺牲美玉呢？美玉不过就像粪土一样，没有什么用处。如果能使军队得胜，那又有什么可惜的？"子玉仍然不听。

荣黄出来告诉大心和子西说："不是神灵要让令尹失败，而是令尹不肯为百姓着想，不尽心于民事，这是自己要失败啊。"

子玉战败以后，楚成王派人对他说："你如果回来，有何面目见申、息两地的父老呢（申、息子弟多跟从子玉战死）？"

子西和大心说："子玉本打算自杀谢罪，是我们两人阻拦了他，对他说：'君王要亲自处罚你。'"到了连谷，因为还没有接到楚成王赦免的命令，子玉就自杀了。

晋文公听说这件事后，喜悦之情溢于言表，说："今后再也没有能同我作对的人了。吕臣接任了令尹，但是他没有大志，只知道守成，却不会为百姓着想。"

相关链接

〔1〕鄀国：允姓古国。有上鄀、下鄀之分。前者在今湖北宜城东南，为楚所灭；后者在今陕西商州、河南内乡之间，为晋所灭。

〔2〕马冠：古时佩系在马额上的饰品。

〔3〕马鞅：套在马脖子或腹部的皮带。此处当为带扣。

卫成公归国，大夫宁武子和他在宛濮盟誓。约定到达都城以后，跟随国君逃亡在外的人不可居功自傲，而留守国内的人也不用担心会受到惩罚。

鲁僖公二十八年春天，晋文公将要攻打曹国，向卫国借道，卫国不同意。于是晋军就绕道进攻曹国，同时攻打卫国，攻占了卫国的五鹿。

二月，晋文公和齐昭公在敛盂[1]会盟。卫成公也赶去请求结盟，但是晋国不同意。卫成公没办法，又想去投靠楚国，但国都的人都不愿意，就把成公驱逐出去以取悦晋国。卫成公离开了国都后，住在卫国的襄牛[2]。

在接下去的城濮之战中，楚军大败。卫成公听说以后非常害怕，于是逃亡到了楚国，后来又到了陈国。他派大夫元咺辅佐摄政的叔武，元咺侍奉叔武去周王室接受践土之会的盟约。有人在卫成公面前诬陷元咺说："他立叔武为国君了。"当时元咺的儿子角正跟随成公，成公便派人杀了他。元咺并没有因此背弃成公当初的命令，仍然侍奉叔武回国摄政。

六月，晋文公恢复了卫成公的君位。卫大夫宁武子与卫成公在宛濮[3]订立盟约，说："上天给卫国降下灾祸，使君臣不能和谐一致，以至于有国君被驱逐的忧患。如今上天又诱导我们心中的善念，让大家放弃成见追随国君。如果没有留在国内的人，那谁来看守卫国社稷呢？如果没有人跟随国君出行，那谁来保护国君及国君随身携带的财物呢？因为君臣不能和谐一致，所以才乞求在神灵面前宣誓，希望得到上天的保佑。从今天起，订立盟约以后，随国君出行在外的人不要炫耀功劳，留在国内的人也不用担心受罚。谁要是违背了这一盟约，就让灾祸降临到他身上，神灵和先君会对他严厉地惩罚，并加以诛杀。"国都的人听说了这一盟约，此后就不再有二心。

卫成公没到约定的日期，就提前赶回了卫国国都。宁武子在前面为成公开路，当时大夫长牂看守城门，以为他只是成公的使者，就和他同乘一车进城去了。看守城门的人已走，卫成公得以长驱直入，公子歂犬、华仲担任卫成公的前驱。这时叔武正准备洗头，听说国君回来了，非常高兴，手里握着头发就跑出来迎接，结果却被成公的前驱用箭射死。卫成公知道他没有罪，把头枕在叔武的大腿上大哭起来。歂犬逃跑出城，成公派人把他杀了。元咺则逃亡到了晋国。

是年冬，晋文公和鲁僖公、齐昭公、宋成公、蔡庄公、郑文公、陈

○ 品画鉴宝　兕觥（春秋）　此器形似四足兽，兽身前饰凤纹，后部饰鸟纹，腹下四扁蹄足，饰象纹。

穆公、莒子、邾子、秦人在温地会盟。元咺来到温地，把卫成公冤杀叔武的事告诉晋文公，请求晋文公主持公道。晋文公主持了卫成公和元咺的辩论。宁武子作为卫成公的辅相，鍼庄子代表成公坐讼，士荣担任成公的辩护。结果卫成公败诉，于是晋国就杀了士荣，砍了庄子的脚，但认为宁武子很忠诚，就赦免了他。然后逮捕了卫成公，把他押送到京城，关闭在特殊囚室里，让宁武子负责给成公送衣物食品。元咺回到卫国后，把公子瑕立为国君。

鲁僖公三十年夏，晋文公派医生衍去毒死卫成公。宁武子用财物买通了医生衍，让他放少一点毒药，所以成公喝了毒酒后，没有死。鲁僖公又出面替卫成公求情，并向周天子和晋文公每人进献了十对玉。周天子表示答应，于是当年秋天就把卫成公给放了。

卫成公派人给周颛、冶廑送了一些财物，并说："如果你们能接我回去做国君，我就让你们两位担任卿。"卫成公回到卫国复位后，要在太庙里祭祀先君，周颛、冶廑两人已经穿好了卿的礼服，准备进入太庙受封。周颛先进去，刚到了太庙的门口，突然发病而死。冶廑十分恐惧，赶紧辞去了卿的职务。

相关链接

〔1〕敛盂：古地名。《左传·僖公二十八年》："晋侯、齐侯盟于敛盂。"西晋杜预注："敛盂，卫地。"

〔2〕襄牛：在今河南睢县。

〔3〕宛濮：《左传·僖公二十八年》："晋人复卫侯。宁武子与卫人盟于宛濮。"杜预注："陈留长垣县西南有宛亭，近濮水。"

館

烛之武退秦师

秦、晋联合伐郑。烛之武利用两国之间的矛盾，以利害相挑拨，提出亡郑益晋而弊秦。秦穆公遂罢兵而去。晋军亦退。

鲁僖公三十年九月初十，晋文公因为当初自己流亡到郑国时，郑文公没有对他以礼相待，现在又亲近楚国，对晋国怀有二心，就联合秦穆公发兵包围郑国都城。晋国的军队驻扎在函陵[1]，秦国的军队则驻扎在氾水[2]南面。

郑大夫佚之狐对郑文公说："国家正面临危亡啊！如果您派大夫烛之武去见秦国国君，他们的军队肯定会撤退。"郑文公听从了他的建议。

烛之武却推辞说："我年轻力壮的时候尚且比不上别人。如今老了，什么也做不成了。"

郑文公说："我没有能及早重用您，到现在形势危急时才来求您，这是我的过错。然而如果郑国灭亡了，对您也没有好处啊！"烛之武这才答应了郑文公的请求。

当天晚上，烛之武被人用绳子绑住身体，从城墙上放下去。他出了城，见到秦穆公，说："秦晋两国军队包围郑国都城，郑国人已经知道郑国就要灭亡了。假如灭亡了郑国对您有好处，那就有劳您了。要越过邻国去占领别国一块土地，把它作为自己的边邑，您知道这是很难办到的。既然这样，您又何必为了增加邻国的地盘而灭掉郑国呢？邻国的地盘扩大了，实际上就等于您的地盘缩小了。假如您能放弃灭掉郑国，让它作为东边路上的主人，将来贵国的使者来往经过这里，郑国可以供应他们所缺乏的一切物品，这对您来说也没有什么害处。再说您曾对晋惠公施以恩惠，当时他许诺把晋国的焦地和瑕地送给您。但他早晨刚刚渡过黄河回国，晚上就立即修筑工事与秦国为敌，这您是知道的。晋国哪里会满足呢？等它向东扩张，把郑国的土地作为自己的边疆之后，就又要向西扩张了。到那时候，它不损害秦国的话，将到哪里去取得新地盘呢？攻打郑国这件事，对秦国有害却对晋国有利。希望君王认真考虑一下吧。"秦穆公听了很高兴，跟郑国人订立了盟约，然后派秦大夫杞子、逢孙、杨孙留在郑国戍守，自己则率领军队回国了。

子犯（即狐偃）请求攻打秦军，晋文公说："不行。当初如果没有秦穆公的帮助，我就没有今天。曾经依靠别人的帮助，现在却去伤害人

家，这是不仁；与自己的同盟国失和，这是不智；用对立来取代联合，这是不武。我们还是撤军吧。”于是也撤兵回去了。

相关链接

〔1〕函陵：春秋郑地。在今河南新郑北。

〔2〕汜水：古水名。即东汜。在今河南中牟南。西汜水源于今河南巩义东南，北流经荥阳汜水镇西，再北入黄河。

秦晋殽之战

秦军偷袭郑国不成，却在殽山被晋军击败，晋襄公听从秦穆公之女文嬴的请求，放走了被俘获的孟明等人，给晋国的将来埋下了祸患。

鲁僖公三十二年冬，晋文公去世，晋襄公继位。晋国人打算把文公埋葬在曲沃，出殡[1]离开国都绛城的时候，人们听到棺材里传出牛叫一样的声音。于是卜偃让大夫们跪拜，他说："文公有大事发布：将会有西边的军队越过我国的边境，如果去攻打他们，一定能大获全胜。"

两年前，秦、晋联军包围郑国都城。后来秦穆公听从烛之武的劝说，放弃攻打郑国，还留下大夫杞子、逢孙、杨孙替郑国戍守，结果晋文公也只好撤兵。这时，杞子就从郑国偷偷派人告诉秦穆公："郑国人让我掌管他们国都北门的钥匙。如果你们偷偷地派军队前来，就可以轻易地夺取郑国的都城了。"

秦穆公前去征求老臣蹇叔的意见。蹇叔说："兴师动众，长途跋涉，去袭击远方的国家，这是我从来没有听说过的事情。到达那儿时，我军士兵疲劳，气力衰竭，而远方的国家却早已有了防备，这样恐怕不行吧？况且我们军队的行动，郑国人一定会知道；如果我军辛苦奔波一场，却毫无所得，那么士兵一定会产生怨恨情绪。再说，千里行军，这事谁会不知道呢？"

但是秦穆公不肯听从他的劝告，他召见孟明、西乞、白乙丙三个人，派他们率领军队从东门外出发。蹇叔哭着为部队送行，说："孟明啊，我看着军队出去，却恐怕看不到军队回来了。"

穆公听了很生气，派人对蹇叔说："你知道什么？要是你只活到六七十岁，现在坟上的树都该有合抱那么粗了！"

蹇叔的儿子参加了这次出征，蹇叔哭着送他，说："晋国人肯定会在殽山[2]一带截击我军。殽山有两个山头：南面的山头是夏朝天子皋的坟墓，北面的山头是周文王躲避过风雨的地方。你一定会死在这两山之间，到时候我只好到那里去收你的尸骨了！"

秦国军队向东进发。鲁僖公三十三年春，秦军经过周都城北门时，坐在驾车者两旁的战士都不戴头盔下车步行，向周天子表示尊敬；然后跳跃上车表示勇猛，有三百辆战车都是这样。当时周襄王的孙子王孙满年纪还小，看到这种情况，便对周襄王说："秦军轻佻无礼，一定会失

○ 品画鉴宝　龙虎纹尊（商）　酒器，盛酒用。

败。举止轻浮，就一定会缺少谋略；不遵礼法，就一定会军纪不严。到了险要之地却又军纪不严，再加上没有谋略，还能不失败吗？”

秦军到达滑国时，郑国的商人弦高正准备到京城去做生意。遇到秦军后，他先送了四张熟牛皮，又送去十二头牛，以慰劳秦军。他对秦军将领说：“我们国君听说您将率领军队来到我国，特地派我前来犒劳贵国战士。我国虽不富有，但是愿意为您的部下提供服务。如果你们住下来，我们会为你们准备一天的日常物品；你们动身离开时，我们会为你们安排一个晚上的守卫。”同时，派人立即去郑国报信。

郑穆公派人去杞子等人居住的馆舍探听情况，发现他们已经捆好了行李，磨亮了兵器，喂饱了战马，准备行动了。于是派大夫皇武子去下逐客令，说：“你们在我国住得够久的了，现在我们的干肉、粮食和牲畜都快要被吃完了。听说你们要离开这里，郑国有一个猎场叫原圃，就像秦国有个具囿一样。请你们自己到那里去猎些麋鹿什么的，好减轻我们国家的负担，怎么样？”杞子等人听了这番话，知道他们的阴谋已经泄露。于是杞子逃亡到齐国，逢孙、杨孙则逃亡到了宋国。

孟明说：“郑国已经有防备，不可能偷袭他们了。如果强行攻打，又恐怕不能取胜；围困他们，我们又没有后援。我们还是现在就回去吧。”于是就把顺路的滑国给灭了，然后班师回国。

晋大夫先轸说：“秦穆公不听蹇叔的劝告，为了自己的贪欲而劳师动众，这是上天赐给我们的良机。上天的赐予不可以失去，远道而来的敌人不可以放纵。放走了敌人，就会产生祸患；违背了上天的意愿，就会招来灾祸。我们一定要攻打秦军。”

栾枝说：“我们还没有报答秦国的恩德，却要去攻打它的军队，我们这样该怎么向先君交代呢？”

先轸说：“秦国不哀悼我国的丧事，反而去攻打我们的同姓国家。秦国如此无礼，还有什么恩惠呢？据我所知，‘放走敌人只在一日之间，祸患却将延续几代之久。’我们是为了子孙后代考虑才攻打秦国的，这总可以向死去的国君交代了吧！”

于是晋国就发布了作战的动员令，并立刻调遣了姜戎的军队参战。出征时，晋襄公把白丧服染成了黑色，穿在身上，晋大夫梁弘为他驾驭战车，莱驹担任车右护卫。

四月十三，晋军在殽山打败秦国军队，俘虏了孟明视、西乞术、白乙丙，并把他们带回晋国。接着，晋襄公又穿着黑色的丧服安葬文公。从此以后，晋国人办理丧事时，开始穿黑色的丧服。

晋文公的夫人文嬴，是秦穆公的女儿，她向襄公请求释放孟明等三位秦军将领，她说：“都是这三个人挑拨是非，使得我们秦、晋两国的国君关系紧张。我们秦国的国君如果能抓到他们，就是吃了他们的肉也不能解恨，又何必有劳您去惩治他们呢？不如让他们回到秦国去受刑，满足我们秦国国君的愿望，怎么样？”晋襄公答应了她的请求。

后来先轸觐见襄公，问起秦国囚犯一事，襄公说：“夫人为他们求情，我已经把他们放走了。”

先轸十分恼怒，说：“将士们在战场上拼了性命，费了很大的力气才把他们抓获，而现在您听妇人一句话就把他们放了。这是在毁弃我军的战果，助长敌人的气焰，晋国距离亡国的时间不会太久了。”说完，不顾礼仪，当着襄公的面往地上吐了一口唾沫。

襄公这时才明白事情的严重，急忙派大夫阳处父去追赶。等追到黄河边，孟明他们已经在船上了。阳处父卸下左边的马，假托襄公的名义送给孟明，以掩饰自己此行的目的。孟明在船上叩头道谢，说：“承蒙君王开恩，没有用我们这些俘虏的血涂战鼓，让我们回国去受刑。如果我们国君处死了我们，我们死了也值得。如果托君王的恩赐之福，我们的国君也赦免我们，那么三年之后，我们将前来答谢贵国君王的恩赐！”他的意思是，如果不死，那么三年后将前来报仇。

秦穆公穿着白色衣服，在郊外等候，面对被释放回国的孟明等人失声痛哭，说：“我不听蹇叔的劝告，让你们蒙受了羞辱，这是我的罪过啊。”因此没有革去孟明的职务，说：“这是我的过错，大夫有什么罪呢？再说我也不能因为一次过失，就抹杀他的汗马功劳啊！”

这时，狄人趁晋国操办文公的丧事，先是侵袭了齐国，接着又攻打

晋国，一直攻到了箕地。八月二十二日，晋襄公率领军队在箕地打败了狄人，晋大夫郤缺俘获了白狄的首领。

先轸因为晋襄公放走孟明，在襄公面前吐了唾沫，此时自责说：“像我这样一个普通人，竟然在国君面前无礼，虽然国君没有制裁我，但我怎能不自己惩罚自己呢？”于是就在箕地的战斗中，脱下头盔冲进狄军，结果死在了那里。狄人把他的脑袋送了回去，他的面容就跟活着的时候一样。

相关链接

〔1〕出殡：把棺材运到墓地或存放处。

〔2〕崤山：在今河南西部。属秦岭东段支脉。

阳处父诳子上

阳处父用诡计欺骗子上，使他率军后退三十里，然后却说他“逃跑了”。子上回国后，因此而丢掉了性命。

鲁僖公三十三年冬，晋大夫阳处父领兵侵袭蔡国，楚令尹子上率兵援救蔡国，楚军和晋军隔着泜水[1]对峙。阳处父对此很是担忧，便想出一条计策，派人对子上说：“我听说：‘文士不抵触真理，武士不躲避敌人。’您如果想交战，那么我军后退三十里，让您渡过河摆好阵势，至于交战的时间全听您的安排。否则的话，那就请你们后退三十里，让我们渡过河去，摆开阵势。不然两军老是这样对峙，只会让士兵疲惫，钱财虚耗，对谁都没有好处。”说完，就套上战车，准备让楚军过河。

子上打算率军渡河，子玉之子大孙伯劝阻说：“不行。晋国人不讲信用，如果在我们渡过一半时，他们就攻击我们，到时候后悔就来不及了。不如我们后退，让他们渡河过来。”

于是楚军向后撤退了三十里。谁想到，阳处父却在这时向部队宣布说：“楚军逃跑了。”然后率军回国。楚军没办法，也只好回国了。

太子商臣在楚成王面前诬陷子上，说：“子上接受了晋国的贿赂，因此才躲避晋军。这是楚国的耻辱，再没有比这更大的罪过了。”于是成王便杀了子上。

相关链接

〔1〕泜水：今名沙河。源于今河南鲁山，东经叶县入汝河。

狼瞫可谓君子

狼瞫被先轸撤掉车右之职后，并不作乱泄恨，也不自暴自弃，而是更加英勇地参加战斗，直至壮烈殉国。

殽之战的时候，晋襄公由梁弘驾驭战车，莱驹担任车右。开战的第二天，晋襄公命令把秦国的几个俘虏绑起来，叫莱驹用戈[1]砍杀他们。俘虏们大声喊叫，莱驹受到惊吓，手中的戈都掉在了地上。勇士狼瞫拿起掉在地上的戈杀死俘虏，抓起莱驹追上晋襄公的战车。襄公因此任命狼瞫为车右。

此后的狄晋箕之战中，先轸撤掉狼瞫的车右之职，任命狐鞫居担任车右。狼瞫很生气，朋友问他："你为什么不去死呢？"

狼瞫说："还没有找到死的地方。"

他的朋友说："我可以替你杀掉先轸。"

狼瞫说："《周志》上说：'勇敢之人如果残害上级，就是有勇无谋，死后也不能进庙堂享受子孙祭祀。'不义而死，这不是真正的勇士，为国家捐躯方是勇士所为。因为我勇敢，所以才被任命为车右，又因为不勇敢所以被撤掉，这也是理所当然的事情。如果说先轸不了解我，可是他撤掉我又是正确的，那岂不说明他实际上是了解我的了。你就等着瞧吧。"

鲁文公二年，秦国为了报殽之战的仇，而攻打晋国，在彭衙[2]交战。狼瞫在两军摆开阵势之后，率领部属猛烈追赶秦军，直到战死。晋军紧随其后，大败秦军。

君子评论道："因为这件事，狼瞫可以配得上'君子'的称号。《诗经》说：'君子发怒，祸乱被阻。'又说：'文王震怒，整顿师旅。'愤怒但并不去作乱，反而在军中英勇作战，可以说是君子了。"

相关链接

〔1〕戈：古青铜兵器。横刃，装长柄及镦，用于横击和钩援。

〔2〕彭衙：春秋秦邑。在今陕西白水东北。

秦穆公犹用孟明

秦穆公对孟明的任用果断而专一。孟明修德振兵，不但打败强大的晋国、报了当年殽之战的仇恨，而且使秦国开始称霸西戎。

鲁僖公三十三年秦晋殽之战中，秦军统帅孟明视等人被俘，后来又被晋襄公释放，得以回到秦国。秦国的大夫和左右侍从都对秦穆公说："殽之战失利，孟明罪不可恕，一定要处死他。"

秦穆公说："是我的责任啊。周朝芮良夫有诗：'大风自孔中吹，贪人都是败类。听到赞美开心应对，听到谏言假装酒醉，不知任用贤人，反而使我为非。'是贪婪害的，说的正是我啊。因为我的贪婪，致使孟明受到祸害，他又有什么罪过呢？"于是重新让孟明领军。

鲁文公二年春，秦国孟明视率军讨伐晋国，来报殽之战的仇。二月，晋襄公派军队抵抗，任命先且居为中军统帅，赵衰为副帅，王官无地驾驭战车，力大且武艺高强的狐鞫居担任车右。七日，晋军在秦地彭衙遭遇秦军，结果秦军大败。因为当初孟明被放回去时，曾说过三年后要来"拜赐"（报仇的委婉说法），所以晋国人讥笑秦军，称他们为"拜赐之师"。

彭衙之战再次失利，但秦穆公仍然重用孟明。孟明修明政事，让老百姓受到更多的恩惠。晋赵衰对大夫们说："秦军如果再来侵犯的话，我们一定要避开他们。因为畏惧对手，所以进一步修明其德行，这样的人是不可战胜的。《诗经》说：'怀念你的祖先，修养你的德行。'孟明知道这两句话，怀念祖先、修养德行而不懈怠，难道我们能够战胜他吗？"

冬天，晋国的先且居、宋国的公子成、陈国的辕选、郑国的公子归生联合讨伐秦国，占领汪[1]地，攻到彭衙然后撤退，以报彭衙之战时秦国入侵之仇。

鲁文公三年夏，秦穆公再次发兵讨伐晋国。渡过黄

○ 品画鉴宝　嵌错云纹方壶（战国）

河之后，下令烧掉所有船只，表示要誓死决战。这次秦军终于报了一箭之仇，占领了王官[2]，一直打到郊地。晋军不敢出城迎战，秦军于是从茅津[3]渡过黄河，在殽山搜索秦军阵亡将士的遗骨，将他们埋葬后才返回秦国。从此以后秦国称霸西戎，这是因为秦穆公任用孟明的缘故。

君子因此知道："秦穆公为一国之君，选拔人才能够考虑周到、果断专一。所以孟明作为臣下，不会因为失败而懈怠气馁，能从失败中吸取教训，不断反思。推举孟明的子桑忠心耿耿，他不但了解人，还能推荐人。'在何处采蒿？池塘边、小洲上。又到哪儿去用它？用在公侯祭祀的场合'，秦穆公就是这样的人，人们因而能为其所用。'起早贪黑，锲而不舍，一心事，侍奉一人'，孟明就是这样的人。'把谋略留给子孙，使其得到安定和保护'，子桑就是这样的人。"

相关链接

〔1〕汪：在今陕西白水境内。

〔2〕王官：春秋晋地。在今山西闻喜南。

〔3〕茅津：黄河古渡。在今山西平陆西南茅津渡。

晋赵盾掌权

晋灵公年幼，赵盾摄政。本来晋国诸大夫中，赵、狐两家势力最大。而此时狐射姑已经逃亡在外，所以国家大权便被赵盾一手独揽。

当初，赵衰跟随晋文公重耳流亡到狄地时，狄人攻打啬咎如，俘获了当地国君的两个女儿叔隗、季隗，把她们送给重耳。重耳把叔隗送给了赵衰，让赵衰娶她为妻，后来叔隗生下了赵盾。

晋文公回国即位后，把女儿赵姬嫁给了赵衰，后来赵姬生下了原同、屏括、楼婴。赵姬请求赵衰把赵盾和他的母亲接回晋国，赵衰拒绝，赵姬说："有了新欢却忘了旧爱，你以后凭什么指使别人呢？一定要把他们接回来！"在赵姬的一再请求下，赵衰最后同意了。赵盾和他母亲回到晋国后，赵姬认为赵盾很有才华，又一再向文公请求，把赵盾立为嫡子，而让自己生的三个儿子居于赵盾之下，并让叔隗当正妻，而自己则屈居于叔隗之下。

鲁文公六年春，晋国因旧臣赵衰、栾枝、先且居、胥臣等纷纷去世，感到人才缺乏，于是在夷地检阅军队，裁减新上、新下二军，恢复了三军的体制。晋襄公任命狐射姑担任中军统帅，赵盾为副帅。当时狐、赵两家在晋国最有势力，互相之间争权夺势。

阳处父从温地回来以后，晋襄公又在董[1]地检阅军队，并且更换了中军主帅。阳处父是赵衰生前提拔的大夫，所以偏袒赵氏；而且他又是太傅[2]，在襄公面前能够说得上话。他认为赵盾有统帅的才能，说："任用有才能的人，对国家才有利。"因此在董地检阅军队之后，襄公改任赵盾为中军统帅，令狐射姑降为副帅，把他们二人的位置倒了过来。

赵盾从此开始掌握国家政权，制定规章制度，根据罪行轻重制定相应的刑罚律令，处理监狱里积压的案件，督察追捕逃亡的犯人，在财物交往中使用契约，铲除政治弊病，恢复尊卑贵贱的等级，重新沿用被废弃的官职，任用被埋没或隐居的贤能之士。赵盾制定好章法条令后，便交给太傅阳处父和太师贾佗在晋国推行，以此作为统治晋国的法规准则。从此，晋国的基础便更加稳固，但政权也就逐渐旁落了。

鲁文公六年秋，晋襄公去世。晋国人因为太子夷皋年幼，想立年长一点的国君。赵盾和狐射姑在迎立问题上发生冲突，最后赵盾获得了胜利。狐射姑一气之下，迁怒阳处父过去换他中军统帅的位子，就派人去把阳处

父杀了。晋国人问起罪来，狐射姑逃往狄国，狐氏的势力被赵氏铲除了。

赵盾本来是要迎立公子雍的，因为襄公夫人穆嬴整天抱着太子夷皋在朝廷上哭泣，所以次年夏天赵盾又改变主意，立夷皋为君，是为灵公。灵公年纪幼小，由赵盾摄政，赵氏的势力越发庞大。

狄人入侵鲁国西部边境，鲁文公派使者向晋国求救。赵盾派人通过狐射姑前去责问狄人的宰相酆舒。酆舒问狐射姑："赵衰和赵盾两人相比，哪一个更贤明？"狐射姑回答说："赵衰好像是冬天的太阳，让人感到温暖可亲；赵盾呢，好像是夏天的太阳，让人感到炎热可畏。"

八月，赵盾以灵公即位为名，召集齐昭公、宋成公、卫成公、郑穆公、许男、曹共公在扈[3]地会盟，藉以维持晋国的盟主地位。赵盾代替灵公主持盟会，这是晋大夫主盟的开始。

晋国的郤缺向赵盾建议："从前，因为卫国和我国不和，所以我国才攻占卫国的土地。现在我们两国已经结为友好关系，可以把土地归还给卫国了。

"《夏书》中说：'用美善来告诫，用威刑来监督，用《九歌》来勉励，不要让他变坏。'所谓《九歌》，就是指九功的德行都可以歌颂。六府、三事，称为九功。六府是指水、火、金、木、土、谷，三事是指端正人之德行，利用地之德行，深化天之德行。遵行正义而实行六府三事，称之为有德、有礼。居上位者不合礼仪，虐政肆行，没有什么可以歌颂的，那么叛乱就由此而生了。如果您的德行没有什么可以歌颂的地方，那么谁又肯来归顺呢？为什么不想办法使友好的邦国来歌颂您呢？"赵盾听了之后很高兴。

鲁文公八年，赵盾派解扬出使卫国，以晋灵公的名义，把从卫国夺取的匡、戚两地还给卫国。随之，又把从郑国夺来，从申到虎牢、当年由大夫公壻池划定界线的一块土地还给了郑国。

相关链接

〔1〕董：古地名。在今山西万荣西南一带。春秋属晋。

〔2〕太傅：春秋晋官。负责辅弼国君。

〔3〕扈：《左传·文公七年》"公会诸侯、晋大夫盟于扈。"杜注："扈，郑地。荥阳卷县西北有扈亭。"

穆伯娶于莒

穆伯见替堂弟聘定的莒国女子很漂亮，便把她据为己有。后来，为了见到这位女子，他竟然卷着鲁君吊唁周天子的丧礼逃到莒国去了。

穆伯（即公孙敖，庆父之子）从莒国娶了一个名叫戴己的妻子，戴己生了文伯；她的妹妹声己生了惠叔。戴己死后，穆伯又想娶莒女为妻，就去莒国聘问，莒国人以“应当扶声己为正妻”为理由拒绝了他，穆伯于是在莒国替堂弟襄仲（即公子遂，鲁庄公的儿子）聘定了一位妻子。

鲁文公七年冬，徐国[1]攻打莒国，莒国派人到鲁国请求结盟，希望得到鲁国的援助。穆伯到莒国参加盟会，准备顺便替襄仲把夫人给迎娶回去。但是当他来到鄢陵，登上城墙见到那位女子时，被她的美貌所吸引，便把她娶作了自己的妻子。

为此，襄仲请求讨伐穆伯，鲁文公正要答应他，叔仲惠伯进谏说：“我听说，‘战争由国内而起称为乱，由国外而起称为寇。在国外作战，还能造成敌人的伤亡；如果内乱起来，伤亡的都是自家人。’现在大臣想作乱，国君您又不制止，恐怕会引起外敌的入侵，那样的话该怎么办呢？”文公采纳了惠伯的建议，阻止了襄仲。

惠伯又从中调解，劝襄仲放弃那位莒国的女子，让穆伯把她送回莒国。最后，穆伯、襄仲二人又和好如初，恢复了兄弟友谊。

鲁文公八年，穆伯前往周王室吊唁周襄王的丧事，才走到半路就返回了，然后卷着吊丧用的礼物逃到莒国。看来他对莒国那位女子还是念念不忘，为了追求她竟然这样做。

穆伯为了追求已氏跑到莒国以后，鲁国人立他的儿子文伯为世子。穆伯在莒国又有两个儿子。鲁文

公十四年，穆伯请求回到鲁国，文伯就替他向朝廷请求。襄仲提出禁止穆伯上朝参政的要求，因此穆伯回国后就没有外出过。三年之后，穆伯变卖所有家产再次去莒国。

文伯生病，请求说：“我的儿子年纪还小，请立我的弟弟难吧。”鲁国人同意了文伯的请求。文伯死后，难继承家业。穆伯又想回鲁国，并赠送重礼，请难帮他求情，得到了批准。穆伯准备回去时，九月份死在了齐国。莒国向鲁国报告了丧事，并请求送回鲁国安葬，但是没有得到批准。

齐国有人为穆伯的事情出主意：“鲁国是穆伯的亲族之国，只要把穆伯的棺材放在齐、鲁交界的堂阜，鲁国一定会派人来取走。”齐国人采纳了这个意见。鲁国卞邑[2]的大夫向上报告了这件事，惠叔此时还在居丧期间，他容颜消瘦，站在朝廷上等待批准运回穆伯的棺材。最后，鲁国批准他了的请求，于是他就把穆伯的棺材运回鲁国安葬，齐国人也前来护送。

穆伯的葬礼，规格比照庆父，都以罪降格。声己不愿看见穆伯的棺材，只在灵堂帐幔外哭泣。襄仲因为穆伯夺他的妻子，本不打算去哭丧，惠伯劝他说：“丧亡之事，是对亲人最后的安慰。尽管没有好的开始，但最后处理好这件事也是可以的。史佚说：‘兄弟之间要尽力做到和睦。救济贫困、祝贺喜庆、吊问灾祸、祭祀恭敬、哀悼丧事，虽然表现为不同的情感，但都是为了使彼此之间的友爱持续，这是对待亲人的道理。’你不要不合乎大道理，对他人有什么可怨恨的呢？”襄仲听了很高兴，于是率领兄弟们前去哭丧。

过了几年，穆伯的两个儿子来到了鲁国，他们的侄子、文伯的儿子孟献子非常喜欢他们，都城的人都知道这件事情。有人向孟献子进谗言：“这两人终有一天会杀了你。”孟献子把这话告诉了季文子。穆伯的两个儿子说：“孟献子以喜欢我俩的名声传遍都城，我们却以要杀了他的名声传遍都城，这也太有悖于礼了吧？有悖于礼，还不如死了。”于是两人分别去了两个县邑，负责看守当地的城门，最后都在守城中战死。

相关链接

〔1〕徐国：又称“徐方”。嬴姓古国。周初徐戎（古东夷之一）所建。在今江苏泗洪南。公元前512年灭于吴。

〔2〕卞邑：在今山东泗水县东。

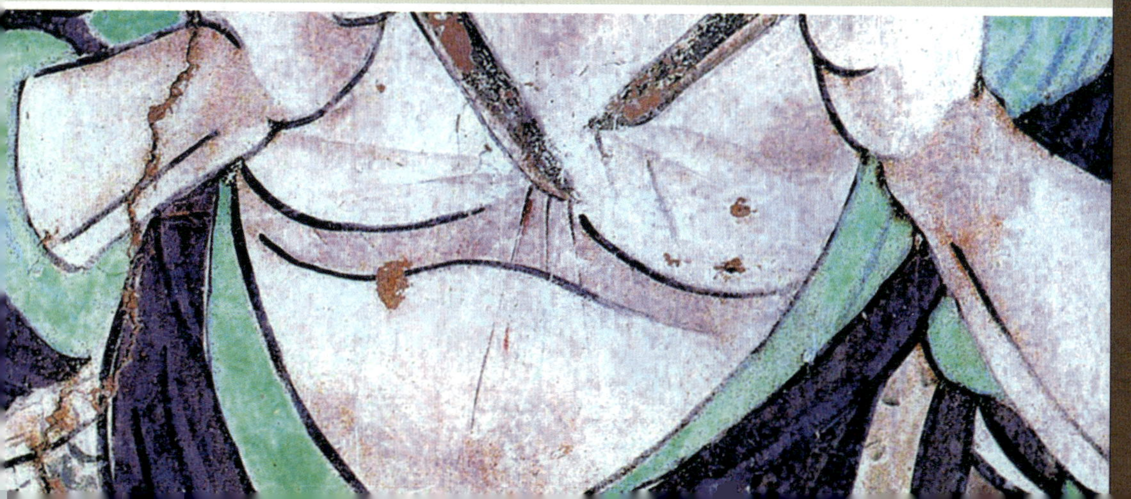

邾文公知天命

邾文公将个人安危置之度外，一心为百姓谋求福利。他在知道会对自己不利的情况下，毅然将都城迁到了绎地。

邾文公准备把都城迁到绎地，为此占卜吉凶。史官说：“迁都对百姓有利，对君王不利。”邾文公说：“对百姓有利，就是对我有利。上天生育了百姓，并为他们选择了国君，国君的职责就是为百姓谋取利益。百姓得益，自然也就有我的一份。”

他的左右官员劝他：“不迁都就可以长寿，您为什么还要迁都呢？”

邾文公说：“国君的使命在于为百姓谋福利，我个人生命的长短是由上天决定的。只要对老百姓有利，就迁都。没有什么事情会比有利于百姓更吉利了。”于是迁都到绎地。

鲁文公十三年五月，邾文公去世。君子评论说：“邾文公知天命[1]。”

相关链接

〔1〕天命：即上天的意志、命令。古人认为天能致命于人并决定人类命运，故而神圣不可违逆。

齐商人弑舍

齐昭公去世，儿子舍继位。公子商人害死舍，被国人立为君主，是为懿公。懿公妄行无道，失去民心，又被仇人杀死。

鲁国国君之女子叔姬嫁给齐昭公，生了一个儿子名叫舍。子叔姬得不到昭公的宠爱，因此舍也就没有威信。公子商人（齐桓公之子）多次在都城内施舍钱财，还接纳了很多门客，花完了全部家产后，又向掌管公室财物的官员借贷，继续施舍来收买人心。

鲁文公十四年五月，齐昭公去世，公子舍继位。

七月，公子商人在一个晚上弑杀了国君舍，然后让自己的哥哥元出任国君。元说："你想做国君已经有很长时间了。我能够侍奉你为国君，安心做臣子；如果我接受让位，就会让你心中留下遗憾。还是饶了我，你自己做国君吧。"

齐国人最后立商人为君，是为懿公。公子元不服商人为君，所以始终不称他为"公"，而是称"那个人"。

鲁大夫襄仲派人向周王报告，请求以周天子的名义向齐国要求让子叔姬回国，说："儿子已经杀了，留着母亲有什么用？请把她送回鲁国治罪。"

冬天，周王派单伯出使齐国，替鲁国求情，放子叔姬回国。没想到弄巧成拙，齐国怨恨鲁国借周天子的威势压迫自己，就把单伯抓了起来，同时把子叔姬也抓了起来。

鲁国没办法，只好派季文子[1]到晋国去，想通过晋国周旋，说服齐国释放单伯和子叔姬。齐国见晋国出面，就给了一个面子，答应了单伯的请求，先把他放了，让他去鲁国通报，然后在服从周王命令的名义下把子叔姬送回了鲁国。

齐懿公继位后，妄行无道。他屡次派兵侵犯鲁国的西部边境，随后又借口曹国曾经到鲁朝见而攻打曹国，攻入了曹国的外城。

季文子说："齐懿公恐怕会灾难临头，自己无礼却去侵犯有礼的国家，还借口说：'你为什么去鲁国朝见？'礼是来顺应上天的，是替天行道。你自己不遵守礼，反而借口别人遵守礼而去讨伐他，那就必然难免灾难。《诗经》说：'为什么不互相敬畏，因为不畏惧上天。'君子之所以不虐待幼小卑贱，是因为君子畏惧上天。《周颂》说：'畏惧上天的威严，才能保住国家的安定。’不畏惧上天，凭什么保卫自己的国家呢？依靠叛乱取得政权的国家，即使奉行礼仪来维持自己的政权，尚且害怕没有好的结果。更不用说齐懿公那样，又做了这么多无礼的事情，就更加难以善终了。”

鲁文公十六年春，鲁国想和齐国媾和，就商量在阳谷会谈。这时鲁文公患病不便出行，就派季文子到阳谷拜见齐懿公，请求结盟，懿公不答应，说：“等鲁文公病好了以后再说罢。”后来鲁文公又派襄仲给齐懿公送了很多财礼，两国才结为盟国。

但到了次年夏天，齐国又来攻打鲁国的北部边境。鲁文公再次派襄仲出使，请求与齐国结盟。六月，两国在谷地结盟。

这年冬天，襄仲前往齐国拜谢谷地之盟。回去后，他向文公报告说：“我听说齐国打算侵略我国。根据我的观察，这种说法毫无根据。齐国国君说话不循礼法，只图眼前利益。臧文仲有句话说：‘民主偷，必死。’也就是说身为君主不循礼法，只顾眼前利益的话，他必然很快就会灭亡。”

鲁文公十八年春，齐懿公又要攻打鲁国，但才发布出兵的日期就病倒了。医生说：“等不到秋天，恐怕就会死了。”

鲁文公听说后，命人占卜，祈祷说：“希望等不到齐国出兵之日他就会死。”

惠伯将所卜之事告龟〔2〕，卜官楚丘占卜后，说：“齐懿公等不到出兵的日子就会死，但不是死于疾病；鲁文公会死在齐懿公前面，因而听不到齐懿公的死讯。将占卜之事告龟的人也将会有灾祸。”果然，二月二十三日，鲁文公去世，惠伯也在随后的继立风波中被杀。

齐懿公还是公子的时候，与邴歜的父亲争夺田产，没有争到。等到他即位，仍然不忘旧仇，派人把邴歜父亲的尸骨从地下挖出来，砍去了双脚，又让邴歜给他驾驭马车。齐懿公又强行霸占阎职的妻子，还让阎职做车右。

五月，懿公在都城外的申池中游泳，邴歜和阎职在池水里洗澡。邴歜用马鞭抽打阎职，阎职大怒，邴歜说：“别人把你老婆夺走了，你也不生气，打你又有什么关系？”

阎职反唇相讥：“这也比不上那个被别人砍了自己死去的父亲的双脚却不敢生气的人。”

于是两人合谋把齐懿公杀了，把他的尸体藏在竹林里。然后二人若无其事地回到城里，到宗庙祭告祖先之后，便逃走了。齐国人立公子元为国君，是为惠公。

相关链接

〔1〕季文子：？－公元前568年，字行父，季孙氏。春秋鲁国执政。历仕文公、宣公、成公、襄公四代。以廉洁奉公著称。

〔2〕告龟：即命龟。将所占之事告于卜者。一说为卜者占前的祷告。后泛指灼龟问卜。

公子归生和晋郑

晋灵公会盟诸侯，因郑国亲楚而不接见郑穆公。公子归生因此寄信赵盾，解释郑国夹缝求生的艰难和对晋国的忠心，并以孤注一掷相要挟。赵盾看信后立即和郑国交换人质。

鲁文公十七年夏，晋灵公因为宋国发生弑君的事，在扈地召集诸侯会盟。晋灵公认为郑穆公亲附楚国，对晋国怀有二心，所以不愿意会见郑穆公。

郑国的公子归生就派使者到晋国，给赵盾送去一封信。信中说："敝国国君即位三年时，曾经请蔡侯与他一起侍奉贵国国君。九月，蔡侯来到我国，由于当时侯宣多自恃拥立穆公有功，专横作乱，敝国国君因此未能与蔡侯一起到贵国朝见。十一月，平定侯宣多之乱后，敝国国君就和蔡侯一起去朝见贵国国君。(郑穆公）十二年六月，我国的公子归生辅佐太子夷，到楚国请求允许让陈侯一同去朝见贵国国君。十四年七月，敝国国君又到贵国朝见，从而解决了陈国归顺晋国的事情。十五年五月，陈国国君又从我国国都前往贵国朝见。去年正月，我国大夫烛之武去贵国，目的是使太子夷前往贵国朝见。同年八月，我国国君又前往贵国朝见。陈、蔡两国虽然紧邻楚国但却不敢依附楚国，这都是我国努力的结果。我国对贵国如此忠贞不贰，却又为何遭此不幸呢？穆公在位期间，朝见晋襄公一次，朝见晋灵公两次。太子夷和我国的各位大夫，往来不绝于晋国都城绛。一个小国家，能这样侍奉贵国，可以说没有哪个国家会这样了。现在贵国却指责我国，说：'你未能令我满足。'如果贵国对我国如此苛求，我国只有等待灭亡了。

○ 品画鉴宝
繁安君扁壶（战国）

"古人曾经说过'畏首畏尾，身其余几'，又说'鹿死不择音'。小国侍奉大国，如果大国能够以德相待，那么小国便像畏首畏尾的人；如果不能以德相待，小国便会像鹿一样，要铤而走险，拼死挣扎，情急之下哪里还会'择音'呢？如今晋国对待郑国如此苛刻，毫无准则，郑国是知道自己将要灭亡了。如果真要那样

的话，我们也只能尽全国之力，在儵地等候与晋国决一死战。就全听贵国执事[1]的命令了。

“文公曾经在（郑文公）二年六月二十日，来齐国朝见。四年二月，为齐国攻打蔡国，并因此与楚国讲和，齐国对此亦不指责，能包容郑国处境之为难。我们处在晋、楚两个强国之间，不得不听从大国的命令，难道这是我国的罪过吗？大国如果不能体谅我国的处境，我们无处可以逃避，只有等待被讨伐的命令了。”

赵盾看完这封信，就派巩朔到郑国讲和，并派赵穿、公壻池到郑国作人质。当年十月，郑国也派太子夷和石楚到晋国作人质。晋国本来摆出盟主的架子，如今反因公子归生的一封信，不得不与郑国讲和。小国和大国交换人质，郑国在外交上也可以算是大获全胜了。

相关链接

〔1〕执事：指侍奉君主执掌政权的大臣。

襄仲杀嫡立庶

襄仲在以齐国为外援的情况下，杀死鲁文公长妃哀姜之子恶和视，立次妃敬嬴之子为君，是为宣公。

鲁文公有两个妃子，长妃姜氏和次妃敬嬴，敬嬴生了宣公。敬嬴受到文公的宠爱，但她却私下里和襄仲私通。宣公年纪大一点的时候，敬嬴就把他托付给襄仲。

鲁文公十八年，文公去世，襄仲打算立宣公，惠伯不同意。襄仲请求齐惠公帮助他立宣公为国君，当时齐惠公也刚刚即位，正打算亲近鲁国，于是就同意了襄仲的请求。

十月，襄仲杀了太子恶以及他的同母弟弟公子视，立宣公为国君。襄仲以国君的命令召请惠伯，惠伯的总管公冉务人劝阻他说："你这一去凶多吉少[1]，肯定会死。"

惠伯说："如果死于国君的命令，也是值得的。"

公冉务人说："果真是国君的命令，死了倒也罢了。如果不是国君的命令，为什么要听从呢？"惠伯不听。

惠伯进宫后，果然被襄仲杀死，埋在了马粪中，公冉务人护送惠伯的家人逃到了蔡国。不久，鲁国又立了惠伯的儿子为叔仲氏。

鲁文公的夫人姜氏要回到娘家齐国，再也不回来了。临行的时候，她哭着穿过集市，说："天啊！襄仲大逆不道[2]，竟然杀了太子恶，立庶子为国君。"集市上的人也都跟着哭，因此鲁国后来就称她为"哀姜"。

相关链接

〔1〕凶多吉少：凶险多，吉利少。指根据现有迹象推断出事情的发展趋势极为不妙。

〔2〕大逆不道：旧谓犯上作乱等重大罪行。现指与某种观念或道德标准相违背的行为。逆，叛逆、违背。

郑宋大棘之战

郑穆公认为晋灵公不守信用，于是转而归附楚国。楚国令其讨伐宋国。郑、宋遂爆发大棘之战。

郑国靠着公子归生的努力，而与晋国达成了和议。鲁文公十七年，晋国因为宋国人弑君，就派荀林父率领诸侯联军讨伐，后来收了宋国的贿赂就罢手了。然后晋灵公召集诸侯在扈地会盟，准备为了鲁国攻打齐国，后来也是收了齐国的贿赂，就撤兵了。郑穆公说："晋国不守信用，不值得与之交往。"于是就去和楚国结盟。

鲁宣公二年春，郑公子归生接受楚国的命令，出兵讨伐宋国，宋国派华元、乐吕率军抵抗。二月，郑军与宋军在大棘[1]交战，结果宋军失败，郑军活捉了华元，并获得了乐吕的尸体，又缴获兵车四百六十乘，抓获士兵二百五十人，斩首一百多人。

宋国大夫狂狡在与郑军作战时，郑国有个士兵掉进水井里，狂狡用戟柄把那个士兵从井里救出来，结果那个士兵反而把狂狡抓住了。君子对此评论说："违反作战纪律，不服从命令，狂狡被擒也是理所当然的。作战时表现刚毅果断，服从命令称为礼。能杀死敌人就是果断，能够做到果断就是刚毅。否则，就会受到处罚。"

在与郑国交战前，华元杀牛宰羊犒赏士兵，但是却没有邀请给他驾驭战车的羊斟。两军正在交战时，羊斟对华元说："前几天犒赏士兵时，你做主。今天，由我做主。"于是驾着战车冲入郑军军阵，宋军因此而失败。君子评论羊斟："羊斟简直不是人，因为自己个人私怨，竟然牺牲国家和百姓的利益，还能有什么比这样更应该受到重罚呢？《诗经》所讲的'人之无良'，说的就

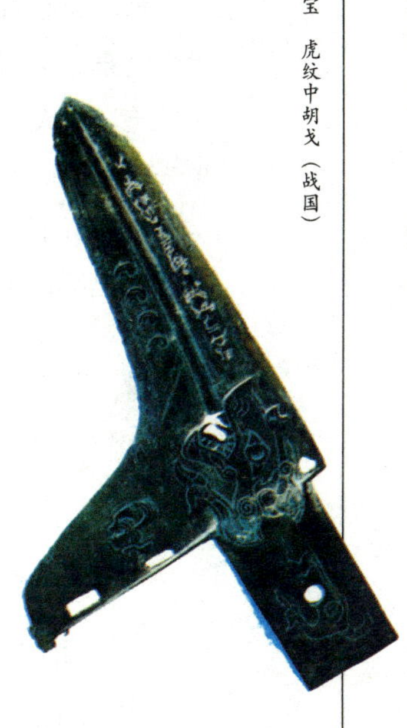

○品画鉴宝　虎纹中胡戈（战国）

是羊斟这种丧尽天良的人,居然以残害百姓来发泄自己的私愤。”

宋国人用兵车一百辆和毛色有文彩的马四百匹来与郑国交换华元,刚把文马兵车送去一半的时候,华元跑了回来。他站在城门外,向守门人说明身份后就进入城内。华元进城后看见羊斟,说:“那天是不是你的马不听驾驭才闯入了敌人军阵?”

羊斟回答道:“并不是马的原因,而是人的原因。”说完就逃往鲁国。

宋国修筑城墙,由华元负责。在巡查筑城工地时,他听到筑城的人唱道:“瞪着大眼睛,腆着大肚子,丢盔弃甲逃回来。大胡子啊大胡子!丢盔弃甲后又来到工地巡查。”

华元让车右回答他们说:“有牛就有皮,犀牛野牛多的是,丢盔弃甲又有什么关系?”

筑城的人说:“即使制盔甲有牛皮,可是又到哪里去找红漆呢?”

华元听了,对自己的手下无奈地说:“我们还是离开这里吧,他们人多我们人少,我们说不过他们。”

相关链接

〔1〕大棘:古地名。在今河南睢县南。

赵盾弑其君

赵盾因为晋灵公一心想杀死自己而逃往他国。还没出国境，赵穿就除掉了灵公。赵盾返回国都，史官记曰：“赵盾弑其君。”

晋灵公荒淫无道，他的所作所为与一个国君的身份相违背。他横征暴敛，用得来的钱财装饰皇宫。他还经常从高台上拿弹弓打人，观看他们躲避弹丸，从中取乐。

有一次，一位厨师给晋灵公煮熊掌，但没有做熟，他就杀了厨师，把尸体藏在畚箕[1]里，让宫女抬出去扔了。宫女抬着尸体经过朝廷，赵盾、士季看到一只手露在外面，便询问宫女，得知究竟，于是非常担心。他俩准备入宫进谏，士季对赵盾说：“如果我们同时去进谏，灵公不采纳，就没有办法可想了。你为正卿，地位最高，灵公如果不听从你的意见，其他人就不好说话，还是让我先入宫进谏，如果灵公不听，你再进去劝他。”

士季进了大门，按照礼仪，灵公本应该下台阶相迎，但灵公不愿听他劝谏，就故意装作没看见。士季进了庭院，灵公还是装作没看见。一直等士季来到台阶前，灵公才不得不抬头看他，说：“我知道自己错了，今后一定会改正。”

士季叩头说：“人谁无过？只要有过能改，那就再好不过了。《诗经》里说：‘无不有开始，很少能结束。’意思是说开始时大家都愿意做好事，但很少有人能坚持到底的。如果这样，那么能够改正错误的人就非常少了。您若能坚持到底，我们这些臣子以及我们的国家就有希望了。《诗经》里又说：‘礼服上有破洞，贤臣仲山甫能为君王弥补。’意思是贤臣能帮君王弥补过失。您能够改正错误，就不至于荒废君王的职责了。”

但是晋灵公并没有听从士季的劝谏，仍然我行我素。赵盾为此多次劝谏，晋灵公很反感，暗中派刺客鉏麑刺杀赵盾。鉏麑一大早来到赵盾家，发现大门已经打开了，赵盾穿戴整齐，准备上朝，只是由于时间还早，就坐着闭目养神。见此情景，鉏麑退了出来，感叹说：“国家有这么恭谨勤奋的人，百姓就有了依靠。刺杀百姓依靠的人，这是不忠；不执行国君的命令，这是不信。我无论怎么做都是不对的，不如一死了之。”于是头撞槐树而死。

鲁宣公二年九月，晋灵公设宴招待赵盾，暗中埋伏士兵，打算乘机杀死他。赵盾的车右提弥明知道了这件事，赶忙跑到宫殿，说："大臣侍奉国君饮宴，超过了三杯，就不合礼法了。"于是扶着赵盾退下。

灵公唆使一条狗来咬赵盾，提弥明与狗搏斗，把这条狗杀死了。赵盾说："不用人，却用狗，狗虽然凶猛，又有什么用呢？"这时埋伏的士兵也已发动，二人一边搏斗一边往外撤退，提弥明在这次冲突中战死。

当初，赵盾在首山打猎时，曾经在翳桑住宿，遇到一位叫灵辄的人。赵盾看灵辄饿得非常厉害，就过去询问。灵辄说："我已经三天没有吃东西了。"赵盾就拿出粮食给他吃。

灵辄吃了一半就不吃了，赵盾问他为什么，他说："我在外面给人做了三年奴仆，不知道母亲是否还活在世上，现在快到家了，请允许我把剩下的一半带给母亲吃。"赵盾让灵辄把食物都吃完，又另外为灵辄准备了一小筐食物和肉，放在袋子里让他带走。

后来，灵辄进宫做了晋灵公的卫士。在灵公要杀赵盾的紧要关头，灵辄倒戈相向，抵挡追来的士兵，帮助赵盾脱离了险境。赵盾问他为什么要这样做，他说："我就是那个在翳桑挨饿的人。"赵盾问他叫什么名字，他没有回答就退下逃走了。

二十六日，赵穿在桃园杀了晋灵公。赵盾正要逃亡，还没有离开晋国边境，听到这件事就回来了。晋国史官董狐记载说："赵盾弑其君。"并拿到朝廷上让别人看。

赵盾辩解说："不是这样的。"

史官反驳道："你身为晋国正卿，既然逃亡，却没有越过国境；回来后，又不去讨伐杀死国君的凶手。弑杀国君的人，不是你又能是谁呢？"

赵盾说："天啊！《诗经》里说：'我心存眷恋，反而给自己带来灾祸。'说的大概就是我吧。"

孔子后来这样评价："董狐真是古代的优秀史官，为了遵照写作历史的笔法，而不隐瞒赵盾的罪过。赵盾也真是古代的贤大夫，为服从写作历史的笔法而蒙受弑君的罪名。真是太可惜了，如果他当时走出国境，就可以免受这一罪名了。"

赵盾派赵穿去周王室迎接晋文公幼子公子黑臀，立他为国君，是为成公。十月三日，公子黑臀到曲沃武公庙朝祭。

骊姬之乱（鲁文公四年）后，晋国人发誓不准太子以外的公子们留在国内做官，从此以后晋国就没有了公族这一职位。晋成公即位以后，把这一职位授给了卿的嫡系子孙，并且分给他们田地；又把一些官职授给了卿的庶子，让他们担任余子之职；还让卿的庶子们担任公行之职。从此晋国开始出现了公族、余子、公行等职位[2]。

赵盾的亲生母亲是狄人，他出生在狄地，若不是晋文公的女儿赵姬替他母子求情，他就回不了晋国。赵盾心里一直很感激赵姬，就请求让他的异母弟赵括担任公族，说："赵括是赵姬最宠爱的儿子。如果不是赵姬，我就是狄人了。"晋成公答应了他的请求。

冬天，赵盾把自己的职位让给了赵括，自己退居余子之职，以正卿的身份承担教导余子的责任，而让赵括作为公族大夫统领他的旧族。

相关链接

〔1〕畚箕：古时用蒲草、竹篾等编成的盛物器。

〔2〕《左传·宣公二年》："晋于是有公族、余子、公行。"杜注："皆官名。"又注："余子，嫡子之母弟，亦治余子之政。"

楚庄王问鼎

楚庄王讨伐戎人，驻军于周室之侧，询问九鼎之大小轻重，王孙满告诉他："在德不在鼎"。

鲁宣公三年春，楚庄王攻打居住在陆浑[1]的戎人，军队到达洛水岸边，驻扎在周王室领土的边疆。周定王派大夫王孙满前去慰劳楚庄王，言谈之中，楚庄王竟然问起周室国宝重器"九鼎[2]"的大小和轻重。

王孙满回答说："九鼎的轻重、大小，关键在于君主的德行，并不在于九鼎自身。君主德高则鼎重，鼎重则不可移动；失德则鼎轻，鼎轻则容易移动。从前，夏朝实行德政，把远方的各种物象绘制成图，命令九州的长官贡献青铜，然后用九州所献的青铜铸成九座鼎，以象征九州万物，并把描画的各种物象铸到九鼎上面，以便让老百姓知道什么是神灵，什么是奸恶。因此当百姓进入山林河川时，就不会遇到不利于自己的东西，也不会遇到各种妖魔鬼怪。因此，那个时候举国一心，都能承受上天的恩赐。

"等到夏桀执政时，他昏庸无道，被商朝推翻，于是九鼎就归于商朝。后来，商纣王也暴虐无道，九鼎又迁到周朝。如果德行美善光明，鼎即使很小，也是很重而不可移动的。如果昏庸暴虐，鼎虽然很大很重，也是很容易被人搬走的。上天保佑德行美善的人，但也有一定的期限。周成王把九鼎放在王城郏鄏，占卜的结果表明周朝可以传三十代，享国七百年，这都是上天的旨意。如今周朝的德行虽然日渐衰微，但是上天的旨意却还没有改变。因此，九鼎的大小、轻重，还不是可以问的。"

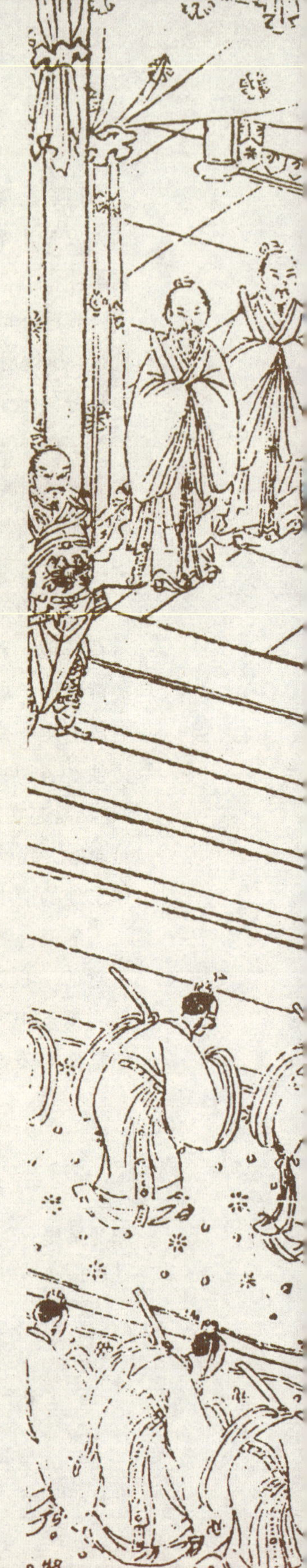

相关链接

〔1〕陆浑：在今河南嵩县东北。春秋属陆浑戎（古戎人的一支）地。

〔2〕九鼎：指安鼎、财鼎、仕鼎、丰鼎、爱鼎、寿鼎、智鼎、嗣鼎和黄帝鼎。在宝鼎坛摆放时，将前八鼎按照八卦方位排列，黄帝鼎放于鼎坛中宫位置。在古代，鼎是国家权力的象征。

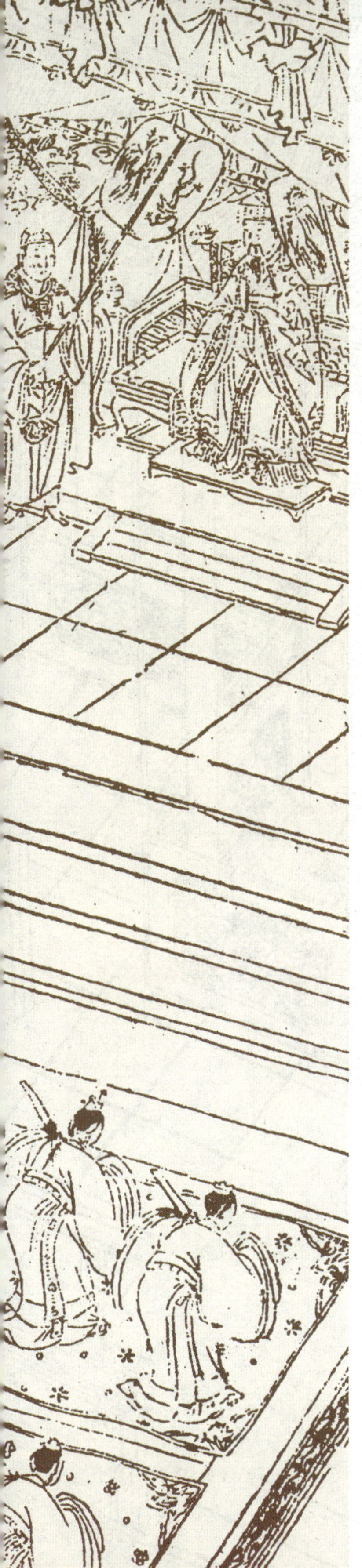

郑穆公刈兰而卒

郑穆公的母亲曾梦见上天送给她兰花，并命她将来给儿子取名为“兰”。后来，穆公病危时，说自己将与兰同时死亡。果然，他就在当年收割兰花的时候去世了。

当初，郑文公有个出身低贱的小妾，名叫燕姞，是南燕国的女子。一天夜里，她梦见上天派人送她一朵兰花，那人说：“我叫伯儵，是你的祖先。如果你生了儿子，就取名为兰。因为兰花的香气全国第一，人们最喜欢佩戴兰花。”

后来郑文公见到燕姞时，送了她一朵兰花，然后与她同房。燕姞对文公说：“我出身低贱，如果有幸能给您生个儿子，恐怕别人不肯相信，您能否以这朵兰花为信物？”文公答应了。后来燕姞生下了穆公，给他取名为“兰”。

文公私通他叔叔子仪的妃子陈妫，生下子华、子臧。后来，子臧因为获罪从郑国出逃，流亡在外。文公在南里设下圈套杀死了子华，然后派出刺客，在陈国、宋国交界的地方杀了子臧。后来，文公又从江国娶了一个妻子，生下公子士。公子士到楚国朝见楚王时，楚国人给他喝毒酒，公子士走到叶地就死了。文公又从苏[1]地娶了一个妻子，生下两个儿子瑕和俞弥。俞弥早夭，而瑕不受文公喜欢，因此没有被立为太子。

文公把公子们送到其他国家，公子兰逃亡到晋国，跟从晋文公讨伐郑国。郑大夫石癸说：“我听说如果姬、姞两姓结为婚姻，他们的子孙后代一定会繁衍昌盛。姓姞的人会带来吉祥，周朝的先祖后稷的第一个妻子就姓姞。公子兰是姞姓的外甥。上天或许要帮助他，他一定会成为国君的，而且他的后代也一定会繁衍昌盛。既然如此，我们不如先把他接回国，并立为国君，既顺应天意，也能因此获得他的宠幸。”于是石癸就和孔将钼、侯宣多迎立公子兰，并借此和晋国讲和。

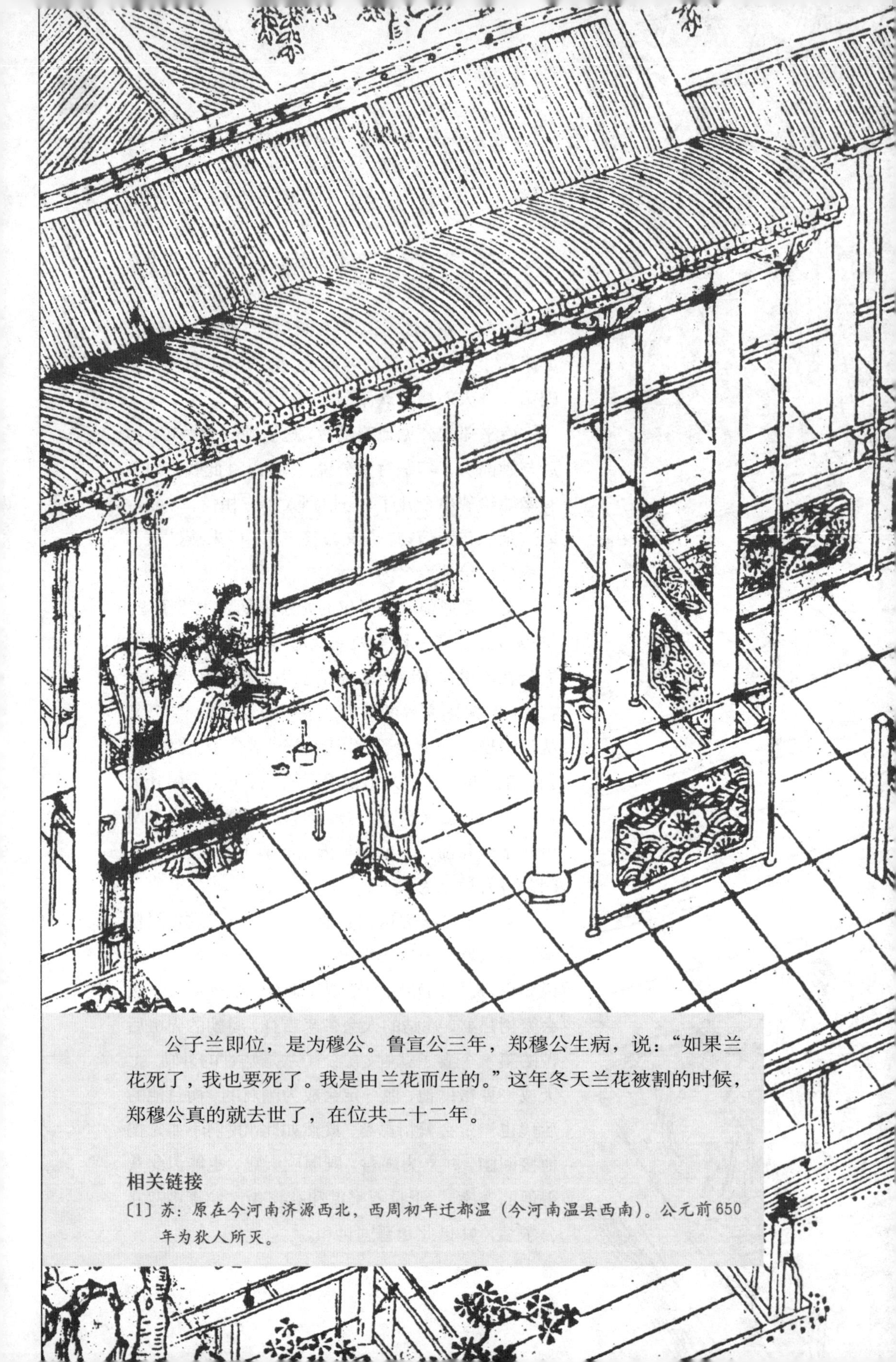

公子兰即位，是为穆公。鲁宣公三年，郑穆公生病，说："如果兰花死了，我也要死了。我是由兰花而生的。"这年冬天兰花被割的时候，郑穆公真的就去世了，在位共二十二年。

相关链接

〔1〕苏：原在今河南济源西北，西周初年迁都温（今河南温县西南）。公元前650年为狄人所灭。

令尹子文的家族在楚国称若敖氏。子文的侄子斗椒发动叛乱，与楚庄王在皋浒交战。庄王打败斗椒，灭亡了若敖氏。

若敖氏，是楚国先君若敖的后人。当初，若敖氏的人从郧国娶妻，生下斗伯比。父亲死后，斗伯比就跟随着母亲在郧国生活。后来，他和郧子的女儿私通，生下了子文。郧夫人让人把子文扔到沼泽里，有只老虎给他喂奶。郧子打猎时，看见老虎给子文喂奶，因为害怕就跑了回来。郧夫人告诉他，这是他的女儿与斗伯比私通生的孩子，于是郧子就让人收养了子文。楚国方言称喂奶为“谷”，称老虎为“於菟”，因此郧子就给子文起名为“谷於菟”，还把他的女儿嫁给了斗伯比。这个斗谷於菟，就是后来大名鼎鼎的楚令尹子文。

子文有个弟弟，做到楚国的司马，名叫子良。子良有一个儿子，名叫椒，字子越。斗椒出生时，子文对子良说：“必须把这个孩子杀掉！你看，这个孩子的长相就像熊虎一样，发出的声音就像豺狼一般。如果不杀掉他，若敖氏的子孙一定会因他而被灭掉。谚语说：‘狼子野心。’这孩子就是狼啊，难道你还想抚养他吗？”子良不同意，子文对此深感忧虑。

临死时，子文召集他的族人，说：“一旦斗椒执掌政权，你们就赶快逃走，否则就会灾祸临头。”又哭着说：“鬼魂也要吃饭，若敖氏很快就会子孙灭绝，祖先的鬼魂没有人祭祀，恐怕就要饿肚子了！”

鲁文公九年冬，楚国派斗椒去鲁国聘问。当时他带着礼物，所以态度相当傲慢。叔仲惠伯说：“若敖氏的宗族一定会断送在这个人手里。一个人如果以傲慢的态度对待他的先君，那么神灵绝对不会降福于他的。”

鲁宣公二年夏，晋赵盾在阴地会合诸侯的军队入侵郑国，要报大棘之战的仇。楚国派斗椒率兵支援郑国，把军队驻扎在郑国，等待晋军的到来。赵盾说：“斗椒的家族在楚国历来很强大，大概从今往后就要被灭亡了。我们姑且加速他们的灭亡吧。”于是就率军离开了郑国。

令尹子文去世后，他的儿子斗般做了令尹，斗椒则担任司马，蒍贾做了工正[1]。鲁宣公四年，蒍贾向楚庄王诬告，杀掉了斗般，于是斗椒升作令尹，蒍贾升作了司马。斗椒当上令尹后，又开始讨厌蒍贾，于是聚集若敖氏的族人把蒍贾囚禁在轑阳，然后杀了他。随后，斗椒来到烝野，准备攻打楚庄王。楚庄王要以文王、成王、穆王的子孙为人质与斗椒讲和，斗椒也不接受，庄王只好在漳澨陈兵以待。

七月九日，楚庄王与若敖氏在皋浒[2]开战。斗椒用箭射庄王，箭矢的力量很大，穿过车辕，穿越鼓架，射到钲[3]上。他又射一箭，穿过车辕，稍偏上，又穿过了车盖正中。楚庄王的士兵害怕，纷纷后退。楚庄王派人到军阵中巡视，说："我国先君文王在打败息国时，获得了三枝利箭，被斗椒偷走了两枝。现在斗椒已经把这两支箭用完了。"于是擂鼓前进，一战而胜，灭了若敖氏。

令尹子文的孙子克黄担任箴尹[4]，正出使齐国，返回途中经过宋国时，听到斗椒叛乱并被杀的消息。随从劝他说："别回国了。"克黄说："如果我违背了国君的命令，今后还有谁肯接纳我呢？国君，就相当于上天，难道还能够逃脱上天么？"于是回到楚国，汇报了出访情况，然后让人把自己绑了起来，送到司法官那里请求发落。

楚庄王考虑到从前子文治理楚国的功绩，说："如果像子文这样的人没有了后代，又怎能规劝其他人为善呢？"于是就恢复了克黄的箴尹之职，并给他改名为"生"。

○ 品画鉴宝

饕餮纹半瓦当（战国） 此器泥质灰陶。半圆形，瓦当正面模印一个饕餮纹图案。制作精致，形象生动。

相关链接

〔1〕工正：掌百工之官。春秋时齐、鲁、楚、宋等国均有设置。或说在楚即"工尹"。

〔2〕皋浒：春秋楚地。在今湖北襄樊西。

〔3〕钲：古行军乐器。形如钟但狭长。装长柄，供手持。敲击而鸣。

〔4〕箴尹：春秋楚官。主规谏之事。

楚庄王围郑

在以石制和公子鱼臣为内应的有利条件下，楚庄王率兵攻克了郑国都城。只因郑襄公认罪求和，国家才没有被立即消灭。楚军退去后，郑人杀死了两个内奸。

楚庄王初立的时候，先是公子燮作乱，是有内忧；后来庸国等又趁楚国饥荒反叛，再有外患。而楚国也就在这内忧外患中强大起来了，楚庄王的野心越来越大，渐渐有了北略中原、称霸诸侯的想法。

郑国夹在晋国和楚国两大强国之间，地位极其尴尬。依附楚国，则会导致晋国不满，前来讨伐；若依附晋国，则楚国不满，又要发兵讨伐。

鲁宣公九年，楚庄王因为郑国依附晋国而出兵讨伐。晋国的郤缺率兵援救郑国，郑襄公在柳棼〔1〕打败了楚军。郑国人欢欣鼓舞，只有子良（即公子去疾）一人担忧，他说："这次胜利不是好兆头，我国的灾难很快要降临了。"

鲁宣公十一年春，楚庄王讨伐郑国，攻打到栎地。子良说："晋、楚两国不修德行，却依靠武力来争雄，谁来攻打我们，我们就和谁亲近吧。晋、楚两国不讲信用，我们又何必讲信用呢？"于是郑国就归顺了楚国。

当年夏，楚庄王在辰陵〔2〕召集陈成公、郑襄公举行会盟。郑国虽然与楚国会盟，但并不一心归顺楚国，到了冬天就又去请求侍奉晋国。

鲁宣公十二年春，楚庄王发兵讨伐郑国，包围了郑国的国都。一围围了十七天，郑国人占卜"求和"的吉凶，结果并不吉利，于是准备前往太祖之庙哭泣，并在每一条街巷排列战车，表示要与楚国决一死战。郑国人又占卜"决一死战"的吉凶，结果是吉利，于是都城的人都到太祖之庙哭泣，守城的将士们也都大声哭泣起来。看到这种情形，楚庄王下令撤军。

楚军一退，郑国人就赶紧修筑城墙。楚军退走后，很快又回来，再次包围了郑国都城。三个月后，楚军攻克了郑国都城。楚军从皇门入城，走在城内大道上，这时郑襄公上身裸露，牵着一只羊出来迎接楚庄王，说："我没有顺承天意侍奉您，致使您满怀怒气率军来到敝国，这是我的罪过。我怎敢再不侍奉您呢？任凭您把我俘虏并发配到江南海滨，把郑国的土地分给诸侯，让郑国的男女作为其他国家的臣妾，也都听您的吩咐。如果承蒙您念及我们从前的盟誓之好，并托周厉王、周宣王、郑桓公、郑武公等祖先的福而不让郑国灭亡，让敝国改而侍奉您，令郑国

相当于楚国的一个县，是您的莫大恩惠，是我的心中愿望，只是又不敢对此有所奢望。我说的都是心里话，请君王考虑。”

庄王的左右随从说：“不能答应他，打败一个国家就不能赦免它。”

但楚庄王说：“郑国国君谦恭有礼，必然能够赢得百姓的信任，百姓也一定愿意听从他的调遣，这个国家还是很有希望的！”于是下令退兵三十里，并同意了郑国提出来的和谈请求，另外派大夫潘尪进城与郑国订盟，郑国则派子良到楚国当人质。

这次围城战役，实际上是郑国大夫石制做了内奸，楚军才得以攻克郑国都城的。石制打算把郑国一分为二，一半给楚国，一半给晋国，并立公子鱼臣为国君。七月二十九日，郑国人杀了公子鱼臣和石制。君子评论说：“史佚所说的‘不要趁人之乱以利己’，指的就是公子鱼臣和石制这样的人。《诗经》说：‘天下动乱如此频繁，哪里才是适宜的归宿？’这就要归罪于那些趁机作乱的人啊！”

相关链接

〔1〕柳棼：《左传·宣公九年》：“郑伯败楚师于柳棼。”杜注：“柳棼，郑地。”

〔2〕辰陵：春秋陈地。在今河南西华一带。

晋楚邲之战

楚军攻打郑国，晋兵前往救援。晋军将领各执己见，主战主和态度不一。楚军在邲地突然进攻，晋人猝不及防，慌忙撤退，以致军阵溃乱，大败而去。

鲁宣公十二年六月，晋国因为楚庄王围郑，发兵营救郑国。荀林父担任中军统帅，先縠为副帅；士会担任上军统帅，郤克为副帅；赵朔担任下军统帅，栾书为副帅；赵括、赵婴齐任中军大夫，巩朔、韩穿任上军大夫，荀首、赵同任下军大夫，韩厥任司马。

晋国军队到达黄河边时，听说郑国已经和楚国讲和。荀林父打算班师回国，他说："没有赶上解救郑国百姓的苦难，我们出兵还有什么用？楚军回国后如果再次发兵讨伐郑国，我们再来解救也不迟。"

士会说："好。我听说用兵之道贵在抓住战机，如果一个国家的德行、法制、政治、国事、典章、礼制长久不变，就没有什么国家可以与之匹敌，也不宜贸然向它进攻。楚国国君讨伐郑国，是因为郑国三心二意，又怜悯其低三下四；因为它三心二意所以讨伐，因为它低三下四于是宽恕，这样德行和法制就齐备了。讨伐叛逆，是法制；用怀柔的办法对付服罪的国家，是德行。所以楚国的法制和德行这两点都已树立起来了。

"去年，楚庄王因夏征舒弑杀陈灵公而发兵攻打陈国，杀了夏征舒，立灵公之子成公。今年楚国再次讨伐郑国，百姓没有感到疲劳，没有怨恨国君，这样政务措施就合乎规范了。当年楚武王创立的荆尸阵井然有序，农、工、商、贾百业兴旺，步卒、车兵也很和睦，兴国事时选择在不干扰正常事务的时节。

"孙叔敖担任令尹，斟酌选择政令法典。军队前进时，右军护卫主帅之兵车进退，左军负责寻找粮食草料和宿营物品，前军高举旄旗在前面开道以防一切意外变故，主帅位居中军制定作战策略，后军则以精兵押阵，各级军官依照指挥信号而行动，军中各种事务无须等待上级命令就已经准备就绪，这是能较好地把军事典章运用于实际的结果。

"楚国国君选拔人才的方法是：同姓中，选择关系亲近的人；异姓中，选择官宦世家的子弟。举荐时不会遗漏有德之人，赏赐时也不会错过有功之人。对年老者另有优待，对行旅之人也有施舍。君子和小人的服饰以标记和纹章加以区别，等级明确，不论尊贵卑贱都各有其位不得僭越，这样就不违背礼法了。

“楚国树立了德行，施行了法制，修明了政治，顺时办事，遵循典章，完善礼仪，我们凭借什么来和他们对抗呢？见机而进，知难而退，是治军的最佳策略；兼并弱小的国家，攻打昏昧的国家，是用兵的基本原则。我们可以整顿军队充实装备，还有不少弱小昏昧的国家可供我们攻打，何必一定要攻打楚国呢？商汤的左相仲虺曾经说过：‘他国有乱亡之道，就可以进兵征取。’说的就是兼并弱小昏昧的国家。《诗经·周颂·酌》中说：‘天子的军队多么辉煌，挥兵东征消灭昏昧之邦。’说的就是武王讨伐昏昧的商纣王。《诗经·周颂·武》中说：‘武王功绩卓著，无与伦比。’说的是安抚弱小的诸侯，攻打昏昧的国家。这样做是功烈之所在，所以可以去做。”

○品画鉴宝

壶（春秋） 此壶带盖，盖与颈下部有环耳，以环状提梁相连。腹饰一环耳及两道弦纹。

先縠却反对说：“不行。晋国之所以能称霸诸侯，靠的是军队强大，臣下尽力。现在眼看郑国被征服却不去救援，不能说是尽力；面对敌人而不去迎战，不能说是强大。如果晋国的霸主地位要从我们手中丧失，那我们生不如死。况且我们兴师动众来到这里，听说敌人强大就撤兵，这绝不是大丈夫所为。我受君王的命令担任中军副帅，只能去做大丈夫应该做的事情。退兵这种事只有你们能做到，我是绝对不会做的。”于是不听退兵的命令，率领自己的部下渡过黄河独自进军。

荀首说：“先縠的这支部队要有危险了。《周易》里有这样的卦象，从《师》卦变为《临》卦，爻辞说：‘军队出动要有法制号令，不这样则凶。’法制号令严明为善，不顺应指挥为凶；军队分散为弱，流水壅塞为泽。军队有法制号令，部下听从主帅的指挥，主帅指挥起来就像自己指挥自己一样，所以称作‘律’。如果不能做到令行禁止，那么律就如同虚设。流水塞而为死水，死水容易枯竭，堵塞并且分散，这是凶象。水不流动称为‘临’，不服从主帅，还有更严重的‘临’吗？如果遭遇楚军，必败无疑。先縠肯定不会有好结果，即便他侥幸活着回来，也难免灾祸。”

韩厥对荀林父说：“先縠仅仅率领中军偏师渡过黄河，

如果他失败了，您的罪过可就大了。您作为最高统帅，军队不听从命令，是谁的罪过？失去了郑国，又损失了军队，这一罪过可就大了。不如进军，即使战败了，责任也应由大家来分担。与其让您一个人承担所有的责任，不如我们六个人共同承担，这样不是更好吗？”于是晋军渡过了黄河。

此时楚庄王挥师北上，正驻扎在郔地。孙叔敖担任中军统帅，楚庄王的兄弟公子婴齐担任左军统帅，子反率领右军。楚军本来打算前进到黄河，然后象征性地饮马之后就回国，如今却听说晋军已经渡过了黄河，楚庄王就打算班师回国，但其宠臣伍参却主张作战。令尹孙叔敖不同意，他说：“去年我们攻打陈国，今年又攻打郑国，不是没有战事。如果与晋国作战却不能取胜，即使是杀了你伍参，吃你的肉，恐怕也不足以向国人谢罪。”

伍参说：“如果此战能够取胜，说明你孙叔敖缺少谋略。如果不能取胜，我伍参将落入晋人手中，你们又怎么能够吃到我的肉呢？”

孙叔敖不管伍参的意见，回车向南，把军旗也掉过头来，准备带兵回国。伍参又劝楚庄王说：“晋国统帅荀林父任职时间短，晋军不听其指挥，其军令还不能畅通无阻。他的副帅先縠刚愎自用，残暴不仁，不愿听从他的命令。晋军的三军统帅，想要自己做主而不能够，想要听从命令又没有上司，底下将士不知该听从谁的指挥。如果我们与晋军作战，肯定会取得胜利。您作为一国之君，如果躲避晋国的臣子荀林父，怎么对得起国家呢？”楚庄王也对国君躲避臣子这件事感到不痛快，于是就命令孙叔敖调转车辕，继续向北进军，驻扎在管[1]地，等待晋军。

晋军驻扎在敖、鄗两山之间。郑卿皇戌作为使者来到晋军营地，说：“郑国之所以屈从楚国，是为了保存国家，并非对晋国怀有二心。楚国军队多次胜利，一定会滋生骄傲情绪。另外，军队长期驻扎在一个地方，又没有防备，如果贵国出兵攻打他们，我们郑国的军队也会紧紧跟随在贵国军队后面，楚军必然失败。”

先縠说：“打败楚国，降服郑国，就在此一举。我们一定要同意他的请求。”

但是栾书反对，他说：“楚国自从打败庸国以来，楚庄王每天管理都城平民，并且训导全国百姓：百姓生活还很艰苦，战祸随时都会降临，警惕之心不可懈怠。在军队方面，每天都这样管理和告诫将士：我们不可能永远胜利，商纣王曾经百战百胜，但最终却没有好下场。除此以外，还用当年楚国先君若敖、蚡冒乘坐竹木编成的大车、穿着破旧的衣服，筚路蓝缕开辟山林的事迹来教导百姓和士兵，规诫他们说：‘百姓的生计完全在于勤劳，只要勤劳就会受用无穷。’由此看来，不能说他们骄傲自满。先大夫子犯说过：‘名正言顺地出师，就能理直气壮；名不正言不顺，则理曲气衰。’我们的行为不合德，又要与楚国结怨，我们理屈而楚国理直气壮，因此也就不能说楚军士气低落。楚王的亲兵分为左右两部，称为两广，每广有兵车三十乘。右广从鸡鸣时开始驾车守卫，直到中午，再由左广接替，一直到日落黄昏。楚王左右卫士则轮流值夜，以防意外。这不能说他们没有防备。子良是郑国的杰出人才，潘尪又是素来受楚国人崇敬的大夫。楚国派潘尪前往郑国结盟，郑国让子良到楚国作人质，可见楚、郑两国关系是多么密切。郑国派人来劝我们出战，其真实目的是，如果我们战胜楚国，他们就来归服，一旦战败，他们就投奔楚国，这是在以我们的胜负来占卜其究竟应该归服谁啊。郑国的话不能听从。”

赵括、赵同说：“我们率部前来，目的就是寻找与敌人交战的机会。如果能够战胜敌人，使郑国归附，那么还等什么呢？一定要批准先縠的请求。”

荀首说：“赵同和赵括的想法，实际上是一条自取灭亡之道。”

赵朔说：“栾书的意见很好。照他的话去做，必能使晋国长盛不衰。”

楚国少宰[2]来到晋军营地，说：“敝国国君自幼遭遇忧愁困苦，不擅辞令。听说以前楚国的两位先君成王和穆王，往来于由楚至郑的路上，目的是教导郑国，使之安邦定国，哪敢得罪晋国呢？希望晋军不要在此停留太久！”

士会回答说：“从前，周平王曾经命令我国先君晋文侯说：‘你要和郑国共同辅佐周王室，不要背弃天子的命令！’如今郑国不遵循天子的命令，我国国君派我们几个来质问郑国，并非想与郑国作战，怎么敢屈尊你们的官吏来迎送呢？晋国愿意接受楚国所赐予的命令。”

先縠认为士会的回答是在讨好楚国，便派赵括去更正士会的话。赵括说：“刚才士会的话不够恰当。我们国君派我们几个前来，是要请你们楚国的军队离开郑国，他还说‘不要躲避敌人’。我们这些臣子无法不执行这一命令！”

楚庄王派人向晋国求和，晋国人答应了，并且拟定了结盟的日期。

楚国的许伯给楚臣乐伯驾车，摄叔为车右，想到晋军中挑战。

许伯说："我听说向敌人挑战，就要驾驭战车迅速迫近敌营，然后就回来。"乐伯说："我听说向敌人挑战，要在车左用利箭射击敌人，而且还要替御者执掌马缰，让御者下车，从容地把马匹排列整齐，然后整理好马脖子上的皮带，掉转车头回来。"

摄叔说："我听说向敌人挑战，车右要攻入敌人阵营，杀死敌人割掉耳朵，并生擒俘虏而还。"这三个人都按照他们所听说的挑战方式做了一遍，然后返回。

晋国人同时从左右两翼夹击他们。乐伯左边射马，右边射人，使左右两边的晋国人不能前进。在他们只剩下一支箭时，有一只麋鹿跑在前面，乐伯用箭射中麋鹿的背部。此时晋国的鲍癸正在后面追赶，乐伯让摄叔把麋鹿献给他，说："因为还不到时令，应当奉献的禽兽还没有出现，暂且献上这只麋鹿，请你拿去给随从们分享吧。"

鲍癸让部下停止追击，他说："他们的车左擅长射箭，车右擅长辞令，可见都是能人啊。"结果乐伯、许伯、摄叔三个人都安然归来，没有被俘虏。

晋国的魏锜想当公族大夫，但求官不成，为此非常不满，希望晋军失败，于是就请求单车挑战楚军，但未被批准。魏锜又请求出使楚军，得到了允许。他来到楚军营前，向楚军挑战后就返回了。楚军潘党追击他，来到荥泽时，魏锜看到六只麋鹿，就射死一只，掉过头来献给追赶他的潘党，说："你正在作战，恐怕没有猎人献给你新鲜野味。谨把这只麋鹿献给你的随从。"于是潘党下令不要再追赶魏锜。

赵穿的儿子赵旃请求当卿，却未被批准，并且对放走楚军前来挑战的人很恼火，于是请求领兵前去挑战，没有得到批准。又请求去召楚人来订立和约，得到了批准。于是他和魏锜都受命前去。上军副帅郤克说："这两个心怀不满的人离开了，如果我们不加以防备，肯定会失败。"

先縠说："郑国人劝我们出兵作战，我们没有听从；楚国人向我们求和，我们又不能与他们结好。行军打仗，情况多变，即使多加防备又有什么用？"

士会说："还是有所防备为好。如果他们两个激怒了楚国，楚军就会乘我们不备而前来袭击，这样我军很快就会被击败，不如防备一下。如果楚国没有恶意，到时候再解除战备，缔结盟约，对两国邦交也没有

什么损害。如果楚军怀有恶意而来，我们有所防备，才不会失败。再说即使是诸侯会见，也不会撤除各自的守卫，就是要保持警惕之心。”先縠还是不同意。

士会派巩朔、韩穿率领士兵在敖山[3]前面设下七处埋伏，因此后来上军没有遭到失败。赵婴齐派他的部下事先在黄河边准备了船只，因此战败以后能率先渡过黄河。

潘党赶走了魏锜后，赵旃又在夜色降临时来到楚军营地。他铺了块席子坐在营门外，派部下先进入楚营。楚庄王的战车每广三十乘，共有左右两广，早晨鸡叫时右广套车执勤，中午则卸车休息；左广中午接班，直到太阳落山才休息。许偃驾驭右广的指挥车，楚国著名的神射手养由基出任车右；彭名驾驭左广的指挥车，屈荡担任车右。楚庄王乘坐左广的指挥车追赶赵旃，赵旃扔下车子逃到树林中，屈荡下车和他搏斗，扯下了赵旃的甲裳。

这时，晋国人派出魏锜和赵旃后，又担心这两个人会触怒楚军，就派了一辆驻守用的兵车前来接他们。潘党远远看到飞扬的尘土，便派人驾车火速回报说：“晋军来了！”楚国人也害怕楚庄王落入晋军手中，便出营列阵迎战。

孙叔敖说：“出击吧！宁可我们逼近敌人，不可让敌人逼近我们。《诗经》说：‘十辆兵车，前面开道。’意思是要主动逼近敌人，抢占先机。古代《兵书》说：‘先发制人，可以把敌人的勇气夺去。’”于是下令军队前进。于是乎，战车奔驰，士兵飞跑，掩袭晋军。

荀林父突然遭到攻击，不知所措，在军中击鼓下令，说：“先渡过黄河撤退者有赏。”因上军有船准备，所以没有发生争抢；中军、下军争相上船，先上船的人把攀住船舷的人的手指砍断，船里的断指多得可以捧起来。

晋军向黄河转移。士会统率的上军因为事先准备了伏兵，所以没有溃败。战前，楚庄王曾派唐狡和蔡鸠居告诉楚国的附庸唐国[4]的惠侯说：“我无德而又贪心，遭遇像晋国这样强大的敌人，是我的罪过。如果楚国不能取胜，也是您的耻辱。因此想借助您的威灵，来帮助楚军战胜敌人。”此时便派潘党率领机动战车四十辆，跟随唐侯作为左边的方阵，追击晋军上军。

郤克的儿子郤锜问：“我们要抗击敌人吗？”

士会说：“楚军现在士气正旺，如果集中兵力对付我们，我军必然被消灭，不如收兵撤退。这样既分担其他统帅的罪名，又减少士兵们生命的危险，不是一举两得吗？”于是上军就作为晋军的殿军撤退，而且没有溃败。

楚庄王看见右广的指挥车，准备坐上去，屈荡阻止说：“君王开始作战时乘坐的是左广的指挥车，也应该乘坐左广的指挥车来结束这场战争。”从此以后，左广先执勤，日中以后由右广接替。

晋军有几辆兵车陷到泥坑里，阻碍了军队的前进，楚国人便教他们抽去兵车前面的横木。但走不了几步，马又打转不走了，楚国人又教他们拔掉大旗，扔掉车轭，战车轻了才得以脱身。但晋国士兵非但不感激，还回过头来讥讽楚国人说：“我们不像你们那样，经常逃跑，很有经验。”

赵旃用他的两匹好马帮助哥哥和叔父驾车逃跑，用别的劣马套车回来，遇到敌人不能逃脱，只好扔下战车逃入树林。此时晋臣逢大夫正和他的两个儿子驾着战车，逢大夫告诉儿子们不要回头看，但他们还是回了头，看见了赵旃，说：“赵旃那老头在后面呢！”逢大夫很是生气，命令他两个儿子下车，指着路边的树说：“我会在这里替你们收尸。”然后把扶手上的绳子递给赵旃，让赵旃上车，赵旃因此得以逃脱。第二天，逢大夫前往那棵树下收尸，果然看见他两个儿子的尸体叠压在一起。

楚国的熊负羁俘虏了荀首的儿子，荀首率领部属回过头来反攻楚军，魏锜驾驭战车，下军的士兵多数都跟着他反攻楚军。荀首每次射箭，抽出箭来，如果是利箭，就放在魏锜的箭袋里。魏锜生气地问他："你不是急着救儿子，而是贪爱好箭。董泽的蒲柳可做成无数的好箭，你能用得完吗？"

荀首说："不用别人的儿子来交换，怎么能得到我的儿子？我不可以随便射箭，我是挑出好箭择人而射。"结果射中楚国连尹[5]襄老，并把他的尸体装到车上。接着又射中了楚庄王之子谷臣，并把他囚禁起来。最后带着襄老的尸体和公子谷臣回到晋国。

天色已暗的时候，楚军在邲地驻扎。晋国剩下的士兵已经溃不成军，连夜渡过黄河，渡河的声音响了一夜。

次日，楚军的辎重到达邲地，随后军队驻扎在衡雍。潘党问："您为什么不把晋军士兵的尸体收拾起来修筑武军、京观？"所谓武军或者京观，就是把敌军的士兵尸体聚集起来，埋一个大土堆，然后树立木牌，在上面写上这次的事迹，以此来炫耀自己的武功。

楚庄王回答说："这你就不懂了。从字义上理解，止戈二字合起来为'武'，意思是制止战争。周武王消灭商朝后，曾作《周颂》说：'把兵器收藏起来，把弓箭装进箭袋。我求有美德之人治理人民，并将此求贤之意颁布宇内，所以能够保有天下。'后来又写了《诗经·周颂·武》这首诗，最后一章说：'把你的功绩巩固下来。'《武》的第三章说：'武王发扬文王之德政，使之推演天下，前往伐纣，以求得天下安定。'《武》的第六章说：'万邦安定，常有丰年。'所谓武功，就是用来清除残暴、消灭战争、保有天下、巩固功业、安定百姓、调和众人、积聚财富的，武王具备这种德行，因而其后代子孙能够记住他的显赫功业。现在，我让楚、晋两国士兵的尸骨暴露荒野，这是残暴不仁；夸耀武力以威慑诸侯，战争不能因此而停止；既没有消除残暴，又没有停止战争，怎能保有天下？再说晋国仍然存在，怎么能够巩固功业？违背百姓意愿的事情还很多，百姓怎么能够安定？缺少德行而勉强和诸侯争霸，怎么能调和众人？乘人之危为自己谋利，以别国的动乱求得自己的安定，还要把它当作自己的光荣，怎么能够增加财富？武王有上述七项德行，而我却一项也不具备，又凭什么来向子孙昭示？我只在这里为楚国的先君建造一座神庙，向祖宗报告战胜的消息就可以了，这一胜利还不能算是我的功业。古代圣明的君王出兵攻打不尊敬王命的国家，杀死罪魁祸首而封成大坟丘，这才建造京观以警戒历代罪恶之徒。可是现在尚不能确定晋国的罪恶在何处，而晋国的百姓都忠心耿耿，为君命而死，又怎么能建造京观呢？”于是楚庄王就在黄河岸边祭祀了河神，修建了先君的神庙，向祖宗报告胜利后就班师回国了。

秋天，晋国军队回国，荀林父以败军之罪请求国君把自己处死，晋景公打算批准。士贞子劝谏说：“不可以。从前晋楚城濮之战，晋军战胜后修整了三天，在楚军军营里悠闲地享用楚军丢弃的粮食，而晋文公还面带忧虑，左右近臣问他：‘有了喜事却面带忧愁，难道等遇到忧事时反倒面露喜色吗？’文公说：‘只要楚国的令尹子玉还没有死，我的忧愁就不会结束。被围困的野兽尚且要挣扎一下，何况一国之相呢？’等到楚国把子玉杀死了，文公这才喜形于色，说：‘这下再没有人可以跟我作对了！’这等于是晋国再一次取得胜利，楚国又一次遭到失败。从那以后，楚国历经成王、穆王两代都未能强盛起来。今天也许是上天要严厉警告晋国一次，使我国吃了败仗。但如果我们再杀了荀林父，不等于楚国又战胜我们一次吗？那么晋国岂不是也要从此一蹶不振了？荀林父侍奉国君，进则想着如何尽忠，退则想着怎样弥补自己的过失，他是捍卫国家社稷的重臣，怎么能杀了他呢？他这次失败，就如同日食月食，无损于日月的光辉。”于是晋景公就让荀林父继续担任中军统帅之职。

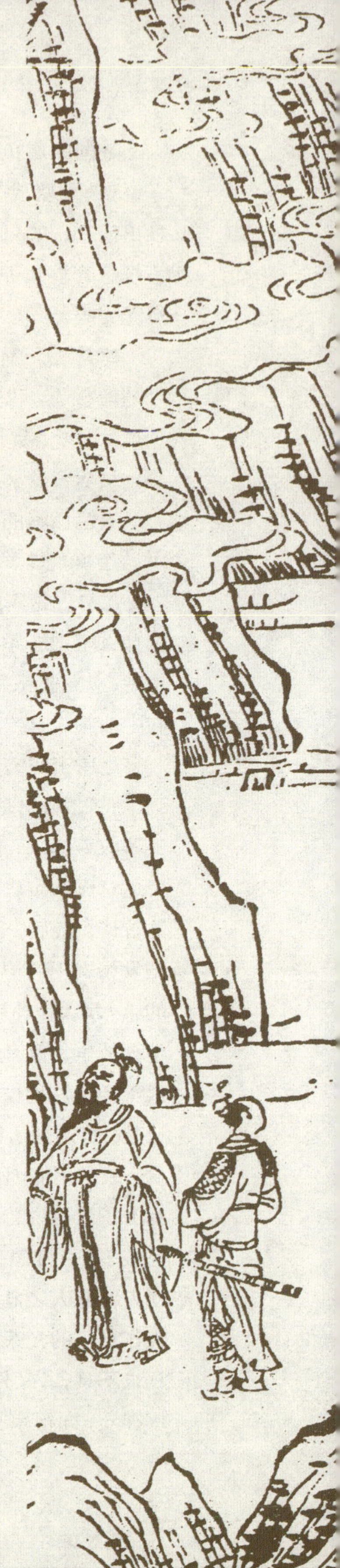

相关链接

〔1〕管：春秋郑邑。在今河南郑州。原为周文王之子叔鲜的封地。
〔2〕少宰：官名。太宰之副。
〔3〕敖山：古山名。在今河南荥阳北。
〔4〕唐国：姬姓古国。在今湖北随州唐县镇。公元前505年灭于楚。
〔5〕连尹：春秋楚国主射之官。

申叔展打隐语

楚国围困萧国都城。萧大夫还无社向楚大夫申叔展求救。申叔展向他打隐语，告诉他应该先躲到地洞里去。

鲁宣公十二年冬，楚庄王刚刚在邲之战中打败了晋国，紧接着就发兵攻打宋国的属国萧，宋国的华椒领着蔡军前来援救。萧国人囚禁了楚国熊相氏的后代熊相宜僚和公子丙，楚庄王说："不要杀他们，我马上退兵。"但萧国人仍然把他们杀了，楚庄王对此非常愤怒，于是包围了萧国都城。

楚国申县县尹巫臣对楚庄王说："军中士兵正在挨冻。"楚庄王亲自巡视三军，抚着士兵的背勉励他们，三军将士都如同披上丝棉般备感温暖，围城也围得更紧了。

萧国大夫还无社与楚大夫申叔展有旧交，这时就让楚国大夫司马卯把申叔展喊出来，想让他救自己。申叔展不便明说，就打隐语，问："你有酒曲吗？"

还无社答："没有。"

又问："有山鞠穷[1]吗？"

还是答："没有。"

山鞠穷是一种草药，和酒曲一样，都是用来祛湿的。申叔展的意思，是让还无社躲到潮湿的地洞里去，所以问他有没有祛湿的东西。但是还无社还是不明白，申叔展又问："黄河的鱼喝多了水拉肚子怎么办？"

这是当时的一句常用语，还无社终于明白了，说："把它放到枯井里，就可以治好它。"

申叔展说："那么你用茅草结成绳子，放在井边作为标记；听到井上有人哭，就是我来了。"第二天，萧军崩溃，申叔展寻找枯井，看到有一个枯井，旁边放着一条茅草结成的绳子，他就大哭起来，于是把还无社救了上来。

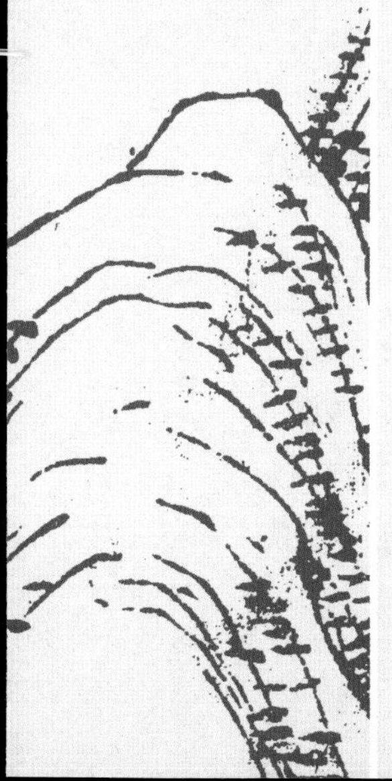

相关链接

〔1〕山鞠穷：即芎䓖。又名川芎。多年生草本植物。根状茎入药。性温，味辛。功能活血、祛风。主治头痛、风湿等症。

使者申舟被杀，楚庄王据此攻宋，晋国坐视不救。宋人力不能敌，被迫投降，和楚国订立城下之盟。至此，楚庄王终于称霸中原。

鲁宣公十四年夏，晋景公因为在去年的邲之战中郑国帮助了楚国，于是发兵讨伐郑国。晋国向诸侯通报讨伐郑国的事，但只是检阅一下军队就回国了。这是荀林父的谋略，他说："我军向郑国展示严整的军容，好让郑国自己衡量后，来归顺我们。"果然，郑国人害怕了，派子张到楚国代替子良作人质，以子良有让国的美德为理由，召他回国。郑襄公又前往楚国，谋划如何对付晋国。

楚庄王想联合齐国对抗晋国，就派大夫申舟（即文之无畏）到齐国聘问，途中要经过宋国。楚庄王说："不必向宋国请求借道，直接过去就是。"同时又派公子冯到晋国聘问，也不向郑国借道。

鲁文公十年时，宋昭公引导楚王在孟诸打猎，申舟因为宋昭公违命而鞭挞他的仆人，因而得罪了宋国。此时，申舟便对楚庄王说："郑国人通情达理，可宋国人不明事理。出使晋国的使者不向郑国借道，不会受到郑国的伤害，而我必然会被宋国人杀害。"

楚庄王说："如果宋国人杀了你，我就发兵攻打他们。"申舟将儿子申犀托付给楚庄王后就出发了。

申舟到了宋国，宋国人果然把他抓了起来。宋卿华元说："经过我国，却又不请求借道，这是把我国当成了他们境内的县邑了。把我国当成县邑，与认为我国已经灭亡了有什么两样？杀了楚国的使者，楚国必然会讨伐我们，讨伐我们也不过就是亡国，无论怎样，都免不了亡国的命运。"于是就杀了申舟。

楚庄王听到这个消息，一挥袖子站了起来，向外走去，侍者追到前庭才送上鞋子，追到寝门之外才送上佩剑，追到王宫外的集市才让楚庄王坐上车子。

九月，楚庄王发兵攻打宋国。

次年春，宋国人派大夫乐婴齐到晋国告急，晋景公准备派兵援救，大夫伯宗劝阻说："不行，古人有句话说：'马鞭再长，也打不到马腹。'也就是说势力再大，也有达不到的地方。宋国与晋国之间隔着黄河、太行山，路途遥远，险阻重重，是晋国势力所不能达到的地方。如今上天

正保佑楚国，我们还不能与它争强。晋国即使再强大，又怎么能违背天意呢？俗话说‘高下在心’，意思是说处理事务，有高有低，灵活掌握，要靠心来度量裁决。江河湖泊总会容纳一些污物，山林草莽总要隐藏一些蛇虫，美玉隐有瑕疵，国君忍辱负重，也是上天之道。您还是等待一下吧！”晋景公于是停止了出兵。

晋国派大夫解扬前往宋国，劝告他们不要投降楚国，并让他对宋国人说：“晋国军队已经全部出发，并且马上就要到了。”可是在解扬路过郑国时，郑国人把他抓住交给了楚国。

楚庄王送了解扬很多钱财，让他讲出与其使命意思相反的话，也就是要他告诉宋国，晋国不会派兵前来援救。解扬不同意，楚庄王劝说了三次，他才答应。于是让解扬登上楼车[1]，向宋国人喊话，但解扬却趁机将晋景公要求宋国坚守勿降，晋国救兵将至的话告诉了宋国人。

楚庄王准备杀掉解扬，派人告诉他：“你既然已经答应了我，却又食言，这是为什么？不是我不讲信用，而是你自己背弃了诺言。快去接受对你的惩罚吧！”

解扬回答说："我听说，国君制定命令是义，臣子完成使命是信。用臣子的信去奉行国君的义，才有利于国家利益。谋划不违背国家利益，以此保卫江山社稷，这才是百姓的主人。如果要行义，就不能对敌我双方都守信；如果要守信，就不能执行敌我双方的命令。君王您贿赂我，就说明您不明白信无二用的道理。我接受国君的命令出使，宁死也不能背弃君命，又怎么能被一点点贿赂收买呢？我之所以答应您，是为了完成我国国君交付的使命。虽死而能够完成君命，这也是我的福分。国君有了守信的臣子，臣子为了完成使命而死，还有什么更值得追求的呢？"楚庄王听了这番话，就放他回国了。

五月，楚军准备离开宋国。申舟的儿子申犀跪在楚庄王马前叩头说："父亲是宁死也不愿意废弃君王命令的，但君王现在却说话不算数了。"庄王无言以对。

此时，申叔时正为楚庄王驾车，他说："在此建造营户[2]，让种田人都回来，这样宋国人必然会俯首听命。"庄王采纳了这一建议。

宋国人果然害怕了，派华元在夜间来到楚军营地，径直走到子反床前，把他喊醒，说："我国国君特地派我来，把我们的困难告诉你。他让我说：'现在都城内的人们都在交换儿子吃，把尸骨当柴烧。但即使如此，我们宁可国家灭亡，也不能接受贵国提出的城下之盟。但只要贵国军队后撤三十里，我们宋国就一切听从你们调遣。'"

子反也有些害怕，就和他私下订立了盟约，并报告了楚庄王。于是楚军后退三十里，宋国也终于服从了楚国，派华元到楚国作人质。两国盟誓说："从今以后，我不欺骗你，你也不欺骗我。"

这时，中原诸侯中，鲁、宋、郑、陈等国都已归附楚国，楚庄王的霸业可以说就此确立了。

相关链接

〔1〕楼车：古代战车。上有瞭望楼，用以探察敌情。

〔2〕营户：古时将所俘获民户分配各地，从事耕种、畜牧、手工业等劳动，归军队管辖，称"营户"。

狄人的衰亡

散处在中原各国之间的狄人，主要分为赤狄、白狄、长狄，且以赤狄势力最强。春秋中期，鲁国消灭长狄，晋国收附白狄并大败赤狄。狄人自此走上衰亡。

狄人散处在中原各诸侯国之间，有自己的部族和文化。狄人主要分赤狄、白狄、长狄，其中赤狄最强，白狄、长狄都服从赤狄。狄人强大时，常常侵略邻近的诸侯国，对它们产生很大的威胁，甚至危及国家的存亡。

鲁文公十一年，长狄侵犯齐国，随后又入侵鲁国。鲁文公命令叔孙得臣迎战，战前进行了占卜，结果很吉利，于是就让侯叔夏为叔孙得臣驾驭战车，绵房甥担任车右，富父终甥担任驷乘（战车一般坐三人，这里则坐四个人，第四人为驷乘）。十月初三，鲁军在咸地打败了狄军，并俘获了长狄的酋长[1]侨如。富父终甥用戈刺侨如的咽喉，把他杀了，把他的头埋在鲁国外城子驹之门的下面。长狄就此灭亡。

鲁宣公八年，白狄与晋国讲和。十一年，晋大夫冀缺向白狄各部表示友好，而这些白狄部落也都怨恨赤狄的役使，于是就打算归附晋国。当年秋，晋国和这些白狄在狄地欑函会盟，白狄顺服了晋国。

长狄、白狄不再对中原各国产生威胁，而赤狄仍然很强。早在鲁宣公六年秋，赤狄就攻打晋国，包围了怀以及邢丘。第二年，赤狄又侵略晋国，夺取了向阴一带的谷子。

赤狄包围怀和邢丘时，晋成公准备发兵讨伐，荀林父阻止了他，说："让他继续为了征战而加重赋税徭役，让他恶贯满盈。到那时，再一举歼灭他。《周书》说'殪戎殷（灭了大国商）'，就是类似的事情。"

晋国在邲之战中败给楚国后，晋大夫先縠害怕被追究责任，于是就勾引赤狄来攻打晋国。赤狄也欺负晋国新败，就在邲之战的次年，也即鲁宣公十三年的秋天，出兵攻打晋国，打到了清原。

是年冬，晋国人追究邲之战的失利与赤狄攻到清原的责任，归罪于先縠，把他杀了，还把他的族人也全部杀掉了。君子认为，"祸患的到来，是他自己招致的"，说的大概就是先縠吧。

赤狄潞氏的国君潞子婴儿的夫人，是晋景公的姐姐。鲁宣公十五年，潞国[2]执政大臣酆舒把她杀了，还弄坏了潞子的眼睛。晋景公准备攻打潞国，可是大夫们劝阻说："不行。因为酆舒有三种超人的才艺，不如等他死后再说。"

大夫伯宗说："一定要讨伐他，因为狄人有五大罪状，超人的技艺虽然多，又有什么用？不祭祖先，是第一罪；嗜酒过度，是第二罪；废弃贤人仲章并夺取黎国[3]的土地，是第三罪；杀害我国景公的姐姐伯姬，是第四罪；伤其君主潞子婴儿的眼睛，是第五罪。酆舒依仗自己的才干而不修美德，这就更加重了他的罪过。将来他的后任也许会推行德政讲求仁义，以侍奉神灵，安定百姓，这样就会巩固其国家，到那时又怎么对付它呢？现在不讨伐有罪过的人，却说'等到以后再对付，以后会有理由讨伐'，恐怕不行吧？依仗个人的才干，或是依仗人多势众，因而无所顾忌，是灭亡的道路。商纣王就是这样做的，所以灭亡了。天气与季节相违背则为灾害，物产与常规相违背则为妖怪，百姓背弃道德则为动乱，动乱一旦发生，则灾害和妖怪也会随之出现。因此在文字上，把“正”字倒写，便成了“乏”字（指先秦文字的写法，与现在的情况不同）。上述这些现象，狄人那里都出现了。”

晋景公听从了伯宗的建议。六月十八日，晋国的荀林父在曲梁[4]打败了赤狄，然后灭掉潞国，还把潞子婴儿作为俘虏带了回来。酆舒逃往卫国，卫国人抓住他后送给了晋国，晋国人将他杀了。在这次战役中，晋国还抓住了过去长狄酋长侨如的弟弟焚如。

晋景公将狄人的奴隶一千户赏给荀林父，又把瓜衍县赏给了士贞子，并对士贞子说：“我得到狄人的土地，也是你的功劳。因为如果不是你的劝谏，我也就会失去荀林父了。”当初，荀林父作为中军统帅在邲之战战败，回来请罪，晋景公想把他杀了，多亏士贞子劝谏才没有杀。

鲁宣公十六年春，晋国的士会又率领军队灭了赤狄的甲氏、留吁、铎辰三个部落，然后向周王室献上俘虏的赤狄人。鲁成公三年秋，晋国的郤克又会同卫国孙良夫讨伐赤狄的残余，攻打廧咎如，廧咎如的狄人一触即溃，因为他们的领袖早已失去了民心。

○ 品画鉴宝

蟠蛇纹盘（春秋） 此盘方唇，浅腹，下设三个兽首矮蹄足。腹饰精细规整的变形蟠蛇纹。

相关链接

〔1〕酋长：少数民族等部落的首领。

〔2〕潞国：春秋赤狄潞氏所建。在今山西潞城东北。

〔3〕黎国：《左传·宣公十五年》：“（宗伯说）‘弃仲章而夺黎氏地，三也。’”杜注：“黎氏，黎侯国，上党壶关县有黎亭。”古壶关在今山西长治东南。

〔4〕曲梁：春秋赤狄地。在今河北永年。

公孙归父亡齐

公孙归父是襄仲的儿子。鲁宣公死后，三桓追究襄仲当年的罪行，将他的家族从鲁国驱逐了出去。公孙归父被迫逃亡齐国。

公孙归父的父亲襄仲当年曾拥立鲁宣公，因而他很受宣公的宠爱。鲁宣公十四年冬，公孙归父在谷地和齐顷公会盟，见到了晏婴的父亲晏桓子，晏桓子和他谈到了鲁国的事，他在鲁国受宠，所以就非常高兴。晏桓子告诉齐国的高固说："公孙归父恐怕会要逃亡吧！他太沉溺于国君的宠爱了，沉溺于宠爱就会产生贪求心，有了贪求心就必然会去算计别人。他算计别人，别人同样会算计他。如果都城的人都来算计他，他怎么可能不逃跑呢？"

鲁宣公十八年，公孙归父想要铲除鲁桓公的后人，即仲孙、叔孙、季孙三家，以扩张公室的权力。他和宣公策划妥当后，就到晋国聘问，准备借助晋国人的力量铲除三桓，加强公室。

谁想到，当年冬天鲁宣公就去世了。季文子在朝廷上说："当年鲁文公死后，杀死太子而立庶子为国君，以致诸侯非难，使我国孤立无援的人，就是襄仲啊！"

臧文仲的儿子臧宣叔听到这话，非常生气，说："当时不治襄仲的罪，现在又说这样的话，他的后代有什么罪？如果你想把他铲除，我请求就由我来执行吧。"于是就把襄仲的家族东门氏驱逐出了鲁国。

公孙归父从晋国返回，走到笙地时，听到宣公去世和家族被逐的消息，便筑起一座祭坛，用布把它围住，设置好宣公的灵位，准备祭祀。途中，公孙归父请他的副手回国后代自己向国君复命，随后脱去左边的上衣，露出内衣，用麻绳束起头发，站在举行葬礼时自己应站的位置上痛哭，一连顿足[1]三次才出来。然后就逃亡到了齐国。

相关链接

〔1〕顿足：以脚跺地。形容十分着急或极度悲痛。

齐晋鞌之战

成公二年，齐军攻鲁，卫助鲁抗齐。鲁、卫皆败，求救于晋。晋出兵伐齐，与战于樵，齐师败绩。

鲁国总是受到齐国的侵略，一直很想报仇。鲁宣公十八年夏，宣公派使者到楚国请求支援，想和楚国联合攻打齐国。楚国本来已经答应了，正要出师，不巧楚庄王去世，所以就中止了。楚国不能出兵，鲁国又转而与晋国联络，想依靠晋国的军队讨伐齐国。

齐国怀恨鲁国，就去和楚国联合，打算一起伐鲁抗晋。次年（鲁成公元年），鲁国听说了齐国将要联合楚国共同进攻的消息，于是就在夏天由臧宣叔和晋景公在赤棘结盟。

冬天，臧宣叔命令筹备军费、修治城郭，完成防御守备的工作。他说："齐国和楚国结成友好，我国则新近与晋国订立盟约。一旦晋国和楚国争夺盟主，齐国的军队必然前来攻打我们。即使晋国会攻打齐国，但楚国必然会支援它，这实际上是齐、楚两国一起对付我们。预先考虑灾难而有所防备的话，灾难就能够消除。"

鲁成公二年春，齐顷公率军攻打鲁国北部边境，包围了龙这个地方。齐顷公的宠臣卢蒲就魁攻打城门，龙地的人把他抓住，囚禁了起来。齐顷公说："不要杀他，我跟你们结盟，不进入你们的边境。"龙地的人不听，把卢蒲就魁杀了，陈尸城上。齐顷公大怒，亲自击鼓，兵士们奋力登上城墙。经过三天时间，占领了龙地，接着向南进攻，一直到达巢丘〔1〕。

卫穆公为了解救鲁国，派遣孙良夫、石稷、宁相、向禽将攻打齐国，与齐国的军队在齐卫两国的边境相遇。石稷想要回去，孙良夫说："不可以。率领军队攻打别人，遇上敌人就回去，回去怎么向国君交代呢？如果确实知道自己不能与敌人交战，那就不如不出兵。现在既然和敌军相遇，不如一战！"

四月，孙良夫率军与齐国的军队在新筑〔2〕交战，卫军战败。石稷对孙良夫说："军队战败了，你如果不在这儿稍稍停留，挡住敌人进攻的话，全军可能就会因为惧怕而覆没。你失去了军队，要如何向君主复命？"

孙良夫等人都不回答，因为都不愿留下来拒敌。石稷又说："你是国家的大臣，你牺牲了，是国家的耻辱。你带着军队撤退，我在这里留守。”同时，石稷通报全军，说来援的兵车很多，以鼓舞士气。齐国的军队遇到石稷阻击，这才停止了追赶，在鞫居驻扎下来。新筑大夫仲叔于奚救了孙良夫，孙良夫因此而幸免于难。

孙良夫从新筑回来，但没有进入都城，就直接到晋国去，向晋景公请求晋国出兵。这时，鲁国的臧宣叔也到晋国请求救兵。两人都走郤克的门路，因为郤克当时是晋国的执政，而且又受过齐顷公母亲萧同叔子的侮辱，与齐国有仇。晋景公答应派出七百辆战车，郤克说：“这只相当于城濮之战时我国所花的军费。当时，靠的是先君文公的英明和先大夫们的果断，所以才能够取得胜利。我和先大夫们相比，连做他们仆人的资格都没有。我请求君王发八百辆战车。”

晋景公答应了。于是由郤克率领中军，士燮辅佐上军，栾书率领下军，韩厥担任司马，前去救援鲁国和卫国。臧宣叔迎接晋军，同时当晋军的向导，为他们带路。鲁国的季孙行父率领军队和他们会合。

军队到达卫国境内时，韩厥要将一个人斩首，郤克急忙驾车赶去，打算营救那个人。等他赶到时，那个人已经被杀了。郤克马上下令将尸体在全军示众，并对他的御者说：“我这样做，是为了分担别人对韩厥的指责。”

晋、鲁联军在莘这个地方追上了得胜回国的齐军。六月十六日，双方军队在靡笄山[3]下列阵。齐顷公派使者请战，说：“你带领你们国君的军队光临敝国，虽然敝国的军队不是很强，也请在明天早晨和贵军见一高下。”

郤克回答说：“晋国同鲁、卫两国是兄弟之国，他们告诉我们说：‘齐国不分早晚都在敝邑的土地上发泄怨气。’我们的国君不忍心他们两国受此欺负，派臣等前来向大国请求稍微收敛一些，但是也不会让我军在贵国长久停留的。我们只有前进，没有后退，您既然有命，我们是不敢违背的。”于是接受了齐顷公的挑战。

齐顷公说：“你答应决战，这正是我的愿望；如果你不允许的话，我们还是要在战场上相见的。”表示无论晋军是什么态度，齐军已经是打定主意一战了。

此时，齐国的高固闯入晋军，拿起石头砸向战车上的晋国士兵，并且将晋国士兵抓住，然后登上对方的战车。他还把桑树连根拔起，系在

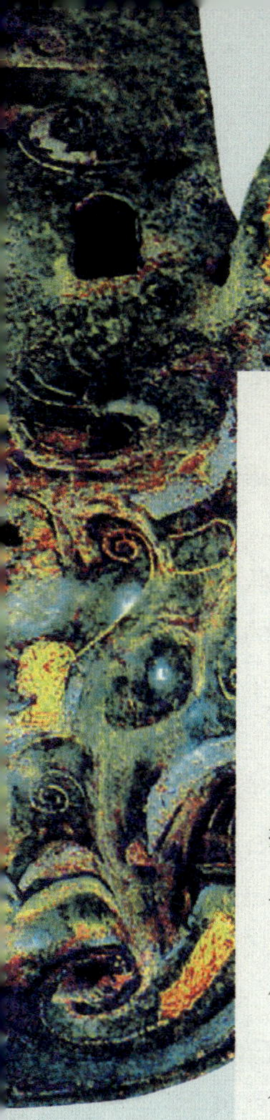

车上，回到齐营巡行说："需要勇气的人可以来买我剩下的勇气！"

十七日，双方大军在齐国的鞌[4]地摆开阵势。邴夏为齐顷公驾车，逢丑父做他的车右。晋国的解张为郤克驾车，郑丘缓为车右。齐顷公说："我姑且消灭了这些人再吃早饭。"说完，没有给自己的马披甲就冲向晋军。

郤克被箭射伤，血流到鞋子上，但还是没有停止擂鼓，只是说："我受伤了！"

解张说："刚一开始接战，就有一支箭射穿了我的手和肘，我折断了露在外面的箭枝继续驾车，左边车轮被染成了黑红色。我哪里敢说受伤？你还是忍着点吧！"

郑丘缓说："从开始接战以后，一旦遇到危险，我就下去推车，你难道不知道吗？不过你确实是受伤了！"

解张说："军队的耳朵和眼睛，就在于我们车上的旗子和鼓，整个军队的前进和后退都要靠它们来指挥。这辆车子只要有一个人坐镇，战斗就可以胜利。怎么能为了一个人的痛苦而败坏国君的大事呢？身上穿着盔甲，手里拿着武器，本来就是去死的，痛苦还没有到死的程度，你还是尽力而为吧！"于是就用左手单手持辔，右手拿着鼓捶擂鼓。由于只用一只手控制马的缘故，战马开始不受控制，一直跑个不停，结果全军也跟着他向前冲锋。

齐国的军队大败。晋军追赶齐军，一直绕华不注山追了三圈。

韩厥前一天晚上梦见他的父亲子舆对自己说："明天不要站在战车的左右两侧。"因此韩厥从开始战斗就一直站在中间驾驭战车追赶齐顷公。邴夏对齐顷公说："快射那位驾车的人，看神态他是君子。"齐顷公说："既然认为他是君子，却要去射他，这不合乎礼法。"于是便射车左，车左死了，坠落车下；再射车右，车右也死了，倒在车里。

晋国大夫綦毋张损失了战车，他追上韩厥，对韩厥说："请允许我搭乘你的战车。"上车后，綦毋张准备站立在左边或右边，韩厥都用肘推他，让他站在身后。

韩厥弯下身子，去把车右的尸体放稳，逢丑父和齐顷公趁机互相调换了位置。在将要到达华泉[5]的时候，两旁的马被树木挂住，战车停了下来。头几天，逢丑父睡在车里，有一条毒蛇爬到他的身子下边，他用小臂去打蛇，结果小臂受了伤，但是他为了不影响参战而隐瞒了这件事。这时，他因为手臂有伤不能推车，所以被韩厥追上。

韩厥拿着马鞭走到齐顷公面前，拜了两拜，又跪下叩头，然后捧着酒杯和玉璧献上，说："我们的国君派臣等为鲁、卫两国向您请求，对我们说：'不要让晋国军队进入齐国的领地。'臣下不幸，正好在军队里面服役，不能够逃脱责任，而且也怕自己的逃避会成为两位国君的耻辱。臣下勉强充当了一名战士，冒昧地以愚拙的才干，承担起因人手缺乏而不得不承担的责任。"意思是要俘虏齐顷公。

逢丑父这时冒充齐顷公，故意很不客气地命令齐顷公下车去华泉取水。这时，郑周父驾驭副车赶来，载上齐顷公逃走，才使他免于被俘。

韩厥献上逢丑父，郤克打算杀他，逢丑父喊道："到现在为止还没有代替国君受难的人，现在有一个在这里了，将要面临被杀死的命运吗？"

郤克说："这个人不怕以自己的死来使国君免于祸难，我若杀了他，是不吉利的事情。若赦免了他，还可以勉励侍奉国君的人。"于是就赦免了逢丑父。

齐顷公逃脱以后，到处寻找逢丑父，在晋军中三次冲进去，又三次冲出来。每次出来的时候，齐军都簇拥着保护他。而当他进入晋国友军狄人的军队时，狄人的士兵也都抽出戈和盾来保护他。进入晋国友军卫国的军队时，卫军士兵对他也不加伤害。

齐顷公返回时经过徐关[6]，看到守卫的士兵，就对他们说："你们努力吧！齐军战败了！"

齐顷公车子的前驱驱赶行人，其中有一个女子，她问："我们的国君免于祸难了吗？"前驱回答说："幸免了。"又问："辟司徒免于祸难了吗？"说："幸免了。"她接着说："如果国君和我的父亲都免于祸难了，还要怎么样呢？"说完就跑开了。齐顷公认为她很懂得礼仪，不久后得知她是辟司徒的妻子，于是就赐给辟司徒一块地方作为封地。

晋军一直在后追赶齐军，从丘舆进入齐国，攻打到马陉。

齐顷公派遣宾媚人拿着纪国的甗、玉磬，再加上齐国的土地，去贿赂郤克，并说：“如果晋国人还不同意讲和，那就随他们的便了。”

宾媚人送上贿赂，郤克不肯接受，说：“一定要让萧同叔子作人质，同时把齐国境内的田垄全部改为东西向。”晋国在齐国的西面，如果齐国的田垄都是东西向的，那么大路也会随之东西向，就会方便晋国进军，所以晋国把这当作谈判的一个条件。

宾媚人回答说：“萧同叔子不是别人，是敝国国君的母亲。如果从对等地位来说，那也就是晋国国君的母亲。您向诸侯发布重大的命令，却说一定要让人家以母亲作人质来昭示信用，您又打算怎么对待周王的命令呢？而且这种做法本身就是用不孝来号令诸侯。《诗经》中说：‘孝子的孝心没有穷尽，永远可以感染你的同类。’如果您用不孝来号令诸侯，这恐怕不符合道德的准则吧？先王对天下的土地划定疆界、分别地理，因地制宜，按照土地的情况来种植适宜生长的作物，以获取利益。所以《诗经》中才会说：‘我划定疆界、分别地理，南北向或者东西向开辟田亩。’现在您让诸侯划定疆界、分别地理，反而只说什么‘田垄全部东西向’，不顾地势是否适宜，只管自己兵车的方便，这恐怕不合先王的遗命吧？违反先王的遗命就是不符合道义，怎么能够担当盟主？

“而且晋国恐怕的确是有过失吧？四王统一天下，靠的是树立德行并满足诸侯的共同要求；五霸领袖诸侯，凭的是以自己的勤劳来安抚诸侯，使大家唯天子的命令是从。现在您希望做诸侯的盟主，却是为了满足自己永远没有止境的贪欲。《诗经》中说：‘政策的推行宽大而舒缓，各种利益都将积聚起来。’是您确实不够宽大，以致丢弃了各种利益，诸侯又有什么错误呢？

“如果您不肯答应讲和，我们的国君就让我这个使臣这样交代：‘您带领你们国君的军队光临我们的国家，我们的国家用微不足道的财富，来犒劳您的随从。因为害怕你们国君的威严，我们的军队打了败仗。如果您能赐福给齐国，不灭亡我们的国家，让我们和贵国继续保持过去的友好关系，那么先君所留下的破旧器物和土地，我们是不敢吝惜的。但是您如果不肯允许的话，我们就请求收集我们的残兵败将，背靠我们自己的城墙和您决一死战。如果我们国家有幸战胜，也依然会听从贵国的命令；如果不幸而再度战败，那就更不敢不服从贵国的命令了。’”

鲁国、卫国的人都劝郤克说：“齐国已经开始怨恨我们了。他们在这次战役中死去的和溃散的，都是齐国国君的宗族亲戚。你如果不肯答应，他们必然会更加仇恨我们。如今，即使是你，还有什么可要求的？你得到了他们的国宝，我们也得到了土地，祸难又得以缓解，这荣耀也就够多的了。齐国和晋国都是由上天所保佑的，难道一定只会保佑晋国一国取胜吗？”

郤克答应了，回答说：“臣等率领战车，目的就是为鲁、卫两国请命。如果有理由可以向我们的国君复命，这就是你们的恩惠了。我怎么敢不满足你们的请求呢？”

鲁国的大夫禽郑到军中去迎接鲁成公的归来。七月，晋国军队和齐国的宾媚人在爰娄订立了盟约，让齐国人把汶阳[7]的土地归还给鲁国。鲁成公在上鄍会见了晋军，赐给晋军的三军主帅郤克、士燮和栾书先路三命车服，另外司马、司空、舆帅、候正、亚旅等人也都赐给一命车服。

晋国军队回国，士燮最后才进入国都。他的父亲士会说：“你不知道我在盼望你早点回来吗？”士燮说：“出兵有了功劳，国都的人都高兴地迎接我们。如果先回来，一定会受到注意，这不是要代替主帅接受殊荣吗？所以我不敢先进国都。”士会说：“你这样谦让，我认为可以免于祸害了。”

郤克觐见晋景公，晋景公说：“这是你的功劳啊！”郤克回答说：“这是君王您的教导，以及将士们的功劳，我有什么功劳呢？”

士燮觐见晋景公，晋景公用同样的话慰劳他。士燮回答说：“都是靠听从荀庚的教导（荀庚是荀林父的儿子，此时担任上军统帅，但这次没有出征，所以上军由士燮代为指挥），以及郤克指挥的结果，我有什么功劳呢？”

栾书觐见，晋景公也一样慰劳他。栾书问答说：“这是上军的士燮指挥得好，我们下军的士兵又听从命令，我有什么功劳呢？”

晋景公派遣巩朔到成周去进献齐国的俘虏。周定王不肯接见，派单襄公辞谢，说：“蛮夷戎狄不遵奉周天子的命令，沉迷于酒色，败坏天子的制度，天子下令讨伐他，才有了进献俘虏的礼仪。天子亲自接受进献，表示对将士的慰劳，目的是用这种方式来惩罚不敬，奖励有功。如果是与天子同姓的兄弟国家，或是异姓的甥舅国家，因为破坏了天子的法度，天子下令讨伐他们取得胜利时，不过是派人来王室报告一下战争胜利的消息罢了，不应进献俘虏，来表示与诸侯的亲近，同时禁止奸恶。现在叔父能够成功，在齐国建立了功勋，没有派遣一个接受天子任命的卿来问候王室，而派遣巩朔这样没有在周王室中担任职务的人，又违背了先王的礼制。我虽然想接见巩朔，但是又不敢废弃过去的典章制度来羞辱叔父。齐国，和我们王室是甥舅关系，而且是姜太公的后代，叔父攻打它，难道是因为齐国放纵私欲而触怒了叔父，还是齐国已经无可劝谏不听教诲了呢？”巩朔不能回答。

周定王把接待巩朔的事情委任给三公，让他们按侯伯战胜敌国时，派大夫向天子告捷而应受的礼节对待巩朔，比接待卿的礼节低一级。周定王和巩朔一起饮宴，私下送给他财礼，并且让主持礼仪的人告诉他说：“这种接待不合乎礼制，不要载入史册。”

齐国与晋国讲和，又恢复了友好。第二年冬天，齐顷公到晋国朝见，将要举行授玉的礼仪时，郤克快步走进来，对齐顷公说：“您这一趟来访，是为了对上次贵国的妇人嗤笑小臣一事表示道歉的吧？我们的国君可不敢当呀！”

晋景公设宴招待齐顷公。宴会中，齐顷公一直盯着韩厥看。韩厥说：“君王认识我吗？”齐顷公说：“服饰变了。”韩厥登上台阶，举起酒爵说：“臣当初之所以拼死追赶君王，就是为了两位国君现在能在这里饮宴和好啊！”

这一年十二月的时候，晋国又恢复了六军军制。由于每军各有正、副帅一人，都是卿，这样一来就增加了六个卿的位置。于是把韩厥、赵括、巩朔、韩穿、荀骓、赵旃都提升为卿，以奖励他们在鞌之战中立下的功勋。

相关链接

〔1〕巢丘：春秋鲁地。在今山东泰安境内。

〔2〕新筑：春秋卫地。在今河北魏县南。

〔3〕靡笄山：古山名。即今山东济南东南的历山。或说为今济南东北的华不注山。

〔4〕鞌：在今山东济南。春秋为齐邑。

〔5〕华泉：古泉名。在今山东济南东北的华不注山下。

〔6〕徐关：古地名。在今山东临淄西南。爰娄在今临淄西。

〔7〕汶阳：春秋鲁地。在今山东泰安西南。因位于汶水之阳而得名。

楚归晋知蓥

楚国归还晋国俘虏知罃，楚共公非要问他将来如何报答这份恩情。知罃大义凛然，表示了自己对晋国的不二之心。共王不由肃然起敬。

知罃即晋卿荀首的儿子荀罃，因家族封于知地，所以又称知罃。在晋、楚邲之战中，晋军战败撤退，知罃被楚国人俘虏。荀首一向很疼爱这个儿子，见到知罃被俘，立即掉转车头，率领部属攻打追兵，获得了连尹襄老的尸体，俘虏了楚庄王之子谷臣，准备用他们来交换自己的儿子。

鲁成公三年夏，晋国人归还了公子谷臣和连尹襄老的尸体。这时，荀首正担任晋中军副帅，地位很高，所以楚国人为了讨好他，也不反对把知罃送回。楚共王送别知罃时，问："你怨恨我吗？"

知罃回答说："两国交战，我没有才能，不能胜任自己的职务，所以做了俘虏。您的左右手下没有把我杀掉用来祭鼓[1]，让我能回国接受惩罚，这是君王您对我的恩惠。我实在是没有才能，又敢怨恨谁呢？"

楚共王说："那么，你感激我吗？"

知罃回答说："如今两国的举措，都是为各自的国家打算，希望让百姓过上安宁的生活。两国之人各自抑制自己的愤怒，互相寻求谅解。两边释放被俘的囚犯，以重续友好的关系。两国重续友好，我不曾参与谋划，又能感激谁呢？"

楚共王说："你回去，将用什么来报答我？"

知罃回答说："我无所怨恨，您也不受感激。没有怨恨，没有感激，所以不知道该报答什么。"

楚共王说："尽管这样，还是请把你的想法告诉我。"

知罃回答说："托您的洪福，罪臣我能够带着这把骨头回到晋国。我们的国君如果把我杀掉，我死了也能不朽。如果承蒙您的恩惠后，我国国君又能赦免我，将我赐给我的父亲荀首，而我父亲荀首向我们国君请求，将我在自己的宗庙中处死，我也能死而不朽了。如果我们的国君不让处死我，而让我继承家长的地位，并论资排辈参预晋国的政事，率领一部分军队守卫边境，那时即使遇到您的官吏，我也不敢违背礼义，只有竭尽全力拼死作战，不敢有第二个念头，以尽到为臣的职责，这就是我所能报答于您的。"

楚共公说："看来现在还不能够与晋国争衡啊。"于是给知罃准备了很重的礼物，然后将他送了回去。

知罃在楚国的时候，有个郑国的商人打算把他藏在大口袋里带出楚国。已经商量好，但还没有行动，楚国人就把他送回晋国了。后来这个商人到了晋国，知罃待他很好，就像他真的曾把自己救出来一样。商人说："我并没有这样的功劳，怎敢接受这样的报答呢？我是个小人，不能够这样来欺骗一个君子。"于是就到齐国去了。

相关链接

〔1〕祭鼓：即衅鼓。《左传·成公三年》："执事不以衅鼓，使归即戮，君之惠也。"杜注："以血涂鼓为衅鼓。"

栾书从善如流

栾书善于听取别人正确的意见，因而在军事上能够做到进退有方、功勋卓著。人们据此称赞他，说他是一个“从善如流”的人。

鲁成公六年秋，楚共王因为郑国依附晋国，而出兵讨伐郑国。冬天，晋国栾书率军救援郑国，与楚军在绕角[1]相遇。楚军撤退，晋军就顺便去袭击蔡国。楚国的公子申、公子成带领申地、息地的军队救援蔡国，在桑隧抵御晋军。

赵同、赵括想要出战，向栾书请示。栾书开始打算答应，但是荀首、士燮、韩厥进谏说：“不可以。我们前来救援郑国，楚军离开我们退走了，我们才到了这里。这实际上是把杀戮挪到别人的头上。杀戮无休无止，并且再次激怒楚军，这样的战斗肯定不能赢得胜利。即使能够战胜，也不能算是一件好事。我们整顿大军出国，仅仅打败楚国两个县的部队，有什么光彩可言呢？如果不能打败他们，那么我们受到的耻辱就更大了，还不如回去算了。”于是晋军就回国了。

当时，军官中想要作战的人很多。有人对栾书说：“圣人的愿望和大众相同，因而可以成事，您何不听从大众的意见呢？您是执政大臣，应该斟酌百姓的意见办事。在您的十一个辅佐者中，不想作战的仅仅是三个人而已，想要作战的人可以说是多数。《商书》说：‘如果有三个人占卜，那就服从两个人的。’这是因为两个人是三个人中的多数的缘故。”

栾书说：“只有同样都是善的，才听从多数。有了善，大众就会跟从。现在有三位大臣持同一主张，也可以算是大众了。我依从他们，不也是可以的吗？”

鲁成公八年，栾书因为前年侵蔡无功而返，这次又率领军队攻打蔡国，接着又侵袭楚国，俘获了楚大夫申骊。两年前，楚军在绕角撤退的时候，晋国趁机侵袭沈国[2]，俘虏了沈子揖初，这是栾书听从了荀首、士燮、韩厥等人意见的结果。君子评论说：“从善如流，就应该这样啊！”

相关链接

〔1〕绕角：春秋郑地。在今河南确山东南。桑隧在确山东。

〔2〕沈国：西周文王之子季载的封国。在今河南平舆北。公元前506年灭于蔡。

晋景公诛赵氏

赵婴和赵庄姬私通，赵同、赵括将他放逐到了齐国。庄姬便在晋景公面前诬告二人谋反。景公于是诛杀了赵同、赵括及其族人。

鲁成公五年春，赵同、赵括因为赵盾的弟弟赵婴与赵盾的儿媳妇赵庄姬私通，于是准备把赵婴放逐到齐国。赵婴对他们说："有我在晋国，所以栾氏等人才不敢来作乱。如果把我放逐，两位兄长恐怕就有忧患了。而且人们都有所能，也有所不能，赦免我对你们又有什么坏处呢？"但是赵同、赵括不听。

赵婴梦见上天派来的神灵对自己说："你如果祭祀我，我就将降福给你。"

赵婴派人向士贞伯询问。士贞伯说："不知道这是什么意思。"但是不久又私下告诉那个人说："神灵只给仁爱的人降福，而给淫乱的人降祸；淫乱而没有受到惩罚，这就是有福了。如果他祭祀神灵，恐怕会被放逐吧？"赵婴不听，祭祀了那个神灵，结果第二天就被放逐到了齐国。

鲁成公八年，赵庄姬因为赵婴被放逐，就在晋景公面前诬陷说："赵同、赵括将要作乱。"栾书和郤克则为她作证。六月，晋景公诛杀了赵同、赵括及其族人，把赵氏的土地赐给了祁奚。

赵朔和庄姬的儿子赵武[1]跟随赵庄姬住在舅舅晋景公的宫殿里。韩厥对晋景公说："以赵衰的功勋，赵盾的忠诚，结果都没有了继承他们爵位的后代，后世做好事的人恐怕都要害怕了。夏、商、周三代的王，都能够几百年保持天子的地位，他们中难道就没有邪恶之人吗？这是靠他们祖先的贤明，才得以免除祸害。《周书》说：'不敢欺侮鳏夫寡妇。'就是用这样的做法来宣扬道德。"于是晋景公就立赵武为赵氏继承人，并把赵氏的土地赐还给他。

相关链接

〔1〕赵武：公元前597—前541年，又称赵孟。即赵氏孤儿。赵朔之子，赵盾之孙，春秋时代晋国大夫。谥号"文子"。

钟仪南冠而絷

郑国把楚国俘虏钟仪献给了晋景公，大夫范文子认为他是个讲究仁义的君子。景公便放他回去，让他促进晋、楚之间的和平友好。

鲁成公七年秋，楚令尹子重率军攻打郑国，没想到反被郑军包围。郑国人抓住了楚将郧公钟仪，并把他献给了前来救援的晋景公。晋景公带着钟仪回国，把他囚禁在军用仓库里。

过了两年，有一次晋景公视察军用仓库，见到钟仪，问看管的人说："那个戴着南方人的帽子被囚禁的人是谁？"官吏回答说："是郑国人所献的楚国俘虏。"晋景公让人把他放出来，召见他，并且慰问他。

钟仪拜了两拜，跪下叩头。晋景公问他祖上做过什么官，他回答说："是乐官。"

晋景公问："你能够奏乐吗？"

钟仪回答说："这是我的先人所掌管的职责，岂敢从事其他的事业呢？"晋景公下令把琴给他，钟仪为他弹奏南方的曲调。

晋景公问："你们的君王怎么样？"

钟仪回答说："这不是小人所能知道的。"

晋景公再三问他，他回答说："当他做太子的时候，有师、保[1]等专职老师侍奉着他，他每天早晨向令尹子重请教，每天晚上又向司马子反请教。别的我就不知道了。"

晋景公把这件事告诉了范文子，范文子说："这个楚国的囚犯，是个君子啊！说话中举出先人的职官，这是不抛弃根本；奏乐奏家乡的曲调，这是不忘记故旧；举出楚君做太子时的事，这是表明他没有私心；直呼二卿的名字，这是尊重君王。不肯丢弃根本，这是仁；不忘记故旧，这是信；没有私心，这是忠；尊重君王，这是敏。用仁来处理事情，用信来保证它，用忠来成就它，用敏来推动它，哪怕是再大的事情，也必然能够成功。您何不放他回去，让他促成晋、楚之间的友好？"晋景公听从了范文子的话，对钟仪倍加礼遇，派他回去议和。

钟仪回去后，果然不辱使命。当年十二月，楚共王派公子辰到晋国来，回报钟仪的出使，向晋国请求恢复友好关系、缔结盟约。次年春天，晋景公又派大夫籴茷出使楚国，回报公子辰的访问，两国关系进一步融洽。

相关链接

〔1〕师、保：古时负责教导贵族子弟的专职官员。有师有保，合称“师保”。《礼记·文王世子》曰：“师也者，教之以事而喻诸德者也；保也者，慎其身以辅翼之而归诸道者也。”

莒子不修城郭

莒子朱认为自己国家地处偏僻，不会有人前来占领，所以尽管城墙破败，也根本不去修缮。楚国北上侵略，仅用了短短十二天的时间，就攻克了他们三座城池。

鲁成公八年，晋景公派申公巫臣出使吴国，途经莒国，向莒子朱借道。申公巫臣和莒子站在护城河边，申公巫臣说："城墙太破旧了。"

莒子说："我国偏僻孤陋，处在蛮夷之地，谁会打我们的主意呢？"

申公巫臣说："脑筋灵活，整天想着通过吞并小国来开辟疆土以利于社稷的人，哪个国家没有？正因为如此，大国的领土才会增加啊。关键还得看小国，是提高了警惕呢，还是放任不管？勇敢的人尚且会紧闭内外门窗，何况一个国家？"

才到第二年的十一月，楚令尹子重就率军从陈国出发，前来攻打莒国，包围了渠丘[1]。渠丘城墙破败，很快就被攻下了。众人溃散之后，逃亡到了莒城。初五，楚国的军队进入渠丘。

莒国人抓住了楚国的公子平。楚国人说："不要杀他，我们释放你们的俘虏。"但莒子还是把公子平杀了。于是楚国的军队包围了莒城，莒城的城墙也很破败，到了十七日就被攻破了，莒人溃败，楚国的军队接着进入了郓城[2]。这都是因为莒国没有设防的缘故。

君子评论说："倚仗简陋的设施而不设防备，这是罪中的大罪。防备意外，这是善中的大善。莒国凭仗它的简陋设施，而不去修缮城郭。短短十二天内，楚国攻克了它的三座城市，这是由于没有防备的缘故啊！《诗经》里说：'即使有了丝和麻，也不要丢掉菅[3]和蒯[4]；虽然有了美貌女，也不要丢掉黄脸婆。凡是君子，或缺此，或缺彼。'说的就是防备不可以有所松懈啊。"

相关链接

〔1〕渠丘：春秋莒邑。在今山东莒县。

〔2〕郓城：即郓邑。在今山东沂水北。本属鲁，后归莒，称"东郓"。西郓在今山东郓城东，公元前588年鲁成公所筑。

〔3〕菅：多年生草本植物。可用于造纸。

〔4〕蒯：多年生草本植物。可编席或造纸。

晋景公病入膏肓

晋景公得病，梦见一个大厉鬼追着他要替赵氏报仇，从此病情更加严重，以至于无药可治，最终应着巫师的预言而死。

鲁成公曾前往晋国访问，晋景公会见鲁成公时，态度很不恭敬。鲁大夫季孙行父说："晋景公将来肯定不能免于祸难。《诗经》里说：'要恭敬谨慎啊！上天光明普照，得到天命不容易啊！'晋景公是诸侯霸主，其命运决定于诸侯的向背，怎么能够不恭敬呢？"

鲁成公八年，晋景公诛杀了赵氏的族人。两年后景公生病，梦见一个大恶鬼，披散的长发拖到地上，捶胸跳跃，说："你杀了我的子孙，是不义，我报仇的请求已经得到天帝的允许了！"然后毁掉宫门，又毁掉寝门，走了进来。晋景公感到害怕，躲进了内室，鬼又追来毁掉了内室的门。

○ 品画鉴宝　圣迹图（明）　公元前479年，孔子病重，子贡拜见。

晋景公醒来以后，召见桑田的巫人询问，巫人所说的情形和景公梦中所见一样。晋景公问："怎么样？"巫人说："君王吃不到新收的麦子了！"

晋景公病重，到秦国寻求好医生。秦桓公派了个名叫缓的医生去给晋景公治病。医生还没有到达，晋景公又梦见疾病化作两个小孩子，一个说：“他是个良医，恐怕会伤害我们。往哪儿逃好？”另一个说：“我们呆在肓的上边，膏的下边[1]，他能把我们怎么样？”

医缓到达，为景公诊病后说：“您的病已经不能治了。在肓的上边，膏的下边，艾灸[2]不到，针够不着，药物的力量也到不了，不能治了。”

晋景公见缓诊断的结果与他所梦相同，说：“真是好医生啊！”于是馈赠丰厚的礼物，把他送回去了。

六月初六，晋景公想尝新麦，让甸人（负责农田的收获和时蔬野物的官）奉上新收的麦子，又让馈人（负责诸侯饮食的官）烹煮。做好后召见桑田巫人，把煮好的新麦饭给他看，以此证明他说景公吃不到新麦的预言是错的，然后杀了他。晋景公将要吃新麦饭的时候，肚子发胀去如厕，跌进粪坑就死了。有一个宦官早晨梦见背着晋景公登天，等到中午，他背着晋景公出厕所，大家于是用他作为殉葬。

相关链接

〔1〕膏、肓：膏，心下微脂；肓，鬲上薄膜。在中医学上，合称“膏肓”，指人体心鬲之间的重要部位。

〔2〕艾灸：用艾炷熏灸穴位。艾炷，又称“艾丸”，以艾绒制成的圆锥形灸治用物。

宋华元合晋楚

宋大臣华元与楚令尹子重、晋大夫栾书的关系很好，因而利用楚、晋关系有所缓和的时候，促成了两国的友好往来。但事隔不久，楚国就出兵北犯，盟约也成了一纸空文。

晋、楚两大诸侯国为了争霸连年用兵，国力消耗巨大，百姓疲敝，都希望能够和平，好获得修养生息的机会。鲁成公九年时，晋景公曾用厚礼释放楚国俘虏郧公钟仪，让他回去替两国修好。楚共王也想与晋国议和，听了钟仪的话，就派使者去晋国聘问，晋国也派使者回聘，晋、楚关系有所好转。

不久，晋景公患病去世。太子州蒲在景公病重时就已即位，是为厉公。此时，宋国的执政大臣华元和楚国的令尹子重关系很好，和晋国的栾书关系也很好，他听说楚国人和晋国人关系开始缓和，就想促成两国的和平。鲁成公十一年冬，华元到了楚国，又到了晋国，促成了晋、楚两国的友好关系。

由于华元的努力，鲁成公十二年五月，晋国的士燮与楚国的公子罢、许偃会盟。初四那天，他们在宋国的西门外盟誓，双方商定说："以后晋、楚两国，不要互相攻伐，要同心同德，有灾难互相救济，有危机互相救援。如果有人危害楚国，那晋国就攻打它；对晋国，楚国也是这样。两国使者来往，道路无阻，并协力共商，征讨背叛的国家。谁要是违背了这个盟约，神灵就要将他诛杀，使他的军队覆没，不能保存住自己的国家。"

晋厉公又在琐泽[1]与鲁成公、卫定公会盟，申明了与楚国的和议。郑成公也来到晋国听命，参与了琐泽的会盟。

两国订盟后，晋国又派郤至到楚国聘问，同时参与对盟约的监督。楚共王设宴招待他，子反作为相礼者，在地下室悬挂上乐器，打算演奏以助兴。郤至将要登堂时，听到下面击钟鸣乐，吃了一惊就退了出去。

子反说："时间不早了，我们的国君等着呢，您还是进去吧！"

郤至说："贵国国君没有忘记和我们先君的友好，恩惠施及我这个臣子，用隆重的礼仪来招待我，还加上金鼓乐器的演奏。如果上天赐福给我们，使我们两国的国君能够相见，那还能用什么更高规格的礼仪来代替这个呢？臣不敢入内。"

子反说："如果上天降福，我们的两国国君相见，也只能是用一支箭来相赠(意思是两国国君也只有在战争中才可能相见)，哪里还用得着奏乐？

○品画鉴宝

垂鳞纹壶（春秋） 此壶小圆口，敛颈，鼓腹，小平底。为盛酒用器。

我们的国君等着呢，您还是进去吧！”

郤至说：“如果用一支箭来相赠，这是祸中的大祸，还有什么赐福可说？在天下大治的时候，诸侯在完成天子交付的使命的空隙，还要互相朝见，所以就有了这‘享’‘宴’的礼仪，享礼用来教导恭敬节俭，宴礼用来表示慈爱恩惠。以恭敬节俭来推行礼仪，以慈爱恩惠来施展政事。政事用礼仪来完成，百姓因此得到休息；百官承受政事，白天朝见晚上就不再朝见，这就是公侯用来保护他们百姓的措施。所以《诗经》中说：‘雄赳赳的武夫，也是公侯的护卫。’等到社会动乱的时候，诸侯贪婪，侵占的欲望已无所顾忌，为了争夺尺寸之地而驱使百姓以至于死亡，收罗他的武士，作为自己的心腹、股肱、爪牙。所以《诗经》中说：‘雄赳赳的武夫，也是公侯的心腹。’天下有道，那么公侯就能做百姓的保护者，而控制他的心腹。动乱的时候就反过来。现在您说的话，是动乱时候说的道理，不能用来作为准则。然而您是主人，我岂敢不听从？”于是便进去了。

郤至把事情办完，回去将情况告诉范文子。范文子说：“不懂礼法的国家，必然说话不算话，我们离死的日子不远了。”

冬天，楚国的公子罢到晋国聘问，同时监督晋国践行盟约的情况。十二月，晋厉公和楚国的公子罢在赤棘这个地方举行盟会。

然而和平是短暂的，才到鲁成公十五年，楚国就打算向北方侵略。子囊说："我们刚刚和晋国结盟，现在又背叛它，恐怕不行吧？"子反说："军情对我有利就要前进，有什么结盟不结盟的？"

这时候，申叔时已经告老回乡，住在采邑申地。听到子反的这番话，他说："子反必然不能免于祸难。信用是用来保持礼法的，礼法是用来保护生存的，信用、礼法都丢失了，想要免于祸难，又能做到吗？"

当年夏，楚共王进攻郑国，攻到了暴隧[2]这个地方；接着侵犯卫国，攻到了首止。郑国的子罕发兵报复楚国，占取了新石[3]。晋国的栾书打算报复楚国，韩厥说："不用，让他们自己加重罪过，老百姓迟早会背叛他们的。没有了百姓，谁去作战呢？"

相关链接

〔1〕琐泽：《左传·成公十二年》："公会晋侯、卫侯于琐泽。"杜注："琐泽，地阙。"

〔2〕暴隧：春秋郑地。在今河南原阳西。

〔3〕新石：在今河南叶县境内。

秦桓公背弃令狐之盟，晋厉公先派吕相出使秦国，宣布与他们断绝友好关系，然后联合诸侯军队，在麻隧大败秦师。

鲁成公十一年，秦、晋两国为了双方的和平，准备在令狐这个地方会盟。晋厉公先到达，但是秦桓公却不肯渡过黄河，而是驻扎在河西的王城，派遣大夫史颗去河东与晋厉公会盟，然后晋国的郤犨又去河西和秦桓公会盟。士燮说："这样的结盟有什么好处呢？本来斋戒结盟就是用来表示诚信的，约定地点会见，这是信用的起点。如果开始就不讲信用，难道还能说有诚心吗？"果然，秦桓公回去后就背弃了与晋国的和约。

鲁成公十三年四月初五，晋厉公派吕相（即魏锜之子魏相）出使，宣布与秦国断绝友好关系。他说："过去我们晋献公和秦穆公友好，两国合力同心，用盟誓加以申明，再用婚姻加深这种关系。后来上天降祸晋国，让晋文公流亡到了齐国，晋惠公流亡到了秦国。晋献公不幸去世，秦穆公不忘记过去的友好情谊，使我们的晋惠公得以在晋国主持祭祀。但可惜的是，惠公不能完成更重大的功勋，发动了韩地的战役，他后来心中也很后悔。成就我们的文公，让他回国即位，这也全仗穆公的成全。

"文公亲自身披甲胄[1]，跋涉山川，逾越艰难险阻，征服东方的诸侯，虞、夏、商、周的后代，都向秦国朝见，这也就报答了秦国过去的恩德了。郑国人侵犯君王的边境，我们文公率领诸侯与秦国一起包围郑国。秦国的大夫没有询问我们国君的意见，擅自和郑国订立了盟约。诸侯们憎恨这件事，打算和秦国拼命，文公害怕这样的结果，于是安抚诸侯，才使秦军得以安然返回，这也就是我国有功于秦国的地方了。

"文公不幸去世，你们穆公不但不肯前来吊唁，还蔑视我们故去的国君，以为我们襄公软弱，趁机进犯我们的殽地，断绝与我们的友好关系，攻打我们的城池，灭绝我们的滑国，离散我们的兄弟，扰乱我们同盟国之间的团结，企图颠覆我们的国家。我们的襄公虽然没有忘记你们国君昔日的勋劳，但更害怕国家的颠覆，这才有了殽地之战。即使如此，我们仍然希望与穆公和解，可是穆公不听，反而靠拢楚国打我们的主意。老天保佑我们，楚成王丧命，穆公因此不能在我国得逞他的阴谋。

"秦穆公、晋襄公去世后，秦康公和晋灵公即位。康公是我们晋国

○ 品画鉴宝

武士头像（秦） 武士头戴高冠，面庞丰腴，神态安详沉静。

的穆姬所生，但也想损害我们的公室，颠覆我们的国家，率领我国的坏人来动摇我们的边疆，所以我国才和你们国家发生了令狐之役（鲁文公七年）。但是康公还是不肯改悔，进入我国河曲，攻打我们的涑川，掠取我国王宫，翦灭我国的羁马，于是我们之间才有了河曲之役（鲁文公十二年）。你们东边的道路不通，那是由于秦康公同我们断绝了友好关系的缘故。

“等到君王您继承君位以后，我们的国君景公引领[2]西望说：‘大概要安抚我们了吧？’但君王您也不肯屈尊和我们结盟，反而趁我国受到狄人祸难的时候，进入我国河县，焚烧我国的箕地、郜地，抢夺我国的庄稼，骚扰我国的边境，我国因此进行了辅氏之战（鲁宣公十五年）。

“君王您也后悔战祸的蔓延，而想寄福于先君晋献公、秦穆公的旧好，派伯车来对我们景公说：‘我要跟你同心同德、抛弃怨恨，重新修缮过去的情义，以追念先君的功勋。’盟誓还未完成，景公去世了，因此我们便和你们举行了令狐之会。但谁知您居心不良，背弃了盟约。白狄和君王您同在雍州境内，是君王您的仇人，然而是我们的姻亲。君王您前来命令说：‘我跟你攻打狄人。’我们国君不敢顾惜婚姻之谊，畏惧君王您的威仪，就向官吏下达了攻打狄人的命令。但君王您却又生出了二心，告诉狄人说：‘晋国将要攻打你们了。’对于君王您的做法，狄人表面上接受了，但内心十分厌恶，因此就告诉了我们。

“楚国人也很讨厌君王您的反复无常，也来告诉我们说：‘秦国背弃了与你们在令狐的盟约，而来和我国结盟。他们对着皇天上帝、秦国的三位先公、楚国的三王发誓说：我们虽然和晋国有来往，但只不过唯利是图。我们楚王讨厌他们的反复无常，因此将它公布给众人，以惩戒言行不一的行为。’诸侯们都听到了这些话，因此痛心疾首，所以都来亲近我们国君。我们国君率领诸侯前来听取君王的命令，只是为了缔结友好。君王您如果肯顾念诸侯，怜悯我们，赐给我们盟约，那是我们国君的愿望，就会率领诸侯心平气和地退走了，岂敢求取战乱？君王如果不肯施予大恩，我们国君没有本事，就不能够率领诸侯退走。谨把我们的想法全部披露给您的左右执事，请执事仔细权衡一下利害关系吧！”

两年前，秦桓公和晋厉公在令狐结盟后，又去召来狄人和楚人，想引导他们进攻晋国，诸侯因此与晋国亲近。这时，晋国的栾书率领中军，荀庚担任副帅；士燮率领上军，郤锜担任副帅；韩厥率领下军，荀罃担任副帅；赵旃率领新军，郤至担任副帅；郤谷驾御战车，栾铖担任车右。孟献子说：“晋国的将帅与士兵齐心协力，军队必然能建立大的功勋。”五月初四，晋军率领诸侯的军队和秦军在麻隧作战，秦军大败，晋军俘虏了秦国的成差和不更〔3〕女父。诸侯军队于是渡过泾水〔4〕，到达侯丽然后回去了。

相关链接

〔1〕甲胄：又称“介胄”。即铠甲和头盔。

〔2〕引领：伸长脖子。形容殷切盼望。

〔3〕不更：《左传·成公十三年》：“秦师败绩，获秦成差及不更女父。”杜注：“不更，秦爵。”孔颖达引《汉书》疏曰：“商君（商鞅）为法于秦，战斩一首者，赐爵一级……”

〔4〕泾水：发源于六盘山（位于今宁夏回族自治区南部和甘肃省东部）马尾巴梁，在陕西高陵汇入渭河，是六盘山山脉中最大的一条河流。

宋荡泽弱公室

宋共公去世，荡泽想专擅公室大权，便杀死了太子肥。准备逃往晋国避难的华元被鱼石劝回后，派人率领国都百姓攻杀了他。

鲁成公十五年六月，宋共公去世；八月，安葬了宋共公。这时的宋国，华元担任右师，鱼石担任左师，荡泽担任司马，华喜担任司徒，公孙师担任司城，向为人担任大司寇，鳞朱担任少司寇，向带担任太宰，鱼府担任少宰。荡泽打算削弱公室，就杀了应该继位的太子肥。

华元说："我任职右师，国君和臣子的训导，都是右师所负责的。现在公室的地位低，却不能拨正它，我的罪过大了。不能尽到职责，怎么还敢以得到宠信为满足呢？"于是就逃亡到了晋国。

华元和华喜是宋戴公的后代，公孙师是宋庄公的后代，其他六个大臣鱼石、荡泽、向为人、鳞朱、向带、鱼府都是宋桓公的后代。鱼石打算劝阻华元出逃，但是鱼府说："右师如果回来，必然要讨伐荡泽，这就将没有桓氏这一族了。"

鱼石说："右师如果能够回来，即使允许他讨伐罪人，他也必定不敢。而且他屡建大功，都城的人都亲近他，如果不让他回来，反倒要担心桓氏一族被都城的人消灭，使我们祖先的神灵得不到祭祀了。而且右师即使讨伐荡泽，估计也不会牵连到向戌（向戌是华元同党，担任左师，也是桓氏一族），桓氏一族虽然灭亡了，但是只要有桓氏的后人向戌在，必然也只是亡掉一部分而已。"

于是鱼石在黄河边上截住华元。华元请求讨伐荡泽，鱼石答应了，华元这才回来。华元派遣华喜、公孙师率领国都的人进攻荡氏，杀了荡泽。《春秋》记载说"宋杀其大夫山"，说的就是荡泽背叛了自己的宗族。

鱼石、向为人、鳞朱、向带、鱼府都离开都城住在睢水[1]旁边，华元派人劝阻他们，他们都不答应。

十月，华元又亲自去劝阻，他们还是不答应，华元就回来了。鱼府说："如果我们现在还不听从，以后就真的不能

进入国都了。我看华元眼睛转动很快而说话很急，一定是有别的想法。如果他不是真心接纳我们，现在就已经离开了。”于是鱼石、向为人、鳞朱、向带、鱼府登上土丘远望，看到华元坐车疾驰而去。这五个人驱车跟随华元，走到国都的时候，华元已经掘开睢水堤防，关闭城门登上城墙了。于是他们五人就逃亡到了楚国。华元委派向戌担任左师，老佐担任司马，乐裔担任司寇，以安定国内百姓。

相关链接

〔1〕睢水：古河名。故道起自今河南开封市陈留镇西蒗荡渠（据北魏郦道元《水经注》），经商丘、安徽宿州等地，在江苏宿迁市南注入古泗水。战国时魏开鸿沟，为重要支派。

晋楚鄢陵之战

郑叛晋附楚，晋国联合齐、鲁、卫，兴兵伐郑，楚军前往救援。晋、楚交战于鄢陵，楚军大败，子反自杀。

鲁成公十六年春，楚共王从武城[1]派公子成用汝阴[2]的田地向郑国求和。郑国于是背叛了晋国，郑国的子驷（公子騑）跟从楚共王在武城订立了盟约。

夏天，晋厉公将要讨伐郑国，士燮说："如果我们的愿望得到满足，诸侯都会背叛楚国，那么晋国的危机也可以得到缓解。如果听任郑国一个国家背叛，晋国的忧患也可能马上就要来了。"栾书也说："决不能在我们执政的时候失去诸侯，一定要攻打郑国。"

于是晋厉公下令发兵，栾书率领中军，士燮担任副帅；郤锜率领上军，荀偃担任副帅；韩厥率领下军；郤至担任新军的副帅；荀罃留守国内。先派郤犨到卫国，然后又到了齐国，请求两国出兵支援。栾黡到鲁国请求援兵，孟献子说："晋国一定可以获胜。"四月十二日，晋国军队出发。

郑国人听到晋国出兵，就派使者报告楚国，姚句耳也和使者一起前往。于是楚共王发兵救援郑国，由司马子反率领中军，令尹子重率领左军，右尹子辛率领右军。楚军路过申地时，子反进见申叔，问："这次作战的结果会是怎样？"

申叔时回答说："德行、刑罚、和顺、道义、礼法、信用，这是战争的手段。德行用来施加恩惠，刑罚用来纠正邪恶，和顺用来侍奉神灵，道义用来确立利益，礼法用来适应时宜，信用用来守护事物。人民生活丰厚，德行就端正；一切举动有利于百姓，事情就合于法度；时令合适，万物就会有所成就；这样就能上下和睦，相处没有矛盾，任何需求都可以得到满足，各人都知道行动的准则。所以《诗经》中说：'安置我的百姓，无不合乎准则。'这样，神灵就会关照他，让他四时没有灾祸，老百姓生活富裕，齐心听从政令，莫不竭尽全力服从上面的命令，不惜牺牲性命来补充死去战士的空缺。这就是战争能够胜利的原因。现在楚国在内部抛弃了他的百姓，在外部断绝了他的友好；立下誓约却说话不算话，亵渎了神灵；违反时令发动战争，使百姓疲于奔命以求自己快意。人们不知道什么是信用，进退都会获罪。人们为他们的结局担忧，还有

谁肯牺牲性命作战呢？您努力吧，我想我不会再看到您了。”

姚句耳先回到郑国。子驷向他了解情况，姚句耳回答说：“楚军行动迅速，但是经过险要的地方行列不整齐。行动太快考虑就会不周，军容不整队列就会散乱。考虑不周、队列散乱，还凭什么去作战？楚国恐怕要有灾难了。”

五月，晋军渡过黄河。听到楚军将要到达的消息，士燮想退兵回去，他说：“我们假装逃避楚军，这样就能缓和晋军的忧患。再说大会诸侯，不是我所能做到的，还是把它留给有能力的人去干吧。我们只要群臣和睦，以侍奉国君，这就足够了。”

但是栾书说：“不行。”

六月，晋、楚两军在鄢陵[3]相遇。士燮不想作战，郤至说：“韩地之战（鲁僖公十五年），我们惠公不能胜利归来；箕地之战（鲁僖公三十三年），先轸牺牲，不能回国复命；邲地之战，荀林父战败，这都是我们晋国的耻辱。你也知道先君的这些战事，现在我们如果再逃避楚国，就更是增加了我们的耻辱。”

士燮辩解说：“我们的先君屡次作战都是有原因的。秦国、狄国、齐国、楚国都是强国，如果不尽自己的力量，我们子孙将会进一步被削弱。现在齐、楚、狄三强已经顺服，敌人只有一个楚国了。只有圣人才能做到既无外忧又无内患，我们都不是圣人，即便消除了外患，内忧也必然会随之而来。何不放过楚国，让它成为我们外部的威胁，而消除内忧的发生呢？”

五月三十日清晨，楚军逼近晋军摆开阵势，晋国的军官对此感到十分担心。范匄(即士燮之子士匄）急步上前，说：“请填井平灶，摆开阵势，放宽队列之间的距离。晋、楚谁胜谁败，都是上天决定的，我们只管尽力做好自己该做的事，担心什么呢？”他父亲士燮拿起戈追赶着打他，说：“国家的存亡完全在于天意，你这个小孩子知道什么？”

栾书说：“楚军轻佻，我们只要严阵以待，三天之后他们必定会撤军。趁他们撤退的时候追击，我们一定可以大获全胜。”

○品画鉴宝 矛头狼牙棒（战国）

郤至说："楚军有六个空子，不能失去这样的好机会。他们的两个卿子重和子反互相敌视；楚王的亲兵尽用旧家子弟；郑军列阵而军容不整；蛮人军队连阵势都未列；月末晦日不宜列阵作战，对方却不加忌讳；楚军士兵在阵中喧闹不安，阵势会合后本应肃静却更加喧闹。各军之间互相观望，毫无斗志。旧家子弟不一定是精兵强将，月末出兵又犯了大忌，我们一定可以打败他们。"

楚共王登上巢车[4]，眺望晋国军队，子重让太宰伯州犁站在楚王身后。共王问："晋国军队的兵车向左右两个方向奔驰，这是什么意思？"

伯州犁回答说："这是在集合他们的军吏。"

共王又说："都集合到中军了。"

伯州犁说："这是在商量战略。"

共王说："帐幕张开了。"

伯州犁说："这是在他们的先君面前祈祷和占卜。"

共王说："他们又把帐幕拆散了。"

伯州犁说："这是准备发布战令了。"

共王说："那里很喧闹，而且尘土飞扬。"

伯州犁说："这是在填井平灶，准备摆开阵势了。"

共王说："他们都上车了，可是将领和车右又拿着武器下车了。"

伯州犁说："这是要听取军令。"

共王问："就要开战了吗？"

伯州犁说："还不能知道。"

共王说："他们上了战车，但将领和车右又都下来了。"

伯州犁说："这是在作战斗前的祈祷。"

伯州犁把观察到的晋厉公军队的情况告诉了共王。此时晋军方面的苗贲皇站在晋厉公的旁边，也把楚王军队的情况告诉了晋厉公。晋厉公身边的人都说："楚国有伯州犁这样杰出的人才在那里，而且阵容强大，恐怕无人能挡。"

苗贲皇对晋厉公说："楚国的精兵，在于他们中军的王族而已。我请求把我们的精兵分开，去攻击他们的左右两军，并将三军集中攻击他们的中军，这样肯定能把他们打得大败。"

晋厉公让太史占筮，太史说："吉利。我们得到的是《复》卦，卦辞说：'南方的国家局促衰落，箭射它的国君，箭头射中他的眼睛。'国家局促衰落，国君受伤，不失败，还有什么呢？”晋厉公听从了建议，下令出战。

晋军前面有一片泥沼，于是都分左右绕开泥沼而行。步毅为厉公驾驭战车，栾鍼为车右。楚军则由彭名为楚共王驾战车，潘党担任车右。石首为郑成公驾战车，唐苟为车右。栾书、士燮带领他们的私族部队保护晋厉公前进。

晋厉公的战车陷进了泥沼，栾书本打算让晋厉公改乘自己的战车，但是他儿子栾鍼说：“栾书您退下！您身负国家重任，哪能一个人专办一切事务呢？再说你侵犯别人的职权，这是冒犯；放弃自己的职责，这是怠慢；离开自己的部属，这是扰乱。有三个罪名在此，都是不能犯的。”说完栾鍼就举起晋厉公的战车，让他离开了泥沼。当时的礼制，在国君面前，臣子之间直呼对方的名字，所以栾鍼对他父亲说话也直呼其名。

在前一天，楚国潘尫的儿子潘党和神射手养由基把铠甲立着用箭射它，射穿了七层革甲，然后拿来给楚共王看，说：“君王有我们两个这样出色的臣子，在这里还有什么可担心的？”楚共王发怒说：“混帐！如果明天早上作战，你们也这样射箭，将会因这种技艺而死！”

晋国的吕锜梦见自己射月亮，射中了，但自己退后掉进了泥坑。于是他让人占卜，占卜的人说：“姬姓为内姓，内为日；异姓为外姓，外为月；月亮，这一定是指楚王了。射中了他，自己又掉进泥里，你也一定会战死。”等到战斗开始，吕锜果然一箭射中了楚共王的眼睛。楚共王召来养由基，给他两支箭，让他射吕锜，结果养由基一箭就射中了他的脖子。吕锜立刻伏在弓套上死去，养由基拿着剩下的那一支箭回去向楚共王复命。

郤至三次碰到楚共王的亲兵，他见到楚共王，一定要下车，并脱下头盔，向前快步走过，以表示尊敬。楚共王派工尹襄送上一张弓去问候他，并说：“正当战事激烈的时候，有一位身穿浅红色熟牛皮军服的人，真是君子啊！刚才看见我后小步快走的样子，恐怕是受伤了吧？”

郤至见到客人，脱下头盔接受问候，说：“贵国君王的外臣我跟随我们国君参战，托君王您的福，我可以参与披甲的行列。因为身披盔甲，不能拜受您的问候。谨向君王报告我没有受伤，感谢君王惠赐给我的关心。由于战事的缘故，谨向使者肃拜[5]，以表示我的敬意。”说完，三次向使者肃拜，然后才退走。

韩厥追赶郑成公时，他的御者杜溷罗说："是否赶快追上去？他们的御者屡屡回头，看追兵到哪儿了，注意力不在马上，可以赶得上。"韩厥说："不能再一次羞辱郑成公了。"于是就下令停止了追赶。

郤至继续追赶郑成公，他的车右弗翰胡说："另外派轻车从小道去截击，我从后面追上去，跳上他的战车把他俘虏过来。"郤至说："伤害国君是要受刑罚的。"于是也停止了追赶。

石首对郑成公说："从前卫懿公和狄人作战，由于不肯去掉他的旗子，所以才在荧泽被害。"于是把旗子放进弓袋里。唐苟对石首说："你在国君旁边，战败之军更需保护国君。我地位不如你，你可以因保护国君而逃脱，那就请让我留下抵御追兵吧。"于是下车拒敌，最后战死。

楚军被逼到险阻的地方，叔山冉对养由基说："虽然国君有令，但是为了国家，你一定要射箭。"养由基就射晋军，射了两箭，都射死了目标。叔山冉举起一个晋兵掷过去，掷中了晋军的战车，折断了车前的横木。晋军于是停止了追击。

栾鍼见到子重的旗帜，请求说："楚国人说那面旗是子重的旗帜，那旗下的人恐怕就是子重吧？过去臣出使到楚国，子重问起我晋国的勇武表现在那里，臣回答说：'喜好整齐，按部就班。'子重又问：'还有什么？'臣回答道：'喜好从容不迫。'现在两国交兵。不派遣使者往还，不能说是按部就班；临到事情就说话不算数，不能说是从容不迫。请求君王派人替我给子重敬酒。"

晋厉公答应了，派遣使者拿了一杯酒，到子重那里，说："我们国君缺少人手，要让栾鍼站在他身旁侍卫，所以栾鍼不能亲自前来犒劳你，而是派我代他送酒给您。"

子重说："栾鍼先生曾经跟我在楚国谈过话，一定是这个原因才给我送酒。他的记性很不错啊。"然后接过酒一饮而尽，遣回使者，又重新击鼓作战。从早晨开始作战，直至见到星星还没有结束。

子反命令军吏：视察伤情，补充徒兵车兵，修理盔甲武器，摆列战车马匹，鸡叫的时候吃饭，服从主帅的命令。晋国为此感到担心。苗贲皇通告全军说："检阅战车，补充士卒，喂好战马，磨快兵器，整顿军阵，排好队列，饱餐一顿，再次祷告，明天再战。"并且故意放松对楚国俘虏的看管，让他们逃走。

楚共王从逃回的俘虏那里听到这些情况，就召子反前来商量。但是子反的随从谷阳竖献酒给子反，子反喝醉了，不能进见楚共王，楚共王感叹说："这是上天要让楚国失败啊！我不能等死。"于是趁夜逃走了。

晋军进入楚国军队的营地，又照着当年城濮之战的老例，留在楚军军营吃楚军丢弃的粮食，修整了三天。士燮站在晋厉公的车马前面，说："楚君年幼，臣子们又没有能力，不然怎么会弄到这个结果？君王您要警惕啊！《周书》中说：'天命不会一成不变。'说的就是只有有德之人才可以享有大天命啊！"

楚军回国，路过瑕地时，楚共王派人对子反说："城濮之战的时候，先大夫子玉让楚军全军覆没，当时国君不在军中。这次我在军中，你没有责任，是我的罪过。"子反拜了两拜，然后叩头说："就算国君赐我一死，我也是死而不朽了。我的部下的确逃走了，这是我的过错。"子重派人对子反说："当初令军队战败的子玉是什么下场，想必你也听说过了。你何不为自己考虑一下。"子反说："即使没有子玉自杀一事，你让我去死，我也不敢苟活，而陷自己于不义之中啊。我让君王的军队遭到失败，哪里敢忘记以死来谢罪呢？"楚共王派人去阻止他，可是派去的人还没有赶到，他就自杀了。

相关链接

〔1〕武城：春秋楚地。一在今河南信阳东北，一在今河南南阳市北（又名武延城，原为申地，楚并）。

〔2〕汝阴：汝水以南。古人以山北水南为"阴"。汝水，古水名。在今河南境内。

〔3〕鄢陵：在今河南鄢陵西北。春秋初期郑武公灭鄢国，置邑。

〔4〕巢车：古时用以探察敌情的军车。

〔5〕肃拜：恭敬庄重地拜谢。

鲁逐叔孙侨如

叔孙侨如和鲁成公的母亲私通，并通过她请求成公除掉季孙行父和孟献子。成公没有答应他们的要求，而是将叔孙侨如驱逐出了鲁国。

鲁成公十六年，晋国在鄢陵之战前，曾经派使者到卫、齐、鲁等国请求援兵。当时，鲁国大夫叔孙侨如和鲁成公的母亲穆姜私通，他想除掉与其并立的季孙、孟孙两家，占取他们的家财。因此，鲁成公将要率军前去支援晋军时，穆姜送他，让他驱逐季孙行父和孟献子，成公把晋国的情况告诉她，说："请等我回来再听取您的命令。"

谁知穆姜并不体谅，还发了怒，正好成公的庶弟公子偃、公子钼快步从旁边走过，穆姜指着他们说："你要是不同意，他们都可以当国君代替你。"成公听到后，就在坏隤[1]略作停留，安排了对宫室的守卫，下令加强戒备，并让孟献子留守，然后才出行。结果去得晚了，没有赶上鄢陵的大战。

当年秋天，晋厉公在鄢陵大胜后，就召集鲁成公、齐灵公、卫献公、宋国的华元、邾国的国君在沙随会盟，商量攻打郑国的事情。叔孙侨如派人到晋厉公那儿告状说："鄢陵之战的时候，鲁成公在坏隤等着，迟迟不肯离去，是在等待晋、楚两国胜败的结果啊。"当时郤犨统帅新军，同时兼做公族大夫，主持东方诸侯的事务。他从叔孙侨如那里拿了贿赂，于是在晋厉公那里诽谤鲁成公，晋厉公因此就不接见成公。

七月，鲁成公会合尹武公和各诸侯一起攻打郑国。将要出行时，穆姜又像上一次一样要求成公驱逐季孙行父和孟献子，成公又在宫中设置好防备以后才出行。

叔孙侨如派人告诉晋国的郤犨："鲁国有季氏、孟氏，就好比晋国有栾氏、范氏一样，政令就是在他们那里制定的。现在他们商量说：'晋国的政令出自不同的家族，这是无法服从的。我们宁可侍奉齐国和楚国，哪怕亡国，也不跟从晋国了。'晋国如果要在鲁国行使自己的意志，就请在晋国留住季孙行父，杀了他，我在国内把留守的孟献子杀死，然后侍奉晋国，再不会三心二意了。鲁国没有三心二意，其他小国一定也会服从晋国。不这样的话，季孙行父回国后就必然背叛晋国。"

九月，晋国人在苕丘拘禁了季孙行父。鲁成公得以返回，在郓地停留，并派子叔声伯到晋国请求释放季孙行父。郤犨说："如果你肯帮忙，让鲁国除掉孟献子，并听任我们留下季孙行父，那么我们对待您会比对鲁国的公室还亲。”子叔声伯有一个表妹嫁给了郤犨，所以郤犨拿这话来利诱他。

子叔声伯回答说：“叔孙侨如的情况，你一定也听说了。如果铲除孟献子和季孙行父，这是严重的抛弃鲁国、怪罪我们国君的行为。如果你们还不嫌弃鲁国，我们又得以托周公的福，让我们国君能够侍奉晋国国君，那么孟献子和季孙行父这两个人，就是鲁国的社稷之臣。早晨杀掉他们，晚上鲁国就会灭亡。鲁国的疆土，靠近晋国的仇敌齐国和楚国，如果鲁国灭亡，土地并入你们的敌国，那时还来得及补救吗？”

郤犨说：“我可以为你请求封邑。”

子叔声伯说：“我婴齐（婴齐是子叔声伯的名）是鲁国的小臣，岂敢依仗大国以求取丰厚的官禄？我奉我们国君的命令前来请求，如果能够得到所请求的，你给我的恩赐就够多的了，还能有什么其他的请求呢？”

士燮对栾书说：“季孙行父在鲁国辅助过两个国君，他的妾不穿丝绸，马不吃粟米，难道能不认为他是忠诚之人吗？相信奸邪小人，舍弃忠良，还怎么对付诸侯？子叔声伯接受国君的命令，而没有任何私念，为国家考虑而没有二心，为自己打算而不忘国君。如果拒绝他的请求，这是舍弃善人啊！你还是考虑一下吧！”于是晋国允许鲁国讲和，赦免了季孙行父。

十月，鲁国放逐了叔孙侨如，并且和大夫们举行了盟誓。叔孙侨如逃亡到齐国。十二月，季孙行父和郤犨在扈地结盟，回国后暗杀了公子偃，又把叔孙侨如的弟弟叔孙豹从齐国召回，立为叔孙氏的继承人。

叔孙侨如在齐国，齐灵公之母声孟子和叔孙侨如私通，让他位于世袭上卿高氏、国氏之间。叔孙侨如说：“我不能再次犯罪了。”于是就逃亡到了卫国，也位列各卿之间。

相关链接

〔1〕沙随：春秋宋地。在今河南宁陵北。

齐庆克之乱

庆克和齐灵公的母亲私通，鲍牵发现后报告给国武子，国武子训斥了庆克。庆克因而在灵公面前诬陷国武子、鲍牵图谋叛乱。

齐大夫庆克与齐灵公的母亲声孟子私通，曾经穿着女人的衣服和女子一起坐车进入宫室的小门，结果被鲍牵（鲍叔牙的曾孙）看见。鲍牵告诉了国武子，国武子找来庆克训斥了一番。于是庆克躲在家里，很久不出门，他告诉声孟子说："国武子责备了我。"声孟子十分恼火。

鲁成公十七年夏，国武子作为齐灵公的相礼，与灵公一起去参加诸侯会盟，高无咎和鲍牵留守都城。等到他们回来，快到都城时，城门关闭，并且检查过路的人。于是声孟子向灵公告状："高、鲍二人不想让你进城，而准备立公子角为君，国武子也知道这一秘谋。"

七月十三日，灵公下令砍掉鲍牵的双脚，将高无咎驱逐出齐国。高无咎逃到莒国，高无咎的儿子高弱领着高氏封邑卢[1]地的人发动了叛乱。齐国人把鲍牵的弟弟鲍国从鲁国召回，立为大夫。

当初，鲍国离开鲍氏族人，来到鲁国当了施孝叔的家臣。施家用占卜来挑选总管，结果匡句须吉利。施家的总管应该有一百户人家的封邑，于是施氏就把封邑给了匡句须，让他当总管，可是匡句须却把总管的职位让给了鲍国，并且将封邑也给了他。施孝叔说："占卜的结果是你最吉利啊！"匡句须说："把这一地位让给忠良之士，还有比这更大的吉利吗？"果然，鲍国忠心耿耿辅佐施家，因此齐国人才把他召回去，立为鲍氏的继承人。

○ 品画鉴宝

刖人守囿挽车（春秋） 车体作方箱形，全车有十五处可以转动，装饰了虎、熊、猴等十四种动物。

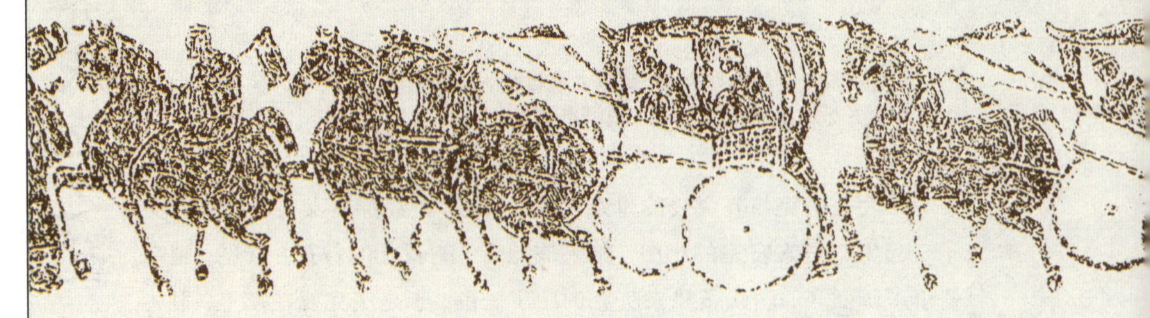

齐灵公委任崔杼当大夫，派庆克辅佐他，率领军队包围了卢地。当时国武子正跟随诸侯一起包围郑国，听说了国内的变故，就以齐国内部发生叛乱为理由请求回来。国武子回来后，率军来到了包围卢地的军队中，杀死了庆克，占据谷地发动叛乱。齐灵公被迫在徐关和他结盟，并恢复了他的官职。十二月，卢地投降。齐灵公派国武子的儿子国胜到晋国通告，然后让他留在清〔2〕地待命。

第二年正月，齐灵公为了去年的事情，就派华免用戈把国武子杀死在内宫的前堂。正在宫中朝会的人大乱，很多人都逃到夫人的宫里。《春秋》记载说："齐杀其大夫国佐。"这是因为国武子背弃君命，专权杀人，而且占据谷地叛乱的缘故。接着，齐灵公又让清地的人杀了国胜，国胜的弟弟国弱逃亡到鲁国，国佐的党徒王湫逃到莱〔3〕地。于是让庆克的儿子庆封做了大夫，庆佐做了司寇。不久以后，齐灵公让国弱回国，让他做国氏的继承人。

相关链接

〔1〕卢：春秋齐邑。在今山东长清西南。

〔2〕清：春秋齐国"清邑"不止一处。此处所指在今山东聊城市西。

〔3〕莱：古国名。在今山东龙口东南。公元前567年并于齐。

晋厉公想把大夫全部废除，另立自己所宠幸的人。三郤被杀，栾书、荀偃也险些丧命。为了自保，栾书和荀偃杀死灵公，拥立孙周为君，是为悼公。

晋厉公非常奢侈，有很多宠信的大夫。他从鄢陵回来之后，想要把大夫们全都废了，另立他所宠信的人。胥童因为父亲胥克被郤缺废掉官位，而怨恨郤氏，此时有宠于厉公。郤锜夺走了夷阳五的土地，夷阳五此时也得宠于厉公。郤犨和长鱼矫争夺田地，把长鱼矫囚禁起来，和他的父母妻儿绑在一根车辕[1]上，长鱼矫此时也成为晋厉公的亲信。

栾书怨恨郤至，因为他不听自己的主意，最后又打败了楚军，所以想要废掉他。

鲁成公十七年冬，栾书让楚国的公子茷告诉晋厉公说："这次战役，其实是郤至请我们国君来的。由于东方的诸侯军队没有到达，而且晋国的部队统帅也没有完全参战，他就说：'这次战役晋国一定会失败，我将趁机拥立孙周（即后来的晋悼公）来侍奉。'"

晋厉公把这话告诉了栾书。鄢陵之战中，楚共王曾派使者给郤至送弓，郤至接待了使者，栾书就借题发挥说："恐怕有这回事。否则，难道他会不顾虑自己的安危，而接见敌军的使者吗？君王何不试试派他到成周，借机考察他一下呢？"于是厉公派郤至到成周聘问，因为孙周正在成周侍奉单襄公，栾书又安排孙周去接见他。

厉公派人探查到这一消息，就相信了栾书的话，从此开始怨恨郤至。

晋厉公出外打猎，先和女人一起射猎喝酒，然后才让大夫射猎。郤至奉献上一头野猪，寺人[2]孟张上来夺走野猪，郤至射死了他。厉公说："郤至欺负我！"

晋厉公准备发难除去异己。胥童说："一定要先除掉三郤。他们宗族大，招到的怨恨也多，去掉大的宗族，可以使公室不受威逼；讨伐遭受怨恨多的人，则容易成功。"厉公说："对。"

郤氏听说这件事，郤锜想要攻打厉公，说："即使我们死了，也要让国君也面临危险。"

郤至说："一个人用以立身于世的，就是信、智、勇。守信就不能背叛国君，明智就不能残害百姓，勇敢就不能发动内乱。如果去掉了这三样品质，还会有谁亲近我？死都死了，还要增多怨恨，又有什么用？臣子实际上是属于国君的，那么国君杀了臣子，又能把国君怎么办？我如果有罪，现在死也已太晚了。如果国君杀害的是无罪的人，那么他将失掉百姓，他想要安定，能行吗？还是静候天命吧。我们接受了国君的俸禄，才能够聚集亲族。因为有了亲族，就和国君争执，还有比这更大的罪过吗？”

十二月二十六日，胥童、夷阳五率领甲士八百人打算进攻郤氏。长鱼矫请求不要兴师动众，晋厉公派清沸魋前去帮助他。长鱼矫和清沸魋抽出戈来，把两人的衣襟相连，假装成一付要打架争讼的样子。三郤在台榭上为他们两人调解，长鱼矫乘机抽出戈来杀了郤锜和郤犨。郤至说：“与其冤枉被杀，不如赶快逃走。”于是就快步逃跑了。长鱼矫追上他的车子，用戈杀死了他，然后将三郤陈尸朝廷示众。

胥童带领甲士在朝廷上劫持了栾书和荀偃。长鱼矫说：“不杀了这两个人，麻烦必定会牵涉到国君身上。”

晋厉公说：“一天之内把三个卿陈尸朝上，我不忍心再增加了。”

长鱼矫回答说：“国君您对别人不忍心，但别人对您却会忍心的。微臣听说祸乱发生在外面就是奸，发生在内部就是宄。用德行来对待奸，用刑罚来预防宄。不施教化就加以杀戮，不能叫作德行；臣子逼迫国君而不加讨伐，也不能叫作刑罚。德行和刑罚不树立，奸、宄就一起来了。微臣请求离开晋国。”于是逃亡到狄人那里。

晋厉公派人对栾书和荀偃说：“我这次主要是为了讨伐郤氏，郤氏现在已经伏罪，大夫不要把被胥童劫持的事当作耻辱，还是回到你们的职位上去吧！”

他们都再拜叩头说：“君王讨伐有罪的人，而赦免了臣的死罪，这是君王的恩惠。即使我们两个人死了，又岂敢忘记君王的恩德？”于是就都回去了。厉公委任胥童为卿。

晋厉公到宠臣匠丽氏那里游玩，栾书和荀偃乘机抓住了他。他们召唤士鲂杀厉公，士鲂推辞了；又让韩厥杀，韩厥也推辞了，说：“从前我在赵氏家里长大，后来孟姬诬陷赵氏，大夫们都攻打赵氏，只有我坚持不出兵。古人有话说：‘杀老牛没人敢做主。’何况是国君呢？你们几位不能侍奉国君，又哪里用得到我呢？”

闰十二月二十九日，栾书、荀偃又杀了胥童。

次年正月初五，栾书和荀偃派程滑杀了晋厉公，将他葬在晋国旧都翼的东门之外，下葬时仅仅使用了一辆车子。然后就派荀罃、士鲂到成

周迎接孙周回国，立他为国君，是为晋悼公，当时才十四岁。

晋国大夫都到清原迎接悼公，悼公说：“我开始的时候并没有想到这样的事，难道是上天的意思吗？然而人们要求有国君，是为了让他发布命令。如果立了以后又不听他的，还哪里用得着国君呢？你们几位立我为国君，在今天；不立我，也在今天。恭顺地听从国君，这是受神灵保佑的。”

大夫们回答说：“这是臣等的愿望，岂敢不唯命是听？”

十五日，悼公和群臣盟誓后才进入国都，住在伯子同家里。二十六日，在武宫庙朝见众臣，并下令驱逐了不遵臣子之道的夷阳五等七个人。孙周还有一个哥哥，但是个白痴，不能辨别豆子和麦子，所以不能立为国君。

二月初一，晋悼公在朝廷举行即位大典，并开始任命百官，赐予百

姓财物，免除百姓对国家的拖欠，照顾鳏夫和寡妇，起用被废黜和长居下位的贤臣，救济贫困，援助灾患，禁止邪恶，减少赋税，宽恕罪过，节约器用，选择农闲时役使百姓，个人的欲望不和农时冲突。

任命魏相、士鲂、魏颉、赵武为卿。任命荀家、荀会、栾黡、韩无忌为公族大夫，让他们教育卿的子弟恭敬、节俭、孝顺、友爱。任命士渥浊为太傅，让他修订范武子制定的法度。任命右行辛为司空，让他修订士𫇭制定的法度。由弁纠驾驭战车，掌马之官也由他管辖，让他教育各个御者要懂得礼义。荀宾担任车右，所有的司士归他管理，让他教育勇敢的力士要及时效力。各军的主副帅都没有固定的御者，设立军尉以统摄这件事情。祁奚为中军尉，羊舌职辅佐他。任命魏绛为司马，张老为候奄。任命铎遏寇为上军尉，籍偃为上军司马，让他们教育步兵和车兵，做到和睦而听从命令。任命程郑为乘马御，六大马厩归他管辖，让他训练马匹听从指挥。凡是各部门的长官，都是深受百姓赞扬的人。被举拔的人不失职，做官的人不改变常规，授予的爵位不超出他们的德行，下级不欺瞒上级，副职不逼迫正职，百姓没有指责的话。这就是晋国之所以再次称霸的原因。

相关链接

〔1〕车辕：车前驾牲畜的木杆，或曲或直。商、周时期为独辕，汉以后才多用双辕。

〔2〕寺人：《左传·成公十七年》：“郤至奉豕，寺人孟张夺之。”杜注：“寺人，奄士。”按：“奄”通“阉”。故可知“寺人”即太监。

彭城争夺

郑军侵宋，和楚军一起将彭城占领。为了救援宋国，晋悼公派使者前往齐、鲁请求出兵，以便联合起来对抗强大的楚国。

鲁成公十八年六月，郑成公进攻宋国，到达宋国都城的曹门外边。然后会合楚共王一起攻打宋国，占取了宋国的朝郏。楚国的子辛、郑国的皇辰攻打城部，占据了幽丘[1]，又一起打下了宋国的要邑彭城[2]，把三年前逃亡楚国的鱼石、向为人、鳞朱、向带、鱼府五人送回安置在那里，又用三百辆战车帮助戍守，然后才回国。

宋国人担心楚国留下的三百辆战车。西钼吾说："担心什么？如果楚国人和我们同仇敌忾，向我们施加恩德，我们本来是会侍奉他们的，不敢有三心二意。现在楚国的欲望没有止境，即使把我国作为他们的边邑也还是不满足，不是与我们同仇敌忾、向我们施加恩德，而是收留我们讨厌的人，让他们辅助政事，等机会钻我们的空子，让他们也成为我们的祸害。现在他们尊崇诸侯的乱臣，而且给他们分封土地，阻塞各国之间的通道，使乱臣愉快而使服从他们的国家离心，荼毒诸侯而使吴国、晋国恐惧。楚国这样做，我们的利益反倒多了，并不会成为我们的忧患。再说我们侍奉晋国是为了什么？不就是能在这种时候出来帮助我们吗？晋国必然会救助我们的。"

七月，宋国的老佐、华喜带兵包围彭城，老佐战死在这次战役里。

十一月，楚令尹子重救援彭城，讨伐宋国，宋国的华元派人到晋国告急。当时韩厥在晋国执政，他对晋悼公说："想要得到别人的拥护，一定要先为他们付出辛劳。我国成就霸业，安定天下，就要从救援

○ 品画鉴宝　鸟纹瓦当（战国）

宋国开始了。”于是晋悼公在台谷集合军队救援宋国，在靡角之谷和楚军相遇，楚军自动撤退回国。

晋悼公派士鲂前去鲁国请求出兵。鲁大夫之间互相商量，季孙行父问臧孙纥应该出多少兵，臧孙纥回答说：“上次攻打郑国，是荀䓨来请求出兵的，他是下军的副帅。现在士鲂也是下军的副帅，出兵的数目就像上次攻打郑国时一样多就可以了。侍奉大国，不要违背使者的爵位次序，而且要恭敬有礼，这才是合乎礼仪的。”季孙行父听从了。

十二月，晋悼公和鲁国的孟献子、宋平公、卫献公、邾子、齐国的崔杼在虚朾会盟，商量如何救援宋国。但是宋国人辞谢了诸侯的好意，只是请求出兵包围彭城。

鲁襄公元年春，晋国为首的诸侯联军包围了彭城。彭城向晋国投降，晋悼公把在彭城的五个宋国大夫带回了晋国，并把他们安置在瓠丘这个地方。

相关链接

〔1〕《左传·成公十七年》：“（郑伯）遂会楚子伐宋，取朝郏。楚子辛、郑皇辰侵城郜，取幽丘。”杜注：“朝郏、城郜、幽丘，皆宋邑。”

〔2〕彭城：在今江苏徐州。相传帝尧曾封彭祖于此，号称“大彭国”。春秋属宋。

祁奚举贤

祁奚正直无私。在即将告老还乡的时候，他向晋悼公举荐能接替自己的人选，外不弃仇，内不避亲，受到了人们的称赞。

鲁襄公三年，晋国的中军尉[1]祁奚[2]告老退休，晋悼公向他询问代替他的人选。祁奚称赞解狐，推荐他接替自己的位子，而解狐其实是祁奚的仇人。晋悼公正打算任命解狐时，没想到他却死了，于是又去问祁奚还有谁可以胜任。祁奚回答说："我的儿子可以胜任。"刚好当时祁奚的副手羊舌职也死了，晋悼公又问："谁又可以接替羊舌职呢？"祁奚回答说："羊舌职的儿子可以胜任。"这样，晋悼公就任命祁奚的儿子祁午为中军尉，让羊舌职的儿子羊舌赤担任他的副职。

君子认为："这样看来，祁奚确实是个能推举人才的人。称赞他的仇人，不是谄媚；安排他的儿子，不是营私；推举他的副手，也不是结党。《商书》说：'不偏私不结党，君王之道坦荡荡。'大概说的就是祁奚吧。解狐能被举荐，祁午能被重用，羊舌赤能有职位，设置了军尉一官，而成就了三件美事，这是因为祁奚能够推举贤人的缘故啊。唯独有德行的人，才能推举类似他的人。因此《诗经》中说：'正因为具有美德，推举的人才能和他相似。'祁奚就是这样的人。"

后来，在鲁襄公二十一年的栾氏之乱中，晋卿士匄听信谗言，逼走栾氏的栾盈，杀死了栾氏的党羽。叔向的弟弟羊舌虎是栾氏党羽，羊舌虎被杀，叔向也受牵连被抓。有人对叔向说："你这次获罪，是因为不够聪明吧？"叔向说："比起死去的和逃亡的又怎么样呢？《诗经》中说：'逍遥自在，姑且这样来度过一生。'这是多么聪明啊。"

乐王鲋去见叔向，对他说："我为你去请求赦免吧。"叔向不回答。乐王鲋出去的时候，叔向也没有拜送。别人都责备他，叔向说："一定要让祁奚为我讲情才行。"

叔向家的家臣总管听到后，对叔向说："乐王鲋对国君说的话，没有不照办的，他想请求赦免您，您又不答应。这不是祁奚所能做到的，但您说一定要由他去办，这是为什么呢？"叔向说："乐王鲋是个老奸巨猾的人，什么都顺从国君，怎么能办这样的事呢？祁奚外举不弃仇，内举不避亲，难道独独会不管我吗？《诗经》说：'有正直的德行，四方的国家都会归顺他。'祁奚就是一个正直的人呀。"

晋平公向乐王鲋询问叔向的罪过。乐王鲋因为叔向不接受他的好意，心里恼火，于是回答说：“他不抛弃自己的弟弟，很可能也是参与策划的人。”祁奚此时已经告老归养了，听说这些情况后，就坐上驿车迅速赶到国都，去拜见士匄，说：“《诗经》中说：‘先王赐给我们的恩惠没有边际，子子孙孙永远保持它。’《书经》中说：‘智慧的人有谋略有训诲，子孙才能得到安宁和保护。’说到谋划而少有过错，教育别人而不知疲倦，叔向都是具备的，他是国家的柱石，即使他的十代子孙有了过错，还要加以赦免，以此来勉励有能力的人。如今他自己一被牵连，晋国就要抛弃这样的社稷之臣，这不会使人困惑吗？过去鲧被诛戮，而他儿子大禹照样兴起；伊尹曾经放逐过太甲，后来又做了太甲的宰相，太甲始终没有怨恨的样子；管叔、蔡叔被诛戮，而他们的兄弟周公仍然能辅佐成王。为什么仅仅因为他的弟弟羊舌虎，而置国家的利益于不顾呢？你如果亲自做好事，谁敢不努力效法？又何必多杀人呢？”

士匄听了，非常高兴，就和祁奚共乘一辆车子，进见晋平公，请求赦免叔向。事后，祁奚没有去见叔向就回去了，叔向也不向祁奚报告自己得到赦免的情况就去上朝了。

相关链接

〔1〕中军尉：即中军之尉。尉，主发使民众之官。春秋时期，晋国上、中、下三军均有设。

〔2〕祁奚：字黄羊。春秋时期晋国大夫。封于祁（今山西祁县东南），官任中军尉。以“外举不避仇，内举不避亲”而闻名。

魏绛善用刑

晋悼公会盟诸侯，他的弟弟扬干扰乱了前往赴盟的军队行列。魏绛秉公执法，处死了扬干的车夫以示警戒。

鲁襄公三年六月，晋悼公在鸡泽[1]召集诸侯会盟。晋悼公的弟弟扬干的车子在曲梁扰乱了前往参加盟会的军队的行列，晋中军司马（主管军法）魏绛就杀了他的车夫。晋悼公听说后很恼火，对羊舌赤说："召集诸侯会盟是件荣耀的事，但是扬干却因此受到了侮辱；打狗还看主人面，还有什么样的侮辱比得上这个呢？一定要杀掉魏绛，不要办砸了。"

羊舌赤回答说："魏绛没有二心，侍奉国君从来不避任何危难，有了罪过也不逃避刑罚，他自己恐怕就会来请罪的，何必劳君王您下命令呢？"

话刚说完，魏绛就来了，把一封信交给仆人，然后便准备拔剑自杀。士鲂、张老赶紧上前劝阻了他。晋悼公打开他的信，信中写道："以前君王缺乏使唤的人，让臣下担任了司马的职务。臣听说：'军旅之人服从纪律叫作武，在军队服役宁死不违犯军纪叫作敬。'君王召集诸侯会盟，臣岂敢不执行军纪？君王的军队不服从纪律，是为不武；君王手下负责军纪的人若不敢执行刑罚，是为不敬。没有比这再大的罪过了。臣正是害怕犯下像不敬这样的死罪，所以才牵连了扬干，罪过是无可逃脱的。臣没有能够事先教导下属，以至于动用大斧杀死了扬干的车夫，臣的罪过很重，岂敢不服从惩罚而激怒君王？我请求把我交给司寇，让他把我处死。"

晋悼公看完信，来不及穿鞋，光着脚就从屋里出来，说："寡人的话，是出于对兄弟的爱护，你杀死了扬干的车夫是执行军法。寡人有弟弟，却没有能够好好教导他，让他触犯了军令，这是寡人的过错。你不要再加重寡人的过错了，这是我请求你的。"

晋悼公认为魏绛能够很好地运用刑罚来治理百姓，因此回国之后，便在太庙中设宴款待他，任命他为新军副帅。让张老做中军司马，士富接替张老担任候奄[2]。

相关链接

〔1〕鸡泽：古地名。在今河北邯郸东北部。

〔2〕候奄：或说为古代军中侦探敌情之官。按：周有"候人"，为政治道路及迎送宾客之官。或类此。

晋侯享叔孙豹

叔孙豹前往晋国聘问，晋悼公用音乐之礼招待他。但直到乐工歌唱适合大夫享用的《鹿鸣》时，他才敢于起身拜谢。

鲁襄公元年，晋国因为鲁襄公刚刚即位，所以派荀罃到鲁国聘问。鲁襄公四年夏，鲁大夫叔孙豹来到晋国，回报上次荀罃的聘问。

晋悼公设宴，用享[1]礼招待他。先是用青铜乐器演奏了《肆夏》前三篇，叔孙豹并没有起身答拜。乐工又歌唱了《文王》前三篇，他还是没有答拜。直到歌唱《鹿鸣》前三篇（《鹿鸣》《四牡》《皇皇者华》）时，唱一篇他就起身答拜一次，答拜了三次。

韩厥派遣外交官子员去问他，说："你奉君王的命令光临敝国，敝国依照先君之礼用音乐来招待大夫。大夫舍弃前两次重要的演奏不拜，而为第三次不重要的演唱一拜再拜，请问这是什么礼仪呢？"

叔孙豹回答他说："《肆夏》是天子用来招待诸侯领袖的，使臣不敢听到。《文王》是两国国君相见时演奏的音乐，使臣不敢参与。《鹿鸣》是君王用来嘉奖寡君的，我岂敢不拜谢？《四牡》是君王用来慰劳使臣的，我岂敢不第二次拜谢？《皇皇者华》是君王教导使臣一定要向忠信的人求教，我听说向善人咨询就是咨，向亲戚咨询就是询，咨询有关礼仪的问题就是度，咨询有关政事的问题就是诹[2]，咨询有关灾难的就是谋，使臣得到了这五善，岂敢不第三次拜谢？"

相关链接

〔1〕享：通"飨"。即用酒食款待。

〔2〕诹：询问；咨询。《诗·小雅·皇皇者华》："载驰载驱，周爰咨诹。"毛传："访问于善为咨，咨事为诹。"

魏绛谏和戎

晋悼公想要攻打前来求和的戎人。魏绛先是援引后羿亡国的例子，然后讲述与戎人和好的利益，劝谏他不可抛弃中原诸侯而攫取蛮夷之地。

鲁襄公四年，北方戎族无终的国君嘉父见晋国强盛，便派遣使臣孟乐前往晋国，通过魏绛的关系向晋悼公献上了一些虎豹皮，请求晋国能够与戎人各个部落和好。晋悼公说："戎狄不亲近人，而且贪婪成性，不如攻打他们。"

魏绛说："各路诸侯刚刚归顺我们，陈国也是新近才与我们和好，现在还正在观察我们的表现呢。如果发现我们有德，他们就会亲近我们，否则的话，他们就会背叛我们。现在我们如果兴师动众去讨伐戎狄，而楚国又趁机攻打陈国的话，我们肯定不能及时救援他们，这实际上就等于抛弃了陈国，中原诸侯也必然因此而背弃我们。戎狄之人如同禽兽，如果因为征服戎狄而失掉中原的华夏各国，那恐怕是得不偿失吧？《夏训》有这样的话：'有穷氏后羿……'"

晋悼公不等他说完，就插话问道："后羿怎么了？"

魏绛回答说："以前夏朝刚刚衰败的时候，后羿自钼地迁到了穷石[1]，利用夏朝的百姓而取得夏朝的政权。后羿依仗他射箭的本领，不修政事，不致力于安抚百姓，而是沉溺于田猎之中，丢弃了武罗、伯因、熊髡、龙圉等贤能之人，却重用寒浞。寒浞是伯明氏的一个奸诈子弟，寒国[2]的国君伯明抛弃了他，但是后羿却收留了他，相信他，并且还重用他，让他做自己的助手。寒浞在宫里对女人献媚，在宫外又大量散播钱财、愚弄百姓，并使后羿沉溺于田猎。后来寒浞又运用卑鄙无耻的手段夺取了国家的政权，国内国外都归顺他。到了这时候，后羿仍旧不思悔改，结果打猎回来后，就被他家里的人给杀了，并且煮熟了让羿的儿子吃。他的儿子不忍心吃，结果也被杀死在穷国的城门。后羿的臣子纷纷逃到了有鬲氏那里。寒浞和后羿的妻妾生了浇和豷，又依仗着他的阴险狡诈，对百姓不施德行，派遣浇出兵灭了斟灌和斟寻氏，并且让浇镇守过地，让豷镇守戈地。靡在有鬲氏那里收聚了斟灌和斟寻两个国家的遗民，率领他们消灭了寒浞。寒浞杀羿之后，又灭了夏帝相，夏朝因此中断，此时靡就立了相的儿子少康为夏帝。少康后来又在过地消灭了浇，少康的儿子后杼在戈地消灭了豷，有穷从此就灭亡了，这是失去了贤能之人的结果。

“以前，周朝的辛甲担任太史的时候，曾经下过一道命令，让百官每人都要对君王的过错进行劝谏。《虞人之箴》里说：‘大禹所统治的辽阔土地，曾经划分为九州，开辟了无数的道路。百姓活着的时候有房屋居住，死后还有庙堂，野兽有丰茂的野草，有可以栖息的场所，人兽之间互不干扰。后羿身为一国之君，却贪恋田猎，不顾国家的安危，想到的只是飞禽走兽。田猎是不能够过度的，否则就会导致国家灭亡。虞人是掌管禽兽的官员，斗胆想通过君王的仆役转达这些话。’《虞人之箴》里这么说，我们难道不应该引以为戒吗？”此时晋悼公正沉迷于田猎，因此魏绛才讲了后羿的故事。

晋悼公说：“那么，难道就没有比与戎狄和好更合适的办法了吗？”

魏绛说：“与戎狄讲和有五方面的好处：戎狄是追逐水草而居的，因此他们看重财物而轻视土地，和好之后，我们可以把他们的土地买过来，这是第一点；不必再担心边疆受到骚扰，百姓也可以安居乐业，管理边疆农田的官吏也可以完成任务了，这是第二点；一旦戎狄归顺了晋国，四周各国都会被惊动，诸侯也会因为我们的威望而慑服，这是第三点；如果以德行安抚了戎狄，就能免去将士们远征的痛苦，武器也不会有什么损失，这是第四点；吸取后羿亡国的教训，应该推行德政，使远方的国家都来朝拜我们，邻近的国家也能够安心，这是第五点。希望君王还是认真考虑一下吧！”

晋悼公听了非常高兴，就派遣魏绛去与戎狄讲和，并且开始致力于百姓的事务，打猎也开始遵从时令了。

后来，鲁襄公十一年，晋悼公终于降服了郑国，郑国献上乐师、乐器和歌女、舞女，晋悼公把其中的一半赐给了魏绛。他说："是你让寡人同各戎狄部落讲和，并以此整顿中原的。八年以来，我们九次召集诸侯会盟，好像音乐一样，没有不和谐的地方。就请你和我一起来分享这其中的快乐吧。"

魏绛辞谢说："同戎狄和好，这是国家的福气；八年之中九次与诸侯会盟，诸侯又没有变心，这是由于君王您的威望，也是由于其他几位大臣的辛劳，我又有什么功劳呢？不过我还希望您如今既安于这种快乐，又能够做到善始善终。《诗经》里说：'快乐的君子，镇抚天子的邦国；快乐的君子，福禄与他人共享。治理好附近的小国，使他们心甘情愿地服从。'乐是用来巩固德行的，用道义安置它，用礼教推行它，用信用守护它，用仁爱勉励它，然后才能用来镇抚邦国，同享福禄，怀柔远人，这才是所谓的快乐。《书经》上说：'居安思危！'想到了危险就要有所防备，有了防备就可以消除祸患。我谨以此来规劝君王。"

晋悼公说："你的劝教我怎么敢不接受呢？如果没有你，我就不能正确对待戎狄，也不可能渡过黄河征服郑国。论功行赏，是国家的典章，藏在盟府中不能随便废除，你还是接受吧！"于是魏绛就接受了赏赐，从此得以在祭祀中使用金石之乐。

相关链接

〔1〕穷石：古地名。在今河南孟州市西。一说在今山东德州市南。

〔2〕寒国：夏代古国。在今山东潍坊东北。相传始封之君为寒浞。

晋楚争郑

郑国处于晋、楚之间，基于自身利益考虑，立场向来左右摇摆，犹如墙头之草，时而倒向北方，时而倒向南方。但为了称霸中原，晋、楚都想让它归附自己。因此，郑国常常成为两国争夺的焦点。

郑国处于晋、楚两大强国之间，为了生存考虑，其立场一向是左右摇摆的。但后来因为依附楚国而引发了鄢陵之战（鲁成公十六年），大大得罪了晋国，又因为楚共王为救援郑国，而在鄢陵之战中失去了一只眼睛，让郑成公很是感激，所以在鄢陵之战后，郑成公开始向楚国一面倒，而对晋国采取强硬的态度了。

鄢陵之战后的第一个春天，郑国主动侵扰晋国，由子驷率军进攻了晋国的虚、滑两地。五月，郑国又派太子髡顽和侯獳到楚国作人质，楚国让公子成、公子寅率军帮郑国戍守。

晋国因为受到郑国的入侵，晋厉公就纠合齐灵公、宋平公、卫献公、曹成公、邾人共同攻打郑国，鲁成公会合尹武公、单襄公前来助战。夏天，楚国则派令尹子重发兵救援，在首止驻扎军队，诸侯联军也只好撤回。冬天，晋国再次率领诸侯联军讨伐郑国，包围了郑国都城，楚公子申率军来救，驻扎在汝水边上，诸侯军队还是无奈返回。

鲁襄公元年五月，晋国的韩厥、荀偃率领诸侯联军攻打郑国，攻进了郑国都城的外城，在洧水[1]边击败了郑国的步兵。这时，东部诸侯的军队驻扎在郑国的鄫，等待和晋国的军队会合。晋军又从郑国带领驻扎在鄫地的军队进攻楚国的焦、夷两地以及陈国，晋悼公、卫献公率军驻扎在戚地，作为后援。楚国和郑国则出兵攻打宋国，解除了郑国的围困。

次年夏天，郑成公患病。当时楚国对郑国要求颇多，郑国不堪重负，所以子驷请求转而服从晋国，以解除楚国带来的沉重负担。

七月，郑成公去世。当时郑国由子罕主持国家大事，子驷负责政务，子国担任司马负责军务。晋国军队进攻郑国时，诸位大夫们倾向于服从晋国，但是子驷说："成公的命令还不容改变。"

晋国的荀罃与鲁国的孟献子、宋国的华元、卫国的孙林父等人在戚地会盟，商量联合对付郑国的事。孟献子出主意说："请在虎牢筑城，以逼迫郑国屈服。"虎牢本是郑国西北边境的险要之地，此时已被晋国夺取，因而得以在那儿筑城。

荀罃说：“好。在鄬地会盟时，您也听到齐国代表崔杼表示了对晋国的不满吧？现在他们果然不来了。滕国、薛国和小邾国的人也不来，都是因为齐国的缘故。我们国君所忧虑的，不仅仅是郑国啊。我准备向国君报告这一情况，请求齐国前来参加盟会。如果请求得到了允许，我们就告诉诸侯共同在虎牢筑城，那么这就是您的功劳了。如果请求得不到允许，战事就会在齐国发生。您的这一建议，是诸侯的福气，而不仅仅是我们国君的利益啊！”

冬天，诸侯再次在戚地会盟。齐国的崔杼和滕国、薛国、小邾国的大夫都参加了聚会，就是因为荀罃这一番话的缘故。于是诸侯在虎牢筑城，郑国人只好向晋国讲和。

鲁襄公七年冬，楚令尹子囊率军包围陈国都城。晋悼公召集诸侯在鄬地会盟，商量援救陈国的事。郑僖公做太子的时候，在鲁成公十六年和郑国的子罕一同去晋国，郑僖公对子罕不加礼遇。后来又和子丰同去楚国，对子丰也不加礼遇。郑僖公元年即鲁襄公三年的时候，去晋国朝

见，子丰本打算向晋国申诉，想废了僖公，但是被子罕劝阻了。这次在郏地会盟的时候，子驷担任相礼一职，僖公对他又不加礼遇。侍者向他劝谏，他不听；再次劝谏时，僖公就把侍者给杀了。于是，当他们回到郑国的鄵[2]地后，子驷便派人在夜里害死了僖公，而用暴病致死为名向诸侯发了讣告。郑僖公之子简公被立为国君，当时只有五岁。

第二年，郑国的公子们因为僖公之死，计划谋杀子驷，但是子驷先下了手。四月十二日，子驷制造罪名，杀了子狐、子熙、子侯、子丁，孙击和孙恶逃亡到了卫国。

这时，郑国人又想去归附晋国，于是四月二十二日，子国、子耳率领军队攻打亲近楚国的蔡国，俘虏了蔡国的司马公子燮。郑国人都非常高兴，唯独子国的儿子子产例外，他说："小国没有文治而有武功，没有比这再大的祸患了。如果楚国人前来讨伐，能够不顺从他们吗？假如顺从了楚国，那么晋国的军队也必然会来到。晋、楚两国轮番攻打郑国的话，那么郑国从今以后至少四五年内不得安宁了。"

子国对他发怒说："你知道什么！国家有兴兵打仗的重大使命，而且有执政的卿在那里，你一个小孩子说这些话，不怕惹上杀身之祸吗？"

晋悼公因为郑国也已归服，霸业大定，于是在五月初七召集郑简公、鲁国的季武子、齐国人、宋国人、卫国人、邾国人在邢丘[3]会盟。晋国公布了各个国家朝聘的财礼数目，让诸侯的大夫听取命令。郑简公虽然才六岁，但因为要在这次会上向晋国奉献讨蔡之战的战利品，所以也亲自到会听取命令。

冬天，楚令尹子囊攻打郑国，是为了讨伐郑国对蔡国的侵袭。子驷、子国、子耳希望服从楚国，但是子孔、子蟜、子展则打算等待晋国的救援。子驷说："《周诗》有这样的话：'等待黄河澄清，人的寿命能有几何？占卜次数如果太多，等于为自己结了网罗。'跟太多的人商量，意见就不能统一，百姓也就不能跟从，事情也会更加难以成功。现在百姓已经万分危急了，如果我们暂时顺从楚国，就可以缓解百姓的苦难。晋国军队来到时，我们再顺从他们。恭敬地准备财物布帛，等待到来的强国，这才是小国所应当做的。把牺牲玉帛准备好，放在晋、楚两边的边境上，强国到来就献上，以保护百姓。敌人不祸害百姓，百姓也免于疲敝，这不也是很好的办法吗？"

子展说："小国用以侍奉大国的，是信用。假如小国没有信用，那么战争和祸乱随时都可能会到来，而亡国也就不远了。我们曾经五次和晋国会盟，树立了信用，而现在却打算背弃它，即便楚国来救援我国，又能有什么用呢？让楚国亲近我们，我们不会有什么好结果，他们的目的是要把我国纳入他们疆界，我们决不能顺从他们。不如等待晋国军队的到来。晋国正逢贤明的国君，四军建制完备，八卿和睦相处，他们必然不会抛弃郑国的。楚国军队距离我们很远，粮食快要吃完了，一定会很快回去的，有什么可怕的呢？我听说：没有比信用更值得依靠的了。我们整治军备，加强防守，等待楚军疲惫，并依靠信用等待晋国军队的到来，不也是可以的吗？”

子驷说：“《诗经》中说：‘出主意的人太多，就很难有所决断。发言的人挤满了院子，那么谁敢承担过错呢？好比一边走路一边和别人商量，结果必然一无所得。’请顺从楚国，全部的责任都由我来承担。”子驷曾跟从郑伯到晋国朝见，结果没有受到晋侯礼遇，所以这时极力主张依附楚国。

于是郑国就与楚国讲和，并且派遣王子伯骈对晋国解释说：“君王您曾经命令敝邑：‘整治你们的战车，使你们的将士保持戒备，准备讨伐动乱。’蔡国的人不肯顺从，敝邑的人也就不敢贪图安宁，集中我国全部兵力讨伐蔡国，俘虏了蔡国的司马燮，并且奉献于邢丘的盟会上。现在楚国前来讨伐我们，说：‘你们为什么要对蔡国用兵？’焚烧了我国郊外的城堡，进犯了我国的城郭。我国的百姓无论男女，都为了互相救助而顾不得休息。国家将要倾覆，却没有地方可以诉说。百姓或死或逃，不是父兄，就是子弟。人人哀愁悲痛，不知道在哪里可以得到保护。百姓们感觉已经到了山穷水尽、无路可走的地步，因此只好就接受了楚国的盟约。孤和几个臣下也不能禁止百姓的这一行为，但是又不敢不向贵国报告。”

荀蓥派遣外交官子员回答说：“贵国的君王受到楚国的讨伐，也不派一个使者来告诉我们国君，反而立刻屈服于楚国。这既然是贵国君王的愿望，谁还敢反对呢？我们君王准备率领诸侯和你们在贵国的城下相见。请贵国的君王考虑一下。”

鲁襄公九年十月，晋悼公会合鲁襄公、宋平公、卫献公、曹成公、莒子、邾子、滕子、薛伯、杞孝公、小邾子、齐国的世子光一起攻打郑国。十一日，鲁国的季武子、齐国的崔杼、宋国的皇郧跟随荀蓥、士鲂进攻郑国都城的东门，卫国的北宫括、曹国人、邾国人则跟随荀偃、韩起一起进攻西门，滕国人、薛国人跟随栾黡、士鲂攻打北门，杞国人、郳国人跟随赵武、魏绛负责砍伐路边的栗树。十五日，诸侯联军驻扎在汜水河边。晋悼公对诸侯下令，说："修缮作战的器具，准备充足的干粮，送回老人和小孩，让有病的人住在虎牢，对无意之中犯错的人予以赦免，准备进攻郑国。"

郑国人非常害怕，就派人求和。荀偃说："先完成对郑国都城的包围，然后等待楚国前来救援，以求和楚军一战。不然的话，就不可能真正地讲和。"

荀罃说："还是答应他们的求和，先立誓结盟，然后再撤军，从而让楚国的军队去进攻郑国，使楚军疲敝。然后我们把军队分为三拨，加上诸侯联军的精锐，轮流与楚国军队作战。这样对我们来说，并不感到困乏，但是楚国军队绝对是受不了的。这种办法比等候和楚军作战要好。决一死战以图一时之快，这是不可取的，更大的任务还在后面，应该注意养精蓄锐。君子用智谋，小人用力气，这是先王的遗训。"于是诸侯都不想作战了，就同意与郑国讲和。十一月初十，双方在戏地缔结了盟约，这表明郑国已经顺从了。

将要举行盟誓的时候，郑国的六卿公子騑（即子驷）、公子发、公子嘉、公孙辄、公孙虿（即子峤）、公孙舍之，以及大夫、卿之嫡子都跟随着郑简公来了。晋国的士弱把盟书放到牺牲上，宣布盟书内容："从今往后，如果郑国不对晋国唯命是从，或者怀有他意，就根据此盟约予以惩罚。"

子驷上前一步说："上天降祸给郑国，让我们处于两个大国之间。大国不但不给予我们友好，反而以武力相威胁，从而使我们的神灵得不到祭祀，百姓得不到好处，男女老少辛辛苦苦却仍然瘦弱不堪，而且没地方诉说。从今天盟誓之后，郑国如果不是只服从既讲究礼仪又强大得可以保护百姓者的话，或者是服从而又怀有二心的话，甘愿受到上天的惩罚！"

荀偃见子驷的话不符合晋国的利益，赶紧说："需要再修改一下盟书！"

公孙舍之说："我们已经当着神灵的面把盟辞宣读过了，如果这都能修改的话，那么就说明将来我们也可以背叛晋国了。"

荀罃对荀偃说："我们的德行确实还不够，而要用盟约要挟别人，这样难道合乎礼仪吗？既然不合乎礼仪，又怎么能主持盟会呢？我们不如还是暂且结盟，退兵修养德行，修整军队，然后再来吧。最终一定能够得到郑国，又

何必非要现在得到它呢？如果我们没有德行的话，就连百姓也会抛弃我们的，哪里仅仅是郑国呀？如果我们既有美好的德行，又能与人和睦相处的话，远方的诸侯也必将前来归附，又何必只盯着郑国呢？”于是诸侯盟誓之后就回国了。

晋国人在郑国那里没能满足愿望，终究心里不平衡，很快便又带着诸侯进攻郑国。十二月初五，诸侯联军攻打了郑国的东、南、西三个城门，一连攻打了五天。十二月二十日，军队在洧水渡口阴阪渡河，再次进攻郑国，在阴口驻扎之后才回去。子孔说：“晋军可以进攻了，他们长久在外，疲劳困乏，而且有回家的念头，一定可以打败他们。”但子展反对，说：“不可以。”

楚共公因为郑国与晋国结盟，也要讨伐郑国。子驷打算向楚国求和，子孔、子蟜说：“我们和晋国刚刚结盟，嘴里饮的血还没有干呢，现在就要背弃了，这怎么可以呢？”

子驷、子展说：“盟辞中本来就说‘只服从强大的国家’，现在楚国军队到来了，晋国又不来救援我们，那么楚国就变成强国了。盟誓的话，我们哪里敢违背呢？再说了，在逼迫之下签订的盟约是没有信用可言的，神灵也不会前来听取。只有诚信的盟会，神灵才会前来听取盟约。因为信用是言语的祥兆，是善良的根本，所以神灵才会降临。圣明的神灵不会理睬逼迫之下订立的盟约，背叛它也是可以的。”于是就和楚国讲和了。楚国的公子罢戎来到郑国的都城结盟，举行了结盟的仪式。

晋悼公回到国内以后，研究怎样才能使百姓得以休养生息。魏绛请求给予施舍，把储蓄的财物借贷给百姓，从悼公以下，只要有积蓄就都贡献出来。国家财货流通，也就没有贫困无告的人了；君王不禁止百姓谋利，也就没有贪婪犯禁的百姓了。在祭祀祈求的时候，用货币代替牛羊，宴请宾客的时候也只用一种牲畜，不再制造新的器物，车马的服装也以够用为原则，不再追求奢侈。这些措施执行了一年以后，国家便有了一定的礼节和法度。因此后来晋悼公三次出兵，楚国都没有能力抗衡。

相关链接

〔1〕洧水：古水名。源出今河南登封东北阳城山，东南流，至新郑汇入溱水。

〔2〕鄵：一作操。春秋郑地。当在今河南境内。

〔3〕邢丘：春秋晋邑。在今河南温县东。

晋灭偪阳

鲁襄公十四年，在大夫荀偃、士匄的请求下，晋国联合诸侯军队攻灭偪阳，然后把它送给宋平公，以扩充宋国疆土。

鲁襄公十年夏，因为宋国一向亲近晋国，晋国的荀偃、士匄就请求攻打偪阳[1]，攻下后将它作为宋国贤臣向戌的封邑。荀䓨说："偪阳虽然是个小国，但城池却很坚固，就算我们攻了下来也显示不了勇敢，攻不下来则反而会被人讥笑。"但是荀偃等人却坚决请求。

于是在四月九日，晋国军队围攻偪阳，果然很久也不能攻克。这时鲁国孟孙氏的家臣秦堇父拉着一辆辎重车来到战场，偪阳人打开城门，诸侯的将士趁机进攻。突然内城的闸门放了下来，这时鲁国郰邑大夫叔梁纥[2]用他的双手顶住了城门，才使攻进城内的士兵得以出来。

鲁国人狄虒弥把一个大车轮子立起来，蒙上甲皮作为大盾牌，左手拿着这个大盾牌，右手拔出戟，带领一队士兵冲锋陷阵。孟献子说："这就是《诗经》中所说的'像老虎一样有力气'的人啊！"

偪阳的守城将领把布从城墙上放了下来。秦堇父拉着布登城，快到城垛的时候，守城的人就把布割断，秦堇父从上面摔落在地。城上的人又把布放了下来，秦堇父苏醒过来后就重新上去，这样反复了三次，一直到守城将领对他表示钦佩后才停止。后来秦堇父把断布当腰带缠着，在军中展示了三天。

诸侯的军队攻打偪阳已经很久了，荀偃、士

○品画鉴宝　人擎灯（战国）灯盘圆形，浅腹，斜弧壁。铜人立于方座中，柱座上饰蟠龙纹。

匄向荀罃请示说：“就快要下雨了，恐怕到时候不能回去，请您下令退兵吧。”

荀罃听了非常恼怒，把机弩扔向他们，机弩从他们两个人中间飞过。他说：“你们把攻偪阳、封向戌这两件事办成了再来跟我说话。以前我担心意见不一致而扰乱命令，所以才违心批准了你们的请求。你们既然已经让国君辛劳，发动了诸侯的军队，并且拉着老夫到了这里，现在你们不坚持进攻，却又想把罪过归在我的头上，回去后说：‘就是他下令退兵的，不这样的话，也许就攻下来了。’我现在已经老了，还能再承担起这样的罪责吗？我告诉你们，限你们七天内攻下此城，否则就一定要你们的脑袋！”

五月初四，荀偃、士匄率领步兵攻打偪阳，亲身冒受箭和石块的攻击。初八，终于攻灭了偪阳。

晋人攻下偪阳后，打算把偪阳封给向戌。向戌却推辞说：“如果还承蒙君王安抚宋国，而用偪阳来使我们国君进一步扩大疆土，我们臣下也就安心了，还有什么能比得上这样的恩赐呢？如果君王赐给臣，那就是臣为了自己求封地而发动诸侯的军队，还有什么罪过比这更大呢？小臣冒死请求君王不要让我犯这样的罪过。”于是就把偪阳送给了宋平公。

相关链接

〔1〕偪阳：春秋古国。在今山东枣庄南。灭于晋，地归宋。

〔2〕叔梁纥：？－公元前548年，名纥，字叔梁。春秋鲁国大夫。孔子之父。治陬邑（今山东曲阜东南）。有勇力。

王叔伯舆争政

王叔陈生和伯舆争夺周王室政权，晋国派士匄前往调解纠纷。士匄遵从周灵王的意思，表示支持伯舆，陈生便逃亡到了晋国。

鲁襄公十年，周王室的卿士王叔陈生和伯舆争夺政权，周灵王支持伯舆。王叔陈生发怒，就离开成周出逃。到达黄河边上时，周灵王派人叫他回去，并且杀了王叔陈生所厌恶的史狡来取悦于他。但是王叔陈生还是不愿意回去，就住在了黄河边上。

晋悼公派士匄去调解王室的纠纷，王叔陈生和伯舆相互指控。王叔陈生的总管和伯舆的大夫瑕禽分别代表两家在天子的朝廷上争讼，士匄听取他们的诉讼。

王叔陈生的总管说："伯舆这样蓬门小户[1]出身的人，想要凌驾于王叔那样高贵的人之上，是目中无人的表现！"

瑕禽说："从前周平王东迁，七姓人家跟随天子，伯舆的祖先就在其中。天子祭祀用的牺牲全部由他们来准备，天子信赖他们，并且宰杀了红牛盟誓，说：'让你们世世代代承袭卿位。'如果是蓬门小户，他们能够来到东方并且留下来吗？天子又怎么信赖他们呢？现在王叔控制朝权，辅佐天子，他处理政事贿赂公行，把执行法律的大权全都交给他的宠臣。官员们全都富得流油，那我们又怎能不变成蓬门小户？请大国考虑一下！如果下面的人都不能讲理，那什么是公正呢？"

士匄说："天子所支持的，也就是我们国君所要支持的；天子所不支持的，也就是我们国君所不支持的。"于是就让王叔和伯舆对证，王叔拿不出他的证据来，于是便逃亡到了晋国。

相关链接

〔1〕蓬门小户：指贫贱之家。蓬门，编织蓬草为门。形容家境贫寒。小户，门第（家族或家庭的社会地位）较低。与世家豪族相对。

郑国子驷和尉止素有嫌隙。尉止联合曾被子驷压制的司氏、堵氏等家族发动叛乱，在宫廷上杀死了子驷、子国、子耳三位执政大夫。

鲁襄公十年六月，楚国的子囊、郑国的子耳攻打宋国，军队驻扎在訾毋[1]。十四日，包围了宋国的都城，并且攻打它的北门桐门。

卫献公出兵救援宋国，军队驻扎在襄牛。郑国的子展说："一定要攻打卫国。不然的话，就是不亲附楚国的表现。我们现在已经得罪了晋国，如果再得罪楚国的话，将来国家该怎么办呢？"

子驷说："国家已经很困顿了。"

子展说："得罪了这两个大国，将来一定会灭亡的。困顿难道不比灭亡好些吗？"大夫们都认为子展的话对。所以郑国的皇耳就率军攻打卫国，这是接受了楚国的命令。

卫国执政孙林父为追逐郑国的军队而占卜，把占卜的结果报告给卫献公的母亲定姜。定姜问繇辞是怎么说的，孙林父说："兆象犹如山陵，有人率军出征，丧失了他们的英雄。"

定姜说："出征而丧失英雄，这就说明对抵御的一方有利。大夫们考虑一下吧！"于是，卫国人就追逐郑国撤退的军队，孙蒯在犬丘俘虏了郑国的皇耳。

七月，楚国的子囊、郑国的子耳进攻鲁国的西部边境。回国的时候，又包围了宋国的县邑萧。八月十一日，攻克了萧地。九月，子耳又出兵进攻宋国北部的边境。

鲁大夫孟献子说："郑国恐怕要有灾祸了吧！军队出征太过频繁了。周王还经不起经常征战，更何况是郑国呢？如果有灾祸的话，恐怕会落在执政的那三位大夫身上！"

晋悼公会合诸侯再次攻打郑国。七月二十五日，诸侯联军在牛首驻扎。

当初，子驷和尉止发生过争执，现在将要抵御诸侯军队了，子驷就故意减少了尉止率领的兵车数目。尉止俘虏了敌人，子驷又要与他争夺功劳。

子驷压制尉止说："你的战车太多了，不合乎礼制。"于是就不允许他进献俘虏。当初，子驷用兴修水利为借口，挖沟修埂，司氏、堵氏、侯氏、子师氏都因此而丧失了自己的田地。于是，尉氏就联合几个不得志的家族，一起发动了叛乱。

此时，郑国的政权由子驷执掌，子国担任司马，子耳担任司空，子孔担任司徒。十月十四日，尉止、司臣、侯晋、堵女父、子师仆率领叛乱分子进入宫中，一大早在西宫的朝廷上攻击执政者，杀了子驷、子国、子耳，并且劫持郑简公到了北宫。子孔由于事先知道了这件事，所以没有被害死。

《春秋》经记载："盗杀郑公子騑、公子发、公子辄。"是因为参与叛乱的都是士阶层的人，而没有卿大夫参与叛乱[2]。

子驷的儿子子西听说发生了叛乱，没有安排警戒就来到了西宫。收敛了他父亲的尸骨，就去追赶叛乱分子。叛乱分子进入北宫后，子西才回去分发皮甲，准备组织进攻。但是家臣和男女奴仆大多已经逃走，而且器物大多也已丢失。

子国的儿子子产听说有了叛乱，便迅速部署守门的警卫，配齐所有的官员，关闭府库，把贵重物品慎重地收藏好，完成了警戒，把士兵排成行列之后才出来，出动了十七辆兵车。他先收敛了他父亲的尸首，然后到北宫攻打叛乱分子。子蟜率领国都的人们帮助他，最后杀了尉止、子师氏，将跟从的叛乱分子全部消灭，只有堵女父、司臣、尉翩、司齐逃亡到了宋国。

子孔掌握了国家政权，重新制作了盟书，规定官员各守其位，听取执政者的命令。大夫、各司官员、守门人都不肯顺从，于是子孔就准备把他们全部诛杀。子产劝阻他，并且请求他烧掉盟书。但是子孔不同意，说："制定盟书就是要用来安定国家，如果是因为大伙不同意就烧了它，这不就是等于大伙当政吗？国家岂不是就很难治理好了？"

子产说："众人的愤怒难以触犯，一个人的愿望难以达成，你要把这两件难办的事情合在一起做，想以此安定国家，这是很危险的办法。不如烧掉盟书来安定大伙，你得到了所需要的东西，大伙也能够安定，这不也是可以的吗？一己的愿望不能成功，触怒了大众就会发生祸乱，你可一定要听从我呀！"于是，子孔就在仓门之外烧掉了盟书，这样大伙才安定了下来。

相关链接

〔1〕訾毋：春秋宋地。在今河南鹿邑南。

〔2〕《春秋·鲁襄公十年》："冬，盗杀郑公子騑、公子发、公孙辄。"杜注："非国讨，当两称名氏。杀者非卿，故称盗。以盗为文，故不得言其大夫。"

晋人服郑

晋人在虎牢以及梧地、制地筑城屯兵，使郑人面临着亡国的巨大压力。为了生存考虑，郑执政大夫决定归附于晋。

晋国的荀罃听从鲁国孟献子的建议，率领诸侯在要害之地虎牢筑城并留兵戍守，使郑国感到巨大的压力。鲁襄公十年，晋国军队又在虎牢附近的梧地和制地修筑小城屯兵，储存粮草和兵器，与虎牢大城相呼应，并且派士鲂和魏绛戍守。无奈之下，郑国便决定和晋国讲和。

楚国的子囊前来救援郑国。十一月的时候，诸侯军队绕过郑国都城往南移动，到达了阳陵[1]，楚国军队仍旧不肯退去。荀罃想要退兵，说："如今我们避开楚军，楚国就必然会骄傲。他们一旦产生了骄傲的情绪，我们就可以和他们作战了。"

栾黡说："避开楚军，这就是晋国的耻辱。我们联合诸侯的结果，却只是增加了耻辱，这还不如一死！我准备单独率领军队进攻楚国。"于是诸侯联军向前推进。十六日，和楚国军队隔着颍水[2]驻扎了下来。

郑国的子蟜说："诸侯联军已经作了退兵的准备，一定不会和楚国的军队作战了。我们顺从了，他们要退兵；我们不顺从，他们也要退兵。他们如果退兵了，那么楚国必然要围攻我们。既然同样是要退兵，那么我们还不如归顺楚国，用这样的办法让楚国也退兵。"于是就在夜间渡过颍水，和楚国人缔结了盟约。

栾黡想要攻打郑国军队，荀罃不同意，说："是因为我们不能抵御楚国的军队，又不能保护好郑国，郑国才这样做的。郑国有什么罪呢？我们还不如回去，这样可以增加郑国对楚国的怨恨。如果现在攻打郑国的军队，楚国必然会救援他们，如果作战而不能胜利，就会被诸侯笑话。既然胜负不能肯定，就不如知难而退。"二十四日，诸侯的军队撤退，顺路攻打了郑国的北部边境后就各自回国了，楚国人也退兵回国。

郑国西北与周王室相邻，南与蔡接壤，东邻宋，西南邻楚，诸侯若想称霸中原，首先就要争取郑国。这些年晋、楚争霸，争夺夹在他们之间的郑国，以郑国为战场，几乎年年都有战事，所以郑国人为此非常忧心。大夫们都说："如果不顺从晋国，国家几乎就要灭亡了。楚国比晋国稍微弱一些，但晋国并不急着得到我们。如果晋国急需我们的话，楚国一定会避让他们的。怎么做才能让晋国军队出死力攻打我们，使楚国不敢相抗，然后使我们和晋国的关系牢固不破呢？”

子展说：“向宋国挑衅，诸侯必然会来到，我们就跟他们结盟。楚国来到，我们再服从楚国，这样晋国就会非常生气。如果晋国屡次前来进攻，楚国就将不能抵挡，这样我们就能和晋国保持稳固的同盟关系了。”大夫们对此都表示赞同，于是便派边境的官员向宋国挑衅。

鲁襄公十一年春，宋国因为受到挑衅，就派向戌率军进攻郑国，俘获了很多东西。子展说：“现在是出兵攻打宋国的时候了。如果我们攻打了宋国，晋国一定率领诸侯出死力气攻打我们，我们就马上听从晋国的命令，同时向楚国报告。楚国军队一来到，我们就和他们结盟，并且多多地贿赂晋军。这样我们就可以免于年年遭受战祸了。”夏天，郑国的子展出兵进攻宋国。

四月，晋国率领诸侯攻打郑国。十九日，齐国的太子光和宋国的向戌率先抵达郑国国都，驻扎在东门外。当天晚上，晋国的荀罃率军来到郑国都城的西郊，并且往东进攻许国的旧地。卫国的孙林父进攻郑国的北部边境。

六月，诸侯在北林会盟，军队驻扎在向地。然后又挥师西北逼近郑国都城，在琐地稍作停留后，就继续前进，包围了郑国的都城，并且在郑国都城的南门外面炫耀武力，又向西渡过了济隧河。郑国人害怕了，就向诸侯求和。

七月，郑国与诸侯在亳地方结盟。士匄说：“我们如果不谨慎从事，就必然会失去诸侯。诸侯往来疲惫，却没有取得功绩，能不三心二意吗？”于是订立盟约，盟书上说：“凡是我们的同盟国家，不要囤积粮食，不要垄断利益，不要庇护罪人，不要收留奸恶，要相互救济灾荒，安定祸乱，统一好恶标准，共同辅助王室。如果有谁触犯这些条律，司

慎、司盟[3]两位天神，名山大川的所有神灵，先王、先公、七姓十二国的祖宗，还有圣明的神灵都要诛戮他，让他失去百姓、丧失生命、家族灭亡、亡国亡家。”

楚国的子囊向秦国请求援兵，秦国的右大夫詹便率领军队跟随楚共王，由楚共王带领攻打郑国。郑简公马上前去迎接，表示顺服。二十七日，郑国按原先定下的策略又一次攻打宋国。

九月，晋国率领诸侯全军出动，再次攻打郑国。郑国派使者到楚国报告，说他们准备对晋国顺服，说：“我们出于要保存国家社稷的考虑，不能再侍奉君王了。君王如果能够用玉帛安抚晋国，或者能够用武力威慑住他们，那就是我们的愿望了。”楚国人很生气，不顾外交的礼节与惯例，把郑国派来的使者抓住关了起来。

诸侯的军队又在郑国都城的东门外炫耀武力。郑简公派王子伯骈向诸侯求和。二十六日，晋国的赵武进入郑国都城与郑简公结盟。十月初九，郑国的子展出城和晋悼公结盟。十二月初一，双方在萧鱼会盟。初三，晋国赦免了郑国的俘虏，给他们以礼遇，然后将他们放了回去，同时收回了侦察兵，并且严禁掠夺。晋悼公派叔向把郑国归服的消息通告给各个诸侯，鲁襄公派臧孙纥回答说：“凡是我们的同盟，小国有了罪过，大国派兵讨伐，只要稍有所得，大国很少不加以赦免的。我们国君完全听从君王的命令。”

郑国人把师悝、师触、师蠲三位乐师送给晋悼公，还送给他成对的广车、軘车[4]各十五辆，车上盔甲武器配备齐全，加上其他的战车共一百辆，还有歌钟两架，还有与其相配的小钟和磬，以及能歌善舞的美女十六人。

相关链接

〔1〕阳陵：郑邑。在今河南许昌西北。

〔2〕颍水：今名“颍河”。源出今河南登封嵩山西南，东南纳沙河、贾鲁河，于安徽寿县正阳关入淮河。为淮河最大支流。

〔3〕司慎、司盟：《左传》鲁襄公十一年，郑国与诸侯盟誓曰：“或间兹命，司慎、司盟，名山、名川……”杜注：“二司，天神。”孔疏：“盟告诸神，而先称二司，知其是天神也。”

〔4〕广车、軘车：《左传·襄公十一年》：“郑人赂晋侯……广车、軘车淳十五乘，甲兵备。”杜注：“广车、軘车，皆兵车名。”孔疏：“皆是兵车，而别为之名，盖其形制殊、用处异也。”郑玄云：“‘广车，横陈之车也’。服虔云：‘軘车，屯守之车也。’”

迁延之役

晋、楚争霸，秦人跃跃欲试，便在楚军协助下进攻晋国。为报入侵之仇，晋师带领诸侯军队西渡泾水。但由于将帅意见不一，联军最终不战而返。

晋楚两大强国争霸，秦国也不甘寂寞，想与楚国合作，向晋国挑衅。鲁襄公九年夏天，晋国正为要降服郑国，与楚、郑闹得不可开交的时候，秦景公派遣士雃到楚国请求出兵协助进攻晋国，楚共王同意了。

楚国的令尹子囊反对楚国出兵，他说："不行！现在我们还不能和晋国争霸。晋悼公任用贤良，选拔的人都能够胜任职务，官员们也能够执行政策。他的卿都心甘情愿地把职位让给有才能的人来担当，他的大夫也都能够恪尽职守，他的士也都能够致力于教化，他的农民也都能够辛勤耕作，他的工商皂隶[1]也都能够安守本分。韩厥虽然已经告老还乡了，但是荀罃又接替了他的位置执掌政权。士雃比荀偃年轻，但是中行偃却让他居自己之上，担任中军副帅。韩起比栾黡年轻，栾黡和士雃却让他位居他们之上，担任上军副帅。魏绛多次建立战功，但他认为赵武贤能，就心甘情愿地做他的副手。晋国君王贤明，臣子忠诚，上面谦让，下面团结。在这样的情况下，我们是不能与晋国为敌的，只有侍奉他们才可以。请君王还是好好考虑一下吧！"

共王说："我既然已经答应他了，虽然我们国家比不上晋国，但还是一定要出兵的。"秋天，楚共公在武城集合军队，作为对秦国的支援。

于是秦国人攻打晋国。当时晋国正在闹饥荒，因此没有能够给予回击。第二年夏天，晋国才派荀罃率军攻打秦国，以报去年秦军入侵之仇。

于是秦国也卷入了晋楚的争霸。鲁襄公十一年冬，秦国派庶长（秦国爵位名）鲍、庶长武两个人

率军攻打晋国，以救援郑国。鲍首先进入晋国领土，士鲂率军抵御，由于他认为秦国的军队人数少，因而没有进行认真的戒备。初五，武又从辅氏渡河，和鲍一起攻击晋军。十二日，秦国和晋国在栎地交战，晋军大败，就是因为晋国人过于轻视秦国的缘故。

鲁襄公十四年夏，晋悼公召集诸侯军队攻打秦国，以报三年前栎地之役的仇。悼公在边境等待，让晋国的卿带领鲁国的叔孙豹、齐国人、宋国人、卫国的北宫括、郑国的子蟜、曹国人、莒国人、邾国人、滕国人、薛国人、杞国人、小邾国人一起进攻。

到达泾水时，诸侯的军队都不肯渡河。晋国的叔向去见叔孙豹打探情况，叔孙豹赋《匏有苦叶》一诗表示自己的意见，叔向听了以后就退出去准备船只了。匏就是葫芦，中间空可以浮在水上，但没有其他用途，所以叔向听叔孙豹赋《匏有苦叶》诗，就知道鲁国人是打算渡河的了。

鲁国人、莒国人率先渡河，郑国的司马子蟜去见卫国的北宫括，说："依附别人却又不死心塌地，再没有比这个更让人讨厌的了。我们国家应该怎么办呢？"北宫括见英雄所见略同，很是高兴，于是两个人一起去见诸侯的军队，劝他们尽快渡河。诸侯军队渡过泾水，驻扎了下来。

秦国人在泾水上游下毒，诸侯的士兵喝了有毒的河水，死了很多人。子蟜率领郑国的军队前进，其他国家的军队也都跟上。大军到达棫林时，仍然不能迫使秦国屈服。中军统帅荀偃便打算进攻，下命令说："明天鸡

叫的时候套好战车，填井平灶，你们就看着我的马头行动好了。”

下军统帅栾黡说：“晋国的命令，从来没有这样的。我的马头偏偏想向东走。”秦军在晋军西面，栾黡这样说完后，就掉头回国，整个下军也跟着他回去了。

随军左史问下军副帅魏绛：“难道我们也不等待荀偃了吗？”

魏绛说：“是他老人家命令我们服从统帅的。栾黡是我的统帅，我只能服从他了。服从统帅，也就是服从荀偃他老人家呀。”

荀偃见下军回去了，说：“我的命令确实有错误，现在后悔哪里还来得及？只能给秦国创造一个俘获我军士兵的机会了。”于是就命令全军撤退。晋国人称这次战役为“迁延之役”。

栾黡的弟弟栾鍼，当时担任下军车右，他说：“这次战役，本来是为了报复栎地的失败。发动了战争却又没有功劳，这是晋国的耻辱。我的战车居于全军第二位，怎么能不感到耻辱呢？”于是就和士匄的儿子士鞅一起冲到秦军中间，最后栾鍼战死，士鞅则逃了回来。栾黡就对士匄说：“我的弟弟不想这样做，是你的儿子叫他去的。现在我的兄弟战死了，而你的儿子却回来了，这是你的儿子杀了我的兄弟。如果你不把他赶走，我也打算杀死他。”士鞅只好逃亡到秦国。

相关链接

〔1〕皂隶：古代贱役之称。后专指衙门中的差役。

孙林父逐献公

孙林父发动叛乱，率领族人进攻国都，迫使卫献公逃亡齐国。卫穆公的孙子剽被立为君，是为殇公。

卫献公约请孙林父、宁惠子一起吃饭，于是两个人都穿上朝服在朝廷上等待。但是到了太阳落山的时候，卫献公还没有召见他们，而是在园林里射大雁。两个人跟到园林里，卫献公跟他们说话的时候居然没有摘掉帽子，两个人都很生气。孙林父回到采邑戚[1]地，派遣他的儿子孙蒯入朝请命。

卫献公招待孙蒯喝酒，并让主管音乐的太师唱《巧言》[2]最后一章。《巧言》最后一章说："那是什么人啊，住在黄河的边上。既无武艺又不勇敢，却想要犯上作乱？"献公想以此讽刺孙林父，太师知道唱了一定会促使孙林父叛乱，于是就辞谢了，但太师手下的师曹却主动请求歌唱。原来，当初卫献公有一个宠妾，让师曹教她弹琴，师曹鞭打了她。卫献公发怒，就鞭打了师曹三百下。所以现在师曹愿意唱《巧言》来激怒孙蒯，作为对卫献公的报复。

卫献公同意了师曹的请求，师曹就朗诵了这首诗。孙蒯听到后非常害怕，回去告诉孙林父，孙林父说："国君已经嫉恨我了，如果不先下手，就非死不可！"

这时是鲁襄公十四年的夏天，孙林父把家族里的人集合起来，带着他们从戚地出发进攻国都。路上遇到蘧伯玉，孙林父说："国君太暴虐了，这是你所知道的。我很害怕国家颠覆，你看该怎么办呢？"

蘧伯玉回答说："君王管理他的国家，臣下哪里敢冒犯他呢？即使冒犯了他，立了新的国君后，又怎么知道这个新的国君不会比旧的更暴虐呢？"蘧伯玉知道卫国将发生变乱，于是就从最近的出境关口逃出了卫国。

卫献公派子蟜、子伯、子皮和孙林父在丘宫结盟，孙林父把他们全都杀了。四月二十六日，子展逃亡到了齐国。卫献公逃到了鄄地，派子行向孙林父请求，孙林父又把子行也杀了。卫献公只好向齐国逃亡，孙林父追了上去，在河泽[3]打败了卫献公的亲兵。鄄地的人抓住了卫献公的败兵。

当初，尹公佗曾在庾公差那里学习射箭，庾公差又是在公孙丁那里

○ 品画鉴宝　兽目交连纹簋（西周）　器呈盂形，喇叭口，深腹，高圈足外撇。

学的箭术。现在尹公佗和庾公差追赶卫献公的车子，而为卫献公赶车的却是公孙丁。庾公差说："我如果射他，就是背弃了老师；如果不射，就会被诛戮。可能还是射了更合乎礼法吧。"于是就射中了车两边的曲木，然后便驱车回去了。尹公佗说："您为了老师而不忍心射中，我和他的关系就远了。"于是掉转车头再去追赶。公孙丁把马缰绳交给卫献公，然后张弓射尹公佗，一箭穿透了尹公佗的臂膀。

到达边境时，卫献公派祝宗向祖先报告逃亡之事，同时诉说自己并没有罪过。献公的母亲定姜说："如果没有神灵，那么报告什么呢？如果有神灵，就不能欺骗。你确实有罪，为什么要报告说没有呢？丢弃大臣而和小臣商量，这是第一件罪过；先君让孙林父等卿做你的辅佐大臣，你却轻视他们，这是第二件罪过；我尽心尽力侍奉先君，而你却像对待婢妾一样，凶暴地对待我，这是第三件罪过。你只报告逃亡就可以了，不要再报告没有罪过了。"

卫国大夫右宰谷随同献公一起逃亡，后来又逃了回去。卫国人打算杀掉他，他辩解说："当初跟随献公出逃，我也不愿意那么做。我虽然跟从献公出逃，但与献公并不同心。"于是卫国人就赦免了他。

卫国人立卫穆公的孙子剽为国君，是为殇公。孙林父、宁殖辅助他。

乐师师旷在晋悼公身边侍奉。晋悼公说："卫国人把他们的国君赶走，不也太过分了吗？"

师旷回答说："也许是他们的国君实在太过分了吧！好的国君，会奖赏善良惩罚奸恶，抚养百姓就像儿女一样，覆盖他们就好像上天一样，容纳他们就好像大地一样。百姓对待君王，热爱他好像父母一样，敬仰他好像日月一样，敬重他就好像神灵一样，害怕他好像雷霆一样。这样的国君，难道还能够被赶走吗？君王是神灵的祭主，也是百姓的希望。如果让百姓财用匮乏，让神灵失去祭祀，那么百姓就会感到绝望，国家也将要没有主人，那么君王还有什么用呢？不把他赶走又该怎么办呢？

“上天创造了百姓，并且给他们一个君王，就是要让他统治他们，使他们不至于失去本分。因此天子有公，诸侯有卿，卿又设了侧室，大夫又有二宗，士有朋友，庶人、工、商、皂、隶、牧、圉也都有亲近的人，以互相帮助。行善了就要赞扬，有错了就要纠正。有患难就救援，有过失就改掉，从天子以下，各有父兄子弟来观察并补救他们的得失。太史加以记载，乐师写作诗歌，乐工吟诵箴谏，大夫规劝开导，士人传达意见，庶人指责缺点，商人在市场上议论，各种工匠则通过呈献技艺来规劝。所以《夏书》中说：‘宣令官摇着木铎在大路上巡行，官师小吏相规劝，工匠呈献技艺以作劝谏。’正月初春，在这个时候宣令官就出动了，这是希望大家都能有机会劝谏君王的过失。上天非常爱护他的百姓，难道会让一个人在百姓的头上任意胡来，放纵他的邪恶而失掉天地的本性吗？一定不会这样的。”

晋悼公向荀偃询问卫国的事情，荀偃回答说：“不如根据现在的状况而使卫国安定下来。卫国已经有了新的国君，如果攻打它，不见得能够满足我们的愿望，反而又惊动诸侯。《史佚》中有句话说：‘趁着它的稳定，尽快加以安抚。’仲虺有句话说：‘灭亡的可以欺侮，动乱的可以推翻，推翻灭亡的巩固存在的，这才是治理国家的常道。’君王还是安定卫国以等待时机吧！”

冬天，晋国召集诸侯，士匄与鲁国的季孙宿、宋国的华阅、卫国的孙林父、郑国的子蟜、莒国人、邾国人在戚地会盟，商量如何安定卫国。晋国以中原霸主的身份，居然认可了孙林父驱逐国君的行为，可以说是在公开鼓励逐君。从此，“政逮于大夫”的局面更是一发而不可收拾。

相关链接

〔1〕戚：春秋卫邑。即今河南濮阳北戚城。丘宫在其附近。

〔2〕《巧言》：即《诗·小雅·巧言》。其卒章曰：“彼何人斯，居河之麋。无拳无勇，职为乱阶。”

〔3〕河泽：古泽名。在今山东东阿一带。

子罕不贪为宝

宋国的子罕是一位清正廉洁的大臣，他一生以不贪婪财物为至上之宝。晋国的叔向对他的高尚品格赞叹不已。

子罕是宋国的贤臣。鲁襄公十年郑国的尉氏、司氏之乱后，活下来的叛乱分子都逃到了宋国。鲁襄公十五年，因为子西之父子驷、良霄之父子耳和子产之父子国都在叛乱中被杀，郑国人就以一百六十匹马和乐师师茷、师慧[1]作为礼物送给宋国，又让公孙黑去宋国作人质，想要回逃亡宋国的叛乱分子。当时子罕是宋国的司城，他就把逃亡来的堵女父、尉翩、司齐交还给了郑国；另外还有一个叫司臣的，子罕认为他有才能，于是就放走了他，托付给鲁国的季武子，季武子把他安置在卞地。郑国人把堵女父、尉翩、司齐三个人剁成了肉酱。

师慧来到宋国，走过宋国朝廷的时候，就想在那儿小便。扶他的人说："这里是朝廷。"师慧说："这儿又没有人，怕什么？"扶他的人说："朝廷上怎么会没有人呢？"师慧说："一定没有人。如果还有人的话，难道会用千乘之国的相国[2]去交换一个演唱淫乐的盲人吗？一定是宋国没有人的缘故。"子产等人是郑国的执政，师慧的意思是宋国不为子产等人主动送回叛乱者，却为了得到盲乐师而做。子罕听到后，坚决向宋平公请求，把师慧送了回去。

宋国有个人得到了一块美玉，把它献给了子罕，子罕不肯接受。献玉的人说："我已经拿给玉工看过了，玉工认为它是宝物，所以我才敢进献给您呀！"子罕说："我把不贪婪当作宝物，你把美玉作为宝物。如果把玉给了我，那么我们两人都丧失了宝物，不如各人保有自己的宝物吧。"

献玉的人叩头，然后对子罕说："小人怀中藏着宝玉，到哪里都不安全，还是把它送给您吧，这样就可以免于被人谋财害命了。"于是子罕就把美玉放在自己住的地方，让玉工雕琢它，然后又卖了出去，把钱给献玉的人，让他成了富翁，然后送他回家去了。

鲁襄公十七年的时候，宋国的皇国父做了太宰，要为平公建造一座高台，因此妨碍了农业收割。子罕请求在农事完毕以后再建造，平公不答应。于是筑城的人就唱着歌谣说："白皮肤的皇国父，征发我们做劳役；黑皮肤的子罕，体贴我们的心意。"

子罕听到了以后，亲自拿着竹鞭，监督施工，并且鞭打那些不肯出力气的人。他说："我们这些底下人都有房子躲避干湿寒暑，现在国君要建造一个台子，如果不能很快完工，还怎么做事情呢？"听了这些话，那些唱歌的人就都停下来不唱了。

有人问子罕为什么这么做，子罕说："宋国这么一点地方，既有诅咒的声音，又有歌颂的声音，这是祸乱的根本啊。"

鲁襄公二十九年，郑国的子展去世，他的儿子子皮继承父亲的位子做了上卿。此时正逢郑国发生饥荒，而当年的麦子还未收割，老百姓困苦不堪。子皮根据子展的遗命给国内的人分发粮食，每户一钟，郑国人没有挨饿，子皮也得到了郑国老百姓的极大拥护。

子罕听说这一情况后说："多做善事，这是百姓所希望的。"宋国也发生了饥荒，子罕便请示宋平公，要求拿出公室的粮食借给百姓，让大夫们也都把粮食借出来。子罕自己的家族借粮食给别人，却不写借据，不要求别人归还，同时还以那些缺乏粮食的大夫的名义，借给百姓粮食。宋国人也没有人挨饿。

晋国的叔向听说这些情况后说："郑国的罕氏（即子展、子皮的家族）、宋国的乐氏（即子罕的家族），肯定会长盛不衰，他们应该都能够执掌国家的政权吧！这是因为民心都已归向他们了。以其他大夫的名义施舍，不只是考虑树立自己的德望名声，在这方面，乐氏更胜一筹。他们将与宋国共存亡吧！"

○品画鉴宝　银鎏金兽面镂空玉璧（战国）

相关链接

〔1〕师慧：郑国盲人乐师。名慧。"师"是对乐官的称呼。

〔2〕相国：官名。春秋齐景公始置左、右二相。辅弼国君，总揽朝政，居百官之长。

齐晋平阴之役

齐国屡次违背盟约入侵鲁国，晋国率领诸侯军队前往讨伐。平阴相战，齐师败绩。联军紧追不舍，一直打到了齐都临淄。

当初，晋卿士匄向齐国借了舞蹈及装饰用的鸟羽和牦牛尾，却一直没有归还，齐国人很不满，开始对晋国有了二心。鲁襄公十五年夏，齐灵公包围了鲁国的成地。当时晋国是齐国的盟主，鲁国也是同盟之一，齐国侵犯同盟国，正是因为它对晋国有了二心的缘故。

是年冬，晋悼公去世，子平公继位。次年春天，晋平公在溴梁召集诸侯会盟，然后在温地举行了宴会，宴会上让各国的大夫舞蹈，说："跳舞时唱的诗歌，一定要和舞蹈相配合。"齐国的高厚唱的诗与舞蹈不配合，晋卿荀偃非常恼火，说："诸侯有二心了。"于是就让各国大夫与高厚盟誓，高厚吓得逃回了国内。于是晋国的荀偃与鲁国的叔孙豹、宋国的向戌、卫国的宁殖、郑国的子蟜、小邾国的大夫一起盟誓说："共同讨伐不敬盟主的人。"

秋天，齐灵公又一次包围了成地，鲁大夫孟献子的儿子孟孺子（名速）率军阻击齐军。齐灵公说："速这个人一向很勇敢，我们不如离开，成就他的名声好了。"孟孺子封锁了鲁国的要道海陉后就回去了。

冬天，鲁国叔孙豹去到晋国聘问，同时说到齐国又一次攻打鲁国成地的事情。晋国人说："由于我们国君还没有举行将悼公牌位供入太庙的禘祭，百姓也没有得到休息，所以我们不能救援。如果不是这样的话，那我们是不敢忘记贵国面临的灾难的。"

叔孙豹说："由于齐国人经常都在我们的土地上发泄愤恨，因此我们才郑重地前来请求贵国的援助。敝邑情况危急，朝不保夕，百姓天天引颈西望说：'也许晋国就要来救援我们了吧！'等到贵国有空发兵的时候，恐怕已经来不及了。"

叔孙豹见到荀偃时，赋了《圻父》这首诗，诗中责备了圻父这个人，担任周王的大臣，却玩忽职守，让百姓流离失所。荀偃说："我知道自己的罪过了。我岂敢不跟着你一起为贵国社稷担忧，而让贵国落到这样的地步呢？"

叔孙豹见到士匄时，赋了《鸿雁》这首诗的最后一章，把鲁国比喻成哀鸣失所的鸿雁。士匄说："有我在这里，怎么敢让鲁国没有安居之所呢？"

齐国人前几次侵略鲁国都没有得到满足，于是就在鲁襄公十五年秋，由齐灵公率军攻打了鲁国的北部边境，并且包围了桃地，高厚把臧孙纥包围在防地。鲁国军队从阳关[1]出动，迎接臧孙纥，到达旅松。聊叔纥（即孔子的父亲）、臧畴、臧贾等率领甲士三百人，在夜里从防地突围出来偷袭齐军，把臧孙纥送到旅松后才回来。齐军见得不到臧孙纥，就离开了鲁国。

齐国人俘虏了臧坚，齐灵公派夙沙卫前去慰问他，并且传话说："你不要寻死。"臧坚叩头感激说："拜谢君王的命令。然而君王赐我不死，却又故意派宦官来，这让我感到耻辱。"说完就用木棍刺进伤口而死。

鲁襄公十八年秋，齐灵公又一次攻打鲁国北部的边境，晋国作为盟主的面子再也挂不住了，荀偃打算发兵攻打齐国。荀偃做了一个梦，梦见和晋厉公争辩（厉公当年被荀偃所弑），结果没能辩赢。还梦见晋厉公用戈钩自己的脑袋，脑袋从前面掉了下来，荀偃就跪下来，把头按回脖子上，用手扶着逃走了，还见到了梗阳的巫师皋。过了几天，荀偃在路上真的碰见了巫皋，就和他谈起梦里的情况，没想到巫皋也做了同样的梦。巫皋说："您今年一定会死。如果东边有战事，您就在那儿死去吧。"荀偃答应了。

晋平公亲自率军攻打齐国。将要渡过黄河时，荀偃用朱丝系着两块玉祷告说："齐灵公靠着地形险要，仗着人马众多，丢弃友好违背盟誓，凌虐百姓。如今神的陪臣彪（彪是晋平公的名字。天子为神之臣，则诸侯为神之陪臣）将要率领诸侯的大军前去讨伐齐国，他的下属荀偃将在前后辅助，如果得胜有功，没有给神带来羞耻的话，那么我就不再渡河回来了。一切由神定夺。"然后就把玉沉入了黄河。

十月，晋平公召集鲁襄公、宋平公、卫献公、郑简公、曹成公、莒子、滕子、薛伯、杞孝公、小邾子在鲁国境内的济水边上会盟，重申了溴梁之会的誓辞，然后一起攻打齐国。

齐灵公在平阴[2]进行抵御，并在防门的长城外挖壕沟防守，壕沟挖了有一里长。夙沙卫说："如果力量不足以交战，那就没有比扼守险要更好的办法了。"他认为防门不够险要，不足以恃，应该据守更险要的地方，但齐灵公不听。

诸侯的军队进攻防门，齐国人大多战死。士匄对齐国的大夫子家说："我跟你那么熟，难道会向你隐瞒实情吗？鲁国人、莒国人都请求要带一千辆战车从他们那儿打过来，我们已经答应他们了。等他们攻过来，贵国君王必定会失掉整个国家。希望你能好好考虑一下。"

子家把这些话告诉了齐灵公，齐灵公非常害怕。晏婴听说后，说："国君本来就没有勇气，如今又听到了这些话，一定活不了多久了。"

齐灵公登上巫山远望晋国军队。晋国人正在派司马排除山林河泽中的险阻，即便是军队达不到的地方，也一定树起大旗，并且稀疏地布置好战阵，让战车的左边坐上真人，而在右边放上假人，用大旗当作前导，战车后面拖上木柴跟上去，前进的时候就会尘土飞扬，如同大军奔驰的样子。齐灵公看到这些以后，害怕他们人多，就离开军队独自逃回去了。

二十九日，齐国军队在夜里逃走。师旷对晋平公说："鸟叫的声音听起来很高兴，齐国的军队大概逃走了。”邢伯对荀偃说：“有马匹盘桓的声音，齐国的军队大概逃走了。”叔向也对晋平公说：“城上有乌鸦在飞，齐国的军队大概逃走了。”

十一月初一，晋国的军队进入平阴，紧接着就追赶齐军。夙沙卫把大车联结起来堵塞山里的小路，自己担任殿后。殖绰、郭最说：“你是一个宦官，来为我们的大军殿后，这是齐国的耻辱。你还是走在军队的前面吧！”于是就代替他走在了最后。

夙沙卫又把马也杀了，用以堵塞狭小的道路。晋国的州绰追了上来，用箭射殖绰，射中了两个肩膀，两箭正好把他的脖子夹住了。州绰对他喊道：“停下来，你还可以做我军的俘虏；你要是不停下来，我这一箭就要射你的脑袋了。”

殖绰回过头来说：“你要发誓不杀我。”

州绰说：“有太阳作证！”于是就把弓弦解下来，从后面把殖绰捆绑了起来。他的车右具丙也放下兵器，把郭最捆绑了起来。两人都还没有脱下盔甲，就被从后面捆绑住，然后被放到了中军大鼓的下边。

晋国人要继续追赶逃兵，鲁国、卫国的军队请求进攻险要的地方。十三日，荀偃、士匄率领中军攻下了京兹。十九日，魏绛、栾盈率领下军攻下了邿地。赵武、韩起率领上军包围了卢地，但是没有攻下。

十二月初二，诸侯军队到达了秦周，已经逼近了齐国的都城临淄，砍伐了临淄的西门雍门外边的树。晋国的士鞅攻打雍门，他的御者追喜还用戈杀死了门里的一条狗。鲁国的孟庄子砍下了当地的杶木，后来为鲁襄公制作了一把颂琴。

初三，晋国军队放火烧了雍门和西边、南边的外城，刘难、士弱率领诸侯的军队放火烧了申池边上的竹木。初六，又放火烧了东边和北边的外城。士鞅率兵攻打西北城门扬门。州绰攻打东门东闾，他左边的骖马由于拥挤不能前进，在停留的时间里，居然把城门上钉子的数目都数清楚了。

齐灵公备好马车，准备逃到邮棠去。太子光和大夫郭荣拉住他的马，说：“敌军行动快速，而且攻击勇猛，这是为了掠夺财物，但是很快就会退去了，君王害怕什么呢？而且作为一国之君，不能随便逃走，否则就会失去大众。君王一定要耐心等待呀！”齐灵公不听劝告，打算冲向前去。太子光抽出剑来砍断了马鞅，才使灵公放弃了出逃。

初八，诸侯的军队转而向东边进攻，到达了潍水[3]西岸，又向南边进攻，打到了沂水流域。

鲁襄公十九年春，诸侯的军队从沂水边上回来，在督扬结盟，盟辞说："大国不要进攻小国。"在会上，将邾悼公抓了起来，这是因为他在鲁襄公十七年攻打鲁国的缘故。诸侯的军队就驻扎在泗水边上，重新划定了鲁国的疆界，取得了漷水以西邾国的全部土地。

晋平公先回国，鲁襄公在蒲圃招待了晋国的六卿，还送了他们礼物。荀偃头部生了恶疮，渡过黄河到达著雍时，他的病情加重，眼珠子都鼓了出来。先回去的大夫又都赶了回来，士匄请求见荀偃，但是荀偃不肯见；士匄又派人问谁可以做继承人，荀偃说："荀吴可以。"

二月十九日，荀偃去世。鲁用周正，晋用夏正，所以如果按照晋历，荀偃死时并没有过新年。巫皋说荀偃当年会死，荀偃果然死在了晋历的年末。

荀偃死时，眼睛仍然睁着，口却闭得紧紧的，以至于不能放进殊玉。士匄为荀偃擦洗尸体，然后抚着尸体说："以后一定会像侍奉您一样侍奉荀吴！"但是荀偃的尸体还是不闭眼。栾盈说："是因为齐国的事情没有完成的吗？"于是又抚着荀偃的尸体说："您去世以后，我们一定要继续攻打齐国，有河神为证。"荀偃的尸体这才闭上眼睛，并且张开嘴巴接受了含玉。士匄出去后感慨地说："作为一个男人，我哪里理解荀偃，实在是浅薄啊。"

当年五月，齐灵公去世，紧接着又发生了内乱。于是齐国向晋国求和，并在大隧结盟。为此叔孙豹和士匄在柯地见了面，叔孙豹见到叔向，吟诵《载驰》这首诗的第四章，表达了要依赖大国救助自己的意思。叔向说："我岂敢不接受你的命令？"叔孙豹回到鲁国，说："齐国还没有停止侵伐，我们不能放松警惕啊。"于是就在武城筑城。

鲁襄公二十年夏，晋平公召集鲁襄公、齐庄公、宋平公、卫殇公、郑简公、曹武公、莒子、邾子、滕子、薛伯、杞孝公、小邾子在澶渊会盟，就是因为与齐国讲和的缘故。

相关链接

〔1〕阳关：春秋鲁邑。在今山东泰安南汶水东岸。

〔2〕平阴：古邑名。在今山东平阴东北。春秋属齐。

〔3〕潍水：今称"潍河"。在山东东部。源于五莲西南箕屋山，北流至昌邑入莱州湾。

崔杼立公子光

齐灵公病重，崔杼趁机将被废黜的太子光迎回，并协助他登上了国君之位。光就是齐庄公。

齐灵公在鲁国娶了个妻子，名叫颜懿姬，没有生孩子。她的陪嫁侄女鬷声姬生了公子光，灵公把他立为太子。齐灵公的姬妾中有仲子、戎子，其中戎子最受宠爱。仲子生了个儿子名叫牙，把他托付给了戎子。戎子请求灵公立公子牙为太子，齐灵公答应了。但是仲子说："不行，废嫡立庶有违常规，这是不吉利的，可能也会触犯诸侯，难以成功。公子光被立为太子，已经参加过诸侯的盟会了。现在无缘无故把他废掉，这是专横而轻视诸侯，为了难以成功的事去触犯不吉祥，君王将来一定会后悔的。"

齐灵公说："是废是立，一切由我做主。"于是就把太子光流放到东部边境，立公子牙为太子，让高厚做公子牙的太傅，让夙沙卫做少傅。

鲁襄公十九年春，齐灵公生病，崔杼偷偷地把公子光接回来，在齐灵公病危的时候重新立为太子。太子光杀了戎子，把尸体陈列在朝廷上。太子光的行为不合乎当时的礼法，国家对妇女没有专门的刑罚，即使加以诛戮，也不能把尸体陈列在朝廷上，所以他的做法受到了君子的批评。

五月二十九日，齐灵公去世，太子光继位，是为庄公。齐庄公在句渎之丘逮住了公子牙。由于齐庄公认为是夙沙卫出主意把自己废黜的，于是夙沙卫就逃亡到高唐[1]并且发动了叛乱。

八月，崔杼在洒蓝[2]杀了高厚，然后兼并了他的家产和封地。

齐国的庆封领兵包围高唐，没能攻下。十一月，齐庄公亲自领兵包围高唐，见到夙沙卫站在城墙上，就大声喊他，他就下来了。齐庄公问夙沙卫防守的情况，夙沙卫告诉齐庄公说，这里并没有什么防守。两人相互作揖后，夙沙卫就登上城墙回去了。夙沙卫听说齐军将要围着城墙进攻，就让高唐城里的人饱餐一顿，准备迎战。城里的殖绰和工偻会在夜里把绳子垂下城墙，让城外的齐军士兵爬进来，将夙沙卫杀死，并且剁成了肉酱。

相关链接

〔1〕高唐：春秋齐邑。即今山东高唐。

〔2〕洒蓝：《左传·襄公十九年》："齐崔侯杀高厚于洒蓝。"杜注："洒蓝，齐地。"当在今山东境内。

臧孙纥论止盗

郑大夫庶其带着城邑投降鲁国，季武子不但把鲁襄公的姑母嫁给他做妻子，还赏赐了他的所有随从。司寇臧孙纥认为季氏实际上是在招引盗贼入国。

鲁襄公二十一年，邾国大夫庶其带着漆、闾丘[1]两个地方投降了鲁国，季武子把襄公的姑母嫁给他做妻子，还赏赐了他带来的全部随从。此时鲁国的盗贼很多，季武子对司寇臧孙纥说："你为什么不禁止盗贼呢？"

臧孙纥回答说："盗贼难以禁止，我也没有能力禁止。"

季武子说："我国的四方边境都有人防守，为什么不能够禁止盗贼呢？你作为司寇，理应扫除盗贼，为什么说没有能力禁止呢？"

臧孙纥说："你把国外的盗贼招来，并且大大地给予礼遇，我又怎么能禁止国内的盗贼呢？你作为正卿，却招来外贼，而让我清除国内的盗贼，我凭什么能够做到？庶其盗窃了邾国的城邑来我国，你把姬氏送给他做妻子，还给了他城邑，他的随从都得到了赏赐。如果用国君的姑母和大城邑去表示对大盗贼的敬重，用皂隶车马、衣服佩剑等对其随从表示鼓励的话，那么这无疑就是奖励盗贼。既赏赐盗贼，又要清除盗贼，恐怕是很困难的呀。我曾经听说过，在上位的人要洗涤他的内心，专心一意地待人，使他们合乎法度，而要表现出自己的诚信，然后才可以治理别人。假如上层的人做了，百姓也会照着做，这是势所必然的，又怎么能够禁止呢？《夏书》说：'做什么得依据这个标准，不做什么也得依据这个标准，发号命令得依据这个标准，表示诚信也得依据这个标准。只有帝王才能建立这样的功勋。'意思是说要由自己体现思想和行动的一致，诚信出于自己的一致，然后才可以建立功劳。"

相关链接

〔1〕漆、闾丘：《春秋·鲁襄公二十一年》："邾庶其以漆、闾丘来奔。"杜注："二邑在高平南平阳县，东北有漆乡，西北有显闾亭。"按：西晋时高平郡治昌邑（今山东巨野南）。

薳子冯为令尹

楚康王任命薳子冯为令尹。薳子冯听从申叔豫的建议，躲在地洞里装成重病，不肯前往赴任。后来，他再次被任命，也还是靠了申叔豫的良言才得以保全自身。

鲁襄公二十一年夏，楚国的令尹子庚去世。楚康王任命薳子冯为令尹，薳子冯就去找申叔豫商量。申叔豫说："国家宠臣很多而君王又年轻，国家的事情不好办。"于是薳子冯就用生病为理由来辞任令尹一职。当时正是大热天，他在地下挖了个洞，放上冰块后再安上床。他身穿两层棉衣，又穿上皮袍，吃了一点东西就躺在床上。楚康王派医生前去诊视，医生回去后报告说："他身体瘦是瘦，但气血〔1〕还很正常。"于是楚康王就任命子南为令尹。

鲁襄公二十二年冬，楚国的观起受到令尹子南的宠信，俸禄没有增加，却有了够驾几十辆车子的马匹。楚国人对这种情况很担心，楚康王打算诛戮他们。子南的儿子弃疾做楚康王的侍卫，楚康王每次见到他，一定要哭泣。弃疾说："君王三次向臣哭泣了。敢问是谁的罪过？"

楚康王说："令尹的不善，这是你所知道的。国家打算诛戮他，你还呆在这儿吗？"

弃疾回答说："父亲被诛戮，儿子还留着，君王又怎么能加以任用？我若向父亲泄露消息，反而会加重父亲的罪罚，臣是不会干的。"

楚康王把子南杀死在朝廷上，把观起车裂，并把尸体在国内四方示众。子南的家臣对弃疾说："请让我们到朝廷上把主人的尸体搬回来。"

弃疾说："君臣之间有规定的礼仪，这只有看几位大臣怎么办了。"

过了三天，弃疾请求收尸，楚康王答应了。安葬完毕后，他的手下人问："出逃吗？"

弃疾说："我知道杀我父亲的预谋，所以也可以算是参与了杀我父亲的事。就算出走，有什么地方可去？"

手下人问："那么还是侍奉君王，做他的臣子吗？"

弃疾说："抛弃父亲，侍奉仇人，我不忍心做这样的事。"于是就上吊自杀了。

楚康王再次让薳子冯做令尹，公子齮为司马，屈建为莫敖。受到薳子冯宠信的有八个人，也都没有俸禄而拥有很多马匹。过了些日子，薳子冯上朝，和申叔豫说话，申叔豫不理他就回头走了。薳子冯跟着他走，

申叔豫走进人堆里。薳子冯还跟着他走，申叔豫就回家了。

薳子冯退朝后，去见申叔豫，说："你在朝廷上三次让我受窘，我害怕，不敢不来见你。我有过错，你不妨告诉我。为什么嫌弃我呢？"

申叔豫回答说："我怕的是不能免罪，哪里敢告诉你？"

子冯说："什么原因？"

申叔豫回答说："从前观起受到子南的宠信，子南有了罪过，观起被车裂，为什么不害怕？"

薳子冯听了，心里也害怕了。他自己驾着车子回去，因为心神不宁，车子都不能走在车道上。到家后，他对那八个人说："我见了申叔豫，这个人就是所谓能使死者复生，使白骨长肉[2]的人啊。能够像这个人一样了解我的就可以留下，否则就请他走。"薳子冯辞退了这八个人，楚康王才对他放心了。

相关链接

〔1〕气血：指人体内的气和血。中医学认为两者各有不同作用，而又相互依存，是营养脏腑组织、维持生命活动的重要因素。

〔2〕白骨长肉：使骨头上面长出肉来。喻起死回生。

晋栾氏之乱

晋国栾、范两族之间多有嫌隙。栾盈因受范氏排挤而被迫流亡在外。后来，他逃回封地曲沃，率兵攻打国都绛城。叛乱失败，栾氏一族被灭。

鲁襄公十四年，晋、秦迁延之役中，晋军因为下军统帅栾黡不服从中军统帅的命令而失败。栾黡的弟弟栾鍼感到羞愧，就与中军副帅范匄的弟弟范鞅（即士鞅）一起冲入敌阵中，结果栾鍼战死，范鞅生还。栾黡恼羞成怒，并迁罪于范鞅，逼得范鞅逃亡秦国。

秦景公问范鞅："晋国的大夫谁先会灭亡？"

范鞅回答说："恐怕会是栾氏吧！"

秦景公问："是因为他们的骄横无礼吗？"

范鞅回答说："对。栾黡骄纵暴虐，已经太过分了。不过他或许还能免于祸难，祸难恐怕要落在他儿子的身上！"

秦景公问："这是什么缘故呢？"

范鞅回答说："栾书的恩德至今仍然留在百姓的心中，他们好像周朝人怀念召公一样怀念栾书。周朝人对召公住处的甘棠树[1]尚且爱护有加，不用说晋国人对栾书的儿子了。等栾黡死后，他儿子栾盈的好处又还没能施与到别人那里，而过去栾书所施的善行又逐渐消失了，那么人们对于栾黡的怨恨就会与日俱增。所以栾氏的祸难将会在栾盈身上发生。"秦伯认为这是非常有见识的话，就为他向晋国请求，让晋国恢复了他的职位。

栾黡娶了范匄(即士匄，范鞅之父）的女儿做妻子，生下了栾盈。栾黡死后，栾盈继承了家业。范鞅由于曾经被栾黡所迫而逃亡，心里怨恨栾氏，所以虽然和奕盈一起做公族大夫，却不能很好相处。

栾黡死后，他的妻子栾祁和他的家臣总管州宾私通，州宾几乎侵占了他们全部的家产，栾盈对这件事非常担心。栾祁害怕栾盈讨伐自己，便先到父亲范匄那里诬告说："栾盈将要发动叛乱，认为范氏为了专擅晋国的政权而弄死了栾黡，他说：'当初我的父亲赶走了范鞅，范鞅回来后我父亲不但没有惩罚他，反而宠信并且重用他，让他和我担任同样的官职，从而使他得以独断专行。我的父亲死后，范氏更加富有。这分明是他们把我父亲害死，而要独揽大权。我宁可死了，也不能再听从他们。'他的计划就是这样，我怕会伤害您，所以不敢不说。"

范鞅也在一旁为她作证。栾盈喜欢施舍，很多人都乐意归附于他。范匄正害怕他笼络的人多，就相信了栾祁的话。当时正是鲁襄公二十一年，栾盈担任下卿，范匄便派他到著地筑城，并借此机会把他赶出了都城。秋天，栾盈逃亡到了楚国，范匄便把他的党羽箕遗、黄渊、嘉父、司空靖、邴豫、董叔、邴师、申书、羊舌虎、叔罴十位大夫杀死，又连坐囚禁了伯华、叔向、籍偃三人。

栾盈逃亡途中经过周室境内，周朝西部边境的人劫掠了他的财物。栾盈向周室使者申诉说："天子的陪臣栾盈，获罪于天子的守臣，打算逃避惩罚时，又重新在天子的郊外获罪，没有地方可以逃窜藏匿，谨冒死陈言：从前陪臣的祖父栾书为王室尽力，天子施予了恩惠。他的儿子栾黡不能保持他父亲的功业。天王如果还没有忘记栾书的功劳，那么我这个逃亡在外的陪臣还有地方可以逃避。如果天王已经忘记了栾书的功劳，而只记得栾黡的罪过的话，那么陪臣我就只不过是个逃死的人，回去就将交付有司治罪，那我就不敢再回国了。谨将自己的命运交付天王，全听天王的命令。"

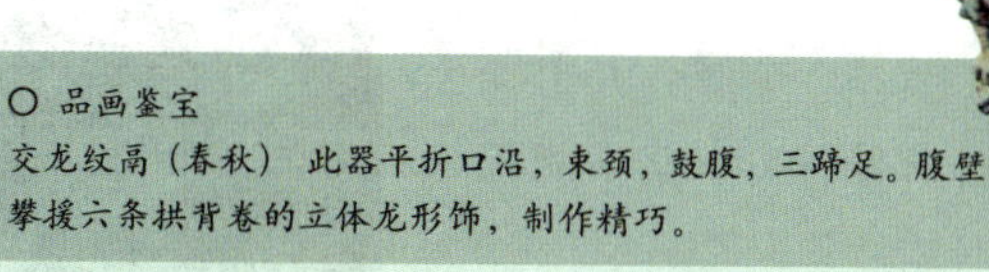

○ 品画鉴宝
交龙纹鬲（春秋） 此器平折口沿，束颈，鼓腹，三蹄足。腹壁攀援六条拱背卷的立体龙形饰，制作精巧。

周灵王说："我认为晋国驱逐栾盈的做法不对，如果再去学它，过错就更大了。"于是就让司徒抓住那些劫掠栾氏财物的人，让他们归还抢走的东西，并且派礼宾官员把栾盈送出了轘辕山。

晋平公召集鲁襄公、齐庄公、宋平公、卫殇公、郑简公、曹武公、莒子、邾子在商任会盟，目的是为了禁锢栾盈，不让诸侯收留他。

知起、中行喜、州绰、邢蒯逃亡到了齐国，他们也都是栾氏的党羽。乐王鲋对范匄说："为什么不让州绰、邢蒯回来呢？他们都是勇士啊。"范匄说："他们都是栾氏的勇士，我能得到什么呢？"乐王鲋说："你如果待他们像栾氏的人那样，那他们就是你的勇士了。”

齐庄公上朝时，指着齐国勇士殖绰、郭最说：“这是寡人的勇士。”

州绰在一旁说：“您认为他们是勇士，谁敢不认为是这样呢？然而为臣不才，在平阴这次战役中，比他们二位先立下战功。”

齐庄公做了勇士专用的酒爵，殖绰、郭最都想要一个。但是州绰说：“在齐国东闾的战斗中，臣的骏马被逼得来回转圈，连城门上的钉子数目都数清楚了，是不是也可以得到一个酒爵呢？”

庄公说：“你是为晋国的国君而战的呀！”

州绰回答说：“臣充当您的仆隶不久，然而这两位，如果用禽兽作比方的话，在平阴之役中，我早就可以吃他们的肉，而睡在他们的皮上了。”

栾盈逃到了与晋国敌对的楚国。鲁襄公二十二年秋，栾盈又从楚国到了齐国。晏婴对齐庄公说：“商任的盟会上，我们接受了晋国的命令。现在接纳栾氏，打算怎么任用他？小国所用来侍奉大国的，是信用。失去了信用，不能立身立国。君王还是考虑一下。”齐庄公不听。

晏婴退出后对陈文子说：“为人君主要保持信用，为人臣下的要保持恭敬。忠实、信用、诚笃、恭敬，上下要共同保持它，这是上天的常道。国君自暴自弃，就不能长久在位了。”

冬天，晋平公又召集鲁襄公、齐庄公、宋平公、卫殇公、郑简公、曹武公、莒子、邾子、薛伯、杞孝公、小邾子在沙随会盟，目的还是为了禁锢栾氏。

沙随之会后，齐庄公还是让栾盈在齐国住着。晏婴说：“祸乱将要发生了。齐国将会进攻晋国，不能不使人害怕。”齐庄公后来果然去进攻卫国、晋国、莒国，最后损兵折将，庄公自己也伤了大腿。

鲁襄公二十三年，晋平公打算把女儿嫁给吴国，齐庄公让析归父给晋国送去一个女子陪嫁，却偷偷用送女子的

篷车藏着栾盈和他的随从，把他送回了栾氏封邑曲沃。栾盈想要叛乱，就在夜里去见守曲沃的大夫胥午，把情况都告诉了他。胥午回答说："不能那么做。上天所抛弃的，谁能够让他兴起？你若举事，必然不免于死。我不是爱惜一死，只是明知事情是办不成的。"

栾盈说："尽管这样，但若因你的帮助而死去，我死了也不后悔。我确实不被上天保佑，你没有过错。"

胥午答应了，把栾盈藏起来后就请曲沃的人喝酒。开始演奏音乐，胥午发话说："现在要是找到了栾盈，我们该怎么办？"

人们回答说："找到了主人，得以为他而死，虽死犹生。"大家都叹息，还有哭泣的。

举杯时，胥午又说这话。大家都说："找到了主人，有死而已，没有别的！"栾盈这才走出来，对大家一一拜谢。

四月，栾盈率领曲沃的甲兵，靠了魏舒的帮助，在大白天进入了晋都绛城。当初，栾盈在下军辅佐魏舒的父亲魏绛，和魏舒私下里很要好，所以这时依靠他。当时栾氏比较孤立，赵氏因为赵同、赵括的祸难（鲁成公八年）而怨恨栾氏，韩氏正与赵氏和睦，中行氏（荀氏的一支）由于攻打秦国的迁延之役而怨恨栾氏，知氏（也是荀氏的一支）的知盈（荀罃之子）年纪小，所以听中行氏的话，荀氏别族的程郑还受到晋平公的宠信，所以只有魏氏和七舆[2]大夫支持栾氏。

乐王鲋陪坐在范匄旁边。有人报告说："栾氏来了。"范匄很害怕。

乐王鲋说："快保护国君逃到固宫（晋国的别宫），一定没有危险。而且栾氏怨敌很多，你又主持国政，栾氏从外边来，你在内掌权，有利的条件就多了。既然有利有权，又掌握着对百姓的赏罚，有什么可害怕的？栾氏所得到的，不就仅仅只有魏氏吗？而且魏氏是可以用强力争取过来的。平定叛乱在于权力，你可不要疏忽！"

晋平公正好有姻亲的丧事要办，乐王鲋让范匄穿着黑色的丧服，由两个女人拉着车去到晋平公那里，陪侍晋平公到固宫。范鞅去迎接魏舒，魏舒的军队已经排成行列，登上战车，准备去迎接栾氏了。范鞅快步走近，说："栾氏率领叛乱分子进入国都，我的父亲和几位大夫都在国君那里，派我来迎接你。我请求上车作为陪乘。"然后拉着带子，就跳上了魏舒的战车。

上车后，范鞅右手握着剑，左手拉着上车的带子，下令驱车离开行列。驾车的人问到哪里去，范鞅说："到国君那里。"范匄在阶前迎接魏舒，拉着他的手，答应把曲沃送给他。

栾氏有一个大力士叫督戎，都城的人都害怕他。有一个名叫斐豹的人，因犯罪被没为官奴，他的罪行被记载在丹书[3]上。斐豹对范匄说："如果您烧掉丹书，我就去杀死督戎。"范匄很高兴，说："你杀了他，我一定请求国君烧掉丹书，有太阳可以作证！"于是就让斐豹出宫，然后关上宫门。督戎跟了上来，斐豹就翻进矮墙等着督戎，督戎也翻墙进来，斐豹从后面猛击杀死了他。

范氏的手下在宫台的后面，栾氏冲上了宫门。范匄对范鞅说："箭射到国君的屋子了，你要拼死抵抗！"

范鞅挥剑带领步兵迎战，栾氏败退。范鞅跳上战车追赶，碰到栾乐，范鞅说："乐，别打了，我死了也会向上天控诉你。"栾乐用箭射他，没有射中；再把箭搭上弓弦上时，他的战车车轮碰上槐树根而翻了车。有人用戟钩他，把他的手臂拉断，他就因失血而死了。

栾鲂受伤，后来逃亡到宋国。栾盈逃到曲沃，晋国人包围了他，在曲沃打败了栾盈的部下，然后把栾氏的亲族全部杀光了。

相关链接

〔1〕甘棠树：即棠梨树。《左传·襄公十四年》"武子之德在民，如周人之思召公焉，爱其甘棠，况其子乎？"杜注："召公奭听讼于甘棠之下，周人思之，不害其树，而作勿伐之诗，在《召南》。"后世因以"甘棠"称颂有德于民的地方官吏。

〔2〕七舆：《左传·襄公二十三年》："唯魏氏及七舆大夫与之。"杜注："七舆，官名。"孔疏："服虔云'下军舆帅七人'，(刘)炫谓服言是。"

〔3〕丹书：古时用朱笔记录的罪犯刑徒名册。

齐庄公伐晋

晋国爆发栾氏之乱，齐庄公觉得这是一个绝佳的机会，于是不顾大臣晏婴、崔杼的劝谏，趁机率兵侵晋。

鲁襄公二十三年秋，齐庄公见晋国发生栾氏之乱，非常高兴，打算趁机率军入侵晋国，于是先攻打了卫国。晏婴说："君王依仗勇力，打算攻打盟主。如果不成功，这是国家的福气。没有德行而有功劳，忧患必然会降到君王身上。"

崔杼也劝谏说："不行。臣听说：'小国钻了大国败坏的空子，而加之以武力，一定要受到灾祸。'君王还是考虑一下。"齐庄公不听。

攻打卫国后，齐庄公又去攻打晋国，占领了朝歌[1]。然后兵分两路，一路进入孟门[2]，一路登上太行山口。在荧庭收集晋军尸体建起武军，派人戍守郫邵，又在少水收集晋军尸体埋成一个大大的土堆，以报复鲁襄公十八年的平阴之役，然后才收兵回去。

齐庄公率军从晋国回来，没有进入国都，直接就带着军队前去袭击

莒国，攻打了莒邑且于的城门，因大腿受伤而退走。齐庄公打算第二天再战，约定军队在寿舒集中。齐国大夫华还、杞梁[3]用战车载着甲士，连夜进入且于附近的狭路，露宿在莒国的郊外。

第二天，华还和杞梁先和莒子在莒邑蒲侯氏遭遇，双方兵力悬殊。莒子赠给他们重礼，让他们不要战死，说："请求和你们结盟。"华还回答说："贪爱财货，抛弃命令，这也是君王您所厌恶的。昨天晚上接受命令，今天太阳还没到头顶就丢掉，还用什么来侍奉国君？"双方于是交战，莒子亲自击鼓，莒军追击齐军，获得了杞梁的尸体。于是莒国和齐国讲和。

齐庄公回国后，在郊外遇到杞梁的妻子，派人向她吊唁。杞梁的妻子辞谢说："杞梁有罪，岂敢辱劳国君派人吊唁？如果能够免罪，还有祖先的破屋在那里，贱妾不能接受在郊外的吊唁。"于是齐庄公又到杞梁家里去吊唁。

相关链接

〔1〕朝歌：古都邑名。在今河南淇县。原为殷商后期别都，周武王封康叔于卫，亦都此。

〔2〕孟门：春秋晋国隘道。在今河南辉县西。

〔3〕杞梁：？—公元前550年，名殖。春秋齐国大夫。相传他战死后，妻子孟姜痛哭十天，城垣崩塌，投水而亡。后世"孟姜女哭长城"的故事即由此演变而来。

臧孙纥犯门斩关

季武子喜欢臧孙纥而孟庄子讨厌他。孟庄子死后，孟氏族人关起大门，诬陷臧孙纥谋反，季武子下令攻打臧氏。臧孙纥砍断鲁国鹿门的门栓，逃奔到了邾国。

鲁大夫季武子没有嫡子，庶子当中公弥虽然年长，但季武子更喜欢悼子，想立悼子为继承人。季武子向家臣申丰询问说："公弥和悼子，我都喜欢，想要选择有才能的立为继承人。"申丰快步退出，回到家后，打算带着全家出走。过了几天，季武子又问申丰，申丰回答说："如果这样，我准备套上我的车走了。"季武子就不再和他谈继承人的事。

季武子又去问臧孙纥。臧孙纥说："你招待我喝酒，我就为你立他。"季氏招待大夫们喝酒，臧孙纥是上宾。臧孙纥向宾客献酒完毕，就命令朝北铺上两层席子，换上新洗的酒杯。然后召见悼子，臧孙纥走下台阶迎接他，大夫们都站起来。等到旅酬（宴会上宾主互相敬酒酬答的礼节）时，才召见公弥，让他和宾客按年龄大小排列座次。

当时宴会饮酒的礼仪，旅酬之后士人不入，在旅酬之时召见公弥，是以士礼对待他，明白地表示将来不会让他继承季武子的爵位。季武子见臧孙纥做得那么露骨，也感到意外，脸上都变了颜色。

季武子为了抚慰公弥，就让公弥担任马正（相当于大夫家的司马），公弥心里怨恨，不肯做。闵子马见到公弥，说："你别这样。祸和福都是人们自己招来的。做儿子的，担心的是不孝，而不是担心没有地位。恭敬地对待父亲的命令，事情怎么会固定不变呢？如果能够恭敬孝顺，将来比悼子富有一倍都是可以的；奸邪不合法度，祸患就会比老百姓多一倍。"

公弥同意闵子马的话，就恭敬地早晚向季武子请安，谨慎地履行职务。季武子高兴了，让他招待自己喝酒，自己带着宴会用的器具，然后就把这些器具全部留下给他。公弥家因此致富，公弥又出仕鲁君，做了鲁君的左宰。

孟庄子讨厌臧孙纥，但季武子喜欢他。孟氏的车马官丰点喜欢孟庄子的庶子孝伯，说："听从我的话，你一定会成为孟氏的继承人。"丰点再三地说，孝伯就听信了他。

鲁襄公二十三年，孟庄子生病，丰点对公弥说："如果您能让孟氏立孝伯，我就能让他替你报复臧孙纥。"

于是公弥对季武子说："孺子秩本来应当做孟氏的继承人。但是如果能改立孝伯为继承人，那么季氏的势力就会超过臧氏了。"但季武子不答应。

八月初十，孟庄子死了。公弥侍奉孝伯立在门边接受宾客吊唁。季武子去了，进门，哭，然后出来，说："秩在哪里？"

公弥说："孝伯在这里了。"

季武子说："秩年长。"

公弥说："有什么年长不年长？看谁更有才能吧。而且是孟庄子老人家的遗命。"于是就立了孝伯，秩逃亡到邾国。

臧孙纥进门号哭，非常哀痛，流了许多眼泪。出门后，他的御者说："孟庄子讨厌您，而您悲哀成这个样子。如果季武子死了，您会怎么样？"

臧孙纥说："季武子喜欢我，这是没有痛苦的疾病；孟庄子讨厌我，这是使人痛苦的良药。没有痛苦的疾病，不如使人痛苦的良药。良药还可以让我活下去，疾病没有痛苦，它的毒害更多。孟庄子死了，我灭亡的日子也没有多少了。"

孟氏关起大门，告诉季武子说："臧氏打算发动变乱，不让我家安葬。"季武子不相信。

臧孙纥听说后，实行了戒备。十月，孟氏打算开掘墓道，向臧氏借用役夫[1]。臧孙纥让徒役前去帮忙，自己带着甲士前去视察。孟氏又去向季武子诬告，季武子这次相信了，非常生气，下令攻打臧氏。初七，臧孙纥斩断鲁都东门鹿门的门栓，逃亡到了邾国。

当初，臧宣叔在铸国[2]娶了个妻子，她生了贾和为就死了。臧宣叔以妻子的侄女作为继室，她是鲁宣公夫人穆姜妹妹的女儿，生了武仲(即臧孙纥)，长在鲁公的宫中，穆姜很喜欢他，所以立为臧宣叔的继承人。臧贾、臧为离开家住到了铸国。

这时，臧孙纥从邾国派人告诉臧贾，同时送去大龟说："我没有才能，不能祭祀宗庙了，谨向你报告不好的事。我的罪过不至于让家族断绝祭祀，你把大龟进献，然后请求立为我家的继承人，也许是可以的。"

臧贾说："这是家门的灾祸，不是你的过错，我听到命令了。"再拜，接受了大龟，让臧为去进献请求，但臧为却请求立自己为继承人。

臧孙纥到达封邑防地，派人来向鲁襄公报告说："我并不能害人，而是由于智谋不足的缘故。我不敢为自己私人请求，如果能保存先人的祭

祀，不废掉两位先人的功劳，哪里还敢不让出封邑？”于是鲁国就立了臧为，臧孙纥交出防地逃亡到齐国。

鲁大夫们也打算为臧氏出奔一事盟誓，好为这一事件定性。季武子召见掌管逃亡臣子的外史，询问盟辞的写法。外史回答说：“当年为东门氏盟誓，说‘不要像东门遂（即襄仲）那样，不听国君的命令，杀嫡子，立庶子。’为叔孙氏盟誓，说‘不要像叔孙侨如那样，想要废弃国家的纲常，颠覆公室！’”

季武子说：“臧孙纥的罪过都没有这么严重。”

孟椒说：“何不把他闯城门、砍门栓写进盟辞？”

季武子采用了，就和大夫们盟誓，说：“不要像臧孙纥那样触犯国家的法纪，闯城门，砍门栓！”

臧孙纥听到后，说：“国内有人才啊！是谁呀？恐怕是孟椒吧！”孟椒，就是孟献子的孙子子服惠伯。

齐庄公准备封给臧孙纥土地。臧孙纥听说了，进见齐庄公。齐庄公对他说起攻打晋国的事，他回答说：“功劳诚然很多了，可是君王却像老鼠。老鼠昼伏夜出，不在宗庙里做窝，这是由于怕人的缘故。现在君王听到晋国内乱然后起兵，一旦晋国安宁又准备侍奉晋国，这不是老鼠又是什么？”齐庄公生气，于是就不给他土地了。

相关链接

〔1〕役夫：指服兵役或劳役的人。

〔2〕铸国：西周封国之一。相传为黄帝之后。在今山东肥城南铸乡。

郑公孙性急

晋、楚对峙，晋平公派张骼、辅砾向楚军挑战，郑孙宛射犬驾驭战车。战车进、出楚营时，宛射犬都只顾策马疾驰，并不向两人打声招呼。

齐庄公趁晋国发生栾氏之乱，发兵攻打了盟主晋国之后，又感到害怕，打算见楚康王，寻求楚国的支援。鲁襄公二十四年夏，楚康王派薳启强去到齐国聘问，同时询问会面的日期。

秋天，齐庄公听说晋国打算发兵报复，就派遣陈无宇跟随薳启强去楚国，说明将有战争而不能会见，同时请求楚国出兵。崔杼领兵送他，乘机攻打了莒国，侵袭了莒国旧都介根城[1]。晋平公召集诸侯在夷仪会合，打算攻打齐国，因为发生了水灾才没有打成。

冬天，楚康王接到陈无宇的请求，就发兵攻打了郑国，想以此救援齐国。楚军攻打了郑国都城的东门，然后驻扎在棘泽。诸侯回军救援郑国，双方对峙之后就各自撤军了。

两军对峙时，晋平公曾派张骼、辅砾向楚军挑战，向郑国求取驾驭战车的人。郑国人为郑公的孙子宛射犬占卜，吉利。子太叔告诫宛射犬说："对大国的人，不能和他们平等相抗。"

宛射犬回答说："不论兵多兵少，御者的地位在车左车右都是一样的。"

子太叔说："不是这样。小土山上不生松柏。"仍然强调小国不可与大国相抗。张骼、辅砾两个人在帐篷里，让宛射犬坐在帐篷外，自己吃

○ 品画鉴宝

彩漆二十五弦瑟（战国） 弦乐器。又称为颂瑟。木质。长方主体以整木雕成。纹饰繁缛细腻。

完饭，才让宛射犬吃。他们让宛射犬驾驭挑战用的广车前进，自己却坐着平时的战车。快到楚军营垒时，他俩才登上宛射犬的车子，踞坐[2]在车子后边的横木上弹琴。

车子进入楚营，宛射犬没有告诉他们两个人就疾驰而进。这两个人都从袋子里拿出头盔戴上，进入营垒后都下了战车，把楚兵提起来扔出去，把俘虏的楚兵捆绑好或者挟在腋下。宛射犬没有等这两个人就自己驱车出来，这两人就都跃上车，抽出弓箭射向追兵。

脱险以后，张骼和辅砾又坐在车后边的横木上弹琴，说："公孙，同坐一辆战车，就是兄弟，为什么两次都不商量一下？"宛射犬回答说："前一回一心想着冲进去，这一回是心里害怕了，顾不上商量。"两个人都笑了，说："公孙的性子真急啊！"

相关链接

〔1〕介根城：即"计斤城"。莒国旧都。在今山东胶州西南。

〔2〕踞坐：臀部和脚底着地，两膝上耸地坐着。

崔杼弑其君

齐庄公和崔杼的爱妾棠姜私通，且不听从崔氏劝告入侵晋国。为发泄自己的怨恨并讨好晋人，崔氏勾结庄公的侍臣贾举，趁其到家中和棠姜幽会的时候埋伏士兵杀死了他。

鲁襄公二十三年，齐庄公打算趁晋国内乱，发兵攻打晋国。崔杼上前劝阻，齐庄公不听。陈文子进见崔杼，说："打算拿国君怎么办？"

崔杼说："我对国君说了，国君不听。我们奉晋国为盟主，现在反而以它的祸难为自己的利益。臣子们如果着了急，哪里还有什么国君？你暂且不用管了。"

陈文子退出，告诉他的手下人说："崔杼将要死了吧！指责国君过分，而自己的所作所为又超过国君，会不得善终的。道义超过国君，还需要自己加以抑制，何况是邪恶呢？"

鲁襄公二十五年春，崔杼率领齐军进攻鲁国北部边境，以报复前一年鲁国对齐国的进攻。鲁襄公很担心，便派人向盟主晋国报告。鲁大夫孟公绰说："崔杼的心思放在另外一件大事上，并不放在困扰我国上面，一定会很快撤回去的，有什么可担心的呢？他来的时候不劫掠，对待士兵也不严厉，和以前完全不一样。"齐军白来了一趟就回去了。

齐国棠邑大夫棠公的妻子棠姜，是东郭偃的姐姐，而东郭偃是崔杼的家臣。棠公死的时候，东郭偃为崔杼驾车前去吊唁。崔杼看到棠姜，觉得她很美，让东郭偃帮他娶过来。东郭偃说："男女同姓不婚配，现在您是丁公的后代，我们是桓公的后代，同为姜姓，这是不可以的。"

崔杼为此占筮，得到的是《困》卦，变成《大过》卦。太史[1]都说："吉利。"拿给陈文子看，陈文子说："卦象上丈夫从风，风让妻子坠落，不能娶的。而且它的繇辞说：'为石头所困，据守在蒺藜丛，走进屋子，见不到妻子，凶。'为石头所困，这意味前去不能成功；据守在蒺藜丛，这意味所依靠的东西会使人受伤；走进屋子，见不到妻子，凶，这意味无所归宿。"

崔杼说："她是寡妇，有什么妨碍？死去的丈夫已经承担过这凶兆了。"于是就娶了她。

齐庄公和棠姜私通，屡次到崔家去，拿了崔杼的帽子赐给别人。侍

者说："不行。"齐庄公说："不用崔杼的帽子，难道就没有别的帽子了？"崔杼由此怀恨齐庄公。

如今，又因为齐庄公趁晋国内乱攻打晋国，崔杼说："晋国必然要报复。"于是想杀死齐庄公来讨好晋国，但没有得到机会。齐庄公鞭打了侍人贾举，后来又亲近他，贾举就答应为崔杼找杀死齐庄公的机会。

五月，莒子由于前年且于战役的缘故，到齐国朝见。十六日，齐庄公在北城设享礼招待他，崔杼推说有病，没有上朝办公。十七日，齐庄公去问候崔杼，趁机跟姜氏幽会。姜氏进入内室，崔杼从侧门出去。齐庄公拍着柱子唱歌。侍人贾举不让庄公的随从入内，自己走进去，关上大门，埋伏的甲士们就发动了。

齐庄公登上高台，请求免自己一死，崔杼不答应；请求盟誓，也不答应；请求在太庙自杀，也不答应。众人都说："君王的臣子崔杼病得厉害，不能听取您的命令。这里靠近君王的宫室，我们这些陪臣巡夜搜捕做坏事的人，不知道有其他命令。"

齐庄公跳墙，有人用箭射他，射中大腿，掉在墙里，于是就杀死了他。贾举、州绰、邴师、公孙敖、封具、铎父、襄伊、偻堙也都被杀死。祝佗父在高唐祭祀，回到国都复命，还没有脱掉官帽就被崔杼杀死了。

申蒯是管理渔业的人，退出来对他的家臣说："你带着我的妻子儿女逃走，我准备一死。"他的家臣说："如果我逃走，就是违背道义了。"就和申蒯一起自杀了。

晏子站在崔氏的门外，他的手下人问："要殉死吗？"

晏子说："他只是我一个人的国君吗？就我一个人死？"

手下人问："逃走吗？"

晏子说："是我的罪过吗？我为什么要逃亡？"

手下人问："回去吗？"

晏子说："国君死了，回到哪儿去？作为百姓的君主，难道是用他的地位来高踞百姓之上的？应当主持国政。作为君主的臣下，难道只是为了他的俸禄吗？应当保护国家。所以君主若为国家而死，那么也就可以为他殉死；君主为国家而逃亡，那么也就可以为他而逃亡。如果君主为自己而死，为自己而逃亡，不是他个人宠爱的人，谁敢承担那样的责任？而且别人立了君主，又自己杀了他，我哪里能为他而殉死？哪里能为他而逃亡？但又能回到哪里去呢？”

崔杼家大门打开后，晏子进去，头枕在齐庄公尸体的大腿上号哭。哭完后站起来，往上跳了三次以后才出去。有人对崔杼说：“一定要杀了他。”崔杼说：“他是百姓仰望的人，放了他，可以得民心。”

以前，齐公子叔孙还把自己的女儿嫁给齐灵公，受到灵公宠爱，生了景公。五月十九日，崔杼拥立景公为国君，自己担任辅佐之职，庆封担任左相。他们和都城的人在太公的宗庙结盟，说：“有不亲附崔氏、庆氏的……”晏子就仰天而叹说：“我如果不亲附忠君利国的人，有天帝为证！”于是就歃血。二十三日，齐景公和大夫以及莒子结盟。

太史记载说：“崔杼弑杀他的国君。”崔杼杀死了太史。太史的弟弟接着这样写，崔杼接着杀，又杀了两人。剩下的弟弟还是这样写，崔杼就随他去了。南史氏听说太史都死了，拿上写了崔杼弑杀国君的竹简就去了，听到已经如实记载，这才回去。

闾丘婴把妻子藏在车里，和申鲜虞同乘而逃。申鲜虞把闾丘婴的妻子推下车，说：“国君昏昧而不能纠正，遇险而不能救援，死难而不能跟从，只知道藏匿自己所爱的人，有谁会接纳我们？”

他们逃到弇中峪，准备在那儿住宿。闾丘婴说：“崔氏、庆氏恐怕在追我们。”当地是险隘，申鲜虞说：“一对一，谁能让我害怕？”于是就住宿下来，头枕着马鞍睡觉。醒来后先把马喂饱，自己才吃饭，然后套上马继续赶路。走出了弇中峪，到了大路上，申鲜虞对闾丘婴说：“快点赶马，崔氏、庆氏人多，大路上是不能抵挡的。”于是就逃亡到了鲁国。

崔杼在北郭烧土裹住齐庄公的棺材，二十九日，安葬在士孙之里。葬礼用四把长柄扇，不清道，只用了七辆破车送葬，也没出动仪仗甲兵护卫。

相关链接

〔1〕太史：官名。春秋时负责起草文书，策命诸侯大夫，记载、编写历史，兼管典籍、历法、祭祀等事。

子产献捷于晋

郑国伐陈，大败陈国后派子产报捷于晋。子产大义凛然地回答晋人的诘问，为郑国没有得到准许的战争进行了完美的辩护。

鲁襄公二十四年冬，楚国为救援齐国而攻打郑国，陈哀公也率军参与了。陈军经过之处，水井被填，树木被砍，郑国人很怨恨。于是第二年六月，郑国的子展、子产率领七百辆战车攻打陈国，在夜里发动突然袭击，攻进了陈国都城。

陈哀公带着他的太子偃师逃往墓地避难，遇到了司马桓子，说："用车装上我！"但司马桓子回答说："我正要巡城呢。"碰到贾获驾着车，车上装着他的母亲和妻子，贾获让他的母亲和妻子下车，把车子交给陈哀公。陈哀公说："安置好你的母亲。"贾获辞谢说："妇女和您同坐不吉祥。"贾获就和他妻子扶着母亲逃奔到墓地，也躲过了祸难。

子展命令军队不要进入陈哀公的宫室，和子产亲自守卫在宫门口。陈哀公让司马桓子把宗庙的祭器送给他们作为贿赂。陈国人以为要亡国了，陈哀公穿上丧服，抱着土地神的神主，让他手下的男男女女分开排列，在朝廷上等待处理。子展拿着绳子进见陈哀公，再拜叩头，捧着酒杯向陈哀公献礼。子产进来，点了点俘虏的人数就出去了。郑国人向土地神祝告除灾去邪，司徒归还百姓，司马归还兵符，司空归还土地，表示无所侵犯，于是就撤兵回国了。

郑国的子产向盟主晋国奉献战利品，穿着军服安排事情。晋国人质问陈国的罪责，子产回答说："从前虞阏父担任周王的陶正[1]，服侍我们的先王周武王。周武王嘉奖他能制作器物，对百姓有利，并且是虞舜的后代，就把大女儿太姬许配给他的儿子胡公，并将他封在陈地，以表示对黄帝、尧、舜的后代的敬意。所以陈国是我周朝的外甥，到今天还仰赖周德。

"陈桓公死后，陈国发生动乱。蔡国人想要立与他们有血缘关系的后代（即陈桓公之子厉公），我们先君郑庄公拥戴陈桓公的弟弟五父佗，立他为国君；蔡国人杀了五父佗，我们又和蔡国人拥立陈厉公。一直到陈庄公、陈宣公，都是靠我们拥立的。夏征舒作乱杀死陈灵公（鲁宣公十年），陈成公流离失所，又是我们让他回国的，这是君王所知道的。

"现在陈国忘记了周朝的大德，丢掉了我国的大恩，抛弃了我们这个姻亲，倚仗楚国人多欺凌我们国家，但是并没有获得满足。因此去年我们国君向晋平公请求讨伐陈国，但没有得到贵国的允许，反倒又有了陈国进攻我国东门的战役。陈军经过的路上，水井被填，树木被砍。敝邑非常害怕被削弱，因而给太姬带来羞耻，幸而上天厌恶他们，启发了敝邑攻打陈国的念头。陈国知道自己的罪过，在我们这里得到了惩罚。因此我们敢于奉献俘虏。”

晋国人问：“为什么进攻小国？”

子产回答说：“先王的命令，只要有罪责，就要按情况加以惩罚。而且从前天子的土地方圆千里，诸侯的土地方圆百里，以此按级逐步减少。现在大国的土地多的方圆几千里，如果没有侵占小国，怎么能到这个地步呢？”

晋国人说：“为什么穿着军服？”

子产回答说：“我们先君武公、庄公做周平王、桓王的卿士。城濮之役后，晋文公发布命令，说：‘各人恢复原来的职务。’命令我们的郑文公穿着军服辅佐天子，以接受楚国俘虏献给天子。现在我穿着军服，就是由于不敢废弃天子命令的缘故。”

士弱不能问倒子产，就向赵文子回复。赵文子说：“他的言辞合于情理。如果我们违背了情理的话，就不吉利了。”于是就接受郑国奉献的战利品。

十月，子产作为郑简公的相礼一起去晋国，拜谢晋国接受他们奉献的战利品。子西再次攻打陈国，陈国被迫和郑国讲和。

孔子说：“《志》书上有这样的话：‘言语是用来完成意愿的，文采是用来完成言语的。’不说话，谁知道他的意愿？说话没有文采，不能传到远方。晋国成为霸主，郑国在没有得到晋国的允许下攻入陈国，这件事，如果不是子产善于辞令，最后就不能够有功。所以要谨慎地使用辞令啊！”

相关链接

〔1〕陶正：《左传·襄公二十五年》：“昔虞阏父为周陶正，以服事我先王。”杨伯峻先生注：“陶正，主掌陶器之官。”

卫献公复位

宁喜遵从父亲宁殖的遗命，攻打住在国都的孙氏，杀死卫殇公和太子，迎接流亡在外的献公回国复位。献公讨伐住在戚地的孙林父，孙林父向晋国投诉。晋人便将献公囚禁了起来。

卫国的孙林父到鲁国来聘问时，鲁襄公陪他上殿，襄公每登上一级台阶，孙林父也并肩登上一级台阶。叔孙豹担任相礼，于是急忙快步走上前去，说："当初诸侯会盟时，我们君王从来没有走在贵国君王后面，因为两国的地位平等。现在你没有走在我们君王的后面，我们君王不知道自己的过错在哪里。你还是稍微慢一点吧。"孙林父没有话说，但是也没有改悔的样子。

叔孙豹说："孙林父必然会灭亡。他作为臣下却和国君一起并肩而行，有了过错而不知道改悔，这就是他灭亡的根本原因。《诗经》中说：'退朝回家吃饭，神态从容谦恭和蔼。'说的就是要小心顺从君王。专横无礼而又满不在乎，必然会遭受打击。"

鲁襄公十四年，孙林父和宁殖驱逐了卫献公。卫献公打算逃奔齐国，弟弟子展先去，然后献公也出逃，另一个同母的弟弟子鲜也跟随他。齐国人把他安置在郲地，但等献公后来回国复位时，居然把郲地一年的收成也给带了回去。

鲁襄公派厚成叔到卫国慰问，说："我们国君派我前来慰问。听说贵国国君失去了国家，而流亡在别国境内，我们怎么能不来慰问呢？由于我们是同盟，所以我们国君派我来对诸位大夫说：'国君不善良，臣子就会不明达；国君不宽容，臣子就会不尽职。如果怨气积蓄很久才发泄出来，那该怎么办呢？"

卫国派太叔仪回答，说："我们没有才能，得罪了国君。国君不但没有把我们依法惩处，反而远远地抛弃了我们，流亡在外。承蒙贵国君王不忘记先君的友好，承你前来慰问我们，又对我们的不明达加以哀怜。谨拜谢贵国君王的关心，再拜谢对我们的哀怜。"

厚成叔回国复命后，告诉臧孙纥说："卫国的国君肯定会回去复位的！有太叔仪这样的人留守国内，有同胞兄弟子鲜与他一起出奔。有人在国内安抚，有人在国外经营，能够不回去吗？"

卫献公住在郲地，臧孙纥来到齐国向他慰问，卫献公和他说话时态度粗暴。臧孙纥退出以后，告诉他的手下人说："卫献公大概不能回国了，他说的话好像粪土。逃亡在外而不知悔改，怎么能够恢复国君的地位呢？"

子展、子鲜听说这话以后，马上求见臧孙纥。他们与臧孙纥说话时通情达理，臧孙纥很高兴，又对自己的手下人说："卫献公一定能回国的。有这样两个人帮助他，他想不回国都不可能啊！"

鲁襄公二十年冬，宁殖生了病，他告诉儿子宁喜说："我对君王犯下了过错，如今后悔也来不及了。我的名字记载在诸侯的简册上，并被加以收藏，上面说：'孙林父和宁殖赶走了他们的国君。'如果国君能够回国的话，还可以掩盖这件事。现在能掩盖我的恶名的，只有我的儿子你了。如果你不能做到这一点，那么假如死后有鬼神的话，我宁可挨饿，也不来享受你的祭品。"宁喜答应后，宁殖才死去。

鲁襄公二十五年，晋平公在卫邑夷仪召集诸侯会盟，派人把卫献公接过来，然后要求卫国把夷仪让给卫献公居住。于是卫献公来到夷仪，并派人向宁喜要求帮助自己复位，宁喜答应了。

太叔仪听说后，说："啊！《诗经》中有'我自己尚且还不能被人容纳，哪里还顾得上我的后代'这样的，宁喜就可以算是不顾他的后代了。这样做难道也可以吗？大概一定是不可以的。君子有所行动，就要考虑事情的后果，就要考虑下次能否照做。《尚书》中说：'谨慎于开始，谨慎于结束，结果就不会困窘。'《诗经》说：'早晚不敢懈怠，侍奉我们国君。'现在宁喜对待国君都不如下棋谨慎，他怎么能免于祸难呢？下棋的人举棋不定，就会败给他的对手，何况安置了国君，却不能安定呢？他必定不能免于祸难了。九代相传的卿族，一朝就将被灭亡，可悲啊！"

次年春天，卫献公派子鲜为自己谋求重登君位，子鲜辞谢。他们的母亲敬姒一定要他去，子鲜回答说："国君没有信用，臣下害怕不能免于祸难。"敬姒说："尽管这样，为了我的缘故，你还是去干吧！"子鲜答应了。

当初，卫献公派人和宁喜谈起复位的事。宁喜说："一定要子鲜在场，否则的话，事情肯定会失败。"所以献公派遣子鲜去。

子鲜并没有得到敬姒的进一步指示就去了，他就把献公的命令告诉宁喜，说："如果回国，政事交给宁氏处理，祭祀就由寡人主持。"

宁喜告诉蘧伯玉，蘧伯玉说："我当年没有能听到国君的出走，如今岂敢听到他的回归？"于是就出走了，从最近的边关出国。

○ 品画鉴宝
雷纹鬲（春秋） 此鬲直口，平折沿，两竖耳立于沿上，器身花纹的施饰风格颇具地方特色。

宁喜告诉右宰谷，右宰谷说："不行，得罪了两个国君，天下谁能容纳你？"

宁喜说："我在先人那里接受了命令，不能三心二意。"

右宰谷说："我请求出使去察看一下。"于是去夷仪进见献公，回来后说："国君流亡在外十二年了，却没有忧愁的样子，也没有宽容的话，还是以前那样一个人。如果不停止原计划，我们离死就没有几天了。"

宁喜说："有子鲜在那里。"

右宰谷说："子鲜在那里，有什么用处？至多不过他自己逃亡，又能为我们做些什么呢？"

宁喜说："尽管这样，这件事也不能停下来。"

这时，孙林父住在食邑戚地，他的儿子孙嘉在齐国聘问，孙襄留守在都城的家里。二月初六，宁喜、右宰谷攻打孙氏，没有攻下，打伤了孙襄，宁喜退出都城在郊外住宿。孙襄死了，孙家的人在夜里号哭，都城里的人就召唤宁喜，宁喜再次攻打孙氏，这次成功了。

初七，宁喜杀了卫殇公和太子角。初十，卫献公回国复位。大夫们在边境上迎接他的，献公拉着他们的手跟他们说话；在大路上迎接他的，从车上对他们作揖；在都城门口迎接的，只是点点头而已。

卫献公到达后，派人责备太叔仪说："寡人流亡在外边，几位大夫都使寡人听到卫国的消息，唯独你不关心寡人。古人有话说：‘不是所应该怨恨的，不要怨恨。’如今寡人该怨恨了。”

太叔仪说：“我知道罪过了。我没有才能，不能备上马笼头[1]和马缰绳跟随君王保护财物，这是我的第一条罪状。有人逃奔国外，有人留守国内，我不能三心二意，在国内外传递消息来侍奉君主，这是我的第二条罪状。有两条罪状，岂敢忘记一死？”于是出走，打算从近处的边关出国，卫献公派人阻止了他。

卫国人进攻戚地东部边境，孙林父向晋国投诉，晋国派兵把守茅氏[2]这个地方。勇士殖绰攻打茅氏，杀死晋国戍守的三百人。孙蒯追赶殖绰，但不敢攻击。孙林父说：“你连恶鬼都不如。”于是孙蒯就追击卫军，在圉地打败了他们，孙氏家臣雍钼俘虏了殖绰。孙林父再次向晋国投诉。

晋国为了孙林父的投诉，召集诸侯，打算讨伐卫国。六月，晋卿赵武与鲁襄公、宋大夫向戌、郑大夫良霄、曹国人在澶渊会盟，商量讨伐卫国的事。卫献公也带着宁喜等去了，结果晋国人将宁喜、北宫遗先抓了起来，让女齐带着他们先回晋国。卫献公接着又到晋国，晋国人把他也抓住了，囚禁在掌管刑狱的大夫士弱家里。

七月，齐景公、郑简公为了卫献公的事去晋国。晋平公设享礼招待他们二人，平公赋《嘉乐》这首诗称赞他们。国弱担任齐景公的相礼，赋了《蓼萧》这首诗；子展担任郑简公的相礼，赋了《淄衣》这首诗，他们都有求情的意思。叔向告诉晋平公向两位国君下拜，说：“寡君拜谢齐国国君安定我国先君的宗庙，拜谢郑国国君对我们没有二心。”

国弱派晏婴私下对叔向说：“晋国国君在诸侯之中宣扬明德，为他们的忧患而操心，并补正他们的缺失，纠正他们的违礼，治理他们的动乱，因此才能担任盟主。现在为了臣子而抓了国君，怎么办？”

叔向转诉给赵武，赵武又把这些话报告给晋平公。晋平公还是不想放卫献公，就举出卫献公的罪过，派叔向告诉两位国君。国弱赋《辔之柔矣》这首诗，劝平公待人以柔；子展赋《将仲子兮》这首诗，告诉平公人言可畏。晋平公听了之后，终于同意让卫献公回国了。

相关链接

〔1〕马笼头：套在马头上以便系嚼子和缰绳的用具。

〔2〕茅氏：春秋卫地。今河南濮阳北有戚城，“茅氏”在其东。

蔡声子复伍举

伍举因在楚遭诬陷而逃奔于晋。他的好友蔡声子出使楚国，借机向令尹子木列举“楚材晋用”的史实。子木听后恍然大悟，随即请求楚王增加伍举的爵位，让他重新回国。

当初，楚国的伍参和蔡国的太师子朝相友好，他的儿子伍举（伍子胥的祖父）和子朝的儿子声子关系也很好。伍举娶了申地大夫王子牟的女儿。王子牟获罪逃亡，楚国人举报说：“伍举的确护送了他。”于是伍举逃亡到郑国，打算乘机再到晋国。声子打算去晋国，在郑国的郊外碰到伍举。他们把草铺到地上，一起吃东西，谈到回楚国的事情。声子说：“你走吧，我一定让你回去。”

鲁襄公二十六年，宋国的向戌打算促成晋国和楚国的和平。声子为此出使到晋国，返回时去了楚国。楚令尹子木和他谈话，询问晋国的事情，而且问：“晋国的大夫和楚国的大夫谁更贤明？”

声子回答说：“晋国的不如楚国的。楚国的大夫都很贤明，都是当卿的人才。就像杞木、梓木、皮革都是楚国产，从楚国运出去的。虽然楚国有人才，但这些人才却往往被晋国所用[1]。”

子木说：“难道晋国任用人才不讲究宗族和姻亲关系吗？”

声子回答说：“有，但虽然有，任用的楚国人才还是很多。我听说：善于治理国家的，赏赐不过分，刑罚不乱用。赏赐过分，就怕及于坏人；刑罚乱用，就怕及于好人。如果不幸而有了不当，宁可赏赐过分，也不要刑罚滥用。与其失掉好人，宁可便宜了坏人。因为没有了好人，国家就要跟着受害了。《诗经》中说：‘这个人不在了，是国家的损失啊。’这就是说没有好人了。所以《夏书》说：‘与其杀害无辜，宁可放过做了坏事的人。’这也是怕失掉好人。《商颂》有这样的话：‘不过分，不滥用，不敢懈怠偷懒。向下面的国家发布命令，大大地建立他们的福利。’这就是汤所以获得上天保佑的原因。

“古代管理百姓的人，乐于赏赐，而惧怕动用刑罚，为百姓操心而不知疲倦。在春夏行赏，在秋冬行刑。因此，在将要行赏的时候，他就会增加膳食，这样用膳后就可以把剩下的菜赏赐给下人，所以知道他乐于赏赐。将要施加刑罚的时候，就撤去丰盛的饮食，这样用膳时也就可以撤去音乐了，因此知道他惧怕动用刑罚。早起晚睡，不论早晨还是黄

昏都亲临办理国事，因此知道他为百姓操心。这三件事情，是礼仪的大关键。有了礼仪，国家就不会败坏。

“现在楚国滥用刑罚，楚国的大夫为了活命逃亡到其他的国家，而成为那里的主要谋士，结果反过来危害楚国，乃至造成无法挽回的损失，这就是我所说的楚国不善于任用他们的人才。子仪叛乱时（鲁文公十四年），析公逃亡到晋国，晋国人把他安置在晋侯的战车后面，让他担任主要谋士。绕角战役（鲁成公六年）中，晋国人本来要逃走了，析公说：‘楚军轻浮，容易被撼动。如果同时敲击许多大鼓，发出大声，在夜里全军合攻，楚军必败。’晋国人听从了，楚军夜里果然溃败。晋国接着进攻蔡国，袭击沈国，俘虏了沈国的国君，在桑隧击败申国和息国的军队，俘虏了申丽而后回国。以致郑国在那时不敢顺从南方的楚国，楚国失去中原，就是因为析公的缘故。

“雍子的父亲和哥哥诬陷雍子，国君和大夫们不为他们调解。雍子逃亡到晋国，晋国人封给他领地，让他作为主要谋士。彭城那次战役（鲁成公十八年），晋、楚两军在靡角之谷相遇，晋国人将要逃走时，雍子对军队发布命令说：‘年纪老的和年纪小的都回去，孤儿和有病的都回去，兄弟两个当兵的回去一个，精选步兵，检阅车兵，喂饱战马，饱餐士卒，摆开阵势，烧掉帐篷，准备明天决战。’然后让该回家的出发，并且故意放走楚国俘虏。楚军听说后，夜里自己就崩溃了。晋国允许彭城投降，归还给了宋国，带了逃亡的宋大夫鱼石等人回国。楚国失去东夷，子辛为此而死，这就是因为雍子的缘故。

“子反与申公巫臣争夺夏姬，破坏申公巫臣的婚事。申公巫臣逃亡晋国，晋国人封给他领地，让他作为主要谋士，抵御北狄，让吴国和晋国通好，劝导吴国背叛楚国，教他们坐车、射箭、奔驰作战，让他的儿子狐庸做了吴国的外交官。吴国在那时候攻打巢地，占领驾地，攻克棘地，攻入州来，让楚国疲于奔命，至今仍然是一大祸患，这就是申公巫臣做的。

"若敖氏叛乱的时候，伯贲的儿子贲皇逃亡到晋国，晋国人给他苗邑作为封邑，让他担任主要谋士。鄢陵之战（鲁成公十六年）中，楚军早晨逼近晋军摆开阵势，晋国人打算逃走，苗贲皇说：'楚军的精锐在于他们中军的王族而已，如果填井平灶，摆开阵势以抵挡他们，栾书、士燮率领各自的家兵引诱楚军，左右两军的荀偃和郤锜、锜至一定能够战胜子重、子辛，然后我们就把四军集中起来对付他们中军的王族，一定能够把他们打得大败。'晋国人听从了，结果楚军大败，楚王受伤，军队一蹶不振，子反为此而死。接着郑国背叛，吴国兴起，楚国失去诸侯。这就是苗贲皇所做的。"

子木听完这番话，说："这些都是事实。"

声子说："现在又有比这还厉害的。伍举娶了王子牟的女儿，王子牟有罪逃亡，国君和大夫们对伍举说：'实在是你护送他走的。'伍举因害怕而逃亡郑国，伸长了脖子看着南方，说：'也许可以赦免我。'但是楚国也不放在心上。现在他在晋国了，晋国人将要把县邑封给他，让他和叔向并列。他如果策划危害楚国，岂不成为祸患？"子木害怕，就对楚王说了，增加伍举的官禄爵位，让他回到楚国。声子派伍举的儿子椒鸣前去迎接他。

○ 品画鉴宝
牺尊（春秋）此尊呈水牛形，牛腹中空，可容水。按其构造，应作温酒器使用。

相关链接

〔1〕《左传·襄公二十六年》："晋卿不如楚，其大夫则贤，皆卿材也。如杞、梓、皮革，自楚往也。虽楚有材，晋实用之。"后世遂用"楚材晋用"比喻本国人才外流，却被别国加以使用。

卫献公杀宁喜

卫献公复位后，宁喜开始专擅朝政。公孙免余主动请求诛除宁氏，经过两次攻打而杀死了他。子鲜见状，毅然离开献公，隐居到晋国避祸去了。

卫献公复位后，为复位出大力、立大功的宁喜开始把持朝政，独断专行，献公对此十分担心。大夫公孙免余请求杀了宁喜，卫献公说："没有宁喜的帮助，我不会有今天。再说我曾经答应过让他掌权。如果要杀他，事情成不成功还不一定，倒是只会落下一个坏名声，还是不要做的好。"

公孙免余回答说："我去杀他，君王您就全当一无所知好了。"

鲁襄公二十七年春，公孙免余就和公孙无地、公孙臣一起谋划，让他们攻打宁氏，但没有成功，公孙无地和公孙臣反而被杀掉了。卫献公说："公孙臣没有罪，他们父子都是为我而死的。"

夏天，公孙免余又一次攻打宁喜，杀了宁喜和右宰谷，并把他们的尸体陈列在朝廷上示众。此时，石恶正准备去宋国参加盟会，他接受献公的命令出来，给宁喜和右宰谷穿上衣服，并枕着宁喜的大腿放声大哭。他准备为二人大殓[1]，然后逃亡，但又害怕不能逃过灾祸，于是就找了一个理由说："我已经接受了命令。"随后就动身去宋国了。

子鲜说："赶走国君的人（孙林父）逃到了国外，接纳国君的人（宁喜）却惨遭杀害。赏罚如此地不公正，又怎么能惩恶扬善呢？君王不讲信用，国家没有正常的刑罚，这样怎能不生祸乱呢？再说当初是我让宁喜接纳献公复位的，我也不能免掉责任。"于是就准备逃亡到晋国。献公派人劝阻他，但没能劝住。子鲜到黄河边时，献公又派人挽留他，他向使者拒绝了献公的挽留，并对着黄河发誓说绝不再回去。

子鲜后来隐居在晋国的木门[2]，而且即便在坐下的时候都不肯面对卫国的方向。木门大夫劝他出来做官，他也不肯答应，说："如果做了官，却又不能尽职尽责，那就是罪过；但我若恪尽职守，就等于向世人说明我逃亡的责任是在卫君。我又能向谁去诉说这些呢？我不能在别的国家做官。"从此再也没有出来做官。子鲜死后，卫献公为他服丧，一直身穿丧服，直到自己去世。

卫献公赐给公孙免余六十座村庄，但公孙免余推辞说："只有卿才能拥有一百座村庄，我这就要有六十座了。地位低下的人享有高位的俸

○ 品画鉴宝

圣迹之图（明） 孔子五十九岁，卫灵公问陈于孔子，孔子反对战争，说："军旅之事未之学也。"

禄，就会招致祸乱，我实在不敢想象这种后果。而且宁喜就是因为拥有太多的食邑，所以才招致杀身之祸。我害怕自己也会过早被杀。"献公坚持要给他，公孙免余才勉强接受了一半。

卫献公让公孙免余做了少师。不久，又准备升他为卿，但他推辞说："太叔仪忠心不二，完全能够辅佐君王成就大事，君王还是任命他吧。"卫献公只好任命太叔仪为卿。

相关链接

〔1〕大殓：将穿好衣服的死者尸体放入棺中。

〔2〕木门：春秋晋国邑名。

宋向戌弭兵

鲁襄公二十七年，向戌约会晋、楚、齐、秦等十余国代表在宋国举行“弭兵”大会。自此，晋、楚平分霸权，诸侯间维持了将近四十年的和平局面。

宋国的向戌和晋执政赵武关系很好，与楚国的令尹子木的关系也很密切。当时晋、楚争霸中原，连年争战，民生凋敝[1]，所以向戌准备出面调停，促成诸侯之间的和平，还可以为自己争得名声。宋国似乎有成人之美的传统，总是出产和平大使。当年正是在宋执政华元的努力下，晋、楚两国曾达成和议（鲁成公十二年），如今向戌又出来继承先辈的遗志。

鲁襄公二十七年，向戌到晋国找赵武商量这件事，赵武又向大夫们征求意见。韩起说：“战争向来是残害百姓的，又耗费财物，对于弱小国家来说更是沉重的灾难。现在有人提出消除战争的倡议，虽然未必能做到，但也一定要答应他。如果我们不答应，而楚国却答应他，到那个时候，楚国就会以此来号召诸侯，我们就肯定会失去盟主的地位。”于是晋国就答应了向戌的请求。

向戌又去楚国，楚国人也完全赞同。到了齐国，齐国人却感到为难，陈文子说：“晋、楚两国已经答应了，我们又怎么能够阻挠呢？再说人家说要‘消除战争’，如果我们不同意，老百姓就会产生不满情绪，以后还怎么使用他们呢？”于是齐国人也答应了。

向戌又到秦国征求意见，秦国人也同意了。然后便由各大国分别吩咐自己的附属国，让他们到宋国参加盟会。

五月二十七日，晋国的赵武到了宋国。二十九日，郑国的良宵也到了。六月初一，宋国人设宴招待赵武，叔向为副宾。初二，鲁国的叔孙豹、齐国的庆封和陈须无、卫国的石恶来到宋国。初八，晋国的荀盈随赵武之后到会。初十，邾悼公到达。十六日，楚国的公子黑肱先于令尹到达，与晋国在口头上达成了和议。

二十一日，向戌到了陈国，和正在陈国出访的楚令尹子木商量盟约中有关楚国的条文。二十二日，滕成公到达。子木对向戌说，让晋、楚的盟国分别朝见，也就是说，让晋的盟国朝见楚国，让楚的盟国朝见晋国。

二十四日，向戌向赵武转达了这一提议。当时，晋国同盟的势力比楚同盟大，依附晋国的国家也比依附楚国的多，所以这一提议对晋国不

利。赵武不想答应，就出了个难题说："晋、楚、齐、秦，四国地位相当，晋国不能指使齐国，就像楚国不能指使秦国一样。如果楚国能让秦国君王驾临我国，那么我们国君又怎能不让齐国去朝见楚国呢？"

二十六日，向戌把这一意见告诉了子木，子木立刻就派人乘驿车去请示楚康王。楚康王倒是很聪明，轻轻松松地把这难题往边上一搁，说："把秦国和齐国的问题暂时放在一边，先让其他国家互相朝见。"这样晋国也不好说什么了。

七月初二，向戌从陈国回到宋国。当晚，赵武和公子黑肱商议，敲定了盟辞。初四，子木从陈国赶来，陈国的孔奂、蔡国的公孙归生也一起到达，曹国、许国的大夫也都到会。当时各国军队都用篱笆作为分界，晋、楚两国分别驻扎在南北两端，荀盈对赵武说："楚国一边看起来气氛有点紧张，恐怕他们会发动突然袭击。"赵武说："万一如此，我们就向左转，进入宋国都城，他们又能把我们怎么样？"

初五，诸侯们准备在宋都城的西门外举行结盟仪式。楚国人暗中在外衣里套上皮甲，伯州犁说："这里集合了天下各诸侯的军队，我们如果这样不讲信用，恐怕不行吧。诸侯本来是信任楚国，才前来顺服的。如果不讲信用，这就是丢弃用以使诸侯顺服的东西了。"因此坚持请求脱下皮甲。

子木却说："晋、楚之间互不信任由来已久，只要对我们有利就行了。假如能实现我们的愿望，哪里还用得着讲什么信用？"

伯州犁下去后对人说："令尹寿数[2]将尽，至多不到三年。只求满足欲望而丢弃信用，那么欲望又怎么可能总得到满足呢？心里有想法，说出来就成为言语；有了言语，需要有符合言语的行为，这就有了信用；有了信用，才可以实现心里的想法。这三个方面互相关联，互为条件。如今令尹已经丧失了信用，还怎么能活过三年呢？"

赵武对楚国人穿皮甲深为担心，把这件事告诉了叔向。叔向说："这有什么妨害？一个普通人一旦背信弃义，尚且不能为社会所容，最后一定不会有好结果。如今在天下诸侯的卿面前，都

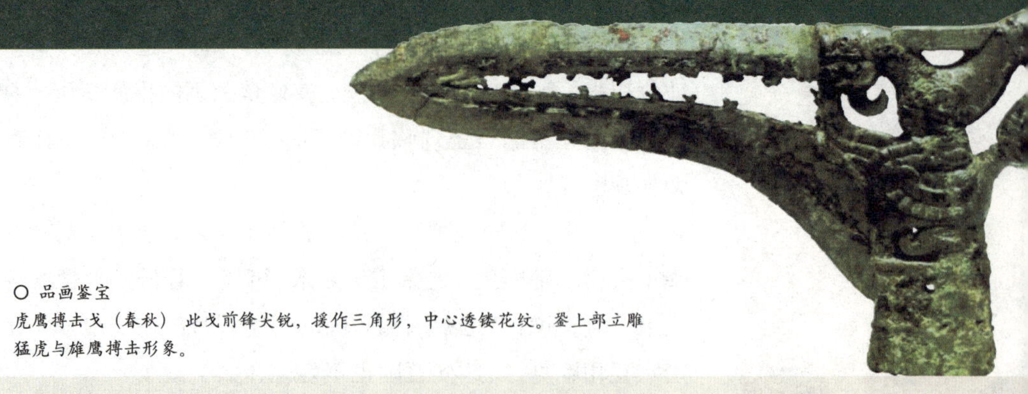
○ 品画鉴宝
虎鹰搏击戈（春秋） 此戈前锋尖锐，援作三角形，中心透镂花纹。銎上部立雕猛虎与雄鹰搏击形象。

敢做出失信的事，肯定不会获得成功的。说话不算数的人并不可怕，这并不是你所要担心的。这次盟会本来就是以信用来号召大家的，如果谁要是以伪装来欺骗诸侯，一定没有人支持他，又怎能危害到我们呢？楚国如果图谋我们，我们和宋军一起抵抗，晋军个个都敢拼死，宋军也个个能敢拼死，楚军即使再多一倍也能抵挡得住，你又有什么可担心的呢？况且事情还远不到这一步，楚国以消除战争为名召集诸侯，如果敢发动战争危害我们，这对我们反而是极其有利的，不值得担心！”

鲁国的季武子派人向叔孙豹传达了鲁襄公的命令：“比照邾、滕两国的情况订盟。”因为邾、滕两国小，贡赋也轻，季武子又怕到时鲁国既属晋又属楚，两边交贡赋，所以要求比照邾、滕两国。后来齐国人请求把邾国当作属国，宋国人请求把滕国当作属国，因此邾、滕两国都没有参与订盟。叔孙豹说：“邾、滕两国是其他国家的附属国，而我们鲁国是诸侯国，怎么能比照邾、滕两国呢？宋国、卫国，才是和我们地位一样的。”于是就擅自比照宋、卫的情况订盟。

在举行盟誓的时候，晋、楚两国为歃血的先后顺序争执起来。晋国人说：“晋国本来就是诸侯盟主，从来没有谁排在晋国前面。”楚国人说：“你们说过晋、楚两国地位平等，如果晋国事事都领先，就说明楚国弱于晋国。再说晋、楚两国轮流主持诸侯的盟会也由来已久，怎么能让晋国事事做主呢？”

叔向对赵武说：“诸侯臣服晋国，主要是由于晋国的德行，而不是因为晋国一直主持盟会。你只需致力于修养德行，又何必去争夺盟誓的先后？再说诸侯之间结盟，小国本来也可以参与支持的。我们权且把楚国当作为晋国主持盟会的小国不就行了么？”于是晋国就让楚国先行歃血。

初六，宋平公设宴，同时招待晋、楚两国的大夫，赵武为主宾。子木与赵武谈话，赵武竟然答不上来；于是赵武让叔向在旁边代答，结果轮到子木答不上来了。

初九，宋平公与诸侯的大夫在宋都的蒙门外举行结盟仪式。子木问赵武："士会的德行如何？"赵武回答说："他治家十分有条理，为晋国说话时也十分坦荡，他的祝史向鬼神祷告时可以放心说真话而不必惭愧。"

子木回国后，将这话转告楚康王，楚康王感慨说："多么高尚呀！他能同时得到人和神的喜爱，难怪他能一连辅佐五代君主，而且使晋国成为盟主啊！"子木又对康王说："晋国成为诸侯的盟主是理所当然的，因为现在有像叔向这样的人辅佐。而楚国就没有能和他相提并论的人，因此难以与晋国争盟主之位。"

经过向戌的努力，晋、楚两国终于订立了和平盟约，春秋中期两国争霸的历史也暂时告一段落。当年华元促成两国的和平，订立了盟约，但只维持了短短几年就破裂了。但这一次，向戌再次促成的和平，却持续了几乎四十年，使诸侯各国都获得了发展各自政治、经济、文化的良机。

事后，向戌向宋平公请求赏赐，他说："此次盟会有幸成功，使我免于一死，请大王赐给我食邑。"于是宋平公赐给他六十座村庄，并且把写有这一决定的简册拿给子罕看。

子罕说："诸侯小国常常受到晋、楚两国的武力威胁，由于害怕他们而上下和睦，上下和睦然后才能使他们的国家安定，以此来侍奉那些大国，这才是小国的生存之道。没有外在威胁，便会滋生骄傲，骄傲会招致祸患，祸患会导致灭亡，这也就是一些小国灭亡的原因。上天创造了金、木、水、火、土五种元素，百姓已将它们全部使用了，想丢弃哪一种都不可能，那么又有谁能废弃武力呢？使用武力已经很久了，其目的是要威慑越轨行为，并宣扬文明德性的。圣人因为武力而兴起，作乱的人也是因为武力而被铲除。兴还是衰，存还是亡，昏庸还是贤明，这些都是由武力决定的。而他却企图消除武力，这不是自欺欺人么？以欺骗之道蒙蔽诸侯，再没有比这更大的罪过了。对这样的人已经没有给予惩罚，他倒反过来请求奖赏，真是贪得无厌到了极点。"说完就用刀削去了简册上的字，并将它扔到地上。向戌这才收回了自己的请求。

相关链接

〔1〕民生凋敝：形容百姓生活困苦不堪。民生，人们的生计；凋敝，困苦。

〔2〕寿数：即生命的年限。

齐人灭崔氏

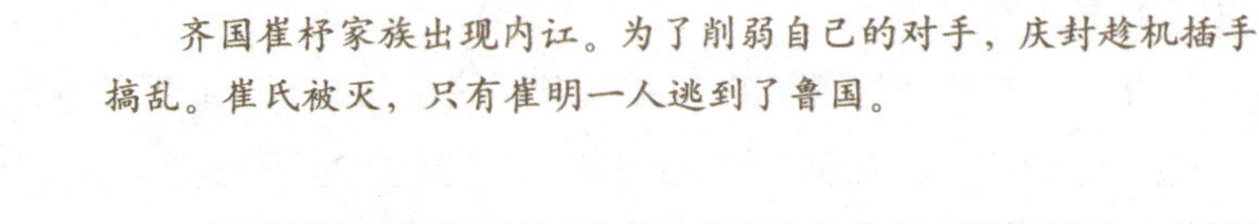

齐国崔杼家族出现内讧。为了削弱自己的对手，庆封趁机插手搞乱。崔氏被灭，只有崔明一人逃到了鲁国。

齐国崔杼的妻子生了成和强两个儿子后就死了，崔杼又娶了东郭姜，生下儿子明。东郭姜出嫁时，把前夫的儿子也带过来了，叫棠无咎，后来就和东郭姜的弟弟东郭偃一起辅佐崔氏。长子崔成因身体有病而被废黜，崔明被立为崔氏继承人。

鲁襄公二十七年，崔成请求父亲把封邑崔[1]地给他，让他得以养老，崔杼就答应了。但是，东郭偃和棠无咎却不让给，说："崔地是崔氏宗庙所在地，一定只能给崔氏继承人。"

崔成和崔强知道后非常恼火，准备杀了他们，便对庆封说："我父亲这个人您也知道，一向只听棠无咎和东郭偃的，崔氏父老兄弟谁都说不动他。我担心他这样以后会害了他，所以来向您报告。"

庆封说："你们先回去，让我再考虑一下。"

庆封把这件事告诉属下卢蒲嫳，卢蒲嫳说："崔杼本是国君的仇人，也许是上天将要抛弃他了吧。这是他们家族内部出了动乱，你又担心什么呢？崔氏受到削弱，也就等于是庆氏得到了加强。"

若干天后，崔成和崔强又向庆封说起这件事。庆封说："如果对你们的父亲有利，就一定要将他们二人除掉。如果有什么困难，我帮助你们。"

九月初五，崔成和崔强在崔氏家族的外朝上，杀了东郭偃和棠无咎。崔杼发怒出门，但是他的手下全都逃走了，想找人套车都没有找到。最后崔杼只好让养马人套上车，让宦官驾着车出去了。走时崔杼还说："如果崔氏还有福气的话，希望祸患能够集中在我身上，不要殃及我的后人。"

崔杼去见庆封，庆封说："崔、庆犹如一家，这些人怎么能这样做呢？请允许我替你讨伐他们。"于是派卢蒲嫳率领甲兵攻打崔氏。崔氏族人加高宫墙抵抗，卢蒲嫳没有能

○品画鉴宝 立凤蟠龙大铺首（战国） 铺首为兽面衔环。此器纹饰优美，应为宫门上的饰物。

攻下。卢蒲嫳又动员都城的人前来助战，最后将崔氏灭亡，杀了崔成和崔强，掠夺了他们的全部家财和人口，东郭姜上吊自杀。

卢蒲嫳向崔杼复命，并为他驾车，将崔杼送回了家。崔杼回家一看，知道已经无家可依，于是也上吊自杀了。崔明趁夜里天黑躲入祖坟，才得以逃脱不死，随后逃亡到了鲁国。从此以后，庆封就掌握了齐国的大权。

鲁襄公二十八年，庆氏被人攻打，庆封逃出国外。齐国人追究崔杼弑杀庄公的罪责，悬赏征求崔杼的尸首，准备戮尸〔2〕泄愤，但一直没有找到。叔孙豹说："一定能得到崔杼的尸首。周武王当初有十个忠臣，崔杼有这么多忠于他的人么？只要没有十个人，他就难以安葬；只要没有埋葬，就一定能够找出他的尸首来。"

不久，有一个崔氏的家臣出来说："如果把崔杼的那块大玉璧给我，我就献出崔杼的棺材。"于是找到了崔杼的尸首。齐国人为庄公迁葬，把他的棺材停放在正室。又用崔杼的棺材装着崔杼的尸体示众，都城里的人都还能认出是他，都说："这是崔杼。"

相关链接

〔1〕崔：古地名。在今山东邹平西北。春秋属齐。

〔2〕戮尸：陈尸示众。《国语·晋语九》："三奸同罪，请杀其生者，而戮其死者。"东吴韦昭注："陈尸为戮。"

齐人逐庆氏

崔氏灭亡后，庆氏专擅政权，骄奢淫逸。陈氏、鲍氏、公孙等联合攻杀庆舍，庆封带领家族逃亡国外。后来，楚人在吴国朱方消灭了庆氏。

齐国的庆封跟从崔杼弑杀齐庄公、拥立齐景公后，逐渐掌握了齐国的大权。庆封性格贪鄙，鲁襄公二十七年，他去鲁国聘问，乘坐的车子十分豪华。鲁大夫孟孝伯就对叔孙豹说："庆封的车子实在是太漂亮了！"叔孙豹说："我听说：'一个人的车辆服饰如果和他的身份不相符合，这个人就必将招致悲惨的结果。'车子再漂亮有什么用呢？"叔孙豹招待庆封吃饭时，庆封的举止很不恭敬，叔孙豹就吟了一首《相鼠》去讽刺他，庆封也没有听出来。

当年，崔杼自己家里发生变乱，庆封借国人之手灭了崔氏，从此齐国的政权更加集中到庆氏手里。

庆封喜欢打猎，而且嗜好饮酒，于是第二年就把国家政权交给儿子庆舍处理，自己带着妻妾宝物搬到卢蒲嫳家里住，两个人互换妻妾饮酒做乐。过了几天，官员们知道了，又都到卢蒲嫳家来朝见庆封。

庆封下令，凡是因崔氏之乱（指鲁襄公二十五年崔杼弑君）逃亡在外的人，只要能抓到崔氏的余党，就算将功赎罪，可以让他回来。当时，卢蒲癸逃亡到了晋国，王何逃亡到了莒国，这时卢蒲癸就借此机会回来了。卢蒲癸回来后做了庆舍的家臣，很受庆舍的宠幸，庆舍还把女儿嫁给了他。庆舍的家臣对卢蒲癸说："男女同姓不结婚，结婚第一要分辨姓氏，你为什么还娶同宗女子为妻呢？"卢蒲癸说："是同宗不避我，我又怎么能避开同宗呢？就像赋诗时人们断章取义一样，我也只是取得自己所需要罢了，又何必顾及什么同宗不同宗呢？"卢蒲癸又祈求庆舍让和他同时出逃的王何也回到齐国，两人都受到了庆舍的宠信，庆舍让他们携带武器护卫在自己左右。

齐国惯例，在国君朝廷办事，由朝廷供给伙食，每天应该有两只鸡。主管伙食的人暗中把两只鸡换成了两只鸭子，送饭的人知道了，干脆连鸭子也拿掉，只上肉汤。惠公之孙公孙灶和公孙虿大怒，怪罪当时执政的庆封。

庆封把这件事告诉了卢蒲嫳，卢蒲嫳主张杀了他们，说：“我就把他们当作禽兽，睡在他们的皮上。”并派析归父把这意思告诉晏婴。晏婴不愿参与他们的阴谋，说：“我的手下少不够用，我的智慧也不足以谋划这样的事。但我保证绝不泄露此事，我可以发誓。”析归父说：“既然你都这么说了，哪里还用得着你发誓呢？”析归父又把这件事告诉大夫北郭子车，子车说：“每个人都有不同的方式侍奉君王，这不是我力所能及的。”

陈文子对儿子无宇说：“祸事就要发生，我们能得到什么呢？”陈无宇回答说：“能在都城大道上得到庆封盖房子的一百车木材。”父子两人打隐语，陈无宇话中的意思，是庆氏必败，而陈氏可以得到庆氏手里的大权。陈文子说：“如果得到了就要小心保存好。”

卢蒲癸和王何两人为攻打庆氏而进行了占卜，然后把结果拿给庆舍看，并说：“有人要为攻打仇人而占卜，我们把卦象拿给您，您看看如何？”庆舍说：“能够战胜敌人，但会有人流血牺牲。”

十月，庆封在莱地打猎，陈无宇跟着去了。十七日，陈文子派人叫陈无宇回去，陈无宇便向庆封请求说：“我母亲有病，请允许我回去。”庆封为他占卜，并把结果给他看，无宇说：“这是母亲要死的征兆。”便捧着龟甲哭了起来，于是庆封便让他回去了。庆氏族人庆嗣听说此事后说：“祸患马上就要发生了。”便对庆封说：“赶快回去，祸乱肯定在举行秋祭时发生，现在回去还来得及阻止。”庆封不听，也丝毫没有改过的意思。庆嗣说：“庆氏要灭亡了！我若能逃到吴、越两国，就算是很侥幸的事了！”陈无宇渡过河流，就破坏渡船，并拆毁了桥梁。

庆舍的女儿卢蒲姜对丈夫卢蒲癸说：“如果发生了祸乱而不告诉我，肯定是不会成功的。”于是卢蒲癸便把此事告诉了她。卢蒲姜说：“老头子性格倔强，现在形势紧张，如果没有人去劝阻他，他可能会不出来。让我去劝阻他吧。”卢蒲癸同意了。

十一月初七，齐国在太庙举行了秋祭，庆舍准备亲自前去。卢蒲姜告诉他有人要发动叛乱，劝他别去，但他却不听，反而更坚持要去了，还说：“谁敢把我怎么样？”然后来到宫内的太公庙。

祭祀时，麻婴充当受祭者，庆绳充当上宾。卢蒲癸、王何暗藏兵器严阵以待，庆氏派甲士在公宫四周保护。陈氏、鲍氏的养马人表演节目。

庆氏的马容易受惊，士兵都脱下皮甲，拴好马，一同喝酒，喝完酒又到鱼里巷去观看表演。于是公孙灶、公孙虿、陈文子、鲍国的部属乘机穿上庆氏甲士的皮甲，公孙虿抽出槌子在门上敲了三下，卢蒲癸从后面刺杀庆舍，王何用戈刺他，卸下了他的左肩。但庆舍还是拉掉了庙中的一根椽子，房顶都震动起来。他抓起盛肉的器皿和酒具扔了出去，杀死几个人后才死去。卢蒲癸杀了庆绳、麻婴。

齐景公十分害怕，鲍国安慰他："我们是为了君王才发动这次事变的。"陈文子带着景公回去，脱下祭祀的服装回到了宫内。

庆封回来后，遇到向他报告事变消息的人。十九日，庆封带人攻打齐都西门，没能攻下来。又折回去攻打北门，结果顺利攻克。进城后就继续攻打公宫，却没能攻下来。又折回去在岳街列开阵势。庆封要求决一死战，却得不到回应，于是逃亡来到鲁国。

庆封献给了季武子一辆车，车子豪华无比，华光可鉴。鲁大夫展庄叔见到后说："车子都这么豪华，它的主人一定会招致祸患，难怪他会逃亡到这儿。"叔孙穆子请庆封吃饭，庆封首先把各路神灵都祭祀了一番。穆子有点不高兴，便让乐师演奏了《茅鸱》一诗，讽刺他不恭敬，庆封也没听明白是怎么一回事。

不久，齐国人来责问鲁国为什么收留庆封，于是庆封就又逃亡到吴国。吴王句余封给他吴邑朱方[1]，庆封便把族人集合在那里住了下来，

反而比在齐国的时候更加富有。子服惠伯对叔孙豹说："大概是上天要让恶人富有，所以庆封又富有起来。"叔孙豹说："好人富有是奖赏，恶人富有是最大的祸患。恐怕是上天要降灾给他，所以先把他们的族人都集中起来，然后一举消灭他们。"

鲁昭公四年七月，楚灵王率领诸侯攻打吴国，又派屈申围攻朱方。八月，楚军攻下朱方，并捉住了齐国的庆封，把他的族人全都杀死了。在要杀庆封时，伍举说："臣听说，只有自己没有缺点，才可以惩罚他人。庆封是因为违犯了齐国的君主，所以才留在这里，他能够默不吭声地接受楚国的惩罚吗？如果为了杀庆封，而使自己的丑事传播于诸侯，我们又该怎么办呢？"

楚灵王不听伍举的劝告，给庆封背上斧钺，在诸侯居住的地方徇行〔2〕，宣布庆封的罪状，并且派人说："请不要像齐国的庆封一样，弑杀自己的君王，削弱君主的遗孤〔3〕，并与大夫们私订盟约。"庆封反唇相讥，也揭出楚灵王的丑事，说："请不要像楚共王的小妾生下的儿子公子围那样，杀害自己的国君——他哥哥的儿子麇，并取代他为王，而与各诸侯订立盟约。"楚灵王叫人赶紧杀死庆封。

相关链接

〔1〕朱方：春秋吴地。在今江苏丹徒东南。

〔2〕徇行：巡行察访。

〔3〕遗孤：已经去世的人遗留下来的孤儿。

吴公子季札

吴王寿梦想立贤而有才的幼子季札为太子，季札坚决辞让。寿梦死后，他又多次放弃就任国君的机会。人们因此赞誉公子季札，认为他是一位能够保持节操的君子。

鲁襄公十二年秋，吴王寿梦去世，长子诸樊继位。寿梦有四个儿子，长子叫诸樊，次子叫余祭，三子叫夷昧，最后是季札[1]。季札贤而有才，寿梦曾想立他为太子，季札坚决辞让不同意，寿梦才立了长子诸樊。

鲁襄公十四年，吴王诸樊已经除去了丧服，打算让位给弟弟季札。季札辞让说："曹宣公死的时候，负刍杀太子自立，诸侯和曹国人都不支持他，打算立子臧为国君。子臧逃离了曹国，曹国人才改变主意，成全了负刍（是为曹成公）。君子认为子臧'能够保持节操'。君王您是合法的继承人，谁敢冒犯您呢？做君王不是我的志向。我虽然没有多少才能，但愿意追随子臧，使自己不丧失节操。"诸樊坚持要立他为国君，季札就放弃了他的家产，跑到乡下种田，并在那儿盖了房子住。于是诸樊就不再勉强他了。

鲁襄公二十五年，诸樊率军讨伐楚国，亲自攻打巢邑县城的城门，结果被守城的将领射死。诸樊死后，弟弟余祭继位，因为诸樊死前曾有遗命，死后让弟弟余祭继位，希望这样按顺序传下去，最后能传到季札手里。

吴国人攻打越国，得到一个俘虏，吴国人对他施以刑罚，然后让他守船。鲁襄公二十九年，余祭去观看舟船，结果被那个守船的俘虏杀死。余祭死后，弟弟夷昧继位，派季札出使各诸侯国，替新君联络感情。

季札到了鲁国，见到叔孙豹，十分高兴。他对叔孙豹说："你将来很难善终，因为你虽然喜欢人才，可是却不能很好地选用他们。我听说君子应该致力于选拔人才，你作为鲁国宗卿，掌握鲁国的大权，但是却不能慎重地选用人才，怎么可以呢？灾祸一定会降到你头上的。"后来叔孙豹果然被家臣所害，在家里活活饿死。

季札请求观赏周朝的乐舞，鲁襄公便让乐工为他演唱了《周南》《召南》，他听了以后赞美说：“太美妙了！从中可以感受出，当时文王已经奠立了基础，虽然尚未成功，但百姓勤劳而没有任何怨言。”接着乐工又演唱了《邶风》《鄘风》《卫风》，他说：“太好听了，音调深沉。老百姓虽然忧伤，但并不为之所困。我听说卫国的康叔、武公就有这样的品德，刚才演唱的应该是《卫风》吧？”又演唱了《王风》，他说：“美极了！老百姓虽然心怀忧思，但并不恐惧。这应该是周王室东迁之后的音乐吧？”又演唱了《郑风》，他说：“好听！但歌词内容琐碎，多涉及男女之间的恋爱情事，有关政事的却很少，这样会使百姓难以忍受的。这也许就预示着郑国要首先亡国吧！”又演唱了《齐风》，他说：“好听，气魄宏大！能够作为东海诸国领袖的，恐怕就应该是姜太公的国家齐国吧！他的国运是难以估量的。”演唱《豳风》，他说：“好听，宽广博大！快乐而又不过度，这应该是周公东征时的音乐吧！”演唱《秦风》，他说：“这是西方的声音吧。西方的国家应该能强盛，他们拥有了周朝故地的所有领土啊！”演唱《魏风》，他说：“好听！轻盈而又飘逸，豪放更加婉转，说明政令虽然很严，但并不难于实行。如果再用德治辅助，就可以成为一个贤明的君主了！”演唱《唐风》，他说：“思虑深沉！这里应该是陶唐氏的后人吧！不然，为什么忧思会这么深远呢？如果不是继承了唐尧美德的后代，谁又能像这样呢？”演唱《陈风》，他说：“听起来这个国家似乎没有主宰，那样的话他能够长久吗？”再演唱《郐风》以后的国风时，他就不再加以评论了。

乐工又为季札演唱了《小雅》，他说：“太美妙了！深深怀念文王、武王的德行，却没有叛逆的意图，有哀怨的意思，却没有在言语上表现出来。这是周德开始衰微的时候吗？不过还是有先王的遗民啊。”又演唱《大雅》，他说：“意境深广，和谐动听！表面上舒缓曲折，内里却刚劲有力，表现了文王的美好德行！”

又为他演唱《颂》，他说："真是美到极点了！正直而不居高自傲，柔婉而又不屈不挠，紧凑而不局促，空疏而不散漫，富有变化而不过分，虽有重复而不惹烦，哀伤而不愁苦，欢乐而不过度，德用之而不穷，心宽广而不露，施舍恩惠而自己并不减少，索取财物而又不贪婪，平静而不停滞，流动而不泛滥。宫、商、角、徵、羽五音和谐，乐曲协调。节奏富有规律，乐器配合有序，所表现的与圣贤的美德是完全相同的。"

季札看到表演《象箾》舞、《南籥》舞时，说："真优美！不过好像还有点欠缺。"看到表演《大武》时，说："很美！当年周朝强盛的时候，就应该是这样的吧！"看到表演《韶濩》时，说："体现了圣贤的宽宏大度，不过好像还流露出惭愧的意味，可见圣人也有为难的时候啊。"看到表演《大夏》时，说："很美！表现了勤劳而不居功自傲的精神，除了大禹之外，还有哪个人能够做到呢？"看到表演《韶箾》时，他说："功德达到了极点，并且广阔无边！如同上天一样囊括一切，又像大地一样承载万物。即使有再高尚的德行，也难以超过这种境界了，真是让我叹为观止了。即使你们还有其他的乐舞，我也不敢再请求欣赏了。"

接着，季札到了齐国。他很喜欢晏婴，就对他说："你赶快把封邑和政权还给君王吧，唯有这样，你才能免于祸患的降临。齐国的政权将会另有所属，如果不能这样，祸患就不会终止。"于是晏婴就通过陈无宇把政权和封邑还给了齐景公，因此才逃过了后来栾氏和高氏发动的叛乱。

季札又到郑国，见到了子产，两人一见如故。他送给子产白绢大带，子产也送他麻布衣服。他对子产说："目前郑国的当权者太奢侈，所以祸患也快要降临了，政权必将落到你的手中。将来你如果掌握了政权，务必要依靠礼仪。不然的话，郑国必将走向灭亡。"

季札到了卫国，对蘧伯玉、史狗、史鳅、公子荆、公叔发、公子朝等人印象也很好，他说：“卫国君子多着呢，不会产生忧患。”

季札接着从卫国到晋国去，还没有出境，准备在戚地留宿，突然听到一阵钟响。他说：“奇怪！根据我的了解，一个人如果发动叛乱而又没有德行的话，一定会遭到杀戮的。孙林父得罪君王后就住在这里，担心还来不及呢，又怎么可能会如此快乐呢？他住在这里，就像燕子在随手可撤的帐幕上搭窝一样，是十分危险的。卫献公现在停棺待葬，国丧期间又怎么能够击钟奏乐呢？”说完便离开了戚地。孙林父听到这番话，一直到死也没有再听过音乐。

到晋国后，季札很喜欢赵武、韩起、魏舒，他说：“晋国的政权大概会落到这三家的掌握之中！”他也很喜欢叔向，分别时对叔向说：“你好好努力吧。晋国君王虽然奢侈，但良臣也很多，大夫们都非常富有，晋国的政权将要落到大夫们手里。你为人正直，但一定要设法使自己避免祸难。”

鲁襄公三十一年，吴王派屈狐庸到晋国聘问。赵武问他，说：“季札最终能被立为国君吗？诸樊死于攻打巢邑县城的城门，余祭也被看守舟船的俘虏杀死，上天似乎在为季札打开做国君的大门，是这样的吗？”

屈狐庸回答说：“季札是不会做国君的。诸樊和余祭先后死去，是他们两位的命运不好，并不是上天在为季札打开做国君的大门。如果说上天真的打开了大门的话，恐怕也是为了现在的国君夷昧吧！夷昧德行很好，而且行为合于法度。有德行就不会失去百姓，合于法度就不会办错事情；百姓亲附，事情有秩序，这难道不是上天为他打开的大门吗？保佑吴国的，最终一定是这位国君的子孙。至于说季札，他是一位保持节操的人，即使把国家让给他，他也是不肯做国君的。”

夷昧在位十七年，死的时候，又想把王位交给弟弟季札。季札辞让，逃走了。于是吴人说：“先王曾经有命令，哥哥死了就让弟弟代立，一定要传到季札。现在季札逃走不肯继位，那么夷昧是最后的国君，他死了，他的儿子应当代立。”于是立夷昧的儿子僚〔2〕为王。

相关链接

〔1〕季札：又称公子札。春秋吴国贵族。封于延陵（今江苏常州），又封州来（今安徽凤台），故世称延陵季子或延州来季子。

〔2〕僚：即吴王僚，？－公元前515年，春秋吴国君主。名僚，一名州于。吴王馀昧子。公元前526－前515年在位。期间屡次兴兵伐楚。

郑子产为政

良宵死后，子产成为郑国执政。他量才用人，创立丘赋制度，不毁乡校以听取民情。在他的改革和治理下，郑国政治风气逐渐有所好转。

鲁襄公二十四年，晋平公因为宠信程郑，让他代替栾盈担任下军副帅。郑国的外交官公孙挥到晋国聘问，程郑向他请教，问："敢问怎样才能让自己降级？"公孙挥回答不出。

公孙挥回到郑国，把这件事告诉然明。然明说："这个人将要死了，不然的话也将逃亡。地位太高而知道害怕，知道害怕就想到降级，以得到适合他的官位。自己把位子让给别人就行了，又有什么可问的？而且登上高位之后又要求降级的，是聪明人做的事，程郑不是这样的人。有要逃亡的迹象了吗？否则，恐怕就是他心神不宁，自知将死所以为自己担心啊！"

第二年程郑就死了。于是子产知道然明有才能，就向他询问怎样治理国家。然明回答说："把老百姓看作儿子一样。见到不仁的人，就诛戮他，就像老鹰追赶鸟雀一样。"子产很高兴，把这些话告诉子太叔，而且说："以前我见到的只是然明的面容，现在我见到他的心地了。"

子太叔向子产询问为政之道，子产说："处理政事就像干农活，白天黑夜想着它，考虑着怎么开始，还要考虑如何取得好结果，早晚都照着想的去做。所做的不超过所想的，好像田里有田埂，过错就会少一些。"

鲁襄公二十九年底，大夫们为调和良霄和子皙两人的争斗，在良霄家里结盟。然明和裨谌谈天，对郑国的政局深感忧虑。然明说："政权最终将会落到谁家呢？"

裨谌说："好人取代坏人符合天命之常，除了子产之外，政权还能落到哪里呢？如果按资历选拔人才，那么论次序也该轮到子产了吧。如果论才能选拔人才，那么也就非子产莫属了。而且上天又为他扫清了障碍，将使执政的良霄不得善终，又让应该继承良霄的子西早死，这样除了子产还能有谁呢？上天降祸于郑国已经很久了，一定要等子产出来平定动荡的局面，国家才可以安定。不然的话，郑国必将灭亡。"

次年郑国内乱，郑国人杀死了良霄。子皮要把政权交给子产，子产推辞说："国家本来就弱小，如今又受到大国的压迫，同时公族的势力强大，受宠专横的人也很多，太难治理了。"子皮说："只要我们大家听你的，还有谁敢违抗？你只管好好地去处理政事就行了。国家小没关系，小国只要能侍奉好大国，也就不会受到压迫了。”于是子产开始执政。

子产为了做一件事，有求于公孙段，就送给了他一座城邑作为贿赂。子太叔说：“国家是大家的国家，为何单单要贿赂他呢？”

子产说：“要使一个人没有欲望实在很难，现在我使他的欲望得到满足，以便让他为国家办事，争取能够把事情办成。能不能把事情办成，关键在于能不能找到合适的人，城邑有什么可吝惜的？再说，即使给了公孙段，还不一样是郑国的吗？”

子太叔说：“周边的邻国又会怎么看待这件事呢？”

子产说：“这样做，并不是要使群臣分裂，而是要使他们互相顺从，别的国家对此又有什么可不满的？《郑书》中有句话说：‘要想使国家安定，必须使国内的大族得到优厚的待遇。’先让大族安定下来，再进一步观察他们有什么动向好了。”不久，公孙段害怕了，要主动归还城邑，但子产还是坚持给了他。

良霄死后，郑简公让太史下令任命公孙段为卿，但公孙段推辞掉了。太史回去后，公孙段又请求太史再次下令任命自己为卿，但却又一次故意推辞掉了。如此反复三次，他才接受了任命。子产知道了这件事，就非常讨厌他的为人，但又害怕他会反叛，就只好给他仅次于自己的地位。

子产使都市和乡村有所差别，上下尊卑也遵循一定的制度，田地中有疆界和沟渠，又重新制定了收取赋税的方法。卿大夫中忠诚勤俭的，就提拔他；骄傲奢侈的，就撤销他的职务，并加以惩处。

郑国的丰卷准备进行家祭，请求允许让自己猎取祭品，子产不答应，他说：“只有君王祭祀才用新猎的野兽，至于群臣，只要祭品齐全就可以了。”

丰卷十分生气，回去之后便召集军队准备攻打子产。子产准备逃亡到晋国去，子皮出面劝阻，并帮他驱逐了丰卷，结果丰卷逃亡到了晋国。子产请求君王不要没收丰卷的田地住宅，三年之后就让丰卷回国，而且还把田地住宅以及这三年的田赋[1]一并还给了他。

子产执政一年，众人都唱道：“把我们的衣冠，没收进仓库；把我们的田地，抽取了赋税。谁去杀死子产，我就帮助他。”三年之后，人们又唱道：“我有子弟，子产帮着教育；我有田地，子产帮着耕种。如果子产死了，谁又能代替他呢？”

子产治理国家，能够按照人才的能力来任用他们。比如冯简子能够决断大事；子太叔外表英俊，而且有文采；公孙挥熟悉四方诸侯的政令，并且对各诸侯国大夫的家族姓氏、官职爵位、地位贵贱、才能高低等都了如指掌，而且还善于辞令；裨谌擅长谋划，但他在野外谋划就很得当，但是在城里谋划就不行了。因此，在郑国有事要和其他国家打交道的时候，子产就向公孙挥询问那个国家的政令情况，并且让他草拟外交文件，然后再和裨谌一起乘车到郊外，让他谋划是否可行，然后再把结果告诉冯简子，让他进行决断。计划完成以后，就交给子太叔去执行，让他和宾客进行谈判，所以很少有把事情办坏的时候。这就是北宫文子所说的，郑国有礼仪。

郑国人经常在乡间的学校里游玩聚会，并且议论朝中政策的得失。所以然明对子产说："把乡间的学校毁掉吧！"

子产说："为什么要这样做呢？人们干完事情后，到那里游玩，并且议论国家政策的好坏。他们认为好的，我们就推行；他们所讨厌的，我们就更改。这是我们的老师啊，为什么要毁掉它呢？我只听说尽心择善来减少怨恨，没有听说过依靠威权来压制人们的怨恨。威权固然能很快把人们的嘴堵上，但这种做法就像用堵塞的方法来防止决口一样。河川如果一下子大决口，伤人必定很多，到那个时候我们就不能挽救了。不如现在开一个小口，并且引导河水的流向。所以堵塞言路，不如我们去听取人们的意见，并当作治病的良药来对待。"

然明说："我到现在才真正明白，你的确是一位值得侍奉的人。是我缺乏才智，如果按你说的做，一定会有利于郑国的，受益的绝不仅仅是我们几个大臣。"

后来，孔子听到这些话，说："从这件事来看，有人说子产不仁，我是绝对不相信的。"

子皮想让尹何主管自己的封邑。子产说："他太年轻了，不知道行不行。"

子皮说："这个人一向谨慎，我很喜欢他，相信他不会背叛我的。让他去学习一下，他就更能知道应该怎么处理事情了。"

子产说："不能这样。喜欢一个人，总是希望能够对这个人有利。现在你喜欢一个人，却要把政事交给他，这就好像让一个不会拿刀子的人去割东西，在多数情况下是要损伤他自己的。如果你喜欢一个人，就是

让他受到伤害，那以后还会有谁敢再博求你的喜欢呢？你是郑国的栋梁，如果栋梁折断了，房屋就会倒塌，我也将会被压在底下，所以哪敢不把话全部说出来？如果你有一块漂亮的彩绸，是不会让别人用它来练习裁剪衣服的，因为你怕他把彩绸糟蹋了。大的官职，大的封邑，是要用来保护身家性命的，你反而让人去练习治理的本领，这岂不是说你把彩绸看得比大官、大邑还要重要吗？我只听说过，学习以后才可以做官，还没有听说过把做官当作学习机会的。如果真的要这么办的话，那一定会有所伤害。譬如打猎，熟习射箭、驾车的人，才能够获得猎物。如果是从来没有登过车、射过箭的人，那么在车上只顾害怕车翻人亡了，哪里还有工夫去想猎物呢？”

子皮说：“您说得太好了，我真是不够聪明。我听说君子致力于大事，看得长远；小人致力于小事，看得短浅。看来我只是个小人啊。衣服穿在我身上，我知道慎重地对待它，而用来保护身家性命的大官位和大封邑，我却不放在心上。要是没有您的话，我是不会明白这些道理的。从前我就说过，您治理郑国，我治理我的家，能够有一个庇护我自己的地方就可以了。现在我才知道这样还不够。从现在开始我请求您，即使是我家族里的事情，也希望听从您的意见行事。”

子产说：“人心不同，就像人的面孔都不同一样，我哪里敢说你的面孔就像我的面孔一样呢？不过只要我心里觉得危险的事情，我就会把它告诉你。”子皮认为子产非常尽心尽力，于是将政事全都委托给了他，子产因此得以放手治理郑国。

子产既然能放手制定政策，就进行了更多的改革。这些改革有的因为违背了祖先的法则，而受到人们批评，有的也失于严苛。虽然往往对国家有利，但对子产自己，以及他的子孙后代就没有什么好处了。

鲁昭公四年，子产为郑国制定了丘赋[2]制度。国都的人都骂他说：“他父亲被杀死在路上(子产的父亲在鲁襄公十年的郑国动乱中被杀)，他自己就变成了蝎子的尾巴。在国内发布这样的命令，国家将怎么办呢？”

郑大夫子宽把这件事告诉子产，子产说："这有什么关系？只要我所做的有利于国家，我就不会计较个人的生死得失。而且我听说，推行善政的人不会改变他的行为准则，因此才能取得成功。对百姓不可以过度放纵，执政的原则不能够轻易改变。《诗经》中说：'只要在礼和义上没有什么过错，何必害怕别人的议论？'我绝不会改变我的政策！"

子宽评论说："国氏（郑国的公孙，常常以父亲的字为氏，子产父亲字子国，所以子产为国氏）可能会先灭亡吧。掌权的人制定赋税之法，哪怕一开始定得很轻，实行到后来都会流于贪暴。何况现在一开始就定得很贪，到将来还能够设想吗？在姬姓的国家中，蔡、曹、滕三国大概是要首先灭亡的，因为他们受大国压迫，却又不遵守礼仪；而郑国可能会先于卫国灭亡，因为它受大国压迫，却不遵守祖先的法则。制定政策不遵守祖先的法则，而是按照自己的意愿来决定。但百姓各有各的意愿，又怎么可能都与上面一致呢？"

鲁昭公二十年时，子产得了重病，他对游吉说："我死了之后，一定会让你执政。你要记住，只有具备高尚品德的人，才能既采用宽松的政策，又能让百姓服从。如果不能，就只能退而求其次，推行严格的法治。就像火看上去很猛烈，人们见了就会害怕，远远地躲着它，所以很少有人被火烧死；水看上去柔弱，所以人们都轻视它，放心地到水里玩耍，结果却总会有很多人被水淹死。用宽松的政策治理百姓，难啊！"

子产卧病几个月之后去世，游吉继承他担任执政。游吉不忍心推行严苛的法治，政策很宽松，没过多久郑国便出现了很多盗贼，他们多聚集在芦苇丛生的沼泽。见到这种情况，游吉很后悔，说："如果我一开始就听从子产的意见，就不会弄到现在这个地步了。"于是游吉动用步兵攻打沼泽中的盗贼，将他们全都杀了，郑国的匪患才有所减轻。

子产去世的消息传到鲁国，孔子听说后很痛心，流着泪说："子产，是继承了古人仁爱之风的人啊！"

相关链接

〔1〕田赋：对田地征收的赋税。鲁宣公十五年（公元前594年）鲁国的"初税亩"为田赋之始。

〔2〕丘赋：春秋郑国按田亩征收的军赋。《左传·昭公四年》："郑子产作丘赋。"杜预注："丘，十六井，当出马一匹，牛三头。"《汉书·刑法志》："地方一里为井，……四井为邑，四邑为丘。丘，十六井也，有戎马一匹，牛三头。"

公子围聘于郑

楚公子围到郑国聘问，同时迎娶公孙段之女。郑人怕有阴谋，安排他居住在郊野，并请求在城外举行婚礼。

○品画鉴宝 镶嵌龙纹铜柲玉戈（商） 玉戈直刃弧背，表面刻兽面纹，背上有扉棱。表面用绿松石镶嵌出兽面纹、龙纹、蕉叶纹等纹饰。

鲁昭公元年春，楚国的公子围由副使伍举陪同，到郑国聘问，同时去郑大夫公孙段家里去娶亲。当他们进入郑国都城，准备到郑国接待外宾的宾馆住宿时，郑国人因为楚国人向来狡诈，所以都表示了不安。于是郑国就派外交官公孙挥与他们商量，他们便在郑国都城的郊外住下了。

当楚国人完成了聘问的礼仪后，公子围想率领随从到城内迎亲。子产对此十分担忧，就派公孙挥回绝他们说："因为我国的都城偏僻狭小，容纳不下贵国的随从人员，请在城外举行婚礼好吗？"

公子围派太宰伯州犁回答说："承蒙你们君主赐惠我们，对公子围说要把公孙段的女儿嫁给他为妻。公子围在楚庄王、楚共王的庙中摆设供桌，祭告之后才来到郑国。如果在郊外举行婚礼，就等于把贵国对我们的好意抛弃在草丛之中了，同时这样做也是没有把我国的大夫用卿礼来接待。不但如此，也是要使公子围欺骗祖先，以后没法向我们国君交代，使他失去在楚国做上卿的资格，再也无颜回到楚国了。所以请贵国慎重考虑。"

公孙挥说："郑国从来没有什么罪过。如果说有罪的话，那就是它一心仰仗大国而自己没有防备。我们想仰仗大国来安定自己，别人会不会包藏祸心来图谋我们？我们郑国如果失去了楚国的保护，那么我们也担心，楚国会因此而失去诸侯各国的信任，而引起他们的警戒。使他们抗拒楚王的命令，让楚国的愿望难以实行。要不然，我们郑国也只相当于是替楚国看守馆舍的，哪里会因为爱惜公孙段的家庙[1]，而不让你们的公子围举行婚礼呢？"

伍举知道郑国已经有所戒备，于是便请求不带兵器进城，子产这才答应了他们。正月十五，公子围进入都城，举行了婚礼之后便回去了。

相关链接

〔1〕家庙：即宗庙。古时有官爵的人祭祀祖宗的处所。《礼记·中庸》："宗庙之礼，所以祀乎其先也。"

大夫会于虢

鲁昭公元年，晋、楚、齐、宋等国代表在郑国的虢地会盟，以重申他们五年前在宋国订立的“弭兵之约”。

鲁昭公元年春，晋国的赵武、楚国的公子围、齐国国弱、宋国向戌、卫国齐恶、陈国公子招、蔡国公孙归生、郑国子皮、许国人、曹国人在郑国的虢地会盟，重申了他们五年前在宋国订立的弭兵之约。公子围刚刚在郑国都城娶了妻子，紧接着就来参加盟会。

晋国祁午对赵武说：“五年前宋国的盟会，楚国人在仪式问题上占了晋国的便宜。如今的令尹公子围不守信用，是诸侯都知道的。你如果没有准备，我担心又会像在宋国的盟会上那样被他们占了便宜。那时，楚国的令尹子木是以守信用闻名于诸侯的，他尚且还能欺骗晋国，在衣服里面穿上皮甲，歃血时又凌驾于晋国之上，何况这个以不守信用闻名的公子围呢？如果楚国再一次占先，那将是晋国的耻辱啊。

“阁下掌握晋国的大权，让我们国家成为盟主，到现在已经七年了！在这段时间里，晋国两次会合诸侯，三次会合大夫，征服了齐国和狄国，安定了东夏，平定了秦国的侵扰，修建了淳于城[1]，同时又没有让军队过于疲累，国家也没有荒废政事，百姓没有怨言，诸侯没有反对，上天没有降下大的灾难，这都是你的功劳啊。你已经有了这样的美名，若最后在外交上败给楚国而蒙受耻辱，这正是我最替你担心的。你不可以不警惕啊！”

赵武说：“我感谢你的建议。但是在宋国的盟会上，子木有害人之心，而我有仁人之心，所以楚国才能够凌驾在晋国之上。现在我的仁心还是没有改变，楚国想再次凌驾于我们之上，并不能对我们造成危害。我将以信义为本，遵守这样的原则办事。这就好像是一个农夫，只要他能够坚持不懈地除草插秧，即使有饥馑的时候，最终还是会获得丰收。而且我还听说：‘不背弃信义的人，就不会居于别人之下。’恐怕我还没有完全做到这一点。《诗经》上说：‘不背信弃义，不为非作歹，将成为做人的典范。’确实是这样的啊。能做他人典范的人，是不会居于人下的。我不能不守信义，楚国不足以成为我们的祸患。”

公子围担心这一次晋国会想办法争先，于是请求杀了牲畜作为牺牲后，就把五年前的盟约拿来宣读，然后放在牺牲上献给神灵。晋国人答应了。

三月二十五日，各国大夫举行了结盟仪式。公子围使用了君王的服饰器物，安排了成对的卫士。看到这种情况，郑国的叔孙豹说：“楚公子围很有派头嘛，将要成为君主了吧！”

子皮说：“还有两个执戈的人站在前面！”

蔡国的子家说：“他在楚国时，就住到楚王的离宫蒲宫里，前面也站两个执戈的卫士，现在有什么不可以呢？”

楚国的伯州犁听了，连忙解释说：“这一套装束，是我们离开的时候他向我们君王借来的。”

郑国的公孙挥讽刺他说：“借了恐怕就不会还回去了吧？”

伯州犁反唇相讥：“你还是为你们的子皙将要反叛作乱操心吧！”

公孙挥说：“贵国的君主还健在，公子围如果借了君王的装束不还，你能不担忧吗？”

国弱在一旁说：“我是真的替公子围和伯州犁这两人的命运担忧啊！”

公子招说：“没有忧患，怎么可以做成大事？有忧患倒是一件好事情。如今公子围和伯州犁不知道担忧，反而很高兴，这才值得担忧。”

齐恶说：“如果他们能够事先明白，早作准备，即使有忧患又有什么关系呢？”

向戌说：“大国发出命令，小国只有恭敬听从。我们只管恭敬就是了。”

晋国的乐王鲋最懂得明哲保身[2]之道，他见大夫们公开讥评，不亦乐乎，就不以为然地说：“《诗经》中《小旻》的最末一章说得好，我还是照那样去做。”《诗经·小旻》的最末一章说的是：“战战兢兢，如临深渊，如履薄冰。”

盟会结束后，公孙挥对子皮说：“叔孙豹的话恰当而委婉，向戌的话简洁而合乎礼节，乐王鲋的话谨慎而

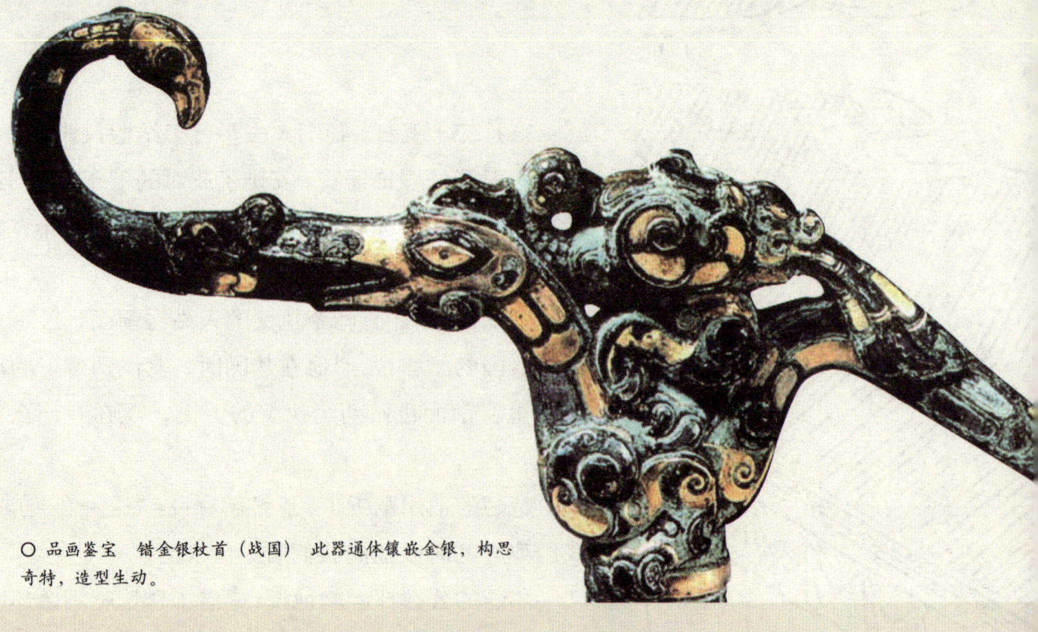

○ 品画鉴宝　错金银杖首（战国）　此器通体镶嵌金银，构思奇特，造型生动。

恭敬，你与子家的话很有分寸，你们都是能够安邦济世的栋梁之臣啊。齐国、卫国、陈国的大夫们，恐怕将来逃不过祸难吧？国弱只知道为别人担忧，公子招以忧患为乐，齐恶认为即使有忧患也没有什么关系。只知担忧别人不知担忧自己，应该担忧反而高兴，与认为担忧没有什么害处的人，都是会惹来忧患的吧？《大誓》中说：'人所希望的，上天必然将赐给他们。'这三个大夫已经显露出忧患的兆头，忧患能不降临吗？通过人说的话来知道事情的发展，说的就是这个意思啊。"

公孙挥这段话被记载在《左传》里，但客观地看，国弱、公子招、齐恶的话其实都是相当中肯的，只是都被公孙挥曲解了，公子招的话被曲解得尤其厉害；乐王鲋是老奸巨猾得出了名的，他在乱世或能自保，但说到安邦济世，对时代做出贡献，恐怕就说不上了。可见，想通过别人的片言只语，对人进行评判，对未来作出预测，恐怕并不是件容易的事。

相关链接

〔1〕淳于城：一名杞城。在今山东安丘东北。原为春秋淳于国，后杞国都此。

〔2〕明哲保身：聪明智慧之人，善于趋安避危、保全自己。语出《诗·大雅·烝民》："即明且哲，以保其身。"

楚人欲戮鲁使

正当各国代表在虢地重申和平条约的时候，鲁国的季武子出兵攻打了莒国。楚人大怒，坚决要求杀掉鲁国使者叔孙豹。

鲁昭公元年，晋、楚召集各国大夫在郑国的虢地会盟，重申五年前在宋国订立的和平盟约。然而，鲁国的季武子[1]却乘机发兵攻打莒国，夺取了郓地。莒国人到盟会上告状，楚国人对晋国使者说："我们重申和平的盟会还没有散，鲁国就侵略了莒国，这是对我们盟约的侮辱。请同意杀掉鲁国的使者。"

当时，鲁国派来的使者是大夫叔孙豹。晋国的乐王鲋正担任赵武的副使，想向叔孙豹索取贿赂，以帮他在赵武那里求情。他不能明说要贿赂，就假装向叔孙豹索要他的衣带，以此暗示，但叔孙豹没有给他，也就是表示拒绝贿赂他。叔孙豹的家臣梁其踁说："用财物来保护生命，您为什么舍不得给他呢？"

叔孙豹说："参加诸侯的盟会，是为了保护国家社稷。我如果用财物保全了自身，那么鲁国必然受到进攻。这样做，就给我们国家带来了灾祸，哪里能够保护它呢？人们建造了墙壁，就是为了遮蔽外界的邪恶。如果墙壁损坏了，又是谁的过错呢？我本来是为保护国家而来的，如果反而让她受到攻伐，那我的罪过就更大了。我虽然怨恨季武子攻打莒国的做法，但我们鲁国又有什么罪，难道我忍心让她受过？我出使在外，季武子留在国内，做法一向都是这样的，我又去怨恨谁呢？但是乐王鲋很贪婪，如果不给他，他是不会善罢甘休的。"于是叫来乐王鲋的使者，撕下衣裳的布帛给他，说："衣带恐怕太窄，你把这个拿回去吧。"

赵武听说后，说："临危而不忘国家，这是忠诚；临难而不逃避自己的职责，这是信义；为了国家的利

○ 品画鉴宝　联禁龙纹壶（战国）出土时两壶并列禁上，形制大小相同。两壶颈内壁均铭“曾侯乙作持用终”。

益而把自己的生命置之度外，这是坚贞；做事能做到这三点，这是道义。有这四样在，又怎么能够杀他呢？”

于是向楚国请求说：“鲁国虽然有罪，它的使者却不避危难，畏惧盟主的威严，而服从盟主的命令。你还不如免除他的罪过，以此来劝勉贵国的左右大臣。如果楚国的群臣，能够做到在朝中不辞辛劳，在外出使不逃避危难，国家哪里还会有忧患呢？忧患之所以产生，都是因为大臣们看到麻烦而不愿意出力，遇到危难就不愿意坚守原则，这就是忧患的来源。如果能够处理好这两个问题，国家还有什么可忧患的呢？如果不能安抚贤能，又怎么会有人来效仿他？鲁国的叔孙豹，可以说是国家的能臣，请你免他一死，以表示对能臣的安抚。你能在盟会时赦免有罪，又奖赏了贤人，诸侯中还有谁不欣欣然望着楚国而渴望归附呢？楚国虽然远离中原，中原诸国恐怕都会把它当作近邻吧。

“那些在边境上的小国，总是一会儿这样，一会儿那样，哪里有什么常性？以前三王五伯有那样的美德，划分疆域，树立界碑，制定了边界的章程，对任意越境的人加以惩罚，即使这样也不能保持各国边界统一不变。因此，在虞舜统治的时候有三苗之乱，在夏代有观、扈之乱，在商代有姺、邳之乱，在周代有徐、奄之乱。自从失去了圣明的天子，诸侯争相扩张，轮流主持盟会，又怎么可能保持疆域的一成不变？关心大的祸乱，而不计较小的过失，这才是一个盟主应有的气度，你又何必什么事都一一过问？疆界遭到侵占，哪个国家没有这样的事情？作为盟主，你又怎么能一一过问得清楚？如果吴国和百濮来侵扰楚国，那么楚国的大臣是不是也要顾及弭兵之约，而不去讨伐他们？莒国的疆界问题，楚国不用过问，诸侯也不必为它烦恼，这样不也可以吗？莒国和鲁国争夺郓地，也不是一天两天的事了，如果没有对他们的社稷安危造成大的危害的话，不去管他也可以。免除诸侯的烦恼，宽宥贤能正直的大臣，大家就都会竞相努力。请你好好考虑一下吧！”在他的一再坚持请求下，楚国人答应赦免了叔孙豹。

叔孙豹回到鲁国，季武子前来慰劳他，曾夭为季武子驾车。他们早上到达，但是直到中午还不见叔孙豹出来见他们。曾夭对叔孙豹的家臣曾阜说：“我们从早上等到中午，这就说明我们已经知罪了。鲁国一向都是以互相忍让来治理国家的，如果只是能在国外忍让，而对内却做不到忍让的话，又有什么用呢？”曾阜说：“我们在外面奔波了几个月，你们才在这里等了一个上午，这对你们又有什么损害呢？这就像做买卖的人想要挣钱，又怎么能反感市场的喧闹呢？”

过了一会，曾阜对叔孙豹说：“可以出去了！”叔孙豹指着堂上的大柱子，说：“我虽然讨厌它，但是又怎么能去除它呢？”于是就出来接见了季武子等人。

相关链接

〔1〕季武子：？—公元前535年，名宿（一作夙），季文子之子，春秋鲁国执政。曾于鲁襄公十一年（公元前562年）建立三军，季孙氏、叔孙氏、孟孙氏各掌一军，使公室权力落入三桓之手。后又改为二军，四分公室，季孙氏独占二分。鲁国政权自此由季孙氏专擅。

子皙子南争妻

徐吾犯的妹妹很漂亮，子皙非要和子南争夺，子南用戈打伤了他。郑国大夫们经过商议，把子南流放到吴国去了。

郑国徐吾犯的妹妹非常漂亮，本来已经由子南聘作未婚妻，但是子皙又派人硬是送去了聘礼[1]。徐吾犯很害怕，告诉了子产。子产说："这是因为国家的政治混乱，不是你的过错啊。你不必忧虑，还是看你妹妹的意愿，她愿意嫁给谁就嫁给谁吧。"

于是徐吾犯便向子皙和子南请求，让他的妹妹自己挑选丈夫，两个人都答应了。子皙穿着华丽的衣服来到徐吾犯家，把礼品陈列在堂上，然后就出去了。子南则穿着戎服[2]到来，左右开弓射了两箭，然后飞身跃上马车走了。徐吾犯的妹妹从房里观察后说："子皙确实是长得很好看，但子南有大丈夫气概。丈夫就要有丈夫的样子，妻子就要有妻子的样子，这才叫作顺理成章啊。"于是嫁给了子南。

子皙很生气，不久就穿着铠甲去见子南，想要杀掉他，抢夺他的妻子。子南知道了，抽出戈来追赶他。追上以后，就用戈打他，把子皙打伤了。子皙受伤回来，告诉大夫们说："我好心去见子南，没想到他会有这样的坏心眼，所以才受了伤啊。"

大夫们都聚在一起商量这件事该怎么办。子产说："两个人的罪过差不多。在这种情况下，应该是年纪小地位低的人不对，所以错在子南。"

于是把子南叫来，数落他的罪状，说："国家的大规矩有五条，你都触犯了：敬畏君主的威严，服从国家的命令，尊重地位高的人，侍奉年纪长的人，供养自己的亲人。这五条是我们用来治理国家的原则。现在君王在国都，你却使用兵器，是不敬畏君主的威严。违反了国家的法纪，是不服从国家的命令。子皙是上大夫，而你是下大夫，却不肯对他谦让，是不尊重地位高的人。你年纪小而不恭敬，是不尊重年长的人。你用武器追打你的堂兄，是不供养你的亲人。君王说：'我不忍心杀了你，就赦免你的死罪，把你流放到远方去吧。'你好自为之，尽量快点走吧，不要再加重你的罪过！"

鲁昭公元年的五月初二，郑国把子南流放到吴国。快要让子南动身时，子产又去询问了游吉的意见。游吉是子南哥哥的儿子，但却是游氏的家长，所以子产向他询问。游吉说："我尚且不能保全自己，怎么能

够保护我的亲族呢？况且流放子南，也是你根据国家的法律决定的，并不是你私下里为难他。如果你这样做是为郑国的利益考虑，就照有利于国家的方向去做吧，有什么可犹豫的？以前周公杀死管叔，流放蔡叔，难道是他不爱惜他们吗？这都是为了整个周王室的利益考虑呀。即使我犯了罪，你也要按照这样的规矩来处理，何必顾虑我们游氏的想法？”

六月初九，因为子南的缘故，郑简公和他的大夫们在公孙段家里盟誓。郑国六卿子皮、子产、公孙段、印段、游吉、驷带又在郑国都城的大门之外订立了盟约，子皙也一定要参与结盟，而且还让太史写下他的名字，称为“七子”（本来郑国是六卿，子皙硬要加入，所以称七子），子产也没有追究。

相关链接

〔1〕聘礼：又称“彩礼”。古代订婚时男方送给女方的财物。

〔2〕戎服：即军装。

公子围篡弑

楚康王去世，儿子郏敖继位，弟弟围为令尹。郏敖病重，公子围乘机勒死他，然后自立为君，是为楚灵王。

鲁襄公二十九年四月，楚国安葬楚康王，鲁襄公、陈哀公、郑简公、许男都参加了送葬仪式，但是只送到楚都西门之外，各国大夫们则一直送到墓地。楚康王的儿子郏敖即位，康王的弟弟公子围担任令尹一职。郑国外交官公孙挥说："这样的安排很不合适，令尹必将代替郏敖而昌盛。因为在松柏之下，野草是难以茂盛的。"

次年正月，楚王郏敖因为刚刚即位，派薳罢来鲁国聘问。叔孙豹向薳罢问起公子围的执政情况，薳罢回答说："我们这些下属为了吃饱饭而听别人使唤，即便这样还担心不能完成任务，而不能免于惩处，哪里还敢过问国家大事？"叔孙豹一再问他，他始终不回答。之后，叔孙豹对大夫们说："楚国的令尹可能会发动政变，薳罢将会参与并帮助他。他现在很明显是在掩饰实情。"

鲁襄公三十年，公子围杀了楚国的大司马蔿掩，侵占了他的家产。申无宇说："公子围肯定免不了祸难。好的人才是国家的栋梁，公子围担任楚国的辅佐之职，应当把培养人才放在第一位，但他却恶待他们，这就等于是在危害国家。再说司马本是令尹的助手，君王的手足，如今他砍断国家的栋梁，铲除自己的助手，斩断君王的手足，而给国家带来危害，再没有比这更大的不祥了。他怎么能免于祸难呢？"

鲁襄公三十一年冬，北宫文子陪伴卫襄公去楚国访问，见到公子围的威仪，就对卫襄公说："如今令尹就像一位国君了，他一定会产生别的想法。但即使他的野心能得到满足，也不能够善终。《诗经》中说：'事情都有个开头，但很少能有个结果。'想要有个好结果是很难的，令尹恐怕不能免于祸难。"

鲁昭公元年，各诸侯国大夫在郑国的虢地举行了会盟之后，公子围设宴招待晋执政赵武。公子围吟诵了《大雅·大明》的第一章，赵武吟诵了《小雅·小宛》的第二章。宴会结束后，赵武对叔向说："看来公子围要取代楚王了，怎么办呢？"

叔向回答说："楚王懦弱，令尹强硬，当然可以取而代之！虽然这样，他也不会有好结果的。"

赵武问："为什么呢？"

叔向回答说："以强凌弱，而且还心安理得，这是一种不合道义的强大，不合道义而强大，他的灭亡也会很快就到来。《诗经》中说：'这样强大的西周，却因为褒姒而灭亡。'这就是强大而不合道义的后果啊。等公子围做了楚王，必定会谋求诸侯的拥护。而晋国已经有点衰弱了，诸侯必定会归附楚国。楚国得到了诸侯的拥护，他的暴虐就会变本加厉。等到百姓不堪忍受的时候，公子围又怎么可能得到善终呢？他用强力夺得王位，依靠不义取得成功，那么他一定会把这些当成正确的道路而继续走下去。把放纵暴虐当作正确的道路，当然是不可能长久的。"

当年秋，公子围派公子黑肱、伯州犁在靠近郑国的犨[1]、栎、郏[2]三个地方修筑城池，郑国人感到害怕。子产说："没有关系的。这是令尹打算要造反了，而先用这种方法除掉这两个人。祸乱不会牵连郑国，有什么好担心的？"

冬天，公子围将要到郑国聘问，伍举担任他的副手。还没有走出国境，就听说楚王生病，于是就返回了，由伍举代替他出使郑国。十一月初四，公子围赶到郢都，进入宫内探问楚王的病情，乘机把楚王勒死了，并且杀掉了楚王的两个儿子幕和平夏。右尹子干逃亡到晋国。宫厩尹子皙逃亡到郑国。公子围又在郏地杀掉太宰伯州犁，把楚王埋葬在郏地，没有给他谥号，而称之为郏敖。

公子围派使者到郑国报告这件事，伍举问使者如果郑国问起新君之事该如何回答。使者说："就说是我们的大夫公子围。"伍举纠正他说："你应该说：楚共王的儿子中以公子围最为年长！"

公子围即位，是为楚灵王。任命薳罢为令尹，薳启强为太宰。楚灵王在位十二年，最后因蔡人叛乱，自己的太子被杀，弟弟又在一旁伺机夺位，陷入绝境而上吊自杀。

相关链接

〔1〕犨：古地名。在今河南南阳一带。

〔2〕郏：在今河南郏县。本郑地，后属楚。

秦后子适晋

公子后子权势极大，几乎可以和秦景公相比。他的母亲为此担忧万分，劝他出走避祸。后子于是暂时住在了晋国。

秦桓公的儿子后子，名鍼，是秦景公的同母弟弟。后子很得秦桓公的喜爱，在秦景公继位以后，他的权势已经大到可以和君王匹敌的地步了。他的母亲说："你如果还不离开的话，恐怕会有灾祸。"鲁昭公元年五月，后子前往晋国，随行的车辆有一千辆之多。

后子设宴招待晋平公，在黄河里用船架设了浮桥[1]，每隔十里就准备车辆，一直从秦国都城雍城摆到晋国都城绛城。后子用九献[2]之礼招待晋平公，从开始到结束，为了运送后八献的酬币，车马在两国的都城之间往返了八次。

司马侯问后子："你的车子，就都在这里了吗？"后子回答说："这就够多的了！如果我的车子再少一些，我又怎么会跑来晋国，见到你们的君王呢？"司马侯把这件事情告诉晋平公，并且说："后子一定能回去的。我听说，一个人如果能知道自己的过错，就一定会有好的前程。这好的前程，是能够得到上天的帮助的。"

后子去见赵武，赵武问："你什么时候可以回去？"

后子回答说："我害怕在我们国君那里获罪，所以才会逃来这里。我准备等新的国君继位以后再回去。"

赵武问："秦景公现在怎么样？"

后子回答说："暴虐无道。"

赵武问："秦国会不会灭亡呢？"

后子回答说："怎么会呢？只是一个君王无道，国家还不至于陷入绝境。国家建立在天地间，必然会有能辅佐君王的臣子出现。如果不是连续几代都荒淫无道的话，是不可能灭亡的。"

赵武问："那么秦景公会短命吗？"

后子回答说："是的。"

赵武问："还能活几年呢？"

后子回答说："我听说，国家无道而能年谷丰收，那是老天在帮助他。所以他应该还可以维持五年。"

赵武看着地上的影子说："人活世上朝不保夕，谁能够等待五年呢？"

后子出来，对别人说：“赵武快要死了。主持国家大政，却感慨时间的流逝，为自己活不了多久而担心。他恐怕支持不了多久了。”当年年底，赵武就去世了。

这一年，楚国的公子围弑君自立，楚右尹子干逃亡到晋国，随行的只有五辆车子。叔向让他和秦公子后子享受一样的待遇，都是足够养活一百人的食禄。赵武说：“秦国的公子富。”认为两人贫富不同，楚公子不应享受与后子一样的待遇。

叔向说：“确定一个人的待遇，要根据他的品德；如果两人品德相当，就根据年龄；如果年龄也相同，就根据地位。对逃亡到晋国的公子，要根据他们国家的大小，而不是根据他们的贫富来决定待遇。再说秦国的公子带着一千辆车离开他的国家，可以说极其强大了。《诗经》中说：‘不欺负鳏寡，不畏惧强大。’既然如此，秦国和楚国大小相当，他们的待遇也应该相当。”于是让后子和子干享受同样的待遇。

但是后子却认为自己不该享受与子干一样的待遇，推辞说：“我是因为畏惧获罪，楚公子是因为身遭不幸，所以我们都来到这里，一切听从你的安排。再说我已经在晋国做官，是晋国的臣子，而楚公子是这里的客人。我们享受同样的待遇，怎么可以呢？《史佚》中不是说：‘我不是客人，你为什么要客气？’”

鲁昭公五年，秦景公去世，景公子哀公继位。因为景公已死，后子就回到了秦国。

○ 品画鉴宝

黄人鬲（春秋）此器敛口，宽平沿，束颈，折肩，腹下收。造型雅致，纹饰秀丽。

相关链接

〔1〕浮桥：古称“舟梁”。即以船舟代替桥墩架设桥梁。一般为临时性应用。由于架设简便，故在军事上多有运用，称“战桥”。

〔2〕九献：《周礼·秋官·大行人》：“上公之礼……飨礼九献，食礼九举，出入五积，三问三劳。”贾公彦疏：“九献者，王酌献宾，宾酢主人，主人酬宾，酬后更八献，是为九献。”

子晳不得善终

子晳攻杀执政良霄，争夺子南之妻，制造“七子之盟”，还企图反叛作乱。郑国大夫们都很忌恨他。当他被赐死后，被国人暴尸街头，列罪示众。

郑国的子晳在与郑国执政良霄的争斗中，靠着族人的帮助，居然攻灭了良霄，从此愈加放肆起来，开始有了犯上作乱的想法。鲁昭公元年，各国大夫在郑国的虢地会盟，连外国的使者都看出子晳将要作乱。会上，楚国公子围的服饰仪仗超出规格，郑国外交官公孙挥出言讥讽，楚国的伯州犁就反驳说：“你还是为你们的子晳将要反叛作乱操心吧！”

子晳与游氏家族的子南争夺妻子，两人发生冲突，郑国的大夫们慑于子晳的威势将子南逼走，然后又为此事订立盟约。子皮、子产、公孙段、印段、游吉、驷带六卿在郑都城门闺门之外订盟，子晳也一定要强行加入，并且让太史记下他的名字，与六卿并列。子产等人没有反对，但心里都很不满。

晋平公生病，郑简公派子产去晋国探望。晋国的叔向去子产住的地方看他，出来时，公孙挥送他。叔向向公孙挥询问郑国的情况，顺便问到子晳。公孙挥回答说：“他哪里还能长久？不遵礼仪，而喜欢凌驾在别人头上；依仗财势，而瞧不起他的上司。维持不了多久了。”

鲁昭公二年秋，子晳将要作乱，打算除掉游氏并且取而代之，但因为他旧伤复发而没有能够成功。他的家族驷氏的人和郑国的大夫们都想杀掉他。这时，子产正好在郑国的边境，听说了这件事，害怕来不及制止，急忙乘坐驿车赶了回来。

子产派了一个官吏去列数子晳的罪恶，说：“在良霄那次动乱中，我因为有与大国的事情需要处理，所以没来得及讨伐你。你一向都有叛乱之心，而且贪得无厌，国家已经不能够忍受你了。你攻打良霄，这是你的第一条罪状；与你的堂弟争夺妻室，这是你的第二条罪状；在薰隧（闺门外的大道）之盟的时候，你假托君命而与六卿并列，是你的第三条罪状。你有这三条死罪，怎么还可以再容忍你呢？你如果再不快点死去的话，死刑就要落到你的头上了。”

子晳想抗拒让他自杀的命令，拜了两拜，叩头辞谢说：“我旧伤复发，很快就要死掉了。老天都不让我活，你就不要再帮着老天来虐待我了。”

子产说：“人谁没有一死？只不过恶人都不得善终，这也是你的命啊。你做了坏事，成了恶人，我如果不帮助上天，难道还帮助恶人吗？”

子皙又请求让他自己的儿子印担任市官[1]一职，子产说：“如果印真有才干的话，君王会任命他做官的。如果他没有才干的话，早晚有一天也会步你的后尘。你的罪过本来就不可以赦免，你还有什么可要求的？如果你还不快点去死，司寇就要来捉拿你了。”

七月初一，子皙自缢而死。郑国人把他的尸体放到周氏大街上示众，并在一块木牌上写上他的罪状放在尸体旁。

相关链接

〔1〕市官：即褚师。《左传》昭公二年，子皙“请以印为褚师”。杜预注：“印，子皙之子。褚师，市官。”春秋时郑、宋、卫等国均有设置。职掌市场管理。

齐晏婴使晋

齐国晏婴奉命出使晋国。在宴会上，他告诉叔向：齐国现状堪忧，国君可能要被陈氏取而代之。叔向认为晋君也面临着同样的危险，韩、赵等家族就是晋国的巨大隐患。

鲁昭公三年春，因为去年少姜（齐庄公之女，嫁给晋平公，有宠）去世，齐景公派晏婴出使晋国，请求再嫁一个女子给晋平公，以继承少姜。晏婴说："我们国君派我来对你们的君王说：'我愿意侍奉君王，朝夕不知倦怠；我愿意奉上贡赋，不错过约好的时间。然而国家多难，所以我不能亲自前来。我们本有一位先君的嫡女嫁给君王，希望借此来光耀我的名望，可惜她又没有福气，早早地去世了，让我非常遗憾。如果君王不忘先君的旧好，肯照顾我们齐国，不嫌弃我无能，使我得以托福于太公和丁公，继续保佑齐国，帮助齐国安定社稷，那么我们还有先君的嫡女，以及庶出的女儿若干人。君王若不嫌弃的话，就请再派一个使者光临敝邑，慎重挑选一个，作为君王的姬妾。这正是我的愿望。'"

晋国的韩起派叔向[1]回答说："这也正是我们国君的愿望啊。我们国君不能独自承担国家社稷的重任，就是因为没有正式的夫人。只是因为目前还在服丧期间，所以我们才没有敢对贵国有所请求。既然承蒙君王有这样的命令，是我们晋国莫大的荣幸。如果君主能这样照顾我们，安抚我们晋国，赐给我们一位夫人的话，那就不仅仅是我们的君王，我们这些臣子也感到无比荣幸，就连自唐叔以下的晋国历代祖先，也都会为这件事感到高兴的。"

订立婚约之后，晏婴接受了晋国的招待。叔向陪着晏婴吃饭，边吃饭边交谈。叔向问："齐国现在怎么样了？"

晏婴说："这已经是齐国的末世了。我不能保证，将来齐国会不会变成陈氏的国家。齐国君王不爱惜他的百姓，而百姓也就都归附了陈氏。

"齐国旧有的四种量具，豆、区、釜、钟，四升为一豆，四豆为一区，四区为一釜，然后十釜为一钟。但是陈氏的量具，前面三种都是逢五进一的，因此陈氏的一钟就比齐国旧有的一钟大很多了。他们用自己的量具借粮食给老百姓，而用旧有的量具收贷。

"在国家的市场上，鞋子很便宜，但假脚却因为被砍脚的人太多而变贵，可见刑罚有多么严重！当老百姓处在痛苦或疾病中时，只要有人

能够安抚他们，他们就会非常感激，并且像对待父母一样地爱戴他，如同流水一般地归附他，想要让他不获得民心，又有什么办法呢？

“现在恐怕陈氏的祖先箕伯、直柄、虞遂、伯戏，以及最先被封在陈地的胡公、大姬等人，他们的神灵恐怕已经聚集到齐国，等到享受陈氏的祭祀了。”

叔向说：“是这样啊。即使是我们晋国，现在也是处于末世了。战马不再驾车出征，卿族不再率领公室军队，公室的车辆已没有卿族侍卫，军队中也没有称职的将官。百姓贫穷困顿，而宫室却越来越奢侈。

“路上随处都有饿死的人，但宠臣家里的财富却多得装也装不下。百姓听到君王的命令，就像躲避敌军那样避之唯恐不及。过去的卿大夫栾、郤、胥、原、狐、续、庆、伯八家的子孙，都沦落成了卑贱的皂、隶。

“政权落在韩、赵等大夫私人手里，而百姓却不知该依靠谁。君王不知悔改，整天沉溺在乐舞中，以排解忧患。公室如此的衰弱，不知道还会持续到什么时候？《谗鼎》上有铭文说：‘祖上每天天不亮就起来，创建了显赫的功绩，子孙后代却还是懒惰懈怠。’何况君王没有一天想到悔改，他的统治怎么可能长久呢？”

晏婴说：“那么你将怎么办？”

叔向说：“晋国的公族已经没有了。我听说，公室将要衰微，其宗族就会像树上的枝叶一样先落下来，然后公室也随之陨落。我们‘叔’这一族，本来共有十一个家族，现在只剩下我这羊舌氏一族而已。我又没有儿子，公室又没有法度，如果能得善终就已经心满意足了，哪里还希望享受祭祀呢？”

夏天，晋国派韩起到齐国为晋平公迎娶夫人。齐国的公孙虿（子尾）因为少姜曾受晋平公宠爱，就用他的女儿换了齐景公的女儿嫁给晋平公。有人告诉韩起说：“公孙虿欺骗了晋国，晋国怎么可以忍受这样的事呢？”韩起回答说：“我们这次来，本来就是为了和齐国搞好关系，如果反而疏远了齐国的宠臣，那以后还怎么跟齐国搞好关系？”

相关链接

〔1〕叔向：一作叔誉。羊舌氏，名肸。春秋时晋国大夫。食邑在杨（今山西洪洞西南），故又称杨肸。晋平公时任太傅。主张维持旧礼制，反对政治改革。

齐景公更晏子宅

晏婴（公元前595－前500年）
山东高密人。春秋后期一位重要的政治家、思想家、外交家。以有政治远见和外交才能，作风朴素闻名诸侯。他爱国忧民，敢于直谏，在诸侯和百姓中享有极高的声誉。善于辞令。

齐景公趁晏婴出使晋国之机，派人给他翻修了住宅。晏子回来后，又把新房子全部拆除了。

齐景公想为晏婴更换住处，说："你的住处太靠近市场，低洼潮湿，房子又小，周围又吵，而且尘土飞扬，不适合居住。请为你换一个明亮宽敞、清静干爽的地方住吧！"

晏婴推辞说："我的先辈们就是住在这里的，我还不足以继承他们的事业，这里对于我来说已经非常奢侈了。况且我住的地方靠近市场，想买东西早晚都很方便，对我来说是一大便利。何必烦劳里旅（齐官名，掌管卿大夫家宅）费心为我找房子呢？"

齐景公笑着说："你靠近市场，能辨别东西的贵贱吗？"

晏婴回答说："既然贪图这个方便，怎么会不知道呢？"

景公就问："那么什么贵，什么贱？"

这个时候，齐国的刑罚很重，动不动就有人被砍脚。所以晏婴回答说："假脚贵，鞋子贱。"

鲁昭公三年，晏婴出使晋国，与叔向交谈，谈到齐国的刑罚严苛，就把假脚贵、鞋子贱的话又对叔向说了。齐景公后来也因为晏婴的话而减轻了刑罚。君子说："仁慈的人所说的话，能够给更多的人带来利益。因为晏婴一句话，齐景公就减轻了刑罚。《诗经》说：'君子实行仁政，祸乱就会自己停止。'说的就是这样的事情吧！"

齐景公趁晏婴在晋国访问，就为他翻修了住宅。晏婴回来时，房子已经翻修好了。晏婴拜谢了景公以后，就把新房子给拆了，并且重建了那些因为扩建晏婴住宅而被毁坏的房屋，又恢复成了原来的样子，让原来的主人住回去，并说："谚语〔1〕说：'不需要为住宅占卜吉凶，而需要为邻居占卜[2]。’你们都是我经过占卜选择的好邻居，违背了占卜的结果是不吉利的。我们不做不合礼法的事情，也不做不吉利的事情，这是自古以来的规矩。我怎么能违背这些呢？”最后还是恢复了他房子原来的样子。齐景公开始时不答应，后来晏婴通过陈无宇向景公请求，景公才答应了。

相关链接

〔1〕谚语：流行于民间的熟语。大多简洁通俗而含有深刻道理。如“三个臭皮匠，顶个诸葛亮”“三百六十行，行行出状元”等。

〔2〕原语为：“非宅是卜，唯邻是卜。”意思是把家安在哪儿不重要，关键得有好邻居。

○ 品画鉴宝　四景山水图（南宋）刘松年／绘　图绘幽居于山湖阁楼中的士大夫闲适的生活。全卷画风精巧，彩绘清润。

楚灵王大会于申

楚灵王即位后，一心称雄天下。鲁昭公四年，在晋国的“准许”下，他在申地大会各路诸侯，企图以此成就霸业。但鲁、卫、曹、邾四国并没有参加这次会盟。

楚灵王夺取君位后，一直想当诸侯的盟主，召集诸侯举行盟会。鲁昭公四年正月，许国国君去楚国访问，楚灵王就先将他留了下来，又把前一年年底来访的郑简公也留了下来，然后派伍举到晋国去，请晋平公允许各诸侯参加楚国主持的盟会，郑简公和许国国君则留在楚国静候伍举的回音。

伍举向晋平公转达楚灵王的要求说：“寡君派我来向您转告：以前承蒙您的恩惠，与我们国家在宋国订立盟约，盟约上说：‘从属于晋、楚两国的诸侯，应分别朝见对方的盟主。’现在因为我国多灾多难，我愿意与各诸侯建立友好关系，所以派伍举来贵国，请求您的同意。如果贵国没有四方边境的事需要担忧，那就希望您能帮我们向各诸侯请求！”

晋平公想要拒绝伍举的请求，司马侯对晋平公说：“您不要这样做。楚王现在正骄横放纵，上天或许是想满足他的欲望，以此来增加他的凶残，然后再对他进行惩罚，也是很有可能的！也许楚王能这样善终，也是很有可能的。晋、楚两国都只能依靠上天的帮助，才能够实现霸业，而不能依靠对诸侯的争夺。所以君王您应该答应楚王的要求，而后培养道德，等待事情自然发展。如果发展的结果是楚王最后能以德治国，那我们晋国都还要继续侍奉楚国，更何况其他诸侯呢？如果发展的结果是楚王更加暴虐失德，那便是楚国自己抛弃诸侯，自己要放弃霸主的地位，还需要我们去争夺什么呢？”

晋平公说：“晋国有三点可以使国家不致陷入危险，还有谁能够与我们相抗衡呢？我们国家地势险要，并且马匹众多，而齐、楚两国多灾多难，凭这三点，晋国怎么会不成功呢？”

司马侯回答说：“仰仗地势险要与马匹众多，并且指望着邻国发生灾难，这本身就是三种危险。四岳、三涂山、阳城、太室山、荆山、终南山都是九州险要，但占据这些险要的国家，有的兴，有的亡。冀州的北边，是出产骏马的地方，却并没有强国因此而兴起。可见凭借地势险要和马匹众多，国家并不一定就能稳固，自古至今都是这样。因此古代的君王都致力于以德治国，来取悦神明与百姓，没有听说过一心依仗险要的地势和众多的马匹来使国家富强的。

“我们也不能寄希望于邻国发生灾难。有的国家正是由于经历了很多灾难，最后却使国家强大起来，反而扩大了自己的领土；也有的国家很久没有遭遇灾难，却反而丧失了自身的强大，失去了守护的领土。所以我们怎么能把希望寄托在别国发生灾难上呢？齐国因为发生了‘仲孙之乱’，而得到齐桓公这样一位明主，至今齐国仍然从他的功绩中受益。晋国因为发生了‘里克丕郑之乱’，而得到晋文公，晋国因此而成为诸侯的盟主。卫、邢二国，虽然没有发生过灾难，却被其他国家消灭了。所以别国的灾难，是绝对不可寄望的。只依仗您所讲的三点，却不去修明政治、培养道德，到时候挽救危亡都来不及，哪里还能成就霸业？所以希望您还是答应楚国的请求吧。殷纣王暴虐无道，而周文王仁慈祥和，所以殷商衰落，而周朝强盛。国家的兴衰，难道仅仅在于争夺诸侯吗？”

晋平公听了这些话，就答应了楚国的要求，并派叔向回答楚国的使者说：“寡君由于有国家大事需要处理，所以没能在春秋两季亲自前去朝见。至于中原的诸侯，其实早已归属贵国，何必还要劳您派人到我们国家来征求意见呢？”于是伍举又替楚灵王向晋国求婚，晋平公也答应了。

楚灵王问郑国的子产说：“晋国会答应让诸侯都归顺我吗？”

子产回答说：“一定会的！晋平公只想着贪求眼前的安逸，而没有得到诸侯的野心。晋国的大夫们都忙着追求富贵，没有人去辅佐他们的国君。而且在宋国订立的盟约中，也明文规定晋、楚两国的地位一样。如果晋国不会同意您的要求，还要订立那样的盟约做什么？”

楚灵王问：“那么诸侯会来参加楚国的会盟吗？”

子产回答说："一定会来的！他们要遵守在宋国订立的盟约，同时还要讨贤君的欢心，以后可以不再害怕晋国，他们为什么会不来呢？不到楚国来的国家，无非就是鲁、卫、曹、邾吧？曹国畏惧宋国，邾国畏惧鲁国，鲁、卫两国因为被齐国所逼而不得不与晋国亲近，所以大概就只有这几个国家不会来参加吧。其余的诸侯，都是君王您的威望所能影响的，受您的力量所控制的，谁敢不来呢？"

楚灵王问："那么只要是我所要求的，就没有得不到的了吗？"

子产回答说："强迫他人来满足自己的愿望是不可能的，但是如果与他人的愿望相同，则一定都能如愿以偿。"

这一年的夏天，各国诸侯都受命前往楚国，只有鲁、卫、曹、邾这四个国家没有参加会盟，曹、邾两国借口国家有内乱，鲁昭公则借口盟会的时间与祭祀的日子相冲突，卫襄公则以生病为由推辞不去。

郑简公先期抵达申地，在那里等待各国诸侯。六月十六日，楚灵王召齐蔡灵公、陈哀公、郑简公、许男、徐子、滕子、顿子、胡[1]子、沈子、小邾子、宋国的太子佐等在申地会盟。伍举对楚灵王说："据我所知，现在诸侯不服从别的，只服从讲礼仪的。如今您刚刚得到诸侯的信任，在礼仪上必须更加谨慎才对。霸业能否建立，就看这次诸侯大会能否成功了。夏朝的启有钧台的享宴，商朝的汤有景亳的命令，周武王有孟津的盟誓，周成王有岐阳的会猎，周康王有酆宫的朝会，周穆王有涂山的会盟，齐桓公有召陵的阅兵，晋文公有践土的盟约，那么您要采用哪一种方式呢？宋国的向戌、郑国的子产都来参加这次大会了，他们都是诸侯国之中的杰出人才，君王您可以向他们咨询良策。"

楚灵王说："我要采用齐桓公的策略。"当年在召陵，齐桓公阅兵后，没有动用诸侯大军攻打楚国，而是退而与楚国结盟，以恩德安抚楚国。楚灵王这时有感于此，所以想采用齐桓公的策略。

楚灵王派人向向戌、子产请教礼仪的问题。向戌说："小国学习礼仪，大国使用礼仪，我怎么敢不向您进献我所知道的呢？"于是献上秦献公会合诸侯的礼节六种。子产说："小国把侍奉大国当作自己的职责，我怎敢不尽忠职守，向您进献我所知道的呢？"又献上伯爵、子爵、男爵会见公爵的礼节六种。向戌所献的，是盟主主持会盟的礼仪；子产所献的，是诸侯会见盟主的礼仪。评论者认为，向戌善于维护先代的传统，子产善于辅佐小国。

楚灵王让伍举跟随在自己左右，以指出并纠正自己不合礼仪的地方。但是直到大会结束，伍举也没指出过一次，灵王问他是什么缘故，他回答说："关于礼仪，这六种（即向戌献上的六种）都是我从未见过的，我又怎么能帮您纠正呢？"

宋国的太子佐在大会之后才到达。楚灵王在武城打猎，过了很久也没有接见他。伍举建议灵王辞谢太子佐，灵王便派伍举去对他说："我国正好要在武城祭祀宗庙，我们国君得去那里把宋国进献的财礼献给宗庙，所以派我来告诉你，为不能及时接见你而表示歉意。"

徐子是吴国女子所生，因而是吴国的外甥。楚国认为他与吴国暗自沟通，对楚国三心二意，所以在申地将他抓了起来。楚灵王这样做，是为了向诸侯显示他的威严，伍举劝谏说："古代六王（夏启、商汤、周武、成、康、穆）和二公（齐桓、晋文）的事，都是向诸侯表示礼仪，因此诸侯才肯听从号令。夏桀举行'仍之会'，缗国就背叛了他；商纣王在黎丘会猎[2]，东夷就背叛了他；周幽王缔结'太室之盟'，戎狄就背叛了他。这都是由于他们对诸侯乱施淫威，只知向诸侯显示君王的威严，所以诸侯才违背了王命。现在君王您也过分地展示威严，这样恐怕无法完成霸业吧？"楚灵王不听。

子产见向戌时，说："我不再担心楚国了，因为楚王这样骄纵，并且听不进大臣的劝谏，所以楚国的盟主地位不会超过十年了。"

向戌说："对。如果他骄纵的时间不到十年，他的罪恶就不能让天下人都知道。罪恶昭彰之后，他就必然会被众人抛弃。为善也是这样，当德行的影响广及天下时，国家才能够兴盛。"

随后，楚灵王率领诸侯军队消灭了赖国，把赖国遗民迁移到鄢地。又派人在赖地筑城，打算将许国人迁移到那儿。申无宇说："楚国大祸的开端就在这里了。召集天下诸侯前来会盟，攻打赖国并加以占领，还要在那儿修筑城池，而竟然没有一个人出言反对。君王的每一个愿望都没有人敢反对，百姓还怎么能安居乐业，谁还能够忍受呢？百姓不能忍受君王的命令，祸乱就会因此而发生了。"

相关链接

〔1〕胡：归姓古国。在今安徽阜阳。公元前 495 年灭于楚。

〔2〕会猎：大规模的打猎。会，会合、聚合。

竖牛乱叔孙氏

竖牛是叔孙豹的私生子。为了占有叔孙氏的家产，他活活地饿死了叔孙豹，并将其嫡子孟丙和仲壬也阴谋杀害了。

当年，鲁国的叔孙豹见哥哥叔孙侨如与鲁成公的母亲私通，还打算除掉季孙、孟孙，夺取他们的财产，害怕大祸降临到家族头上，就逃离鲁国前往齐国。叔孙豹到达鲁地庚宗时，遇上一位妇人，于是就请她帮着偷偷弄些吃的，并和这个妇人发生了关系。妇人问叔孙豹要去什么地方，叔孙豹就把事情告诉了她，妇人便哭着为他送行。

叔孙豹到了齐国，娶国氏的女儿国姜为妻，并生下孟丙、仲壬两个孩子。一天，他梦见天压在自己身上，自己快要顶不住的时候，忽然看到一个人，这人皮肤很黑，肩颈部向前曲，眼眶很深，嘴巴像猪一样往外噘。叔孙豹便大声喊他说："牛，快来帮助我！"于是便把天撑了起来。

第二天早晨，叔孙豹召集起所有的手下，一个一个看过来，但却没有发现梦中的那个人。叔孙豹便对自己手下说："把这件事记下来再说！"

等到叔孙侨如逃亡去了齐国，叔孙豹给他送食物，侨如说："鲁国因为我们祖先的缘故，必定会保留我们的家族祭祀，而且一定会召你回去。如果鲁国召你，你会怎么办？"叔孙豹回答说："我早就盼望鲁国的召唤，想要回去了。"

后来鲁国果然来召叔孙豹回国，叔孙豹没有告诉侨如就走了。叔孙豹被确立为上卿之后，他在庚宗相遇的那个妇人来献山鸡。他问妇人有没有儿子，妇人回答说："我的儿子已经长大了，已经能捧着山鸡跟我一起来了。"叔孙豹就叫妇人的儿子来见他，发现他就是自己梦见的那个人，还没问他的名字，就直接叫他："牛！"那个孩子就答应："是。"叔孙豹立即召集所有的手下，让他们见这个孩子，并且让这个孩子担任"竖"（未成年人担任的小官），人们称他为"竖牛"。叔孙豹对竖牛十分宠信，等他长大后就让他总管家中事务。

叔孙豹在齐国时，齐国大夫公孙明待他非常好。叔孙豹回到鲁国后，还没来得及把他的妻子国姜接回来，公孙明就娶了国姜。叔孙豹对国姜改嫁非常生气，甚至迁怒于他的两个儿子，直到他们长大后才派人将他们接回鲁国。

鲁昭公四年，叔孙豹在丘莸打猎时得了重病。竖牛企图先让叔孙豹的家里大乱，然后趁乱占有其家产，于是强迫孟丙与他订立盟约服从自己，孟丙不同意。叔孙豹曾给孟丙铸了一口钟，并告诫他说："你还没有与大夫们正式交际。所以，等你享宴各位大夫时，再使用这口钟！"那时像钟这样的器物，使用前要先用动物的血祭它，称作"衅"。叔孙豹想用衅钟享宴这样的仪式，在大夫们面前确立孟丙的继承人地位。

孟丙准备好筵席，叫竖牛去向父亲请示宴请大夫们的日期。竖牛进了叔孙豹的屋子，但没有报告这件事，出来后就编了个日子骗孟丙说是叔孙豹选定的。等到那一天，宾客们都来了，叔孙豹听到钟鸣的声音，觉得很奇怪，竖牛趁机对叔孙豹说："这是孟丙在招待国姜的客人们！"叔孙豹听了之后非常生气，想亲自去看个明白，但是竖牛想方设法不让他出去。客人们走了以后，叔孙豹就叫人捉住了孟丙，然后在大门外把他杀死了。

竖牛又强迫仲壬与他订立盟约，仲壬也坚决不同意。后来仲壬与为鲁昭公驾车的莱书私自去公宫游玩，昭公赏赐给仲壬一双玉环[1]，仲壬让竖牛拿进去给叔孙豹看。但是竖牛进去之后，并没有拿玉环给叔孙豹看，出来后骗仲壬说叔孙豹让仲壬把玉环佩在身上。然后，竖牛又对叔孙豹说："您让仲壬谒见国君，有什么用意吗？"叔孙豹说："我没有让他去见国君。"竖牛说："您没有让他去，但是他已经自己谒见了国君。国君还赐给他一双玉环，他已经佩在身上了。"于是叔孙豹一怒之下又把仲壬赶走了，仲壬逃到了齐国。

不久，叔孙豹病情加重，就派人召仲壬回国。竖牛虽然口头上答应，却并不去召仲壬。这时家臣杜泄进见叔孙豹，叔孙豹告诉他自己又饥又渴，并交给杜泄一把长枪，想让他杀死竖牛。杜泄没有答应，说："您过去千方百计找他，现在找到他了，为什么又要把他除掉呢？"

竖牛对大家说："叔孙豹病得很重，不想见任何人。"因此凡是有人来送吃的，竖牛都让他们把东西放在厢房[2]，然后让他们回去。竖牛自己也不把别人送来的食物送进去，而是把空碗放在叔孙豹屋里，然后命人把碗拿走。从十二月二十六日起，叔孙豹便没有吃东西，到了二十八日，就活活饿死了。

鲁昭公委托杜泄承办叔孙豹的葬礼，但竖牛又贿赂叔仲带和季氏家臣南遗，让他们在季武子面前说杜泄的坏话，想借季武子之手除掉杜泄。

杜泄准备用周王所赐的路车[3]来为叔孙豹送葬，而且全用上卿的礼仪。

南遗便对季武子说："叔孙豹活着的时候都没有坐过路车，怎么能用路车来为他送葬呢？而且卿中地位最高的如季氏都没有用过路车，像他这样次要地位的卿却用路车送葬，这么做不是不太合适吗？"

季武子认为他说得对，就命令杜泄不要用路车送葬。杜泄表示反对，对季武子说："叔孙先生曾受命于襄公，而去周室聘问，晋见了周王。周天子念他家族的旧功，所以赏赐他路车。叔孙先生回来向襄公复命时，便把路车献给了襄公。襄公因为不敢违背天子的意思，再次把路车赐还给他，并命令司徒、司马、司空三位官员郑重记录此事。当时您担任司徒，是负责记录爵位和姓名的；叔孙先生担任司马，负责记录车服器用；孟孝伯担任司空，负责记录功勋。如今叔孙先生死了，却不用路车为他送葬，这是不服从君王的命令。有关这件事的记载都收藏在公府，如果不依据这些记载，就等于是否定了三官的价值。如果对于天子所赏赐的车服，在世时不敢使用，死了又不让他使用，那么将要在什么时候用呢？”于是季武子才让他们用路车为叔孙豹送葬。

季武子想要废除中军这一建制，竖牛趁机讨好他，编造谎言说：“叔孙先生生前早就想取消中军了。”鲁昭公五年春，鲁国废除了中军，这样一来就进一步降低了公室的地位。季武子将此事写成策书，让杜泄向叔孙豹的灵柩报告，策书上说：“您一直想废除中军，如今中军已经废除，特来向您的在天之灵报告这件事情。”杜泄说：“叔孙先生正是因为不想废除中军，所以当年才在僖公庙门前面盟誓，并在五父的路上诅咒。”杜泄接过策书后丢在地下，并带领着他的手下一起痛哭流涕。

叔仲带对季武子说：“我曾经听叔孙豹说过：‘给不能善终的人送葬，柩车应该从城的西门出去。’”季武子听了以后便下令杜泄照办。杜泄说：“为卿士送葬，应该从宗庙出发，从国都的正门出去，这是鲁国的礼仪。您执掌国家政权，并没有重新制订礼仪，却按照自己的想法随意变更。群臣都害怕惹上杀身之罪，不敢遵从您的命令。”杜泄为叔孙豹送葬之后就出逃了。

这时仲壬从齐国回到鲁国，季孙想要立他为叔孙氏的继承人。南遗说：“叔孙氏强大，季孙就弱小了。叔孙家里现在发生了内乱，您假装不知道，不是更好吗？”南遗让都城的人帮助竖牛，在大库的庭院攻打仲壬，司宫[4]用箭射中仲壬的眼睛，仲壬因此而死。事后，竖牛把东部边境的三十座城邑送给南遗。

竖牛拥立叔孙豹的庶子叔孙昭子为继承人。叔孙昭子正式即位后，召见他的手下，说：“竖牛为了破坏叔孙氏，在家中扰乱纲常，杀嫡立庶，还割裂叔孙家的土地赠送他人，妄想以此减轻自己的罪过，再也没有更大的罪过了！我们一定要赶紧将他杀死！”竖牛惧怕被杀，急忙向齐国逃去。孟丙和仲壬的儿子追到齐、鲁边界的关口将竖牛杀死，并把他的头割下来，丢在齐地宁风的荆棘丛里。

相关链接

〔1〕玉环：古代用玉制成的环形佩饰品。

〔2〕厢房：正房两侧的房子。

〔3〕路车：又名“辂车”。诸侯乘坐的车子。

〔4〕司宫：古时宫内的宦官。

楚灵王想施刑于使者韩起、叔向，以达到侮辱晋国的目的。大臣薳启强向他分析了这种行为将会导致的严重后果。灵王听后只好作罢。

鲁昭公五年，晋卿韩起送晋平公的女儿去楚国完婚，叔向担任副使。路过郑国时，郑国的子皮、游吉在索氏慰劳他们，游吉对叔向说："楚王骄纵放肆，实在是太过分了，你一定要存有戒心，小心为上。"

叔向回答说："楚王骄纵无度，是他自己的灾祸，怎么会危害到别人呢？我只要奉上我的贡礼，谨慎地保持我的威仪，恪守我们的信用，遵守外交的礼节，自始至终保持对君王的尊敬，这样的做法即使到将来也是能行之有效的。顺从而不丧失分寸，恭敬而不丧失身份，以前贤的话语作为行动指南，遵循传统的准则，参考先王的事迹，衡量晋、楚两国的现状和利害得失，做到了这些，即使楚王再骄纵无度，又能够把我怎么样呢？"

韩起、叔向到达楚国。楚灵王召集楚国大夫上朝，说："晋国是寡人的仇敌，如果我们能够满足报仇的愿望，便可以什么都不考虑。现在晋国派来的使臣，分别是上卿和上大夫。我如果把韩起的双脚砍掉，让他当看门的小官；把叔向处以宫刑[1]，让他做内宫太监。这样做就足以达到侮辱晋国的目的，并且满足了我报仇的愿望。你们说可以这样做吗？"

群臣听了，没有人回答。这时薳启强说："可以。只要君王有所准备，有什么不可以的呢？不过连羞辱一个普通老百姓都不能没有准备，何况要羞辱一个国家？因此圣王都特别重视礼仪，不把羞辱他人当作自己的目的。朝聘时有玉珪[2]，享宴时有玉璋[3]。小国家有述职方面的礼仪，大国家有巡守方面的制度。主人摆了案几而不去倚靠，酒爵里斟满了酒而不饮，宴饮时为宾客准备有价值的礼物，吃饭时为宾客添加特别的好菜，有人来访则在都城郊外迎接慰劳，宾客回国时则赠送钱财礼物，这些都是礼仪的最高表现。

"国家的衰败，就是因为忽视了礼仪；忽视了礼仪，祸乱就因此而产生。城濮之战时（鲁僖公二十八年），晋国战胜了楚国，于是对楚国不再戒备，以致后来在邲地被楚国打败（鲁宣公十二年）。邲之战中楚国大败晋国，从此对晋国也不再防备，以致后来又在鄢陵被晋国打败（鲁成公十六年)。鄢陵之战后，晋国注意加强防范，对楚国以礼相待，并改善与楚国的关系，因而使得楚国不能进行报复，反而努力建立与晋国的友好关系。如今晋、楚两国已经结成姻亲，而君王您又想羞辱晋国，这是自己树立敌人的行为，即使已经有所准备又有什么用？谁又能承担如此的重任？如果有人能够承担这样的重任，能够替君王您收拾未来的局面，那么您羞辱一下晋国也是可以的；如果没有人能够承担的话，那就要请君王您仔细考虑一下了。

○ 品画鉴宝

范湖草堂图（清）任熊/绘　此图反映了锦绣多姿的范湖草堂的风貌。笔法秀劲，设色浓丽，清雅兼备。

“晋国侍奉君王您，臣认为也算可以了。您要求晋国让诸侯参加会盟，于是诸侯就全都被您召集到这里。您向晋国求婚，晋国便把平公之女送来，而且晋平公亲自为女儿送行，并由晋国的上卿和上大夫陪伴而来。如果这样您还想羞辱他们的话，那么您就一定要有所准备才行，否则后果将会不堪设想。

“当今晋国的臣子，卿自韩起以下，还有赵成、中行吴、魏舒、范鞅、知盈；大夫自叔向以下，还有祁午、张趯、籍谈、女齐、梁丙、张骼、辅跞、苗贲皇，他们都是诸侯应该选拔的良臣。韩襄担任公族大夫，韩起的儿子韩须也受命出使在外，而箕襄、邢带、叔禽、叔椒、子羽，他们也都是大家族出生的。韩家拥有的七座城邑，都是拥有众多兵马的

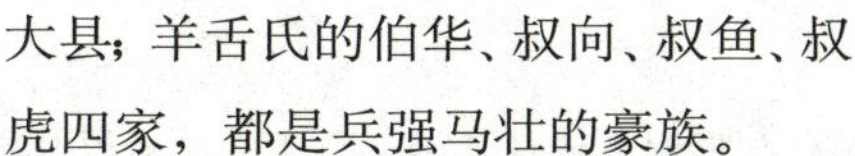

大县；羊舌氏的伯华、叔向、叔鱼、叔虎四家，都是兵强马壮的豪族。

“如果君王您这次真的侮辱了晋国，那么晋国失去韩起和叔向之后，将会由五位卿、八位大夫辅佐韩须、杨石（叔向之子），凭借他们十家九县、九百辆兵车的力量，还有其余四十县共计四千辆兵车留守国内，激励起将士的英勇和愤怒，来洗雪楚国的羞辱之仇。叔向的哥哥伯华将为他们出谋划策，中行吴和魏舒统率军队，那么是不会不成功的。这样一来，君主您要把亲善友好的姻亲关系，变成楚、晋两国的仇恨，那就确实是以不合礼仪的行为给自己招来仇敌，而且还没有足够的准备，把我们这些大臣们送去敌人的虎口而被俘，以便满足君主您的愿望，又有什么不可以的呢？”

楚灵王说：“这是寡人的过错，您不用再说啦！”于是楚灵王对韩起格外礼遇。灵王本来还想问叔向一些他不懂的事，好让他出丑，结果却因叔向博学而未能达到目的，于是又对叔向厚加礼遇。

相关链接

〔1〕宫刑：又名“腐刑”。破坏犯人生殖器。古代“五刑”之一。

〔2〕玉珪：即玉圭。“珪”同“圭”。

〔3〕玉璋：古代玉制礼器。形似半圭。《说文》：“璋，剡上为圭，半圭为璋。”贵族在朝聘、祭祀、丧葬等事时使用。

郑人铸刑书

子产命郑人将刑书铸在鼎上公布于众。晋国叔向给他写信，不但否定了此次改革，而且批评这种行为只能导致国家灭亡。

鲁昭公六年三月，郑国人把刑书[1]铸在了鼎上。晋国的叔向派人送信给郑国的执政子产，信上说："开始的时候，我对你抱着很大的期望，现在这一切都落空了。从前，先王根据事情的轻重来判断罪行的大小，决定惩罚的轻重，而不制定各种刑律法制，是因为担心百姓会产生抗辩之心的缘故。即使这样，还是不能禁止百姓的各种犯罪行为，所以用道义来加以约束，以政令来进行纠正，以礼仪来推行，以信用来护持，以仁爱来奉养。同时，还设立了食禄爵位，以鼓励服从政令的人；严厉地定罪判刑，以惩罚行为放荡的人。即使这样，还怕不能收到成效，所以又用忠诚来教诲百姓，根据他们的成绩进行奖赏，教导他们各种专门的知识和技艺，和颜悦色地任用他们，严肃认真地面对他们，庄重威严地接近他们，坚决果断地判断他们的罪行。而且还要征求聪明睿智的执政，明察秋毫的官员，忠诚守信的地方长官，以及慈祥和蔼的老师，这样才能使百姓听从君王的命令，而不会发生祸乱。

"如果百姓知道有了刑书，就会去依据法律，而不畏惧在上的统治者，并会产生依据法律与官长争执的念头。大家各自征引刑书，都心存侥幸，指望自己的争执能够获得成功，这样百姓就无法管理了。夏朝百姓违反政令，于是就制定了'禹刑'；商朝百姓违反政令，于是就制定了'汤刑'；周朝百姓违反政令，于是就制定了'九刑'。这三种刑法之所以会出现，就是因为国家已经处于末世了。

"现在你在郑国执政，在田地中开挖疆界和沟渠，确立了受人批评的丘赋制度，还制定了'禹刑''汤刑''九刑'那样的刑书，而且还要把刑书铸在鼎上，想靠这种方法管理百姓，不是太困难了吗？《诗经》中说：'仿效文王的德政，四方诸侯日益归服。'《诗经》中又说：'仿效文王，天下诸侯都会信赖。'如果能够这样，哪里还需要刑法呢？何况现在的百姓已经有了争执之心，他们就会舍弃礼仪而专门征引刑书，像针尖一样的小事都会去斤斤计较，百姓间的法律纠纷会越来越多，并且会争相贿赂。在你执政快要结束的时候，郑国恐怕就要衰亡了。我听人说：'国家将要灭亡的时候，法令必然制定得很多。'说得大概就是这样的情况啊！"

○ 品画鉴宝

高士观瀑图（南宋）马远／绘　图绘一高士正凭栏俯身，为自然景色所吸引。虽只是人物小景，但造境高妙，匠心独具。

子产回信说："正像你所说，我是一个没有才干的人，不能考虑子孙后代的事情。我现在这么做，只是想拯救眼下这个世代。我虽然不能接受你的忠告，但绝不敢忘记你的好意！"

子产可以说是春秋时代有法家[2]倾向的改革家，要改革，就会触动传统的观念，损害一些人的利益，所以也就免不了受到批评。将刑法铸在鼎上，意味着成文法的公布，当然是一种进步。古代虽然相传有很多条刑律，但似乎都是藏在贵族们的匣子里，而不是向百姓公布的。

如今子产要把刑律公布出来，自然要触及贵族们的利益。鲁昭公二十九年，晋国也把刑书铸在鼎上公布，就遭到了孔子的批评，而所说的话也几乎和叔向一样，可见当时的贵族是多么地反对将成文法公布于众。

相关链接

〔1〕刑书：即刑法条文。

〔2〕法家：中国战国时期的一个学术流派，"诸子百家"之一。重视"法""术""势"，提倡重农抑商、耕战图强、严刑峻法，主张"各当时而立法，因事而制礼；礼法以时而定，制令各顺其宜。"起源于管仲、子产，代表人物有商鞅、申不害、韩非子等。

楚无宇执阍人

芋尹无宇的看门人逃到了楚灵王的章华宫中，无宇想将其抓回。管理宫殿的人认为这是大逆不道，于是拘捕了他。

楚灵王还在担任令尹时，曾经做了一面国君才能使用的旌旗，并且打着这面旗子出去打猎。负责追赶野兽的芋尹[1]无宇把旗上的飘带斩断（飘带的数目象征地位的高低），说："一个国家有两位国君，谁能够忍受呢？"

楚灵王即位以后，又兴建了章华之宫[2]，收容逃亡的人住在里面。无宇的看门人犯罪逃到了章华之宫里，无宇想派人把他抓回来，可是管理宫殿的官员不让，并说："在王宫里抓人，这可是很大的罪过。"随后便把无宇抓起来交给楚灵王。

楚灵王此时正准备饮酒作乐，无宇为自己争辩说："天子治理天下，诸侯治理自己的封地，这是自古以来的制度。在所治理的封地之内，哪里不是君王的土地？靠这片土地养活的人，哪个不是君王的臣子？所以《诗经》中说：'普天之下，都是天子的土地；土地上的人，都是天子的臣民。'天有十日，人有十个等级，身处下位的人要侍奉处在上位的人，而身在上位的人又要侍奉神灵。所以王统治公，公统治大夫，大夫统治士，士统治皂，皂统治舆，舆统治隶，隶统治僚，僚统治仆，仆统治台。养马有马官，放牛有牛官，他们都分别管理自己的事情。

"现在您的官员却说：'你为什么在王宫里抓人？'可是我不在王宫里抓他，又到哪里去抓呢？周文王的法令说：'有犯罪逃亡的人，就要到处搜捕他。'这正是周文王能取得天下的原因所在。我们的先君楚文王还制定了惩罚窝藏赃物的'仆区之法'，说：'窝藏偷窃来的赃物，与偷窃者罪责相同。'所以他那时楚国的疆域能到达汝水。如果按照那位管理宫殿官员的做法，我就不能捉住逃跑的奴仆；如果奴仆一逃亡，我们就放过他，那我们就会没有奴仆了，这样国家不是更难治理吗？以前周武王列数殷纣王的罪状，然后通告天下诸侯说：'纣王是窝藏天下逃亡奴仆的窝主，是逃犯聚集的渊薮。'因此天下人不怕流血牺牲也要反对纣王。如今君王您刚刚得到诸侯的拥护，便效仿纣王，这怎么可以呢？如果采用周文王和楚文王的办法，逮捕出逃的奴仆，便可以抓住盗贼了。"

○ 品画鉴宝

伴鹤高士图（南宋）马远／绘　图中高士褒衣博带，漫步柳阴，眼望远景。笔墨淡雅，造境幽远，意味深长。

楚灵王听完后，就说：“那么把你的看门人抓起来带走吧！这里其他的盗贼都得寡人的宠信，你不能抓他们。”于是赦免了无宇的罪过。

相关链接

〔1〕芋尹：《左传·召公七年》孔颖达疏：“芋是草名。哀十七年陈有‘芋尹’。盖皆以草名官，不知其故。”

〔2〕章华宫：又名“章华台”。故址位于今湖北潜江西南古华容县城内。郦道元《水经·沔水注》：“台高十丈，基广十五丈。”

薳启强致鲁侯

章华之台完工，楚灵王想召集诸侯举行落成典礼。薳启强游说鲁国，对鲁昭公软硬兼施，迫使他前往楚国朝贺。

鲁昭公七年，楚灵王修建成了章华之台，希望让诸侯们都来参加落成[1]典礼。太宰薳启强说："我可以请来鲁侯。"于是楚灵王就派薳启强去鲁国邀请鲁昭公。

薳启强到了鲁国，觐见[2]鲁昭公，对他说："以前贵先君成公曾命令我国大夫婴齐说：'我们一定不要忘记先君的友谊，将派衡父来楚国，帮助楚国安定社稷，使楚国的百姓能安居乐业。'鲁成公二年，婴齐在蜀地结盟，接受了这个命令。自他接受命令以来，从不敢疏忽遗忘，还将这件事祭告宗庙。过去我们先君共王一直仰着脖子向北方眺望，每天都这样期待着贵国使者的到来，到现在已经更换了四代国君了。可是贵国的恩惠却一直没来，只有鲁襄公曾屈尊到敝国吊唁康王的丧事。我与楚王的臣子们心中烦乱，丧失了主意，忙于治理国家而没有空闲，没有能够怀念鲁襄公的恩德。如果君王您能屈尊来到我们楚国，使楚国上下都得到恩惠，以便再次申明蜀地盟誓中的友好关系，这便是君王您给敝国的恩惠了，楚国又哪敢奢望和那次蜀地的条件一样呢？我们先君在天之灵都将嘉许和依靠您，岂止是我们国君一人念您的恩情呢？如果君王您不来楚国，那寡君就要让臣问您，君王您参加盟会的日期。我们君主将带着礼物在蜀地与您相见，以请求贵先君成公对楚国的恩惠。"

薳启强说得虽然好听，但事实上所发生的，是鲁成公二年楚国公子婴齐入侵鲁国，鲁国无奈之下请求结盟，让成公的弟弟衡父去楚国作人质，结果衡父逃了回来。薳启强还加了威胁的话，意思是鲁昭公如果不去楚国，楚王就要兴兵伐鲁，然后在蜀地接受鲁国的投降，而且还要鲁国的人质，以弥补当年衡父逃回鲁国的损失。

鲁昭公准备前往楚国，一天晚上梦见鲁襄公为他祭祀路神。梓慎对昭公说："您还是别去楚国了。从前襄公去楚国的时候，曾梦见周公为他祭祀路神，这才去了。如今襄公又为您祭祀路神，君王您还是别去楚国为好。"子服惠伯说："要去！先君襄公因为没去过楚国，周公才为他祭祀路神的。如今襄公已去过楚国，所以才为君王您祭祀路神。要是不去的话，又要去哪里呢？"

三月，鲁昭公前往楚国。楚灵王在新台设宴招待鲁昭公，并挑选了一位身高体壮的人担任相礼，还送给鲁昭公一把名叫“大屈”的好弓。但送了之后，楚灵王又后悔了。薳启强听说后，便去拜见鲁昭公。鲁昭公对他说了宴会的经过，以及楚王送他大屈弓的事。薳启强听了之后，立即下拜庆贺。昭公问：“你为什么要祝贺我呢？”薳启强说：“齐、晋、越这三个国家早就想得到这把弓了，可是我们楚王没有给这三国的国君，却把这把弓送给了您。愿君王您能防范这三个邻国，谨慎地保护好这把弓。您得到这样一把宝弓，我怎敢不向您祝贺呢？”鲁昭公听了之后很害怕，就把大屈弓送还了楚灵王。

○ 品画鉴宝　弧面旋纹案（战国）　此案面呈弧形，两头较宽，中段束腰。造型简练。

相关链接

〔1〕落成：即竣工。落，古代宫室竣工时举行的祭礼。

〔2〕觐见：会见、拜见。觐，本义为诸侯在秋天对天子的朝见。

孟僖子好礼

孟僖子跟随鲁昭公前往楚国参加典礼，为自己在礼仪方面的无知而羞愧万分。回国后，他发奋学习，临死时还叮嘱两个儿子一定要拜孔子为师。

鲁昭公七年，鲁大夫孟僖子跟随昭公去楚国，参加章华之台的落成典礼。经过郑国，郑简公在郑国都城城门外慰问了昭公。孟僖子在仪式中担任昭公的副手，可是却对礼仪问题无所帮助。到楚国以后，他也不懂得该怎么答谢楚国人在郊外的迎接。

九月，鲁昭公从楚国返回。孟僖子因为自己在这次出使中表现出来的对礼仪的无知感到羞愧，于是发愤学习礼仪，只要遇到懂得礼仪的人，不论贫贱都立刻拜他为师，向他学习。

后来，孟僖子临死的时候，把他手下的大夫叫到跟前说："礼仪是一个人的立身之本，不懂得礼仪，一个人就无法在社会上立足。我听人说，有一位贤达的人名叫孔丘，是圣人成汤的后代，他的家族被宋国所灭。孔丘的高祖[1]弗父何，本来应该继位为宋国国君，但他却把宋国让给了宋厉公。到了弗父何的曾孙正考父时，又辅佐戴公、武公、宣公，三次接受君命担任了正卿，却越发恭谨，所以正考父庙中的鼎文说：'一次受命以后就低着头，二次受命以后就弓着背，三次受命以后就弯着腰。入朝时要沿着墙边快步走，却没有一个人敢欺负我。在鼎中做稀饭或干饭吃，聊以糊口生活[2]。'正考父是如此恭谨，所以臧孙纥说：'他们是道德很高的圣人，即使没有成为国君，子孙中也一定会出圣贤的。'这句话可能会在孔丘身上应验。我如果能得善终，一定要把南宫敬叔和孟懿子送到孔丘门下，让他们侍奉他并且跟他学习礼仪，使他们在社会上能够立足。"

因此孟僖子死后，孟懿子和南宫敬叔便把孔子当作他们的老师。孔子说："知过能改的人就是君子。《诗经》里说：'君子的言行，让人们学习，让人们效仿。'像孟僖子这样的人，就是要让我们学习、让我们效仿的。"

相关链接

〔1〕高祖：远祖；始祖。

〔2〕原文为："一命而偻，再命而伛，三命而俯。循墙而走，亦莫余敢侮。饘是，鬻于是，以糊余口。"

轅門
楚

石言于晋魏榆

鲁昭公八年，传闻有石头在晋国魏榆开口说话。晋平公以此询问师旷，师旷趁机劝他不可因大兴土木而劳民伤财。

鲁昭公八年春，传闻有一块石头在晋国的魏榆[1]开口说话。晋平公问师旷说："这块石头为什么会开口说话呢？"

师旷趁机劝谏说："石头本身自然不会说话，可能是有鬼神附在了石头上面吧。如果不是这样的话，就是人们听错了乱说。不过我还听人们说过：'假如大兴土木建造宫殿，而且不按时令，影响了百姓的耕种收割，百姓之间就会有怨言流传，而且不说话的东西也会开口说话了。'如今君王的宫室既富丽又奢华，民力已经被完全耗尽，怨恨的声音便在老百姓之间兴起了。百姓连自己的生活都无法保障，石头开口说话不也是应该的吗？"

此时晋平公正在兴建虒祁之宫，叔向听说了师旷的话，说："从师旷所说的话看，他可真是一个君子啊。君子所说的话，既诚实而又有根据，所以就不会遭来怨恨；反之，小人所说的话，全是虚假之言，而且毫无根据，怨恨和怪罪便会降临到他身上。《诗经》中说：'不会说话真可悲啊，话刚刚离开舌头，招来的灾祸就降临到身上了。会说话真令人欣慰，美妙的言辞不绝如流水，使我们获得安宁保全自身[2]。'大概说的就是这样的情况吧！等到虒祁之宫建成以后，天下诸侯必然背叛晋国，君王必然遭受灾祸，而师旷他早已预料到这样的情况了。"

相关链接

〔1〕魏榆：春秋晋地。在今山西榆次。

〔2〕原文为："哀哉不能言，匪舌是出，唯躬是瘁。哿矣能言，巧言如流，俾躬处休。"语出《诗·小雅·雨无正》。

楚灵王县陈

鲁昭公八年，陈国因废长立庶而再次陷入混乱。楚、宋军队联合灭陈。楚灵王将其疆土变成了自己的一个县。

陈哀公有三个夫人，元配夫人郑姬生下太子偃师，二夫人生下公子留，三夫人生了公子胜。由于二夫人最受宠爱，所以公子留也最得哀公的宠爱，于是哀公把他托付给自己的弟弟公子招和公子过。

鲁昭公八年春，陈哀公得了不治之症。三月十六日，公子招、公子过二人阴谋杀害了太子偃师，拥立公子留为太子。

四月十三日，陈哀公上吊而死。陈大夫干征师到楚国去报丧，同时通报陈国已经立公子留为新君的事。公子胜就公子过杀偃师一事到楚国去申诉，楚国便把无辜的外交官干征师抓起来杀了，公子留逃往郑国。

○ 品画鉴宝　听琴图（南宋）刘松年／绘　图中两位高士，一人焚香抚琴，一人侧耳聆听，相向而坐。人物须眉毕现，神情怡然。

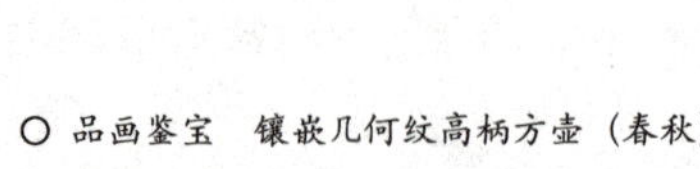

○ 品画鉴宝　镶嵌几何纹高柄方壶（春秋）

公子招把杀死偃师的罪过推给公子过，结果公子过被杀。同年九月，楚国的公子弃疾[1]率领军队，奉持太子偃师的儿子太孙吴包围了陈国都城，宋国的大夫戴恶也率军与公子弃疾会合。十一月，他们灭亡了陈国。

陈哀公的宠臣、掌管哀公车马的袁克，杀死马匹，毁坏玉器，为陈哀公陪葬。这时楚军要杀死袁克，袁克假意求饶，然后要求去方便一下。楚军让他在帐中方便，他乘机把麻带绑在额头上，为陈哀公服丧，然后就逃走了。

楚灵王就把陈国的疆土变成楚国的一个县，任命穿封戌为陈县的县公，并说："这是因为在'城麇之战'时，你没有谄媚[2]我的缘故。"

鲁襄公二十六年，楚康王和秦景公攻打郑国，攻打到城麇。郑国的皇颉戍守那里，出城与楚军作战，战败。穿封戌俘虏了皇颉，当时楚灵王还是公子围，要与他争功，请伯州犁定夺。伯州犁说："问一下俘虏好了。"于是就把俘虏叫出来，伯州犁故意暗示他说："他们所争夺的，是一个君子，君子有什么不明白的？"抬高手对着公子围，说："那一位是公子围，是寡君尊贵的弟弟。"放低手对着穿封戌，说："这个人是穿封戌，是方城山外的县尹。是谁俘虏了你？"穿封戌说："我碰上公子，结果抵挡不住。"穿封戌发怒，抽出戈追赶公子围，但没有追上。

穿封戌陪楚灵王饮酒，灵王问他说："'城麇之战'时，如果你能够料到我今天会当上国君，你是否会对寡人避让呢？"穿封戌回答说："如果我能料到您今天会当上国君，我一定会拼死维护君臣之礼，使楚国不致陷入纷乱。"意思是早知道的话，当时就杀了公子围，那他后来也不会弑杀楚王郏敖扰乱楚国了。

相关链接

〔1〕公子弃疾：熊氏，名弃疾，一名居。楚灵王幼弟，共王子，庄王孙。在位十三年而卒。谥平王。

〔2〕谄媚：巴结奉承，刻意讨好。

○ 品画鉴宝　孔子观欹器图（明）　公元前506年，孔子四十六岁，观鲁桓公庙内之欹器，对弟子说："虚则欹，中则正，满则覆。"

齐四姓之乱

齐国陈、鲍、栾、高四姓势力强大。为了争夺地位和财产，陈、鲍联合攻打栾、高。栾、高企图挟持国君以拒陈、鲍，却被景公和国人打败。

当初，鲁昭公二年春的时候，晋卿韩起去齐国，见到齐国大夫子雅（公孙灶）。子雅叫来儿子栾施，让他拜见韩起。韩起说："这不是能守住家业的人，而且他有野心。"韩起又见了大夫子尾（公孙虿），子尾叫来儿子高强拜见韩起，韩起的评价和对栾施的一样。齐国的大夫大多笑话韩起，只有晏婴相信，说："韩起先生，是一个君子啊！君子言而有信，将来总有一天会证明他说的是对的。"

第二年冬天，子雅去世，大夫司马灶拜见晏婴，说："又少了个子雅。"晏婴说："可惜啊！他儿子栾施将来恐怕也难以免祸，栾氏一族要危险了。齐国姜姓将要衰落，而妫姓的陈氏将要兴起。如果子雅和子尾，齐惠公的这两个孙子都在或许还好，如今又死一个，姜姓就危险了！"

鲁昭公八年七月初八，子尾也去世了。栾施想吞并子尾的家产，于是就在十一日杀死了子尾的家臣梁婴。十四日，栾施又赶走了大夫子成、子工、子车，这三个人只好逃到鲁国。于是栾施为高强立家臣总管。子尾的家臣说："高强已经长大了，栾施却要代管我们的家事，这很明显是要霸占我们的家产啊。"于是便把武器铠甲发给家臣，准备去攻打栾施。陈无宇一向和子尾很要好，因此也把武器铠甲发给家臣，准备帮助高强。

有人把这件事告诉了栾施，栾施却不相信，先后有好几个人来报告都如此。当栾施准备亲自去高强家里察看时，又有好几个人在路上将这件事告诉他，于是栾施便到陈无宇家去察看。陈无宇这时正准备率领甲兵从家里出来，听说栾施来了，赶紧返回，换上家常衣服出来迎接。栾施问陈无宇想要干什么，陈无宇回答说："听说高强已经给家臣发了武器铠甲，想要攻打你，不知你是否听说了？"

栾施说："没有听说。"

陈无宇说："你何不也把武器铠甲发给家臣，我请求随你一起战斗。"

栾施说："你为什么要这么做？高强还是个孩子，光是教导他我还担心不能使他成才，所以又为他立家臣总管，希望对他有所帮助。如果我像你说的那样与他交战的话，我还怎么面对祖先呢？你为什么不帮我劝劝他？《周书》中说：‘要继续给那些不知感恩的人以恩惠，继续劝告那些不听劝告的人。’这就是康叔胸怀宽广的原因。”

陈无宇听了，连忙磕头说：“但愿顷公、灵公的神灵保佑你，也请阁下能够施惠于我。”于是陈无宇从中调解，并使两家和好如初。

栾施和高强都喜欢喝酒，而且喜欢听信家里女人的话，容易怨恨别人。他们的势力虽然超过陈、鲍二氏，但却对陈、鲍二氏十分嫉恨。

鲁昭公十年夏，有人对陈无宇说：“栾施、高强将要攻打陈、鲍二氏。”同时这个人也把消息告诉了大夫鲍国（鲍氏家长）。陈无宇把武器铠甲发给家臣，然后到鲍国家去商量对策，路上碰见高强，高强喝醉了酒，骑着马横冲直撞。陈无宇到鲍国家的时候，鲍氏已经将自己的部下全部武装起来了。

他们又派人去察看栾施、高强的动静，得知他们正准备饮酒。陈无宇说：“虽然我们没有证据证明他们进攻我们，但一旦知道我们武装部下后，必定会使用武力驱逐我们。不如我们先下手为强，乘他们饮酒没有防备时，去攻打他们。”陈、鲍两家这时关系和睦，于是便联合攻打栾、高二氏。

○品画鉴宝　鼎形灯（战国）　此器支架置于耳上，可活动，构思巧妙，是一件独具匠心的工艺品。

高强遭到攻打，说：“只要我们把国君掌握在手中，陈、鲍二氏还能逃到哪里去？”于是想进入公宫，齐景公不让他们进，他们便攻打齐景公路寝的南门虎门。

听到这个消息，晏婴就身穿朝服站在虎门外，栾、高、陈、鲍四族都请他到自己家里去，但他谁家也不去。他的部下问：“您要帮助陈、鲍二家吗？”晏婴说：“他们有什么好的品行值得我去帮助？”部下又问：“那么您要帮助栾、高二家吗？”晏婴说：“难道他们有比那两家更强的地方吗？”部下又问：“那么我们回去么？”晏婴说：“现在国君正受到进攻，我们怎能回去呢？”

等到齐景公召见晏婴，晏婴才进入宫内。齐景公打算派王黑举着齐桓公的龙旗作战，特意为此占卜，结果很吉利。王黑请求把旗杆砍去三尺以后再用，表示恭敬。双方在齐国首都的稷门[1]交战，栾、高二氏战败。随后又在齐都的庄路[2]交战，栾、高二氏再次战败。国都的人也来助战，追击栾、高二氏，并在鹿门将他们打

败。栾施、高强逃亡到鲁国，陈、鲍二氏就瓜分了栾、高两家的家产。

晏婴对陈无宇说："你一定要把栾、高二家的家产献给国君。因为谦让是德行的基础，把东西让给别人是最高的美德。凡是有血气的人，都有争夺之心，所以利不能靠强力夺取，只有见利不忘义才可以胜过别人。义，是利的根本。过分贪求利便会招来灾祸。如果暂时放弃利，那么以后利益反而会滋长，以至于更多。"陈无宇便把栾、高二氏的财产全部献给齐景公，然后告老退休，请求把莒邑赐给他用来养老。

鲁大夫叔孙昭子出使晋国回来，大夫们都来拜见他。逃亡鲁国的高强也来了，见了他之后就退出去了。叔孙昭子对大夫们说："作为人子不能不谨慎啊！以前庆封败亡的时候，子尾得到了很多封邑，后来他把封邑还给齐君一部分，齐君就认为他很忠贞，因而特别宠信他。子尾死前，躺在公宫的病床上，齐君亲自推车送他回家。但子尾的儿子却不能做到像他父亲那样，所以他才困居在鲁国。忠贞是美德，子尾的儿子没能够继承这种美德，子尾本人也有过错。由此看来，怎么能不谨慎啊！高强毁了他父亲的功业，抛弃了他父亲的美德，丧失了宗族，使宗庙得不到祭祀，让灾难降到自己的身上，教训难道还不够惨痛吗？《诗经》中说：'灾祸不在我以前，也不在我以后。'大概说的就是高强吧！"

相关链接

〔1〕稷门：齐都临淄城大门之一。在今山东淄博临淄区。因位于稷山之下而得名。

〔2〕庄路：四通八达的大道。《左传·昭公十年》："战于稷，栾、高败，又败诸庄。"杜注："庄，六轨之道。" 孔引《释宫》疏："六达谓之庄。"

楚灵王灭蔡

鲁昭公十一年春，楚灵王在申地诱杀蔡灵侯，随去的七十多位大夫也惨遭屠戮。随后，公子弃疾率兵围困蔡都。十一月，蔡国灭亡。

鲁昭公十一年春，楚灵王在申地召蔡灵侯前去会面。蔡灵侯准备前往时，蔡国的大夫们劝他说："楚王贪婪而且不讲信义，他尤其对我们蔡国不肯顺服而怀恨在心。如今楚王用这么多贵重的礼物，而且说得那么动听，这显然是在引诱君王您，倒不如不去。"蔡灵侯不听。

三月十五日，楚灵王在申地埋伏下甲士之后，设宴款待蔡灵侯，乘机把他灌醉并抓了起来。四月初七，楚灵王杀死了蔡灵侯，并且还杀了与蔡灵侯同去的七十多名士大夫。紧接着，公子弃疾便率军包围了蔡国都城。

晋卿韩起问叔向说："楚国能攻下蔡国吗？"

叔向回答说："能攻下。蔡灵侯当年弑父自立，而不能得到自己国家百姓的拥护，如今上天借楚国的手将他杀死，楚国怎么会攻不下蔡国呢？不过我还听说过，背弃信义而能侥幸成功的，即使成功了，也绝对不会再有第二次。三年前楚灵王奉持陈哀公的孙子太孙吴讨伐陈国，对他说：'我将替你安定国家。'陈国人听信了楚灵王的话，结果他却把陈国灭了，最后把陈国的疆土并为楚国的一个县。如今楚王又诱骗蔡灵侯，还把蔡灵侯杀死，发兵包围蔡国都城，即使侥幸能够征服蔡国，也必然要受到惩罚，是不能长久的。以前夏桀虽然战胜了有缗，却因此而使自己的国家灭亡；殷纣王虽然征服了东夷，却因此而丢掉了性命。和夏桀、商纣他们相比，楚国地方狭小，而且地位低下，所做的事情却比夏桀和殷纣更加残暴，他们怎么会不蒙受灾难呢？上天借楚国之手来灭掉蔡国，并非是要降福给他，而是加深他的罪恶，以便日后再惩罚他。比如天有金、木、水、火、土五种材料可供使用，一旦把材料都用尽了，人们就会抛弃他。由此看来楚国是没有办法拯救了，最终是不可能得到振兴的。"

夏天的时候，楚国的军队还在蔡国围城。晋国的荀吴对韩起说："我们既不能援救陈国，又不能挽救蔡国，这样别的国家就不会亲附我们了。由此可见，晋国作为盟主已经没有能力做些什么了。晋国身为诸侯的盟主，竟然不能挽救将被灭亡的国家，诸侯们还要这个盟主干什么呢？"

秋天，晋国的韩起召集鲁国的季孙意如、齐国的国弱、宋国的华亥、卫国的北宫佗、郑国的子皮、曹国人、杞国人在厥慭[1]会盟，一起商讨援救蔡国的事。

郑国的子皮准备出发参加会盟时，子产对他说："这次你的行程不会太远，因为根本救不了蔡国。蔡国小，而不顺从楚国；楚国大，而不重视道德。上天将遗弃蔡国，以增加楚国的罪恶，等到楚国恶贯满盈之后再来惩罚它，可见蔡国必定是要灭亡了。况且蔡国已经没有君主了，没有国君却能保住国家的，这种情况太少见了。"

十一月，楚灵王攻灭了蔡国，并且杀死蔡灵公的太子，用他祭祀冈山[2]的神灵。申无宇说："这样做是不吉利的。祭祀的时候，连牛、羊、鸡、狗、猪五种牲畜都不能替换使用，何况用诸侯的太子来祭祀呢？君王总有一天会后悔的。"

相关链接

〔1〕厥慭：古地名。今不可考其所在。《春秋 · 昭公十一年》："季孙意如会晋韩起、……于厥慭。"杜预注："厥慭，地阙。"

〔2〕冈山：《左传 · 昭公十一年》："楚子灭蔡，用隐大子于冈山。"孔引《释例 · 土地名》疏："冈山阙，不知其处。经言'以归，用之'，必是楚地山也。"

齐景公欲代晋霸

晋平公去世，昭公继位，齐景公前去朝见新君。在酒席间举行投壶之礼时，景公公开挑衅晋国的霸主地位。晋人对此无可奈何。

鲁昭公十二年，因为晋平公去世后晋昭公继位，齐景公到晋国朝见新君。晋昭公宴请齐景公，晋卿荀吴在席间负责礼仪方面的辅佐。举行“投壶”之礼时，晋昭公先投，荀吴在旁边说：“酒像淮河那么多，肉像山陵那么高。我们寡君投中这支箭，做诸侯的盟主。”晋昭公一箭投去，果然正入壶中。接着轮到齐景公，齐景公举起箭，自己说：“酒像渑河[1]那么多，肉像丘陵那么高。我投中这支箭，代替晋君做诸侯的盟主。”齐景公也一箭投入壶中。

晋国人见事情弄成这样，很不高兴。士匄就在一旁责怪荀吴，说：“你说错话了！我们晋国已经是诸侯的盟主，与投壶中不中有什么关系？就算投中了，也没有什么了不起的。齐景公这下看不起我们君王了，回国之后，一定不会再来朝见我们。”荀吴说：“我们兵强马壮，步兵和战车都很强大，仍然和过去一样，齐国又能怎么样呢？”

这时，齐大夫公孙傁看到气氛尴尬，就赶紧走过来说：“现在天色已晚，君王也已经很疲倦了。我们还是走吧。”公孙傁说完之后，就陪同齐景公一起离开了宴席。齐景公虽然公然挑战盟主的地位，晋国也拿他没有办法，可见晋国的国势这时确实已经大不如前了。

相关链接

〔1〕渑河：即渑水。一作绳水。古水名。起于今山东淄博东北，西北流至博兴东南入时水。《左传·昭公十二年》：“有酒如渑，有肉如陵。”

南蒯以费叛

南蒯欲除季氏而不得，便据费叛鲁，投降齐国。季孙意如采取攻心战术，费人于是背叛南氏并劫持了他。

鲁国大夫季悼子去世后，季孙意如继承了季氏的家业。季孙意如对他的家臣、季氏费邑的长官南蒯没有加以礼遇，南蒯很不满，对公子慭说："我准备把季孙意如赶走，将他的家产献给国君，然后由你取代季孙做卿，而我直接做国君的臣子管理费邑。"公子慭同意了。南蒯又把这件事告诉叔仲穆子（即叔仲小），同时又向他解释了其中的原因。

季悼子去世的时候，叔孙昭子（即叔孙豹之子叔孙婼）作为卿接受了鲁君再命[1]之礼。鲁昭公十年七月，季孙意如率军攻打莒国，攻下了郠邑[2]，叔孙昭子也有功劳，于是又要接受三命之礼。这时候叔仲穆子想挑拨季孙、叔孙两家的关系，对季孙意如说："叔孙昭子接受三命，其地位就会超过他的父亲和兄长。这是不合乎礼法的。"季孙意如说："确实是这样。"于是就让叔孙昭子拒绝接受三命之礼。但是叔孙昭子却说："我们叔孙家发生了家难，嫡子被杀，立了庶子，所以我才达到今天的地位。假如我是因为我们的家难而被惩罚，那我愿意接受阁下的命令。但若不废除国君的命令，那我今天的这个地位本来就是应该得到的。"

叔孙昭子上朝的时候，对官员们说："我将要和季氏争讼，请你们到时候不要偏袒任何一方！"季孙意如知道后十分害怕，就把罪过推到叔仲穆子身上。于是叔仲穆子、南蒯、公子慭打算一起推翻季氏，公子慭把这件事告诉了鲁昭公。

鲁昭公十二年，因为晋昭公新立，鲁昭公便带着公子慭去晋国朝见。当时莒国人因为鲁国攻占郠邑而向盟主晋国申诉，晋国就拒绝鲁昭公入境。所以鲁昭公走到黄河就回来了，派公子慭一个人前去处理余下的事务。南蒯本来的计划，是要依靠晋国的力量来加强鲁国公室，如今见晋国是这样的态度，害怕这件事情不能成功，便占据费邑发动叛乱，并投降了齐国。公子慭从晋国回来，到达卫国的时候，听到国内发生变乱的消息，赶紧抛下他的副使的职务，先跑回国内。等他走到鲁都郊外，听说是南蒯占据了费邑叛乱，于是也逃到齐国去了。

南蒯准备叛乱时，他的同乡中有人知道了这个阴谋，经过他的门口时深深叹息，并且说："担忧啊，真是令人担忧！志向远大，但是谋划

得却很短浅；身近季氏，而心里想的却是赶走他；做季氏的家臣，却为国君公室考虑。要做这样的事，需要了不起的人才啊！”

南蒯设酒宴款待家乡父老，有一个人唱道：“我有一块菜地，中间却长了杞树；听从我的是男子汉，违背我的是浅薄之人，背弃自己主人的是可耻之人！算了算了！反正你不是我的同路人！”

季孙意如想让叔孙昭子赶走叔仲穆子，叔仲穆子知道以后，便不敢再上朝。叔孙昭子让官员告诉叔仲穆子到朝廷上来听取命令，并且说：“我不会替别人赶走你，而给自己招来怨恨的。”

第二年春天，鲁国的叔弓率军攻打费邑，他们不但没有攻下城池，反而被费邑的人打败了。季孙意如十分恼怒，下令只要见到费邑的人，就抓起来当作俘虏。鲁大夫冶区夫说："这样做不对！应该见了费邑的人，没有衣服穿的，就给他们衣服；没有东西吃的，就给他们食物。做他们的好主人，并且供应他们所缺乏的东西，那他们就会像回自己家一样来归顺我们，他们的旧主人南氏就会很快灭亡。而且只要百姓背叛了南氏，那么费邑还有谁会帮他们守城呢？如果像现在这样，用威严来恫吓他们，用愤怒来使他们畏惧，费邑的百姓就会因憎恨而背叛鲁国，并且聚集在南氏周围。如果天下诸侯都这么做，费邑的人在走投无路的情况下，他们不去投奔南氏，又能到哪里去呢？"季孙意如听从了冶区夫的建议，不久费邑的人便背叛了南氏。

南蒯将要反叛的时候，要与费邑的人订立盟约。他的司徒老祁、虑癸假装生病，派人对南蒯说："我们都很愿意和你结盟，但突然生了大病，不能够前往。假如我们能托你的福而活下来的话，就请等病好转以后再订盟。"南蒯答应了老祁、虑癸的要求。

鲁昭公十四年春，老祁和虑癸趁费人就要背叛南蒯的机会，请南蒯接见费城平民，然后一起订立盟约。南蒯照做了，他们就乘机劫持了南蒯，并且对他说："我们这些家臣不敢忘怀我们的主人季氏，只是因为畏惧你，才忍受到今天，三年来一直忍气吞声地服从你的命令。如果你还要这样下去的话，费人将会因为不忍心背叛主人而反抗，到那时我们就不怕你了，你还怎么能够达到自己的目的呢？请让我们送你到国外去吧。"南蒯请求给他五天限期，最后终于逃亡去了齐国，

南蒯在齐国，有一次陪齐景公喝酒，齐景公跟他开玩笑说："你这个叛徒！"南蒯回答说："我是想加强公室的力量。"齐大夫子韩哲说："作为大夫的家臣，却想加强公室的力量，没有比这更大的罪过了。"不久老祁、虑癸到鲁国，表示要让费邑回归鲁国。齐景公见大势如此，也赶紧做好人，派大夫鲍文子出使鲁国，表示是齐国把费邑归还给鲁国的。

相关链接

〔1〕命：帝王按等级赐予臣下爵位、仪物。周代官品有"一命"至"九命"之别。
〔2〕郠邑：春秋莒邑。在今山东沂水。后归鲁国。

楚灵王贪得无厌，子革劝谏他作为君主不可过于放纵欲望。灵王废寝绝食多日，但终究控制不了自己的野心。

鲁昭公十二年冬，楚灵王到州来巡猎，大军在颍尾停留后，就派荡侯、潘子、司马督、嚣尹午、陵尹喜五位大夫率军包围徐国国都，想以此来威胁吴国，楚灵王自己驻扎在乾溪[1]作为后援。当时天降大雪，灵王从屋子里出来时，就戴上皮帽，身穿秦国所送的羽衣，外面披上翠羽披风，脚上穿着豹皮做的鞋子，手中拿着马鞭，让侍臣析父跟在自己后面。

右尹子革在夜里来见楚灵王，灵王接见了他，并且摘下皮帽，脱下披风，放下手中的马鞭，对子革说："从前我们先王熊绎，跟吕伋、王孙牟、燮父、禽父一起侍奉周康王，他们四国（指那四人的国家齐、卫、晋、鲁）都分到了珍宝器物的赏赐，唯独我国没得到任何东西。如果现在我派人到周王那里，请周王把九鼎作为补偿赐给我们，你认为周王会不会答应呢？"

子革回答说："我想应该会给您的！以前我们的先王熊泽身处偏僻的荆山，筚路蓝缕[2]开辟荒野，跋涉山林前去侍奉周天子，但只能进贡一些桃弓、棘箭。齐国是周室的舅父，晋、鲁、卫的国君是天子的同母兄弟，因此楚国才没有得到周天子的赏赐，而他们都有。如今周室和那四个国家都已顺服侍奉我们楚国了，他们对君王您唯命是从，难道还舍不得那几座鼎吗？"

楚灵王说："从前我们的祖伯父昆吾住在过去的许国，现在郑国人贪爱许国的田地，不想把许田还给我。我如果提出要求让他们归还，郑国会还给我吗？"

子革回答说："会还给君王您的！连周天子都不吝惜他的九鼎，难道郑国还敢吝惜他们的田地吗？"

楚灵王说："以前天下诸侯认为楚国地处荒远的南方，又都惧怕晋国，所以疏远我们而亲近晋国。现在我国在陈、蔡、不羹[3]等地修筑了高大的城墙，而且在每座城池驻扎上千辆的兵车——当然这里面也有你很大的功劳，这样的话诸侯是否会很惧怕寡人呢？"

子革回答说："会惧怕君王您的。因为单凭陈、蔡和两不羹（不羹一地建有两座城池）这四座城池里面的兵力，就足已使各诸侯感到害怕了。如今又加上楚国强大的势力，哪里敢不惧怕您呢？"

这时工尹路进来请示说："君王您令臣剖开圭上的玉，用来装饰斧柄，请您指示要如何装饰。"于是楚灵王就进屋去观看。析父对子革说："你是楚国人寄以厚望的重臣，可是现在跟君王谈话，竟然就像应声虫一样，将来楚国要怎么办呢？"子革打比方说："刚才我还在磨刀子呢。等君王从屋里出来，我就用磨好的刃一刀挥去，斩断君王的贪欲。"

不久楚灵王从屋里出来，又和子革谈起话来。这时左史倚相快步从他面前走过，灵王说："他是一位卓越的史官，贤卿要好好地对待他，他是能读《三坟》《五典》《八索》《九丘》[4] 的人。"

子革回答说："我曾经请教过他。从前周穆王想要放纵自己的野心，就周游天下，想让自己的车辙遍布天下各地。于是周公的孙子祭公谋父写了《祈招》一诗，想打消穆王的念头，因此穆王才得以在祇宫内善终。我问起《倚相》这首诗，但他竟然一点都不知道。如果再问他更为久远的事情，他又怎么能够知道呢？"

灵王说："那么贤卿知道那首诗吗？"

子革回答说："我知道。这首诗的内容是：'祈父的声音谦恭和悦，称颂了周王的美德。想到我们天子的品行，就好像玉和金子一般坚实。要保存百姓的民力，而不能放纵自己的欲望。'"楚灵王听了之后，对子革作了个揖，然后走进了屋子。此后的几天，他饭也不吃，觉也不睡，可是最终还是没能克制住自己的欲望，以至后来身遭其祸。

孔子说："古书上曾有这样的记载：'能克制自己的私欲，让自己的言行符合礼仪，这便是仁。'这话说得的确太好了！如果楚灵王能做到这样，那后来怎么会在乾溪受到那样的屈辱呢？"

相关链接

〔1〕乾溪：在今安徽亳州东南。本春秋陈邑，后属楚。

〔2〕筚路蓝缕：驾着柴车穿着破烂的衣服去开辟山林。形容创业的艰辛。筚路，柴车；蓝缕，破旧的衣服。

〔3〕不羹：春秋楚城。一在今河南舞阳西北，称"东不羹"；一在今河南襄城东南，称"西不羹"。

〔4〕《三坟》等四部书：《左传·昭公十二年》："是能读三坟、五典、八索、九丘。"孔颖达引孔安国《尚书序》疏，大意是：三皇之书，谓之《三坟》；五帝之书，谓之《五典》；八卦之说，谓之《八索》；九州之志，谓之《九丘》。后世多用以代称上古典籍。

○ 品画鉴宝　杏坛弦歌图（明）诚意／绘　图绘孔门讲学，杏坛弦歌不辍的盛大场面，人物众多，但神肖毕现，刻画生动。

楚灵王作恶自毙

楚灵王作恶不已，众叛亲离。观从趁他在乾溪的时候，联合公子弃疾，率领陈、蔡遗民占领了国都。他的弟弟子干被立为君，子皙为令尹。灵王走投无路，自缢而死。

鲁昭公十一年底，楚灵王在陈、蔡、不羹三地筑城，并且任命公子弃疾为蔡公，负责管理刚刚吞并的蔡国疆土。楚灵王问申无宇说："任命弃疾为蔡公怎么样？"

申无宇回答说："了解儿子莫过于父亲，了解臣子莫过于君主。郑庄公修筑栎城时，让子元在那里镇守，结果后来子元赶走了郑昭公，让郑厉公成为国君；齐桓公修筑谷城时，让管仲在那里镇守，结果齐国到现在还能蒙受到他的恩惠。据我所知，有五种大臣不能派驻边疆，有五种小人不能留在朝廷。自己的亲族不可以在外，他国投奔而来的大臣不可以在内。如今公子弃疾将要被派往朝廷之外，却让流亡到楚国的郑丹留在朝中，君王应该对此有所警惕才是。"

楚灵王说："我们国家有高大的城池，可以抵御任何叛乱，又能怎么样呢？"

申无宇回答说："郑国的京、栎两城也有高大的城墙，却不能保护郑昭公，使他不被杀死；宋国的萧、亳两城也有高大的城墙，却不能保护子游，使他不被杀死；齐国的渠丘[1]也有高大的城墙，却不能保护公孙无知，使他不被杀死；卫国的蒲、戚两城也有高大的城墙，却不能保护卫献公，使他不被放逐。如果从上面这些事来看，国家有高大的城池，反而足以危害国家。这就好比一棵树，枝叶过于繁茂就一定会被折断；又好比动物，尾巴过于庞大，就难以转身。我以为这些道理，君王您都是早已知道的。"

楚灵王还没继位，在做令尹时，曾经杀了大司马薳掩，并占取了他的全部家财。灵王即位以后，又夺取了薳掩的同族薳居的田地，同时还把小国许国的人都迁走，并且扣押了许国大夫许围作为人质。蔡国的蔡洧出仕楚国，很受楚灵王宠信，楚国攻灭蔡国时，蔡洧的父亲也在战乱中被杀，蔡洧因此怨恨楚灵王。楚灵王在申地大会诸侯（鲁昭公四年）时，越国的大夫曾蒙受楚国的羞辱。楚灵王还夺取了令尹子文的玄孙斗韦龟的封邑中犨，又夺取了斗韦龟之子蔓成然的封邑，而派他出任治理

〇 品画鉴宝

兽面纹玉带钩（战国） 钩身饰兽面纹，饰端作回首兽头状，形制独特，雕镂精巧。

效区的大夫，此前蔓成然曾侍奉过公子弃疾。因此，薳氏族人及薳居、许围、蔡洧、蔓成然，这些都是与楚灵王结下怨仇的人。

鲁昭公十三年春，楚灵王让蔡洧镇守国都，自己跑到乾溪去了。于是上面这些人就联合那些被灵王剥夺了官职、失去了土地的人以及他们的族人，并且劝导越国的大夫常寿过，一起发动了叛乱。他们首先包围了楚国的固城，接着又攻陷了息舟，然后修筑了息舟的城墙，就在那儿屯兵驻扎了下来。

当年，楚国的观起因为受宠于令尹子南，结果与子南一起被杀的时候，他的儿子观从正在蔡国，后来就留在蔡国侍奉蔡大夫声子的儿子朝吴。这时，观从就对朝吴说："不趁这个机会恢复蔡国，恐怕以后蔡国就没有复兴的机会了。我请求让我试着恢复蔡国。"于是就借蔡公弃疾的名义发布命令，召回灵王篡弑时逃亡国外的子干和子皙（两人都是灵王的弟弟）。当他们二人走到蔡国郊外时，便把实情告诉他们，并且强迫他们发誓结盟，然后率军袭击蔡地。

当时蔡公弃疾正要吃饭，看到这种情形便仓皇逃走了。于是观从就让子干假装蔡公吃了饭，饭后挖坑设坛，杀死牺牲放在坑里，在牺牲上面摆上盟书，制造出曾与蔡公结盟的假象。随后让子干和子皙二人立即返回，观从自己向蔡地的人宣布说："蔡公已经召来子干和子皙，将要兴兵送他们入楚都，而且跟他们订立了盟约后才送他们回去。蔡公本人就要率领军队去帮助他们了。"

蔡地的人聚集起来，想逮捕观从。观从辩解说："那两个人已经逃走了，蔡公的军队也组成了，你们就算杀了我，又有什么好处呢？"于是蔡地的人便放了观从。

朝吴说：“如果你们愿意为楚灵王去死，就应当违抗蔡公的命令，以等待事情的发展。如果只是想求得安定，那么就不如帮蔡公实现他的目标。再说你们是蔡地的人，如今违抗了蔡公，又能够到那里去呢？”蔡地的人都说：“我们支持蔡公。”于是大家便奉持蔡公弃疾，并且召回子干、子皙二人，在邓地订立了盟约，然后依靠陈、蔡两地的人攻打楚灵王，答应帮助他们恢复陈、蔡两国。

楚公子子干、公子子皙、蔡公弃疾、蔓成然、蔡大夫朝吴率领陈、蔡、不羹、许、叶等地的军队，并且依靠薳掩、薳居、蔡洧、许围四个家族的帮助，攻入了楚国都城的范围。大军开到楚都郊外时，陈、蔡二地的人因为故国已经灭亡，打算先建造一座堡垒，插上自己的旗帜，以此树立自己的名声。蔡公知道以后，说：“我们的行动越快越好。现在我们带来的徒役已经很疲惫了，不适合再建造堡垒，只要筑起栅栏守卫就可以了。”于是就用栅栏围成营寨。

蔡公派楚大夫须务牟、史猈先进入楚国都城，凭太子近臣的关系伺机杀死太子禄、公子罢敌，然后拥立子干为楚王，任命子皙为令尹，暂时将军队驻扎在鱼陂。蔡公弃疾被任命为司马，他首先进入王宫清除了灵王的亲信，把自己的党羽安插进去；又派观从到乾溪军中去，告诉他们都城发生的叛乱，并说："先回去的人，可以恢复原来的官职与家财；回来晚的人，就要受到割鼻子的惩罚。"因此当楚灵王的军队行进到訾梁〔2〕时，就自行溃散了。

楚灵王知道了两个儿子的死讯，从车上一头栽了下来。说："别人的爱子之心，是否也跟我一样呢？"侍臣说："恐怕比您还要深哪。我已经老了，却没有儿子，我自知死后尸体是会被丢弃到山沟里去的。"灵王说："我以前杀别人的儿子杀得太多了，怎么会不落到这步田地呢？"

右尹子革对楚灵王说："请您在郊外等待，以听候都城的人们处置。"灵王不愿意，说："众怒不可犯啊！"子革说："不如我们去一个大的城邑，然后派人向诸侯请求救兵行吗？"灵王说："不行吧，他们都已经背叛了我啊。"子革说："要不君王您逃到别的国家避难，然后听取大国君主的意见，让他们为您做主，行吗？"灵王说："那样我也不可能再成为君主了。逃到别的国家只是自取羞辱而已！"于是子革离开灵王，回到了楚国都城。

楚灵王沿着汉水往南逃，打算进入鄢地。芋尹无宇的儿子申亥说："我父亲两次触犯君王，君王都没有杀他，难道还有比这更大的恩德吗？我不忍心背弃君王，君主的恩德也不可以忘记，我愿意追随君王！"于是申亥便去寻找楚灵王，并在棘闱〔3〕遇到了灵王，于是和灵王一起回到申亥家里。

五月二十五日，楚灵王在申亥家里上吊自杀。申亥为了报答灵王的恩德，杀死了自己的两个女儿，为灵王殉葬。第二年，芋尹申亥把楚灵王灵柩所在报告给楚平王（即弃疾），于是将楚灵王择地安葬。

相关链接

〔1〕梁丘：春秋弃邑。在今山东淄博东北。

〔2〕訾梁：古地名。在今河南信阳境。

〔3〕棘闱：棘邑之门。《左传·昭公十三年》："乃求王，遇诸棘闱以归。"杜注："棘，里名。闱，门也。"

公子弃疾诈位

公子弃疾派人潜入都城散布灵王反攻的谣言，子干、子皙惊恐自杀。弃疾于是登上楚君之位，是为平王。

鲁昭公十一年，楚人观起召回流亡在外的公子子干和子皙，联合蔡公公子弃疾，依靠陈、蔡两国的遗民，趁着楚灵王在外地，而留守都城的又有自己的同党，于是攻入了楚都，拥立子干为楚王。观从对子干说："不杀公子弃疾，即使您能够得到国家，也还是会发生祸乱的。"子干说："我不忍心杀公子弃疾。"观从说："您不忍心杀他，他却会忍心杀您的。我不忍心看到那一天的到来。"于是观从离开了子干。

当时楚灵王虽然众叛亲离，麾下人马散尽，但他的威势仍然留在人们心中。楚国都城里每天夜晚都有人惊呼："大王进来了！"

五月十七日的夜里，公子弃疾派人进入都城，到处乱喊："大王回来了！"都城的人无不大惊失色。又派蔓成然跑去告诉子干、子皙，骗他们说："大王回来了！都城的人杀死了您的司马，马上就要攻过来了！你们应该早作安排，就可以免受羞辱。众人的愤怒有如水火一般凶猛，根本没有办法阻止。"这时又有人惊呼着跑过来说，"愤怒的人群杀过来了！"子干、子皙都上当了，吓得绝望自杀。

十八日，公子弃疾即位，是为平王，改名为熊居。子干被葬在訾地，因此被称为"訾敖"。然后又杀掉一个囚犯，给他穿上灵王的服装，并丢进汉水里，再把他捞上来埋葬，借此使都城的人相信灵王确实已经死了，人心才逐渐安定下来。楚平王任命蔓成然为令尹。

楚平王遵守诺言，重新建立了陈国和蔡国，将流亡在外的人迁回去，赏赐举事时立下功劳的人，对百姓采取宽厚的政策，赦免了罪犯，恢复被罢免的官员。楚平王还召见观从说："如今你有什么要求，寡人都会应允。"观从回答说："臣的先祖曾担任卜师的助手。"楚平王就任命观从为卜师，是大夫一级的官职。

楚平王又派枝如子躬出访郑国，让他把犨、栎两地的田地归还给郑国。

但直到访问结束，枝如子躬也没有提归还郑国田地的事情。郑国人请求说："我们听到外面的传说，说楚国要把犨、栎的田地还给我们。现在特向贵国请求。"枝如子躬回答说："我没有听到过这样的命令。"

枝如子躬回到楚国复命时，楚平王问他关于归还犨、栎田地的事，

枝如子躬脱去衣服，以罪人的姿态回答说：“臣有罪，没有遵照君王的命令，没有把犨、栎的田地归还给郑国。”

楚平王相信他那么做一定是有原因的，拉住枝如子躬的手说：“你不必自责，先回去好了。等以后我有事情，我还是会请你去办的。”

当初，楚灵王曾经占卜，说：“我想要得到天下！”占卜的结果是不吉利。灵王就扔掉占卜用的龟甲，责骂上天说：“这么一个小小的要求都不满足我！我一定要凭自己的力量取得天下！”百姓对楚灵王的贪得无厌感到担心，等到听说叛乱的消息后，都像回家一样踊跃地参加。

当初，楚共王没有嫡长子，只有宠妃生的庶子五人，因而不知道立哪一个为太子才好。于是遍祭天下名山大川及星辰之神，向他们祷告说：“请神在我的五个庶子之中选择一人，以便立他为太子，让他主持国家社稷。”又把一块玉璧展示给诸神，说：“谁在玉璧前面下拜，谁就是神灵所立，任何人都不得违背！”共王与爱妾巴姬把玉璧偷偷埋在祖庙的庭院里，然后让五个儿子斋戒沐浴，按照年龄顺序进庙膜拜[1]。楚康王的两只脚各跨在玉璧的一边，楚灵王的肘部位于玉璧之上，子干、子皙都离玉璧很远，只有楚平王当时因为年幼，被抱着进来，行再拜之礼时，两次手都压在玉璧的纽[2]上。所以后来斗韦龟就嘱咐儿子蔓成然侍奉平王，并且说：“如果立公子弃疾，便是违背了立长的礼法；如果不立公子弃疾，便是违背了共王的命令。楚国恐怕要陷入麻烦了！”

相关链接

〔1〕膜拜：合掌加额，跪地伏拜。表示极端崇敬。

〔2〕纽：器物上供提携或悬系的部位。

平丘之会

鲁昭公八年，为了宣扬国威，保持自己的霸主地位，晋昭公在平丘大会诸侯。八月七日，众人正式订立盟约，鲁国因屡次侵略邾、莒而被排除在外。

鲁昭公八年，晋平公修建的虒祁之宫落成，诸侯都来晋国朝贺。但是当他们回去之后，都因为晋公室的奢侈，而对晋国生出了背离之心。鲁昭公十三年，因为鲁国夺取了莒国的郠邑，莒国人向盟主晋国申诉，晋国就准备会合各诸侯的军队讨伐鲁国。晋大夫叔向说："对诸侯不能不显示一下我们的声威。"于是传令所有的诸侯，要召集他们举行盟会。

晋国人还通知了吴国。秋天的时候，晋昭公和吴王夷昧本来约好在良地会面，但是由于水路交通不便，吴王便推辞不来，晋昭公也只好回国了。

七月二十九日，晋国在邾国南边举行阅兵仪式，共出动战车四千辆，由叔向的弟弟叔鱼代理司马一职。然后，晋国就在卫国的平丘[1]大会诸侯，到会的有晋昭公、鲁昭公、齐景公、宋元公、卫灵侯、郑定公、曹武公、刘[2]子、莒子、邾子、滕子、薛伯、杞伯、小邾子。

郑国的子产、游吉陪同郑定公参加这次诸侯大会，子产总共带了九套帐幕，游吉所带的帐幕却达四十套之多。游吉见子产带得这么少，就后悔了，每当宿营的时候就减少一些，到达平丘的时候，他所剩下的帐幕便和子产的一样多了。

晋国大军驻扎在卫国境内的时候，叔鱼向卫国索要贿赂，并且放纵手下砍柴草的士兵。卫国派大夫屠伯给叔向送去肉汤，以及一箱子锦缎，并且对叔向说："各诸侯侍奉晋国都不敢三心二意，何况我们卫国是在贵君王的保护之下，又怎敢有其他的心思呢？现在贵国砍柴草的人与过去大不相同，我们斗胆请求阁下阻止他们。"

叔向接受了肉汤，却退回了锦缎，对使者说："晋国有一位叫叔鱼的人，他贪得无厌，因此也就快大祸临头了。你们请求我的事情，如果把这些锦缎以贵国国君的名义赏赐给叔鱼，他一定会下令禁止的。"卫国使者就按照叔向的建议，把锦缎送给了叔鱼。叔鱼接受了卫国的赠礼之后，没等卫国的使者退出，就下令禁止砍柴草的士兵为非作歹了。

晋国打算重续以前的盟约，但齐国人表示反对。于是晋昭公派叔向告诉周王的卿士刘献公，说："齐国不肯续盟，你看该怎么办？"刘献公回答说："盟约是用来表现信用的，如果贵国君能坚守信用，诸侯就不会有二心，那你还担心什么呢？用严厉的文辞来警告他们，用雄壮的兵威来督促他们，齐国即使不听从命令，也只过是给你增加立功的机会罢了。到时，我作为天子的卿士，愿意率领周王的军队，为你做开路的先锋。至于什么时候讨伐齐国，则完全听凭贵国的安排。"

于是叔向告诉齐国人说："诸侯为了重续盟约，现在都已经聚集到这里。现在只有贵国君主不同意参与结盟，我们国君希望你们再好好考虑一下。"

齐国人回答说："只有需要讨伐对盟主怀有二心的国家时，才有与各诸侯重续盟约的必要。如今各诸侯都遵从盟约的规定，服从晋国的领导，为什么还要重续盟约呢？"

叔向说："一个国家之所以衰败，就是因为它即使还时常朝聘，但是却不进献贡赋，进献贡赋也时有时无。即使还进献贡赋，也往往不讲究礼仪，所以虽然正常进献也会使上下失序。即使讲究了礼仪，也没有什么威严，所以虽然上下有序，也不能做到恭敬。即使很有威严，也不能够展示，所以即使做到了恭敬，也不能昭告神灵（指盟誓）。不昭告神灵，便是抛弃了恭敬，各种事情就都会得不到结果，因此国家才会衰亡。

"所以圣明君王的制度，是要让诸侯每年聘问一次，使他们能牢记自己的职责；每三年朝见一次，使他们温习礼仪；每六年会盟一次，以展示盟主的威严；每十二年盟誓一次，以彰显信义。按照这样的做法，使诸侯和和睦睦地履行自己的义务，按等级次序来执行礼仪，向大家展示威严，并且昭告神灵。自古以来就是这样，一直没有改变过。国家的兴衰存亡，往往便由此而决定。我们晋国现在按照礼仪主持盟会，常常担心自己做得不好，因此才奉献洁净的牺牲，并且征求各国国君的意见，就是为了把事情办好。可是现在贵国国君却说：'我一定要废除这件事情。'这对齐国又有什么好处呢？希望贵国国君能慎重考虑一下，我们国君在此等候命令。"

齐国人害怕了，回答说："我们小国，只是提出自己的意见，一切都还请大国做主决定，我们哪敢不听从呢？敝国已经决定听从贵国的命令了，一定会恭恭敬敬地前去参加盟会，至于什么时候完全听从贵国的吩咐。"

叔向报告说："诸侯已经生出二心了，所以我们不能不向他们显示

一下兵威。”八月初四，晋国举行了大规模的军事演习，但是只插旌旗而不加飘带。初五，晋国再次进行了军事演习，这次却在旌旗上加了飘带，表示晋国已经作好了使用武力的准备，各国诸侯对此都很畏惧。

邾、莒二国向晋国申诉说：“鲁国不断攻打我们，我们几乎就要灭亡了。我们之所以不能向贵国朝贡，都是由于鲁国攻打的缘故。”晋昭公因而不接见鲁昭公，并且派叔向辞谢说：“各国诸侯已经决定在初七订盟，我们国君知道不能够侍奉君王了，因此就请君王不必辛苦赶来参加结盟了。”

鲁国的大夫子服惠伯回答说：“贵君王竟然听信蛮夷小国的诬告，而断绝与兄弟之邦鲁国的关系，抛弃周公的后人！既然这样，也只能随你们。我们国君听到贵君王的命令了。”

叔向说：“我们国君带了四千辆战车出来，即使没有名义地到处侵略，也足可让任何国家胆战心惊了。何况我们晋国是接受了周王的命令在主持正义，又有什么敌人可以抵挡得了呢？牛虽然瘦，但压在小猪身上，也能够把它压死。贵国刚刚经历南蒯、公子慭之乱，难道你们已经忘记了？如果动员我们晋国的军事力量，再会合各国诸侯的军队，利用邾、莒、杞、鄫这些国家对你们的怨恨，共同来讨伐鲁国的罪过，趁你们国家因南蒯、公子慭内乱而尚未恢复的时机，我们在鲁国还不是可以为所欲为，想做什么就做什么？”鲁国人听了叔向的话，感到十分害怕，决定完全听从晋国的命令。

八月初七，齐国既然已经服从了晋国，于是诸侯们在平丘一起盟誓，晋国下令各诸侯在当天正午抵达盟誓的地点。初六那天，各国使臣朝见晋昭公回来后，子产让仆人尽快在盟誓的地方搭帐篷，可是游吉却阻止了仆人，说可以等第二天再搭。到了当天晚上，子产听说还没有搭帐篷，就又命令仆人赶紧去搭，但这时发现已经没有空地方可供搭帐篷了。

到了要正式订立盟约的时候，子产为贡赋的数目级别与晋国争起来，他说：“从前天子排定贡赋，其数目是按照各诸侯地位的高低来决定的。爵位高的贡赋就多，这是周朝一贯的制度；爵位低而贡赋反而重，那就只有王畿内的甸服是这样的。在天子的九服之中，郑伯是男服的诸侯，可是如今却让郑国缴纳与公侯一样重的贡赋，恐怕郑国不足以承担，所以我斗胆提出这个意见。各诸侯间停止战争，以友好的态度和平

○ 品画鉴宝

透雕蟠龙纹鼓座（战国） 此器圆堆形，座中央有一插入鼓柱的孔，周围纠结盘绕有十六条圆雕龙，其上还附缠有若干小龙。多变的形态和对称的布局构成了极其生动繁复的立体造型。

相处。现在晋国的使者每个月都会来郑国索要贡赋，催促我们赶紧缴纳，而贡赋又多得没有限度，那么小国一旦无力缴纳，就容易得罪晋国。各诸侯来参加这次盟会，是为了保护小国的利益，使小国能够继续生存；如果大国对小国索要的贡赋没有限度，那小国的灭亡也就近在眼前了。决定小国将来是生存还是灭亡，主要就看今天的结果。”

子产从中午开始争，一直太阳西下，晋国人终于答应了他的要求。盟会结束之后，游吉埋怨子产说：“你那样争，要是惹恼了晋国，让他们会合诸侯的军队来攻打我国，我们怎么抵挡得了呢？”子产说：“晋国的政权正分散在各卿族手中，他们整天在国内钩心斗角都忙不过来，哪还有时间来讨伐我们？国家不争取自己的利益，就会受到别国的欺凌，那还成什么国家呢？”

孔子后来评论说：“子产这次参加平丘之会，其作为足以为郑国奠立基石了。《诗经》说：‘君子啊，是安邦定国的基石。’而子产，就是君子中为百姓谋求安乐的人。”

相关链接

〔1〕平丘：古春秋卫地。在今河南长垣西南。

〔2〕刘：在今河南偃师西南。本春秋郑邑，后归于周，周匡王将此封于其少子。刘国自此而始。

晋执季孙意如

平丘之会的时候，晋国不准鲁君参加盟誓，并把率军攻打莒国的鲁大夫季孙意如也抓起来带回了国内。

鲁昭公十三年秋，晋昭公在平丘大会诸侯，并在八月初七与诸侯订立了盟约。鲁昭公虽然也去了，但晋昭公因为邾国和莒国人控诉鲁国的侵略，所以就没有让鲁昭公参加盟誓。晋国人还抓了率军攻打莒国的鲁大夫季孙意如，然后把他囚禁在一座帐篷里，并且派狄人士兵看守他。鲁大夫司铎射在怀里藏了一块锦缎[1]，里面包了一个装有冰的壶，匍匐着爬进帐篷，把冰水送去给季孙意如喝。负责看守的狄人士兵拦住了他，他把那块锦缎送给狄人士兵，才被放进去。不久，晋国把季孙意如带回了国内。

到了冬天，季孙意如仍然被扣押在晋国。子服惠伯私下对晋卿荀吴说："鲁国侍奉晋国，哪一点比不上夷狄小国？鲁国是晋国的兄弟，土地还比较广阔，晋国要求的贡赋也还能够置备。如果晋国为了邾、莒那样的夷狄小国，就抛弃了鲁国的忠诚，迫使鲁国去侍奉齐、楚等国，这对晋国又有什么好处呢？晋国应该亲近有血缘关系的兄弟国家，支持土地仍然广阔的国家，赏赐能够缴纳贡赋的国家，惩罚不听从命令进献贡赋的国家。诸侯的盟主就应该这样，请你好好考虑这件事！俗话说：'臣子只一个，主人有两个。'鲁国难道就找不到其他大国可以侍奉了吗？"

荀吴把这话转告给了晋执政韩起，并说："当楚国灭亡陈、蔡两国时，我们都没有去援救他们，如今反而因为夷狄小国而扣押兄弟之国的使臣，又有什么好处呢？"于是晋国便释放了季孙意如。

子服惠伯说："我们国君仍不知道自己错在哪

里。贵国召集诸侯大会，却在会上逮捕了诸侯的卿。如果我们真的有罪，那贵国就算处死季孙意如也可以。但如果说我们无罪，却要蒙贵国施舍恩惠来将他释放，其他诸侯也不知道其中的原因，不明不白的，这与季孙意如自己逃跑有什么区别，哪里算得上是释放呢？请再召集盟会，在盟会时当众宣布这件事。”

韩起很为这件事头痛，就去问叔向：“你能把季孙意如送回鲁国吗？”叔向回答说：“我不能，但叔鱼能。”于是韩起就派叔鱼去办这件事。

叔鱼见到季孙意如，对他说：“以前我曾在晋国国君那里获罪，只好逃到鲁国投奔鲁君。如果当时没有你的祖父季武子的恩惠，我恐怕活不到今天了。如今我虽然回到了晋国，也就等于是你祖父给了我第二次生命，我又怎么能不报答这份恩情呢？现在晋国让你回鲁国，你又不愿意。我听晋国有关官吏说，他们打算在西河[2]给你修建一所房屋，让你住到那儿去。我特地来告诉你，你打算怎么办？”叔鱼说着说着，竟忍不住掉下眼泪来。西河在黄河以西，离鲁国更加远了。季孙意如听了这话，也感到很害怕，就决定还是先回鲁国再说吧。

相关链接

〔1〕锦缎：指表面有彩色花纹的高档丝织品。

〔2〕西河：旧称今陕西、山西间黄河南北流向部分为西河。

叔向不隐于亲

叔向是叔鱼的哥哥。叔鱼贪赃枉法，被仇人在朝廷上杀死。叔向秉公执刑，判定将他和罪犯一起暴尸街头。

晋国邢侯和雍子争夺鄐[1]地的田产，争了很久也没有结果。当时审案子的士景伯去了楚国，由叔鱼代理职务。韩起让叔鱼审理此案，叔鱼开始裁决雍子有罪。雍子赶紧把自己的女儿送给叔鱼，结果叔鱼又反过来判邢侯有罪。邢侯为此非常愤怒，在朝廷上杀掉了叔鱼、雍子二人。

韩起就向叔向请教该如何给他们定罪。叔向是叔鱼的哥哥，但他回答说："三个人的罪是一样的，只要把活着的邢侯杀了，并把三个人的尸体示众就可以了。雍子明知自己有罪，却用贿赂使自己胜诉；叔鱼贪赃枉法[2]，制造冤狱；邢侯擅自在朝廷上杀人，他们三个人的罪都是一样的。自己有罪而加以掩饰，这就叫'昏'；贪赃枉法，这就叫'墨'；擅自杀人，无所顾忌，这就叫'贼'。《夏书》上说：'凡犯有昏、墨、贼之罪的，杀。'这是辅佐虞舜的皋陶所制定的刑法，我认为现在就应该按照皋陶之刑来办理！"于是先处死邢侯，再把他们三人的尸体陈列到市场上示众。

孔子评论说："叔向的正直，真是有古圣先贤的遗风啊！他治理国家，处理案件，能够不包庇自己的亲人，三次指责自己胞弟叔鱼的罪恶，而不是替他掩饰。他是按道义做事的人啊，可以称得上'直'了。在平丘的会上，叔向就指责叔鱼收受贿赂，使卫国免于受到晋国士兵的骚扰，使晋国避免了残暴。在晋国释放鲁国的季孙意如时，叔向又指责叔鱼的欺诈行为，从而缓和了鲁国的愤怒，使晋国不至于肆虐。在这一次邢侯的案子中，叔向毫不讳言弟弟叔鱼贪赃枉法，让刑法得以行使其威严，使晋国避免了不公正。叔向的三次指责，消除了晋国可能犯下的残暴、肆虐、不公正三项罪过，而且为晋国增添了三项光荣的政绩。虽然他的话使自己的亲人死后在街头示众，但叔向的声誉却更加卓著，就是因为他做事合乎道义的缘故。"

相关链接

〔1〕鄐：春秋晋邑。今失其所在。《左传·昭公十四年》："晋邢侯与雍子争鄐田。"

〔2〕贪赃枉法：因贪图贿赂而故意歪曲法律。贪赃，官吏收受贿赂；枉法，歪曲、破坏法律。

晋荀吴围鼓

荀吴围困鼓城，狄人准备开城投降，荀吴拒不接受。直到城里的粮食吃完，对方再也没有力量抵抗的时候，他才率领将士占领了它。

鼓国是白狄部落所建立的国家。赤狄灭亡后，白狄逐渐向东迁移，在东方分为鲜虞、肥、鼓三大部落，各自建立了国家。等到晋国势力衰落，戎狄也就蠢蠢欲动。鲁昭公元年，晋卿荀吴因为戎狄是步兵，晋军是车兵，而作战大都在地形险厄的地带，不利于车兵施展，便把车兵改编成步兵，结果在大原[1]大败无终之戎和各狄人部落。

鲁昭公十五年秋，荀吴率领军队讨伐鲜虞，首先攻打鼓国，包围了鼓国的都城。鼓城中有人要求献上城池投降，但荀吴不肯接受。荀吴的左右部将问："不用费将士们的力气，就能取得一个城池，您为什么还不答应呢？"

荀吴说："我听叔向说过：'喜好什么，厌恶什么，都要恰如其分，百姓们就会知道行动的方向。这样，做什么事都能够成功。'如果有人拿晋国的城池向敌人投降，那就是我最反对的事；如今鼓人拿鼓国的城池投降，我又有什么可高兴的呢？如果嘉奖自己最反对的行为，那该怎样对待自己所喜欢的做法呢？如果我接受了他们献上的城池，却又因为反对这样的行为而不加奖赏，那就是我不守信义，将来又拿什么来保护人民？还是依靠我们自己的力量，实力够强就进攻，否则就撤退，量力而行吧。但绝不可以因为贪图城池，而去亲近邪恶的行为，那样的话损失就会更大。"于是荀吴让鼓国人杀死想投降的人，加强鼓城的守备。

晋军围城到了三个月的时候，鼓城里又有人想要投降。荀吴就请鼓国的百姓来见他，并说："我从你们鼓城人的面色观察，知道城里还有粮食，你们还是回去修缮城防，准备应战吧。"这时晋国有一位军吏说："敌人开城投降，我们却不接受，还要在这里劳民伤财，白白损耗士兵和武器，这样的统帅怎么能侍奉君王呢？"

荀吴说："我就是凭这一点来侍奉君王的。如果为了得到一个城池，而使老百姓学会了懈怠，那要了这个城池又有什么用呢？用一个城来换取老百姓的懈怠，还不如保持原来的样子呢！换来了懈怠，最终就不会有好结果；抛弃原有的勤勉和谨慎，不是吉祥的事情。鼓国人侍奉他们自己的君主，而我则侍奉我的君主。坚守正义之道而不违背，不论好恶

都做到恰如其分，那就既能获得城池，又能使百姓明白什么才是正确的，懂得该为什么样的事情牺牲，而不会产生背叛之心，难道不是应该的吗！”

一直等到鼓城的粮食吃尽，鼓国人再没有力量守城时，荀吴才占领了该城。荀吴攻下鼓城之后就率军撤退了，城里的人一个也没有杀，只俘虏了鼓国国君鸢鞮，把他带回了晋国。晋国人在宗庙举行了进献俘虏的告捷仪式之后，就又释放了鸢鞮，让他回鼓国继续做他的国君。

后来鼓国又背叛晋国，归附了鲜虞。鲁昭公二十二年六月，荀吴率军巡行东阳[2]，下令部下士兵全部伪装成搬运粮食的人，携带盔甲在昔阳[3]城门外修整。然后乘机偷袭鼓国，并将它灭了，俘虏了鼓国国君鸢鞮，凯旋而归，派大夫涉佗留下镇守鼓国的领土。

相关链接

〔1〕大原：古地名。在今山西晋阳南。

〔2〕东阳：古地区名。约为今河北太行山以东地区。春秋属晋。

〔3〕昔阳：《左传·昭公二十二年》：“晋荀吴伪会齐师者，假道于鲜虞，遂入昔阳。”杜预注：“昔阳，肥国都，乐平沾县东有昔阳城。”按：晋沾县在今山西昔阳西南，为乐平郡治。

子产命韩起舍玉

韩起有一块玉环，和郑国商人的正好配套。当他在郑国聘问的时候，便想方设法地把商人那块搞到了手中。但在子产的劝诫下，他最终放弃宝玉而选择了道义。

鲁昭公十六年，晋卿韩起去郑国聘问，受到郑定公的款待。韩起有一块玉环（玉环分两块或多块，合起来为环，分开来为玦），与之配套的另一块在郑国的一个商人手里。因此韩起就趁这次机会，请求郑定公把那一块要来给他。但是子产却拒绝了他，说："这不是我们的公家府库所收藏的东西，我们国君也不知道这块玉在什么地方。"

游吉、公孙挥对子产说："韩起的要求也不算太过分，我们对晋国也不可以表露二心，不管晋国还是韩起，都是不能轻视的。你现在拒绝韩起，万一正好有小人从中挑拨晋、郑两国的关系，而且鬼神也推波助澜的话，恐怕会引起他们的敌视，到那时后悔也来不及了。你为什么要吝惜那块玉环，并且为此而得罪一个大国呢？为什么不把玉环找来送给韩起？"

子产说："我并不是轻视晋国，对晋国怀有二心。但正是因为我准备长久地侍奉晋国，所以才不给韩起这块玉环，这是为了向晋国表明忠信的缘故。我听说，君子所担心并不是没有钱财，而是担心自己活在世上，却不能留下美好的名声。我又听说治理国家的困难，并不在于侍奉大国、保护小国，而是担心自己的国家违背礼法，因而丧失自己的地位。大国的人对小国下命令，假如他们有需要就让他们满足的话，以后还能拿什么去满足他们接二连三的要求呢？如果这一次满足了他们，下一次又拒绝他们，那就会更得罪大国。对于大国的要求，凡是不符合礼仪的，都应当按照礼仪拒绝他们才对，否则的话，他们哪会有满足的时候呢？如果真是这样，我们郑国不久就会变成晋国的一个边邑，就不成为一个独立的国家了。而且韩起这次是奉命出使我国，但是却私下里替自己索要玉环，他的贪婪也太过分了，这难道不是罪过吗？我们献出一块玉，却会引出两样罪过，还会使我国失去国家的独立，让韩起蒙上贪婪的恶名，这样的事何必去做呢？况且为了一块玉而犯下这样的罪过，不是太不值得了吗？"

于是韩起就自己找那个商人，强买了那块玉环。双方成交之后，商人说："我一定要把这件事报告给我国的官员。"因此韩起向子产请求

说："前几天我向贵国索要那块玉环，贵国的执政大夫认为不合道义，所以我也就不敢再要。现在我自己向商人买，可是那个商人却说一定要告官。希望你帮我解决这件事。"

子产回答说："从前我们先君桓公和商人们一起从周王畿内迁到这里，大家在一块土地上共同耕耘，铲除这里的荒草，开辟这里的蓬蒿[1]和荆棘[2]，然后一同定居在这里，因此世世代代都立誓订盟，以换取彼此的信任。桓公对商人们说：'你们不可以背弃我，我也不强买你们的货物，不对你们作过分的要求，不掠夺你们的宝物。你们买卖好获利多，或者得到什么奇货异宝，我也绝对不会干涉。'根据这项誓约，郑国的国君与商人间彼此扶持，传统一直延续到今天。现在阁下为了两国的友好来我国访问，却要求我们国家强夺商人的东西，这等于是叫我们违背誓约，这种事我们怎么能做呢？假如阁下为了这块玉环，而失去了诸侯对晋国的信赖，我想阁下也一定不会这样做吧？如果将来晋国发布命令，让我们超出约定之外进献贡赋，以满足阁下的要求，郑国虽然是个小国，但也不愿意这样卑躬屈膝。如果要我把这块玉环献给阁下，我不知道有什么理由和好处，所以才私下对你说出我的心里话。"

韩起听了这番话，立刻表示不要玉环了，说："我虽然不聪明，但何尝敢为了一块玉环而换来两种罪过？请让我把玉环退回去吧。"随后韩起又私下去见子产，送给他宝玉和良马，说："你让我放弃那块玉环，就等于赐给我金玉，而免去我的死罪。现在又怎敢不借这双手送上礼物，以表达我对你的感谢呢？"

相关链接

〔1〕蓬蒿：飞蓬和蒿草。借指荒野。

〔2〕荆棘：喻荒蛮之地或处境艰难。荆，荆条；棘，带刺的酸枣。

孔子师郯子

郯子朝见鲁君，在回答鲁大夫的询问时，对少皞以鸟命名官员的事情十分清楚。孔子知道后，便以郯子为师，向他学习古代礼法。

鲁昭公十七年秋，郯[1]子（郯国的国君）来鲁国朝见，鲁昭公设宴款待他。叔孙昭子问郯子说："少皞氏[2]（传说中的帝王）都用鸟来命名他的官职，这是为什么呢？"

郯子说："少皞氏是我的祖先，所以关于这点我知道得很清楚。当初黄帝受命的时候，天空中出现祥云，所以黄帝以云纪事，他的百官官长都以云为官名。到炎帝的时候，有火为祥瑞，所以以火纪事，他的百官官长就都以火为官名。到了共工的时候，有水为祥瑞，所以以水纪事，他的百官官长便以水为官名。太皞氏的时候，出现龙作为祥瑞，所以以龙作为官名。我的先祖少皞氏即位时，恰好有凤凰[3]飞来，因此就以鸟来纪事，他的百官官长也就以鸟为官名。

○ 品画鉴宝　孔子见荣启期图（南宋）　图绘孔子与荣启期见面的场景，截景生动，人物刻画细致入微。

“比如凤鸟氏是掌管历法的，玄鸟（燕子）氏掌管春分、秋分，伯赵（伯劳）氏掌管夏至、冬至，青鸟氏掌管立春、立夏，丹鸟（锦鸡）氏掌管立秋、立冬。祝鸠（鹁鸪）氏相当于司徒，鴡鸠（雕类猛禽）氏相当于司马，鳲鸠（布谷鸟）氏相当于司空，爽鸠（老鹰）氏相当于司寇，鹘鸠氏相当于司事，这五个鸠氏都是负责管理百姓的。还有五位雉氏，是管理各种工匠的官员，他们改进和发明器具，统一度量衡，方便百姓生活，在百姓生活中确立公平的标准。还有九个扈氏，是九位管理农业的官员，负责督促人民不要放纵偷懒。

“从颛顼氏以来，直到现在，因为没有远方而来的祥瑞可供纪事，只好从近处着眼，所以就参考民事，以民事来纪事。所以百官官长的名称，就不再像古代那样，用云、火、水、龙、鸟那样的东西来命名了。”

孔子听说这件事后，就去拜郯子为师，向他学习礼法。后来孔子告诉别人说：“我听人说：‘天子那里失去了古代的官制，却可以在边远的夷狄小国那里找到。’这话可不是骗人的！”

相关链接

〔1〕郯：古国名。少皞后裔。在今山东郯城北。战国初年为越国所灭。

〔2〕少皞氏：即少皞，一作少昊，名挚。传说中的古东夷族首领。

〔3〕凤凰：又名“凤皇”。传说中的百鸟之王。雄称“凤”，雌称“凰”。古人以为祥瑞象征。

公子光夺余皇

吴军侵楚，楚人俘虏了吴王乘坐的战舰“余皇”。公子光派勇士扰乱楚军阵脚，然后率兵夺回了它。

鲁昭公十七年冬，吴国发兵攻打楚国。楚令尹阳匄为这次战争占卜，占卜的结果是不吉利。楚司马子鱼就说：“我军位于长江上游，占了地利，有什么不吉利的？何况按楚国的惯例，为打仗占卜，是由司马来命龟（占卜前告诉神灵所要占卜之事）。我请求再用龟甲占卜一次。”于是子鱼就向神灵祷告说：“我准备率领我自己的军队冲锋战死，让楚国的大军跟在我后面，请神灵保佑我军大获全胜！”得到了吉卦。

吴、楚两军在楚地长岸〔1〕交战，子鱼首先战死，跟在他后面的楚国大军继续奋战，果然大败吴军，俘虏了吴王的座舰“余皇”号。

这时，吴国的公子光动员吴军士兵说：“我们丧失了先王乘坐的战舰，这不仅是我一个人的罪过，所有将士都会有责任。我希望大家同心协力，把这艘战舰重新夺回来，以便借此免除我们的死罪！”吴军将士一致表示赞成。

公子光派出三名身高体壮的士兵，潜伏到战舰旁边，并吩咐他们说：“当我们呼喊‘余皇’时，你们就答应！”然后吴军就趁着黑夜前进到楚军阵地附近，连喊了三次“余皇”，三名潜伏的士兵轮流答应。楚军追上这三个士兵，将他们杀死，但自己也阵脚〔2〕大乱，结果被吴军打得大败。吴军夺回“余皇”号之后，就撤退回国了。

相关链接

〔1〕长岸：楚地。在今安徽当涂境内。

〔2〕阵脚：作战时所摆阵列的最前方。

宋卫陈郑皆火

鲁昭公十八年五月，宋、卫、陈、郑四国同时发生大火。在这次灾难中，郑国执政子产大胆破除迷信，留下了“天道远，人道迩”的名言。

鲁昭公十七年冬，有彗星[1]在大辰星（即心宿二，又名大火）附近出现，它的尾巴往西一直延伸到银河。鲁大夫申须和梓慎都认为将发生大火灾，梓慎还认为火灾将发生在宋、卫、陈、郑四国。郑国的裨灶也对执政子产说：“宋、卫、陈、郑四国，将在同一天发生火灾。假如我们能用玉珪、玉勺来祭祀神灵，郑国一定可以躲过这场火灾。”子产向来不相信这样的说法，所以没有答应裨灶的请求。

第二年五月，大辰星在黄昏时分出现。初七，又刮起了大风。梓慎说：“这就叫融风[2]，是大火灾发生的前兆，恐怕再过七天就要发生了吧？”到初九那天，风刮得更大了。十四日，出现了暴风。就在这一天，宋、卫、陈、郑四国同时发生了火灾。梓慎站在大庭氏的库房顶上，向着远方眺望，说：“大火发生在宋、卫、陈、郑四国。”果然，几天后这四个国家都先后派使者来鲁国，通报发生了火灾的消息。

裨灶宣称：“假如不听从我的建议，郑国还会再发生火灾。”郑国人就请求采纳裨灶的建议，但是子产还是不答应。游吉说：“宝物，本来就是用来保护百姓的，如果再次发生火灾，郑国就会陷于危亡。如今裨灶既然有避免火灾的良策，你为什么要爱惜宝物而不肯采纳呢？”子产说：“天道远，人道迩（天地自然的道理幽远，人间社会的道理切近）。我们人类无法知道天上的事，又怎能凭天象预知人间的火灾呢？裨灶又怎么懂得天地自然的道理？他这个人话那么多，总会被他凑巧说中一两次的。”直到最后，子产还是没采纳裨灶的建议，郑国也没有再发生火灾。

子产不相信可以通过观察天象来预测人间灾祸，不肯采纳裨灶的建议，而且留下“天道远，人道迩”那样的名言，可以称得上是破除迷信的先锋。郑国火灾的第二年，又遇上了水灾。当时传言在郑国都城南门外的洧渊中，有两条龙在那里打架，因此都城的人们请求举行祭祀把龙赶走。子产仍然反对，说：“我们人和人打架的时候，龙漠不关心不来观看；现在龙和龙打架，我们又为什么要去观看呢？龙本来就住在水深的地方，我们又为什么要通过祭祀把他们赶走呢？我们人对龙没有什么要求，龙对人也没有什么要求。”于是郑国人也没有举行祭龙的仪式。

当郑国还没有发生火灾时，大夫里析对子产说：“郑国将要发生大的灾异，将使全国百姓为之动荡，使我们郑国陷于危亡。我自己就快要死了，不能为这场灾难做些什么。不知道迁都可不可以帮郑国躲过这场灾难？”子产说：“虽然迁都可能是一个办法，但这不是我一个人所能决定的。”等到火灾发生时，里析已经去世了，但还没有入葬。于是子产就派三十个役夫把棺材迁走，转移到安全的地方。

大火烧起来以后，子产在都城东门辞谢晋国的公子和公孙，不让他们进入都城。派司寇阻止新来访的外宾进入都城，禁止已经到访的外宾离开他们的住所。又派子宽、子上等大夫巡视各个祭祀场所，把祭礼牌位都搬到祖庙内。又派占卜大夫公孙登把占卜用的大龟搬到安全的地方去，再派祝、史等官把宗庙中安放神位的石匣迁到周厉王庙中，并向先君祭告发生的事。他还命令管理府库的官员坚守自己的岗位，不准擅自离开。又命令大夫商成公，让他警告宫中的内监，叫他们把先君的宫女们送到火烧不到的地方去。还派司马、司寇带兵在火道上巡逻，既可以参加救火，又可以防止坏人趁火打劫。又让士兵列队登上城墙，防备奸人乘机作乱。

火灾发生的第二天，子产又命令各县邑官吏管好他们征召的民夫，不要让他们四下逃散。又让郊乡的长官帮助祝史，在国都的北城设置祭坛，并且向水神玄冥、火神回禄祈祷，以消除火灾，然后又在各个城楼上祷告。最后登记百姓被焚毁的房舍，以备将来减免他们的赋税，并且发放木材，好让他们重新修建家园。

又宣布郑国人休息三天互相吊唁，都城的商人也都停止营业，以示哀悼。又派外交官把灾情通报给各诸侯国。宋国、卫国在火灾中也采取了类似的措施，只有陈国没有采取救灾措施，许国没有慰问其他国家的灾情，所以君子都认为陈国、许国的做法不合天道，必定会首先灭亡。

七月，子产由于火灾的缘故，就大兴土木，修建了神社和宗庙，祭祀四方神灵，以消除火灾带来的不祥，这些做法都是合乎礼仪的。接着又精选兵马，准备举行盛大的阅兵仪式。但是在为阅兵仪式清出场地时，由于游吉的家庙正好在道路的南边，而他的住宅在道路的北边，两者之间的庭院又太小，所以必须拆掉两者之一。已经过了拆除期限三天之后，游吉让清除场地的役夫集合在路的南侧、家庙的北侧，对他们说："假如子产经过这里，命令你们赶紧拆除，你们就往面对的方向拆！"当子产上朝路过这里时，对于还没有拆完非常愤怒，于是役夫们就朝当初面对的南方拆家庙。子产走到十字街头时，又派他的随员去制止，说："不要拆家庙，拆北边的住宅！"

火灾发生后，子产给边境的军民发放武器，让他们登上城墙警戒。游吉问："你这样做（指发放兵器警戒，以及此前拒绝晋国的公子公孙入城），会不会让晋国来讨伐我们？"子产说："我听说小国一旦忽视自己的防备，就会发生危险，何况发生了大火灾？一个国家之所以能不被人轻视，就是因为有所防备的缘故。"

不久，晋国的边防官向郑国抗议说："由于郑国发生了火灾，晋国君臣都十分担心，先是求神问卜，然后又到各名山大川为郑国祈祷，并且不敢吝惜祭祀用的牺牲和宝玉。郑国发生火灾，我们国君也非常忧虑。可是如今贵国的执政却突然给边境军民发放武器，并让他们登上城墙警戒，这究竟是把谁当作了敌人呢？贵国执政的做法，使晋国边境上的百姓感到很害怕，所以不得不向贵国报告这件事。"

子产回答说："恰如你所说的，我们国家的灾难，也让贵国君王非常忧虑。我们国家政策采用不当，以致上天降下灾祸，同时我们又担心奸邪之辈借机打我们国家的主意，发动贪心的人趁火打劫，使我国再次蒙受损害，而加重贵国君王的忧虑。幸亏郑国并未灭亡，还有机会进行辩解；如果郑国不幸灭亡了，到时候贵国君王即便为我国担忧，也没有什么用处了。郑国还有其他的邻国，但是能够仰赖的只有晋国。郑国既然已经侍奉晋国了，又怎么敢对晋国怀有二心呢？"

相关链接

〔1〕彗星：旧称"扫帚星""妖星"。围绕太阳运行的一种星体。通常在背对太阳面拖着一条形似扫帚的长尾巴。古人以之为灾祸之兆。

〔2〕融风：《左传·昭公十八年》："是谓融风，火之始也。"杜注："东北曰融风。融风，木也。木，火母，故曰火之始。"

卫齐豹之乱

卫灵公的哥哥公孟絷欺侮齐豹，夺走了他的官位和封地。齐豹于是联合北宫喜、褚师圃、公子朝一起发动叛乱。公孟絷被杀，卫灵公流落荒野。

卫国的公孟絷（卫灵公的哥哥）看不起齐豹（齐恶之子），夺走了他的司寇官职，还夺了他的封地鄄邑，但每当有劳役[1]任务时就把鄄邑还给齐豹，让他去负责，没有劳役时就又把鄄邑夺走。另外，公孟絷还讨厌北宫喜、褚师圃二人，一直打算除掉他们。公子朝因为跟襄公夫人宣姜（卫灵公生母）通奸，心里害怕，想乘机作乱，于是在鲁昭公二十年六月，齐豹、北宫喜、褚师圃、公子朝一起发动了叛乱。

当初，齐豹把宗鲁推荐给公孟絷，宗鲁后来为公孟絷做骖乘[2]。现在齐豹准备叛乱，便对宗鲁说："公孟絷为人不好，你是知道的。你不要和他一起乘车，我准备杀了他。"宗鲁回答说："我是通过你的推荐才得以侍奉公孟絷的，并且由于你帮我说好话，他才亲近并且信任我。虽说他的为人不好，我也知道得非常清楚，只是由于我要为自己的生计考虑，所以一直不能离他而去另谋出路，这是我的过错。但如果听说他即将遭难而逃走，就会让你当初称赞我的话都变得不可信了。你尽管按计划去杀他，我将为主人而死。以保守秘密来报答你对我的恩惠，同时以我的生命来报答我的主人，这样就可以两全其美了。"

六月二十九日，卫灵公有事前往平寿邑，公孟絷就在卫国都城的盖获门外举行祭祀活动。齐豹在城门外搭了帐幕，并在其中埋伏甲士，同时让手下祝蛙在一辆装满柴草的车上藏起兵器，并堵在城门口。公孟絷离开家，齐豹派一辆车紧紧跟在后面，公孟絷让华齐给自己驾车，由宗鲁担任他的骖乘。公孟絷的车子来到城门口，见城门被车子挡住，打算从旁边的曲门绕出去。这时后面跟随的那辆车立即追上来，齐豹挥戈猛击公孟絷。宗鲁用身体掩护公孟絷，结果手臂被斩断，公孟絷的肩膀也被击中，最后两个人都被齐豹杀死了。

卫灵公听说发生了动乱，赶紧乘车返回，从阅门进入国都，由庆比为他驾车，公南楚担任骖乘，由华寅乘坐副车跟在后面。到了卫公宫室，灵公装了一车宝物便要出逃。褚师子申在十字路口遇见灵公一行，也跳上副车跟灵公一起逃走。当他们经过齐豹家门口时，灵公命令华寅脱去盔甲（表示不想与齐豹战斗），手拿车盖挡住空隙。齐豹拿箭射灵公，射中了南公楚的背，但还是让灵公逃出了城门。华寅又从里面关上外城的城门，然后翻出城墙去跟随灵公。卫灵公逃到一个名叫死鸟的地方时，析朱鉏也趁天黑从城墙的出水口逃出来，然后徒步追赶灵公。

齐景公派公孙青到卫国聘问。公孙青已经走到半路，听说卫国发生了叛乱，于是派人回去向景公请示此行应该向谁聘问。齐景公说："只要卫灵公还在卫国境内，就还是卫国的国君。"于是公孙青仍然按正常方式进行聘问，赶到死鸟去晋见卫灵公。

公孙青要求行聘问之礼，正式晋见卫灵公。灵公派人拒绝他说："我这个逃亡的人没有本事，以至于丧失了国家。现在我流落在乡野之间，没有合适的地方让你履行贵国君主的命令！"

公孙青回答说："我们国君在我来之前曾亲口命令我说：'你要谦恭有礼地对待卫君！'我不敢违抗我们国君的命令。"

卫灵公说："贵国国君如果顾念我们先君的友好关系，派使者到我国聘问，安抚我们的国家社稷，那么我们国家还有宗庙在，聘问仪式一定要在宗庙里举行。"于是公孙青就取消了正式的聘问仪式。卫灵公坚持要接见公孙青，公孙青则因为没有举行聘问仪式，不敢以客人的身份晋见，只好选了自己的一匹骏马作为私人晋见的礼物，后来卫灵公就用这匹马来驾驭自己的车子。

公孙青想替卫灵公担任卫士守夜，灵公辞谢说："我这个逃亡之人的忧患，不应该让你来承担。在这荒野之中，也不敢劳你的大驾。希望你不要那么做。"

公孙青说："我是我们国君的臣子，也就等于是您的奴仆。假如君王不接受我作为使者为您效劳，就是跟我们国君见外了。我生怕因为这件事情而获罪，所以才希望为您守夜，以此来免除我的死罪。"于是公孙青亲手拿着铃铛，整夜在篝火[3]旁，与卫国武士一起为卫灵公守夜。

齐豹的家臣总管渠子奉命去召请北宫喜，可是北宫喜的家臣总管却不让北宫喜知道，就擅自密谋杀死了渠子，然后率军攻打齐豹，消灭了齐豹的家族。

六月三十日黄昏，卫灵公回到卫国都城，先与北宫喜在彭水之上订立了盟约。七月初一，卫灵公又与都城的人订立了盟约。八月二十五日，公子朝、褚师圃、子玉霄、子高鲂逃亡到晋国。闰八月十二日，卫国人杀掉了宣姜。卫灵公赐谥号给北宫喜（春秋时期，一个人生前就可以有谥号），叫作"贞子"，赐析朱钼谥号"成子"，并且把齐豹的墓田赏赐给他们。

然后，卫灵公又派使者向齐国报告卫国内乱已经平息的消息，并且对公孙青合乎礼仪的行为加以称赞。当时齐景公正准备饮宴，听了卫国使者的话，就给席间所有的大夫赐酒，说："公孙青的行为受到称赞，这全靠各位大夫的教导。"大夫苑何忌辞谢说："我今天要是分享了对公孙青的嘉奖，那么按理，将来也应该承担对他的责罚。《康诰》中说：'即使是父子兄弟之间，犯了罪也不能互相牵连。'何况在臣子之间呢？因此臣不敢贪图君王的赏赐，而违背先王的教导。"

琴张听说宗鲁被杀的消息，准备前去吊唁他。孔子却说："齐豹最后之所以能叛乱，公孟縶最后之所以被杀，这个宗鲁都有责任，你为什么还要去吊唁他呢？君子不接受恶人的俸禄，不以邪恶的念头侍奉他人，不掩盖不合道义的事情，不做不合礼法的事情。"

相关链接

〔1〕劳役：强迫性的劳动。

〔2〕骖乘：也作"参乘"。古指乘车时居右边陪乘的人。古人乘车"尚左"，即以左方为尊。

〔3〕篝火：指在空旷的野外点燃的火堆。

宋华氏之乱

宋元公有很多私宠，但讨厌华、向两家。华、向勾结作乱，杀死了群公子，并将元公及太子等人劫持。后来，吴、齐、晋、卫、楚等国军队也相继卷入了这场君臣之战。

宋元公待人不讲信义，有很多私宠亲信，而且非常厌恶华、向这两个家族的人。鲁昭公二十年，华定、华亥与向宁商量说：“就算逃亡，也比丧命要好，我们还是先下手为强吧！”于是华亥就假装生病，诱骗宋国的公子前来探病，然后只要有公子到他家来探病，他都趁机把对方抓起来。六月初九，华氏杀死了公子寅、公子御戎、公子朱、公子固、公孙援、公孙丁，然后把向胜、向行囚禁在自家的谷仓中。

宋元公亲自到华氏家里为各位公子求情，华氏不但不答应，反而趁这个机会劫持了元公。十六日，又把太子栾和他的同母弟弟公子辰、公子地抓起来作人质。宋元公也抓到了华亥的儿子华无戚、向宁的儿子向罗、华定的儿子华启，以他们为人质，与华氏订立盟约。

华氏与向氏发动叛乱时，公子城、公孙忌、乐舍、司马强、向宜、向郑、逃亡宋国的楚太子建、郳申逃亡到郑国，然后率领他们的党羽在宋地鬼阎[1]与华氏作战，结果公子城的部下战败，公子城又逃亡到晋国。

华亥和他的夫人吃饭前，一定先把吃饭的器皿洗刷干净，让作为人质的各位公子先吃，然后自己才吃。宋元公和夫人每天都到华亥家里，让各位公子吃饭之后才回来。华亥对这件事很烦恼，打算把各位公子送回去，但向宁却说：“就是因为宋元公不讲信义，我们才用他的儿子作人质。如果把他们都放回去，那我们就没有几天好活了。”

宋元公向大司马华费遂（也是华氏族人）请求，准备攻打华亥。华费遂回答说：“我并不是怕死，我只是担心这样做不但不能消除忧患，反而会因此惹来新的忧患。我因此感到忧惧，哪里是敢不听从君王您的命令呢？”宋元公说：“我那些公子的生死自有上天决定，只是我实在不能忍受这种耻辱了。”

十月，宋元公杀掉华氏和向氏的人质，并发兵攻打他们。十三日，华氏和向氏逃往陈国，华登逃到吴国。向宁打算杀了作为人质的太子，华亥说：“我们因冒犯国君而出逃，如果又杀掉他的太子，将来还会有谁敢收留我们呢？不如把太子放了，也可以将功赎罪。”于是就派少司寇华牼把宋元公的三个儿子送回去。华牼是华亥庶出的哥哥，华亥对他说：“你现在年纪已大，不应该逃到别的国家做别人的臣子了。你现在把这三位公子送回去，表明你不参加叛乱，就一定可以免掉罪过。”华牼把三位公子送到公宫，正要出门离去，宋元公急忙出来见他，拉着他的手说：“我知道你没有罪过！你进宫来，我恢复你原来的职位！”

华费遂有华牼、华多僚、华登三个儿子，华登在宋元公攻打华氏时逃奔吴国，华牼担任少司马一职，华多僚担任宋元公的侍臣。鲁昭公二十一年，华多僚因为与华牼互相仇视，就在元公面前诬陷华牼说：“华牼想让逃亡的华亥等人回国。”这样的谗言他说了很多次，于是宋元公说：“华费遂为了我的缘故，而让他的好儿子华登一直流亡在外。死生全由天命，寡人不可以再让华牼 也逃亡到国外去啊。”华多僚回答说：“君王您如果确实爱护我的父亲，实在不如让华牼逃到国外去。假若逃亡国外可以免死，那么离得远一点又有什么关系呢？”

宋元公听了很害怕，就派人召见华费遂的侍臣宜僚，先赏他酒喝，然后派他告诉华费遂，让华费遂赶走华貙。华费遂听了叹息道：“这一定是华多僚在君王面前进了谗言。我有这样一个进谗言的儿子，却不能杀死他，我自己年纪大了又还不死。现在君主有这样的命令，我该怎么办呢？”于是就跟宋元公商量驱逐华貙的事，准备让他去孟诸打猎，然后借机驱逐他。

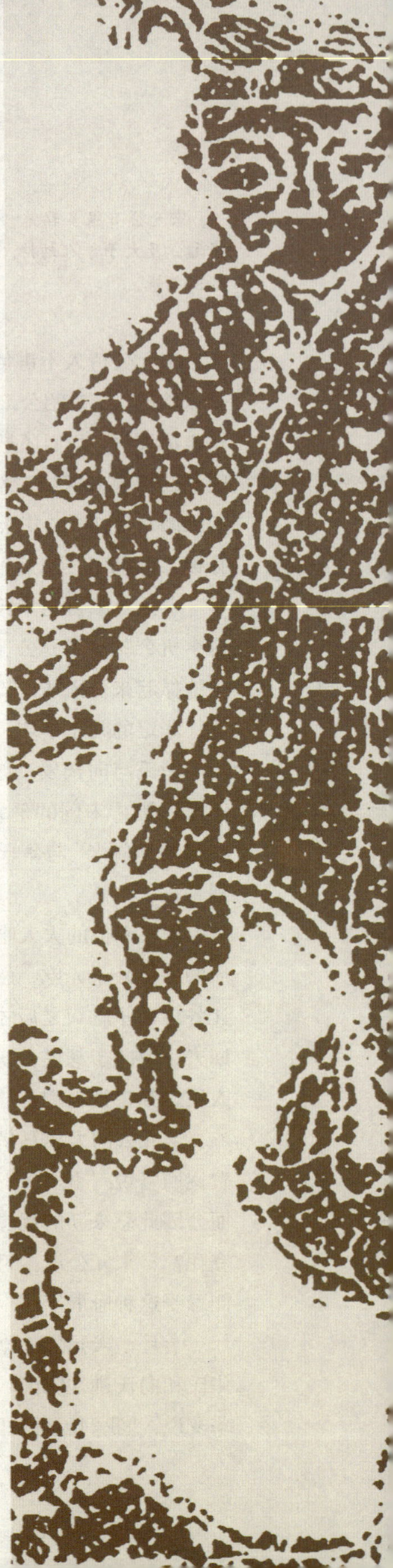

宋元公赐酒宴给华貙，又赏赐他很多财物，同时还赏赐了他的随从人员。华费遂也像元公一样，送给他们很多礼物。华貙的家臣张匄觉得很奇怪，说：“这里面肯定有问题。”于是就让华貙用宝剑抵住宜僚的脖子，逼问他是怎么回事。宜僚把真相全都说了，张匄便打算杀掉华多僚，华貙制止说：“我父亲年纪大了，我弟弟华登逃亡在外，已经使他很伤心了。现在我再杀掉多僚，会使父亲更伤心，还不如我自己逃亡到国外去！”

五月十四日，华貙想见父亲最后一面，然后便启程出发。这时，正好遇到华多僚给华费遂驾车，准备上朝去，张匄实在按捺不住心中的怒火，就跟华貙、臼任、郑翩上前杀掉了华多僚，并劫持华费遂反叛，同时派人召请逃亡在外的华亥等人回国。

二十日，华氏、向氏回到宋国，乐大心、丰愆、华貙等人率领军队在横城抵御他们。华氏占据了卢门，率领南里的人反叛。六月十九日，宋国修筑了旧城及外城的桑林门，然后派遣重兵把守。

十月，华登率领吴国的军队援助华氏，齐国的乌枝鸣则率军帮助宋国戍守。宋国厨邑的大夫濮说：“兵书上面说过这样的话：‘占人先机的，可以一鼓作气摧垮敌人的意志；不占先机的，可以等敌人士气衰落之后再进攻。’我们为什么不趁吴军远道而来，还没立稳脚跟的时候，先发制人攻打他们呢？一旦等吴军进入南里，稳定了军心，并巩固了阵地，那么华氏的力量就非常强大了。到那时，我们后悔也来不及了。”乌枝鸣采纳了厨大夫濮的意见。

十七日，齐、宋联军在鸿口[2]击败了吴军，俘获了吴军的两位主帅。华登聚集余下的士兵，又率领他们打败了宋军。宋元公打算逃亡，厨大夫濮说：“我们这些地位低下的人，可以为君王战死，但不能护送您逃亡国外。请君王等我们决一死战之后，再作决定。”

于是厨大夫濮巡视全军，说：“忠于国君的士兵，请举起你们的旗帜。”结果全体将士都举起了标识身份的小旗。宋元公在睢阳[3]的东门扬门上看到这情景，就下来到军中巡视，对将士们说：“如果国家灭亡，国君身死，也是各位的耻辱，不仅仅是寡人的过错。”乌枝鸣说：“想要以少胜多，最好的办法就是拼死决战；想要拼死决战，不如故意向对方示弱，引对方来进攻。短兵相接勇者胜，这次我们都用剑去拼杀。”宋元公采纳了他的意见，结果华氏被打败，宋军、齐军随后追击。决战开始后，厨大夫濮用衣裳裹着一个人头，扛在肩膀上边跑边喊，说：“我已经砍下华登的人头了！”因此宋军能在新里击败华氏。

十一月初四日，公子城率领晋国的军队回到宋国，曹国的翰胡会合晋国的荀吴、齐国苑何忌、卫国的公子朝一起援救宋国。初七，诸侯联军与华氏在赭丘交战。华氏的党羽郑翩想摆鹳阵，为他驾车的人却想摆鹅阵。向宜为公子城驾车，庄堇为车右；干犨为封于吕邑的华豹驾车，由张匄担任车右。双方相遇后，公子城撤退。华豹看见公子城，大喊：“公子城！”向他挑战。公子城听后大怒，掉头回来与华豹作战。公子城刚抽出箭矢搭在弓上，华豹已经拉满了弓。公子城说：“我父平公在天之灵保佑我！”结果华豹的箭射在向宜和公子城的中间。公子城刚要射箭还击，华豹却又拉开了弓，公子城说：“你连还手的机会都不给我，说明你卑鄙无耻。”华豹便放下箭，结果公子城一箭射死了华豹。

张匄拿起车上的长戈跳下来，可是公子城又射出一箭，射中了张匄的大腿。张匄爬起来，冲到公子城的车前去攻击他，并砍断了公子城车上的横木。公子城再射一箭，把张匄也射死了。干犨请求公子城把他也射死，公子城却说：“我会替你向宋元公求情的。”干犨回答说：“不跟同一辆战车上的人一起战死，就是犯了军法中的大罪。我已经犯了死罪，即使听从你，君王又怎么能任用我呢？请你快射死我吧！”于是公子城又射出一箭，把干犨也射死了。

华氏大败，被围困在南里。华亥捶胸顿足，去见华貙，说：“我已经变成晋国的栾氏了！”（鲁襄公二十三年，逃亡在外的栾盈回国作乱，结果被杀）华貙说：“你不要说这么吓人的话！哪会那么倒霉？”于是派华登去向楚国求援，华貙亲自带领战车十五辆、步兵七十人，冲破诸侯军队的包围，来到睢河岸边与华登饯别，哭着送华登上路，然后再次冲入南里。

楚平王派薳越率军接应华氏，太宰犯劝阻说：“各诸侯国现在大都君权旁落，只有宋国的臣子还一心一意侍奉他们的君主。如今宋国也发生内乱，如果我们不帮他们的国君，反而援助叛乱的臣子，不可以这样吧？”楚平王说：“你的话说得太迟了，我已经答应他们了。”

次年春天，薳越派使者告诉宋国人说：“我们国君听说宋国有一个逆臣，让贵国国君很烦恼，可能为宋国的宗庙带来耻辱。因此，我们国君请求把这个逆臣交给楚国，让我们来处死他。”

宋元公回答说："寡人无德，不能让父辈兄辈的人（指公族华氏、向氏）高兴，以致惊扰了君王，让君王为寡人担忧，实在是很感激君王的好意。但是我们君臣之间发生了冲突，君王却说'我一定要帮助臣子'，那么我们宋国也只好悉听尊便了。常言道：'不要从作乱的人家门口走。'君王若确实想帮我们安定国家，那就请不要庇护作乱的逆臣，以免鼓励作乱的人。这是我的希望，请君王认真地考虑。"楚国人听了，也就无话可说。

戍守宋国的诸侯国将领商量说："如若华氏知道自己没有出路，拼死作困兽之斗；楚国为说服不了宋国而感到羞耻，迅速地出兵作战，那就对我们非常不利了。所以不如撤去包围，放华氏逃出去，也满足楚国的愿望，而且华氏也已不足为患了。我们为援救宋国而来，赶走华氏，就已经清除了宋国的祸患，还想怎么样呢？"于是他们就一再向宋元公提出要求，请宋国放华氏出去，宋元公最后也只好同意了。

二月二十一日，华亥、向宁、华定、华貙，华登、皇奄伤、省臧、士平逃往楚国。宋元公任命公孙忌为大司马，边卬为大司徒，乐祁为司城，仲几为左师，乐大心为右师，乐輓为大司寇，以安定宋国的百姓。

○品画鉴宝　晨肇宁角（西周）　此器盖和腹内铸相同铭文，表明其为晨肇宁所作『父乙宝尊彝』。

相关链接

〔1〕鬼阎：古地名。在今河南西华北。

〔2〕鸿口：春秋宋地。在今河南虞城。

〔3〕睢阳：即商丘。在今河南商丘南。因位于睢水之北而得名。

楚佞臣费无极

费无极是历史上有名的奸臣。他依仗楚平王的宠信，利用谗言和诡计谋除异己、戕害忠良，把整个国家搞得一片乌烟瘴气。

当初，蔡国大夫朝吴带领蔡人帮助楚平王获得王位，楚平王则重新建立蔡国作为报答。楚国有个大奸臣叫费无极，他很嫉妒朝吴，担心朝吴将来会受楚王的宠爱，所以想把他赶出蔡国。费无极对朝吴说："正因为楚王信任你，所以才把你留在蔡国。你年纪已经这么大了，但官位却这么低，这是你的耻辱啊。你一定要请求晋升，我也可以助你一臂之力。"

费无极又对地位在朝吴之上的蔡国人说："正因为楚王信任朝吴，所以让他留在蔡国。你们这些人没有一个能比得上他，但地位却比他高，这不是很麻烦的事吗？如果你们不赶紧想办法，就一定会遇上祸难。"

鲁昭公十五年夏，蔡国人驱逐朝吴，朝吴逃到了郑国。楚平王得知这件事后，非常生气，对费无极说："我正是因为信任朝吴，所以才把他留在蔡国。况且当初如果没有朝吴，我怎么会有今天呢？你为什么把他赶出蔡国？"费无极回答说："我难道不想让朝吴留在蔡国吗？只是我此前知道这个人对楚国怀有二心。朝吴留在蔡国，蔡国一定会很快强大起来。我把朝吴赶走，就是为了翦除蔡国的羽翼。"

楚平王做公子时，曾经出使蔡国。郹阳[1]封人的女儿私自跑到他那儿去，与他同居，不久生下太子建。楚平王即位以后，就派伍奢做太子建的老师，让费无极做少师。太子建不喜欢费无极，费无极想在平王面前诋毁太子建，就先说："太子建可以结婚了。"于是楚平王就派人去秦国为太子建娶妻，费无极也去了，但他后来却劝平王自己娶这个女子为妻，平王也就真的将她娶作了自己的妻子。

鲁昭公十九年，楚平王建立水军，准备去讨伐南夷的濮国。费无极对平王说："晋国能称霸的原因，是因为晋国跟中原各诸侯国距离都很近；而我们楚国地方偏僻，所以很难跟晋国争夺诸侯。如果我们把靠近中原的城父建成一座大城，并让太子建在那里镇守，以联络北方的中原诸侯。大王您再全力征服南方，就可以称霸天下了。"楚平王听了很高兴，就按费无极的建议，把太子建派到城父去了。

到了第二年，费无极对楚平王说："太子建和伍奢打算占据方城之

外的领土反叛，自以为可以和宋、郑一样，割据一方，成为一个独立的国家。齐国和晋国也都打算帮助他们，必将危害到我们楚国，如今他们的事情已经准备得差不多了。”楚平王听信了费无极的谗言，于是当面责问伍奢，伍奢回答说：“君王您夺了太子建的妻子，过错就已经够严重的了，为什么还要听信谗言呢？”于是楚平王下令逮捕伍奢，随后又派城父司马奋扬去杀太子建。但奋扬还没走到城父的时候，就已经派人先去通知太子建，让他赶快逃走。

三月，太子建逃到宋国。楚平王派人召回奋扬，奋扬让城父的人把自己绑起来押送到国都。楚平王问他：“杀太子的话从我口中说出来，只有你一个人听到，那么又是谁让太子逃走的呢？”奋扬回答说：“是我通知太子逃走的。因为君王您以前曾命令我说：‘你侍奉太子，要像侍奉我一样！’我虽然愚昧无知，却也不敢苟且反复。我心中念着君王最初让我一心侍奉太子的命令，便不忍执行后来让我去杀掉他的命令，所以我才通知太子让他逃走。虽然我后来也感到后悔，可是后悔也来不及了。”楚平王说：“既然是你把他放走的，你为什么还敢回来见我？”奋扬回答说：“身为臣子，却没能完成君主交付的使命，已经是罪过了。如果君王召见，我还不来应召的话，就是再次违抗君命，即使逃亡我也没有地方去呀！”楚平王说：“你回去吧。仍旧做你的城父司马。”

费无极又出主意说：“伍奢的儿子很有才能，如果让他们逃到吴国，必定会给楚国带来隐患。大王您何不装作要赦免他们父亲的罪过，将他们召来杀了呢？如果他们是仁孝之人，就一定会前来的。不然的话，日后恐怕就将成为楚国的祸患。”于是楚平王派人去召伍奢的两个儿子，对他们说：“你们两个快来，我赦免你们父亲的死罪。”

伍奢的大儿子伍尚是棠地的长官，他对弟弟伍员[2]说："你逃到吴国去，我将回都城去送死。我的才能智慧都不如你，让我去为父亲而死，而你将来可以为我们报仇。听到可以赦免父亲的命令，是不能不立即赶去的；自己的亲人遭到杀害，是不能不替他们报仇的。为了赦免父亲而赶去送死，是孝；考虑事情能否成功，然后再采取行动，是仁；根据各自不同的能力，承担不同的责任，是智；明知去了会死而不逃避，是勇。父亲不可以不管，名誉不可以不要，你要努力啊！去完成各自的使命吧！"

于是伍尚回到楚国都城，伍子胥则逃亡到吴国。伍奢听到伍子胥没来，说："楚国的君主和大夫们，以后恐怕要吃不好饭了吧？"楚平王把伍奢、伍尚父子都给杀了。

蔡平公去世后，他的儿子朱继位。蔡侯朱的叔父东国为了夺他的位子，就送给费无极很多财物。费无极收了东国的贿赂，就对蔡国人说："蔡侯朱不服从楚国的命令，楚王准备另立东国为你们的国君。你们如果不先服从楚王的命令，楚军肯定会包围蔡国都城的。"蔡国人听了以后十分害怕，就驱逐了蔡侯朱，立东国为国君。

鲁昭公二十一年冬，蔡侯朱逃亡到楚国。蔡侯朱向楚国控告，楚平王本打算发兵征讨蔡国，费无极却说："蔡平侯跟楚国订有盟约，所以我们才重建蔡国，立他为国君。可是蔡侯朱却对楚国怀有二心，所以才废掉他。楚灵王曾杀死东国的父亲太子隐，东国与您都厌恶楚灵王。楚灵王被您杀死，东国一定为此而对您感恩戴德。您如今若立他为君，他就更感激了，不是也很好吗？而且废立蔡君的权力，若完全掌握在您的手中，以后蔡国对楚国就不会有二心了。"楚平王听了，就放弃了帮蔡侯朱复位的想法。

相关链接

〔1〕郹阳：春秋蔡邑。在今河南新蔡。

〔2〕伍员：?—公元前484年，名员，字子胥。伍举孙，伍奢子，伍尚弟。初事楚国，后奔吴，事阖闾，为大夫。因伐楚有功而封于申，故又称申胥。吴王夫差时被赐死。

王子朝乱周室

周景王宠爱王子朝，打算立他为太子，单穆公和刘狄却想杀掉他。景王死后，双方开始干戈相见，周王室再度陷入混乱状态。虽然有晋国等诸侯的帮助，但是这种局面直到十九年后才得以完全扭转。

周景王最初立王子寿为太子，王子寿早逝，王子猛被继立为太子。景王的庶长子王子朝和他的老师宾起很受周景王的信任，周景王与宾起都喜欢王子朝，打算立王子朝为太子。刘献公的庶子刘狄正好在单穆公手下做事，他很不喜欢宾起的为人，想要杀掉他；同时他也很讨厌王子朝说过他想当太子，认为这样的话是违背礼制的，所以想把王子朝也杀了。

鲁昭公二十二年春，宾起到郊外游玩，看见一只公鸡自己啄掉自己尾巴上的羽毛，便向侍从询问，侍从回答说："公鸡害怕自己被用作祭祀的牺牲，所以在自我摧残。"宾起回去之后，立刻把这件事报告给周景王，并暗示说："鸡害怕被人所用，但是人就不同了。所谓牺牲，实际上是被人所用的。别人做牺牲就很麻烦，自己做牺牲又有什么坏处呢？"周景王没有回答。

四月，周景王到洛阳的邙山[1]去打猎，命令所有公卿都跟着一起去，准备乘机杀死阻挠改立太子的单穆公和刘狄。周景王有心脏病，这时突然发作，十八日，死在大夫荣锜氏家中。二十二日，刘献公也去世了，由于他没有嫡子，单穆公就立刘狄为刘氏继承人。五月初四，刘狄觐见还未即位的悼王（即王子猛），于是攻打宾起，并且将他杀了，然后在单氏家中跟各位王子订立了盟约。

六月十一日，周室为周景王举行葬礼。王子朝利用失去职位和俸禄的前朝官员和工匠，以及灵王、景王的族人发动叛乱。王子朝率领郊邑、要邑、饯邑三地的甲兵攻打刘狄。十六日，刘狄逃往戎人控制的扬地，单穆公则从庄公庙中把悼王接回自己家里，王子朝的党羽王子还又在夜里把悼王送回了庄公庙。十七日，单穆公逃出成周。

王子还与王子朝的另一名党羽召庄公商量说："我们还没有杀掉单穆公，就不算取得了胜利。如果我们假称与他重申上次的盟约，他一定会来。我们乘机杀了他，虽然违背了上次的盟约，但收获还是很大的。"召庄公打算采纳，但樊齐反对说："这不是好办法，一定不会成功的。"于是他们奉持周悼王追击单穆公，一直追到轩辕山，与单穆公订盟后返回，然后找了个替罪羊杀了，以博取单穆公的信任。

刘狄从扬地回到他的封邑刘地，而这时单穆公也得知了王子还的阴谋，便逃了出来。十九日，单穆公逃到平畤。各王子在后面追赶他，单穆公率军杀掉公子还、姑、发、弱、鬷、延、定、稠八人。王子朝逃往京邑，刘狄随后进入了王城。二十日，单穆公攻打京邑，京邑的人都逃到了邙山。二十五日，周卿士巩简公在京邑被王子朝打败。二十九日，王子朝又在京邑打败了甘平公。

鲁国的叔鞅参加完周景王的葬礼，从成周回到鲁国，说起王室的动乱。鲁大夫闵马父听了之后，就说："王子朝一定不能取胜，因为他所依仗的那些人，都是被上天摒弃的人。"

七月初三，单穆公侍奉悼王抵达平畤，然后前往圃车，在皇地稍作停留。刘狄回到自己的刘地，单穆公派王子处镇守王城，然后和工匠们在平王庙订立了盟约。十六日，王子朝的党羽鄩肸攻打皇地，结果被单穆公打得大败，鄩肸自己也被俘。十七日，单穆公将鄩肸烧死在王城的市场上。

八月十六日，周悼王的司徒丑率领周室的军队攻打王子朝所在的前城，大败，以致成周的工匠们又背叛了。二十四日，工匠们攻打单穆公的住宅，但被单穆公击退。二十五日，单穆公大举反攻。二十六日，单穆公攻打成周东边的东圉。

单穆公此前已经派人向晋国求援，十月十三日，晋国的籍谈、荀跞率领陆浑的戎人，以及晋国焦、瑕、温、原四邑的军队，把周悼王护送回到成周。十六日，单穆公、刘狄率领周室军队在成周郊外与敌军作战，结果被王子朝的军队打败。同时，前城人也在社地大败陆浑的戎人。

十一月十二日，周悼王突然去世。十六日，王子猛的同母弟弟王子匄继位，是为敬王，暂时住在周大夫子旅家中。

十二月初七，籍谈、荀跞、贾辛、司马督率领大军，分别在平阴、侯氏、溪泉和社地驻扎，周室军队则驻扎在汜、解、任人三地。闰十二月，晋国的箕遗、乐征、右行诡率军渡过洛水，攻占了前城，然后驻扎在前城的东南方，周室军队驻

扎在京楚。二十九日，他们攻打了王子朝占领的京邑，并且攻破了西南角处的城墙。

次年正月初一，晋、周联军包围了郊邑。初二，郊、鄩二邑的主城全部陷落。初六，晋军驻扎在平阴，周室军队驻扎在泽邑，这时周敬王派人通知晋国，说王子朝的叛乱已经基本平定了。于是，晋军就在初九那天班师回国了。

周室军队继续讨伐王子朝。四月十四日，单穆公攻陷了訾邑，刘狄攻陷了墙人、直人二邑。六月十二日，王子朝进入尹邑。十三日，尹邑的尹文公诱杀了刘狄族人刘佗。十六日，单穆公取道阪道，刘狄从进入尹邑的大路，分别进军攻打尹邑。先到达的单穆公被王子朝打败，因此刘狄不战而归。十九日，召庄公、南宫极率领成周的军队戍守尹邑。二十日，单穆公、刘狄侍奉周敬王前往刘地。二十四日，王子朝进入王城，在王城的左巷驻扎。

七月初九，鄩肸的儿子鄩罗把王子朝护送到庄王庙，尹辛在唐地击败了刘狄的军队。十七日，尹辛又在鄩地再败刘狄军队。二十五日，尹辛攻占了西闱。二十七日，尹辛进攻蒯邑，蒯城守军溃散。这时，周敬王的军队屡战屡败，敬王的王位在晋军回国后又开始不稳了。

鲁昭公二十四年正月初五，召简公（召庄公之子）、南宫嚚（南宫极之子）陪同甘桓公拜见王子朝。刘狄对苌弘说："甘桓公又到王子朝那里去了。"苌弘回答说："这有什么妨碍？要想同心同德，关键在于合乎正义。《泰誓》中说：'殷纣王虽然有亿兆臣民，但他们全都离心离德；我虽然只有治臣十人，但他们全都同心同德。'这就是周朝能够兴盛的原因。你只需致力于自己的德行，不必担心没有人追随。"

二十二日，王子朝到达邬地。三月十五日，晋顷公派士景伯前往成周调查周敬王、王子朝之间的事情。士景伯站在王城的北门，向人们了解情况。最后，晋国人认定王子朝不对，就宣布与王子朝断绝来往，不再接见他派往晋国的使者。

六月初八，王子朝的军队攻打瑕、杏二邑，结果都被守军打败。

郑定公到晋国访问，执政大夫游吉担任他的副使。他们首先见了士鞅，士鞅说："我们怎样对待周王室的这场内乱呢？"游吉回答说："老夫连自己的国家都治理不好，哪敢谈论王室的事？不过我听人说：'寡妇不担心织布机上的纬线〔2〕不够，而担心宗周将要灭亡，因为宗周灭亡后，祸患也会降临到她身上。’如今王室的确动荡不安，我们小小的郑国都很担心。但究竟怎么对待，这是你们大国所考虑的，我们小国知道什么？至于你，还是早点谋划吧。《诗经》中说：‘小瓶子里没有酒了，这也是大坛子的耻辱。’可见周王室动荡不安，也就是诸侯霸主晋国的耻辱。”士鞅听了之后感到很忧虑，就跟执政韩起商量，决定召集各诸侯会盟，时间定在第二年。

这一年的十月十一日，王子朝将成周的宝珪沉到黄河中，乞求河神的保佑。十二日，黄河渡口的一个船夫在河里捞到了这块宝珪。周大夫阴不佞率温地的军队向南进攻，抓住了得到宝珪的船夫，把宝珪夺了过来。据说阴不佞拿到宝珪，想要把它卖掉时，发现宝珪变成了一块石头。等到周敬王平定内乱以后，石头才又恢复成宝珪。阴不佞把宝珪献给敬王，敬王很高兴，就把东訾封给他作为奖赏。

鲁昭公二十五年夏，晋国的赵鞅召集鲁国的叔诣、宋国的乐大心、卫国的北宫喜、郑国的游吉、曹国人、邾国人、滕国人、薛国人、小邾国人在黄父会盟，商讨平定周室内乱的事。赵鞅让各诸侯大夫给周敬王运送粮食，加强兵力武装，说：“我们明年就要护送周天子回到王城。”

将要盟誓时，宋国的乐大心说：“我们宋国不想送粮食。我们宋国是周朝的客人（宋君是商朝王室后裔），为什么要让客人给主人运送粮食呢？”晋国的士景伯说：“自从‘践土之会’以来，宋国哪次战役没有参加？哪次盟誓没有同意？而且当年盟辞中说‘共同辅佐王室’，你怎么能逃避责任呢？你既然奉宋君之命前来参加此次会盟，却要让宋国背弃过去的盟约，这怎么可以呢？”乐大心不敢再说，只好拿起运送粮食的合约回去了。

鲁昭公二十六年四月，单穆公到晋国告急，请求援助。五月初五，刘地的军队在尸氏打败了王子朝的王城军队。十五日，王城军队与刘地的军队又在施谷作战，结果刘地的军队败北。七月十七日，刘狄见形势不妙，于是奉持周敬王离开刘地；十八日，在渠地稍作停留。这时，王城的军队攻陷刘地，焚烧了当地的城邑。周敬王等人经褚氏、萑谷、胥靡，一路逃到了滑邑，这时晋国的荀跞、赵鞅率军前来援助敬王，于是派晋大夫叔宽在龙门[3]驻守。

十月十六日，周敬王从滑邑发兵。二十一日，到达郊邑，不久又抵达尸氏。十一月十一日，晋军攻陷巩地。召简公见大势已去，就背叛了王子朝。王子朝和召氏族人、毛伯得、尹氏固、南宫嚚携带周朝的典籍逃奔楚国。王子朝的党羽阴忌则逃到莒邑，占据莒邑叛乱。召简公到尸氏迎接周敬王，并且和刘狄、单穆公订立盟约。二十三日，周敬王进入成周。二十四日，在周襄王庙中举行了结盟仪式。晋军派成公般帮助戍守成周，其余的部队便回国了。

王子朝写了一篇很长很漂亮的文告，派使者遍告诸侯，以诋毁周敬王、单穆公等人，为自己博取同情。鲁国的闵马父听说了文告的内容，说："优美的言辞，是用来体现和实施礼仪的。王子朝既已违背周景王的遗命，又疏远晋国这样作为诸侯盟主的大国，一心想当周天子，不合礼法已经达到了极点，光凭这些优美的言辞又有什么用呢？"

次年秋天，晋国的士鞅召集宋国的乐祁犁、卫国的北宫喜、曹国人、邾国人、滕国人，在郑国的扈地会盟，商量让各诸侯派出军队，帮助周王室戍守。

鲁昭公二十九年三月十三日，周朝人在王城杀死了王子朝原先的党羽召简公、尹氏固和原伯鲁的儿子。三年前尹氏固跟随王子朝逃往楚国，半路上又自己返回来了。有位妇女在成周郊外遇见他，指责他说："住在国都，就帮助别人造反；逃往国外，走了没几天又回来。你这种人还活得了三年吗？"三年后，他果然被杀死了。

此后，仍有王子朝的党羽发动叛乱，周敬王很担忧，就派使者向晋国请求，让诸侯为他修筑城墙，晋国答应了。鲁昭公三十二年，诸侯为周王室修筑了成周的城墙。

然而，周室的王子朝之乱至此并未完全平息。鲁定公五年，周人趁吴军攻入楚国郢都的机会，派人到楚国把王子朝给杀了。结果第二年夏天，王子朝余党儋翩依靠郑国人发动叛乱，周敬王再度出奔。一直到两年后，周室军队才凭借晋国的帮助，扫清了残余的叛党，周王室从此安定。这场动乱，起于鲁昭公二十二年，终于鲁定公八年，直闹了十九年之久。

相关链接

〔1〕邙山：一作芒山。又称北邙。在今河南洛阳市东北。顾祖禹《读史方舆纪要·河南府》："山连偃师、巩、孟津三县，绵亘四百余里，古陵寝多在其上……"

〔2〕纬线：织物的横线。

〔3〕龙门：即伊阙。位于今河南洛阳城南。香山、龙门山两山东西对峙，如若天然门阙，伊水自南向北经流其间，故名。

齐景将纳鲁昭

齐景公准备送鲁昭公回国复位，于是出动军队攻打季氏，但没有取得成功。后来，他又为此专门召集诸侯会盟，结果仍然于事无补。

鲁昭公二十五年底，齐景公率兵包围了鲁国的郓城，准备将这个地方攻下来，给逃亡到齐国的鲁昭公居住。次年正月初五，齐军攻陷郓城。三月，鲁昭公离开齐国，到郓地居住。

夏天，齐景公准备护送昭公回国复位，警告他的大臣们都不得收受鲁国的贿赂。季氏的家臣申丰带着手下女贾，带着两匹锦缎，并把它们紧紧绑住，随身藏好，然后来到齐国军营，求见齐景公宠臣梁丘据的手下高齮说："你若能帮我买通梁丘据，我们就立你为高氏的继承人，并且送你五千庾〔1〕粮食。"

高齮就把锦缎拿去给梁丘据看，梁丘据很想要，高齮就说："鲁国人用很多这样的东西来贿赂我们，每一百匹一堆，只是因为渠道不通，不能带来更多，所以先送上这点意思意思。"

梁丘据接受了这些礼物，对齐景公说："群臣之所以不肯为鲁昭公的事尽力，并不代表他们不愿意服从您。只不过我听说有一些怪异的事情，宋元公去晋国为鲁君求情，半路上竟然死在了曲棘；鲁大夫叔孙昭子为了接鲁君回国，竟然什么病也没生，就突然在家里死了。我不知道这是上天要抛弃鲁国呢，还是鲁君得罪了鬼神，所以才会接连发生这样的怪事。不如您先在棘地等候，派群臣跟随鲁君去试着进攻一次。假如开始就有好兆头，那就说明这次出兵能成功，您再亲自前去，一定可以百战百胜。万一出师不利，就不必劳您亲自前往了。"齐景公接受了这一建议，派公子鉏率领军队跟随鲁昭公。

鲁国成邑大夫公孙朝对季孙意如说："我们修筑城池，就是用来保护国家的。请让我抵御齐国的军队。"季孙意如答应了他的请求。公孙朝是孟氏的家臣，担心季孙意如信不过自己，就请求送上人质。季孙意如谢绝了，说："我相信你，这就足够了，还要什么人质？"

于是公孙朝派人告诉齐军说："孟氏，是鲁国的破落家族，他们拼命榨取我们成邑的人力物力，我们实在无法忍受，就请让我们投降齐国，以便休养生息吧！"齐军听信了，就包围了成邑。成邑的人在淄水〔2〕袭击了饮马的齐军，随后解释说："我们这样做，是为了麻痹那些不愿意投

降的成邑居民。”等到完成了战斗的准备，才通知齐军说：“成邑的人都不愿投降，我们也拗不过他们。”

于是鲁军和齐军在炊鼻开战。齐大夫子渊捷追击鲁大夫泄声子，一箭射去，掠过泄声子车前的曲木，从车辕上弹开，射中泄声子的盾脊，箭头直入盾脊梁有三寸之深。泄声子回射子渊捷的马，一箭射断马脖子上的皮带，余势未绝，把马也射死了，子渊捷只好改乘别人的马车。鲁国人误以为他是叔孙氏的司马鬷戾，都跑来帮助他。子渊捷大喝一声，说：“我是齐国人！”有一个鲁国士兵冲上来攻击，子渊捷一箭射去，将他射死。为子渊捷驾车的人说：“再射其他的人。”齐军并不想认真跟鲁军作战，所以子渊捷就说：“对方那么多人，让他们害怕就可以了，不能把他们激怒。”

齐大夫子囊带追击泄声子，并且叱骂他。泄声子说：“两军作战，不是为了私人之间的怨恨。假如我与你对骂，便是报私怨了。不过我会跟你较量的。”可是子囊带还是不停地骂他，因此泄声子也回骂起来。

○ 品画鉴宝　平肩圆刃钺（战国）　此批钺斧形制大小基本相同，圆刃可劈砍，商及西周时盛行。

季氏家臣冉竖射中了陈开（陈无宇长子）的手，陈开的弓掉到地上，于是也破口大骂起来。冉竖向季孙意如报告说："有一个皮肤很白的君子，须眉又黑又密，他很会骂人。"季孙意如说："这个人一定是陈子强，你为什么不攻击他呢？"冉竖回答说："我既然认为他是个君子，又怎敢攻击他呢？"

鲁国的林雍羞于担任颜鸣的车右，就跳下车，徒步与齐军作战。齐大夫苑何忌攻击林雍，割下了林雍的耳朵。颜鸣准备把林雍救走，为苑何忌驾车的人说："小心看下面！"于是苑何忌又斩向林雍，砍断了林雍的一条腿。颜鸣三次冲入齐军阵中，连连高呼："林雍快上车！"后来林雍单脚跳上其他的车，逃了回去。

这次齐景公出动大军，却没能把鲁昭公送回鲁国复位，只好在秋天召集鲁昭公、莒子、邾子、杞伯在鄟陵会盟，讨论帮鲁昭公复位的事，但也没能讨论出什么结果来。第二年，昭公又几次前往齐国，但也没有结果。而且齐景公也逐渐厌烦起他来，招待他的时候，表现得越来越不礼貌。

相关链接

〔1〕庾：古容量单位。一庾合十六斗。

〔2〕淄水：即今淄河。在山东境内。齐都临淄因濒于该水而得名。

吴公子光觊觎王位已久。鲁昭公二十七年，他趁国中空虚之机，利用勇士专诸刺杀了王僚。僚死，光即位，是为吴王阖闾。

鲁昭公二十年的时候，楚平王听信奸臣费无极的谗言，杀害了大臣伍奢和他的儿子伍尚，伍奢的另一个儿子伍子胥逃亡去了吴国。伍子胥到了吴国，就向吴王僚列举攻打楚国的种种好处。吴国的公子光对吴王僚说："伍子胥是因为一家子都被楚王杀害，所以想利用吴国为他报仇。我们不能听他的话。"

伍子胥听说后，对自己说："看来公子光有别的企图。我先为他找一位勇士，避处郊外等待时机吧。"于是就去拜见有名的勇士专诸[1]，与他结交，后来又把他推荐给公子光，自己则在乡野耕田种地。

鲁昭公二十七年春，当时楚平王去世不久，吴王僚想趁楚国国丧之机攻打楚国，派公子掩余、公子烛庸率军包围潜邑[2]，另派公子季札到中原各国聘问。季札首先去了晋国，以便观察各诸侯的反应。楚国的莠尹然、工尹麇分别率军救援潜邑，左司马沈尹戌率领临时从各大城市征发的兵马前去增援楚军，与吴军在穷地相遇。楚令尹子常率领水军，行进到沙河弯曲处就返回了。左尹郤宛、工尹寿则率领军队抵达潜邑，堵住了吴军的退路。

公子光得知消息后说："这正是天赐良机，千万不可错过！"于是对专诸说："中原上国有句话说：'自己不去争取，就什么也得不到。'我是王位的继承人，因此我要去争取王位。假如事情能成功，即使季札回来，也不会再废黜我。"

专诸回答说："要杀吴王可以。但是我上有老母，下有年幼的子女，叫我怎么办呢？"

公子光说："我就相当于你。"意思是如果专诸因为刺杀吴王僚而死，他自然会照顾专诸的母亲和孩子。

四月，公子光在地下室埋伏甲兵，然后设宴款待吴王僚。吴王僚让甲兵护卫，坐在道路两旁，一直排到公子光门口。大门、台阶、小门、坐席两旁，都有手持利剑的吴王亲信在那儿把守。送菜的人都要脱光衣服，换上新衣服后才能进去。上菜时，端菜的人必须跪着膝行到吴王面前，两边还都有手持利剑的甲兵护卫，剑尖抵着端菜者的身体，然后再把菜端上去。

这时公子光假装脚疼，躲进另外的地下室。专诸将一把短剑藏进鱼肚子里，然后把鱼端上宴席。当他把鱼端到吴王僚面前时，突然从鱼肚子里抽出短剑刺向吴王僚。左右护卫的利剑虽然紧接着刺入专诸的胸膛，但是吴王僚也已被专诸刺死。

吴王僚已死，公子光即位，他就是历史上著名的吴王阖闾。吴王阖闾为了报答专诸，就任命专诸的儿子为卿。

季札出使回来，说："只要先君的祭祀能够保持，又能得到百姓的拥护，社稷神灵得到侍奉，国家不至于覆亡，能够做到这些的就是我的君王，我又敢怨恨谁呢？哀悼死者，侍奉生者，等待天命的安排。不是我要制造内乱，只是新君既已即位，我也就只能服从他。这是古人的传统啊。"季札汇报完出使的结果，就到吴王僚的墓前痛哭，然后回到自己的职位上等候新王的命令。

○ 品画鉴宝

师遽方彝（西周） 此器腹两侧有象鼻形上扬的耳。腹内有中壁，间隔成为两室，可放置两种不同的调料。

相关链接

〔1〕专诸：？—公元前515年，吴国堂邑（今江苏六合西北）人，春秋时期著名刺客之一。

〔2〕潜邑：春秋楚邑。在今安徽霍山东北。

楚令尹杀费无极

费无极和鄢将师利用令尹子常的权势，灭掉了郤氏、阳氏、晋陈氏三族。楚都于是怨言四起，众人一致指责令尹的过失。为了平息民愤，子常杀死费、鄢二人，并诛灭了其家族。

楚国左尹郤宛为人正直，待人又很谦和，所以都城的人都很爱戴他。鲁昭公二十七年，吴国趁楚国国丧，发兵包围了楚国的潜邑。郤宛率军赶去救援，切断了吴军的退路。这时，吴国的公子光在国内乘机发难，派专诸刺杀了吴王僚。郤宛听说后，就率领楚军撤回，放过了进退维谷[1]的吴国军队。

鄢将师担任楚国的右领，他与费无极勾结，两人非常忌恨郤宛。楚令尹子常贪图财物，而且又容易听信谗言，于是费无极就在他面前陷害郤宛。费无极对子常说："郤宛想请你喝酒呢！"又对郤宛说："子常想要到你家里来喝酒。"郤宛说："我出身低贱，不足以劳令尹的大驾。假如令尹一定要来我家，那可是我极大的荣耀。可我没有好东西来款待他，这可怎么办呢？"费无极就说："令尹最喜欢兵器铠甲，你把兵器铠甲搬出来，我来帮你挑一下。"于是费无极就选了五副铠甲、五件兵器，然后对郤宛说："你可以把这些放在门口。令尹来了，就一定会去看，你可以趁机把武器铠甲献给他。"

到了宴会那天，郤宛把兵器铠甲陈列在门的左侧，又用帷幕把它们遮了起来。费无极趁机对令尹子常说："我差一点害了你呀。郤宛将对你下毒手，他已经在门口准备了兵器铠甲了。你绝对不能去赴宴！"还进一步编造谣言，说："这次潜邑的战事，我们楚国本来可以打败吴军的，只因郤宛收了敌人的贿赂，所以才自己撤军回来。同时他还蒙骗其他将帅，让他们也退兵，说'乘人之危不吉利'。其实是吴国趁我们国丧出兵，现在我们趁吴国内乱，又有什么不可以的呢？"

○ 品画鉴宝　山水册（清）程正揆／绘　图中岗峦峰谷，脉络分明，颇具气势。笔力雄健，墨色层次变化丰富。

令尹子常听了费无极的话，就派人去郤宛家中查看，果然发现门口放着铠甲和武器，于是就不去赴宴了。子常召见鄢将师，把郤宛的事告诉他。鄢将师回去以后，便立即下令攻打郤宛，并且纵火焚烧郤宛的房子。郤宛听说以后，就自杀了。

都城的人不肯去烧郤宛的房子，鄢将师就下令说："凡是不肯烧郤宛家的人，都跟郤宛同罪。"大家只好装装样子，有的拿一束草，有的拿一根柴，扔到郤宛的房子上，一直也没有把房子点着。令尹子常见都城的人不服从命令，只好命令街巷小吏去烧，最后将郤宛一族全部杀死，还杀死了郤宛的同党阳令终及其弟弟阳完、阳佗，还有大夫晋陈和他的子弟。

晋陈被杀，他的族人在都城里到处呼喊，说："鄢将师、费无极以楚王自居，他们祸乱楚国，削弱王室，欺蒙君王和令尹，为自己谋求利益！现在令尹什么都相信他们，楚国该怎么办啊？"令尹子常听了非常担忧。

郤宛被杀是在夏天，一直到秋天，楚都的怨言也没有平息。每次祭祀完毕，向卿大夫分发祭肉的人也无不咒骂令尹子常。沈尹戌对令尹子常说："说到左尹郤宛和中厩尹[2]阳令终，根本没人知道他们犯了什么罪，而你竟然杀了他们，结果招来了无数的批评，直到今天还没有平息。我现在对一件事感到很困惑：仁厚的人，即使杀了别人可以止住批评，他也不忍心去做。如今你杀了人，而招来无数的批评，却不去想办法弥补，这不是很奇怪的事吗？

"费无极那个人，是楚国出了名的奸臣，全国百姓没有人不知道的。他赶走朝吴，放逐了蔡侯朱，逼走了太子建，又杀了连尹伍奢。费无极塞住了平王的耳目，让平王失去了观察的能力，不能够明辨是非。否则的话，以平王的温良仁慈与恭谨节俭，有超过成、庄二王的，而没有赶不上他们的地方，但他却不能得到天下诸侯的拥护，就是因为太亲近费无极了。

“现在，你又杀掉郤宛、阳令终、晋陈这三个无辜的人，招致百姓莫大的批评，大祸几乎就要波及到你了。在这种情况下，你还不赶快采取补救的措施，我不知道后果将会怎样。鄢将师假称奉你的命令，灭了郤氏、阳氏、晋陈氏三个家族。这三族都是楚国的栋梁，从来也没有犯过错误。如今吴国刚刚立了新君，边疆的形势越来越危急。楚国一旦有战事发生，你的处境就危险了！聪明人懂得铲除奸诈小人，来保证自身的安全。现在你竟然爱护小人，以致危害到自己，也太糊涂了！”

令尹子常听了，说：“这都是我的罪过，我怎敢不好好想办法来补救呢？”九月十四日，令尹子常杀了费无极、鄢将师，把他们的族人也一并处死，以消除人们的怨恨。在这之后，对他的批评才逐渐平息下来。

相关链接

〔1〕进退维谷：无论前进还是后退都会陷入艰难的境地。形容进退两难。谷，困窘。

〔2〕中厩尹：掌宫中车马之官。中厩，宫中车马房。

伍子胥扰楚

吴王阖闾准备攻打楚国，向伍子胥征询意见，伍子胥随即献上"扰楚"之策。从此，吴国成为楚人心腹大患。

吴国公子光派刺客专诸刺杀了吴王僚，自立为吴王，是为吴王阖闾。当时，公子掩余逃亡到徐国，公子烛庸逃亡到钟吾国。鲁昭公三十年，吴王阖闾要求徐国和钟吾国把这两位公子抓起来，结果他们又逃到了楚国。楚昭王分封他们土地，让他们对付吴国。吴王阖闾大怒，就先把徐国和钟吾国给灭了。

吴王阖闾打算攻打楚国，向楚亡臣伍子胥咨询，说："当初你主张攻打楚国，我也认为可行，只是担心先王僚会派我前去，而且就算打了胜仗，好处最终也是他的。如今我能独占攻打楚国的好处了，准备攻打楚国，你认为怎么样？"

伍子胥回答说："楚国执政大夫很多，意见难以统一，而且没有人敢主动承担责任。如果吴国派三支军队轮番对楚国发动突袭，只要有一支攻进楚国，楚国必然会全军出动。楚军一出动，吴军就撤退，等楚军回去后吴军又出击，这样一来楚军一定会疲于奔命。不断地使用这种战术使楚军疲惫，再用各种方法扰乱他们的判断，等到楚军疲惫不堪之后，再下令三军发动总攻，这样一定可以大获全胜。"吴王阖闾采纳了伍子胥的建议，从此吴国成为了楚国的心腹大患。

次年秋天，吴国出兵侵袭楚国，攻打了夷地，袭击了潜地、六[1]地。楚国沈尹戌率军救援潜地，吴军不战而退。楚军直到把潜地的人迁往南冈之后才回去。不久吴军又包围弦邑，楚国左司马戌、右司马稽率军救援，军队进发到豫章[2]的时候，吴军就主动退兵了。这些都说明吴国开始用伍子胥的计谋了。

鲁昭公二年，桐国背叛了楚国。吴王阖闾派舒鸠氏去诱骗楚国人，他对舒鸠氏说："你让楚国军队来攻打我国，我们就赶紧攻打桐国，假装害怕他们，使他们轻视我们吴国。"这也是伍子胥的计策，用各种方法扰乱楚国的判断。

当年秋，楚国听从了舒鸠氏的挑拨，派囊瓦率军攻打吴国，军队驻扎在豫章。吴国人把战船调集到豫章，假装要去为楚国攻打桐国，却暗中向巢邑集结军队。十月，吴军在豫章发动进攻，打败了当地的楚军，然后包围了巢邑的城池，最后也攻克了，俘获了守卫巢邑的大夫公子繁。

相关链接

〔1〕六：春秋楚地。在今安徽六安市。本偃姓古国。相传为皋陶之后。公元前622年并于楚。

〔2〕豫章：《左传·昭公十三年》："吴人败诸豫章，获其五帅。"杜预注："定二年，楚人伐吴师于豫章。吴人见舟于豫章，而潜师于巢，以军楚师于豫章。又柏举之役，吴人舍舟于淮汭，而自豫章与楚夹汉，此皆当在江北淮水南，盖后徙在江南豫章。"

鲁昭公客死乾侯

鲁昭公虽然引颈长望，但在内外阻力下，始终无法回国复位，最后不得不客死他乡。紧接着，他的弟弟公子宋被季氏拥立为君，是为鲁定公。

鲁昭公被大夫逐出鲁国，齐景公想帮他复位却没有成功，这时作为诸侯盟主的晋国就不能袖手旁观了。鲁昭公二十七年秋，晋卿士鞅为守卫周王室的事，召集宋国的乐祁犁、卫国的北宫喜、曹国人、邾国人、滕国人在郑国的扈地会盟，同时也讨论了帮助鲁昭公复位的事。宋国和卫国的大夫都认为鲁昭公回国复位对自己国家有利，所以坚决请求晋国护送昭公回国。士鞅由于接受了季孙意如的贿赂，就拿话威胁乐祁犁和北宫喜，吓得他们二人不敢再提。最后，士鞅向各小国辞谢，然后向晋顷公复命，说会上讨论的结果，是大家认为送鲁昭公回国复位太难，所以没法做。

孟懿子与季氏家臣阳虎[1]发兵攻打鲁昭公居住的郓地。郓地的军队准备迎战，子家羁说："天命在季氏，已经不容置疑了。让我君逃亡的，也就是这些想作战的人。上天既然已经降祸给我君，却还想侥幸求福，这不是很难的事吗？假如真有鬼神的话，这次作战一定会以失败告终。唉，没有希望了，难道就要死在这里了吗？"鲁昭公派子家羁前往晋国去的时候，昭公的亲兵就在且知这个地方被战败了。

次年春天，鲁昭公离开郓地，打算前往晋国的乾侯。子家羁说："您现在有求于晋国，却一直在齐国的保护下偷安，还有谁能同情您呢？现在应该前往鲁、晋两国的边界，以示对晋国的尊重。"昭公不听。

鲁昭公到了乾侯，向晋国要求派人接他去晋国国都。晋顷公派使者传话说："上天降祸给鲁国，而您流亡在外，竟然也没有派一名使者来通知寡人。您既然已经在鲁国的甥舅之国齐国安住，难道还要我们去齐国迎接您吗？"让鲁昭公先回到鲁、晋边境，然后才派人把他迎接到乾侯。

鲁昭公二十九年春，昭公从晋国的乾侯回来，住在郓地。齐景公派大夫高张前来慰问昭公，在言谈中竟然称他为"主君"（当时卿大夫的家臣称主人为主君）。子家羁说："这表明齐国蔑视您，您在这里只能得到羞辱。"于是昭公又去了乾侯。

季孙意如每年都买一些马匹，并且为鲁昭公的随从准备一些衣服和鞋子，派人送到乾侯。但昭公却把送马的人抓起来，并把马卖掉，从此季孙意如不再给昭公送马了。

卫灵公献上一匹名叫“启服”的马，后来这匹马掉进深沟里摔死了，昭公就想为它做一口棺材。子家羁说：“随从们饿得厉害，不如把马肉分给大家吃了！”昭公最后按照礼仪的规定，用帷布裹马埋葬。

鲁昭公赏给儿子公衍一件羔羊皮袄，并让他献一块龙辅玉〔2〕给齐景公，公衍就顺便把羔羊皮袄也献给了景公。景公收到礼物很高兴，就把齐邑阳谷赏赐给了公衍。当初，公衍、公为兄弟出生的时候，他们的母亲同时进入产房，结果公衍先出生，公为的母亲就说：“我们既然一同进入产房，就一起向君王报告孩子出生的消息吧！”过了三天，公为才出生，但是他的母亲却先报告昭公，结果公为变成了哥哥。如今，昭公因为公衍拥有了阳谷，又想起在鲁国时的往事，心想：“我这次出逃，都是公为惹的祸，再说他后出生的反而做了哥哥，欺骗了这么多年！”于是宣布取消公为的长子身份，而立公衍为太子。

到了鲁昭公三十一年春，昭公还是住在晋国的乾侯。当时晋顷公刚刚去世，晋定公继位。

晋定公打算派军队护送鲁昭公回国复位，士鞅又从中阻挠，说：“我们不如先召见季孙意如，如果他不肯来，就证明他确实已背叛鲁君，到时我们再去攻打他，您认为怎么样？”于是晋定公派人召季孙意如，士鞅则暗中通知他说：“你一定要来晋国，我保证你不会有危险。”

季孙意如先到晋国的适历，见到晋卿荀跞。荀砾说：“我们国君派我对你说：‘你为什么要赶走自己的君主？你有君主，却不去侍奉，就是违背了周天子定下的刑律。希望你自己好好考虑一下！’”

季孙意如听了以后，头戴服丧时用的练冠，身穿麻衣，光着脚走过来，跪在地上回答：“侍奉我们的君主，是我求之而不得的事，又哪敢逃避周朝的刑罚？假如君王认为我有罪，就请把我囚禁在费邑，以等待君王把事实调查清楚，到时候一切都听凭君王处置。如果能念在我先人的份上，不让我们季氏的香火断绝，那就算赐我一死，我也没有怨言。如果君王既不杀我也不放逐我，那是君王对我的大恩大德，没齿难忘。如果我能跟从我们的国君一起回国，那本来就是我的愿望，我怎么敢有别的念头呢？”

四月，季孙意如跟随荀跞到了乾侯。子家羁对鲁昭公说：“您就跟季孙一同回国去吧！一次羞辱都已经无法忍受了，又怎能在这里受一辈子辱呢？”昭公说：“好的。”但底下的人却看不清形势，还以为只要昭公一句话，晋国就会把季孙赶走，所以都说："就在您的一句话，君王您一定要把季孙意如赶走！"

荀跞先以晋定公的名义来慰问鲁昭公，说："我们国君派我以他的名义责备季孙意如，意如已经认错，就请您和他一起回国吧！"昭公说："承蒙贵国国君顾念我们先君的友谊，而对我这个逃亡的人施予恩惠，将让我回去打扫宗庙侍奉先君。但我不能再见到季孙意如。我可以对黄河发誓，我再也不能见到那个人！"

荀跞一听到这样的话，赶紧捂着耳朵跑掉了，他说："我们国君深恐犯下过错，又怎么敢干预鲁国的内乱呢？请允许我向我们的国君复命。"荀跞退下以后，对季孙意如说："鲁君的怒气还没有消。你姑且先回鲁国，代替鲁君主持祭祀！"

子家羁眼看回国的希望又要落空，赶紧出主意说："君王您可以单车进入鲁军，到那时季孙意如一定会让您一同回国的。"鲁昭公本想采纳这个建议，但跟随的人却胁迫他，因而昭公没有能够回国。

鲁昭公三十二年十二月，昭公生了病，于是遍赏追随他的大夫，但大夫们都不敢接受。昭公赐给子家羁一对玉琥[3]、一个玉环、一块玉璧，还有一件质料很好的衣服，子家羁都接受了，然后其他大夫也都接受了赏赐。十四日，昭公去世，子家羁就把昭公赏赐给他的东西退还给管理财物的官员，说："我当时之所以收下，是因为我不敢违背君王的命令。"接着其他大夫也都退还了昭公赏赐的东西。

次年夏天，叔孙成子在乾侯迎接鲁昭公的灵柩。季孙意如事先吩咐说："子家羁屡次和我谈话，每次都很合我的心意。我打算让他跟我一起主持政事，所以你一定要留住他，有事要咨询他的意见。"

但子家羁不想见叔孙成子，改变了自己哭丧的时间。叔孙成子求见子家羁，子家羁推辞说："我还没见过你（叔孙成子是叔孙昭子的儿子，鲁昭公出逃时昭子还没死，成子也还没有继承卿位），就跟从先君出国了。先君还来不及任命你就去世了，所以我也不敢见你。"

叔孙成子派人跟他讨论立新君的事，说："实际上是公衍、公为让各位大臣不得侍奉先君。如果让先君的弟弟公子宋来管理国家，那大臣们就都愿意接受了。跟随先君出国的人中，谁可以回国，这全都由您来决定。子家氏还没有继承人，季孙希望与您一起主持国政。上面这些都是季孙的愿望，特地派我来向您报告。"

子家羁说："如果要立新君，有卿士、大夫和占卜的守龟在，我不敢发表意见。至于那些跟随先君出逃的人，如果只是表面上追随先君，但内心并不忠于先君的，可以让他们回国去；那些与季氏为敌而随先君出逃的，就不必让他们回去了。至于我，先君只看到我跟他出逃，而看不到我回到鲁国，所以我决定还是不回国了。"

当鲁昭公的灵柩运送到坏隤时，公子宋已经先进入国都了。于是当初跟随昭公逃亡的人又都离开鲁国，逃亡到其他的国家去。六月二十一日，昭公的灵柩运抵了国都。二十六日，公子宋即位，是为定公。

季孙意如派役徒在昭公的墓地挖沟，想把他的墓和祖坟隔开。

鲁大夫荣成伯说："先君活着的时候，你不能侍奉他；现在他死了，你又把他的墓地和祖坟隔开。你这不是表明自己的罪恶吗？即使你忍心这么做，你的后人也一定会把这当作耻辱的。"季孙意如这才改变主意，没有再挖沟。

季孙意如告诉荣成伯："我打算给先君取一个不好的谥号，以便

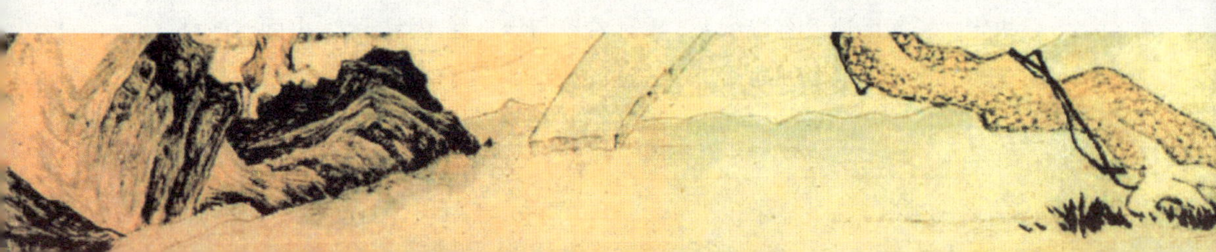

让子孙后代都知道他的过失。”荣成伯回答说：“先君活着的时候，你不能侍奉他；他死了之后，你又给他取一个不好的谥号。你这不是表明自己憎恨先君吗？何必这样做呢？”季孙意如听了之后就改变了主意。

七月二十二日，鲁国人把昭公安葬在墓道南侧。后来孔子出任鲁国司寇时，在昭公的坟墓之外挖了一条沟，扩大了墓地的范围，使昭公的墓和鲁国其他国君的墓连在了一起。

相关链接

〔1〕阳虎：一作阳货、字货。春秋季孙氏家臣。挟持季桓子于阳关（今山东泰安东南）而掌国政。曾谋除三桓势力，因战败而流亡至晋国，任赵鞅谋臣。

〔2〕龙辅玉：《左传·昭公二十九年》：“使献龙辅于齐侯。”孔颖达疏：“谓铸金为龙，以玉为函，辅盛龙节，谓之‘龙辅’。”

〔3〕玉琥：古时雕琢成虎状的玉器。

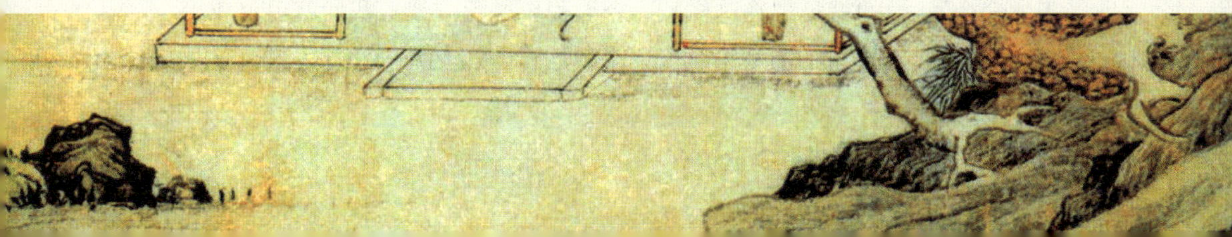

柏举之战

蔡昭侯请求晋国不成，又联合吴王阖闾、唐成公攻打楚国。双方列阵于柏举，楚师大败。吴军追击残余士兵，占领了楚人的郢都。

鲁定公四年，因为沈国人没有参加召陵的盟会，晋国便让蔡国前去攻打它。当年夏天，蔡国灭掉了沈国。秋天，楚国因为沈国被灭而发兵，包围了蔡国的都城。蔡昭侯请求晋国讨伐楚国没有成功，于是就想依靠楚国的世仇吴国，把儿子乾和大夫的儿子送到吴国作人质，请求吴国攻打楚国。

冬天，蔡昭侯、吴王阖闾、唐成公联合出兵攻打楚国。吴军把舟船留在淮河岸边，从豫章开始，与楚军隔着汉水对峙。楚国左司马戌对令尹子常说：“你沿着汉水和他们周旋，我调动方城以外的军队，去毁掉他们的舟船，再回来堵塞大隧、直辕、冥阨这三处险要。然后你渡过汉水向他们发起攻击，我则领兵从后面夹击，一定能把他们打败。”两人商议之后，便开始分头行动。

楚国武城大夫黑对子常说：“吴国的战车完全是用木头做的，而我们的战车上蒙了一层皮革。因此我们不宜等太久（皮革用胶固定，遇水则化），不如速战速决。”大夫史皇对子常说：“楚国人本来就讨厌你，而喜欢左司马。如果他在淮河边上毁掉了吴国的战船，并封锁了那三处关隘，我们才开始作战，那就等于是他一个人战胜了吴军。所以你必须速战速决，不这样的话，你就难以躲过灾祸了。”于是子常便率领军队渡过汉水，摆开了阵势，从小别山〔1〕一直绵延到大别山。

双方交战三次后，子常知道不能取胜，便打算逃走。史皇劝阻说：“往日平安无事，你忙着争权夺利；现在有了战事，你却要溜之大吉。你能逃到哪里去呢？你只有拼死作战，才能洗刷掉以前所有的罪过。”

十一月十八日，吴、楚两军在柏举〔2〕列阵。早晨，吴王阖闾的弟弟夫概王向阖闾请示：“楚国的子常不讲仁义，他的手下没有人会拼死作战。如果我们先攻打他，他的士兵一定会四散奔逃。然后我们派大军追赶，就一定能战胜他们。”吴王阖闾没有同意。

夫概王说：“人们说‘为人臣子，合于道义的就去做，不必等待君王的命令’，说的就是现在这样吧。今天我要拼死一战，我们就可以攻进楚国的都城去了。”于是夫概王只率领他的部属五千人，首先进攻子常的部队。子常的士兵立即四散奔逃，楚军全军大乱，吴军大败楚军。子常逃亡到郑国，史皇则战死在子常的战车上。

吴军追击楚军，一直追到清发，准备再次发动进攻。夫概王说："困兽犹斗，更何况是人呢？假如将他们逼到必死的境地，那他们就会拼死顽抗，一定会把我们打败。假如我们让一部分人先渡过河，已经渡河的人可以免于一死，后面的人就会羡慕他们，必然争相渡河逃命，这样他们就没有斗志了。等他们一半的人渡河以后，我们就可以发动进攻了。"吴王阖闾听从了这一建议，果然又一次把楚军打败了。楚军士兵渡河之后正在做饭，没想到吴军又追上来了，只好继续逃跑。吴军士兵吃完楚军做的饭，然后继续追赶，又在雍澨将他们打败。就这样，经过五次战斗，吴军攻到了楚国的郢都。

十一月二十七日，楚昭王带着他的妹妹季芈畀我逃出郢都，渡过了睢水。鍼尹固与楚昭王同乘一船，昭王让他用火点大象的尾巴，使大象冲向吴军，阻挡吴军的追赶。

二十八日，吴军进入了郢都，按照尊卑次序住进不同的宫室。吴王阖闾的儿子子山住进了令尹的宫室，夫概王打算攻打他，子山害怕了，连忙让了出来，于是夫概王就住了进去。

左司马戌率军走到息地，听说楚军战败，便连忙返回，在雍澨打败了吴军，不过他自己也受了伤。当初，左司马戌曾在吴国做过阖闾的臣子，因此深以被吴军俘虏为耻，便对部下说："你们谁能让我的脑袋不落入吴军之手？"吴句卑说："我地位低下，可以承担此任吗？"左司马戌说："是我以前没能重用你，你当然可以！"与吴军进行了三次战斗，左司马戌都受了伤，他说："我快要不行了。"不久他就死了。吴句卑割开衣裳的下摆，把左司马戌的头颅割下来包好，又藏起他的躯体，然后带着头颅逃走了。

相关链接

〔1〕小别山：一名甑山。在今湖北汉川东南汉江之滨。《明史·志第二十·地理五》："汉川……南有小别山，一名甑山。"大别山在今河南、湖北、安徽边境，西接桐柏山，东为霍山。

〔2〕柏举：春秋楚地。即今湖北麻城东北柏子山与举水的合成。一说为麻城东南龟峰山。

鲁阳虎之乱

鲁国季氏家臣阳虎专横跋扈，企图杀掉“三桓”家长以独擅大权。叛乱失败后，他出奔国外，最终投在了晋国赵鞅门下。

春秋晚期，鲁国不但公室衰落，大夫专政，连大夫家的家臣也专横跋扈起来，季氏家臣阳虎就是一个典型的例子。鲁定公五年六月，季孙意如去东野巡视，回来的时候，还没走到国都就在房地去世了。阳虎准备用鲁国国宝玙璠玉[1]给他作陪葬，但另一个家臣仲梁怀却不同意，他说：“当年先君出奔，由主公代行君事，所以佩戴这块宝玉，祭祀宗庙。如今新君已经即位，主公恢复臣子的身份，就不能再用这块宝玉了。”

阳虎打算把仲梁怀赶走，就将这件事告诉季氏家臣公山不狃。公山不狃劝阳虎说：“他这也是为你着想，不想让你做僭上的事，你又抱怨什么呢？”

等到将季孙意如安葬，季孙意如之子、继承季氏家业的季桓子去东野巡视，到了费邑。公山不狃是费邑的长官，他到郊外迎接季桓子，季桓子对他非常尊敬。但当公山不狃问候仲梁怀时，仲梁怀对他却有点不敬。公山不狃发怒了，就挑唆阳虎说：“你还想把仲梁怀赶走吗？”

九月二十八日，阳虎囚禁了季桓子和他的堂弟公父文伯，并赶走了仲梁怀。十月初十，杀了季氏族人公何藐。十二日，阳虎在都城南门稷门内跟季桓子订立了盟约。十三日，举行了祭神降咒仪式。然后阳虎又赶走了公父文伯和秦遄，他俩后来逃到了齐国。阳虎囚禁主公，胁迫他订立盟约，专横到了极点，大家对他也无可奈何。

季氏家臣季寤、公钼极、公山不狃在季桓子那里都很不得志，叔孙辄也得不到叔孙氏的宠信，叔仲志则因为受季氏排挤，在鲁国没有得到重用，所以这五个人都投靠了阳虎。阳虎打算除掉鲁国“三桓”的家长，让季寤取代季桓子，用叔孙辄取代叔孙武叔，自己则取代孟懿子。鲁定公八年十月初一，阳虎等人按在位顺序祭祀了鲁国的历代国君，向他们祈祷。初二，他们又在僖公庙里举行了禘祭。他们准备初三那天在东门外的蒲圃设宴招待季桓子，然后乘机杀他，并命令国都的兵车：“初四那天集合。”

孟氏成邑的长官公敛处父把这件事告诉孟懿子，问：“季氏命令国都的兵车集合，这是为什么呢？”孟懿子说：“我没有听说这样的事。”

公敛处父说："这么说来，是有人要发动叛乱了，祸乱一定会牵连到您，您不如早作准备。"于是公敛处父与孟懿子约定初三带兵前去救援。

初三，阳虎驱车先到蒲圃。林楚为季桓子驾车，卫兵拿着铍[2]、盾左右护卫季桓子，阳虎的弟弟阳越殿后。季桓子突然对林楚说："你的先辈都是我们季氏的忠臣，希望你也继承他们的志向。"林楚说："您说这话已经晚了。阳虎主管朝政之后，整个鲁国都听他的，我若违抗他，只是找死而已，而且就算死了对您也没有什么帮助。"季桓子说："怎么会晚呢？你能带我到孟懿子那里去吗？"林楚回答说："我并不怕死，只是怕救不了主公您。"桓子说："咱们走吧！"

这时，孟懿子挑选了三百个身强体壮的奴仆，假装在门外建造房子。季桓子一行快到时，林楚猛地用力鞭打驾车的马，马便在大街上狂奔起来。阳越在后面用箭射季桓子，但是没有射中。等季桓子逃到孟懿子家，建造房子的奴仆关上了大门。有人从门缝里向阳越射箭，把阳越射死了。

阳虎见季桓子逃脱，便劫持了鲁定公和叔孙武叔，然后率兵攻打孟氏。这时，公敛处父也率领成邑的军队从上东门进入都城，与阳虎在南门内交战，但是没有取胜；接着双方又在城内的棘下交战，终于把阳虎打败了。阳虎脱下皮甲，逃进了定公的宫室里，抢了宝玉、大弓逃了出去，当夜住在五父之衢。

阳虎自己睡下，而让仆人为他做饭。他的追随者说："追兵恐怕就要到了。"阳虎说："鲁国人听说我逃走了，正庆幸自己可以晚一点死呢，哪里有时间来追我？"随从说："嘿！快点套上马吧，还有公敛处父在呢！"

公敛处父请求追赶阳虎，孟懿子不同意。公敛处父还想把季桓子给杀了，孟懿子害怕，赶紧把季桓子送回他自己家里去。季寤在季氏的祖庙里，把先祖酒爵一一斟满，祭告之后便逃跑了。阳虎逃到了讙地、阳关，又在那里发动了叛乱。

次年六月，鲁军攻打阳关。阳虎派人烧了阳关的城门莱门，使鲁军陷入混乱，阳虎乘机突围出去，逃到了齐国。

阳虎请求齐国出兵攻打鲁国，并说："只要发动三次进攻，就一定能攻取鲁国。"

齐景公正准备答应他，大夫鲍文子在一旁劝谏说："我曾经给鲁大

夫施氏做过家臣，因此知道鲁国还不到能攻取的时候。目前鲁国上下还算团结一心，百姓也还能和睦相处，又能够侍奉大国，没有遇到天灾，我们凭什么去占领它呢？阳虎是要让我们兴师动众，等到齐军疲惫不堪，大臣牺牲惨重，阳虎就可以施展他的阴谋诡计了。阳虎受到鲁国季氏的宠信，但是他却想除掉季桓子，使鲁国受到损害，以此博取他国的欢心。阳虎喜欢的是富贵，而不是仁爱，君王怎么能听信这种人的话呢？君王您比季氏富有，齐国国力也比鲁国强大，这就是阳虎所想要颠覆的呀！鲁国好不容易铲除了阳虎这一祸害，现在您却要收留他，这不是害了您自己吗？”

于是齐景公把阳虎抓起来，准备把他囚禁在齐国的东部。阳虎表现出很乐意去东部的样子，齐景公又决定把他囚禁在西部的边境。阳虎到了齐国的西部边境后，把当地的车子都借来，用刀把车轴刻得很细，再用麻布缠在缺口处，然后还给车主。他这样做，是为了将来逃跑时，当地的人如果驾着这些车子追他，车轴很快就会折断，那他就可以逃之夭夭了。

等条件成熟时，阳虎就躲在一辆装满衣物的车子上逃跑，结果还是被齐国人追上，抓住后囚禁在齐国都城。后来阳虎再一次用同样的方法逃跑，成功地逃到宋国，然后又逃到晋国，投奔了晋卿赵鞅。

孔子对阳虎这个人非常痛恨，听说阳虎投靠了赵氏，就评论说：“赵氏这下恐怕要有乱子了。”不过赵鞅可不像季桓子那样无能，居然把阳虎治得服服帖帖的；阳虎也尽心辅佐赵鞅，使赵氏更为强大了。

相关链接

〔1〕玙璠玉：即“玙璠”。鲁国宝玉名。《左传·定公五年》：“季平子行东野，还，未至。丙申，卒于房。阳虎将以玙璠敛。”杜注：“玙璠，美玉，君所佩。”孔疏：“案《说文》云：‘玙璠，鲁之宝玉。’玙璠是一玉名。”

〔2〕铍：古兵器名。两边有刃。形类剑。或曰长矛。

夷仪之战

齐景公早就有称霸诸侯的雄心。召陵之会后，他先后和背叛晋国的郑、卫结盟，并帮助卫国攻打晋国，攻克了夷仪之城。

召陵之会后，齐景公称霸的野心全面暴露。他先是邀请已经叛晋的郑献公在盐地结盟，然后又逼迫卫国也在沙地与自己结盟。卫国这时还未完全背叛晋国，所以晋国就派人去卫国结盟，但由于晋国派去的大夫对卫灵公无礼，卫国最后拒绝了结盟。晋国军队攻打了卫国，齐国就帮卫国出头。鲁定公九年秋，齐景公发兵攻打了晋国的夷仪。

齐国有个人叫敝无存，他的父亲正准备给他娶妻，他拒绝了，把那女子让给他弟弟，说："我去参加这场战役，如果能侥幸不死，回来后我一定能娶到高氏、国氏这些卿相的女儿。"攻城的时候，敝无存奋勇当先，率先登上了城墙。他冲进城，打算从城门冲出去，结果战死在城门的檐沟〔1〕之处。

齐人东郭书也抢着攀登城墙，犁弥跟在他后面，他对东郭书说："你从左边上城墙，我从右边上城墙，等大家都上去以后，我们再一齐下去。"东郭书听从了他的话，从左边登上了城墙，但是犁弥没等其他人都上城墙，就先跳了下去。战斗结束后，东郭书、犁弥两人在一起休息，犁弥说："是我先登上城墙的。"东郭书拿起铠甲，就要穿上和犁弥决斗，说："你先是让我从左边上城墙来为难我，现在你又拿这件事跟我过不去。"犁弥连忙笑着说："我是跟着你登上城墙的，就像驾车的四匹马中，两边的骖马总是跟着中间的服马一样。"

这时，晋国有一千辆战车驻扎在中牟〔2〕。卫灵公打算到五氏〔3〕去，途中要经过中牟，所以卫灵公让人占卜行程的吉凶。谁知占卜的时候竟然把龟甲烧焦了。看不出兆纹，也就无法知道吉凶。卫灵公就说："可以去！卫国有五百辆战车，能抵挡他们的半数；寡人相当于五百辆战车，也能抵挡他们的半数。我们和他们势均力敌。”于是便率军前往。

中牟的晋军打算攻打他们。这时，从卫国逃亡的褚师圃正好在中牟，他说：“卫国虽然是小国，但他们的国君在这里，很难被打败。齐军刚刚攻克夷仪，一定骄傲自满，再加上他们的将帅出身低贱，如果遇到他们，一定能将他们打败。我们不如去追击齐军。”于是晋军放过卫灵公一行，转而攻打齐军，果然将他们打败了。

齐景公要给犁弥一些赏赐，但他拒绝了，说：“有人率先登城，我只是跟着他上去的。那个人戴着白色头巾，穿着狸皮斗篷。”景公让他看东郭书，问他是不是那个人，他对景公说：“就是这个人。”又转过头对东郭书说：“我应该把景公的赏赐让给你。”景公便要赏赐东郭书，东郭书辞谢说：“犁弥是外国来的客臣。”最后齐景公还是赏赐了犁弥。

齐军在夷仪作战的时候，齐景公曾对夷仪人说：“谁要是能找到敝无存的尸体，我就赏赐五户，并且免除他们的劳役。”于是找到了敝无存的尸体。景公在移尸、入敛、下葬时，三次给敝无存遗体穿上衣服，并用犀牛皮装饰的车子和长柄伞给他陪葬，又先把灵车送回国。出殡时，拉灵车的人跪着，全军大哭，齐景公亲自推了灵车三次。

○品画鉴宝

凤鸟纹瓦当（战国） 此器泥质灰陶，圆形，瓦当上模印一只弯颈、钩头、翘尾展翅作奔走状的凤鸟。形象生动，构图简练。

相关链接

〔1〕檐沟：屋檐下面承接雨水的横槽。

〔2〕中牟：古邑名。在今河南鹤壁西。

〔3〕五氏：在今河北邯郸西南。春秋晋地。

孔子相于夹谷

齐、鲁会盟于夹谷，孔子担任鲁定公相礼。在大会上，他智勇双全、英武果断，使鲁国取得了外交上的极大胜利。

召陵之会晋国失掉诸侯，齐景公开始实践他代晋称霸的想法，但鲁国不肯服从。于是齐国两次讨伐鲁国，鲁国也两次入侵齐国。鲁定公十年春，鲁国和齐国讲和。

夏天，鲁定公与齐景公在夹谷[1]会盟，当时孔子作为鲁卿为定公担任相礼。犁弥对齐景公说："孔丘这个人虽然懂得礼法，但却没有勇力。如果让莱人用武力劫持鲁定公，那么就一定能够满足我们的愿望。"莱国被齐国所灭后，莱人多流落到夹谷，犁弥就想利用他们来对付鲁国人。齐景公听从了他的建议。

莱人来了之后，孔子一看情形不妙，就带着鲁定公退下去，并命令随行的士兵："战士们快攻击莱人！两国的国君是来建立友好关系的，却有莱人这些蛮夷俘虏拿着兵器来捣乱，这肯定不是齐国国君用来收服诸侯的办法。边远之国不可以图谋我中原上国，夷狄之人不可以扰乱我华夏之族，身为俘虏不可以侵扰诸侯会盟，武力不能用来逼迫友好的国家。否则，就会亵渎神灵，违背道义，丧失礼仪，齐国的国君肯定不会这么做的。"齐景公听了这番话，马上命令莱人离开。

齐、鲁两国正准备盟誓，齐国又在盟书上增加了这样的内容："如果齐军出境，而鲁国不派出三百辆战车跟随我军出战的话，受到的惩罚有如誓辞！"孔子派鲁大夫兹无还作揖回答："你们不把汶水以北的田地归还我国，而我们派战车随齐军出战的话，受到的惩罚有如誓辞。"

齐景公准备设宴，用享礼招待鲁定公。孔丘对齐国大夫梁丘据说："齐、鲁两国间过去的礼仪，难道你没有听说过吗？盟约既然已经签订了，还要再设享礼，这是给贵国增添麻烦。再说牺、象这两种酒器是不能离开国都的，钟、磬等乐器是不能在野外合奏的。如果宴会上这些东西都如数备齐，那就等于违背了礼法；如果不准备这些东西，那么享宴就太草率，就像用稗子[2]代替稻谷一样。宴会太草率，礼仪不周，会是贵国君王的耻辱；违背礼仪，就会使贵国的名声受到损害。你为何不

○ 品画鉴宝　孔子圣迹图 · 夹谷会齐（清）改琦 / 绘　鲁定公十年（公元前500年），鲁国和齐国国君在夹谷（今山东莱芜）会谈，孔子暂代鲁相职务，事先做好了应付事变的保卫措施。

仔细考虑一下呢？设宴招待客人，是为了宣扬美德。如果不能宣扬美德，那还不如不设宴呢！”于是齐国便取消了宴会。

相关链接

〔1〕夹谷：春秋齐地。在今山东莱芜南。一说在今淄博淄川西南。

〔2〕稗子：又名“稗草”。一年生草本植物。外形和稻子很相像。为稻田里的主要杂草。

鲁侯犯之乱

郈邑是叔孙氏的封地，公若藐担任长官，但叔孙武叔却和他有仇。武叔命侯犯刺杀公若藐。侯犯除掉他后，便自己占据郈邑，反叛叔孙氏。

当初，叔孙成子准备立叔孙武叔为继承人，但家臣公若藐坚决反对，说："不能这么做。"但最后叔孙成子还是立了武叔，不久自己就去世了。支持武叔的家臣公南曾派刺客用箭射杀公若藐，但是没有成功。后来公南担任了叔孙家的马正[1]，公若藐担任叔孙氏封地郈邑[2]的长官。

叔孙武叔的地位得到巩固之后，派郈邑的马正侯犯暗杀公若藐，也没有成功。侯犯手下的养马人对侯犯说："我带一把剑经过公若藐的朝堂，他一定会问我：'这是谁的剑？'我就说是您的剑。他一定会要查看，我假装愚鲁不懂得礼仪，把剑尖递给他，这样就可以乘机把他杀掉了。"侯犯便让他这样去做。

公若藐看到养马人拿着剑走近，说："你要像专诸刺杀吴王僚那样杀我吗？"最后还是被养马人杀死了。

鲁定公十年夏，侯犯既已杀死公若藐，便自己占据了郈邑，背叛了叔孙氏。叔孙武叔联合孟懿子包围了郈邑，但是没能攻克。

秋天，叔孙武叔和孟懿子再次率军包围郈邑，这次还请来了齐军帮忙，但还是攻不下。叔孙武叔对郈邑主管工匠的官员驷赤说："郈邑并不只是我们叔孙氏的忧患，而是整个国家的忧患，你有什么打算呢？"驷赤说："我想要说的，就是《扬水》最后一章的那四个字。"那四个字是"我闻有命"，驷赤以此表示他愿意帮助武叔，为国家出力。叔孙武叔听了，向驷赤叩头表示感谢。

于是驷赤便对侯犯说："郈邑地处齐、鲁之间，你如果两个国家都不侍奉，那一定是不行的。你为什么不向齐国请求，侍奉他们并继续管理这里的百姓？否则的话，恐怕郈邑的百姓就会背叛您。"侯犯采纳了他的建议。

齐国派使者来到了郈邑。驷赤和支持他的人在街上散布谣言，说："侯犯打算用郈邑跟齐国交换土地，齐国人将把郈邑原来的居民迁走。"众人议论纷纷，都感到很惊恐。驷赤又对侯犯说："大家的想法跟你不同啊。与其战死在这里，还不如用郈邑和齐国交换土地。这样，换回来的也是土地，跟郈邑一样，又能够缓解眼前的危险。你又何必死守这里

不放？齐国人想用郈邑逼迫鲁国，一定会用加倍的土地跟你交换。再说，你为什么不在门口多放一些铠甲以备不测呢？”侯犯说：“好。”于是就在门口放了很多铠甲。

侯犯请求跟齐国交换土地，齐国的有关官员前来视察。快到郈城时，驷赤派人在城里到处跑，一边跑一边喊：“齐军到了！”郈人听了非常害怕，纷纷抢过侯犯门口的铠甲穿上，然后围攻侯犯。

驷赤假装要射杀围攻的人，侯犯阻止了他，说：“你快想办法救我。”

最后侯犯与郈人谈判，提出让自己逃亡，郈人同意了。于是侯犯等人前往齐国的宿邑，驷赤走在前面，侯犯走在后面。每当他们走出一道门，郈人就急忙把门关上，以防侯犯再进来。走到外城城门时，守门人拦住了侯犯一行，说："你最好别带着叔孙氏的铠甲出去。否则官员们追究起来，我们怕受到惩罚。"驷赤说："叔孙氏的铠甲上都有标志，我们不敢把它们带出去。"侯犯对驷赤说："你留下来，把铠甲数目点清楚，交还给他们。"于是驷赤就留了下来，然后开城迎接鲁国人，侯犯则逃到了齐国。

齐国送回侯犯带去的地图户籍，表示正式把郈邑还给鲁国。所以年底的时候，叔孙武叔去齐国聘问表示感谢。齐景公设宴招待他，说："叔孙先生，如果郈邑在其他国家的边界，别的国家会不会乘机占据，寡人就不敢肯定了。幸亏是在我们两国的交界处，寡人才能为贵国国君分忧解难啊。"叔孙武叔回答说："我们国君可不敢把这看作恩惠。我国之所以侍奉您，是为了国家领土的安全，哪里敢为家臣作乱而劳烦贵国的大臣？不忠不善之臣，是天下人都厌恶的，您怎么能将讨伐恶人也看成是对我们国君的恩赐呢？"

相关链接

〔1〕马正：《左传·襄公二十三年》："季氏以公鉏为马正。"杜注："马正，家司马。"按：司马主掌军政、军赋。西周始置。

〔2〕郈邑：春秋鲁叔孙氏食邑。在今山东东平南。

吴军伐越，阖闾负伤身亡。子夫差继位，三年后大败越王勾践于夫椒。勾践求和，夫差不听子胥之谏而许之。

鲁定公十四年夏，吴国发兵攻打越国，越王勾践[1]率军抵抗，在檇李摆开阵势。勾践看到吴军军容十分严整，感到很担心，便两次派出敢死队员，让他们冲进吴军阵列抓人，企图扰乱吴军阵脚，但吴军的阵脚却丝毫不乱。

勾践一计不成，又想出一个奇招。他派出一些犯人，让他们排成三行，把剑架在自己脖子上，走到吴军阵前说："两国君王出兵交战，我们这些犯人因为违犯了军令，在君王面前表现得极其愚蠢。我们不敢逃避刑罚，愿自杀谢罪。"说完便自刎而死。

吴军将士都被这一幕所吸引，看得聚精会神，勾践趁机下令军队进攻，结果大败吴军。越国大夫灵姑浮用戈攻击吴王阖闾，把吴王阖闾的大脚趾砍掉了，灵姑浮还缴获了他的一只鞋子。吴王阖闾撤军回国，在陉地去世，离檇李只有七里远。

吴王阖闾死后，他的儿子夫差继位。夫差专门派个人站在院子里，只要看到他进出，便问："夫差！你忘记了越王的杀父之仇了吗？"夫差便连忙回答："不！我不敢忘记！"就这样到了第三年，夫差终于要向越国报杀父之仇了。

鲁哀公元年春，吴王夫差在夫椒[2]打败了越军，报了当年檇李的一战之仇。随后，吴军又大举攻进越国。越王勾践率领五千名士兵退守会稽山[3]，并让大夫文种通过吴国太宰嚭向夫差求和。吴王夫差准备答应，伍子胥说："不能答应他们的要求。我听说：'树立德行要不断培养，铲除病患则务求干净。'从前寒浞杀死后羿，夺取了后羿的妻子，生下儿子浇，封在过国。有过浇杀死了斟灌国的君主，并攻打了斟鄩国，灭了夏王相。当时夏王相的妻子后缗正好怀有身孕，她从城墙的墙洞里逃了出去，逃回了娘家有仍氏，后来生下少康。

"少康长大以后，担任有仍氏的牧正。他非常仇恨浇，但又处处提防着他。浇派大臣椒四处寻访他，少康只好逃到了有虞部落，在那里担任庖正[4]，躲过了浇的迫害。有虞的酋长虞思把自己的两个女儿嫁给他，并把纶邑封给了他。当时少康拥有的土地方圆只有十里，臣民只有五百人。

但是少康广施德政，开始实施复兴夏朝的计划。他招纳了夏朝的遗民，安抚了各级官吏，又派大臣女艾打入浇的朝廷去做间谍，派儿子季杼去诱骗浇的弟弟豷。不久之后，少康就灭了浇的过国和豷的戈国，光复了大禹的功业，用夏朝的列祖列宗来配祭天帝，使夏朝的典章制度得以流传。

“现在的吴国还没有过国那么强大，但是越国的力量却超过了少康。如今吴国若同意讲和，上天或许还会让越国进一步强大，将来不是更难对付了吗？越王勾践能够亲近臣下，致力于施恩，而且所施的都是有用之人，亲近的也从不疏漏有功之人。越国和我们同处一片土地，并且世代都是仇敌。在这个时候，如果我们战胜了他们，却又不去占领，反而打算让他们继续生存下去，那就是违背了天意，而助长了仇敌。以后就算后悔，恐怕也拿它没有办法了。而吴国的衰落，也就指日可待了。我们处在楚国和越国之间，却任凭仇敌发展壮大，想以此称霸诸侯，那是绝对不可能的。”吴王不听。

伍子胥退出来后，对别人说：“如果越国用十年的时间来休养生息，再用十年的时间来教导百姓、训练兵马，那么二十年之后，吴国的宫殿恐怕就要荒废成泥潭了。”三月，越国与吴国讲和了。

相关链接

〔1〕勾践：？－公元前465年，又名摄执，姒姓，相传为大禹后裔。春秋末期越国国君，公元前497－前465年在位。于前482年灭吴。部分史料认为他是“春秋五霸”之一。

〔2〕夫椒：古山名。在今浙江绍兴西北。一说即今江苏无锡西南太湖中的马迹山。

〔3〕会稽山：山名。在今浙江绍兴境内。

〔4〕庖正：厨官。掌膳馐之事。

范中行氏之乱

赵鞅杀害赵午，赵午之子占据邯郸反叛，范氏、中行氏助之，并攻打了晋定公。韩简子、魏襄子等人率众讨伐叛逆，齐人则趁机侵晋，郑、卫也跟着卷入战乱。

鲁定公十三年，晋卿赵鞅对邯郸大夫赵午说："你把卫国进贡的五百户人家给我，我要把他们安置在晋阳[1]（赵鞅的私邑）。"赵午答应了。

赵午回去把这件事告诉邯郸的各位长辈。他们都说："不行。这五百户人家，是卫国用来帮助邯郸的。如果把他们迁到晋阳，那就等于是要和卫国断绝友好关系。不如我们先侵袭齐国，然后再想办法解决。"于是他们就出兵袭击了齐国，趁着齐军反击的机会，顺水推舟，把那五百户人家迁到了晋阳。

结果赵鞅还是非常生气，认为赵午不服从他的命令，办事拖延，便把赵午召去，关押在晋阳。赵鞅让赵午的随从解下佩剑，赵午的家臣涉宾不肯服从。于是赵鞅便派人告诉邯郸人："我用私人的名义惩罚赵午，你们可以按自己的意愿立继承人。"接着便杀了赵午。赵午的儿子赵稷和涉宾占据邯郸反叛。

六月，晋国上军司马籍秦率军包围了邯郸。赵午是荀寅的外甥，而荀寅是范吉射的儿女亲家，他们之间的关系很好，所以都不愿参与围攻邯郸的行动，并打算发动叛乱。赵鞅的家臣董安于听说这个消息后，马上告诉了赵鞅，问："你要事先作些准备吗？"赵鞅说："晋国的法律规定，首先制造祸乱的人，都要被处死。我们还是后发制人吧。"董安于劝赵鞅先动手，并且说："与其让百姓遭战祸，还不如让我一个人死。如果晋军要讨伐先挑起战祸的人，那就请用我顶罪吧。"赵鞅不同意。

七月，范氏、中行氏（即荀寅的家族，中行氏是荀姓的一支）攻打都城的赵氏宫室。赵鞅逃到晋阳，晋国人又包围了晋阳。

范皋夷不受族长范吉射的重用，因此准备在范氏内部发动叛乱。晋大夫梁婴父受荀跞宠信，荀跞打算让他当卿。韩简子（韩起之孙韩不信）和荀寅关系不好，魏襄子（魏舒之孙魏曼多）和范吉射关系也不好，因此范皋夷、梁婴父、荀跞、韩简子、魏襄子这五个人就一起商议，准备把荀寅和范吉射驱逐出去，让梁婴父接替荀寅的位子，让范皋夷接替范吉射的位子。

荀跞对晋定公说："君王您曾经命令各位大臣，如果谁先发动祸乱，那么谁就要被处死。当时还把一起发誓的盟书投到黄河里，请河神作证了。现在中行氏、范氏、赵氏三位大臣挑起战祸，但是却只放逐了赵鞅一个人。这样刑罚就不公平了，请把另外两个人也驱逐出去。”

十一月，荀跞、韩简子、魏襄子奉定公的命令，讨伐范氏和中行氏，但是没能获胜。

范吉射和荀寅打算攻打晋定公。高强当年离开齐国流亡，辗转来到晋国，如今正在他们手下，这时就劝谏他们说：“我是久病成良医（鲁昭公十年，高强遭陈、鲍二氏攻打时，曾打算劫持齐景公，所以现在这么说）。什么都可以做，只有攻打君主是不可以做的，因为得不到百姓的支持。我就是因为攻打了齐国国君，才逃离故土，流亡到了这里。现在荀跞、韩简子和魏襄子还不能够和睦相处，我们可以设法打败他们。如果我们战胜了他们，那么君主又能依靠谁呢？如果我们先攻打君主，就是促使他们团结起来对付我们。”

荀寅和范吉射不听，开始攻打晋定公。国都的人都帮助定公，荀寅和范吉射最终被打败，荀跞、韩简子、魏襄子又趁机攻打他们。十八日，荀寅和范吉射逃到了朝歌。

○ 品画鉴宝

人物故事图（明）仇英／绘　此图用工笔重彩，在绚丽中呈现出精细、粗劲、灿烂、淡雅等变化。

韩简子、魏襄子向晋定公请求让赵鞅回国都。十二月十二日，赵鞅回到了绛都，在定公的宫室里举行了盟誓仪式。

到了第二年春天，梁婴父因为很讨厌董安于，就在荀跞面前使坏，说："假如不除掉董安于，让他一直辅佐赵氏，那么赵氏迟早会拥有整个晋国。为什么不拿赵氏引起这场祸乱为借口，去讨伐他们呢？"于是荀跞派人告诉赵鞅："当初荀寅和范吉射确实发动了叛乱，但这都是董安于挑起来的，这就相当于是董安于参与策划了他们的反叛。晋国的法律规定，率先挑起祸乱的人要被处死，荀寅和范吉射他们俩已经受到处罚了，请你也处罚董安于吧！"

赵鞅听了很担心。董安于说："如果我死了，能使晋国安宁，能使赵氏安定，那我活着又有何求呢？人，谁能不死？我已经算是死得晚的了。"于是自缢而死。

赵鞅派人将董安于的尸体抬到市场上示众，然后派人向荀跞报告："您命令我处罚罪人董安于，现在他已经受到处罚了，特此禀告。"荀跞得到报告，便和赵鞅结了盟。从此以后，赵氏才终于得以安定。赵鞅把董安于的牌位安放到家庙中，让他享有赵氏后人的祭祀。

夏天，晋国军队包围了范、中行氏控制的朝歌。齐景公正打算跟晋国争霸，就与鲁定公、卫灵公在牵地会盟，商量救援荀寅和范吉射。范、中行氏的党羽析成鲋、小王桃甲引来狄人侵袭晋国，但是没有获胜。析成鲋逃奔到成周，小王桃甲则逃进了朝歌。

十二月，晋国军队又在潞地打败了范、中行氏的军队，并俘虏了籍秦和高强。接着，又在百泉打败了范吉射的军队及救援范氏的郑国军队。

晋国内有范、中行氏叛乱，外有齐景公等诸侯虎视眈眈，形势本来已非常严峻。幸好，这时齐党内部也出现了分裂。齐景公在牵地会盟后，秋天又在洮地会见了宋景公，打算再联合宋国救援范、中行氏。谁知齐党中的郑国与宋国是世仇，郑国对宋国的加入感到不满，于第二年夏天攻打了宋国。结果，齐国又得与卫国一起商量救援宋国，让晋国缓了一口气。

鲁哀公元年四月，齐景公和卫灵公率军救援邯郸，包围了晋国的五鹿。不久，齐军、鲁军、卫军和鲜虞的军队一起攻打晋国，夺取了棘蒲。十一月，赵鞅率军攻打了朝歌。

鲁哀公二年，卫灵公去世，当时太子蒯聩逃亡在晋国，卫国人立蒯聩的儿子辄为国君。六月十七日，赵鞅就把蒯聩送到卫国的戚邑，借以威胁卫国。

八月，齐景公给范氏输送粮食，让郑国的子姚和子般率军护送。范吉射出来迎接，赵鞅则前去堵截，双方在戚邑相遇，大战于铁丘〔2〕。结果晋军大败郑军，缴获了齐国的一千车军粮。

鲁哀公三年春，齐、卫联军包围了戚邑，戚邑派人向中山国〔3〕求援。十月，赵鞅也率军包围朝歌，把军队驻扎在朝歌的南面。城内的荀寅率军进攻南门外城的晋军，让晋军集中到南门，然后命令在城外的部众从北门冲进来，使自己得以从北门突围。二十三日，荀寅逃到了邯郸。

次年七月，齐国和卫国的大夫率军救援范氏。十四日，他们包围了晋国的五鹿。九月，赵鞅率军围攻邯郸。十一月，邯郸宣布投降，荀寅逃到了鲜虞，赵稷则逃到了临邑（当时属晋国）。十二月，齐大夫弦施前去迎接赵稷，并把临邑的城墙拆除了。

齐大夫国夏率军攻打晋国，夺取了邢、任、栾、鄗、逆畤、阴人、盂、壶口八邑，并跟鲜虞人会合，把荀寅送到了范氏的私邑柏人〔4〕。鲁哀公五年春，晋国派军队包围了柏人，荀寅和范吉射被迫逃亡到齐国。至此，晋国的范、中行氏之乱才终告结束。

相关链接

〔1〕晋阳：春秋晋邑。在今山西太原西南晋源镇。

〔2〕铁丘：古丘名。在今河南濮阳西北。春秋属卫。

〔3〕中山国：又称“鲜虞”。春秋白狄所建。在今河北正定东北。公元前295年灭于赵。

〔4〕柏人：春秋晋邑。在今河北隆尧西。

晋郑铁丘之战

齐景公给叛乱中的范氏支援粮食，郑军负责护送。赵鞅率兵拦截，与之交战于铁丘。郑人大败，被掳走的粮食有一千多车。

鲁哀公二年八月，齐景公为了与晋国争霸，给在晋国叛乱的范吉射输送粮食，让郑国的子姚和子般率军护送。范吉射出来迎接他们，晋卿赵鞅则前去阻截他们，双方在戚地相遇。

鲁国的阳虎逃亡到晋国后，做了赵鞅的家臣，这时为赵鞅出谋划策说："我们的兵车少，可以先把大将的旗帜插到车上，让子姚、子般的前锋战车摸不清深浅，不得不先与我们对阵。等子姚、子般从后面赶上来时，我们再追过去。他们看到我，一定会心生畏惧（阳虎在鲁国专权时，曾率军攻打郑国，所以郑国人怕他）。到那时再与他们交战，我们就一定能大获全胜。"赵鞅听从了他的建议。

晋军用龟甲占卜，结果把龟甲烧焦了，看不出兆纹。晋大夫乐丁说："《诗经》说：'先进行谋划，再占卜吉凶。'既然已经谋划妥当，那按上次占卜的结果（正好是吉兆）来判断就可以了。"

作战前，赵鞅发誓说："范氏、中行氏违背天命，残害百姓，企图在晋国专权，而杀害国君。本来我们国君也打算依靠郑国，来谋求自己国家的安定。现在郑国不讲道义，舍弃我们的国君，却帮助晋国的乱臣。我们这几个人顺应天命，维护道德，遵循正义，清除污秽，洗

雪耻辱，就在今天这一战了！如果能够战胜敌人，上大夫受封县邑，下大夫将受封郡邑，士将获得一千亩田地，平民和工匠、商人可以凭战功入仕做官，奴隶将可以获得自由。如果我战胜了，请君王免除我的罪过！如果我战败了，就请给我处罚，处以绞刑[1]，只用三寸厚的桐木棺材为我收敛，并且只用一层棺材，用不加修饰的灵车、马匹运送灵柩，不把我葬在赵氏的墓地上，降格按下卿的身份接受处罚（当时赵鞅是上卿）。"

八月初七，晋军准备作战。邮无恤为赵鞅驾车，卫太子蒯聩担任车右。他们登上铁丘，一眼望去，郑军人马众多。蒯聩十分害怕，吓得从车上掉了下来。邮无恤赶紧递给他登车的带子，让他拉着上车，讽刺他说："你就像个女人。"

赵鞅视察军阵，鼓舞将士说："先君献公的车右毕万，当初只是一个普通人。他参加了七次战斗，每次都有俘获，后来家中有车百乘，并得以善终。大家勇敢作战！未必就会死在敌人手里！"

繁羽为赵罗驾御战车，宋勇担任车右。赵罗胆子很小，他们就用绳子把他绑在车上。当军吏过来询问时，繁羽就回答说："他的疟疾[2]发作了，所以才会趴下。"

卫太子蒯聩在战前祷告说："曾孙蒯聩恭敬地向皇祖文王、列祖康叔、文祖襄公报告：郑胜公扰乱常道，而晋定公又遭受危难，不能亲自带兵平叛，特地派赵鞅前来讨伐。蒯聩不敢贪图安乐，也参加了这次战争，充当车右。祈求祖先们保佑我不伤筋、不断骨、不伤面容，并且成就大事，不让三位祖先蒙羞。我不敢为个人的生死祈求，也不敢吝惜祈祷用的佩玉。"

在交战中，郑国人用戈击中了赵鞅的肩膀，赵鞅倒在车中，郑国人趁机把车上的大旗拔走了。蒯聩这时也勇敢起来，举着戈抵挡救援。晋军终于打退了郑军，俘获了温邑大夫赵罗（这个赵罗是范氏党羽，与前面胆小装疟疾的赵罗不是同一个人）。郑军已经后退，蒯聩又代赵鞅率军攻打，大败郑军，缴获了齐国的一千车军粮。赵鞅十分高兴，满意地说："可以了。"

○ 品画鉴宝　千岩竞秀图（明）魏之璜／绘　此图绘江南春景，构图严谨，铺陈舒卷自如，描绘精巧细致。

当初，周王室赐给范氏一些田地，范氏家臣公孙龙去那里收田租，赵氏的人抓住了他，将他献给了赵鞅。军吏请求杀掉公孙龙，赵鞅说："他只是为他主人办事，有什么罪过？"于是阻止了军吏，不但没有杀他，而且还送他田地，让他留下来。这次铁丘之战，公孙龙率领五百名士兵在夜间偷袭郑军，从子姚的帐幕下把赵鞅的那面大旗又夺了回来。他把大旗献给赵鞅，说："请让我以此报答你的恩德。"

晋军继续追赶郑军，子姚、子般、公孙林殿后，一边后退一边向晋军射箭，晋军前锋死伤很重。赵鞅说："看来小国也不能轻视啊。"

战斗结束后，赵鞅说："我趴在弓箭袋上吐血，但是仍然坚持击鼓，不让鼓声停下来。今天我的功劳最大。"卫太子蒯聩说："我冲到车前去救你，又把敌人击退，车右中我功劳最大。"邮无恤说："我驾驭的那辆战车，控制骖马的皮带都快要断了，但是我还能控制住它们。御者中我功劳最大。"他说完，还怕人不信，便在车上装了一些细木，然后一赶马，皮带马上就断了。

相关链接

〔1〕绞刑：死刑的一种。以绳索勒人脖颈，使窒息而死。

〔2〕疟疾：因疟原虫寄生而引起的疾病。经疟蚊叮咬等途径传染。病状为全身寒战、发热、多汗。且常周期性有规律地发作。

齐陈氏专权

齐景公死后，陈乞赶走了执政世卿高、国二氏，废掉了太子荼，拥立流亡鲁国的公子阳生为君，是为悼公。自此，陈氏开始独揽齐国政权。

齐国四姓之乱时（鲁昭公十年），陈无宇联合鲍氏赶走了栾施和高强，瓜分了他们的家产。陈无宇听从晏婴的建议，把瓜分来的田地还给了齐景公，自己告老还乡，并且谢绝了景公的赏赐。后来，景公的母亲为陈无宇请求高唐一带作为封邑，陈氏从此开始强大起来。当时齐君厚敛于民，而陈氏却厚施于民，所以陈氏很得民心。到春秋末年，陈无宇的儿子陈乞执家的时候，陈氏潜在的势力就更大了。

齐国的政权，当时还是掌握在世卿高、国二氏手中。齐景公宠爱小儿子荼，想立他为太子，试探大夫们的看法，大夫们似乎都不赞成。齐景公很担忧，就使出强硬手段，让高张、国夏立荼为太子，把其他儿子都迁到边疆的莱邑去。鲁哀公五年秋，齐景公去世，莱邑的公子们纷纷出逃。

陈乞假装侍奉高张、国夏，每次上朝，一定要和他们同乘一辆车子。而且每次跟随他们时，也一定在他们面前诋毁[1]其他大夫，说："那些大夫都十分狂妄，正打算违背您二位的命令呢。他们都说：'高张、国夏二人要是得到国君的宠信，就一定会欺压我们，为什么不除掉他们呢？'他们这些人已经准备对付你们了，你们一定要及早图谋，想办法对付他们！对付他们的最好办法，就是把他们全部杀掉。犹豫不决的话，那就是下策了。"

到了朝廷上，陈乞又对高张、国夏说："那些大夫就像虎狼般凶狠。如果看见我紧随你们身侧，肯定很快就会杀了我。请允许我到他们的行列中去。"

他到了大夫们那里，又对他们说："高张、国夏那两个人打算作乱了。他们倚仗君王的宠信，想要对付你们。他们说：'国家之所以多灾多难，都是那些受宠的大夫闹的。一定要把他们全都铲除，这样君王才能够安定。'他们都已经策划好了。你们为什么不趁对方还没有采取行动，就先下手为强呢？如果你们让他们先动手，到时后悔也来不及了。"大夫们都听从了。

鲁哀公六年的六月二十三日，陈乞、鲍牧及诸位大夫率领甲士冲入

○ 品画鉴宝

二骑士猎鹿扣饰（战国） 两骑士各骑一马，手执长矛作下刺状。马前有两鹿。背面有矩形扣。

齐侯的宫室。高张听到这一消息，赶紧和国夏一起乘车前往。双方士兵在庄街交战，高张和国夏战败。都城的人继续追赶他们，国夏逃到了莒国，不久又和高张、晏圉、弦施一起逃到了鲁国。

陈乞既已赶走高、国二氏，就派人前往鲁国，召请逃亡到鲁国的公子阳生。阳生驾着马车去见同在鲁国的公子钼，说："我曾献给季康子几匹马，但所献的都列不入他的上等马之中，我打算再献几匹，所以请你坐一坐试试。"车子出了莱门，阳生才把事实告诉公子钼。

公子阳生的家臣阚止知道了这件事，就在城外等候阳生，准备跟他一起回齐国。阳生对他说："现在还不知道事情会怎样发展，你先回去，和壬（阳生之子，后来的齐简公）一起等我的消息吧。"反复叮嘱阚止之后，他就出发了。到达齐国都城时，国都的百姓都知道他回来了。陈乞让自己的妾照料阳生，又让他和送饭的人一起进入公宫。

十月二十四日，陈乞宣布立公子阳生为国君。正要盟誓的时候，鲍牧喝得醉醺醺地来了。鲍氏家臣鲍点问陈乞："这是谁的命令？"陈乞说："我们是遵照鲍先生的命令啊。"便趁机诬赖鲍牧，说："这分明是你的命令呀！"鲍牧说："你忘记先君有多么喜爱荼，在荼小的时候，趴在地上给荼当牛骑，以致折断了一颗牙齿吗？你要背叛先君吗？"

公子阳生听到这话，赶紧叩头，对鲍牧说：“你是遵循道义的人。如果我能被立为国君，一定不愿失掉这样一位大夫的；如果我不能被立为国君，相信你也一定不会杀掉我这个公子的。合乎道义就去做，不合道义就罢手，我哪敢不听从你的安排？我只求废立之际，不要发生祸乱，不要有人流血，这就是我的愿望了。”鲍牧也被他打动，就说：“其实您和荼，谁不是先君的儿子？”于是就接受了盟约。

公子阳生被立为齐国国君，是为悼公。齐悼公让景公的宠妾胡姬带着荼住到赖地去，把公子荼的母亲鬻姒遣送到别处，然后杀死齐景公的宠臣王甲，拘禁江说，把王豹关押到句渎之丘。齐悼公想杀了荼，就让大夫朱毛把荼迁到了骀[2]地。还没走到骀地，朱毛就在野外将荼杀死了。

陈乞赶走高、国二氏，独揽了齐国政权，接着又废掉孺子荼，拥立公子阳生，齐国的政局由此前的世卿执政，一转而变为田氏（“陈”“田”二字在古代音同相通，田氏即陈氏）独强。春秋、战国之际“田氏代齐”的局面，到这时也就开始成形了。

相关链接

〔1〕诋毁：毁谤，诬蔑。诋，说坏话、毁谤。《后汉书钟离意传》：“帝性褊察，好以耳目隐发为明，故公卿大臣数被诋毁。”

〔2〕骀：春秋齐地。在今山东诸城东南。

宋景公灭曹

曹伯阳听从公孙强的建议，背叛盟主晋国，攻打宋国，企图通过这种途径称霸天下。宋景公率军反击，没费多大力气就灭亡了曹国。

鲁哀公七年秋，宋景公率军入侵曹国，包围了曹国的都城。郑国大夫子思说："如果宋国占领了曹国，就会成为郑国的一大祸患，我们不能不援救曹国。"冬天，郑军救援曹国，并侵袭了宋国。

当初，曹国有人做梦，梦见君子们站在土地庙[1]围墙上，商量如何灭亡曹国，叔振铎（周武王之弟，曹国的第一代国君）请求等公孙强，君子们答应了。梦醒之后，这个人便开始寻找名叫公孙强的人，结果找遍了整个曹国也没有找到。临死前，这个人告诫他的儿子说："等我死后，如果听说公孙强这个人主持政事了，你就一定要离开曹国。"

曹伯阳即位后，非常喜欢猎鸟。正好曹国边境上有一个叫公孙强的人，也喜欢射鸟，他抓到一只大白雁[2]，献给了曹伯阳，并且谈论猎鸟的技巧。曹伯阳十分高兴，又向公孙强询问治理国家的事，听公孙强谈论之后，更加地喜欢他。公孙强从此受到曹伯阳的宠信，曹伯阳让他担任司城，执掌国政。那个做梦人的儿子听说后，便急忙离开了曹国。

公孙强向曹伯阳讲述了称霸天下的策略，曹伯阳听从了，于是背叛了晋国，侵犯了宋国。宋国人攻打曹国，结果晋国人袖手旁观，不来救援。等到郑国派军队救援曹国，宋军才撤退。宋军撤退之后，公孙强又在都城郊外建造了五座城邑，就是黍丘、揖丘、大城、钟、邘。

鲁哀公八年春，宋景公再次率军攻打了曹国。将要撤军回国时，宋大夫褚师子肥殿后，曹国人在后面辱骂他，褚师子肥十分生气，不让殿后的军队撤退，害得整个宋军都得停下来等他。宋景公在前边得知这件事后，大为恼火，下令全军返回，继续攻打，于是便把曹国给灭了。宋军俘虏了曹伯阳和公孙强，把他们带回宋国，然后都给杀了。

相关链接

〔1〕土地庙：供奉土地神的庙宇。土地神，传说中管理一个小地面的神灵。又名"灶神"。

〔2〕白雁：羽毛纯白，体型似雁而小。古时多用作贽（初次相见）礼。

吴为邾故伐鲁

季康子不顾鲁、吴曾经订下的盟约，擅自出兵攻打邾国。邾人茅成子前往吴国投诉。吴王夫差于是率兵北上，准备讨伐鲁国。

鲁哀公七年秋，鲁国在季康子的坚持下，出兵攻打邾国。邾国这时正依附吴国，有一个厉害的靠山，而且当年夏天吴国和鲁国刚刚在鄫地结盟，所以邾国人并不防备鲁国。鲁军攻到邾国国都的范门时，还能听到城内传出的音乐声。鲁国的大夫们劝阻季康子，说攻打无备的小国，会招来吴国的讨伐，季康子不听。

邾国的大夫茅成子请求派人向吴国告急，邾隐公不同意，说："鲁、邾两国是近邻，鲁国夜里巡更〔1〕的梆子声，在邾国就能听到。吴国离我国有两千里之遥，没有三个月的时间，吴军是到不了我们这里的，怎么能解救我们的危难呢？再说凭借我们邾国自己的实力，难道就不能够抵抗鲁军吗？"

茅成子见邾隐公不听自己的劝告，就占据自己的封地茅邑〔2〕反叛。鲁军攻入邾国的国都，并且住进了公宫。鲁军没有纪律，大白天到处抢掠财物，邾国人退守绎山。鲁军在夜里袭击了绎山，俘获了邾隐公，把他带回鲁国，在亳社〔3〕献俘之后，就将他囚禁到负瑕去了。

茅成子带着五匹帛、四张熟牛皮，以私人的名义前往吴国请求救兵。他说："鲁国认为晋国已经衰落，吴国又距离遥远，便以强凌弱，背弃了与君王订立的盟约，瞧不起君王的大臣，而来欺压我们小国。我们邾国不敢如何爱惜自己，只是担心君王的威严不能够树立。君王的威严无法树立，那才是小国真正担忧的。如果鲁国夏天才在鄫地与君王结盟，到了秋天就背叛了盟约，而且为所欲为，没有受到任何制裁，那么四方的诸侯还凭什么来侍奉君王呢？再说鲁国虽有八百辆兵车，而只是您的副手；邾国只有六百辆战车，却是您的下属。把自己的下属，拱手让给副手，这样做的利害得失，希望您能认真考虑一下！"吴王夫差听从了。

第二年春天，吴国因为邾国的缘故，打算进攻鲁国，为此特地向流亡吴国的叔孙辄征求意见。叔孙辄说："鲁国有名无实，你们攻打它，一定能取得胜利。"

叔孙辄退出来之后，将这件事告诉了一起逃亡到吴国的公山不狃。

公山不狃说："你这样做是不合礼法的。君子离开自己的国家，是不会逃去敌国的。你在鲁国没有尽到臣子的本分，离开之后又劝敌国攻打它，而为吴国效力，这样的话，还不如死了呢！遇到这样的使命，就应该躲开。再说流亡他乡的人，不应该为了国内有自己厌恶的人，就祸害自己的家乡。现在你因为自己小小的怨恨，就要倾覆自己的祖国，这怎么可以呢？如果吴国让你带路，你一定要拒绝，这样他们就会来找我。”叔孙辄听了之后，对自己说过的话感到很后悔。

吴王夫差又向公山不狃征求意见，公山不狃回答说：“鲁国虽然没有可以依靠的国家，但到了国家危亡的时刻，却一定会有愿意和它同仇敌忾的国家。如果诸侯都去救援它，那么吴国就难以达到目的了。如果晋国、齐国和楚国愿意帮助鲁国，那吴国就多了四个敌人。而且鲁国就相当于齐、晋的嘴唇，唇亡齿寒的道理您也是知道的，齐国和晋国怎么可能不救援鲁国呢？”但吴王夫差没有听从。

三月，吴国发兵攻打鲁国，由公山不狃负责领路。公山不狃故意把吴军领到险路上，经过了武城。

当初，武城中有人在靠近吴国边界的地方种田，曾经把鄫地一个浸泡菅草[4]的人抓起来，质问他：“你为什么把我们的水弄脏了？”等到这次吴军来了，那个鄫地人就为吴军带路，最后攻下了武城。

吴国大夫王犯曾经出仕鲁国，担任的正好是武城的长官。武城人澹台灭明（孔子弟子）的父亲与他关系一向很好，鲁国都城的人不知

○品画鉴宝　盔（春秋）　此盔上、下有穿钮，可供穿绳打结以固定，设计实用。

道鄫地人的事，以为是因为王犯，甚至有澹台灭明的父亲相助，吴军才能攻克武城，所以都很担心。孟懿子对子服景伯说："这该怎么办呢？"景伯回答说："吴军来，我们就和他们作战，有什么好害怕的？而且这是我们鲁国自己攻打邾国，才把他们招来的，我们还想怎样呢？"

吴军接着攻克了东阳，然后继续前进，在五梧扎营。第二天，又在蚕室扎营。鲁大夫公宾庚和公甲叔子率军和他们在夷地交战，结果吴军获得了公甲叔子和析朱的尸首，并把他们献给了吴王夫差。夫差说："这两人是同一辆战车上的，他们能一起赴死，说明鲁国善于用人，看来这个国家还不能够夺取呢。"

第二天，吴军在庚宗扎营。接着，又在泗上驻扎。鲁大夫微虎想在夜里偷袭吴王的军帐，便吩咐他的七百个部属到帐幕外的空地上去，每人跳跃三次，最后从中选出三百人，孔子弟子有若也在其中。这三百人走到曲阜的稷门时，有人对季康子说："这样做，并不足以危害吴军，只能使我们损失更多的精英，还不如罢手呢。"于是季康子便下令取消了这次行动。吴王听说这件事后，吓得一夜之间连换了三个住处。

吴国人提出和鲁国讲和，双方将要结盟时，子服景伯说："当年楚国人包围宋国都城，宋国人相互交换儿子吃，折断骨头用来烧火，最后也没有订立城下之盟。现在我们消耗还不严重，却订立城下之盟，这就等于是舍弃自己的国家呀。吴军轻兵深入敌境，一定不能在此久战，很快就会回去的。请再等待一下。"但季康子等人听不进他的意见。

子服景伯只好带着草拟的盟书来到莱门。鲁国提出让景伯去吴国作人质，得到吴王的同意后，又提出吴国得把王子姑曹留下来也作为人质，吴王不想留下王子姑曹，交换人质这件事就此作罢。双方订立盟约后，吴军便回国了。后来鲁国又得罪了齐国，齐国派使者去吴国请兵，要一起讨伐鲁国。鲁国为了讨好吴国，就主动把邾隐公送回了邾国。

相关链接

〔1〕巡更：守夜巡逻。

〔2〕茅邑：在今山东金乡西。本茅国之地，后为邾所并。

〔3〕亳社：古人祭祀地神之坛。

〔4〕菅草：又名"菅茅"。多年生草本植物。常长于山坡草地。

鲁哀公十一年春，齐人伐鲁，鲁国季氏、孟氏与之战于国都之郊。齐师败绩，趁天黑而逃。

鲁哀公十年，鲁国跟随吴国攻打了齐国。第二年春，齐国为了报仇，派国书、高无丕率领军队攻打鲁国，到达了清地。

季康子问他的家臣总管冉有，说："齐军在清地集结，一定是准备攻打鲁国，我们该怎么办？"冉有说："你们三位大夫（季孙、孟孙、叔孙），一人留守国都，其他两人跟随国君前往边境抵御齐军。"季康子说："我无法让他们两人前往边境。"冉有说："那就在境内抵御齐军吧。"

季康子把这一方案告诉叔孙武叔和孟懿子，他们两人都不同意。冉有说："如果这样还不行，那么君王就不必亲自出征了。你一个人率领军队，背靠城池，拼死一战。谁不跟随你出战，那他就不是鲁国人。鲁国都城卿大夫之家的数目比齐国的兵车还要多，其中光你一家的兵车就比齐军的兵车还多，你还担心什么呢？叔孙和孟孙不愿意作战，也是情有可原的，因为鲁国的政权掌握在你手里。如果在你还活着的时候，齐国人攻打鲁国，而鲁国人不能奋起作战，那这就是你的耻辱，你也就没资格和诸侯们并列了。"

季康子让冉有跟随自己上朝，让他在党氏之沟[1]等候。这时叔孙武叔路过这里，跟冉有打了个招呼，并向他询问关于作战的意见。冉有回答说："这个问题，君子们自有远虑，我一个小人又知道什么呢？"

这时孟懿子也走了过来，坚持要他回答这个问题。于是冉有暗含讽刺地回答说："小人估量了才能之后才说话，估量了力量之后才出力。"叔孙武叔听出了冉有的激将法，说："你这是在说我不是大丈夫啊！"他们两人退朝之后，便检阅部属准备参战。

孟懿子的儿子孟孺子泄统率右军，颜羽为他驾车，邴泄担任车右。冉有统率左军，管周父为他驾车，樊迟担任车右。季康子说："樊迟太年轻了。"冉有说："但他能服从指挥。"

季氏共出动了七千名甲兵，冉有把三百个武城人编作自己的侍卫步兵，留下老弱士兵守卫宫室，然后带着其余的部队驻扎在雩门之外等候命令。五天之后，孟孺子泄率领的右军才跟了过来，可见孟孙还是不想参战。

鲁昭公的儿子公为一看到守城的人，便流下了眼泪，说："徭役繁多，赋税沉重，居上位者不能谋划，战士们又不愿拼命，那还靠什么来治理百姓呢？我既然这样谴责别人了，自己敢不努力吗？”

鲁国左军和齐军在国都的郊外作战。齐军从稷曲[2]向鲁军发起了进攻，然后鲁军士兵却不敢越过壕沟[3]迎战。樊迟对冉有说：“并不是士兵不能够越过壕沟，而是大家对你还不信任。请你申明号令三次，然后带头越过壕沟。”冉有照他的话做了，士兵们也就跟着越过壕沟，冲入了齐军军阵。

孟孺子泄率领的右军四散奔逃，齐军追赶他们，齐大夫陈瓘、陈庄渡过了围绕都城的泗水。鲁国右军的孟之侧不愿就这样逃跑，于是故意走在最后头，还抽出一枝箭来鞭打他的马，说：“不是我想殿后，而是马不肯往前走了。”林不狃的队友问：“我们逃吗？”林不狃说：“谁逃跑吗？”队友又问：“那么我们要停下来抵抗吗？”林不狃说：“停下来抵抗就算有能耐吗？”于是他们就从容前行，结果被齐军杀死。

鲁国左军获得了八十个齐军甲士的首级，以致齐军无法重整军容。到了晚上，鲁军间谍报告说：“齐军逃跑了。”冉有三次请求追击齐军，但季康子都没有同意。

孟孺子泄后来对人说：“我虽然比不上颜羽勇敢，但还是比邴泄要好。颜羽沉稳敏锐，一心求战；我虽然不想作战，但至少没有吭声；邴泄作为车右，却在一旁催颜羽说：‘快赶车逃跑！’”

公为与他宠爱的小僮汪锜同乘一辆战车，结果一起战死，人们为他们举行了葬礼。孔子说：“汪锜能和成年人一样，拿起武器保卫国家，可以不当成夭折对待，照成年人的规格安葬。”冉有让左军士兵用长矛冲锋，鲁军因此才能攻入敌阵，孔子说：“这说明冉有懂得具体情况具体对待呀。”

○品画鉴宝　人物故事图（明）仇英／绘　此图题为『松林六逸』，人物、情景相互交融，显示出缜密巧思。

相关链接

〔1〕党氏之沟：《左传·哀公十一年》：“季孙使从于朝，俟于党氏之沟。”杜注：“党氏沟，朝中地名。党，音‘掌’。”

〔2〕稷曲：鲁都曲阜（今山东曲阜）郊外之地。《左传·哀公十一年》：“师及齐师战于郊，齐师自稷曲，师不逾沟。”杜注：“稷曲，郊地名。”

〔3〕壕沟：沿阵地正面挖掘的供战斗时使用的堑壕。

黄池之会

艾陵之战后，吴王夫差在黄池会盟晋定公、鲁哀公，企图成为中原霸主。越王勾践趁机入侵，占领了吴国都城。

吴军在艾陵之战大败齐军后，吴国国势更加强大。鲁哀公十三年夏，吴王夫差北上中原，在黄池[1]邀集晋定公、鲁哀公会盟，打算在会上争得一个中原霸主的名头。

六月十一日，越王勾践趁机攻打吴国。越军兵分两路：一路由越大夫畴无余、讴阳率领，从南部进军，率先攻到吴都郊区。吴国的太子友、王子地、王孙弥庸、寿于姚在泓水上观察越军情况，弥庸看到越地姑蔑[2]的旌旗，说："这是我父亲的战旗！我不能见到仇人而不去杀他们。"弥庸的父亲被越国人俘虏，旌旗也被夺去，姑蔑人拿来作了自己的旗帜。

太子友说："作战而不能取胜，就可能导致亡国，请你耐心等待。"弥庸不听，集合了五千名士卒，王子地也帮助他。

二十日，双方交战，弥庸俘获了畴无余，王子地俘获了讴阳。这时，越王勾践率领主力部队赶到，王子地坚守阵地。二十一日，双方再次交战，结果吴军大败，太子友、王孙弥庸、寿于姚都被越军俘虏。二十二日，越军攻入了吴都。吴国人连忙派人向吴王夫差报告战败的消息。吴王害怕这个消息被参加盟会的诸侯知道，影响他争盟主，便亲自动手，一连杀了七个知情的人。

七月初六，在确定歃血的先后顺序（先歃血为盟主）时，吴国和晋国起了争执。吴国人说："在姬姓国家中，我们吴国是周室的伯父之国（吴国始祖太伯是周文王的伯父）。"晋国人说："在姬姓国家中，我们晋国一直都是盟主。"

晋卿赵鞅对司马寅说："现在天色已晚，但是盟誓的事还没有解决，这是我们两个的罪过。现在只有一个办

○ 品画鉴宝

炉（战国） 此器直壁浅腹，三个兽蹄足。器形朴质厚重，纹饰疏放，反映了战国晚期楚国青铜器的一种风格。

法：让我们敲起战鼓，摆开阵仗，我们这两个做臣子的摆出要跟他们决一死战的样子，这样就可以确定先后顺序了。”司马寅回答说：“请让我先到吴军中去观察一下吧。”他回来后说：“身居高位的人，不应该脸色灰暗。现在吴王脸色灰暗，难道是吴国吃了败仗？还是太子去世了？夷狄之人性子浮躁，不够沉着，一定忍耐不了多久。让我们先等一等吧。”最后，晋国人还是让吴国人先歃血。（按：据《国语》，黄池之会最后是晋国人先歃血，此说似乎更可信。）

吴军回国时，吴王夫差又打算顺路攻打宋国都城（因为宋国人没有来参加黄池之会），把那里的男人都杀了，把女人都抓起来。太宰嚭说：“虽然能战胜，但也无法占领这里。”于是吴军烧了宋都的外城，耀武扬威一番就回国了。冬天，吴国和越国讲和。

相关链接

〔1〕黄池：古地名。在今河南封丘西南。春秋卫地，后属宋。

〔2〕姑蔑：春秋鲁地。在今山东泗水东。常简称为“蔑”或“眛”。

齐陈常弑简公

陈常对齐简公的宠臣阚止十分忌惮，以至于两人几乎无法同朝为官。陈常先发制人，杀死了简公和阚止。孔子因此请求讨伐陈氏，但鲁哀公没有同意。

齐简公当上国君前，在鲁国流亡的时候，非常宠信阚止。等到他回国即位，就让阚止主持朝政。陈常[1]（陈乞之子）对阚止十分忌惮，上朝时总是频频回头看阚止。大夫陈鞅对齐简公说："陈常和阚止这两个人不能并用，君王您必须从中做出选择。"但简公没有采纳他的建议。

一天傍晚，阚止前去谒见简公，正好碰见陈逆杀人，便派人把他抓起来带入公宫。当时陈氏族人非常团结，他们让陈逆装病，给他送去了洗头的淘米水，趁机送进酒肉。陈逆把酒肉送给看守，等看守喝醉之后，就把看守杀了，然后逃跑。为此，阚止和各位陈氏大夫在陈氏宗主家里订立了盟约，以防陈逆回来作乱。

当初，陈氏族人陈豹打算做阚止的家臣，请齐大夫公孙向阚止推荐自己。不久因为陈豹家里有丧事，公孙便把这件事放了下来。等陈豹服完丧后，公孙对阚止说："有一个人叫陈豹，身材高大，有些驼背，眼睛总是朝上看，如果侍奉君子一定能令人满意，他希望做你的家臣。我有点担心他的为人，所以才没有马上告诉你。"阚止说："这有什么关系？关键在于我怎么用他。"便让陈豹做了家臣。过了些日子，阚止和陈豹谈论治理国家的事，谈得很高兴，不久陈豹便得到了阚止的宠信。

鲁哀公十四年，阚止对陈豹说："我把陈氏的人全都赶走，然后立你为陈氏的继承人，你看怎么样？"陈豹回答说："我在陈氏一族中，只是远支。再说陈氏一族中，不服从你的也就几个人，为什么要把他们全都赶走呢？"

陈豹做阚止的家臣，本来就是陈氏安插的奸细。如今陈豹先拿话稳住阚止，回头便把这事报告给了陈常。陈常召集族人商议，陈逆对陈常说："阚止已经得到国君的宠信，如果我们不先下手，那么祸患就一定会降临到你头上。"于是陈逆住进公宫里，准备做内应。

五月十三日，陈常兄弟四人乘坐一辆马车，前往公宫。阚止当时正在里面，听说陈氏兄弟来了，就出来迎接他们。陈氏兄弟进去之后，便把大门关上。齐简公的侍者见陈氏兄弟来势不善，打算反抗，陈逆把他们都杀了。这时齐简公正在檀台上和女人喝酒，陈常想让简公转移到寝

○品画鉴宝　高松远涧图（明）邵弥／绘　此图运笔以皴带染，线条流畅多姿，水墨淋漓有出尘之效。

宫中去，简公不愿意，拿起戈要打陈常。太史子余（也是陈氏的人）赶紧劝解说："陈常他们不是要对君王不利，而是要除掉君王身边的坏人！"

陈常因为齐简公发了怒，就退出来到府库里去住。过了一会，听说简公怒气还没有消，就打算逃走，说："哪里没有可以侍奉的君主呢？"陈逆抽出宝剑，说："犹疑不决，是做事的大敌。你要是逃走，谁又不能做陈氏的宗主呢？如果你要逃，我就一定杀了你！请陈氏祖先作证！"于是陈常放弃了出逃的想法。

阚止回到家里，集合自己的部属，攻打宫墙的小门和大门，但都没有攻下来，便逃走了。陈氏族人在后面追赶他，阚止在弇中峪迷了路，结果逃到了陈氏封邑丰丘。丰丘人抓住阚止，然后报告给陈常，陈氏便在外城城门之外将他杀了。

陈常还准备杀死阚止的家臣大陆子方，陈逆替子方求情，陈常才赦免了他。大陆子方假冒齐简公的命令，在路上征用了一辆车，但逃到齐鲁边界时被人发现，大家又逼着他往东返回了。大陆子方出了齐都的雍门，陈豹要把自己的马车送给他，他不肯接受，说："陈逆为我求情，使我免于一死；陈豹送我车子，让我逃命，这说明我跟他们两人有私交。我侍奉阚止，却又跟他的仇人有交情，那我还拿什么去见鲁、卫之士呢？"后来子方逃到了卫国。

○ 品画鉴宝

虎食人纹玉佩（战国） 此玉佩体扁薄，呈环状。中间透雕一虎食人的图案。此纹饰与古代饕餮食人的传说有关。

二十一日，陈常在舒州[2]把齐简公抓了起来。简公说："要是我早听陈鞅的劝告，就不会落到这一步了。"

六月初五，陈常在舒州杀了齐简公。孔子为此斋戒三天，并且三次向鲁哀公请求攻打齐国。鲁哀公说："长期以来，齐国一直在削弱我们鲁国。现在你让我攻打它，我们究竟该怎么做呢？"孔子回答说："陈常弑杀了君王，齐国百姓中不赞同他、不亲近他的有一半之多。如果我们用上鲁国的全部兵力，再加上齐国的那一半人，就一定能够获胜。"哀公说："你去告诉季康子。"孔子拒绝了，退下之后对别人说："我是因为位居大夫之末，所以才不敢不说啊。"

相关链接

〔1〕陈常：又作"田常"。世称"田成子"。陈釐子之子。名恒，一作"常"。春秋齐国大臣。公元前481年弑简公而立平公，任国相。

〔2〕舒州：齐邑。在今山东滕州南。

卫灵公的宠姬南子和宋公子朝私通，太子蒯聩想杀掉她，因事情败露而逃亡宋国。灵公死后，卫人拥立蒯聩之子辄为国君。后来，蒯聩潜回国都赶走了辄，强迫孔悝立他为君，是为庄公。

卫灵公有三个妻子，其中他最宠爱娶自宋国的南子[1]。南子过去与宋国的公子朝私通，她想念公子朝（公子朝是有名的美男子），就向卫灵公婉转地提出要求。鲁定公十四年秋，卫灵公为了南子，特意召见宋国公子朝在洮地举行会盟。

当时蒯聩是卫灵公的太子，正出使齐国。途经宋国的郊野时，当地有人对他唱道："既然已经满足了发情的母猪，为什么还不送回漂亮的公猪？"蒯聩听了，感到极其羞耻，便对家臣戏阳速说："你跟我去朝见夫人，等她接见我时，只要我一回头看你，你就把她杀了。"戏阳速说："好。"

于是他们两人便去朝见南子。南子接见了蒯聩，蒯聩三次回头看戏阳速，但是戏阳速就是不动手。南子看到太子的脸色不对，便哭着跑了，并喊："蒯聩要杀我。"卫灵公出来，拉着她的手登上高台躲避。蒯聩逃亡到了宋国，卫灵公把蒯聩的党羽也全都驱逐了出去。

蒯聩对别人说："是戏阳速害了我。"但戏阳速却对别人说："太子才想害我呢。他大逆不道，让我杀死他的母亲。如果我不答应，他就会残害我；如果我杀了夫人，他就会拿我当替罪羊，为自己开脱。因此我先答应他，后来又不真的去做，才得以暂免一死。俗话说：'百姓靠信义来保护自己。'我这就是信守道义啊。"

蒯聩出逃后，卫灵公到郊外游玩，由他的儿子公子郢替他驾车。灵公说："我没有其他嫡子，准备立你为太子。"公子郢没有回答。过了几天，灵公又对他说起这件事，公子郢回答说："我担当不起国君这个重任，您还是改变主意吧。现在您有君夫人在堂上，有卿、大夫、士在堂下，您不和他们商量，不经过他们同意，就这么作出决定，就算我接受了也只是辱没它而已。"

鲁哀公二年夏，卫灵公去世。夫人说："立公子郢为太子，这是先君的命令。"公子郢回答说："我与其他公子志向不同。况且先君死前，我一直陪伴在他身侧，如果先君有这样的遗命，我一定能听到。再说蒯聩虽然逃亡在外，但他的儿子辄还在国内，应该立他为国君。”于是卫国人立辄为君，是为出公。

当时晋国发生内乱，齐国为了争霸，就联合其他诸侯帮助晋国的乱党，卫国也加入了齐党。晋卿赵鞅为了威胁卫国，就准备把蒯聩送入卫国的戚邑。六月十七日晚，赵鞅一行迷失了方向，赵氏家臣阳虎说：“向右走到黄河，渡河后再向南走，就一定能到达戚邑。”他们让蒯聩摘下了帽子假装奔丧，又让八个人穿着丧服，装成是从卫都来迎接太子的。他们这样告诉戚邑的守门人，守门人就放他们进去了。他们哭着进去，随后就占据了戚邑。

当年秋，齐国为晋国叛党输送粮食，赵鞅率军截击，与为齐国护送粮食的郑国军队在戚邑的铁丘大战，结果赵鞅率领的晋军大获全胜，缴获了齐国的一千余车军粮。蒯聩也参加这次战役，他担任赵鞅的车右，立下了赫赫战功。蒯聩从此就占据戚邑，一住住了很多年。

卫国的孔圉娶了蒯聩的姐姐为妻，后来生下孔悝。孔家的小厮浑良夫长大后很英俊，孔圉去世后，浑良夫便和孔圉的妻子孔姬私通。蒯聩流亡在戚邑时，孔姬派浑良夫去见蒯聩，蒯聩对他说：“如果你能帮我回到卫国，当上国君，我就封你为大夫，赐给你大夫的衣冠、车马，并可以赦免你三次死罪。”于是他们两人就立下誓约。

浑良夫回来后，就替蒯聩向孔姬请求帮助。鲁哀公十五年闰十二月，浑良夫和蒯聩偷偷回到卫国都城，住在孔家宅院外面的菜园里。黄昏的时候，他们两人用头巾蒙住脸，装扮成妇女，坐在车子里，由宦官罗为他们驾车，驶进孔氏大门。孔氏的家臣总管栾宁向他们询问，罗就说是亲戚家的侍妾，得以进入大门，到了孔姬的住处。

吃完饭之后，孔姬拿着一柄戈当作手杖，走在前面，蒯聩和五个随从穿着铠甲，拉着一辆小车跟在后面，车里载着一头将用作牺牲的公猪。他们把孔悝逼到墙角，强迫他盟誓，然后又把他劫持到孔氏的高台

○品画鉴宝　孔子杏坛讲学图（明）吴彬／绘　图绘孔子坐于杏坛中央座台上，正在给弟子们讲学。人物衣纹、须眉、神志刻画细腻。

○ 品画鉴宝

梁十九年鼎（战国） 该器通体素面无纹饰，器腹刻铭一周三十六字，述器主人之智随魏王北巡，为此铸鼎以述其事。

上。这时栾宁正要喝酒，肉还没有烤熟，一听说发生了叛乱，便立即派人告诉子路，并叫手下获赶快套上马车，他在车上一边喝酒一边吃肉，护送卫出公出逃，逃到了鲁国。

子路当时是孔氏家臣，正在国都的郊外。接到报告后，他正要进入国都，就碰见正在逃难的同门子羔。子羔对他说："城门已经关上了。"子路说："我去试一试。"子羔说："来不及了！不要去惹祸送死。"子路说，"拿了孔氏的俸禄，就不能只顾着躲避祸难。"子羔还是逃走了。

子路进了城，来到孔氏家门口。孔氏家臣公孙敢负责守门，不让他进去，说："你不要进来了，没有用的。"子路说："你是公孙敢吧？你为了自己的利益，逃避孔氏的祸难。我是不会这样做的。既然我拿了孔氏的俸禄，那我一定要进去救他。"

正好这时有人从里面出来，子路便趁机溜了进去。他大声喊道："太子为什么要劫持孔悝？就算杀了他，也一定有人接替他的！"还说："太子不够勇敢，如果放火焚烧高台，烧到一半，他一定就会放了孔悝。"蒯聩听到之后，很害怕，便命令石乞、盂黡下去阻止。他们拿着长戈攻击子路，把子路的帽带割断了。子路说："君子就算死了，也不能脱掉帽子。”于是去系帽带，结果被杀死了。孔子得知动乱的消息，说：“子羔大概会回来，子路恐怕会死在那里吧。”

孔悝立蒯聩为国君，是为庄公。卫庄公担心以前卫出公的大臣靠不住，打算把他们全部除掉，就先对司徒瞒成说：“我在外面流亡了很久，尝够了各种艰辛，现在想请你也去体验一下。”司徒瞒成回去后，便告诉了褚师比，打算一起攻打庄公，但是没来得及付诸行动，于是都逃亡到宋国。

鲁哀公十六年六月，卫庄公在平阳〔2〕招待孔悝喝酒，重重地酬谢他，对其他大夫也都馈赠了礼物。孔悝喝醉了，到了半夜才被送回去。孔悝用车子载着孔姬，从平阳出发，刚刚走到西门，就又派副车回到西圃的宗庙中，把安放祖先牌位的匣子拿来。子伯季子本来是孔氏家臣，如今刚被庄公提拔为自己的臣子，他在路上遇到回来取匣子的副车，于是就把副车上的人杀了，坐着夺来的车子追赶孔悝。

许公为被孔悝派去接应副车，结果遇到了子伯季子，他说：“和不仁不义的人作战，肯定能够获胜。”而且坚持要让子伯季子先射。子伯季子射了三支箭，都离许公为很远；许公为只射了一支箭，就把子伯季子射死了。许公为的手下夺回副车，并在弓袋中找到了安放牌位的匣子。孔悝见庄公容不下自己，就逃到了宋国。

卫庄公做了个梦，请人来占卜。他的一个宠臣曾经向大叔僖子要酒喝，但大叔僖子没给他，于是这次他就和卜人勾结起来，对庄公说：“君王您有一个大臣住在西南方向，如果不把他除掉，恐怕您就会有危险。”于是庄公驱逐大叔僖子，大叔僖子逃亡到晋国。

相关链接

〔1〕南子：又称“釐夫人”，子姓。宋国贵族。春秋卫灵公夫人。相传孔子带领弟子周游列国，居卫时会见过她。

〔2〕平阳：古地名。在今河南延津东北。《左传·哀公十六年》：“卫侯饮孔悝酒于平阳。”杜注：“东郡燕县东北有平阳亭。”按：西晋燕县治今河南延津东北。

宋向魋之乱

向魋深得宋景公的宠爱，权势急剧膨胀，以至于对公室产生了威胁。景公想杀死向魋，而向魋磨刀霍霍。又一场君臣之间的较量就这样开始了。

宋国的向魋很得宋景公的宠信，势力越来越大，以至对公室都产生了威胁，景公打算伺机除掉他。鲁哀公十四年夏，宋景公让自己的母亲几次邀请向魋参加享宴，打算在宴会上攻击他。但计划还没来得及实施，向魋就已经先有动作了。

向魋请求用自己的封地鞌邑交换宋景公的薄邑。景公说："不行。薄邑是我公室宗庙的所在地。"于是就把周围的七个小邑赐给向魋，让它们并入鞌邑。向魋假装很高兴，要设享宴招待景公，以表示感谢。宴会的时间定在正午，向魋事先把自己家族的所有武士都埋伏在宴会的地点，准备袭击景公。

宋景公得知了这一阴谋，对司马皇野说："向魋是我从小养大的，现在竟然要加害于我。请你马上想办法救我。"皇野说："臣子如果不顺从君命，那么就连神灵也会厌恶他，更何况是人呢？我哪敢不接受您的命令！不过这件事，必须得有左师向巢的支持，请用君王的名义召见向巢。"

向巢是向魋的哥哥，他每次吃饭时都要敲钟。听到钟声传来，宋景公说："他正要吃饭。"向巢吃完饭之后，再敲一次钟。景公说："你现在可以去了。"于是皇野乘车到向巢家去，对向巢说："追踪野兽的官员前来报告说：'逢泽[1]那里有一只麇鹿。'君王说：'现在向魋还没有回来，如果左师肯来，我可以和他一起去打猎，怎么样？'君王不敢拿私事来麻烦大臣，我就说：'让我跟他私下谈谈。'君王想快点出发，所以就让我乘车来接你。"向巢便和他同乘一辆马车，到了景公的住处。

宋景公把实情告诉了向巢，向巢吓得拜倒在地，不敢起身。皇野对景公说："君王您要和他盟誓。"景公为了让向巢宽心，就发誓说："上有苍天，下有先君，我发誓我绝不会害你！"向巢回答说："向魋不服从君王的命令，这是宋国的祸害。我一定对君王唯命是从！"

皇野求得发兵的符瑞[2]，发动家族的士兵攻打向魋。他家族内的父老兄弟和旧臣都说："别去！"而新来的家臣都说："要服从我们君王的命令。"最终还是决定攻打向魋。

向魋的弟弟子颀骑马报告了向魋，向魋打算率部下进城攻打宋景

公。他的另一个弟弟子车劝阻他说："不能侍奉君王，又要攻打国都，百姓不会赞成你的，这样做只能自取灭亡。"于是向魋便进入曹邑，在那儿发动了叛乱。

六月，宋景公派向巢讨伐向魋。向巢未能取胜，想返回都城，又担心景公降罪，就要求让都城的大夫作他的人质，都城的人没有答应。于是向巢也进入曹邑，打算抓一些曹邑的人作人质。向魋说："不行！既然不能侍奉君王，还要得罪百姓，以后该怎么办？"于是向巢释放了曹邑的人，但曹邑的百姓不久就背叛了他们。

向魋得不到百姓的支持，只好逃到卫国。向巢准备逃到鲁国，宋景公派人挽留他，说："我已经和你有了誓约，不会让向氏的祭祀断绝的。"向巢推辞说："我的罪过太大了，就算把向氏全都灭掉也不算过分。假如君王能看在向氏先臣的面子上，让向氏的后代得以延续，那就是君王的恩惠了。至于我，是不能再进入宋国了。"

向魋逃到卫国后，卫大夫公文氏攻打他，向他索要向家的宝物——夏后氏的玉璜[3]。向魋用另一块玉冒充夏后氏的玉璜给了他，然后在公文氏发现之前逃到了齐国，齐国的陈常让他担任次卿。

相关链接

〔1〕逢泽：古泽名。在今河南商丘南。由古睢水积流而成。

〔2〕符瑞：此指虎符。虎符，古代用青铜等制成的虎状符牌。分成两半，一在国君，一在将领。如国君调兵，须派使者持虎符前往。两者相对无误，传令方能生效。

〔3〕玉璜：古玉器名。形如半璧。贵族用作朝聘、祭祀、丧葬等时的礼器。

图书在版编目（CIP）数据

四书五经故事：全 2 册 / 金敬梅主编 . -- 北京：世界图书出版公司，2016.5（2021.4 重印）
ISBN 978-7-5192-0919-3

Ⅰ . ①四… Ⅱ . ①中… Ⅲ . ①四书－青少年读物②五经－青少年读物 Ⅳ . ① B222.1-49 ② Z126.1-49

中国版本图书馆 CIP 数据核字 (2016) 第 049013 号

书　　名	四书五经故事：全 2 册
（汉语拼音）	SISHU WUJING GUSHI: QUAN 2 CE
编　　者	金敬梅
总 策 划	吴　迪
责任编辑	金敬梅
装帧设计	刘　陶
出版发行	世界图书出版公司长春有限公司
地　　址	吉林省长春市春城大街 789 号
邮　　编	130062
电　　话	0431-86805551（发行）　0431-86805562（编辑）
网　　址	http://www.wpcdb.com.cn
邮　　箱	DBSJ@163.com
经　　销	各地新华书店
印　　刷	唐山富达印务有限公司
开　　本	720 mm × 1000 mm　1/16
印　　张	44
字　　数	780 千字
印　　数	1—5 000
版　　次	2019 年 6 月第 1 版　　2021 年 4 月第 3 次印刷
国际书号	ISBN 978-7-5192-0919-3
定　　价	88.00 元

阅读国学经典·品鉴古今智慧

领悟先贤哲思·创造人生辉煌